普通高等教育经济管理类专业教学用书

运营管理

王国弘　编著

電子工業出版社
Publishing House of Electronics Industry
北京 • BEIJING

内 容 简 介

本书在借鉴已有运营管理理论和实践的基础上，系统介绍了运营管理的知识、技能和思想，尤其是通过大量新案例将理论与实践紧密结合起来，希望为提升读者的运营管理能力提供切实有效的帮助。同时，本书加大了关于服务运营管理内容的篇幅，弥补了目前大多数教材偏重于生产运营管理的不足。本书分为导论、运营系统设计、运营系统计划、运营系统控制与优化 4 篇，共计 16 章。

本书可作为高等院校工商管理类、管理科学与工程类，以及一些财经类等专业的本科生、研究生（包括 MBA）的教材，也可作为企业管理培训和解决企业运营实践问题的参考用书。

图书在版编目（CIP）数据

运营管理 / 王国弘编著. —北京：电子工业出版社，2021.8
ISBN 978-7-121-41858-7

Ⅰ. ①运… Ⅱ. ①王… Ⅲ. ①企业管理－运营管理－高等学校－教材 Ⅳ. ①F273

中国版本图书馆 CIP 数据核字（2021）第 171229 号

责任编辑：徐 玲　　特约编辑：田学清
印　　刷：三河市君旺印务有限公司
装　　订：三河市君旺印务有限公司
出版发行：电子工业出版社
　　　　　北京市海淀区万寿路 173 信箱　　邮编：100036
开　　本：787×1 092　1/16　印张：28　字数：906.8 千字
版　　次：2021 年 8 月第 1 版
印　　次：2021 年 8 月第 1 次印刷
定　　价：69.00 元

凡所购买电子工业出版社图书有缺损问题，请向购买书店调换。若书店售缺，请与本社发行部联系，联系及邮购电话：（010）88254888，88258888。

质量投诉请发邮件至 zlts@phei.com.cn，盗版侵权举报请发邮件至 dbqq@phei.com.cn。

本书咨询联系方式：（010）88254523，wangzy@phei.com.cn。

前言

PREFACE

运营管理是高等院校工商管理类、管理科学与工程类等专业本科生、研究生的核心课程之一，是一门综合运用定性与定量方法的实践性非常强的课程。作为各类企业的基本职能之一，运营管理通过对制造产品或提供服务的“输入—转换—产出”过程进行计划、组织、领导和控制等，实现降低成本、改善质量、提高效率、改善组织柔性等目标，进而提升企业的竞争能力。本书在介绍运营管理基本概念、运营战略和系统绩效的基础上，详细地阐述了运营管理的主要内容、方法、理念，并采用定性与定量两种方法相结合的方式分析和讨论了各类典型运营管理系统的设计、计划、控制与优化问题，力图为读者解决运营管理实践问题提供知识、技能和思想方面的帮助。

编者在编写本书的过程中借鉴了大量国内外相关领域的书籍，在汲取现有教材优点的同时，基于系统、全面、综合的理念，增加、整合了大量相关内容。总体来讲，本书具有如下主要特色。

（1）运营管理涉及的内容十分庞杂，现有教材章节之间的联系不紧密，逻辑关系不是十分清晰，显得较为零散，难以让学生较容易地把握本课程的总体框架。本书将运营管理内容进行了重新分类和归纳。例如，对产品设计和服务设计、生产计划与服务计划都作为独立的体系进行了介绍，这有助于初学者区分、理解和掌握课程体系。

（2）尽管人们已经认识到服务业对运营管理理论的需求日益迫切，但是现有教材对于服务运营相关理论的总结和梳理还非常有限，大多还是聚焦于传统的工业制造企业。本书在借鉴已有关于服务运营研究成果的基础上，添加了大量服务业运营管理的内容。例如，本书增加了专门的“服务设计”“服务流程”“服务计划与能力管理”等内容。

（3）运营管理是一个庞大的体系，涉及的领域众多。然而，目前大多数教材难以涵盖所有内容，只选择了每个领域中的一部分内容，显得非常零碎，缺乏体系感，容易使初学者对这些领域的理论产生理解上的偏差。本书注意兼顾各个领域内容的整体性与重要性，使学生对所学知识一目了然，并且做到不失偏颇。例如，本书在“生产计划与能力管理”一章中逐层地、系统地介绍了综合生产计划、主生产计划、企业资源计划和生产作业计划，在“项目管理”一章中介绍了项目的组织管理、项目的质量管理、项目的风险管理等内容，在“质量管理”一章中介绍了除ISO 9000体系以外的一些常见的专业质量认证体系及质量管理的总体流程。

（4）随着经营环境的快速变化，新的商业业态、商业模式、管理理念不断出现，本书用近年来企业发展过程中的新案例来阐释新的知识和理论，尤其是尽可能多地引入了运营管理中的新理念，如智能制造、开放式创新等。同时，本书介绍了多个新案例，如大众柴油汽车尾气排放造假、华为绩效管理体系、六西格玛不能救赎摩托罗拉、快时尚等。这些对学生了解企业运营管理的最新趋势具有重要参考价值。

（5）与现有大多数教材相比，本书适当增加了一些内容，尤其是定量解决问题的方法。尽管已有教材体系已经相当庞大，但还是未能充分显示运营管理中“科学方法”与“艺术方法”的协同。已有教材大多在定量方法介绍方面明显不足，本书增加了浅性规划法、图论法，以及关于服务人员排班的多种定量方法。

编者在编写本书的过程中参考了国内外大量相关的著作、研究文献、网络资源，在此向所有贡献者表示深深的敬意。需要特别指出的是，运营管理领域的各位前辈为本书提供了大量值得借鉴的资料，尤其是陈荣秋、马士华、胡运权、马风才等学者的著作中有很多成熟的例题，为本书展示相关理论知识提供了有力支持。此外，电子工业出版社的王志宇等编辑在本书的编校方面付出了辛勤的劳动。在此，对相关学者和编校人员表示衷心的感谢！

另外，特别感谢“陕西师范大学优秀研究生教材资助项目”为本书出版提供资金上的大力支持！

尽管编者在编写本书的过程中花费了大量心血，但是由于水平和视野的局限，必然还存在诸多不足和有待完善之处，敬请相关专家和广大读者给予批评指正。

王国弘

目 录

CONTENTS

第一篇 导 论

第 1 章 运营管理概论……1

1.1 运营管理的本质和意义……1

1.1.1 运营管理的含义……1

1.1.2 运营管理的目标……2

1.1.3 运营管理的对象……3

1.1.4 运营管理的意义……3

1.2 运营管理的发展历史……4

1.2.1 运营管理之工业革命阶段……4

1.2.2 运营管理之科学管理阶段……5

1.2.3 运营管理之管理科学阶段……7

1.2.4 运营管理之现代发展阶段……8

1.3 运营管理的发展趋势……12

1.3.1 基于时间的竞争……12

1.3.2 基于制造与服务融合的竞争……12

1.3.3 基于生态友好的竞争……13

1.3.4 基于伦理道德的竞争……13

1.3.5 基于大规模定制的竞争……14

1.3.6 基于经济全球化的竞争……14

1.3.7 基于全面创新的竞争……15

1.3.8 基于智能制造的竞争……15

1.4 运营管理的学习框架……16

1.4.1 运营管理的内容分类……16

1.4.2 运营管理的学习重点……16

1.4.3 运营管理的学科体系……17

本章小结……17

思考题……18

第 2 章 运营绩效管理……19

2.1 运营绩效管理概述……19

2.1.1 绩效……19

2.1.2 运营绩效及管理……20

2.1.3 绩效管理制度化……22

2.2 运营绩效的评价……22

2.2.1 运营绩效评价概述……22

2.2.2 运营绩效评价流程……24

2.3 运营绩效的评价指标体系……25

2.3.1 运营绩效评价的指标选择……25

2.3.2 运营绩效评价的具体指标……27

2.3.3 运营绩效评价指标权重的确定……31

2.3.4 运营绩效评价指标评价标准的确定……32

2.4 运营绩效的评价方法……32

2.4.1 个人绩效评价方法……33

2.4.2 团队绩效评价方法……34

2.4.3 组织绩效评价方法……36

2.5 运营绩效的改进……39

2.5.1 运营绩效的改进及流程……39

2.5.2 组织绩效改进方法……40

2.5.3 员工绩效改进方法……41

2.5.4 卓越绩效模式……43

本章小结……45

思考题……45

第 3 章 运营战略管理……46

3.1 运营战略管理的发展……46

3.1.1 战略与企业战略……46

3.1.2 战略管理理论的发展阶段……48

3.1.3 运营战略理论基础……53

3.2 企业总体战略……54

3.2.1 专一化战略和多元化战略……55

3.2.2 扩张战略、收缩战略、稳定战略和更新战略……56

3.2.3 水平一体化战略和垂直一体化战略……58

3.3 企业运营的竞争战略……60

3.3.1 成本领先竞争战略……61

3.3.2 差异化竞争战略……62

3.3.3 质量竞争战略……63

3.3.4 快速响应竞争战略……64

3.3.5 创新竞争战略……65

3.4 运营战略的制定与实施 …… 66
3.4.1 运营战略的识别与制定 …… 67
3.4.2 运营战略系统及主要分析方法 …… 68
3.4.3 运营战略的选择 …… 70
3.4.4 运营战略的实施与评估 …… 71
本章小结 …… 72
思考题 …… 72

第二篇 运营系统设计

第 4 章 产品与服务设计 …… 73
4.1 产品与新产品研发 …… 73
4.1.1 新产品概述 …… 73
4.1.2 产品研发战略 …… 74
4.1.3 产品设计趋势 …… 75
4.2 产品设计 …… 76
4.2.1 产品创意 …… 77
4.2.2 产品核心内容及可行性分析 …… 78
4.2.3 产品设计过程 …… 79
4.3 服务设计 …… 81
4.3.1 服务设计概述 …… 81
4.3.2 服务设计与选择 …… 84
4.3.3 服务系统设计 …… 88
4.3.4 服务质量设计 …… 91
4.4 新产品设计理念与技术 …… 94
4.4.1 基于制造全过程的产品设计 …… 95
4.4.2 基于全生命周期的产品设计 …… 97
4.4.3 基于并行工程的产品设计 …… 98
4.4.4 基于逆向工程的产品设计 …… 101
本章小结 …… 102
思考题 …… 103
第 5 章 流程设计 …… 104
5.1 流程设计与优化 …… 104
5.1.1 流程管理 …… 104
5.1.2 流程设计 …… 105
5.1.3 流程优化 …… 107
5.1.4 流程优化的主要方法 …… 108
5.2 生产流程 …… 110
5.2.1 生产流程及要素 …… 110
5.2.2 生产流程类型 …… 111
5.2.3 生产流程设计的影响因素 …… 113
5.2.4 生产流程设计 …… 114
5.2.5 生产流程平衡 …… 117
5.3 服务流程 …… 118
5.3.1 服务流程及要素 …… 118
5.3.2 服务流程类型 …… 119
5.3.3 服务流程设计的影响因素 …… 120
5.3.4 服务流程设计 …… 120
5.4 企业业务流程再造 …… 123
5.4.1 BPR 的本质及发展 …… 123
5.4.2 BPR 的实施方法和步骤 …… 124
5.4.3 BPR 的常见模式和实施原则 …… 125
5.4.4 BPR 中的信息技术 …… 127
本章小结 …… 129
思考题 …… 129
第 6 章 工作设计 …… 130
6.1 工作设计的意义及发展 …… 130
6.1.1 工作设计的概念及内容 …… 130
6.1.2 工作设计的影响因素 …… 131
6.1.3 工作设计的流程 …… 131
6.2 工作分析 …… 132
6.2.1 工作分析的概念及主要内容 …… 132
6.2.2 岗位说明书 …… 133
6.2.3 工作分析的步骤和意义 …… 134
6.2.4 工作分析的主要理论及方法 …… 134
6.3 工作研究 …… 135
6.3.1 工作研究的概念及主要内容 …… 135
6.3.2 工作的方法研究 …… 137
6.3.3 工作的作业测定 …… 140
6.3.4 工作时间研究中的模特法 …… 143
6.4 工作设计理念及方法 …… 146
6.4.1 基于工作效率的工作设计方法 …… 146
6.4.2 基于行为科学管理理论的工作设计方法 …… 147
6.4.3 基于人机工程学的工作设计方法 …… 151
6.4.4 基于综合模式的工作设计方法 …… 155
本章小结 …… 156
思考题 …… 157
第 7 章 企业选址 …… 158
7.1 企业选址的意义及过程 …… 158
7.1.1 企业选址概述 …… 158
7.1.2 企业选址的意义 …… 160
7.1.3 企业选址决策的过程 …… 161
7.2 企业选址的影响因素 …… 162
7.2.1 宏观因素 …… 162
7.2.2 微观因素 …… 163

7.2.3 不同地方选址优劣势比较 ……165
7.3 企业选址的主要原则 …… 166
7.3.1 靠近市场 ……166
7.3.2 靠近资源 ……167
7.3.3 靠近集聚区 ……167
7.3.4 靠近竞争者 ……168
7.4 企业选址的主要方法 …… 168
7.4.1 量本利分析法 ……168
7.4.2 综合评分法 ……169
7.4.3 线性规划法 ……170
7.4.4 图论法 ……171
7.4.5 重心法 ……171
7.4.6 地理信息系统法 ……172
本章小结…… 172
思考题…… 173
第 8 章 设施布置…… 174
8.1 设施布置的目标及意义 …… 174
8.1.1 设施布置概述 ……174
8.1.2 设施布置的影响因素与原则 ……175
8.1.3 设施布置的决策过程 ……176
8.2 设施布置的主要形式 …… 177
8.2.1 固定型设施布置 ……177
8.2.2 产品型设施布置…… 178
8.2.3 工艺型设施布置…… 178
8.2.4 单元型设施布置…… 179
8.2.5 成组型设施布置…… 180
8.2.6 混合型设施布置…… 182
8.3 生产设施布置…… 182
8.3.1 厂区布置…… 183
8.3.2 车间布置…… 184
8.3.3 生产线布置…… 185
8.3.4 仓库布置…… 188
8.4 服务业的设施布置…… 190
8.4.1 零售业的设施布置…… 191
8.4.2 超市的设施布置…… 194
8.4.3 医院的设施布置…… 197
8.4.4 办公室的设施布置…… 200
8.5 设施布置的主要方法…… 201
8.5.1 从一至表法…… 201
8.5.2 作业相关图法…… 204
8.5.3 新设备布置问题…… 206
8.5.4 系统布置设计方法…… 208
本章小结 …… 210
思考题 …… 210

第三篇 运营系统计划

第 9 章 预测管理…… 211
9.1 预测 …… 211
9.1.1 预测的含义与意义 ……211
9.1.2 预测的分类 ……211
9.1.3 预测的一般程序及需要注意的问题 ……213
9.2 预测的定性方法 …… 214
9.2.1 用户意见调查法 ……215
9.2.2 德尔菲法 ……215
9.2.3 情景预测法 ……216
9.2.4 经理意见法 ……217
9.2.5 销售人员意见法 ……217
9.3 预测的时间序列预测模型 …… 218
9.3.1 时间序列预测模型的特征 ……218
9.3.2 时间序列的移动平均法 ……219
9.3.3 时间序列的指数平滑法 ……220
9.3.4 时间序列的分解模型 ……224
9.4 预测的因果模型 …… 228
9.4.1 因果模型 ……228
9.4.2 因果模型的回归模型 ……228
9.4.3 因果模型的计量经济预测模型…… 231
9.4.4 因果模型的投入产出预测模型…… 233
9.5 预测误差与监控…… 234
9.5.1 预测误差 …… 234
9.5.2 预测误差评价指标…… 235
9.5.3 预测监控…… 238
本章小结 …… 240
思考题 …… 240
第 10 章 生产计划与能力管理…… 241
10.1 生产计划与生产能力 …… 241
10.1.1 生产计划 …… 241
10.1.2 生产能力 …… 242
10.1.3 生产计划与生产能力的关系 …… 244
10.2 综合生产计划 …… 245
10.2.1 综合生产计划概述 …… 245
10.2.2 综合生产计划的制订策略 …… 245
10.2.3 综合生产计划的制订过程 …… 246
10.2.4 综合生产计划制订的主要方法…… 247
10.3 主生产计划 …… 249
10.3.1 主生产计划概述 …… 249

10.3.2 主生产计划制订的主要类型和策略……251
10.3.3 主生产计划制订的过程……252
10.4 企业资源计划……255
10.4.1 企业资源计划概述……255
10.4.2 订货点法……255
10.4.3 物料需求计划……258
10.4.4 制造资源计划……264
10.4.5 企业资源计划系统……266
10.5 生产作业计划……268
10.5.1 生产作业计划概述……268
10.5.2 生产作业计划编制步骤……270
10.5.3 生产作业订单排序……272
10.5.4 生产作业调度……277
10.5.5 生产作业控制……278
本章小结……280
思考题……280
第 11 章 服务计划与能力管理……281
11.1 服务计划与服务能力概述……281
11.1.1 服务计划……281
11.1.2 服务能力……283
11.2 服务系统交付管理与服务效率……284
11.2.1 服务系统的交付能力管理……284
11.2.2 服务系统的交付效率管理……285
11.2.3 服务系统的交付质量管理……286
11.2.4 服务系统的交付技术……287
11.3 服务系统排队管理与顾客满意度……290
11.3.1 排队系统概述……290
11.3.2 排队系统的描述……291
11.3.3 排队系统的主要指标及表示符号……294
11.3.4 M/M/s 等待制排队模型……296
11.4 服务系统排班管理与员工满意度……299
11.4.1 服务系统人员排班概述……299
11.4.2 服务系统人员的排班方法……300
11.4.3 典型服务系统的人员调度……302
11.5 服务系统收益管理与效益最大化……304
11.5.1 收益管理概述……304
11.5.2 收益管理的实施特点和内容……305
11.5.3 收益管理的主要方法……306
本章小结……308
思考题……309

第四篇 运营系统控制与优化

第 12 章 库存管理与控制……310
12.1 库存……310
12.1.1 库存的概念……310
12.1.2 库存的类型……311
12.1.3 库存相关内容……312
12.2 库存管理……314
12.2.1 库存管理的概念及意义……314
12.2.2 库存管理的内容及绩效指标……315
12.2.3 库存管理系统类型与存在问题……317
12.3 库存管理模型……319
12.3.1 订货点模型……319
12.3.2 经济订货批量模型……320
12.3.3 经济生产批量模型……322
12.3.4 批量折扣模型……324
12.3.5 随机库存模型……327
12.3.6 单周期库存模型……330
12.4 库存控制方法……332
12.4.1 准时制库存管理方法……332
12.4.2 ABC 库存分类法……332
12.4.3 CVA 库存分类法……334
12.4.4 库存盘点实践法……334
本章小结……335
思考题……336
第 13 章 供应链与物流管理……337
13.1 物流与供应链概述……337
13.1.1 物流概述……337
13.1.2 供应链概述……338
13.1.3 供应链与物流的关系……339
13.2 供应链系统设计及供应商管理……339
13.2.1 供应链系统设计……339
13.2.2 供应链中的供应商管理……340
13.2.3 供应链中供应商的绩效评价……342
13.3 供应链管理中的物流管理……343
13.3.1 供应链中物流的运输方式……343
13.3.2 供应链中物流的运输成本管理……344
13.3.3 供应链中物流的运输路径管理……345
13.3.4 供应链中物流的运输量管理……346
13.4 供应链管理中的库存控制……347
13.4.1 供应链中的牛鞭效应管理……347
13.4.2 供应链中的供应商管理库存……348
13.4.3 供应链中的联合库存管理……349
13.4.4 供应链中的第三方库存管理……349

13.4.5 供应链中的多级库存管理 350
13.5 供应链管理中的采购管理 350
13.5.1 供应链管理中的采购模式 350
13.5.2 当代采购模式 351
13.5.3 采购价格谈判 353
13.5.4 准时采购策略 353
13.6 供应链管理中的配送管理 354
13.6.1 物流配送管理 354
13.6.2 配送需求计划 355
本章小结 357
思考题 358
第 14 章 项目管理 359
14.1 项目管理概述 359
14.1.1 项目 359
14.1.2 项目管理 359
14.1.3 项目管理发展 360
14.1.4 项目管理的流程及注意事项 361
14.2 项目的组织管理 362
14.2.1 有效的项目团队 362
14.2.2 项目组织的结构形式 363
14.3 项目的工期管理 365
14.3.1 项目工期管理概述 365
14.3.2 项目工期管理的关键路线法 367
14.3.3 项目进度管理的计划评审技术 370
14.4 项目的成本管理 372
14.4.1 项目成本管理概述 372
14.4.2 项目成本的估算 374
14.4.3 项目成本的预算 375
14.4.4 项目成本的控制 376
14.5 项目的质量管理 376
14.5.1 项目质量管理概述 376
14.5.2 项目质量的计划 377
14.5.3 项目质量的保障 378
14.5.4 项目质量的控制 378
14.6 项目的风险管理 379
14.6.1 项目风险管理概述 379
14.6.2 项目风险管理计划 379
14.6.3 项目风险识别 380
14.6.4 项目风险度量 381
14.6.5 项目风险监控 381
14.7 网络计划优化 383
14.7.1 项目工期优化 383
14.7.2 项目资源优化 384
14.7.3 项目的综合优化 385
本章小结 388
思考题 388
第 15 章 质量管理 389
15.1 质量与质量管理 389
15.1.1 质量的内涵与评价指标 389
15.1.2 质量管理概述 389
15.1.3 质量管理的发展 390
15.1.4 质量管理的著名质量奖项 391
15.2 质量设计 391
15.2.1 质量设计概述 391
15.2.2 质量设计的依据和内容 392
15.2.3 质量设计的方法与工具 392
15.3 质量成本 394
15.3.1 质量成本概述 394
15.3.2 质量成本管理 395
15.3.3 质量成本分析方法 396
15.4 质量检验 398
15.4.1 质量检验概述 398
15.4.2 质量检验的内容与类型 398
15.4.3 质量的抽样检验 400
15.5 质量控制 401
15.5.1 质量控制概述 401
15.5.2 质量控制的“老七种”工具 401
15.6 质量管理方法 407
15.6.1 全面质量管理方法 407
15.6.2 戴明环质量管理方法 408
15.6.3 六西格玛质量管理方法 409
15.7 质量管理体系 411
15.7.1 ISO 9000 质量体系概述 412
15.7.2 质量管理体系的建立与实施 414
15.7.3 质量管理体系的审核与认证 415
15.7.4 其他主要的质量体系标准 417
本章小结 419
思考题 419
第 16 章 设备维修管理 420
16.1 设备维修管理概论 420
16.1.1 设备管理概论 420
16.1.2 设备维修概论 420
16.2 设备故障及维修 421
16.2.1 设备磨损 421
16.2.2 设备故障 422
16.2.3 设备维修的主要内容 424
16.2.4 设备维修的主要模式 425
16.2.5 设备的全面生产维修 426

16.3 设备故障的基本维修类型…………427
16.3.1 小修、中修与大修…………427
16.3.2 集中维修与分散维修…………428
16.3.3 自行维修与委托维修…………428
16.4 设备维修的主要策略…………429
16.4.1 设备维修的外包策略…………429
16.4.2 设备维修的备用设备策略…………429
16.4.3 设备维修的维修人员安排策略…………430
16.4.4 设备维修的设备更新策略…………432
16.4.5 设备维修的设备可靠性策略…………433
本章小结…………435
思考题…………435
参考文献…………436

第一篇　导　论

第1章　运营管理概论

引导案例

1.1　运营管理的本质和意义

1.1.1　运营管理的含义

1. 运营管理

（1）经营与运营。《现代汉语词典》将“经营”解释为筹划并管理，泛指组织和计划，常见的一些短语有“经营企业”“苦心经营”等；而“运营”则被其解释为运行与营业，是有组织地进行工作，常见的一些短语有“地铁正式运营了”“工厂开始运营了”等。从具体含义来看，经营是根据企业等组织的资源状况和所处的市场竞争环境，基于特定的经营思想、理念、策略，对组织的长期发展进行战略性筹划、部署，并制定服务于组织愿景、使命与目标的方针和实施策略的一系列活动。运营则倾向于组织的内部运作和具体执行方面的管理活动，往往运用标准化、规范化、成本管理、质量控制、精细管理等具体方式对组织进行有效控制，以达到效率最高和效果最优的目标。可见，运营一般是指每天的生产、运输、服务和资源等工作的细节，经营是一个更高层次的管理筹划。

（2）运营管理概念的发展。与运营管理相近的概念有制造管理、生产管理、生产与运作管理、作业管理、运作管理等。不同的名称，反映了这一学科研究对象不断演变的过程。进入近代工业社会以后，人类的生产活动逐渐由以农业生产为主向以工业生产为主转换，而随着大规模生产方式的不断普及，生产管理（Production Management）成为企业之间获得竞争优势的焦点。生产管理的对象一般是指产业革命以来的工业企业，制造业是其中的典型代表。生产力的不断发展、人们生活水平的不断提高，对于服务业的数量和质量的需求不断增加，服务业对于大量组织发展而言已经不再是可有可无的管理对象。也就是说，运营管理的研究对象不仅包括有形的实体产品，还包括无形的服务产品。生产与运作管理（Production and Operations Management）在一定程度上正是这一变化的体现。近年来，越来越多的国家开始从以第二产业为主向以第三产业为主的经济阶段过渡，服务业的需求比重越来越大。在这一背景下，再过多强调生产管理已经变得不合时宜。正是为了适应这种趋势，运营管理（Operations Management）这一概念替代了“生产管理”和“生产与运作管理”并成为主流。

2. 运营管理职能的发展

一般来说，任何社会组织都具有三项基本职能：市场营销、运营管理和财务会计。市场营销是指针对顾客未满足的需要，预估和确定需求量大小，选择和决定企业能最好地为其服务的目标市场，并决定适当的产品、服务和计划，以便为目标市场服务。通过市场营销，企业可以引导顾客新的需求，获得产品和服务的订单。运营管理是根据市场营销的结果，按数量、质量、交货期的要求，为顾客创造产品和提供服务。财务会计是根据市场营销和运营管理的需要，筹措资金并合理地运用资金：支付账单、收取货款……同时跟踪组织的运作状况，对发生的各项收入、支出进行记录、核算，对组织的业绩进行分析与评价。

对于企业发展来说，上述三项职能在不同的时期发挥的作用不同。第二次世界大战之后，美国企业主要通过市场营销和财务会计来完成经营目标。这是因为战争后产品极为匮乏，使得各国对美国产品的需求十分旺盛，当时美国企业能够以相当高的价格出售它们生产的多数产品。在这样的经营环境中，企业关注的是产品的产量，而不是经营绩效问题。然而，到了20世纪60年代末期，被称为“运营战略之父”的哈佛商学院教授威克汉姆·斯金纳（Wickham Skinner）认识到美国企业存在的这一隐患。他认为，美国企业的运营管理与企业总体战略存在严重的脱节问题，企业应该开发运营战略，以作为已有的市场营销和财务战略的补充。后来，随着来自欧洲、日本等地区和国家的竞争压力的不断显现，美国企业才真正认识到运营管理的意义。而后，哈佛商学院的埃伯尼斯（Abernathy）、克拉克（Clark）、海耶斯（Hayes）和惠尔莱特（Wheelwright）开展了进一步研究，他们强调了将运营战略作为企业竞争力手段的重要性：如果不重视运营战略，企业将会失去长期的竞争力。

3. 组织运营系统

人类社会是由各式各样的组织构成的，这些组织可以分为农业、工业、服务业，还可以分为营利性组织和非营利性组织等。例如，农业领域有粮食、蔬菜、水果等生产加工企业；工业领域有汽车、家电、飞机、建筑等制造企业；服务业领域有政府、学校、医院、商场、餐饮、快递、物业、娱乐、旅游等组织。然而，无论什么类型的组织，其系统活动都可以抽象为一个将若干投入转变为一定产出的过程。常见组织投入、转化与产出过程如表1-1所示。

表1-1　常见组织投入、转化与产出过程

组织系统	投入	转化		产出
		转化活动	转化媒介	
农场	种子	播种、劳作、收获	人工、土地、化肥、水	粮食、秸秆
汽车制造厂	原材料	设计、加工、装配	人员、设备、厂房、材料、资金	汽车、零部件
学校	学生	教学、教研、社会服务	教师、教室、设备、教材	毕业生
餐饮企业	原材料	清洗、烹饪、盛盘	厨师、灶具、设备、餐具	食品

将一定的投入转化为相应的产出，以及实现更为高效的转化是运营管理的主要职能。也就是说，运营管理是一个投入、转化、产出的生产过程，也是一个价值增值的过程。在这个转化过程中，各类组织大多都追求产出/投入比最大化，即效率最大化。然而，效率最大化不是轻易能得到的，而是需要执行组织安排的科学方式来实现。同时，社会组织转化的过程又会受到内部资源和外部环境的影响。例如，组织内部的管理水平、技术能力、市场开发、人员技能等资源状况，以及组织外部的经济、政治、法律、文化、人口等社会环境影响。社会组织的投入/产出系统如图1-1所示。

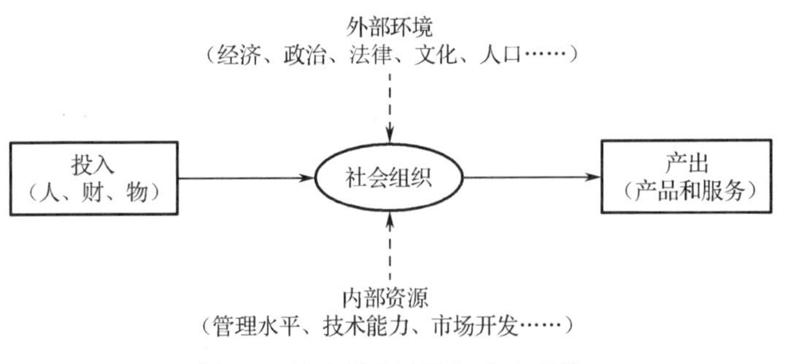

图1-1　社会组织的投入/产出系统

1.1.2　运营管理的目标

1. 效率

效率（Efficiency）是一个经常使用的概念，如机械效率、热效率、管理效率等。一般来说，管理学领

域的效率是指在一定技术条件下，产出与投入的比值。产出与投入的比值越大，效率就越高。因此，效率是企业衡量组织运营状况的核心指标之一。影响企业运营效率的因素十分广泛，企业为了获得高效率往往需要从系统的角度进行综合性管理。

2. 效果

效果（Effect）是一个经常与效率相伴的概念。管理效果是指管理主体预期目标的实现状况，包括工作任务的完成情况、工作效率的高低、工作效益的好坏等。从本质上说，效果是活动的结果，强调与原有计划和预期结果相符合的程度。

通过分析可知，效率、效果、管理效能、管理效益等概念是既互相联系又互相区别的。一般来说，高效率意味着好效果。然而，大量的事实说明，效率高不一定效果好，效果好也不一定效率高。运营管理的本质就是对投入/产出系统进行系统管理，而其最终目标是通过各种途径不断改善和提高组织的效率，并尽可能做到效率与效果一致。管理大师彼得 • F. 德鲁克（Peter F. Drucker）认为，效率是“正确地做事”，而效果则是“做正确的事”。也就是说，好的运营管理应该做到以正确的方式做正确的事情。

1.1.3　运营管理的对象

1. 社会形态对组织运营管理对象的影响

随着社会形态与发展阶段的不断演变，社会组织的主要经营活动内容也在不断变化。著名的美国学者丹尼尔 • 贝尔（Daniel Bell，1919—2011）将人类的工业社会划分为三个阶段：前工业社会（Pre-industrial Society）、工业社会（Industrial Society）和后工业社会（Post-industrial Society）。前工业社会的特点表现为第一产业占比最大，主要是针对自然界的资源展开竞争的。此时，社会组织的生产规模普遍较小、效率也较为低下，对于系统性的运营管理的需求还不够迫切。工业社会的特点是以第二产业为主要经济特征，表现为大规模生产，资源、能源大量消耗，生产系统变得庞大和复杂。在这一背景下，科学、系统的理论、方法和工具成为必然的需求。后工业社会的特点是以第三产业为主要经济特征，主要表现为通过知识和信息等资源提升人们的生活、工作质量。可见，随着社会形态的不断演化，运营管理的研究对象也在不断发生变化。

2. 产品与服务的区别与联系

尽管实体产品和无形服务之间确实存在明显的差别，但是随着市场环境的变化，在满足市场需求时两者之间的联系开始变得越来越紧密。对于一些提供传统产品的组织来说，附加服务已经成为其盈利的主要来源。例如，1904 年成立的英国罗尔斯-罗伊斯（Rolls-Royce）（又译为劳斯莱斯，常见于汽车品牌）公司，是全球最大的飞机引擎和汽油涡轮机制造商。该公司不仅为客户提供质量可靠的产品，还提供高价值的服务，并从服务中获取巨额利润。在当时的社会背景下，只提供实体产品的组织几乎不存在了。正如菲利普 • 科特勒（Philip Kotler）所说的那样，任何行业都是服务行业。在这一背景下，组织要想获得发展应该对附加服务给予越来越高的重视。

总之，随着企业业务涉及的范围越来越广、运营环境的不断变化，运营管理的研究对象也发生了一系列变化：①运营管理不仅涵盖生产制造业，而且开始越来越多地渗透到服务业中；②运营管理不仅继续关注传统的制造业和服务业，而且开始向新兴的制造业和服务业拓展；③运营管理不仅依然关注组织的设计、计划、控制和优化等具体的事务性工作，而且开始对组织运营的思想、理念、策略等战略性事务给予更多的关注。

1.1.4　运营管理的意义

事实上，每一个组织都拥有一个将输入转换成输出并由此产生价值的运营系统，而运营管理正是对这个转换过程进行设计、计划和控制的。在激烈变革的时代，管理正在由过程管理向战略管理转变、由内向管理向外向管理转变、由产品市场管理向价值管理转变、由行为管理向文化管理转变。在这个过程中，运营管理起着不可或缺的作用。

1. **运营管理是社会组织的三大基本职能之一**

运营管理理论的应用范围不受组织形式和类别的限制，不仅涵盖制造业和服务业，而且不论大组织与小组织、传统业务与新兴业务、营利性组织与非营利性组织、组织的高层与中低层、组织的不同部门都需要具备运营职能。例如，生产部门的管理者只有了解生产流程的特点、设备的生产能力、员工的工序安排等，才能够按照公司的总体安排落实实际生产任务；财务经理可以通过库存和生产能力等相关内容来确定需要投入的资金量，预测现金流量，并对现有资产进行管理；营销人员需要了解怎样运作才能满足顾客对产品或服务的个性化要求；而企业管理者需要制订良好的生产计划并具备库存管理等方面的知识，以便有效地利用资金、管理生产活动、制定合理的竞争战略等。

2. **运营管理理论为实践提供丰富的管理知识**

运营管理的价值体现在方方面面，其丰富的理论、方法和工具能够为管理者深刻理解产品及服务的生产过程和开展高效率的生产经营活动提供强大的支持。同时，运营管理知识可以帮助决策者全方位解析和认识企业，以便能够从更广阔、更长期的视角对企业决策、战略制定、组织发展、绩效评价等起到支撑作用。例如，投资大师沃伦·巴菲特认为，了解一家公司的运营最重要的资料就是财务报告，财务会计是商业世界通用的语言，不懂财务会计的投资是极为危险的。沃伦·巴菲特强调："你必须懂得财务会计，而且你必须懂得财务会计的细微之处。你应当具有以下条件——掌握企业如何经营运作的知识，掌握企业经营的基本语言。"

3. **运营管理理论是组织价值创造的核心环节**

在组织的市场营销、运营管理和财务会计三大基本职能中，运营管理职能体现在组织运行的各个方面、各个层次，其直接决定着企业的发展状态、运行质量及预期目标的实现效果。事实上，运营管理职能在其他两项职能里也具有重要的价值。例如，市场营销活动的基本流程、先后顺序、人员激励、市场开拓等都需要大量的运营技巧支持。财务会计活动存在操作标准化、运行规范化、流程优化等需求，这些也需要依赖运营管理的方法不断进行改进。另外，从占用资源的角度来看，制造企业中往往有75%的投资、80%的人力资源、85%的成本集中在运营系统之中。可见，运营管理水平是决定组织绩效的核心内容。

4. **运营管理理论是组织获得竞争优势的基本源泉**

面对市场需求日益个性化、多样化、快速化的发展趋势，如何实现低成本、高品质、及时性地提供产品和服务成为企业经营领域中最具挑战性的任务之一。而企业的产品和服务要想在质量、价格、及时性、柔性等方面具有竞争力，主要通过运营系统来实现，而这又需要综合的运营管理理论给予强有力的支撑。过去的经验和教训使越来越多的企业意识到，建立在科学理论基础之上的运营管理才是企业不断获得竞争力的根本源泉。

1.2 运营管理的发展历史

1.2.1 运营管理之工业革命阶段

1. **工业革命的到来**

在工业革命之前，组织机构相对较小，管理活动也相对较为简单，对运营管理的需求还不那么迫切。然而，随着詹姆斯·瓦特（James Watt）改良蒸汽机、詹姆斯·哈格里夫斯（James Hargreaves）发明的珍妮纺纱机及埃德蒙·卡特赖特（Edmund Cartwright）发明的蒸汽动力织布机等的出现，人类的生产方式发生了巨大的变化。

2. **大规模生产的前奏**

一般来说，第一次工业革命被大家认为是始于18世纪60年代的英国，随后广泛扩展到几乎整个欧洲，19世纪传到美国。一系列新发明、新技术的出现为工业革命打下了坚实的基础，而新生产方式的迅速传播使人类的生产活动得到了空前的发展。近现代社会以来，日益增长的社会需求要求企业能够生产越来越

多的产品，社会化大生产成了必然的趋势。然而，在生产“硬件（生产动力、生产设备）”得到基本解决之后，企业的生产规模在不断壮大，而原有自发式的、经验式的生产“软件（生产方式、管理）”已经成为大规模生产发挥威力的掣肘。

1.2.2　运营管理之科学管理阶段

随着机械力成为生产系统的基本动力，被称为“科学管理（Scientific Management）”的一系列运营管理理论和方法不断探索大规模生产的合理路径，最终极大撼动了过去千百年来人类一直沿袭的基本生产方式。科学管理的发展可以从两个方面进行阐述：一是以泰勒为首的一大批专家开展的科学管理理论和方法的探索；二是以福特“流水线”为基本特征的大规模生产实践路径的开拓。

1. 科学管理理论及代表人物

（1）弗雷德里克·温斯洛·泰勒（Frederick Winslow Taylor，1856—1915）。他出生在美国费城一个富裕的律师家庭，年轻时的泰勒曾考入哈佛大学法学院，但不久因眼疾而被迫辍学。1875 年，他进入费城一家小型水泵制造厂当学徒工。22 岁他转到费城米德维尔钢铁公司，先后当过技工、工长、总机械师、总绘图师。1884 年，28 岁的他被提升为钢铁公司的总工程师。1898 年，他开始从事管理咨询工作。之后，他利用大部分时间进行写作、演讲，宣传科学管理方法。泰勒自幼才华横溢，善于思考。在生产技术方面，他所完成的技术创新和发明创造不胜枚举，先后获得 100 多项专利，在机械制造的高速切削和精密切削方面做出了尤为突出的贡献。他一生著作很多，主要有《计件工资制》《车间管理》《科学管理原理》等。泰勒在这些书中提出的理论奠定了科学管理的理论基础，标志着科学管理思想的正式形成，泰勒也因此被管理学界尊称为“科学管理之父”。

泰勒的科学管理理论主要包括：工作定额原理、标准化、能力与工作相适应、差别计件工资制、计划职能和执行职能相分离、实行例外原则等。泰勒认为，要想实现有效的管理需要利用一种标准化的方法来从事工作，为工作岗位配置合适的人选，并且配备合适的工具和设备，以便使用科学的方法来确定一种完成工作的“最佳方法”。泰勒在探索科学管理理论的过程中主要开展了铁锹试验、生铁搬运试验、金属切削试验。正是因为泰勒对那些过去看似习以为常的生产活动进行了深入、系统的研究，才使后人能够从不同的视角以科学的态度去认识、分析和管理组织的生产活动，也才能为组织开展科学的管理奠定坚实的基础。

（2）弗兰克·吉尔布雷斯夫妇。弗兰克·吉尔布雷斯（Frank Gilbreth，1868—1924）。他 1868 年出生于美国缅因州费尔菲尔德，在安得福学院和波士顿学院学习时，成绩优异。1885 年，他通过了麻省理工学院的入学考试，却因家庭困难弃学进入建筑行业，并以一个砌砖学徒工的身份开始了他的职业生涯。1912 年，在泰勒与甘特的影响下，吉尔布雷斯放弃了收入颇丰的建筑业务，改行从事“管理工程”的研究。由于他在体力劳动操作方法上的杰出贡献，而被誉为“动作研究之父”。他的妻子莉莲·吉尔布雷斯（Lillian Gilbreth，1878—1972）对他的研究做出了很大的贡献。莉莲是心理学和管理学家，被称为“管理学的第一夫人”。

吉尔布雷斯夫妇的主要贡献包括：

① 系统地研究了砌墙活动，并将该研究进行了推广；

② 动作研究活动中引入了电影摄影等技术，开辟了新的研究方法，提出了“动素”概念；

③ 发明了“微动计时器”，这一计时器可以录下二千分之一秒，使动作的定量化研究更加规范；

④ 为了记录各种生产程序和流程模式，设计了生产程序图和流程图；

⑤ 发明了差别计件工资制，通过对同一种工作设置不同的工资来激励员工努力工作。

吉尔布雷斯夫妇认为，组织要获得高效率应该采用高工资与低劳动成本相结合的方式。为了实现这一目标，企业需要规定明确的高标准的作业量、具体标准的作业条件，完成任务者可获得高工资，完不成任务者要承担相应损失。为了能够切实执行上述管理理念，就需要开展相应的研究工作。例如，具体的作业标准和作业条件是实施差别计件工资制的基础，而这些都必须通过科学的时间研究和动作研究才能确定下来。为此，吉尔布雷斯夫妇对时间研究、动作研究和差别计件工资制等进行了一系列深入的研究。他们开展的科学研究以砌砖试验最具代表性。

（3）亨利 • 劳伦斯 • 甘特（Henry Laurence Gantt，1861—1919），他是科学管理运动的先驱者之一，人际关系理论的先驱者之一。甘特生于马里兰州卡尔弗特郡，毕业于约翰斯 • 霍普金斯大学。在成为机械工程师之前，他当过教师和制图工。1887 年，他加入泰勒在密德维尔钢铁和伯利恒钢铁企业的科学管理工作，是泰勒创立和推广科学管理制度的亲密合作者。

甘特一生著作丰富，管理方面的代表作有《工作、工资和利润》《工业领导》《工作的组织》，代表性的论文有《劳动报酬的一种奖金制》《制造业中的一种日平衡图示法》《培养工人的勤奋习惯和协作精神》《生产和成本之间的关系》《效率和民主》等。甘特的主要贡献是发明了甘特图（Gantt Chart），以及提出了任务和奖金（Task and Bonus）制度，除此之外还提出测量工人的工作效率和生产力的方法。

甘特图是甘特得以闻名于世的主要原因。在第一次世界大战期间，甘特利用图表管理的方法获得了重大突破。当时，对陆军部来说时间安排十分重要，然而那里的管理部门却缺乏控制、协调私人承包商与政府机构之间工作的必要资料。甘特提出，工作控制中的关键因素是时间，时间应当是制订任何计划的基础。解决时间安排问题的办法是绘出一张标明计划和控制工作的线条图。这种图表就是在管理学界享有盛誉的甘特图。之后，甘特图被广泛应用于生产实践中，在有效地控制生产和计划方面显示出巨大的价值。甘特图曾用于胡佛水坝和州际高速公路系统等大型计划中，并且一直到现在依然是项目计划管理的重要工具。尽管甘特图在今天的很多大型工程任务管理方面显示出局限性，但是几乎后来的所有控制生产的图表都从甘特图中得到了启发。例如，现代广泛应用的网络技术中的关键线路法（Critical Path Method，CPM）和计划评审技术（Program Evaluation and Review Technique，PERT）都能依稀看到甘特图的“影子”。

另外，甘特提出的奖励工资制（Task Work with Bonus）也有着很大影响。甘特的奖励工资制与泰勒的差别计件工资制存在着明显的区别，前者着眼于工人工作的集体性，而后者则着眼于工人个人，甘特的任务加奖金制度具有集体激励性质。同时，甘特还特别重视职工的培训工作，以此达到提高劳动生产率的目的。正是因为甘特非常重视工作中人的因素、关心工人的利益，所以他也是人际关系理论的先驱者之一。

事实上，对科学管理理论做出重要贡献的除了上述几位典型代表人物，还有卡尔 • 乔治 • 巴思（Carl George Barth，1860—1939）、哈林顿 • 埃默森（Harrington Emerson，1853—1931）、查尔斯 • 巴贝奇（Charles Babbage，1792—1871）等。其中，巴思也是泰勒最早、最亲密的合作者，为科学管理工作做出了很大贡献。他研究的许多数学方法和公式，为泰勒的工时研究、动作研究、金属切削试验等研究工作提供了理论依据。哈林顿 • 埃默森是美国早期的科学管理研究工作者，从 1903 年起就同泰勒有着紧密的联系，并独立地发展了科学管理的许多原理。例如，他对效率问题做了较多的研究和实践，提出了提高效率的 12 条原则——明确的目的、注意局部与整体的关系、虚心请教、严守规章、公平、准确及时永久性的记录、合理调配人财物、定额与工作进度、条件标准化、工作方法标准化、手续标准化和奖励效率。在组织机构方面，他还提出了直线和参谋制组织形式等。

尽管泰勒及其追随者在许多方面不同程度地发展了“科学管理”的理论和方法，但总体来说他们研究的范围始终没有超出劳动作业的技术过程，没有超出车间管理的范围。因此，随着生产活动系统的逐渐复杂，更为系统的科学管理理论的发展成为必然。

2. 大规模生产及装配流水线

（1）流水线生产方式的出现。工业革命以来，社会化大生产逐渐由纺织业发展到当时的几乎所有产业，汽车产业就是一个典型代表。一种建立在科学管理理论基础上的“流水线（Moving Assembly line）”使大规模生产方式走上了人类社会发展的舞台，也极大地改变了人类社会的发展形态。

卡尔 • 弗里德里希 • 本茨（Karl Friedrich Benz，1844—1929）是德国著名的戴姆勒-奔驰汽车公司的创始人之一、现代汽车工业的先驱者之一，人称“汽车之父”“汽车鼻祖”（他和戴姆勒各自独立发明了汽车）。然而，给本茨带来了极高荣誉的汽车并未给他带来丰厚的收益。造成本茨窘境的主要原因在于他发明的汽车的售价高达 3875 马克，以致在当时的收入水平下只有极少的人能够买得起汽车，进而陷入“价格高—销量小—产量低”的恶性循环。就在这个重要的历史节点上，在大洋彼岸的另一端，汽车史上另一位划时代的代表人物走上舞台，他就是汽车界鼎鼎大名的亨利 • 福特（Henry Ford，1863—1947）。从人类

社会发展的角度看，福特的贡献不完全在于对于汽车工业快速发展的重大影响，而应该在于“流水线”这一大规模生产方式对提升人类生产力水平的巨大推进作用。

1910 年，福特在其位于底特律高地公园（Highland Park）的工厂里开展了流水线生产方式的试验活动。在福特的带领下，一群高效率的专家不断检验和探讨新装配线上的每一个环节。为了提高生产效率，他们以各种方法不断开展试验。在大家的共同努力下，一种能够将汽车零件运送到装配工人所需要的地点的环形传送带被发明出来了，并最终创造了世界第一条汽车装配流水线。流水线实现了汽车的大规模机械化生产，使生产效率得到大幅度提高，从而创造了高效率、低成本、高工资和高利润的多赢局面。

（2）装配流水线的发展及特征。流水线是一种大规模的生产方式，是指产品生产按照工艺过程细分为具体的每一个生产单元，每一个生产单元只专注处理某一个片段的工作，并以标准化的形式固定下来，通过员工不断熟练各自的加工活动以提升工作效率及提高产量。过去的汽车装配采用小组式的装配方式，在这种生产方式下，汽车及装配活动都固定在特定的空间，装配时若干名工人围在汽车周边，依次按照工艺顺序装配汽车的各个零件，直至最终装配完成。而汽车流水线的装配方式是将初始的汽车骨架固定在一条不断前进的传送带（或者类似的设备）上，负责不同工序的员工分别等候在流水线的两边，当汽车到达预定位置时，对应的工人执行相关的装配任务，直至最后的工序操作完成为止。

流水线在人类社会发展的过程中起到了巨大的推动作用，然而其发生、发展并不是毫无征兆的。从本质上来讲，流水线这一生产方式是建立在亚当·斯密劳动分工理论和美国发明家伊莱·惠特尼标准化思想的基础上的。大量的实践表明，与过去的传统生产方式相比，劳动分工通过生产方式的变化使生产效率得到了巨大的提升。可以说，今天人类社会生产的所有领域几乎都采用了分工的基本方式。分工理论作为后来的专业分工、管理职能分工、社会分工等理论的基础，深刻地改变了人类历史的走向。标准化，简单地说就是制度化、规范化，即活动方式和工作形式要基于特定的要求，按照一定的规范和标准执行，以便使生产中的劳动及生活中的产品可以实现“相互替换”，进而达到提升生产效率和方便人们生活的目的。标准化这一管理方式已经成为组织实现现代化、大规模生产的重要手段和必要条件。

1.2.3　运营管理之管理科学阶段

1. 管理科学在军事与战争中建立

在亚当·斯密劳动分工理论、泰勒科学管理理论、惠特尼标准化思想及福特流水线实践的共同作用下，人类社会的管理活动逐渐从“艺术”时代跨入“科学”时代。尽管如此，泰勒时期的管理活动中的科学“要素”依然十分简单，甚至有些凌乱。正是在这一背景下，一种被称为“管理科学（Management Science）”的时代到来了。管理活动进入管理科学阶段的重要标志就是“运筹学（Operation Research，OR）”（美国等一些国家又称为管理科学，其英文为 Management Science，简写为 MS，我国的一些高校也采用这样的名称）这一学科体系的建立和不断完善。

“运筹学”一词起源于 20 世纪 30 年代，而该学科主要的理论却产生于第二次世界大战期间。当时，世界两大阵营激烈对垒，双方都投入了大量的人力、物力和财力，而能否以科学的方式对这些人力、物力、财力进行远距离投送，对于战事的发展、结局往往会产生至关重要的影响。在这种情况下，战争过程中出现了大量需要深入研究的课题。例如，反潜艇战、兵力部署、舰队运输、军队后勤保障、雷达预警、地雷战、军队日常管理等。正因如此，直接针对这些问题的大量运筹学小组组建起来了。据保守估计，第二次世界大战中在英国、美国和加拿大机构中服务的运筹学研究人员总数就超过了 700 人。例如，英国在 1940 年为对付德国空军的空袭使用了雷达，而雷达在边境的布局将会直接影响英国能否对德国空袭做出快速响应。为此，英国成立了运筹学小组。而美国为了能够在跨大西洋的军用物资运输中降低德军潜艇袭击的损失，在 1942 年成立了反潜艇战运筹学小组。同年，加拿大皇家空军为了解决地雷战问题，组建了 3 个致力于研究进攻性战术的运筹学小组。这些运筹学小组的研究成果为反法西斯阵营获得最终胜利起到了巨大的理论和方法支撑作用，也为今天“管理科学”时代的到来奠定了重要的基础。

2. 管理科学在社会与经济应用中的发展

第二次世界大战以后，那些曾在军队中从事运筹学研究的科学家逐渐将运筹学的相关理论、知识和方法运用到企业管理的实践中。由于运筹学在实践中对提升企业效益的作用巨大，以运筹学为代表的管理科学在战后得到蓬勃发展，并不断扩展到农业、工业、商业、建筑业、运输业、公共事业等行业。目前，运筹学学科的主要理论包括规划技术（线性规划、非线性规划、动态规划、多目标规划、整数规划等）、运输问题（产销平衡、产销不平衡问题等）、图与网络技术（最小树、最大流、最短路、工程计划网络问题等）、排队与模拟技术（排队、模拟仿真等）、存贮论（经济批量订货模型及相关衍生模型等）、对策分析技术（零和博弈、非零和博弈、囚徒困境等）、决策分析技术（确定性、不确定性、风险型决策等），等等。

目前，运筹学已经成为一门多分支的独立学科，能够为组织的运营管理科学化提供一系列有效的方法和工具。至此，由于组织运营活动的管理理论、方法和工具变得越来越广泛，逐渐改变了泰勒时期只针对生产中某些特定环节进行管理的局面，为管理活动面临的问题提供了更为系统性的解决方法。一般来说，运筹学强调从全局观点看问题，并将相互影响和制约的各个方面看成一个统一体，进而基于整体利益最大化视角寻求一个优化解决方案。然而，需要特别注意的是，尽管管理学已进入管理科学阶段，但是由于多种原因它也存在一定的局限性。也就是说，在使用管理科学理论的实践中仍需要辅以一些恰当的定性方法，才能够更加有效地解决问题。

“一天喝 8 杯水”的管理科学之局限

大家或许都听说过一天要喝 8 杯水的“科学箴言”。一般一杯水大约是 250 毫升，那么一个人一天需要喝 2 000 毫升左右的水。其实这种说法本意是好的，希望通过一种通俗易懂的说法来提醒人们多补充水分，但较真的边缘科学（Verge Science）频道却想从科学的角度向人们解释清楚。研究人员称，每个人每天必须摄取的水量因地、因时、因人而异，包括身材、肤色、天气、地域，等等，所以笼统地说喝 2 000 毫升水是不严谨的。同时，水分的来源也多种多样，蔬菜、水果都能间接补充，这个比例一般占总数的 20% 左右。相关专家的忠告是，主动喝水是一个好习惯，但不要再被“8 杯水”这种谬论带偏了，其实你的嘴巴、你的嗓子都会提醒你喝水，享受人类进化的馈赠吧！

（资料来源：根据公开资料整理。）

1.2.4 运营管理之现代发展阶段

以运筹学为代表的定量理论将管理实践带入管理科学时代，对组织的科学管理起到了极大的促进作用。然而，由于人类对于管理对象认知的局限，定量语言还难以对管理对象做出全面的描述，因此管理科学依然无法彻底解决管理实践中的问题。正是由于管理科学理论仍存在不足，一系列新的理论不断被提出，为组织运营活动提供了更多的管理思路。这些新的方法包括系统科学理论、权变理论、全面质量管理理论、精益管理理论、核心竞争能力理论、业务流程再造理论、学习型组织理论等。

1. 系统科学理论

系统科学理论（System Science Theory）包括信息论、控制论、系统论、耗散结构论、协同论及超循环论，是一门新兴的科学方法理论。该理论最早是由美国理论生物学家贝塔朗菲（Bertalanffy）提出的。1932 年贝塔朗菲提出了“开放系统理论”，为系统科学理论奠定了理论基础。然而，直到 1968 年贝塔朗菲出版了《一般系统理论：基础、发展和应用》（*General System Theory：Foundations, Development, Applications*）一书，系统科学理论才开始得到学术界的重视。贝塔朗菲指出：现代技术和社会已变得十分复杂，传统的方法不再适用同，我们被迫在一切知识领域中运用整体或系统概念来处理复杂性问题。目前，系统科学理论已经在计算机科学、应用数学、管理工程、控制理论等领域得到了广泛应用。

一般来说，系统是由若干要素以一定结构形式联结构成的具有某种功能的有机整体。系统科学理论认为，整体性、关联性、等级结构性、动态平衡性、演化性等是所有系统的共同的基本特征。贝塔朗菲强调，任何系统都是一个有机的整体，它不是各个部分的机械组合或简单相加，系统的整体功能是各要素在孤立状态下所没有的新质，即“整体大于部分之和”。同时，系统中各要素之间不是孤立存在的，都起着自身特定的作用。正是因为要素之间通过相互关联构成了一个不可分割的整体，所以如果将要素从系统整体中割离出来，它将失去要素的作用。

系统科学理论认为，世界上任何事物都可以看作是一个系统。系统是普遍存在的，大至浩瀚的宇宙，

小至微观的原子，整个世界就是系统的集合。因此，系统科学理论在处理研究对象时往往先将研究对象看作一个系统，进而分析系统的结构和功能，再研究系统、要素和环境三者的相互关系和变动规律，最终获得系统的优化解决方案。贝塔朗菲强调，系统论（System Approach）既可以是概念、观点、模型，又可以是数学方法，这一概念的模糊性正好体现了这门学科的方法特点。

2. 权变理论

权变理论（Contingency Approach/Contingency Theory）出现于 20 世纪 60 年代，从 20 世纪 70 年代开始得到越来越广泛的重视。权变理论的本质是管理理论、工具及决策，需要根据要解决问题的具体情况而定，是一种表现为要因人、因事、因时而随机应变的管理理论，即管理必须做到“具体问题具体分析”。权变理论之所以能够兴起与其特定的社会背景有关。20 世纪 70 年代，美国经济发展遇到了巨大挑战，经济衰退和石油危机使社会变得动荡不安，进一步加剧了企业生存环境的不确定性。面对企业的经营困境，以往被视为“万能”的经典管理论、科学管理理论及行为科学理论等却表现得无能为力。

1962 年，美国伊利诺伊大学的心理学家费德勒(Fiedler)提出了一个“有效领导的权变模式(Contingency Model of Leadership Effectiveness)”，这一模式是基于领导理论提出的。费德勒在研究领导理论的过程中将领导方式分为“员工导向型”和“工作导向型”两类。“员工导向型”的领导方式以维持良好的人际关系为主要特征，而“工作导向型”的领导方式则以完成任务为主要特征。然而，研究中却没有明确的证据表明到底哪一种领导风格更为高效。费德勒认为，一个领导者要想取得理想的领导效能，必须使其领导方式与相适应的领导情势相配合。继费德勒的权变论之后，大量学者对领导理论进行了广泛探讨。保罗 • 赫西（Paul Hersey）和肯尼斯 • 布兰查德（Kenneth Blanchard）于 1969 年提出了“领导生命周期理论（Situational Leadership Theory）”。1971 年加拿大多伦多大学罗伯特 • J. 豪斯（Robert J. House）教授发表了《有关领导效率的目标——途径理论》。佛鲁姆（Vroum）和耶顿（Yeton）于 1973 年提出了领导-参与模型（Leader-participation Model）。而 Bernhard Wilpert 和 Frank A. Heller 在 1984 年提出了 Heller. Wilpert 权变模型。这些研究引起了人们对于领导理论中的权变问题的重视。

这个时期，人们开始认识到世界上本就没有一成不变的管理模式，也逐渐不再那么迷恋过去的经典理论。经典理论主要是针对企业内部管理问题的，并且具有一般性、普适性和最优性等特征。而当企业外部环境表现为瞬息万变时，这种相对静态的管理模式就显得越来越无法适应了。权变理论认为，世界上没有一成不变的管理模式，而管理者需要根据组织面临的具体外部环境，采用相应的组织结构、资源配置、领导风格和管理模式，以灵活的方式应对需要解决的问题。可以说，权变理论为人们分析和解决管理中出现的问题提供了一种新的思路。但遗憾的是，权变理论目前还没有统一的概念和标准，也未能构建起较为普适性的应用路径，导致管理者应用该理论解决实际问题时常常感到难以准确把握。

3. 全面质量管理理论

全面质量管理（Total Quality Management，TQM）这一概念最早是由美国通用电气公司的阿曼德 • V. 费根堡姆（Armand V. Feigenbaum，1922—2014）提出的。1961 年，他在出版的《全面质量控制》一书中指出，要想真正搞好质量管理，除了利用统计方法控制过程，还需要组织管理工作对生产全过程进行质量管理。全面质量管理的“全面”主要指全员、全流程、全系统，甚至全社会，强调人人参与质量管理。然而，这一质量管理方法直到 20 世纪 80 年代在日本获得巨大成功后，才开始受到人们的广泛关注。

20 世纪 80 年代，日本企业在汽车、电子、家电等一些产业中的产品质量和竞争力超过美国，美国企业界受到巨大震动。研究发现，在支撑日本工业快速发展的“精益思想”中，产品质量高是日本获得竞争优势的重要根基。日本在“全面质量管理”方面的不断探索、改善是不断提升产品质量的根本方法。

事实上，日本产品质量得到大幅度提升，并创造出超越美国的先进生产方式，主要是在一些美国质量管理专家的帮助下实现的。其中，以戴明（Deming，1900—1993）和朱兰（Juran，1904—2008）最为著名。事实上，早在 20 世纪 50 年代戴明和朱兰的质量管理思想就在探索和尝试中，但是在更高效生产方式尚未形成的背景下，单纯以低成本为目标的美国粗放式的大规模生产方式在当时依然能够获得丰厚的利润。因此，质量管理在美国一直未受到广泛重视。

然而，在资源数量、市场等方面与美国存在巨大差异的日本要想获得竞争优势，必须以一种新的生产方式呈现。20 世纪 70 年代初，随着世界范围内大规模生产方式的逐渐普及，“卖方市场”的局面正在改变，开始逐渐进入“买方市场”阶段。这一阶段的市场变化具体表现为市场需求开始多样化、个性化，消费者不再只是单纯地关注价格，开始越来越重视产品的质量、服务等。随着新技术、新工艺、新材料的出现，生产也从大批量生产向多品种、小批量转变，生产和贸易也日趋国际化、全球化。在这一背景下，不断提升产品质量成为日本企业寻求竞争优势的突破口。实施全面质量管理可以达到以下目标：增强质量意识、加速产品设计、改进生产流程、减少质量事故、提高产品质量、降低维修成本、提高市场接受度、改善售后服务等，最终获得竞争优势和更高收益。

4. 精益管理理论

第二次世界大战后，日本经过 20 多年每年 10%左右的经济增长，在 1968 年超过德国成为世界第二大经济体。而哈佛大学教授傅高义（Ezra Feivel Vogel）在 1979 年发表的著作《日本第一：对美国的启示》（*Japan As Number One: Lessons for America*）在美国社会引起了巨大震动。当时，习惯了“第一”的美国人开始担心，如果日本以这样的速度发展，未来真的会在某一天超过美国，成为真正的世界第一。当时，越来越多的美国人开始意识到，过去那种曾被认为几乎完美的美国生产方式，正在遇到以日本为代表的新生产方式的挑战。

在这一背景下，美国麻省理工学院成立了一个名为“国际汽车计划”（International Motor Vehicle Program，IMVP）的研究项目，并筹得了 500 万美元以研究适应未来发展的先进生产方式。该研究活动在丹尼尔•T. 琼斯（Daniel T. Jones）教授的领导下，先后组织了 53 名相关领域的专家、学者，从 1984 年到 1989 年用了 5 年时间对美国、日本等 14 个国家的近 90 个汽车装配厂进行了实地考察，并查阅了大量的相关资料。1990 年，参与该计划的詹姆斯•P. 沃麦克（James P.Womack）、丹尼尔•T. 琼斯（Daniel T. Jones）、丹尼尔•鲁斯（Daniel Roos）合作出版了名为《改变世界的机器》的著作。该书第一次提出了一种被称为精益生产（Lean Production）的生产方式，而该生产方式就是以丰田汽车生产系统为主要原型的。该书通过系统、深入地对比分析，阐述了西方的大量生产方式与日本丰田的生产方式的差异，并详细描述了丰田的生产方式管理思想的特点与内涵。这一研究成果在美国乃至欧洲汽车制造行业引起巨大轰动，使人们认识到精益生产思想的巨大价值，从而在世界范围内掀起了一股学习精益生产方式的狂潮。4 年之后，《改变世界的机器》的续篇《精益思想》一书从理论的高度进一步归纳了精益生产中所包含的新的管理思维，并把精益思想延伸到企业活动的各个方面，为管理人员重新考量企业流程、消灭浪费、创造价值等提供了系统的理论和方法。

精益生产思想是以丰田的大野耐一（Taiichi Ohno，1912—1990）等人为代表的创始者在长期实践中探索出来的，是一整套适合日本当时国情的汽车生产方式。在第二次世界大战前后的几十年中，以美国福特为代表的大批量生产方式是当时汽车工业中处于统治地位的生产方式。这种生产方式表现为以劳动分工和标准化为基本特征的流水线形式，通过使用大量的专用设备实现少品种、大批量的专业化产品生产，最终以高的生产效率、低的产品成本获得市场竞争的绝对优势。而当时日本的汽车工业依然处于探索阶段。为了提升汽车制造水平，日本派出了大量人员前往美国考察。丰田汽车公司在参观美国汽车制造企业的过程中发现，日本与美国的汽车制造环境存在较大差异，尽管大批量生产方式在提高效率和降低成本方面有很多优势，但是如果要将这一生产方式应用于日本汽车制造行业中，需要在诸多方面进行调整和改进。

在这一背景下，一种具有准时制（Just in Time）、零库存（Zero Inventory）、全面质量管理（Total Quality Management）、快速响应、一个流、自动化、并行工程（Concurrent Engineering）和拉式生产等新理念的生产方式，在企业长期的学习和积累过程中逐渐形成。这种生产方式具有团队充分协作、集成的供应链特征，能够实现多品种、小批量、高质量和低消耗的独特生产。尤其是 1973 年石油危机的爆发，使日本汽车的低成本、高燃烧效率等优点显现出来，而过去以美国为代表的粗放式的大批量生产方式的弱点日趋显现。至此，“用尽善尽美的过程为用户创造尽善尽美的价值”的精益生产方式开始为管理学界所津津乐道。

5. 核心竞争能力理论

核心竞争能力理论是由美国密歇根州立大学的 C. K. 普拉哈拉德（C. K. Prahalad）和英国伦敦商学院的 G. 哈默（G. Hamel）于 1990 年在《哈佛商业评论》上发表的《公司的核心竞争能力》（*The Core Competence of the Corporation*）一文中首次提出的。核心竞争能力理论被认为是战略理论发展的第三阶段，是在经典战略理论阶段和产业结构分析阶段基础上的延续，是企业能力理论的典型代表。进入 20 世纪 90 年代以后，企业的内外部经营环境发生了巨大变化。人们发现，处于不同领域的企业也可能有类似的盈利水平，而处于同一行业的企业盈利水平差异也可能很大。因此，越来越多的学者开始探寻企业到底拥有什么样的能力才能够获得竞争优势。

一般来说，企业能否盈利会受到很多因素的影响，这些因素可以分为内部因素和外部因素。外部因素对于企业的影响固然重要，但大量内部因素却是影响企业盈利状况的关键，如企业的领导者、人才、文化、治理结构等。核心竞争能力理论超越了迈克尔·波特产业层面的竞争，为研究企业层面的竞争战略问题提供了一个全新的视角。这一理论着重强调企业内部因素的作用和影响力，尤其是能够帮助企业获得超额利润的影响因素。

1990 年，普拉哈拉德和哈默通过对一些世界知名公司进行分析后认为，企业是否具有竞争力与其是否具有比对手更快的反应速度和更低的成本有关，但这些又要建立在多种能力综合应用的基础上。该理论认为，同一行业的企业可以获得大概一致的资源，企业在进行战略管理时应该着力培养独特的战略资源及对资源独特的使用能力。因为这才是最终决定这些资源价值的因素，是企业获得竞争优势的源泉。可见，企业高效运营的关键在于培养和发展企业的核心竞争力，而这种竞争力的形成需要将企业内部资源、知识、技术等不断进行积累和整合，并形成一种具有价值性、独特性、难以模仿性、延展性和长期性特征的能力。

6. 业务流程再造理论

业务流程再造理论最早可以追溯到 1990 年，美国学者迈克尔·哈默（Michael Hammer，1948—2008）在《哈佛商业评论》上发表的《再造：不是自动化，而是彻底铲除》一文中首次提出了“业务流程重组（Business Process Reengineering，BPR）”的概念。而 1993 年迈克尔·哈默和詹姆斯·钱皮（James Champy）在著作《再造公司：企业革命的宣言》中，首次给出了业务流程重组的明确定义。业务流程重组是指对业务流程进行根本性的再思考和彻底性的再设计，以便在成本、质量、服务和速度等衡量企业绩效的重要指标上取得显著性的进展。

从本质上来说，业务流程再造理论的提出是基于对过去长期以来“统治”人类生产方式的“分工论”的反思。自从亚当·斯密的分工理论被广泛应用以来，人类社会的生产力得到了巨大提升，甚至可以说分工理论改变了人类历史的发展走向。然而，分工理论在给人类带来生产力大幅提升的同时，也对人们的工作和生活产生了一定程度的负面影响。正是因为分工理论，大规模生产系统中的人成为机械的一个“零件”。而卓别林在其作品《摩登时代》中塑造的流水线工人角色，也深刻阐释了在大规模生产系统中分工给人带来的“悲剧”。同时，过细的分工往往会带来组织机构重叠、组织间责任的推诿、组织效率降低等问题，这从根本上违背了组织分工的初衷。在这一背景下，业务流程再造理论应运而生。

业务流程再造是对企业运作流程的一种系统变革，其强调系统整体大于部分之和，并继承了工作丰富化对分工论的批判。业务流程再造研究的核心对象是组织的业务流程，其根本目的在于对被专业分工和官僚体制分割得支离破碎的流程进行重新设计和再造，以便在尽可能避免分工理论不足的同时，通过价值增值流程的再设计实现组织绩效的进一步提升。业务流程再造的内涵是以企业长期发展战略需要为出发点，强调打破传统职能部门的界限，提倡通过组织改进、员工授权、顾客导向及正确地运用信息技术等方式，建立合理的业务流程，以达到企业动态适应竞争加剧和环境变化的目的的一系列管理活动。可见，业务流程再造的实质是对工业社会中的劳动分工和管理分工的重构。另外，在实施业务流程再造的过程中特别注重将企业资源计划（ERP）、供应链（SCM）、全面质量管理（TQM）和准时生产制（JIT）等其他先进的管理理论，以及当代的信息技术、网络技术、通信技术进行充分融合。

7. 学习型组织理论

1990年，彼得·M. 圣吉（Peter M. Senge）出版了其代表作《第五项修炼》，该书从组织的角度论述了不断学习对组织发展方面的战略价值，并对此进行了深入的阐释。彼得·M. 圣吉认为，组织进行战略管理的最终目的是应对内外部动态环境的变化，而组织进行不断学习就是适应环境变化的有效方法。尤其是随着信息社会和知识经济时代的到来，不断学习对于组织的成败与兴衰起到越来越重要的作用。因此，彼得·M. 圣吉提出了成为学习型组织所需要具备的五项修炼：自我超越、改善心智模式、建立共同愿望、团队学习和系统思考。

彼得·M. 圣吉强调，这五项修炼是形成学习型组织的基本要素，并构成了一个顺次连接、不断进步的过程。单独进行某项修炼对组织来讲并没有多少意义，只有把这五项修炼结合在一起才有可能建成一个学习型的组织。学习型组织理论尤其强调系统思考的作用，认为系统思考应该贯穿于其他四项修炼的全过程，并通过它将其他四项修炼充分地整合起来，最终形成一个有机统一的体系。

1.3 运营管理的发展趋势

1.3.1 基于时间的竞争

如今的企业都已经认识到时间对于竞争的价值和意义，将这种意识引入企业管理的战略层面还是在20世纪90年代。1990年，波士顿咨询公司的乔治·斯托克（George Stalk）和托马斯·豪特（Thomas Hout）在《与时间竞争》一书中提出了“基于时间的竞争”的概念，并强调时间是下一个竞争的优势资源，是一个正在重塑世界市场的重要力量。斯托克和豪特认为，时间是商业竞争的秘密武器，因为时间导致的优势将带动其他各种竞争优势，在最短的时间内以最低的成本创造最大的价值是企业成功的最新模式。为此，企业在每一个阶段和每一道工序都要尽量压缩时间。在此基础上，1998年雷蒙德·T. 耶（Raymond T. Yeh）和克里·皮尔森（Keri Pearlson）提出了“零时间”概念，其含义是企业在当今世界需要不断快速适应外部变化、快速满足顾客需求以便提升组织竞争力，而最理想的状态就是“零时间”响应。“零时间”理念已经在戴尔、通用电气和思科等公司实践成功。

一个新产品的构思、设计、试制和商业性投产，在19世纪需要70年左右的时间，在20世纪第二次世界大战期间缩短为40年左右，在20世纪60年代中期缩短为20年左右，在20世纪70年代后期缩短为5～10年，如今只需要3年甚至更短的时间。在美国的食品中有70%是近10年研发出来的新产品，医药的50%是近5年研制出来的，家用计算机几乎每两年就有一次重大的技术突破。在如今及未来的竞争环境下，产品能否快速进入市场将直接决定企业能否快速占领市场、能否拥有较高的市场占有率。在产品研发领域，不断缩短的产品生命周期正在促使各个企业快速了解市场需求，进而在新产品推出的频率和速度上获得竞争优势。

近年来，一种被称为“快时尚（Fast Fashion）”的消费方式席卷世界。“快时尚”源于20世纪中叶的欧洲服装市场，是指对服装市场设计的快速反应和模仿。目前，“快时尚”已经演变成为时尚服饰企业对服装市场追求时尚设计的快速反应，并制成紧贴最新时装潮流的产品以低廉的价格供应卖场，主攻主流消费者的一种销售模式。目前，“快时尚”已经对传统的服装企业产生了严重冲击。

1.3.2 基于制造与服务融合的竞争

2015年中国第三产业产值占GDP的比重达到了50.5%，2019年更是达到了53.9%，这意味着中国已经进入服务型社会（或称后工业社会）。目前，发达国家服务业的GDP占比普遍在70%以上，美国甚至超过了80%。从世界各国的发展规律来看，未来中国第三产业产值的比重还将进一步提升。在本质上，这种变化是人类社会由农业社会、工业社会向更高阶段演化转型的必然结果。

近年来，制造业服务化受到广泛关注，甚至一些制造企业不再售卖实体产品，而是以实体产品为平台售卖专业服务。越来越多的制造企业意识到，提供高质量的服务可以获得比实体产品更高的收益。正因如此，一些制造企业正在转变为某种意义上的服务企业，服务化成为当今世界制造业发展的重要趋势之一。相关统计数据显示，2011 年通用电气、施乐公司服务收入占总收入的比重分别为 46%和 53%，而 IBM 服务收入占比甚至达到 82.1%。可见，未来将有越来越多的公司不是通过实体产品制造来获得收益，而是通过提供个性化、差异化和多样化的服务来实现。

服务业在中国国民经济中所占比重逐年递增，服务运营管理也成为重要的发展方向，这既包括纯服务业运营管理，也包括制造业与服务业的协调优化。企业重视对服务运营管理的研究，有利于促进中国服务行业的发展，推动产业结构升级，从而实现中国经济的可持续发展。

1.3.3 基于生态友好的竞争

生态危机、能源危机主要是由于人类在过去较长时间的大规模生产、过度工业化造成的，这已经严重威胁到人类的生存和发展。在这种情况下，基于生态友好的运营系统受到越来越多的关注，绿色制造和绿色供应链就是对这一实践的探索和尝试。如今，能够节能并防止全球变暖的企业和产品已经得到广大消费者的青睐，并能够获得来自国家政策的支持。能够尽早抓住绿色发展机遇的企业将会赢得市场，也更容易获得投资者的信任，减弱未来能源危机带来的影响。

绿色制造又称环境意识制造（Environmentally Conscious Manufacturing）、面向环境的制造（Manufacturing For Environment）等，是一个综合考虑环境影响和资源效益的现代化制造模式，其目标是使产品从设计、制造、包装、运输、使用到报废处理的整个产品生命周期，对环境的影响最小、资源利用率最高，并使企业经济效益和社会效益协调优化。绿色制造这种现代化制造模式，是人类可持续发展战略在现代制造业中的体现。1996 年美国密歇根州立大学制造研究协会提出了“绿色供应链”这一概念。绿色供应链的具体内容包括绿色设计、绿色材料选择、绿色制造工艺、绿色包装、绿色营销和绿色回收等。国际质量标准协会也发布了国际环境管理标准 ISO14001 和 ISO14040，用以规范企业环境保护行为。

当前，世界上掀起了一股“绿色浪潮”，环境问题已经成为世界各国关注的热点，并列入世界议事日程，同时不断强化用法律、法规规范企业行为。这将要求企业改变传统制造模式，推行绿色制造技术，发展相关的绿色材料、使用绿色能源、构建绿色设计数据库和知识库等，生产出保护环境、提高资源效率的绿色产品，如绿色汽车、绿色冰箱等。随着人们环境保护意识的增强，那些不推行绿色制造技术和不生产绿色产品的企业，将会在市场竞争中被淘汰，所以转型成为生态友好型企业势在必行。

1.3.4 基于伦理道德的竞争

企业伦理（Enterprise Ethics）也称商业伦理（Business Ethics），这一概念于 20 世纪 70 年代被提出。尽管关于企业的伦理道德问题一直存在争议，但是市场更加青睐那些有伦理道德的企业。1970 年，诺贝尔经济学奖获得者米尔顿·弗里德曼（Milton Friedman，1912—2006）在《纽约时报》刊登题为《商业的社会责任是增加利润》的文章，指出企业唯一的社会责任就是使利润最大化，除去有义务履行特定的经济和法律责任外都可以撒手不管。因为公司追求“社会利益”会增加经营成本，但这通常是通过提高价格让消费者来承担的。很显然，如今这种观点已经无法被大多数人认可。社会经济学的观点认为，企业的社会责任不只是盈利，还应该包括保护和改善社会福利。如果企业只追求利润而不考虑企业伦理，那么企业的经营活动将会越来越窄。

事实上，企业经营过程中存在大量的伦理问题，如企业与员工之间的劳资伦理、企业与客户之间的客户伦理、企业与同业之间的竞争伦理、企业与股东之间的股东伦理、企业与社会之间的社会伦理，以及企业与政府之间的政商伦理等。社会责任（Social Responsibility）是指一个组织在其法律和经济义务之外愿意去做正确的事情，并以有益于社会的方式行事的意向。艾伯特公司通过频繁关闭照明，以及减少空调和暖气的使用频率来降低能源消耗和减少对环境的污染。值得特别指出的是，谷歌基金会设立了 20 亿美元的专项资产，用来开发各种系统以帮助预测和防止全球性流行病、使贫困人口获得更多公共服务信息、为发展中国家创造就业岗位、加快新能源汽车的商业化速度和使可再生能源更加廉价等。

日本企业工作环境的安全要求

日本厚生劳动省是职业安全卫生管理的中央一级政府机构，设有 11 个局和 7 个部，安全卫生管理设在劳动标准局，下设政策法规课、安全课、劳动卫生课和化学物质调查课。日本政府在企业保障员工健康方面做出严格规定。①建立职业健康管理系统和健康安全委员会。雇员人数超过 50 人的企业必须建立健康安全委员会，聘用职业医师，每个月召开有职业医师参加的会议，讨论职业卫生问题与对策。雇员人数超过 50 人的企业必须雇佣兼职职业医师，雇员人数超过 1 000 人及雇员人数 500 人以上的高危行业必须雇佣专职职业医师，聘用卫生工作人员。卫生工作人员需具有都道府县劳动局颁发的资格证书，负责健康委员会职业医师建议的测量工作。②作业环境控制。开展作业场所中有机溶剂等化学物质、粉尘和噪声等检测工作，并对作业场所的有害危险因素采取控制措施。③作业管理。对工作人员的作业方式、操作频率及作息间隔等进行设计与管理，以确保作业的安全与效率。④健康管理。所有工作人员，每年至少进行一次健康体检。凡接触有毒有害物质及粉尘的员工每半年至少体检一次。新上岗员工接受一般健康检查。⑤职业健康教育。日本企业为了达到国家在员工工作安全方面的要求，每年都会投入大量的时间、精力和资金对员工进行职业健康教育。

（资料来源：根据公开资料整理。）

1.3.5 基于大规模定制的竞争

大规模定制（Mass Customization，MC）概念最早是由美国未来学家阿尔文·托夫勒（Alvin Toffler）于 1970 年在其《未来的冲击》（*Future Shock*）一书中提出的。1987 年斯坦·戴维斯（Start Davis）在《完美未来》一书中正式提出大规模定制生产方式。随着生活水平的提高，人们越来越希望在消费过程中展现自身的独特性，个性化定制逐渐成为一种时尚和潮流。个性化定制体现为消费者介入产品的生产过程，将指定的需求（如图案、文字、款式，以及一些独特的个性化的元素）体现在指定的产品上，进而使消费者能够获得具有强烈个人属性的商品或与特定需求相匹配的产品或服务。在这种情况下，定制成为高贵、富有和奢华的代名词。消费者通过量身定做，享受“专属”服务，来“彰显自我”，而生产和服务企业在其中也能获益匪浅。

很显然，过去被当作生产“圣经”的标准化和大规模定制无法完美地表现自我。然而，由于每个定制产品存在很大差别，在传统技术上难以进行有效控制，导致生产成本过高和生产效率低下，这也正是个性化定制在 20 世纪 90 年代出现后很快消失的原因。在这种情况下，如何在定制化基础上实现大规模生产成为摆在运营管理者面前的一道难题。本质上，大规模定制是个性化定制产品和服务的大规模生产模式，具有大批次、小规模、高质量和快速生产等特点。从传统的生产理念来看，大规模生产与个性化定制两者之间的矛盾似乎没有办法化解。然而，现代信息技术、网络技术、物联网和智能制造的发展为大规模定制化生产方式的可行性提供了保障。如今，已经有越来越多的企业正在通过大规模定制来获得竞争优势。例如，戴尔（Dell）的个人计算机的定制、红领集团的个性化服装制作等。

1.3.6 基于经济全球化的竞争

自 20 世纪 80 年代以来，经济全球化得到了快速发展，已经成为当今时代的基本特征。经济全球化的表现是物资与资本在全球范围内的流动，但在本质上是在市场价值规律的作用下对全球性资源进行配置。尽管人们对于经济全球化的发展依然存在较多争议，但是在世界范围内经济全球化的发展趋势已是势不可挡。因为以经济为纽带的全球范围内的合作使分工进一步细化，企业与企业之间建立起一种极为紧密的合作关系，并且彼此之间的依赖度越来越高。因此，彻底废止经济全球化几乎成为一件不可能的事情。

在这一背景下，尽管经济全球化环境下的机遇十分诱人，但是运营经理们必须意识到其中存在的复杂

性、风险性、竞争性和日益增加的挑战性。企业必须深入研究经济全球化背景下不同的公司类型、运营方式、文化、生活方式、价值观念和意识形态等在开展跨国交流中可能出现的碰撞、冲突与融合。例如，国家的法律法规问题、知识产权问题、国际贸易规则问题、文化价值观的差异问题、经济全球化的金融体系问题、跨境的技术合作问题、非法移民和恐怖主义问题等。企业在运营中对此需要有充分的理解和认识，这样在全球范围内竞争时才可能做到游刃有余。

1.3.7 基于全面创新的竞争

几乎所有企业都认为创新是重要的，创新可以体现在企业的方方面面，从形形色色的创新类型就可以看出。按照创新对象可以分为知识创新、技术创新、产品创新、工艺创新、市场创新、组织创新、制度创新、服务创新、文化创新和管理创新等；按照创新部门的层级可以分为企业创新、产业创新、区域创新、国家创新和跨国创新等；按照创新战略模式可以分为自主创新、协同创新、合作创新、模仿创新、全面创新和开放式创新等；按照创新源的获取途径可以分为原始创新、集成创新、引进创新、引进消化吸收型创新、逆向创新和亚洲式创新等；按照创新程度可以分为突破性创新、渐进性创新和适度性创新等；按照创新理念可以分为包容性创新、朴素式创新、节俭式创新、甘地式创新和拼凑式创新等。

全面创新管理以构建和提高核心能力为中心，以价值创造和价值增值为目标，以竞争战略为导向，以技术创新为核心，以组织的战略创新、组织创新、市场创新、管理创新、文化创新和制度创新等的有机组合与协同创新为手段，凭借有效的创新管理机制和方法，做到人人创新、事事创新、时时创新和处处创新。瑞典学者哈利森教授通过长期的研究认为，日本优秀企业的创新管理模式既不是纯粹的自主创新，也不是纯粹的合作创新，更不是纯粹的模仿创新，而是一种兼有上述三种创新战略优点的复合创新。可以说，企业要想获得竞争优势已经离不开创新，而且创新还不能仅局限于某一方面的创新，而是需要能够体现出全面性、全员性、全时空性、协同性和开放性特点的全面创新。

1.3.8 基于智能制造的竞争

智能制造（Intelligent Manufacturing）是一种由智能机器和人类专家共同组成的人机一体化智能系统，是对过去自动化制造系统的进一步推进。事实上，人类对于如何提高制造效率、改善制造质量进行了长期的探索。在 20 世纪 90 年代就有许多国家开展了智能制造的研究。1990 年，日本发起了一项名为“智能制造系统 IMS”的国际合作研究计划，该计划共投资 10 亿美元，对 100 个项目实施了前期科研计划。美国、德国、英国、法国、加拿大和澳大利亚等国家都参与了该项计划。中国也曾专门开展了一系列专项研究，并对自动化、柔性制造和智能制造等特定领域的问题进行了集中攻关。

随着人工智能技术的不断发展，如今的智能制造与过去相比发生了巨大变化，在智能制造过程中越来越强调智能活动。一般来说，智能制造由智能制造技术和智能制造系统两部分组成，而智能制造系统本身应该能够通过搜集、理解相关信息，开展自我学习并不断扩充知识库，进而对诸如制造过程中出现的问题进行分析、推理、判断、构思和决策等。未来人工智能技术将渗透到制造过程的各个环节，如产品设计、工艺设计、生产计划和故障诊断等。毫无疑问，智能化是制造自动化的发展方向，谁率先掌握和使用了智能制造技术，谁就将掌握市场的主动权并获得竞争优势。

未来企业的运营管理越来越成为数据驱动的运营管理，这与不断出现的互联网、RFID、物联网和 5G 等技术的迅速发展密不可分。目前，许多行业具备了很强的数据收集能力，大数据时代已经来临，这也为供应链管理带来了机遇和挑战。大数据环境下的消费者行为刻画、企业精准营销、企业生产、库存和定价等都将出现革命性变化，从而引发新的、多样式的供应链管理问题。未来企业需要在大数据的基础上探索更加精细、更具可实施性的智能化运营管理模式。

1.4 运营管理的学习框架

1.4.1 运营管理的内容分类

运营管理课程的理论体系庞大，相关思想、知识、方法和工具众多，是直接针对企业管理实践的学科。要想真正发挥运营管理学科的作用，需要管理者对相关理论和方法进行广泛及深入的学习、理解、反思和总结。一般来说，运营管理课程的内容大致可以分为以下几种类型。

1. 定量与定性

从研究对象的解决技术的属性来看，运营管理知识可以分为定量和定性两种类型。定量方法主要是以运筹学为主体的理论知识，这些知识为运营管理学科解决问题提供了大量定量工具，为解决实践中遇到的问题提供了有明确依据的科学解决方案。然而，管理实践表明，定量方法在解决实际问题中也存在很多局限性，并不能解决所有问题。在这种情况下，另一种方法被融入进来，即定性方法。定性方法在运营管理中应用极为广泛，并且发挥着定量方法不可替代的重要作用。当解决极为复杂的问题时，将定量与定性方法相结合更为有效。

2. 运营过程管理与运营系统设计

从研究对象所处的状态来看，运营管理的主要内容可以分为运营过程管理和运营系统设计两个部分。运营过程管理的内容主要包括生产计划、战略规划、库存管理、排队管理、项目管理、管理信息系统、作业排序、质量管理、供应链管理等；运营系统设计的内容主要包括工作设计、产品设计、服务设计、流程设计、组织选址、设施布置等。

3. 生产与服务

从研究对象所属的产业来看，运营管理的主要内容可以分为生产对象和服务对象两种类型。从运营管理的发展历史来看，大规模生产成为社会生产的主流，并促成了运营管理学科的建立。从那时起生产制造成为其研究对象，时至今日生产制造依然是该学科的核心内容之一。生产制造过程中涉及的生产技术准备过程、基本生产过程、辅助生产过程、附属生产过程，以及生产制造过程中的计划、组织、协调与控制等，这些都是运营管理需要解决的关键问题。尽管生产制造依然是运营管理的重要内容，但是随着社会经济结构和形态发生变化，服务在社会经济发展中的地位越来越显著，并逐渐取代生产制造的统治地位。这种情况已经在大多数发达国家成为现实，我国也正在经历这一变化。然而，从目前运营管理学科的现状来看，关于服务运营的管理理论并没有跟上当今服务业的发展需求。因此，针对服务方面的管理理论应该被尽可能充实，因为服务方面的管理在未来将变得越来越重要，相应的需求也将越来越迫切。

1.4.2 运营管理的学习重点

对于运营管理课程而言，学习的重点到底是什么呢？答案需要依据学习者的情况区别对待。一般来说，学习的对象分为三种：知识、技能和思想。知识是指那些通过前人不断积累、实践、验证过的理论，以及解决实践问题的方法和工具等。技能就是采用特定的方式运用某些知识、理论、方法、工具有效地解决问题的能力。而思想则是在面对一个问题时，能够较为准确地把握问题的实质、有效地确定解决问题的思路、科学地应对当前及未来面临挑战的极具智慧性的看法。

很显然，对于不同职位、不同行业、不同阶段的学习者而言，知识、技能和思想的重要程度是不一样的。例如，对于初学者而言扎实地学好理论知识更为重要，因为对于他们而言可能还谈不上技能应用，更谈不上思想的创新。对于具备一定理论知识的人而言，应该去思考如何将这些理论知识付诸实践，这是需要对技能进行锻炼的阶段，而能否进行更高层次的思考则是因人而异的。当然，关于思想，一般是高层管理者的主要职责。这些管理者经历理论学习、实践技能磨炼的过程后，加上对实践问题进行深入思考，他们在思想上才

能有更为深远的理解。由此可见，知识、技能和思想没有孰轻孰重之说，只是由于学习者所处状态存在一定差异而已。同时，三者之间是相互关联、相互制约的，只有将三者顺次连接起来，才能逐渐获得能力的提升。正如古人所说“博学之、审问之、慎思之、明辨之、笃行之”，这才是不断提升解决运营管理问题能力的不二法则。

要想成为一个优秀的运营管理人员，只具有知识和技能还远远不够，而建立在前两者基础之上的思想至关重要。从世界知名企业的管理实践可以看出，没有思想、不善于思考不可能成为优秀的管理者，企业也不可能成为伟大的企业，让管理者、员工积极思考和反思是培育伟大企业的基础。在学习运营管理课程的过程中，深入理解这些理论的优点固然重要，但是经常对那些经典的理论进行反思，从而发现这些理论存在的不足之处显得更为关键。那如何进行有效的反思呢？这就需要掌握关于如何进行反思的理论和方法，加强相关方法论的理论学习。

1.4.3　运营管理的学科体系

经过多年的发展，管理学已经成为一个极为庞大的体系。作为其中的一个组成部分，运营管理的理论也经历了一个由简单到不断成熟的发展过程。运营管理在管理学学科体系中处于核心位置，其基础学科包括管理学、经济学、工程学，支持学科包括战略管理、绩效管理、人本管理，上游学科包括系统论、信息论、控制论、协同论、突变论，下游学科包括生产管理、服务管理、技术管理、项目管理、市场管理，运筹学是其相关紧密学科（运营管理的学科体系见图 1-2）。另外，运营管理还与一些工程技术学科存在紧密联系，一些相关的交叉学科对于有效进行运营管理也极为重要。

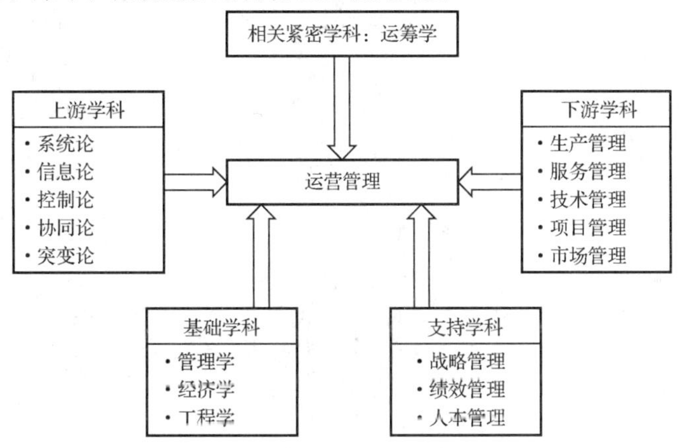

图 1-2　运营管理的学科体系

本章小结

运营管理是企业为实现价值增值而开展的基本活动，涉及的内容十分广泛，本章主要从四个方面对运营管理的总体框架进行了介绍，以便学习者对运营管理有一个总体的认识。第一节介绍了运营管理的本质和意义，主要阐述了运营管理的本质是使组织达到效率最大化，并说明进行运营管理的意义所在。第二节介绍了运营管理的发展历史，以一些主要理论为划分历史阶段的基本依据，将其分为工业革命阶段、科学管理阶段、管理科学阶段和现代发展阶段，并对不同阶段进行了说明。第三节介绍了运营管理的发展趋势，从时间、制造与服务融合、生态友好、伦理道德、大规模定制、经济全球化、全面创新、智能制造八个方面解释了企业竞争面临的一系列挑战。第四节介绍了运营管理的学习框架，在阐述主要学习内容的基础上指明了学习的重点、注意事项及运营管理在管理学体系中的位置。

思考题

1. 什么是运营管理？运营管理的意义是什么？
2. 运营管理的主要发展阶段标志性事件和理论分别是什么？
3. 如何理解日本对运营管理发展形成的影响，有哪些理论至今还值得很多企业借鉴？
4. 如何理解制造业与服务业的融合？
5. 面对运营管理课程的学习，如何理解知识、技能和思想之间的关系？

案例分析

第2章 运营绩效管理

2.1 运营绩效管理概述

引导案例

2.1.1 绩效

1. 绩效的含义

绩效是指组织、团队或个人在一定的资源、条件和环境下，完成任务的出色程度，是对目标实现程度的衡量与反馈。绩效中的“绩”就是成绩，主要体现组织或个人的利润，如企业的收益、个人的劳动生产率、产出成果等。绩效中的“效”就是成效，主要是指效果，体现的是企业的运行结果与预期目标相符合的程度。

一般来说，高的效率意味着好的效果，但是并非总是如此。例如，有的企业生产的产品虽然质量合格，但是产销不对路，在市场上卖不出去积压在仓库里，最后甚至变成废弃的物质，这些产品是没有效益的。也就是说，绩效评价中要兼顾效率和效果。如果当效率与效果无法兼顾时，首先应着眼于效果，然后设法提高效率。可见，衡量绩效应该从效率和效果两个方面展开，而不能过度关注某一单独指标。

2. 绩效的类型

绩效管理在企业中非常普遍，如创新绩效、生产组织管理绩效、生产设备管理绩效、生产队伍建设绩效、安全生产管理绩效、安全文化建设绩效、生产控制绩效、生产成本管理绩效、仓储管理绩效、生产质量管理绩效、财务管理绩效、市场营销绩效、员工工作绩效、生产人员绩效、管理人员绩效等。具体而言，绩效可以按照一定的标准分为不同的类型。

（1）按绩效的评价对象可以分为企业（集团）经营绩效、职能部门绩效和员工绩效。企业（集团）经营绩效是指企业在一定经营期内的经营效益和经营业绩，其绩效水平主要表现在企业的盈利能力、资产运营水平、偿债能力和后续发展能力等方面。职能部门绩效是指在一定经营期内部门经营状况与预期的一系列指标相符合的程度。然而，企业中的职能部门众多，并且各个部门承担的职能不同，从事的业务也存在较大差异，有的部门甚至很难进行量化考评，部门之间很难进行横向比较。为此，有学者认为职能部门考核面临“目标难明确、指标难量化、数据难收集、评分难公平、结果难应用”五大难题。员工绩效是指组织内部的员工为组织所做的努力及贡献。尽管企业内员工数量众多，并且工作之间也往往存在一定差异，但是由于从事统一工作的员工数量相对较多，同时由于分工细化导致工作内容相对规范，为此员工绩效的评价方法较为成熟。

（2）按绩效的确定程度可以分为绝对绩效和相对绩效。绝对绩效是指评价绩效时采用的标准是评价前确定的一个固定不变的基准，基于比较得到的绩效评价结果。绝对绩效通常采用的是绝对评价法，即在评价前确定一个标准，评价时将评价对象与客观标准进行比较，以确定评价对象是否达到目标基准。比如，目标管理法、关键绩效指标法、等级评估法等。与绝对绩效相对，相对绩效的参照标准不是一个相对客观的标准，所以相对绩效是相对一定的内部参照物的标准进行比较的结果。例如，在同类型的组织之间按照绩效排序以区分优劣。

（3）按绩效的时间跨度可以分为年度绩效、季度绩效和月度绩效等。年度绩效相对更为宏观，主要是从整体性、全局性层面对组织运营或个人工作状况进行的绩效评价，而季度绩效和月度绩效相对更加微观，是体现组织运营或个人工作具体情形的一些指标。年度绩效指标可以分解为季度绩效指标，季度绩效指标可以进一步分解为月度绩效指标。同样，季度绩效、月度绩效指标又是年度绩效指标的基础。另外，进行指标管理时还要考虑外部环境变化及内部条件制约的影响。

2.1.2 运营绩效及管理

1. 运营绩效及绩效管理

（1）运营绩效。运营绩效（Operations Performance）是指企业通过制订绩效计划、实施绩效运作、进行定性及定量的绩效分析与评估、绩效改善等作业流程，反映出其生产或服务等一系列活动的运营效果状况。作为企业的一项基本职能，运营管理是实现组织价值增值的核心职能，为了切实实现组织的最终目标，企业内的任何部门、任何组织和任何个人都存在不断提升运营绩效的需求。

（2）运营绩效管理。运营绩效管理是指各级管理者和员工为了达到组织目标共同参与的绩效计划制订、绩效辅导沟通、绩效考核评价、绩效结果应用和绩效目标提升的持续循环过程。运营绩效管理的目的是持续提升个人、部门和组织的绩效。运营绩效管理通常分为两大类：一类是激励型绩效管理，侧重于激发员工的工作积极性，比较适用于成长期的企业；另一类是管控型绩效管理，侧重于规范员工的工作行为，比较适用于成熟期的企业。但无论采用哪一种管理方式，其核心都应有利于提升企业的整体绩效，而不应在个别指标上斤斤计较。影响企业运营绩效的主要因素包括合理的流程设计、绩效达成的能力、员工行为的表现、资源的投入、企业文化的驱动等，如图 2-1 所示。可见，只有对那些影响绩效评价的一系列因素进行综合的权衡，才能获得一个较为满意的运营绩效。

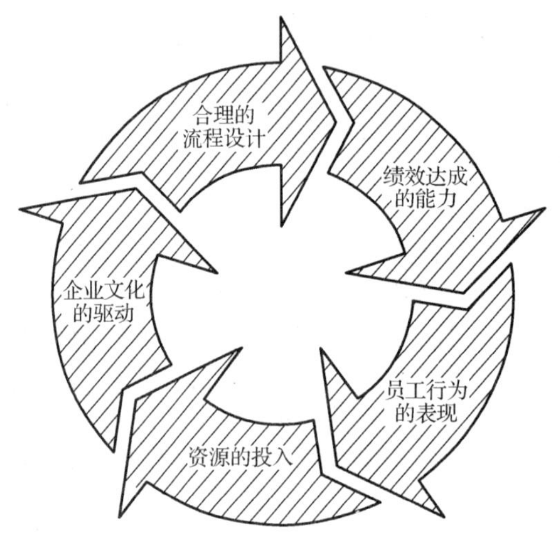

图 2-1 影响企业运营绩效的主要因素

2. 运营绩效管理的意义

为了采取有针对性的管理措施，“知己知彼”是极为关键的——运营绩效管理可以深入了解企业自身的运营状况，对企业发展做出科学判断，以便合理引导企业发展方向，调动部门和员工的积极性和创造力。具体而言，对运营绩效进行管理有以下四点作用。

（1）达成经营目标。在本质上，绩效考核是一种过程管理，是将中长期的目标分解成年度、季度、月度指标，以便不断督促员工实现、完成的过程。有效的绩效考核，能帮助企业有计划地达成目标。

（2）挖掘存在问题。绩效考核是一个不断制订计划、执行、改正的循环过程，整个运营绩效管理过程是绩效目标设定、绩效要求达成、绩效实施修正、绩效面谈、绩效改进、再制定目标的循环，这也是一个不断地发现问题、解决问题的过程。

（3）合理分配利益。绩效工资作为员工收入的重要组成部分，其分配方式与员工的绩效考核得分息息相关。运营绩效管理可以为利益分配提供依据，为提高部门和员工积极性提供保障。

（4）促进持续成长。为利益分配提供依据只是运营绩效管理的功能之一，而运营绩效管理的最终目的是促进企业与员工的共同成长。通过科学的运营绩效管理，可以及时发现问题，从而找到差距并进行提升，最后达到组织可持续发展的目标。

3. 运营绩效管理的基本过程

运营绩效管理是一个连续不断地对绩效进行分析、评价和改进提升的动态过程。一般来说，一个完整的运营绩效管理过程包括绩效诊断评估、绩效目标确定、绩效计划制订、绩效执行辅导、绩效评价与分析、绩效改进等。

（1）绩效诊断评估。该阶段主要通过调研等方式对组织运营绩效的实际情况进行诊断和分析，主要通过收集和整理分析组织的内外环境的资料和信息，明确企业的使命和目标，了解企业所处环境的变化情况，以便选择那些事关企业发展的关键指标对组织和员工的绩效进行管理，从而进行准确的方向性引导。诊断和分析的具体内容一般包括企业组织机构设置及工作流程、部门设置及岗位责权分工、企业战略目标及企业目标管理、工作计划体系及企业数据化、相关部门或岗位过去 1～3 年的业绩表现、企业制度及薪酬系统、工作目标及计划实现周期、员工业务技能评估、作业指导书等与评估目标密切相关的事项。

（2）绩效目标确定。运营绩效评价的目标最终要服务于企业的经营目标，部门的运营绩效目标需要紧紧围绕企业的绩效目标展开，个人的绩效目标要服务于部门的绩效目标，并将此作为绩效衡量的评价指标。恰当的绩效目标是进行有效绩效管理的基础，也界定了组织或员工的工作任务，明确了在绩效考核期间应当做什么样的事情。一般来说，绩效目标可用绩效项目和绩效指标两个部分来表示：绩效项目主要是说明将从哪些方面来对员工的绩效进行考核，大致分为工作业绩、工作能力和工作态度三个方面；绩效指标主要是指各个绩效项目的具体考核指标，是对绩效项目的分解和细化。比如，工作能力是评价某一个职位的考核项目，而工作能力又可以细化为分析判断能力、沟通协调能力、组织指挥能力、开拓创新能力和公共关系能力等具体的指标。

（3）绩效计划制订。绩效计划是绩效评估双方根据已设定的绩效管理目标，对被评价方的绩效构成、考核期内需要完成的考核内容和绩效衡量标准达成一致的协议。规范的绩效计划有助于保证绩效管理的有序实施，是实现绩效管理制度化的重要保障。在进行绩效管理计划设计时要开展充分的讨论，有效的沟通会给计划的实施带来大量的便利。绩效计划的制订过程大致包括计划准备、沟通及审定三个步骤：计划准备阶段除了需要将组织的绩效目标进行准确的理解与传达，还需要充分了解企业、部门及岗位的历史与现状；沟通阶段主要是评估双方通过一定的沟通方式就绩效结构、绩效目标、评价标准、评价方法、绩效实现途径进行协商，以保证绩效计划的可行性；在审定阶段主要是明确关键成果领域、关键绩效指标和绩效实现期限等，最终以规范合同方式进行备案，以便作为被评价方在工作过程中明确的行为规范的标尺。绩效计划应当是确定有效的，并且是可变和具有激励性的，这样才能使绩效评价得到更广泛的支持，也能为组织的经营提供有效的支持。

（4）绩效执行辅导。绩效执行辅导主要是以提升绩效管理效果为目标，由评价双方实时了解绩效状况、调整相关工作行为，并动态更新绩效目标的过程。在这一阶段，管理者需要对员工的工作进行指导和监督，探讨为实现绩效目标所需要改善的问题，对发现的问题及时解决，进而辅导和帮助员工实现工作目标，并根据需要对绩效目标进行适当的调整和更新。

（5）绩效评价与分析。在明确了具体的考核项目和指标之后，就需要在企业、部门和员工工作中对于相关项目的指标信息、数据进行系统的收集和整理。数据信息的来源主要分为两种：一种是由专门的绩效考评部门通过一定的方式进行收集和整理；另一种是让各职能部门和员工等被评价方提供相关的数据，作为绩效评价的基础数据和信息，然后由相关部门进行核实和确认。在得到足够的相关数据后，就可以选择评价方法进行评价了。开展绩效评价的方法很多，评价方法的适用性也存在一定的差异。因此，在选择评价方法时需要根据评价对象的具体要求进行科学的选择。

（6）绩效改进。在得到评价结果后，首先需要对评价结果的准确性进行分析，分析的方法可以基于特定的客观基准进行判断，也可以通过与被评价方进行充分的沟通和交流进行判断；其次，对绩效结果进行适当的修订，如对一些特殊情况进行重新评价，以便获得一个相对客观、准确的评价结果；再次，评价方与被评价方依据评价结果进行有效的沟通，分析以往工作中成功的经验及存在的问题，并进行系统的总结；最后，根据最终评价结果对被评价方进行绩效奖惩，以便进入下一个绩效评价周期。

2.1.3 绩效管理制度化

1. 绩效管理制度化的意义

绩效管理制度是一套系统化的作业流程与方法，是企业为了有效整合组织内外各部门的绩效管理，实现预定的目标而建立的各项标准作业步骤、规定、章程、规范等的总称。也就是说，绩效管理制度是将规划、组织、用人、领导、控制、协调等管理步骤书面化、制度化，编制成管理手册或者管理办法，以供各级主管及从业人员使用。

绩效管理制度化的意义是企业以预定目标为管理导向，建立适合企业运营且将一些关键指标作为衡量基础的运营绩效管理模式，以制度化的方式将绩效管理与目标管理、奖金制度、工作研究及改进、精简生产模式、薪酬管理、员工培训方案等充分结合起来，进而提升企业的运营绩效。绩效管理制度化是绩效管理体系的第一个关键步骤，通过它可以在企业内建立一种科学合理的管理机制。绩效管理制度化能够较为清晰地体现绩效指标的严肃性，使决策层能够把精力集中在对于企业发展而言最关键的经营决策上，有助于企业总体战略的逐步实施和年度工作目标的实现，有助于在企业内部形成一种突出绩效的企业文化。

2. 绩效管理制度化的推动作用

绩效管理制度化是一项常规性的管理活动，需要专门配备相应的固定人员，并建立绩效评价组织。绩效评价组织也应该像其他职能部门一样有明确的组织结构，设置明确的岗位职责，责、权、利分明，以使绩效管理成为一项具有公信力的组织活动。例如，一些公司会设立专门的绩效管理委员会，作为绩效管理组织体系的主体。同时，从公司到各部门设立各级绩效经理，共同完成公司的组织和个人绩效管理工作。在此基础上，绩效管理部门利用制度说明会等形式加强绩效管理的宣传、引导、监督和核查。

3. 绩效管理制度化的注意事项

为了使绩效管理制度化能够切实规范企业的行为，以及为实现组织的战略目标提供有效的支持，绩效管理需要所有相关成员的共同努力。除了企业高层领导的支持，还需要得到组织内其他成员的广泛认同和支持。为此，在绩效管理制度化过程中应该力求做到以下几点：

（1）全体成员对绩效管理制度数据的认知及支持；

（2）鼓励各阶层参与绩效管理制度的建立和推行；

（3）了解组织成员对绩效管理制度的反应与态度；

（4）重视组织成员对绩效管理制度的改善建议；

（5）定期总结绩效管理制度推行的效果，并适时修订制度。

2.2 运营绩效的评价

2.2.1 运营绩效评价概述

1. 运营绩效评价

绩效评价（Performance Appraisal）又称绩效评估，主要是通过系统的方法、原理来评定和测量组织的工作成果，并与统一的标准进行对照分析，以便对一定经营期间的经营业绩做出客观、公正和准确的综合评判。

一般来说，企业运营绩效评价应该与企业战略紧密相连，并应随企业战略的不同而变化。也就是说，运营绩效评价不是静止、固定的，而是动态、多元的。同时，各种绩效评价方法都具有自身的特点，但没有一种是“放之四海而皆准”的绩效评价方法。因此，要想使运营绩效评价更加有效需要进行多元化的整合，根据实际需要选择并整合不同的绩效评价方法以达到取长补短的目的，进而将评价方法、评价流程和评价对象重新构成一个有机的系统。

华尔街如何评价运营绩效

因为产品或服务的成本对于高盈利成长十分重要，因而投资者通常很重视从运营角度比较企业的绩效。收入增长通常取决于企业的盈利能力，销售额的增长或者成本的缩减都能使利润增加。高效率的企业通常在需求回落的经济萧条时期仍能脱颖而出，由于低成本结构，它们通常在经济环境不好的情况下仍能持续盈利。精通运营的企业有时候甚至把经济萧条看作获得市场份额的机会，因为此时效率低的对手们可能正在为保持业绩拼命挣扎。

在汽车产业中，效率是一个十分重要的因素。表 2-1 中列出了几家汽车制造商的运营数据，通过这些数据可以看出，丰田的表现最突出。丰田员工的净收入是福特和克莱斯勒的 5 倍。这与丰田在应收账款周转率、库存周转率及资产周转率方面的突出表现有关。

表 2-1　几家汽车制造商的运营数据

单位：美元

管理效率度量指标	丰　田	福　特	通　用	克莱斯勒	行业水平
每个员工净收入	40 000	8 000	10 000	8 000	15 000
每个员工营业收入	663 000	535 000	597 000	510 000	568 000
应收账款周转率	4.0	1.5	1.0	2.2	2.1
库存周转率	12.0	11.5	11.7	5.9	11.0
资产周转率	0.8	0.6	0.4	0.8	0.8

（资料来源：奈志尔·斯莱克，斯图尔特·钱伯斯，罗伯特·约翰斯顿.运营管理（第 5 版）[M]. 熊晓霞，等，译. 北京：中国市场出版社，2009. 有改编。）

2. 运营绩效评价的意义

运营绩效评价的目的是增强组织的运行效率、提高员工的职业技能、推动组织的良性发展，最终使组织和员工共同受益。另外，运营绩效评价是与组织的战略目标相连的，它的有效实施将有利于把员工的行为统一到战略目标上来。整个绩效评价体系的有效性还对组织整合人力资源、协调控制员工关系具有重要意义。不准确或不符合实际的运营绩效评价不仅不会起到积极的激励效果，反而会给组织人力资源管理带来重重障碍，并导致员工关系紧张。

3. 运营绩效评价结果的作用

运营绩效评价不只是为了简单地得到孰优孰劣的结果。运营绩效评价可以通过设定科学合理的组织目标、部门目标和个人目标，为企业和员工指明努力方向，促进组织和个人绩效的提升。同时，管理者通过运营绩效评价后的辅导沟通能够及时发现下属工作中存在的问题，给下属提供必要的工作指导和资源支持。下属通过工作态度的调整、工作方法的改进，保证绩效目标的实现。具体而言，运营绩效评价结果有以下几种作用：

（1）为员工的晋升、降职、调职和离职提供依据；

（2）为组织对员工的绩效考评提供反馈；

（3）对员工或团队对组织的贡献进行评估；

（4）为员工的薪资标准提供依据；

（5）对招聘员工和工作分配进行评估；

（6）了解员工及团队的培训和教育的需要；

（7）对培训员工效果的评估；

（8）为工作计划、预算评估和人力资源规划提供信息；

（9）判断组织的运营效率和效果，并寻求原因和解决方案。

4. 运营绩效评价的局限性

运营绩效评价的目标是提高企业的运营绩效，然而运营绩效评价自身的局限性反而会对企业的可持续发展产生众多负面影响。

（1）长期目标与短期目标冲突。运营绩效评价容易产生短期绩效、消灭长远规划、增长恐惧、破坏团队精神、鼓励对立及斗争，还会导致员工相互倾轧、意志消沉甚至自卑。考评期间员工可能无法专心工作，也可能在评价结果出来后由于无法理解被评定较差的原因而产生不良情绪。同时，员工可能为了短期的利益对客户做出虚假的承诺甚至透支公司的资源，这样不利于公司长远目标的实现。

（2）整体目标与个人目标冲突。由于运营绩效评价是将企业总体目标逐步分解、层层落实到部门和个人，所以为了取得该年度甚至季度的绩效奖励，人们会将精力主要锁定在与自己相关的指标上，会忽视企业长期利益和整体利益。同时，评价指标是固定的，并且聚焦于某些固定的领域，会限制员工的创造空间、抑制员工的创造动机、禁锢组织的创造力。

（3）评价指标与评价目标冲突。运营绩效评价结果与预期评价目标不一致时，要么员工改善真实的绩效，要么评价者改变测量指标，然而到底应该改变哪一项并没有一个明确的答案。一般来说，企业把不同的测量标准结合起来，以便评价员工的总体绩效，并据此确定其薪酬。在这种情况下，如何把不同的测量标准整合到总体的绩效评价中，进而整合到薪酬中是一项严峻的挑战，因为这些评价指标不能得到所有员工的认可。正因如此，企业大多采用综合指标来评价和奖励员工，但是对于每个员工来说都存在评价指标与评价目标之间差异的问题，进而导致员工无法全身心投入到应该做的事情上。

（4）评价的经济性与准确性冲突。企业要想对评价对象有一个全面的认识，就需要建立一个完善的“多维”的评价指标体系。由于评价需要投入大量的人力、物力，随着评价指标数量的增加，评价的投入也会不断增加，显然在进行运营绩效评价时需要考虑运营绩效评价的收益与产出的比值问题。如果运营绩效评价投入过多，就可能导致评价结果失去意义。为此，运营绩效评价在实施中就会面临指标的全面性与评价的经济性的权衡问题。

（5）评价的预测性与环境的动态性冲突。运营绩效评价指标及标准都是从过去的运营过程中提取出来的，然而面对现在及未来的变化总会出现偏差。按照完美的设想，运营绩效指标是现在对未来需求进行预测得到的，然而企业未来的业绩受到企业内外部多种因素的影响，会存在一定的不确定性，从而导致准确的评价极为困难。另外，服务质量、创新能力等变化非常频繁也很难量化，所以很难进行准确评价。

2.2.2　运营绩效评价流程

对于企业而言，运营绩效评价的目的是提高企业的运营绩效，而这就决定了运营绩效评价是一个周而复始的循环过程。一般来说，一个运营绩效评价的周期通常包括以下几项内容。

1．确定评价指标

评价指标的设定是否合理、完善，直接影响到整个绩效考核的成败。运营绩效评价指标一般是由 3 个层次的内容构成的一个指标体系：第一个层次是评价项目，主要由工作业绩、工作态度和工作能力等构成，将评价对象绩效分成几个主要方面；第二个层次是项目内容，主要是对第一个层次几个主要方面的进一步细化，比如业绩能力可以分为工作质量、工作数量、工作素质和知识结构等；第三个层次是项目内容的要素，是对具体评价指标的评价要点进行的详细解释。另外，各指标权重也是一项重要工作，权重的主要确定方法有专家咨询法（Delphi）、专家排序法、层次分析法、秩和比法（RSR）、相关系数法、主成分分析法和因子分析法等。确定评价指标是一项系统工程，需要投入大量的时间进行调研、分析和沟通，并往往需要借助必要的工具才能制定出合理、完善的考核指标体系。

2．确定评价标准

要将评价指标最终转化为数量化的绩效值，需要对各个评价指标的情况进行量化，也就是对相关指标的属性做出量的定义。有些指标自身就是数量的，如研发新产品数、新产品销售量等。而有些指标很难量化，如顾客满意度就很难给出一个明确的数值，因为即使顾客都满意，满意的程度也存在较大的差异。对于一些难以量化的指标，可以用里克特量表的五等级选项进行程度赋值，一般以“5、4、3、2、1”表示“优、良、中、差、劣”。评价指标的标准具有很大的波动性，需要慎重对待。

3. 确定评价者和评价对象

评价者一般是被评价对象的直接领导，也可能是相关部门、同事、下属、客户等。在评价阶段重要的是要明确评价方法、评价流程，评价者对被评价者的考核内容一定要了解清楚。同时，评价者与被评价者之间没有明显的利益和矛盾冲突，以避免人为情绪对评价结果的客观性造成影响，甚至导致被评价者质疑评价结果。

4. 实施绩效评价

运营绩效评价数据是评价者对被评价者进行评价的基本依据，这些数据主要通过运营过程中的数据记录和积累，以及被评价者上报数据获得，并需要将这些数据填入已确定好的考核表中。考核记分表是依据指标和评价标准，对被评价者进行打分。为了保证评价的公正，必须对考核者进行必要的培训，培训的内容是要求评价者采用统一评价标准，并按照规范的流程进行评价。

5. 确认评价结果

在得到运营绩效评价结果之后，需要将相关数据上报给相关领导确认，确认后将评价结果下发进行公示。在公示过程中，要接受被评价者的质疑，并与其进行充分的沟通，并做出明确的解释，如果存在评价错误需要进行改正。当评价结果得到被评价者的认可和领导的审核后应进行正式公布，并作为奖惩实施的基本依据。

2.3 运营绩效的评价指标体系

2.3.1 运营绩效评价的指标选择

1. 运营绩效的核心要素

衡量运营绩效的指标有很多，由于评价对象不同，选择的评价指标也可能完全不同。对于生产企业来说，运营绩效一般关注以下六个方面的指标，如图 2-2 所示。

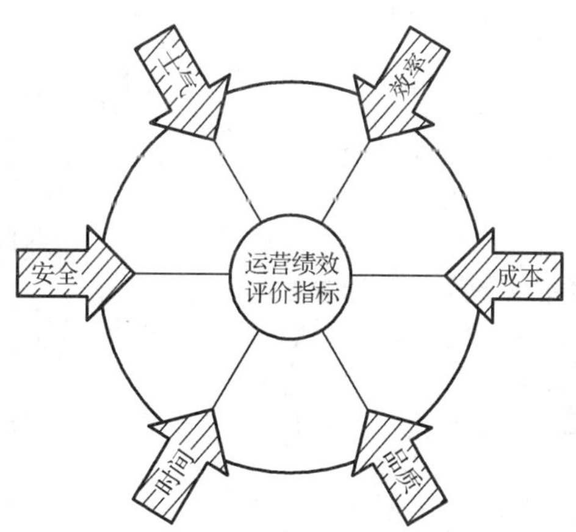

图 2-2 生产企业运营绩效的评价指标

（1）效率。作为营利性组织，企业总希望获得最大化的收益，而这个收益就是在特定投入下的最大收益。为此，效率（Efficiency）是每一个企业追求的关键目标，也是企业竞争力的一种直观体现。

（2）成本。成本（Cost）是企业运营过程中极为重要的指标，因为企业效益的好坏在很大程度上取决于运营成本的高低。如果企业的运营成本很高，在市场价格确定的条件下企业的盈利空间就非常有限，那么相应的企业的净利润则会相对很低。因此，成本往往是进行运营绩效管理的核心评价指标之一。

（3）品质。品质（Quality）是能够给客户留下深刻印象的核心因素，是一个企业生存的根本。对于企业的运营来说，品质是评价其绩效的重要指标之一。为了充分满足客户要求，企业的一切运营活动都应该致力于创造能够满足客户要求的高品质产品。

（4）时间。在市场竞争日趋激烈的形势下，时间（Time）变得越来越重要。如果一个企业不能按照客户指定的交货期交货，就会直接影响客户的商业活动，这必然会影响双方的有效合作。因此，交货期的及时性和准时性是直接影响客户进行商业活动的关键因素之一。

（5）安全。在安全意识逐渐提高的背景下，安全（Safety）生产对于任何一个企业来说都是非常重要的。因为一旦出现安全事故不仅会威胁员工的生命安全，还会影响产品质量、生产效率、交货期，甚至会对企业信誉、资质等造成很大的影响。

（6）士气。高昂的士气（Morale）是企业充满活力的表现，也是企业积极向上、拼搏奋发的宝贵源泉。运营绩效评价要有利于不断提高员工士气，充分发挥人的积极性和创造性，让员工发挥最大的潜能，从而不断提高公司的竞争力。

事实上，企业的运营绩效指标会随着时间的推移不断发生变化。同时，企业运营中关心的绩效指标与面对市场需要改进的绩效指标也可能存在一定差别（企业绩效评价指标的变化见图 2-3）。例如，企业的生产部门对质量极为重视，而市场部门则可能更加重视速度，其次才是质量。也就是说，为了适应企业的发展，在进行运营绩效评价时需要综合考虑评价对象的性质、阶段和内外部环境等因素，以便选择恰当的评价指标。

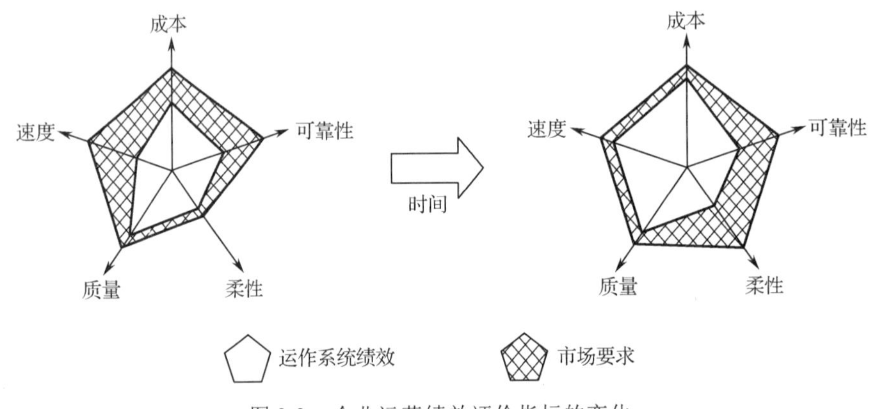

图 2-3　企业运营绩效评价指标的变化

2. 运营绩效评价指标的选取原则

一套由有限评价指标构成的运营绩效评价体系无法充分体现组织整体的复杂性，而太多的评价指标又可能使决策者无所适从。因此，如何选择合适数量的评价指标是绩效管理者必须重视的问题。一般来说，运营绩效评价指标的选择需要遵循以下几个主要原则。

（1）导向性原则。导向性原则主要是指运营绩效评价指标要能够为组织或员工提供明确的工作目标导向。因此，运营绩效评价指标的拟定首先应将企业的战略目标层层传递和分解，对企业中的每个职位赋予战略责任，让每个员工承担各自的岗位职责。也就是说，运营绩效评价指标应围绕战略目标逐层分解，而不应与战略目标的实施脱节，只有当员工努力的方向与企业战略目标一致时，企业整体的绩效才可能提高。

（2）关键性原则。组织中反映运营绩效的指标有很多，一些指标对于特定的组织来说是重要的，而对于另外一些组织却没有那么重要。太多太复杂的指标只能增加管理的难度和降低员工满意度，对员工的行为无法起到引导作用。事实上，企业能够抓住一些关键业绩指标就可以大体达到运营绩效评价的目标。

（3）兼容性原则。运营绩效评价活动不仅仅是为了获得过去组织或员工工作的结果数据，更要着眼于未来的长期发展。因此，选择运营绩效评价指标至少要注重三个方面的兼容：一是注重近期目标与远期目标的联系；二是注重数量指标与质量指标的均衡；三是注重定量指标与定性指标的互补性。总之，在选择运营绩效评价指标时需要兼顾组织发展多元性需求，以便能够满足组织的整体性和长期性发展的需要。

（4）适用性原则。运营绩效评价指标需要根据评价对象的具体状况进行选择，因为不同行业、不同发展阶段、不同战略背景下的企业，运营绩效考核的目的、手段、结果各不相同。运营绩效评价结果的好坏，

关键并不一定在于考核方案多么高深，而在于指标和方法的适用性。

（5）竞争性原则。运营绩效评价指标的设定应该营造一种有助于组织和员工为完成绩效考核而互相竞争和不断努力的氛围。具有竞争性的指标能够起到进一步激发组织和员工学习的作用，有助于组织的长远发展。

（6）稳定性原则。运营绩效管理制度应该具有较强的稳定性，以便相关人员有确定的依据可循，确保确定的目标及策略得以长期贯彻执行。也就是说，运营绩效评价指标在一个较长的周期内不要发生大的波动和变化，以使绩效评价人员能够较好地掌握和理解评价体系，使绩效被评价者有较为明确和确定的努力标准和方向。

3. 运营绩效评价指标的确定过程

运营绩效评价指标直接关系到运营绩效评价结果的准确性，为了使运营绩效评价指标更加科学合理，需要遵循一定的流程。首先，进行运营或工作分析，这项活动需要以评价目标为依据，对评价对象的工作内容、完成这些工作所具备的条件等进行研究和分析，初步确定运营绩效评价的各项要素；其次，对绩效特征进行分析，以便明确各指标要素的具体绩效特征，进而根据少而精的原则按照不同的权重进行选取；再次，对所设计的评价要素依据评价的基本原理进行验证，确保有效反映被评价对象的绩效特征和评价目标要求；最后，运用多种方式对评价指标做进一步调查和确认，进而确定运营绩效评价指标体系。

2.3.2 运营绩效评价的具体指标

在竞争日趋激烈的今天，管理者面对海量的数据和信息，需要从中识别对企业成功至关重要的指标。对企业运营绩效进行有效评价，需要建立在科学选择恰当指标的基础上。然而，衡量企业运营绩效的指标非常多，不同的指标对于不同行业的企业来说重要性不同，甚至是差异巨大。例如，联邦包裹服务公司（UPS）对服务质量的评价涉及10个关键绩效指标，高层管理者每天都会对其进行审查。而大多数世界级的组织根据评价对象的复杂程度，通常在每一个项目中选取3～10个指标。而股票分析员和交易人员一般会将不超过8个指标呈现在电脑的屏幕上，因为8个指标已经是人脑的处理极限。对于大多数快餐业来说，交货速度是衡量绩效的一个关键标准；而对于一家高档餐馆来说，菜品的丰富性和服务质量显然是更为关键的衡量标准。另外，企业系统内的运营绩效评价大致可以分为企业（集团）绩效、部门绩效和员工绩效三个层面（企业组织的运营绩效评价层级见图2-4）。

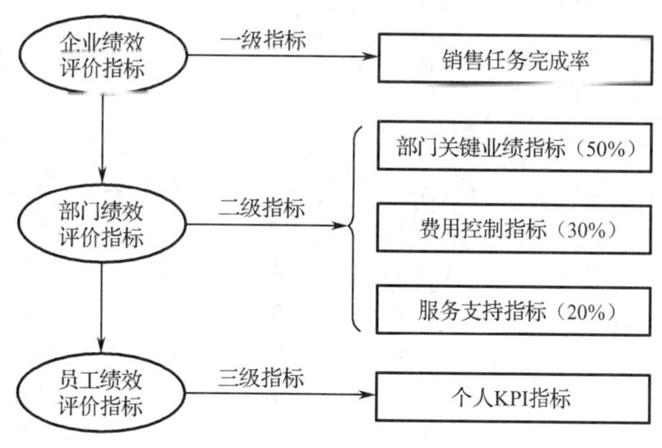

图2-4 企业组织的运营绩效评价层级

1. 企业（集团）绩效评价指标

一般来说，质量、可靠性、速度、柔性和成本是大多数企业关注的五个绩效指标。然而，基于绩效评价的目标不同，这五个指标可以分解为更小的绩效标准，也可以整合为更大的绩效标准（如“顾客满意度”“整体服务灵活性”“服务能力弹性”等）。这些进一步整合的绩效标准具有更高的战略相关度，能够反映出企业的整体绩效水平，但是这些高整合度的绩效标准可能忽略了许多企业运营改进中所必需的细节。实际上，大多数企业都会基于不同目标选择使用不同的绩效指标（不同层级的绩效指标见图2-5）。

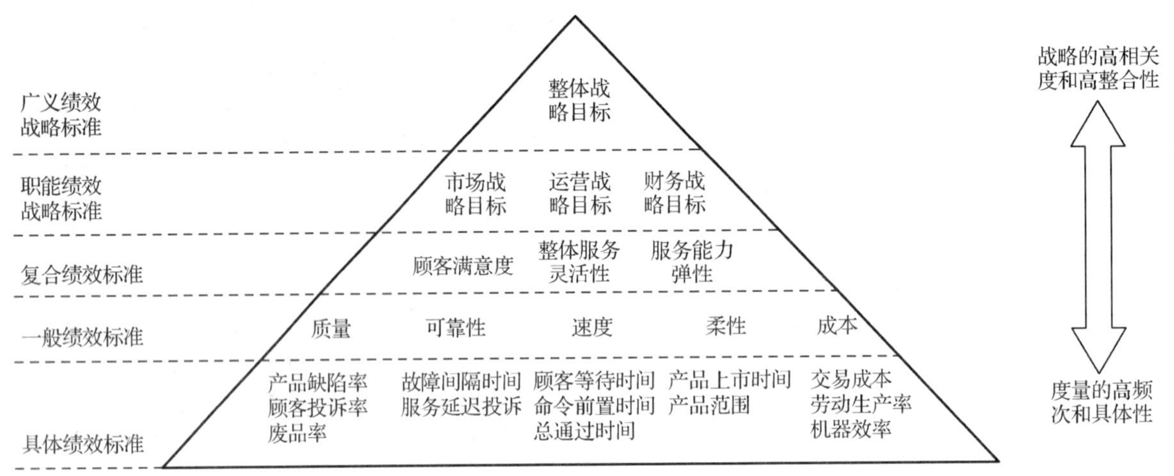

图2-5　不同层级的绩效指标

五个一般绩效指标还可以分解为更小的指标。比如，一个公司的成本可能由物料采购的效率、物料转化的效率、员工的劳动生产率、直接生产性员工与间接生产性员工的比例等决定。绩效指标及其子指标如表2-2所示，这些子指标能够使上一级指标变得更加清晰、明确。

表2-2　绩效指标及其子指标

绩效指标	绩效指标的子指标
质量	产品缺陷率、顾客投诉率、废品率、返修率、平均无故障时间、顾客满意度
可靠性	交货可靠性、超过交货期的订单比例、订单的平均拖期量、库存产品的比例、交货时间的平均差、计划执行情况、安全生产天数
速度	市场需求反应时间、顾客排队时间、订货提前期、交货频率、实际加工时间与理论加工时间的比值、循环时间、库存周期、生产能力
柔性	新产品/新服务的研发周期、产品/服务的种类、机器转换时间、平均批量大小、提高作业速度所需时间、平均生产能力/最大生产能力、调整生产计划需要的时间、过程适应性、学习成长能力、创新能力
成本	短期交货期/平均交货期、实际支出相对预算的波动、资源利用率、劳动生产率、附加价值、生产效率、单位运行时间成本

等待时间与满意度

等待时间过长往往会引起顾客满意度的下降，尤其是随着等待时间的延长，顾客的不满意度可能成倍上升。如果能采取恰当的措施，可能就不会对顾客满意度产生明显的影响。研究表明，顾客在拨打客服电话时等待时间超过2分钟，顾客满意度会急剧下降。为此，一些公司的电话客服部门开发了一种系统，能够预先通知顾客需要等待的时间，或者可以在顾客挂断电话后客服人员稍后再回拨过去。这一系统可以使顾客预先得知他可能等待的时间，因此顾客一般不会因为等待而不满意。

（资料来源：根据公开资料整理。）

2. 部门绩效评价指标

部门层面的绩效是基于企业整体绩效目标的具体化。然而，由于企业的不同部门的职能不同，其业务范围、工作内容差距较大，绩效评价指标也存在明显差异。一般来说，部门绩效评价指标大致可以分为部门关键业绩指标、费用控制指标、服务支持指标。具体而言，部门关键业绩指标是指部门负责人与公司领导根据本部门确定的年度战略计划，选择最重要且最能体现部门价值的若干项指标，进一步分解成季度计

划，并给予每项计划相应的权重；费用控制指标是指部门负责人根据本部门全年费用预算情况，节选最重要且最急需控制的若干项费用项目；服务支持指标是指与企业的职能部门服务评分相挂钩，在服务评分得分的基础上进行考核。上述三类指标所占比重大致控制在 5∶3∶2，并可以根据具体情况进行调整（部门绩效评价指标见表 2-3）。

表 2-3　部门绩效评价指标

指标项目	指标性质	指标权重	指标实现方式	指标公式	提报方式	评分标准	信息来源	考核周期
部门关键业绩指标	定量指标	50%	根据已审批的部门战略，提取关键战略指标	100×战略完成比例	部门提报，经总裁办公室（简称“总裁办”）审批，交人力资源部门执行	满分为 100 分，按照完成比例确定分值	总裁办	季度
费用控制指标	定量指标	30%	对本部门绩效关键费用的控制	100×（1−费用超标比率）	部门依据自身特点，提报绩效需重点控制的费用，一般不少于 4 项，经总裁办审批，交人力资源部门执行	满分为 100 分，采取减项方式，每超标 1%，则相应减 1 分	财务部	季度
服务支持指标	定性指标	20%	职能部门考核评分	满分为 100 分，按照实际得分换算	总裁办现有的职能部门考核模式	按照实际情况打分	各专业公司+总裁办	季度

在对企业的具体部门的绩效进行评价时，采用的指标往往会根据评价对象的特点，以及其所承担的核心职能进行一定的调整。表 2-4 是某企业生产部绩效评价常用指标，其评价维度主要分为财务、客户、运营内容和员工发展四个方面。需要特别指出的是，即使同样是生产部，不同的企业采用的评价指标也可能不同。

表 2-4　某企业生产部绩效评价常用指标

评价维度	评价内容	目标	评价方式	权重	数据来源	考核人
财务	产量					
客户	交期准时率					
	合格率					
	客户满意度					
	投诉处理及时性					
运营内容	设备运行效率					
	生产力					
	成本控制					
	工伤控制率					
	ISO 执行达标率					
员工发展	专业人才培养人数					
	核心人员离职率					
	员工满意度					

3. 员工绩效评价指标

一个企业一般包括生产、研发、销售、财务、行政管理、人力资源、采购和营销等部门，各部门又由负责不同任务的员工构成。例如，销售部门有销售总经理、销售副总经理、市场调研经理、销售工程师、大客户代表、客户关系专家、销售代表、客户执行员等。总体来说，员工绩效可以从业绩能力和品性两个方面进行评价，而业绩能力又常常进一步细分为工作质量、工作效率、理解执行、计划制订四个方面，而品性情况常常细分为工作态度、沟通协调、团队精神、责任心四个方面。具体而言，不同层级的员工的绩效评价指标显然是不完全相同的。某公司经理助理的绩效评价表如表 2-5 所示。

表 2-5　某公司经理助理的绩效评价表

姓名			部门	职位	
入职时间		年　月　日	考核日期	年　月　日	
评价要素		评价要点	计分根据及说明	总分	上级主管评分
业绩能力（70%）	工作质量	跟踪落实会议中的工作安排及执行情况	不准确、无效的一次扣 1 分	25	
		是否对台账进行分析审核并向领导汇报	未参与的一次扣 1 分		
		跟踪经营、营销计划节点的执行情况并形成结论	无结论的一次扣 2 分		
		及时向领导反馈项目运营情况	不及时的一次扣 2 分		
		对经营计划节点及营销计划节点跟踪率达到 100%	未达到要求的一次扣 1 分		
	工作效率	是否及时组织召开会议，并通知到位	不及时的一次扣 2 分	20	
		是否及时编制会议纪要并下发	不及时的一次扣 1 分		
		是否及时收发月度工作计划及月度奖金计划	不及时的一次扣 1 分		
	理解执行	能快速正确理解上级所下达的任务并妥善完成	不合格的一次扣 1 分	15	
		执行力强，能按领导意图完成工作	不合格的一次扣 1 分		
	计划制订	周、月、年工作计划内容具有实质性，按时上报并坚定完成	未及时上报、完成的一次扣 2 分	10	
		做好工程月、季、半年资金投入计划	不合格的一次扣 1 分		
品性（30%）	工作态度	工作积极、主动、热情，充分发挥工作主观能动性、创造性	不积极、主动、热情一次扣 1 分	10	
		关心公司经营目标完成情况，营造良好的工作氛围	不关心的一次扣 1 分		
		无违反劳动纪律行为，不迟到、不早退、不旷工	迟到、早退一次扣 1 分，未打卡一次扣 1 分，旷工一次扣 3 分，一个月累计旷工三次视为自动离职		
		按要求准时参加公司各类会议、活动及培训	未准时参加的一次扣 2 分，擅自不参加的一次扣 3 分		
	沟通协调	善于处理人际冲突、维持内部良好的人际关系	未达到要求一次扣 1 分	8	
		善于协调现场分包单位的工作	未达到要求一次扣 1 分		
	团队精神	具有与部门内部或外部协作人员相互配合工作的品质	未达到要求一次扣 1 分	6	
		具有公司整体的荣誉感	未达到要求一次扣 1 分		
	责任心	忠于职守、认真做好每项工作，办事不推诿	未达到要求一次扣 1 分	6	
		工作经得起检查、准确无误	未达到要求一次扣 1 分		
总分					

大客户代表的绩效评价指标尽管也分为若干个方面，但是定性的评价标准明显增多了，如表 2-6 所示。

表 2-6 大客户代表的绩效评价指标

考核指标	考核标准
销售得到的收益	● 与计划相比的百分比 ● 每个项目的收益 ● 未能销售掉的项目 ● 所有计划都达到了公司的计划 ● 比较通过各客户而实现的收益情况
令客户满意： 解决客户的问题	1. 客户认知 ● 所有问题都得到了快速和有效的处理 ● 所有问题都被预测到，并采取了相应的行动以解决问题 2. 经理对解决方案的评价 ● 方案与公司的计划和程序相符 ● 计划使客户和公司都能够获益
对增加销售量的建议	客户认知 ● 他们能够听到有创意的意见 ● 他们认为这种意见是有用的 ● 他们有意跟随计划方案运作 ● 他们的计划能够增加销售量 ● 他们有重组的时间将新计划加入原有计划中
准确预见	● 准确地预见了实际销售的增长
项目带来了收益	● 回报率至少在 1∶1.5
项目分析	● 对成功的项目进行了具体的分析
更新推销和订单的信息	● 及时而准确地对订单和推销信息进行更新
准确的账目更新	● 区域经理和区域销售经理认为账目中的信息是完整的 ● 在每个销售期的第二个星期五完成销售账单管理
及时的调查	● 区域经理对调查的具体性和事实性感到满意 ● 提前至少 6 个星期发出调查表格

2.3.3 运营绩效评价指标权重的确定

1. 运营绩效评价指标权重

运营绩效评价指标权重是指某被测对象各个评价指标在整体中相对重要的程度。一般来说，将某事物所含各个指标权重之和视为 1（100%），而其中每个指标的权重则用小数表示，称为权重系数。由于最终的绩效值是由指标分值与指标权重之积决定的，指标权重的大小直接对绩效的最终值产生影响，因此对指标权重的确定工作需要给予高度重视。

2. 运营绩效评价指标权重的确定方法

一般来说，确定运营绩效评价指标权重的方法主要有专家意见法、主成分分析法、秩和比法、相关系数法、因子分析法、层次分析法等。下面介绍几种典型的确定方法。

（1）专家意见法。专家意见法是聘请若干位相关领域的专家，对考核指标体系进行深入分析和研究，并由每位专家对考核指标设置权重。这类方法大多是评价者根据自己以往的经验直接给指标设定权重的方法，一般适用于考核者对考核客体非常熟悉和了解的情况。本质上，专家意见法是一种定性分析方法，较为常见的有德尔菲法和专家排序法。专家意见法具有实施过程简单、节省时间、费用较低等优点，但是也存在主观性强、指标权重的不确定性较大、受评价者的经验影响等不足。

（2）主成分分析法。主成分分析法基于统计学中的主成分分析原理。事实上，影响运营绩效的各指标之间也存在一系列的影响关系，通过主成分分析可以设法将原来众多具有一定相关性的指标，重新组合成一组新的互相无关的综合指标。从本质上看，主成分分析法是基于一定数理逻辑的定量方法，类似的方法还有秩和比法、相关系数法、因子分析法等。这类方法具有相对客观、更为精确等优点，但是也存在难度大、耗时长和成本高等不足。

（3）层次分析法。层次分析法是美国运筹学家萨蒂在 20 世纪 70 年代提出的，这一方法常被运用于多目标、多准则、多要素、多层次的非结构化的复杂决策问题，特别适用于具有多方案或多目标的决策问题，具有广泛的实用性。同时，层次分析法也可以用来确定评价指标体系的指标权重。在使用层次分析法确定指标权重的过程中，既需要用到定性方法，也需要运用定量方法。也就是说，这是一种定性与定量相结合的方法。

2.3.4 运营绩效评价指标评价标准的确定

对于定量的指标要明确绩效目标是多少，对于定性的指标则要明确绩效的程度标准，否则评价者和被评价者都很难把握各项指标分值的数量。为此，在进行运营绩效评价前还需要明确运营绩效指标的具体评分标准，以使评价结果具有一致性、准确性和明确性。

1. 运营绩效评价指标评价标准确定的注意事项

在选择和确定运营绩效评价指标的评价标准时，需要注意以下几个方面。

（1）运营绩效评价指标的评价标准应该是与工作要求密切相关的，而且是员工能够影响和控制的，只有这样的指标才能作为员工绩效的衡量标准。

（2）不能单纯根据某单一的标准来对员工进行评价。在运营绩效评价过程中，经常会出现由于个人偏见，评价者会根据某一单项指标的分值对被评价者的整体绩效做出最终评价的现象。事实上，有些工作确实存在“一票否决”的情况，但是如果事先评价指标标准已经确定，就需要按照原有的评价方案执行。

（3）要有能够精确地衡量这些标准的方法。一旦确定了员工业绩的考核标准，就要保证有恰当的方法能够保障评价可以有效实施。需要注意的是，定量业绩是比较容易衡量的，而工作的主动性、工作的可靠性及有效沟通的能力等主观性指标的衡量却相对困难，需要采用稳妥的方法进行处理。

2. 运营绩效评价指标评价标准确定的主要方法

绩效评价指标的评价标准的主要方法有同业标准法、标杆分析法和企业历史数据分析法。

（1）同业标准法。同业标准法是一种常规并且有效的方法，是选取同行业平均先进水平作为评价标准。该方法可剔除市场因素，相对更加客观。另外，该方法在组织成长阶段尤其适宜。由于此阶段整个市场都在扩张，所以经营者也许不用十分努力，评价指标也会不断变化，这种情况下采用该方法显然更加合理。同业标准法的缺点是具有可比性的同行企业事实上很难寻找，并且也很难获得相关准确数据。

（2）标杆分析法。标杆分析法是将本企业各项活动与从事该项活动最佳者进行比较，从而提出行动方法，以弥补自身的不足。标杆分析法可以将外部企业的绩效标准作为自身企业的绩效发展目标，并通过与竞争对手或一流企业的产品、服务、经营业绩等进行对比来发现自身的优势和不足。

（3）企业历史数据分析法。在过去的运营过程中，企业往往积累了大量的关于绩效指标的数据，因而经营较为稳定的企业可以基于自身的绩效数据来分析并设定运营绩效指标标准。该方法的优点是数据可以完全控制、可获得性高、可比性较好等，还可以有效反映企业自身的发展过程。事实上，企业历史数据分析法是一种基于时间序列的定量预测方法，为了使获得的标准尽可能科学合理又能够及时反应市场的变化需求，往往需要同时参考同业标准综合使用。

2.4 运营绩效的评价方法

尽管各种绩效评价方法有相通之处，但是不同的评价对象（如个人绩效、部门绩效和企业绩效）需要选择恰当的评价方法。

2.4.1 个人绩效评价方法

1. 关键绩效指标法

关键绩效指标（Key Performance Indicator，KPI）法是通过对组织内部流程的输入端、输出端的关键参数进行设置、取样、计算和分析，将企业的战略目标分解为可衡量流程绩效的一系列量化管理指标，进而对企业绩效进行分析的重要方法。KPI 法的理论依据是“二八原理”，即在一个企业的价值创造过程中，80%的工作任务是由 20%的关键行为完成的。因此，必须抓住这 20%的关键行为，对之进行分析和衡量，这样就能抓住绩效评价的重心。很明显，这一方法对于个人绩效的评价也是适用的。确定 KPI 的一个重要方法是 SMART 原则，SMART 是 5 个英文单词首字母的组合。

（1）S 代表绩效指标的具体性（Specific），是指绩效考核要切中特定的工作指标。公司战略目标是长期的、指导性的、概括性的，而员工的关键绩效指标却内容丰富。为此，开展工作绩效评价需要有针对性地设置指标，能够使每个职位的工作绩效直接体现公司的战略。为此，员工绩效的 KPI 应该是对公司战略目标的分解和进一步细化。

（2）M 代表绩效指标的可度量性（Measurable），是指绩效指标是数量化或者行为化的，验证这些绩效指标的数据或者信息是可以获得的。企业经营活动的效果是内因、外因综合作用的结果，内因是员工可控制和能够影响的部分，也是关键绩效指标所衡量的部分。关键绩效指标应尽量反映员工工作的直接可控效果，并剔除他人或环境造成的影响。

（3）A 代表绩效指标的可实现性（Attainable），是指绩效指标在付出努力的情况下是可以实现的，避免设立过高或过低的目标。KPI 不是由上级强行确定下发的，也不是由本职职位自行制定的，而是由上级与员工共同参与完成的，是双方所达成的一致意见的结果，这有助于大家朝着共同的方向努力。

（4）R 代表绩效指标的关联性（Relevant），是指绩效指标与上级目标具有明确的关联性，最终与公司目标相结合。每个职位的工作内容都涉及不同的方面，实现完全的指标评价是不可能的。KPI 只对重点经营活动进行衡量，只要 KPI 在最大限度上涵盖了公司整体战略目标，也就达到了评价的基本目标。

（5）T 代表绩效指标的时限性（Time-bound），是指注重完成绩效指标的特定期限。目标设置要具有时间限制，根据工作任务的权重、事情的轻重缓急，拟定出完成目标项目的时间要求，定期检查项目的完成进度，及时掌握项目进展的变化情况，以方便对下属进行及时的工作指导，以及根据工作计划的异常情况及时地调整工作计划。

2. 目标管理

目标管理（Management by Objective，MBO）方法是 1954 年彼得·德鲁克（Peter Drucker）在《管理实践》一书中最先提出的。德鲁克认为并不是有了工作才有了目标，而是有了目标才能确定每个人的工作。为此企业的使命和任务必须转化为目标，如果一个领域没有目标，那么这个领域的工作必然被忽视。因此，当组织最高层管理者确定了组织目标后，必须对其进行有效分解，转变成各个部门及各个人的分目标，管理者根据分目标的完成情况对下级进行考核、评价和奖惩。目标管理的特点主要表现为以下几个方面。

（1）目标明确。美国马里兰大学的早期研究发现，明确的目标要比只要求人们尽力去做事更能出业绩，而且高水平的业绩是和高的目标存在正相关关系的。然而，在许多组织里普遍存在目标含糊不清的问题。一个明确的目标应该是看结果而不是用行动来描述，是可测量和量化的，其具有明确的时间框架，有挑战性却是可实现的，是书面化的，是便于所有的组织成员理解的。

（2）共同参与决策。目标管理中的目标不像传统的目标设定那样，只是由上级给下级规定目标的单向行为，而是用上下级共同参与的方式决定目标。目标的确定方式大致是上级与下级共同参与和选择设定各对应层次的目标，即通过上下协商后逐级制定出整体组织目标、经营单位目标、部门目标和个人目标。因此，目标管理的目标转化过程既是“自上而下”的又是“自下而上”的。

（3）规定时限。目标管理强调，制定的每一个目标都有明确的时间期限要求，如一个季度、一年、五年。在大多数情况下，目标的完成时间可与年度预算或主要项目的完成时间一致。但并非必须如此，某些目标应该安排在很短的时期完成，而另一些则要安排在较长的时期。一般来说组织层次的位置越低，为完成目标而设置的时间越短。

（4）共同评价绩效。目标管理强调不断地将工作的进展情况反馈给个人，以便他们能够调整自己的行动。也就是说，下属人员承担为自己设置具体的个人绩效目标的责任，并且具有同他们的上级领导一起检查这些目标的责任。尤其重要的是，管理人员要努力引导下属积极参加评价过程，通过自我评价和自我发展的方法鞭策员工对工作的投入，并创造一种激励的环境。

3. 全方位考核法

全方位考核法又称 360 度评估反馈、360 度考核法、多源评估、多评价者评估，是指由员工自己、上司、直接部属、同事甚至顾客等从全方位、各个角度来评估人员的方法。全方位考核法的特点是评价维度多元化，更加全面。自 20 世纪 80 年代提出以来，全方位考核法迅速被国际上许多企业所采用。在《财富》杂志排出的全球 1 000 家大公司中，超过 90%的公司应用了该方法。全方位考核法的优点主要表现为以下几点。

（1）打破了由上级考核下属的传统考核制度，可以避免传统考核中考核者容易发生的“光环效应”“居中趋势”“偏紧或偏松”“个人偏见”“考核盲点”等现象。

（2）全方位的考核可以反映出不同考核者对于同一个被考核者不同的看法，因为一个员工想要影响多个人是困难的，这就使管理层获得的信息更为准确。

（3）考核过程是员工参与管理的过程，在一定程度上增加了他们的自主性和对工作的控制，员工的积极性会更高，对组织会更忠诚，这可以提高员工的工作满意度。

（4）较为全面的反馈信息有助于被考核者多方面能力的提升，防止被考核者急功近利的行为。

4. 目标和关键成果法

目标和关键成果（Objectives and Key Results，OKR）法是英特尔公司 1999 年发明的，后来被应用到甲骨文、谷歌、领英等高科技公司，并逐步推广开来。目前，该方法广泛应用于 IT、风险投资、游戏、创意等以项目为主要经营单位的企业。OKR 的创造背景是基于 KPI 理论存在的一些不足。在 KPI 法中，指标必须严格按照 SMART 标准制定，是否达到甚至达到多少比例（小于 100%还是大于 100%）都是要能测量的。但这就导致一个问题——有些事情值得去做，但在做出来之前是无法测量的。一种解决思路是这项 KPI 先不设定或者设定一个很低的目标值，到季度末时再进行修改，这样就无法有效达到评价的目的。OKR 通过目标和绩效考核相分离的方法弥补了 KPI 的不足，即只要关键结果是用来服务于目标的，就可以在做的过程中更改关键结果，从而没必要像 KPI 那样一开始就固定下来然后强制执行。事实上，OKR 最重要的作用就是帮助员工保持专注做应该做的事情。以下是制定 OKR 的基本原则。

（1）目标明确。首先设定一个“目标”（Objective），这一阶段的目标不必是非常确切的、可衡量的，如“我想让我的网站更好”。一般来说，这个目标主要体现方向性、战略性。

（2）目标量化。这一阶段的目标是可量化的，需要在时间、数量上做出明确的规定。例如，不能说“使产品设计获得成功”，而是“在 9 月 1 日使产品销售量达到 100 万台”。

（3）目标具有挑战性。目标具有一定的挑战性，不能是很容易就能实现的。只有这样，员工才会不断为预定的目标奋斗，而不会出现期限不到就已经完成目标的情况。

（4）目标公开。每个人的 OKR 在全公司都是公开透明的，以便起到所有成员共同监督和督促的作用。例如，每个人的介绍页里面就放着他们的 OKR 的记录，包括内容和评分。信息的充分公开，有助于避免员工对评价结果的质疑。

2.4.2 团队绩效评价方法

团队是为了特定目标而按照一定规则由两个或者两个以上相互作用的个体结合在一起的组织。团队的类型很多，如项目团队、管理团队、生产团队、服务团队、研发团队、质量团队、临时解决问题团队和网

络化团队等。根据团队存在的目的和拥有自主权的大小可将团队分成问题解决型团队、自我管理型团队、多功能型团队和虚拟型团队四种类型。Nadler（1990）认为团队绩效主要包括团队对组织既定目标的达成情况、团队成员的满意感和团队成员继续协作的能力三个方面。研究表明，高绩效的团队具有如下特征：对其目标具有清晰的了解、团队成员具有必需的技术技能和人际技能、成员们非常信任彼此的能力及品行、团队凝聚力高、具有良好的沟通体系、具有有效的谈判技能、具有合适的领导、具有来自内部及外部的支持等。其中，团队结构的规范性、团队凝聚力对绩效的影响最为深刻。团队凝聚力与团队绩效的影响关系如图 2-6 所示。

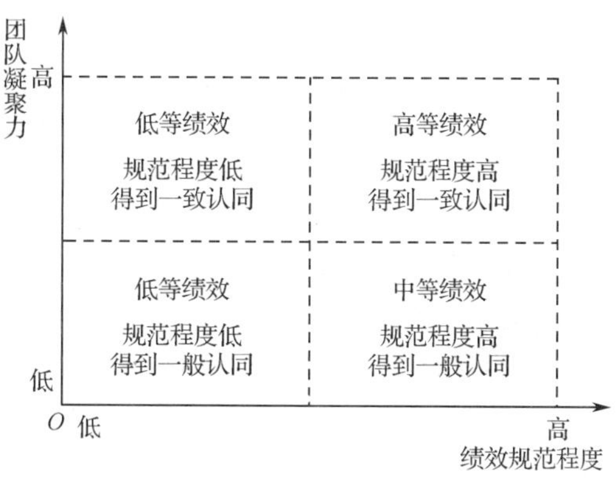

图 2-6　团队凝聚力与团队绩效的影响关系

一般来说，确定团队绩效的测评维度通常可以采用以下四种方法：第一种方法是利用客户关系图的方法确定团队绩效的测评维度；第二种方法是利用组织绩效目标确定团队绩效的测评维度；第三种方法是利用业绩金字塔确定团队绩效的测评维度；第四种方法是利用工作流程图确定团队绩效的测评维度。常见的团队绩效评价的定量方法有加权计分法和综合计分法。

1. 加权计分法

在绩效评价中，目前最常见的一种综合计分方式是加权计分法。若某团队的各项绩效指标的得分和相应的权重，即加权计分法示意表如表 2-7 所示，则该团队的绩效评价得分为：

$$S=A\times a\%+B\times b\%+C\times c\%+D\times d\%$$

表 2-7　加权计分法示意表

绩效指标		指标分值	权重/%
指标类型	指标名称		
效益型指标	销售收入	A	a
效率型指标	利润率	B	b
递延型指标	顾客满意度	C	c
风险型指标	质量标准	D	d

这种计分法操作简单，因而得到了广泛应用。但这种方法也存在一些明显的不足：第一，无法体现指标之间的关联性，评价结果对绩效计划帮助不大；第二，只适合连续取值的定量指标，一些定性指标或离散的定量指标在加权之后会出现误差；第三，某些指标可能对绩效结果产生决定性的影响，但并未纳入指标评价体系，如风险型指标、例外控制型指标等。

2. 综合计分法

为了避免加权计分法的不足，可以采用综合计分法进行说明（综合计分法示意表见表 2-8）。我们仍以上例中的某团队绩效评价指标体系为例，则团队的绩效评价得分为：

$$S=\left(\frac{a_1\times a_2}{100}-a_4\right)\times\frac{a_3}{100}$$

表 2-8 综合计分法示意表

绩效指标		指标得分值（总分均为 100 分）
指标类型	指标名称	
效益型指标	A_1	a_1
效率型指标	A_2	a_2
递延型指标	A_3	a_3
风险型指标	A_4	a_4

上面公式中的效益型指标和效率型指标采用相乘的方式来表现相互之间的并立关系，当一个指标存在不足时可以通过另外指标的分值进行弥补，但两者不能相互取代；风险型指标是一个惩罚性指标，如果满足要求则为零分，反之要适当扣分，因此采用减法；递延型指标可以用惩罚的方式计入团队的绩效分值。比如，尽管效益型指标、效率型指标都达到要求，也没有被扣除风险型指标分值，但如果公司认为该团队的工作结果对其未来发展的贡献一般（假定递延型指标得分为 75 分），则该团队工作结果的综合计算分值需在前三项绩效成绩的基础上适当打折（75÷100=0.75）。可以看出，这种综合计分法避免了加权计分法的缺点，但应该如何“综合”，则需要视具体情况而定。

2.4.3 组织绩效评价方法

1. 平衡计分卡

平衡计分卡（Balanced Score Card）是哈佛大学教授罗伯特 • 卡普兰（Robert Kaplan）与诺朗诺顿研究院（Nolan Norton Institute）的执行总裁戴维 • 诺顿（David Norton）在 20 世纪 90 年代从事一项关于组织绩效评价活动时提出的。平衡计分法产生的背景随着组织规模的日益膨胀，开始面临更大范围、更多层次的挑战，这时就需要一个简单有效的描述组织战略的工具，以便将战略在集团内部各成员之间直观地展现。而平衡计分卡体系则成功地解决了这个问题，它的主要功能是通过战略地图的形式清晰地描述和规划组织战略。平衡计分卡的核心和目标在于平衡，即兼顾了战略与战术、长期目标与短期目标、财务与非财务衡量方法、滞后与先行指标、结果性与动因性指标、企业组织内部群体与外部群体等之间的协调与发展。

基于这样的认识，卡普兰和诺顿（1992）的平衡计分卡建议组织应该从财务、客户、内部业务、学习与发展四个层面（平衡计分卡的基本框架见图 2-7）审视自身的绩效。目前，平衡计分卡经历了三代发展，已经得到广大企业界乃至非营利性组织的广泛接受与认同，越来越多的企业在平衡计分卡的实践中受益。

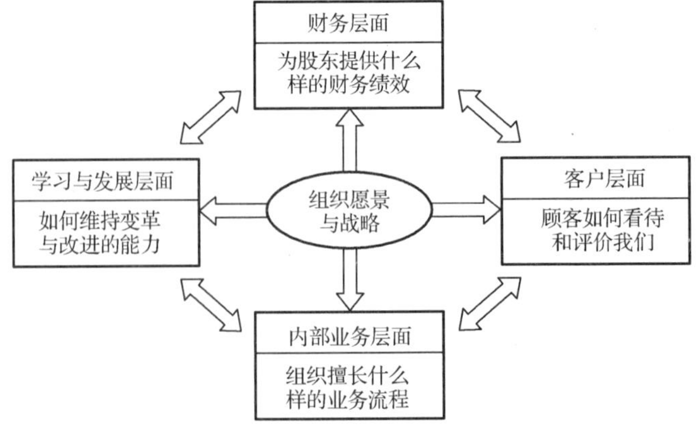

图 2-7 平衡计分卡的基本框架

（1）财务层面。财务指标是企业等营利性组织的核心控制目标，在平衡计分卡中财务指标虽然作为一项指标被独立考察，但其还是衡量其他指标的始点和终点，因为财务目标通常是组织获利能力的集中体现。

然而，财务指标并不能把企业运营的各种活动情况都快速、直接、全面地展现出来。比如，企业的长期战略无法快速、客观地转化为财务收益。因此，平衡计分卡中的财务指标既需要考虑财务的自身特性，还需要将组织发展过程和发展阶段的不同情况考虑进去。例如，通过研究与开发使企业受益往往需要一个较长的时间。在这种情况下，短期内就需要将研发投入量、投入比率等作为一类正向的财务指标进行处理。目前，衡量财务的指标主要有营业收入、资本报酬率、经济增加值、成本降低率、资产的利用和投资战略等。

（2）客户层面。客户是企业实现发展目标的基石，需要以此为市场的基本导向，这就需要清晰地了解客户的偏好，并致力于满足他们的需求。平衡计分卡要求管理者明确自身的客户和市场状况，以及与之相对应的衡量指标。通常，客户层面指标包括市场份额、客户满意度、客户保持率、新客户获得率、客户盈利率及在目标市场中所占的份额。

（3）内部业务层面。根据制定的财务和客户方面的目标与指标来确定企业内部流程的目标与指标。这样有利于企业抓住重点，专心评估那些与股东和客户目标息息相关的流程。在此基础上，分析那些对客户满意度和实现财务目标影响最大的业务流程。内部运营指标包括现有业务的改善、产品和服务的革新、企业的改良/创新过程、经营过程和售后服务过程、销售成本和对产品故障的反应速度等，既要兼顾短期现有业务的改善，又要考虑到长远产品和服务的创新。

（4）学习与发展层面。随着市场竞争越来越激烈，企业如今的技术和能力已经无法确保未来的发展目标。要想提升自身组织的适应能力和竞争能力，企业必须投资员工技术的再造、组织程序和日常工作的理顺，进而在不断学习中获得成长。通常，员工的培训和技能、员工满意度、员工保持率、信息覆盖率、每个员工提出建议数量、建议被采纳的比例、采纳建议后的成效等是学习与发展的主要指标。学习与发展的目标为其他三个方面的目标提供了基础，确立了未来成功的关键因素，是驱使平衡计分卡另外三个方面获得卓越成果的核心动力。平衡计分卡中四个维度之间的关系如图 2-8 所示。

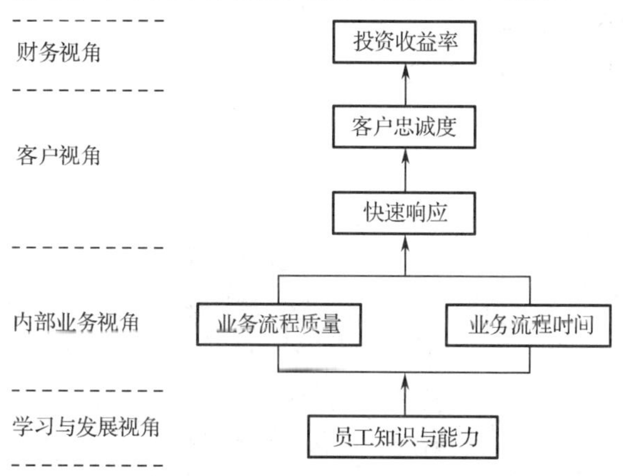

图 2-8　平衡计分卡中四个维度之间的关系

平衡计分卡不仅为企业管理实践提供了一种有效的管理手段，也为管理理论的发展提供了方法论上的支持。自该方法提出之后，企业应该从全方位的视角综合考评和设计企业的长远发展的观念受到学术界与企业界的普遍重视，许多企业尝试引入平衡计分卡方法，并将其作为组织发展的重要管理工具。表 2-9 是某公司的平衡计分卡评价指标体系。

表 2-9　某公司的平衡计分卡评价指标体系

评价维度	评价目标	评价指标
财务	生存	现金流量
	成功	各分部季度销售增长率和营业收入
客户	提供新产品	新产品销售份额
	快速供货	有客户评定的按时交货

续表

评价维度	评价目标	评价指标
客户	优先供应商	重要客户的购买份额
	强化客户伙伴关系	合作性经营活动的数量
内部业务	技术进步	具有竞争力的生产模式
	制造水平提升	循环周期、成本报酬率
	改进设计	技术改进效率
	新产品引入	相对于计划的实际引入速度
学习与发展	技术领先	开发新一代产品所需时间
	制造过程中的学习能力	产品成熟过程所需时间
	产品创新重点	占销售额80%以上产品数量
	市场创新	针对竞争者的新产品上市时间

2. 价值链模型

价值链模型是由美国哈佛商学院著名战略学家迈克尔·波特于 1985 年提出的，该分析方法将企业内外价值增加的活动分为基本活动和辅助活动。基本活动涉及内部后勤、生产经营、外部后勤、市场销售、售后服务，辅助活动涉及企业基础设施、人力资源管理、技术开发、采购等，基本活动和辅助活动构成了企业的价值链（价值链模型结构见图 2-9）。

图 2-9　价值链模型结构

一般来说，企业中只有某些特定的活动才真正创造价值，企业要保持竞争优势需要极为重视价值链的某些特定战略环节。然而，企业的优势既可以来源于价值活动所涉及的市场范围的调整，也可以来源于企业间协调或共用价值链所带来的最优化效益。运用价值链的分析方法来确定核心竞争力，要求企业密切关注组织的资源状态，并努力在价值链的关键环节上获得重要的核心竞争力。

价值链分析模型是波特对企业进行系统整合研究的又一个基本范式。完整价值链分析是，核心企业将其自身的作业成本和成本动因信息与供应链中节点企业的作业成本和成本动因信息联系起来，共同进行价值链绩效分析。具体分析步骤如下所述：

（1）把整个价值链分解为与战略相关的作业、成本、收入和资产，并把它们分配到“有价值的作业”中；

（2）确定引起价值变动的各项作业，并根据这些作业分析形成作业成本及其差异的原因；

（3）分析整个价值链中各节点企业之间的关系，确定核心企业与顾客和供应商之间作业的相关性；

（4）利用分析结果，重新组合或改进价值链，以便更好地控制成本动因，形成可持续的竞争优势，使价值链中各节点企业在激烈的市场竞争中获得更高的绩效。

3. 财务评价法

对于企业来说，财务状况尤其是盈利或收益情况是评价其绩效状态的重要标准。典型的财务评价方法有杜邦分析法、沃尔评分法和雷达图法等。其中，杜邦分析法是较为常见和规范的代表性方法之一。

杜邦分析法（DuPont Analysis）是一种从财务角度评价公司盈利能力和股东权益回报水平等企业绩效的经典方法，其基本思想是将企业净资产收益率逐级分解为多项财务比率的乘积。杜邦分析法最显著的特

点是将若干个用以评价企业经营效率和财务状况的比率按其内在联系有机地结合起来，形成一个完整的指标体系，并最终通过权益收益率来综合反映，有助于深入分析和比较企业的经营业绩。

杜邦分析法的主要步骤：首先，从净资产收益率开始，根据会计资料（主要是资产负债表和利润表）逐步分解计算各指标；其次，将计算出的指标填入杜邦分析图；最后，逐步进行前后期对比分析，也可以进一步进行企业间的横向对比分析。典型的杜邦分析图如图 2-10 所示。

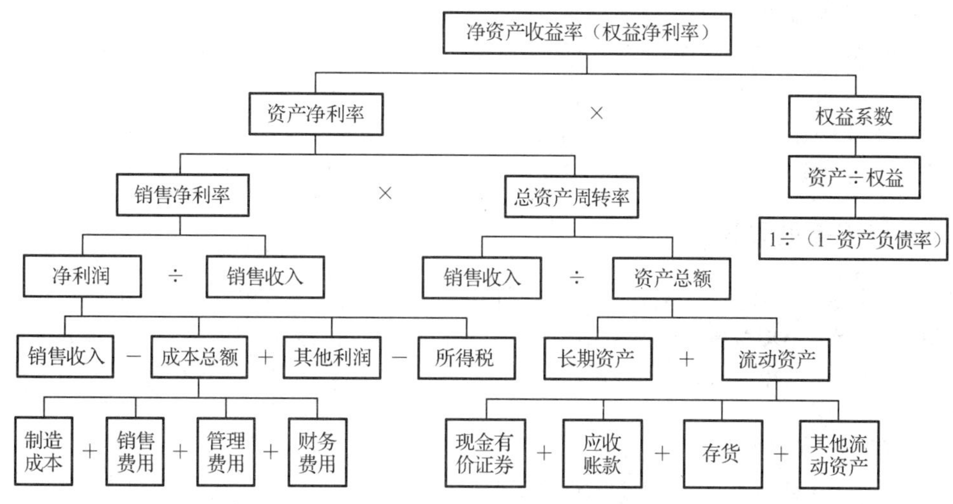

图 2-10　杜邦分析图

杜邦分析法可使财务比率分析的层次更清晰、条理更突出，有助于企业管理层更加清晰地看到权益基本收益率的决定因素，以及销售净利润与总资产周转率、债务比率之间的关联关系，给管理层提供了一张清晰的考察公司资产管理效率和是否最大化股东投资回报的路线图。然而，杜邦分析法的局限性也十分明显，主要表现为过分重视短期财务结果，只能反映企业过去的经营业绩，不能解决无形资产的估值问题等。

2.5　运营绩效的改进

2.5.1　运营绩效的改进及流程

1. 运营绩效改进

绩效考核的目的不仅仅是确定员工薪酬、奖惩、晋升或降级的标准，员工能力的不断提高、绩效的持续改进才是其根本目的。也就是说，绩效改进是绩效考核的后续应用阶段，是连接绩效考核和下一循环计划目标制定的关键环节。运营绩效改进是指确定运营绩效的不足和差距，查明其产生的原因，制订并实施有针对性的改进计划，不断提高竞争优势的过程。然而，因为运营绩效是一个复杂的综合系统，只有从多方面综合入手才能真正达到提高运营绩效的目的。

2. 运营绩效改进流程

通常来说，运营绩效改进需要经历以下几个主要流程：

（1）评价双方进行运营绩效考核结果的有效沟通；

（2）评价双方就运营绩效评价结果方面存在的差距分析其原因，并找出影响运营绩效各个方面有待改进的环节；

（3）评价双方根据未来的工作目标要求，选出目前最为迫切需要改进且易改进的方面，作为未来一定时期有待提升的项目；

（4）评价双方共同制订改进这些工作能力、方法或工作习惯的具体行动方案，确定有待提升项目的期望水平、实现期限及改进的方案；

（5）列出有待发展的项目要达到期望水平所需要的资源，尽可能为运营绩效改进提供知识、技能等方面的帮助，以便使已经制订的运营绩效改进方案得到真正的落实。

3. 运营绩效改进的理念

从管理学的角度而言，提高效率的途径在于资源的有效配置。通过设立标准流程、规范操作、分工协作等规范化体系，探索新的方法、工具、模式，可以达到管理系统更加有效率和有效果地运作的目的。一般来说，提高效率就是要以最小的投入获得最大的产出，投入的一般是时间、原材料、人力资源和知识等。从提升系统效率的角度看，改善系统的转换机制是至关重要的，如改变加工工艺、使用新的工具和应用新的材料等。对于效果的提升则需要从系统的本质分析出发，通过进一步深入理解市场或顾客的需求，并对自身的系统进行科学的调整，以便使企业的供给能够更加符合市场的需求。

2.5.2 组织绩效改进方法

组织采取的一切经营手段都可以看作是绩效改进的方法，常见的绩效改进方法有标杆管理、质量认证体系建设、学习型组织建设、PDCA 循环和六西格玛管理等，更为具体的实施方法有 5W1H、价值分析（VA/NVA）、因果图与相关图分析、“四巧”（ECRS）技术、标准化、群组技术（GT）等。就组织绩效而言，常见的一些改进方法如下所述。

1. 标杆管理

标杆管理（Benchmarking）一般被认为是美国施乐公司（Xerox）于 1979 年创立的，是基于自身发展的需要通过寻找一个具体的在某一方面或某些指标上竞争力最强或者适合自身追赶的目标，将自身的情况与各个指标进行量化评价、比较和分析，研究其成功的经验、发现并解决企业自身的问题，在此基础上制定、实施改进策略和措施，并持续不断地学习、变革、创新和提高，最终超越目标。

标杆管理法是现代西方发达国家在企业管理活动中，支持企业不断改进和获得竞争优势的最重要的管理方法之一，与企业再造、战略联盟一起被称为“20 世纪 90 年代三大管理方法”。研究表明，世界 500 强企业中有近 90%的企业在日常管理活动中应用了标杆管理法，如杜邦、柯达、通用汽车、福特和 IBM 等。而中国的海尔、李宁、联想等知名企业也通过采用标杆管理的方法取得了巨大成功。

标杆管理包括以下几个主要步骤。

（1）成立控制管理工作小组。根据目标控制的层级可以分别在企业、部门、小组内成立相应的标杆控制管理小组，其主要由有相关工作的丰富经验、了解实际情况、具有一定权威的专业人员组成。

（2）确定控制项目。标杆管理小组根据组织发展需要，确定组织内希望赶超的项目或者指标。一般来说，标杆控制项目大多是那些影响组织长远发展的因素，同时是组织发展中存在的薄弱环节，并以此展开深入分析，寻求目前急需解决的问题。

（3）选择控制参照对象。通常赶超对象应该是来自同行业或者具有可比性的组织，确定的赶超目标应表现出较高的绩效或者具有与自身赶超条件相匹配的绩效。在此基础上进一步确定参照对象的对比点，这些对比点紧紧围绕控制项目展开，并以此确定测量指标且将其作为控制的基本依据。

（4）收集相关资料。确定控制参照对象后，企业应该尽可能收集与控制指标相关的信息、资料和数据，如相关研究报告和调查报告等。这些资料不仅包括标杆企业的相关信息，还要对自身企业的相关数据和资料进行系统的收集、整理。

（5）分析差距形成原因。在保证收集数据较为充分的基础上，对获得的资料进行分类、整理，并将这些数据与自身企业进行比较，分析差距形成的原因和过程。

（6）制订和实施赶超方案。通过对导致差异的主要原因进行分析，找出缩小或消除差距的可能途径。在此基础上进一步详细设计和制定具体实施措施和步骤，对方案的经济可行性和技术可行性进行分析，经过科学决策确定具体的实施方案。

（7）总结标杆控制经验和教训。在方法实施的过程中及结束后，需要对方案的实施状况进行监督、比较和分析，发现方案存在的问题或者执行过程中出现的意外情况，并及时采取措施进行补救或者对其中的

经验和教训进行及时的归纳和总结。

（8）改进标杆控制方案和选择新控制指标。在充分总结现有实施方案经验和教训的基础上，对未来新的情况进行预测。如果上述方案实施后仍然与“标杆”存在差距，那就需要重复上述过程，直至达到参照对象的绩效水平。

2. 质量认证体系建设

质量体系认证是指由认证机构证明产品、服务、管理体系、人员符合相关标准和技术规范的合格评定活动，是国际通行、社会通用的质量管理手段和贸易便利化工具，是市场经济条件下加强质量管理、提高市场效率的基础性制度。质量认证体系的本质是“传递信任、服务发展”，向消费者、企业、政府、社会和国际传递信任，其可以形象地被称为质量管理的“体检证”、市场经济的“信用证”和国际贸易的“通行证”。

20 世纪 80 年代初期质量体系认证被引入我国，到了 20 世纪八九十年代，我国建立了对家用电器、汽车、食品等众多的产品质量认证制度和各类管理体系认证制度，对我国的经济建设发挥了积极作用。ISO 9001 是国际上最先进的质量管理体系，ISO 9001 的应用是提升企业运营质量的重要途径。我国经济转入高质量发展阶段后，市场化、国际化程度越来越高，认证所具有的市场化、国际化等突出特点使得其作用越来越明显。截至 2018 年年初，我国质量认证有效证书大概 170 万张（其中质量管理体系认证 45.4 万张），涉及企业近 60 万家。然而，我国企业总数约为 3 033.7 万户，也就是说获得质量认证的企业占全国企业总数不足 2%。

通过质量认证，企业无论是最终产品还是生产过程都能检验自身存在的不足，进而通过强化管理提升企业形象和提高市场份额，进而不断提升组织的运营绩效。

3. 学习型组织建设

彼得 • M. 圣吉在 1990 年出版的著作《第五项修炼》中从组织的角度对战略管理理论进行了阐释，并强调建立愿景、团队学习、改变心智、自我超越和系统思考五项要素。彼得 • M. 圣吉认为，战略管理的最终目的是动态适应环境的变化，而组织学习就是适应环境变化的有效方法，这对于企业的成败兴衰具有举足轻重的影响。随着知识经济的迅速崛起，企业及企业的员工都面临着严峻挑战。现代企业的工作价值取向正在发生转变，终身教育、可持续发展战略等已成为当代社会主流理念，学习型组织理论为组织绩效改进提供了理论上的支持。

（1）学习型组织的特点是发现、纠错和成长。组织学习普遍存在“学习智障”，这需要个体之间不断去学习、探索以达到互动的目的。一切心理和机构层面的考量都不是学习的关键元素，修复和行动力才是主导。因此，改进方法只能在发现、纠错和成长的动态过程中找到，进而不断循环。

（2）学习型组织的核心是自我学习机制。为了适应内、外部环境的不断变化，应该在组织内部培养“组织思维能力”，学会建立组织的自我完善路线图，以便组织成员在工作中学习、在学习中工作，使学习成为工作新的形式，建立自我学习机制。

（3）学习型组织的精神是学习、思考和创新。学习型组织强调学习是团体学习、全员学习，思考是系统、非线性的思考，创新是观念、制度、方法及管理等多方面的创新。

（4）学习型组织的关键特征是系统思考。学习型组织必须站在系统的角度去认识系统的环境，这样才能避免陷入系统阻力的旋涡。

（5）组织学习的基础是团队学习。团队是现代组织学习的基本单位，团队学习依靠的不是辩论，而是深度会谈。深度会谈是团队的所有成员在一起说出心中的假设，并进入真正一起思考的状态。其目的是一起思考，得出比个人思考更正确、更好的结论。

2.5.3 员工绩效改进方法

员工绩效改进主要是组织通过提升人员的职业素养与工作能力，使其能够更好地表现出组织所需的工作行为，从而得到组织希望的绩效产出。强化、在职培训及个人业务承诺计划等是员工绩效改进的常用方法。

1. 强化

强化理论（Reinforcement Theory）是过程型激励理论之一，是由美国心理学家伯尔赫斯·弗雷德里克·斯金纳（Burrhus Frederic Skinner）在 1971 年提出的。该理论认为人的行为是其所获刺激的函数，即对一种行为的肯定或否定的后果（报酬或惩罚），在一定程度上会影响这种行为在今后是否会重复发生。强化物（Reinforcer）是强化理论的核心要素，在塑造人们的行为上有着重要作用。

一般来说，强化可以分为正强化和负强化两种。正强化物能使管理者期望的行为发生概率增加，而负强化物能使管理者不期望的行为发生概率减少。比如，每当员工有好的表现时给予赞许或奖励，员工往往会用更好的表现来换取下一次的赞许或奖励；而当员工出现不好的表现时给予批评或处分，员工则会减少这种不好的行为以避免下一次的批评或处分。

2. 在职培训

在职培训（On the Job Training，OJT）又称“工作现场培训”或“职工教育”，是指对已具有一定教育背景并已在工作岗位上从事有酬劳动的各类人员进行的再教育活动，是人力资本投资的重要形式之一。目前，我国的在职培训主要包括在岗业余培训和离岗专门培训两种方式。在岗业余培训一般采用岗位培训、各种短期培训班、系列讲座、各类培训中心，以及电大、夜大、函大和高等教育自学考试等形式；离岗专门培训的具体形式通常有各类职业中学和职工大学，或委托大专院校、科研机构进行代培等形式。在职培训的优势非常明显，主要有不耽误工作时间、节约培训费用、建立经理与员工之间的沟通渠道、针对性更强等特点。

3. 个人业务承诺计划

个人业务承诺（Personal Business Commitment，PBC）计划是 IBM 创立的绩效管理系统，是基于战略制定后的个人业务承诺的计划，是保障战略执行落地的工具。一般来说，每年年初每个员工都要在充分理解公司的业绩目标和具体的 KPI 指标的基础上，在部门经理的指导下制订自己的 PBC 计划。计划中需要列举下一年中自己为了实现这些业绩目标、执行方案和团队合作这三个方面所需要采取的具体行动（三个承诺），这相当于员工与公司签订了一个一年期的业绩合同。PBC 绩效管理与 KPI 绩效考核相比，有一些共同之处，也存在一些明显的差异，具体如表 2-10 所示。

表 2-10 PBC 绩效管理与 KPI 绩效考核的比较

PBC 绩效管理	KPI 绩效考核
完整的系统	系统的一部分
注重过程的管理	阶段性的总结
具有前瞻性	回顾阶段性成果
有完善的计划、监督和控制的方法	提取绩效信息的一个手段
注重能力培养	只注重结果
建立管理者与员工之间的绩效合作伙伴关系	使管理者与员工站到对立面

一般来说，个人业务承诺计划的制订强调以下三个承诺。

（1）承诺必胜（Win）。这个承诺要求员工必须知道胜利是第一位的，完成业绩目标是最重要的，要抓住任何可以获取的机会，以坚强的意志来鼓励自己和团队，并且竭力完成如市场占有率、销售目标等重要的绩效评估指标。每个人都要求自己必须完成在 PBC 计划中的承诺，无论遇到多大的困难都要努力前进。

（2）承诺执行（Execute）。IBM 永远强调执行、执行、执行。也就是说，要想达成目标不仅需要计划、目标和承诺，更重要的是执行。执行是一个过程，它全方位地反映了员工的素质，业务流程的改进和执行能力的加强需要无止境的挑战自我潜能。

（3）承诺团队精神（Team）。不同单位和部门在同一个业绩目标下相互沟通、共同合作。在团队中，

一个项目或一项业务往往需要跨部门的沟通和协作，这样才能充分发挥公司的整体优势并充分利用公司资源。同样，如果在业务中遇到了麻烦，也能从各个相关单位和同事那里获得帮助。

2.5.4 卓越绩效模式

1. 卓越绩效模式概述

卓越绩效模式（Performance Excellence Model）是 20 世纪 80 年代后期美国创建的一种世界级企业成功的管理模式，其核心是强化组织的顾客满意意识和创新活动，追求卓越的经营绩效。该模式源自美国波多里奇奖评审标准，以顾客为导向追求卓越绩效管理理念，主要包括领导、战略、顾客与市场、测量分析改进、人力资源、过程管理和经营结果七个方面。目前，世界各国许多企业和组织纷纷引入实施这一绩效模式。其中，施乐公司、通用电气公司和微软公司等世界级企业都是运用卓越绩效模式并取得出色经营结果的典范。美国北卡罗来纳大学的阿尔波特·林克教授和达特茅斯学院的约翰·斯哥特教授的一项最新研究成果表明，美国波多里奇国家质量奖每年可带来相关的收益大约为 240.65 亿美元，收益与成本比率保守估计为 207∶1。中国质量协会在 2001 年启动了全国质量管理奖评审，致力于在我国企业普及推广卓越绩效模式的先进理念和经营方法，为我国企业不断提高竞争力、取得出色的经营绩效提供多方面的服务。

2. 卓越绩效模式的特征

朱兰认为，卓越绩效模式的本质是对全面质量管理的标准化、规范化和具体化。企业作为一个经营组织，其运营体系由围绕组织的业务流程所设立的各管理职能模块组成，而企业是否能够持续经营取决于组织能否科学地做正确的事。卓越绩效模式评价准则框架图（见图 2-11），从系统的角度对组织的有效运行的整体框架进行了描述，主要由“领导三要素”和“结果三要素”构成。“领导三要素”由领导作用、战略规划、聚焦顾客与市场构成，“结果三要素”由资源（强调以人为本）、过程管理和经营结果构成。其中，“领导三要素”强调高层领导在组织所处的特定环境中，通过制定以顾客和市场为中心的战略为组织谋划长远未来，关注的是组织如何做正确的事。而“结果三要素”则强调如何充分调动组织中人的积极性和能动性，通过组织中的人在各个业务流程中发挥作用和过程管理的规范，高效地实现组织所追求的经营结果，关注的是组织如何正确地做事，解决的是效率和效果的兼容问题。

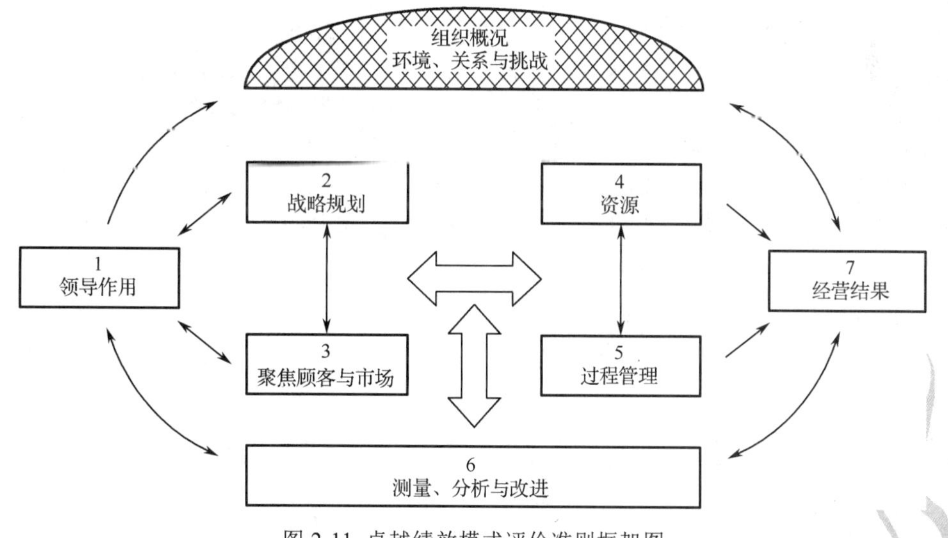

图 2-11 卓越绩效模式评价准则框架图

3. 卓越绩效模式的评价准则

卓越绩效模式的评价准则决定了组织卓越绩效的评价要求，适用于追求卓越绩效的各类组织，为组织追求卓越绩效提供了自我评价的准则，也可用于质量奖的评价。具体的评价准则包括以下几条。

（1）领导。本条款用于评价组织高层领导在价值观、发展方向、目标、对顾客及其他相关方的关注、激励员工创新和学习等方面的表现，以及组织的治理和履行社会责任的情况。

（2）战略。本条款用于评价组织的战略目标和战略规划的确定、部署及其进展情况，并说明如何制定战略、确定战略目标、组织的竞争地位、整体绩效，以及如何使组织在未来获得更大的成功。

（3）顾客与市场。本条款用于评价组织确定顾客和市场的需求、期望和偏好，以及建立顾客关系，确定影响赢得和保持顾客并使顾客满意、忠诚的关键因素的方法。

（4）资源。本条款用于评价组织高层领导为确保战略规划和目标的实现，同时为价值创造过程和支持过程所配置的资源，包括人力资源及其他的财务、基础设施、相关方关系、技术和信息等。

（5）过程管理。本条款用于评价组织过程管理的主要方面，包括价值创造过程和支持过程。

（6）测量、分析和改进。本条款用于评价组织选择、收集、分析和管理数据、信息和知识的方法，充分和灵活使用数据、信息和知识，改进组织绩效。

（7）经营结果。本条款用于评价组织在主要经营方面的绩效和改进，包括顾客满意程度、产品和服务的绩效、市场绩效、财务绩效、人力资源绩效、运行绩效、组织的治理和社会责任绩效。

4. ISO 9001 质量管理体系与卓越绩效模式的比较

ISO 9001 质量管理体系（以下简称“ISO 9001”）属于“符合性评价”标准，是对一般过程进行“合格”评定，从“符合性”的角度入手并兼顾“有效性”，重在发现与规定要求的“偏差”，进而达到持续改进的目的。而卓越绩效模式则建立在“大质量”理念之上，重视企业的“战略规划”与“创造价值的过程”，追求卓越的“经营结果”，宣扬“以人为本”的企业文化和企业公民的“社会责任”。卓越绩效模式是企业管理体系是否卓越的“成熟度评价”标准。

具体而言，ISO 9001 和卓越绩效模式的区别和联系（见图 2-12）体现为以下几点。

（1）聚焦与价值。ISO 9001 关注产品和服务的符合性，追求顾客满意，是高度结构化下的条款一致性。卓越绩效模式不仅仅关注产品和服务质量，更关注组织的经营质量；不仅仅追求顾客满意，更追求相关方满意。ISO 9001 是基础的质量管理，而卓越绩效模式的要求远高于 ISO 9001。

（2）评价目标。ISO 9001 是组织自行采取的一项战略决策，通过第三方认证来评定组织质量管理体系的符合性，只有“合格”与“不合格”。而卓越绩效模式主要通过组织自我评估，衡量管理的有效性和成熟度，确认优势和改进机会，利用 6SIGMA 等方法进行持续改进以便追求卓越。

（3）方式。ISO 9001 对质量管理要求规定得非常详细，要求组织建立文件体系来控制日常的质量管理活动，往往文件体系比较庞大。而卓越绩效模式更强调管理哲学和运营机制，强调发挥人的主动性和积极性，强调战略、顾客导向、经营结果和社会责任，为顾客和其他相关方创造高绩效。

（4）兼容性。卓越绩效模式在“建立组织管理系统”的标准要求中，提出了要应用平衡计分卡或 ISO 9001 标准在组织中建立一套目标测量体系，以便能够与 ISO 9001 实现兼容和互补。

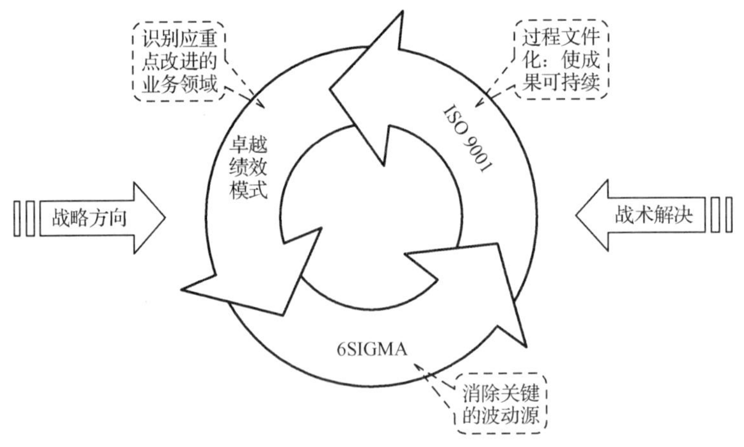

图 2-12　ISO 9001 和卓越绩效模式的区别和联系

本章小结

运营绩效是企业实施运营管理职能的最终体现。本章第一节对运营绩效的概念、内涵和类型进行解释，介绍了运营管理与绩效管理之间的关系，以及绩效管理的价值和绩效管理制度化的意义；第二节介绍了运营绩效的评价作用及绩效评价的主要流程；第三节介绍了运营绩效评价的指标体系、评价指标的选择过程、评价指标权重的确定方法，以及评价指标评价标准的确定方法和注意事项；第四节介绍了个人绩效、团队绩效和组织绩效的主要评价方法，并阐释了这些方法的适用性和局限性；第五节介绍了运营绩效的改进流程和主要改进理念，并对组织绩效和员工绩效的改进方法进行了梳理，还介绍了一种被称为卓越绩效的管理模式。

思考题

1. 简述绩效与运营绩效的内涵？
2. 简述运营绩效评价的流程？
3. 影响运营绩效的因素有哪些？选择运营绩效评价指标的主要原则是什么？
4. 运营绩效评价的类型、主要的评价方法有哪些？
5. 运营绩效改进的基本理念是什么？运营绩效改进有哪些主要方法？

案例分析

第3章 运营战略管理

3.1 运营战略管理的发展

引导案例

3.1.1 战略与企业战略

1. 战略与企业战略概述

（1）战略。战略（strategy）一词最初源于军事领域的一个概念，是指指挥作战的谋略。中文中的“战略”对应于西方语境下的“strategy”，该词源于希腊语中的“strategos”或“stratagia”，是“将军”“将领”和“地方行政长官”的意思，并逐渐演变为“战役”“谋略”的意思。“战略”一词在中国出现的历史较为久远，相应的词有谋、猷、韬略、方略、兵略等。据已有文献记载，西晋时期的司马彪就曾写过《战略》一书，一般春秋时期孙武的《孙子兵法》被认为是中国最早对战略进行全局筹划的著作。近代来“战略”一直是世界各国军事科学的重要研究领域，现代战略涉及的范围日趋扩大并被各个领域所使用，如发展战略、经济战略、科技战略、外交战略、人口战略、资源战略、创新战略、企业战略等。一般来说，战略是关于组织如何吸引和满足顾客以实现组织目标的各种方案，是一种面向长期的、全局的、系统的组织目标和规划。

（2）企业战略。企业每天都面临着大量的决策，而遇到的问题如何才能得到正确解决会受到大量内外部因素的影响。只有对这些因素进行科学分析，设计可行路径并采取有效的执行方式才可能取得预期效果。也就是说做事的前提是方向正确，如果方向错了付出再多的努力也无济于事，甚至可能适得其反。企业战略是对企业各种战略的统称，是由一系列具体战略组合而成的，如研发战略、生产战略、营销战略、竞争战略、运营战略、品牌战略、融资战略、人才战略、可持续发展战略等。尽管企业战略在形式上多种多样，但都是关于企业如何进行经营的谋略，都是对企业或者企业某一特定部门的长期性、全局性、系统性问题的计划。

（3）战略与战术的关系。一般来说，企业战略是企业为求得生存和发展，从较长时期的视野对组织经营活动的发展方向和事关全局问题的重大谋划；而战术则是对战略的具体执行和实施。毛泽东曾经说：“战略上藐视敌人，战术上重视敌人。”这不仅表现了战略与战术之间的区别，而且对于组织发展来说其作用和意义也明显不同。战略和战术在组织的不同层次的运行上各自起着重要作用（战略与战术的比较见表3-1）。

表3-1　战略与战术的比较

战　　略	战　　术
长期性	短期性
全局性	局部性
系统性	阶段性
具有一定的不确定性	相对较为确定
结构相对模糊	结构比较清楚
注重目标	注重方法
所需信息相对广泛	所需信息更为具体
不可逆性较强	可逆性较强

可见，相对战术而言，战略通常是组织长期的、全局的、系统的谋划，包括企业的使命、愿景、宗旨、目的等，主要表达了企业之所以存在于经济社会中的原因及希望达到的目的。另外，战略与战术之间又存在一定的模糊性，即下一级的战略对上一级而言很可能就是具体化的战术，而上一级的战略也是相对下一级而言的。

2. 战略的特征

（1）竞争性。战略都具有特定目的，本质上是一种追求获得竞争优势的计划，具有明确的竞争导向。

（2）长期性。战略是一种长期的计划，是服务于组织长远发展的筹划。例如，企业战略是一个相对较为长期的计划，而不是着眼于一时一事的成败。企业战略一经确定，就要扎实地推进，而不能朝令夕改。

（3）整体性。组织是由各个相互联系和彼此影响的部门结合而成的，各个部门的良好功能只有通过整体才能实现，战略则是各个部门有机连接的纽带。企业总的战略主要从整体视角出发，并以实现组织整体最优为目标。

（4）层次性。战略从制定到执行需要不同层级的员工相互配合和通力合作，这也决定了战略一般可以分为目标层、方针层和行为层，各个层级之间既要各尽其能，又要紧密衔接、相互配合。

（5）系统性。组织作为一个系统具有结构性、相关性、动态性、演化性等特征，在发展过程中需要考虑系统各部门之间及各部门与组织整体之间的相关影响和作用关系。如果一些部门存在薄弱环节，必将制约总体的最优化。

（6）动态性。尽管战略具有长期性特征，但是由于内、外部环境处于不断变化之中，当制定战略的最初基础发生变化时，相应的战略就有必要进行适当的调整，以便对环境发生的变化做出适当响应。

3. 企业战略的分类与层次

（1）企业战略的分类。随着对企业战略研究的深入，形形色色的相关战略类型也被提了出来。目前，与企业战略相关的常见战略有竞争战略、营销战略、研发战略、产品战略、财务战略、并购战略、品牌战略、多元化战略和专一化战略等。具体而言，根据战略所属企业不同层级可以分为公司战略、业务战略和职能战略；根据企业发展总体态势可以分为进攻型战略、防御型战略、收缩型战略和混合型战略；根据企业竞争的基本方式可以分为总成本领先战略、差别化战略和专一化战略；根据战略所属职能部门可以分为研发战略、产品战略、生产战略、市场战略、财务战略和仓储战略等；根据经营地域可以分为本土化战略和全球化战略。其中，企业总体战略和竞争战略是企业运营过程中需要解决的基本问题。另外，雷蒙德·迈尔斯（Raymond Miles）和查尔斯·斯诺（Charles Snow）在 1978 年出版的《组织战略、结构和方法》（*Organization Strategy，Structure and Process*）一书中提出的企业战略理论，根据问题类型分为防御者（Defender）、探索者（Prospector）、分析者（Analyser）和反应者（Reactor）四种战略类型。

（2）企业战略的层次。那些规模较大的公司，战略可以分为公司层战略（或集团战略）、业务层战略（或单位战略、业务单元战略）和职能层战略（或部门战略）三种。公司层战略（Corporate-level Strategy）是指从总体上对组织全局性、系统性、长期性的经营问题设计的目标和远景，主要关注那些影响组织生存、发展等基本性的问题，即公司层战略应当是组织发展方向的根本指南。业务层战略（Business-level Strategy）是指公司拥有一种以上的业务，每个业务单元处于相对独立的地位，每个业务单元需要一种基于公司层战略并与之相对应的战略，但应该与公司的组织能力和竞争需要保持一致。职能层战略（Functional-level Strategy）一般与组织的研发、制造、生产、市场营销、人力资源和财务部门等职能部门相对应。职能部门战略应当与事业层战略保持一致，并且为这些职能部门在细节层面上就如何开展活动提供依据，其侧重于企业内部特定职能部门的运营效率，是公司战略成功与否的关键体现。典型的公司—事业部—职能战略层级关系示意图，如图 3-1 所示。

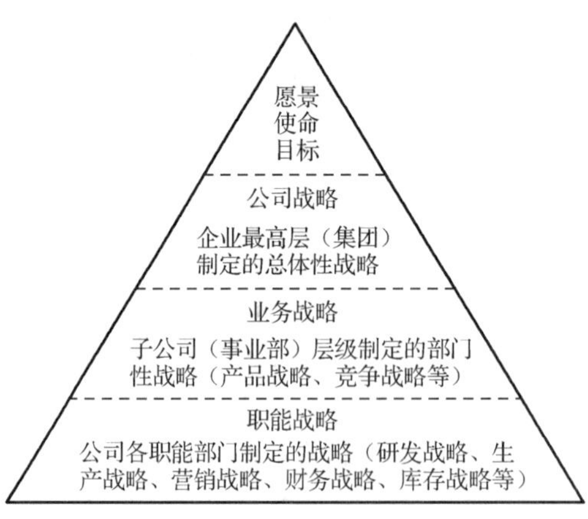

图 3-1　公司—事业部—职能战略层级关系示意图

3.1.2　战略管理理论的发展阶段

企业战略在发展过程中出现了着眼于不同视角的理论，但其中大部分内容是聚焦于企业的运营管理的。不论是钱德勒的环境结构理论，还是迈克尔·波特的外部竞争力理论、普拉哈拉德和哈默尔的核心竞争能力理论及詹姆斯·穆尔的生态系统竞争理论，几乎都是针对企业如何获得竞争优势展开的。从时间跨度来看，战略管理理论主要经历了以下几个发展阶段。

1．战略管理理论的提出——环境结构理论

现代意义上的战略管理理论最早出现于 20 世纪 60 年代。1962 年美国著名管理学家艾尔弗雷德·D.钱德勒（Alfred D.Chandler，Jr.）出版了《战略与结构：工业企业史的考证》一书，被学界称为开企业战略问题研究先河之作。该书提出了“结构追随战略”的观点，认为战略要适应环境的要求，组织结构要适应战略的要求，奠定了以外部环境为基础的战略管理理论。因此，钱德勒被公认为是环境—战略—组织战略理论领域的第一人。该理论认为战略的基础是适应环境，适应环境的目的是扩大市场占有率，进而实现企业的生存和发展。

1965 年伊戈尔·安索夫（Igor Ansoff）在其《公司战略》一书中首次提出了“企业（公司）战略”这一概念。1972 年，他在论文“战略管理思想”中又首次提出“战略管理”的概念。由于在战略领域中一系列首创性贡献，安索夫被学界尊称为战略管理的鼻祖。安索夫认为，战略是一个组织去实现其目标和使命，包括各种方案的拟定和评价、最终将要实施的方案。其核心理论是将环境、战略、组织这三种因素作为支柱来构建战略管理理论的基本框架。

1971 年哈佛大学的肯尼斯·安德鲁斯（Kenneth Andrews）在《公司战略的概念》一书中提出了商业战略或商业策略（Business Strategy）的概念，并强调战略管理是组织获得胜利的关键所在。之后，“战略”在企业理论和实践中得到广泛的运用，并成为管理学中的一个重要术语。

尽管这一时期战略还处于初创时期，多数理论和思想还不够系统和完善，但是战略理论已经开始得到人们的广泛重视。从总体来看，这一时期的战略核心思想体现在三个方面：①企业战略需要适应环境；②企业战略的实施需要匹配的组织结构；③企业战略致力于提升市场份额。

2．战略管理理论的建立——竞争战略理论

尽管战略管理理论被提了出来，但是很多企业并未真正理解和感知战略到底是如何改善和提高企业能力的。20 世纪 80 年代，以哈佛大学商学院的迈克尔·波特（Michael Porter）为代表提出的竞争战略理论，使人们对战略理论有了更为明确的认识和理解，并以战略“三部曲”在战略管理理论中确立了主流地位。

（1）“三部曲”之第一部——《竞争战略》

1980 年，波特出版了《竞争战略》（*Competitive Strategy*）一书，该书从潜在竞争者、替代品的威胁、供应商的力量、购买者的力量和竞争对手五个方面系统全面地阐述了“五力竞争模型”（Five Forces Model），

具体如图 3-2 所示。波特认为，组织所在行业和企业的竞争能力是影响企业竞争优势的两个核心因素，企业在制定战略时应该基于下述两个基本出发点：①企业需要选择有吸引力的、高潜在利润的那些产业；②在已确定的产业中选择自身的优势竞争地位。即使在一个传统的产业中，拥有竞争优势地位的企业通常也要比劣势企业盈利的可能性高。另外，波特在该书中还提出了被广为应用的三种通用战略：总成本领先战略、差异化战略和集中化战略。

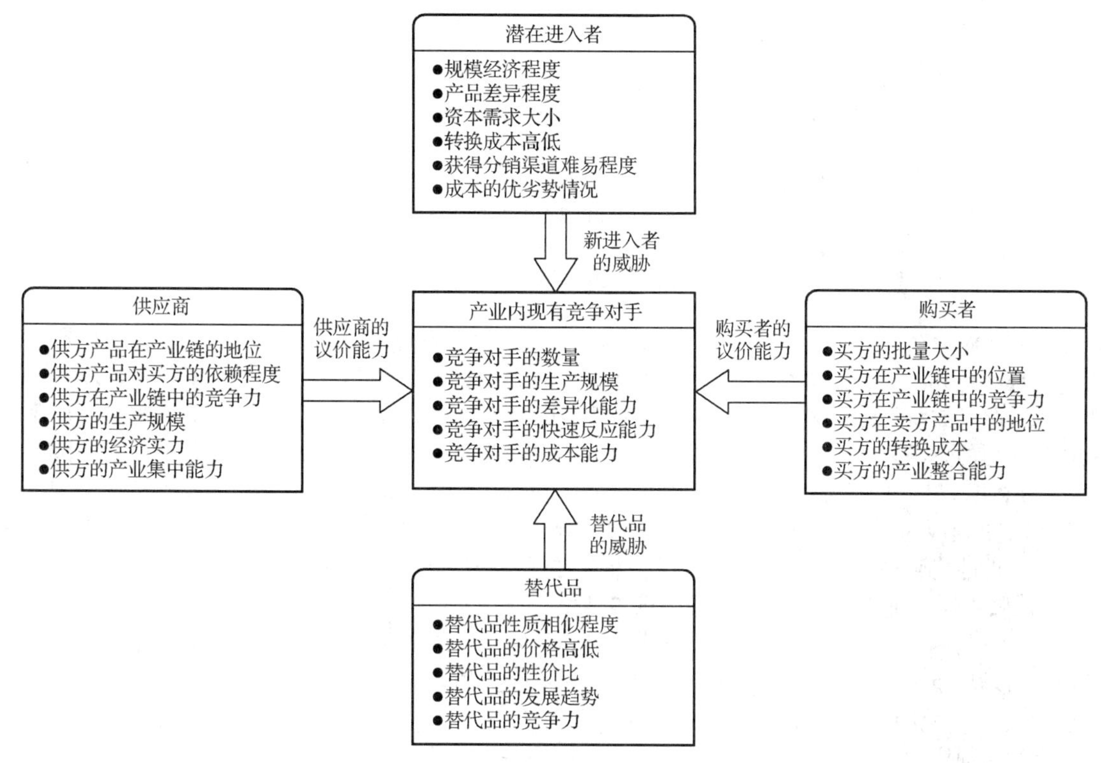

图 3-2　波特的五力竞争模型

（2）“三部曲”之第二部——《竞争优势》

1985 年波特出版了《竞争优势》（*Competitive Advantage*）一书，提出价值链（Value Chain）分析模型。波特认为，企业具有很多资源、能力和竞争优势，如果将企业作为一个整体来看的话，不容易对这些优势进行清晰的识别，这就需要将企业所开展的活动进行适当的分解，并通过分析这些单个活动本身及它们之间的相互关系来更为准确地确定企业的竞争优势（波特的价值链分析模型见图 3-3）。价值链分析模型将企业价值创造活动分为基本活动和辅助性活动，两者构成了企业的价值链。企业进行价值链分析既可以明确自己在行业价值链中的位置，也可以探索降低成本的方法。价值链理论弥补了“五力竞争模型”的不足，这也使波特理论在分析组织经营问题方面变得更具说服力，波特在战略竞争领域的地位得以最终确立。

（3）“三部曲”之第三部——《国家竞争优势》

1990 年波特出版了《国家竞争优势》（*The Competitive Advantage of Nations*）一书，提出了“钻石模型”（Diamond Model）这一概念。该模型主要用来分析一个国家的某些产业在国际市场中为什么会具有较强的竞争力。波特认为，四种因素对一个国家某种产业的竞争力起着决定性作用：①生产要素；②需求条件；③相关产业和支持产业的表现；④企业的战略、结构、竞争对手的表现。另外，政府与机会也是影响战略可行性的两大变数，机会通常是企业无法控制的，而政府政策等的影响也是不可忽视的。波特指出，一个国家或地区竞争优势的创造最终必然要通过企业来实现，而政府需要做的主要是为企业提供所需要的资源和良好的经营环境，如发展基础设施、资本市场和信息平台搭建等。

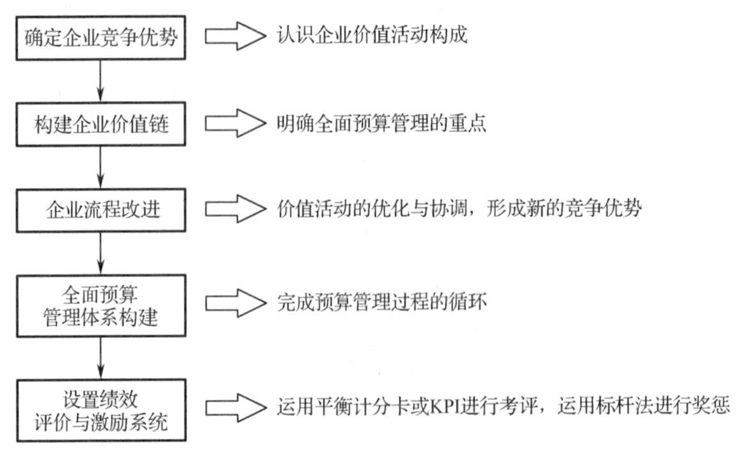

图 3-3 波特的价值链分析模型

迈克尔·波特在“三部曲”中提出的竞争结构分析理论得到了战略管理领域的普遍认同，也是现在开展组织外部环境分析和设计竞争战略最为重要和广泛使用的模型。另外，在这一时期对战略管理理论做出杰出贡献的除了波特，还有美国旧金山大学的 H. 韦里克（H. Weihrich）教授，H. 韦里克被认为是现在分析战略最常用的方法之一——SWOT 分析方法的创始人。据现有资料，SWOT 分析方法最早由美国学者勒尼德（Learned）和克里斯滕森（Christensen）等人于 1965 年提出，但使该方法得以普及的却是韦里克在 20 世纪 80 年代初出版的《SWOT 矩阵》（*The SWOT Matrix-A Tool for Situational Analysis*）一书，该书中提供了一个清晰的战略管理框架。目前，SWOT 分析方法已经被广泛应用于战略制定领域。

3. 战略管理理论的发展——核心竞争能力理论

尽管迈克尔·波特的行业竞争结构理论受到广泛重视，但是在应用过程中发现企业在竞争过程中只关注外部的市场环境是不够的。随着信息技术迅猛发展，企业的竞争环境变得瞬息万变并且日趋复杂。在这种情况下企业获得优势不仅取决于对外部环境的分析，还取决于企业内部环境的优化和完善，尤其是企业是否拥有独特的资源和能力。

1990 年，C. K.普拉哈拉德（C.K. Prahalad）和加里·哈默尔（Gary Hamel）在《哈佛商业评论》上发表了文章《企业核心能力》，该文章提出了核心竞争能力理论。该理论强调企业需要把注意力从外部市场环境转向内部环境，并通过对自身独特的资源和能力的积累形成独特的竞争力，这对组织获得竞争优势及超额利润起着决定性作用。因此，企业在战略管理实践中要从自身的资源和能力出发，去经营那些自己拥有一定优势的产业或者相关产业，对于那些具有吸引力而缺乏相应资源的产业不要盲目采取多元化经营的方式。

英特尔的核心竞争力

20 世纪 80 年代英特尔发现，自己被日本的日立、富士通、NEC 等竞争者挤出了存储芯片市场，而这主要是因为这些公司具备了开发和快速改进半导体的工艺的能力。1985 年英特尔的特长是设计复杂的集成电路，而不是开发标准化芯片的工艺。结果英特尔面对连续亏损的财务状况被迫退出了存储芯片市场。由于此次的惨痛教训，英特尔将注意力放在了其依然具有优势的微处理器市场，只不过这次英特尔还加强了工艺制造能力的发展。在 20 世纪 80 年代末，英特尔投入巨资开发了世界一流的制造工艺。在很大程度上，这是英特尔在 20 世纪 90 年代占据 PC 微处理市场 90%份额的主要原因。因为微处理器的研发与制造工艺紧密联系，依赖于制造外包可能会延长研发时间和提高成本，进而使研发变得低效。

（资料来源：根据公开资料整理。）

一般来说，企业核心竞争力具有以下一些基本特性。

（1）独特性。企业核心竞争力是企业所独具的一种能力，竞争对手几乎无法通过模仿获得。

（2）竞争性。企业核心竞争力体现为一种竞争性的能力，是在竞争过程中相对于自身的竞争对手而能

够展现出来的竞争优势。

（3）价值性。企业核心竞争力是企业使自己在市场竞争中获得更大收益的一种能力，这种能力能够为企业创造更大的价值，使企业获得更多的收益。

（4）延展性。企业核心竞争力是一种处于企业核心地位的能力，是企业其他能力扩展的基础。

（5）长期性。企业核心竞争力是一种对企业经营长期起作用的能力，一般不会随环境的变化而发生较大的变化。

尽管核心竞争能力理论弥补了波特的竞争结构分析理论过多注重企业外部分析的缺陷，但其过分关注企业内部的不足，以致其并未彻底解决企业在内、外部分析时存在的失衡问题。为此，1995 年戴维 • J. 柯林斯（David J.Collins）和辛西娅 • A. 蒙哥马利（Cynthia A. Motgomery）在《哈佛商业评论》上发表了篇名为《资源竞争：90 年代的战略》的文章，提出了企业的资源观（Resource-based view of the firm）。该理论认为，企业资源是企业在向社会提供产品或服务的过程中能够实现企业战略目标的各种要素组合。企业运营过程可以看作是对各种资源进行不同的组合，因为每个企业的资源组合不同，所以也不存在一模一样的企业。在这种情况下只有当企业拥有了与预期业务和战略最为匹配的资源才最具价值，也才能使企业获得竞争优势。因此，当对企业资源价值进行评估时不能局限于企业内部，而应该将企业置身于其所在的产业环境之中，并通过与其竞争对手资源进行系统的比较，从而发现企业拥有的有独特价值的资源。可以说，资源竞争理论将人们对企业的资源和能力的认识又推进了一步。

4. 战略管理理论的改进——战略联盟理论

20 世纪 90 年代以前，企业战略管理理论大多建立在通过对抗获得竞争优势的理论基础上。1990 年美国 DEC 公司总裁简 • 霍普兰德（Jane Hopland）和管理学家罗杰 • 奈杰尔（Roger Nigel）提出了战略联盟（Strategic Alliances）的概念。战略联盟是指两个或两个以上的企业之间为了实现某种共同的目标而达成的利益共享、风险共担的长期合作的一种战略性安排。其后，兰杰 • 古拉蒂（Ranjay Gulati）、包铭心（Beamish）、迈克尔 • 波特（Michael Porter）等学者从不同角度阐述了战略联盟的内涵。其中，迈克尔 • 波特从价值链的视角认为，联盟是某一企业同结盟的伙伴一起协调或合用价值链以扩展企业价值链的有效方法。

战略联盟理论的出现基于企业经营环境的不断变化，随着经济全球化使企业之间形成了日益紧密的相互联系，人们逐渐认识到企业要想获得竞争优势必须逐渐适应由过去企业与企业之间的竞争向供应链与供应链之间的竞争转变。战略联盟可以使企业通过优势互补进行资源的优化配置，既可以大幅减少重复的投资活动，又能获得自身需要的一些关键技术，还能通过对市场需求做出快速反应而不断扩大市场份额进而降低经营风险，最终使组织收益得到提升。战略联盟理论强调“合作”，认为企业要想获得竞争优势需要其他企业竞争优势的相互协作。一般来说，战略联盟各方完全是平等互利的关系，“合则聚，不合则散”是建立联盟关系的基本原则。从战略联盟实践来看，如果企业之间的核心优势互补性强、各方的总体实力相当、市场交叉程度较低、企业文化兼容性好，是战略联盟获得成功的关键因素。战略联盟曾经是国际上十分流行的一种战略管理思想，建立战略合作伙伴关系（Strategic Partnerships）成为企业的发展策略之一。

战略联盟作为一种新的组织形式既有成功的实践，也有很多失败的案例。相关统计数据表明，战略联盟的失败率有 30%～60%。可见，战略联盟理论的核心思想是“竞合”，即企业之间在竞争中合作、在合作中竞争。然而，随着产业环境的日益动态化、技术创新速度的不断加快、经济全球化日益细化和顾客需求的日益多样化，该理论已经不能完全解决企业的竞争优势问题，其自身也存在一些固有的缺陷，有待不断完善。

5. 战略管理理论的完善——生态系统竞争理论

1996 年美国学者詹姆斯 • F. 穆尔（James F. Moore）出版了《竞争的衰亡》一书，其标志着战略理论的指导思想发生了重大突破。随着竞争的不断加剧，企业逐渐认识到要想获得持续的发展只固守原有的市场已经变得越来越困难，需要和其他公司通过共同努力创造消费者感兴趣的新价值。为了实现这一目标，企业必须超越竞争，培养以发展为导向的协作性经济群体。正因如此，穆尔将生物学中的“生态系统”概念借用到商业系统的企业活动中，提出了“商业生态系统”这一全新的概念，打破了传统的以行业划分为前提的战略理论的限制，力求“共同进化”。按照达尔文的观点，生态系统中的各物种遵循“适者生存”的法则。而市场经济中的那些能够提供市场最合适产品的公司才能生存，运行过程也是强者驱逐弱者。

穆尔站在企业生态系统均衡演化的层面上，通过竞争系统内的企业可以将之前似乎毫不相关的组织联系起来，并以这一崭新的商业模式创造新的微观经济和财富，最终以新的循环模式代替原来以狭隘行业为基础的战略设计。商业生态系统理论强调竞争的系统性和互相依存性，为了能够实现可持续发展需要将生产者、消费者和分解者统一到市场中，通过各自的分工协作达到获得可持续竞争能力的目的（典型的商业生态系统组成示意图见图 3-4）。然而，所有的生态系统在进化过程中所面临的考验是无时无刻不在的。因此，企业必须考虑目前自身所处于其商业生态系统进化中的阶段，以及如何利用所在的商业生态系统来勾画自己的商业生态系统。

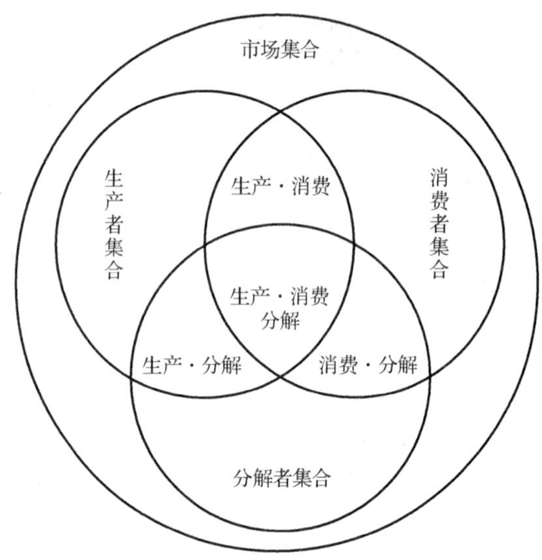

图 3-4　商业生态系统组成示意图

6. 战略管理理论的挑战——“战略已死”

随着信息技术、网络技术、通信技术、人工智能、智能制造等的快速变革，企业的许多经营领域日新月异，行业界限和发展前景变得越发扑朔迷离，很多企业甚至需要凭借不断的试错来实现快速发展。在此背景下，关于战略管理理论和方法已经过时的观点不断出现，甚至有人声称“战略已死”。对此，李甫娟（2017）认为，新时期的战略管理在六个方面呈现出新的演变：

（1）在战略制定上，采用自上而下和自下而上相结合的方法；

（2）在工作方式上更开放，鼓励非正式沟通；

（3）战略是动态的，需要随时调整；

（4）战略核心是使命和价值观，而非传统的定位和竞争；

（5）战略决策更关注顾客价值，而非财务回报；

（6）战略研究更关注员工与客户，而非对手。

随着内、外部环境的快速变化，目前适用于相对稳定环境下的传统战略管理理论与方法确实遇到了一系列严峻的挑战，但是这并不意味着原有的战略理论或者企业进行战略管理已经变得毫无用处。本质上，战略是企业运营的一种谋划。事实上，制定战略的意义不一定是只追求最终结果的优劣，而是在于通过降低不确定性提高管理中的确定性进而获得稳定的收益。从这个意义上来看，任何时代战略都是必不可少的。相反，在内、外部环境变化不断加速的情况下，对未来活动进行预测、设计和安排对于企业掌握自身命运不是不重要了，而是变得更为重要了。也就是说，现在或者未来战略不仅不会死，反而将变得更加重要。

3.1.3 运营战略理论基础

1. 运营战略

（1）运营战略的含义。运营战略（Operations Strategy）是运营管理的重要组成部分之一，然而已有研究并没有对运营战略给出精确的定义，学者关于运营战略的理解还存在很大的差异。奈杰尔·斯莱克等人（2009）认为，运营战略属于企业战略的重要组成部分，是指那些界定公司作用、目标及活动的战略决策和战略行为的总体模式。运营战略是对整个公司和集团未来目标的一种自上而下的反应，是从运营改进的累计效应中自下而上形成的一种活动，是指将市场需求转化为运营决策的过程，是关于如何在选定市场中充分发挥运营资源能力的决策。戴维·A. 科利尔和詹姆斯·R. 埃文斯（2011）认为，运营战略定义了一个组织将如何实施所选择的业务战略。

尽管上述内容对于运营战略进行了归纳，但是并未对一些问题给出确定答案，也没有很好地将运营战略与其他战略区分开来。比如，运营战略归属于哪个部门？运营战略与职能战略、业务战略的关系如何？运营战略与竞争战略的区别在哪里？……张群（2009）从企业三大基本职能角度定位了运营管理在企业战略框架中的位置，认为运营战略与财务战略、营销战略是组织战略实施的三种基本形式（使命、目标、组织战略与策略及实际运营的关系见图 3-5）。而杰伊·海泽和巴里·伦德尔（2010）认为，运营管理涉及 10 个战略决策，分别为产品和服务设计、质量、流程和产能设计、选址、设施布置、人力资源和工作设计、供应链管理、库存、调度、维护。

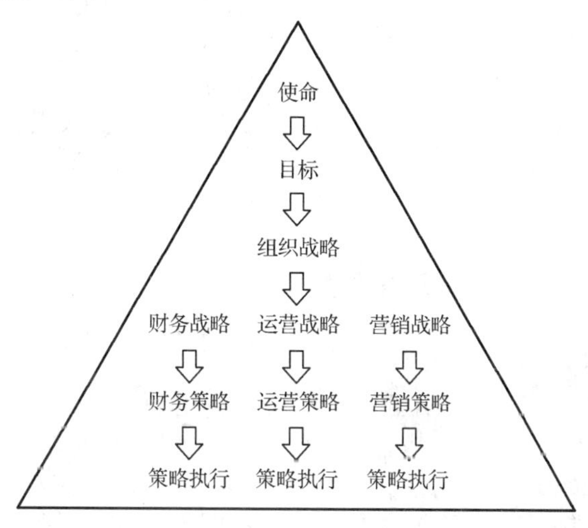

图 3-5 使命、目标、组织战略与策略及实际运营的关系

（资料来源：张群. 生产与运作管理[M]. 北京：机械工业出版社，2009. 有改动。）

（2）运营战略的层次位置。一些学者将运营战略简单地归结为一种职能战略，即属于职能部门的层级。然而，关于运营战略的界定目前还存在一定的模糊性，还未能对与运营相关的一些管理活动进行明确的区分。根据运营管理学科的理论框架及主要研究对象，企业的经营战略可以包括产品范围战略（专一化战略和多元化战略）、发展态势战略（进攻型战略、防御型战略、收缩型战略、混合型战略）、经营地域战略（本土化战略、全球化战略）、产业集成化战略（垂直一体化战略和水平一体化战略）等。而企业的运营战略则包括竞争战略（成本战略、质量战略、差异化战略、时间战略、创新战略等）、产品战略（领先型战略、追随型战略、替代型战略、混合型战略）、市场战略（市场渗透性战略、市场开拓型战略、市场发展型战略和市场混合型战略）、品牌战略（单一品牌战略、副品牌战略、多品牌战略）、价格战略（撇脂定价战略、渗透定价战略、满意定价战略、心理定价战略、差别定价战略、组合定价战略）等。可见，运营管理是经营管理的下一个层级，是对经营管理的进一步细化，相对于经营管理范围相对更小、更加具体化。公司战略—经营战略—运营战略层级示意图如图 3-6 所示。

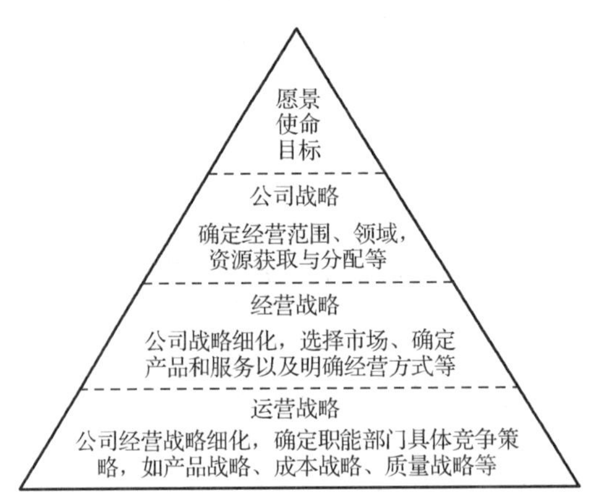

图 3-6　公司战略—经营战略—运营战略层级示意图

事实上，运营战略在企业的经营活动中发挥着承上启下的作用。向上要依据企业的总体战略和经营战略目标，通过具体的工具和方法将经营战略进一步细化、具体化，以便保证上一级目标得以实现；向下则要设计具体的推动方式，使运营管理的具体计划得以贯彻执行，并为一线的执行者提供理论、方法、工具等支持，以便使战略目标顺利实现。总体而言，运营战略主要解决在运营管理职能领域使企业在市场中获得竞争优势的问题，其以最有效的方式利用企业的关键资源支持和完成企业的总体战略目标。

（3）运营管理战略的特点。运营管理战略具有以下基本特点：①竞争性。企业产品在市场中有无主动权与多种因素有关，但是组织的运营效率、运营成本、运营质量等直接关系到产品在市场上的竞争力，也会对组织在市场上的话语权和操作的灵活性产生重要影响。②广泛性。运营管理对象可以说涵盖了组织经营的方方面面。随着服务经济社会的到来，运营管理活动已不仅局限于实体产品的管理，在服务产品的管理上运营活动发挥了越来越重要的作用。③相关性。运营战略与营销战略、财务战略之间通过紧密的联系和共同作用来完成组织的总体目标。运营战略的竞争理论是以竞争为导向，在组织相关职能部门支持的基础上，通过广泛的活动来获得竞争优势，最终为实施总体战略提供保障。

2. 运营战略管理的意义

随着内、外部环境的快速变化，人们开始认识到为组织确定一个科学合理的方向和目标在组织发展中的作用越来越重要，运营战略管理已经成为企业等组织战略管理活动中的“头等大事”。因为运营战略是组织发展的目标和方向，如果选择的方向错了，企业做出再多的努力都会于事无补，甚至会使事情变得更糟。因此，企业要想进行正常的经营，不仅需要高效地解决当前工作中存在的技术性问题，还需要对未来的运营做出适合于组织内、外部环境的战略性安排。

简而言之，企业进行运营战略管理能够提高组织绩效，为组织适应商业环境的变化提供指导，能够有效地实现组织内的不同部门之间的协同工作。可以说，企业运营战略管理是企业经营过程中任何其他职能都无法替代的，运营战略管理的执行情况将直接影响企业经营结果的好坏。

3.2　企业总体战略

企业总体战略是指导组织总体经营方向的长期计划和目标。一般来说，按照产业集中度可以分为专一化战略和多元化战略；按照产业发展态势可以分为扩张战略、收缩战略、稳定战略和更新战略；按照产业集成方向可以分为水平一体化战略和垂直一体化战略。企业总体战略分类及主要战略类型，如图 3-7 所示。

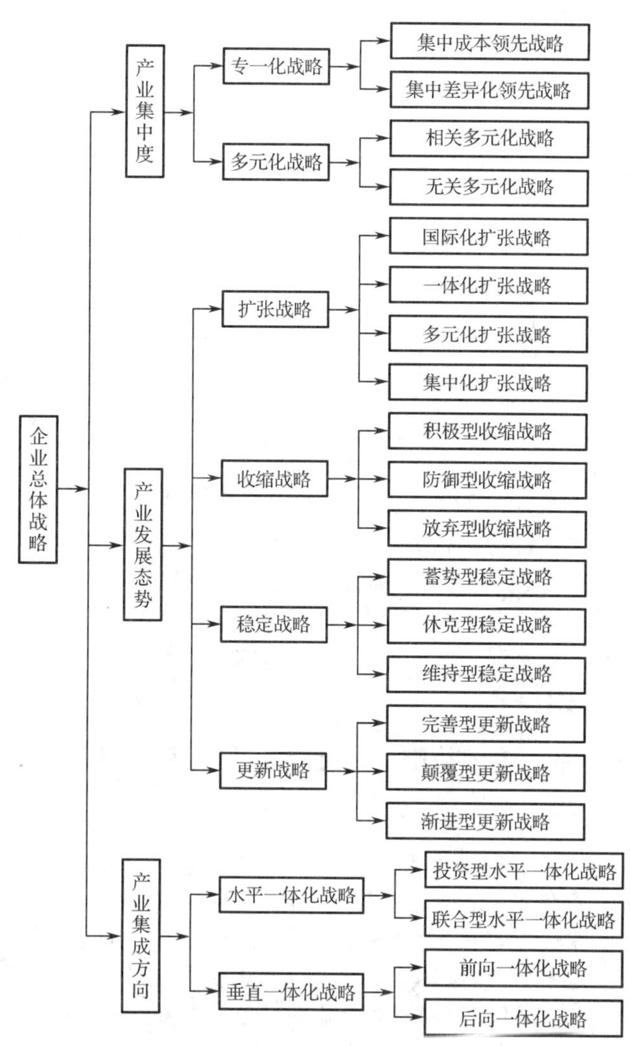

图 3-7　企业总体战略分类及主要战略类型

3.2.1　专一化战略和多元化战略

1. 专一化战略

专一化战略（Focus Strategy）又称集中化战略、聚焦战略，是指将企业经营战略的重点放在某个特定的目标市场上，或者只为特定的地区、特定的消费群体提供特定的产品或服务。专一化战略的基本思想是集中企业的优势资源，只做自己最擅长的部分，避免大而弱的分散投资局面，从而形成企业的核心竞争力，获得较高的附加价值。一般来说，企业业务专一化有助于企业集中使用资源，能以更高的效率和更好的效果为某些特定的细分市场提供高质量的产品和服务，以增加某种产品的销售额和市场占有率，从而超越那些在较广范围内进行多元化经营的竞争对手。

可口可乐的专一化经营

从企业发展过程来看，处于发展阶段初期的中小企业往往采用专一化发展战略，而当企业发展到一定规模成长为大企业时几乎都采用多元化战略。然而，在过去很长一段时间里，可口可乐可以说是一个例外。可口可乐的品牌价值长期排在世界前列，但是其产品却很单一。一瓶汽水卖遍全世界，而且一卖就是 100 多年，可口可乐一向以专业化经营而著称。在 2000 年之前，可口可乐公司只生产碳酸饮料，而且产品包装的类型只有玻璃瓶装、听装、塑料瓶装三种。

（资料来源：根据公开资料整理。）

2. 多元化战略

多元化战略（Diversification Growth Strategies）又称多样化战略、多角化战略、多种经营战略，是指一个企业同时在两个或两个以上行业中进行经营。按照新业务与原业务相关联的程度又可以分为相关多元化战略和无关多元化战略两种基本方式。尽管专一化战略在经营上具有很多优点，但是当企业发展到一定程度时几乎都实施多元化战略。即使是长期成功实施专一化战略的可口可乐公司，面对越来越激烈的外部竞争，在 2000 年也开始实施相关多元化战略。当时的公司首席执行官道格拉斯•达夫认为，多元化使可口可乐逐步摆脱低迷、步入正常发展轨道。一般来说，企业由专一化战略向多元化战略转变的原因主要有分散单一产业可能面临的风险、充分开发和利用已有的核心能力、经济不断增长的需要等。

3M 公司的多元化经营

明尼苏达矿务及制造业公司（Minnesota Mining and Manufacturing，3M）是世界著名的产品多元化跨国企业，素以勇于创新、产品繁多著称，在其 100 多年历史中开发了 6 万多种高品质产品，在医疗产品、高速公路安全、办公文教产品和光学产品等核心市场占据领导地位。3M 公司提供的产品及服务已深入到人们生活的方方面面，涉及领域包括工业、化工、电子、电气、通信、交通、汽车、航空、医疗、安全、建筑、文教办公、商业及家庭消费产品等各个领域，极大地改变了人们的生活方式和工作方式。在现代社会中，世界上有 50%的人每天直接或间接地接触到 3M 公司的产品。其主要产品有办公室经常用来提示计划安排的记事贴、胶带，以及汽车玻璃隔热膜、防雾霾口罩等。

（资料来源：根据公开资料整理。）

3.2.2 扩张战略、收缩战略、稳定战略和更新战略

1. 扩张战略

扩张战略（Growth Strategies）也称成长战略，是指向新产品和新市场的拓展、更大经营规模的扩张，其主要的实现方式有国际化扩张战略、集中化扩张战略、一体化扩张战略（横向一体化、纵向一体化）和多元化扩张战略等。扩张战略属于一种积极型的发展战略，除了由于经营不善或遇到内外环境发生剧烈变化时采用防御性战略，大多数战略都属于这一类。一体化战略和多元化战略就属于这一类型。

（1）国际化扩张战略。国际化扩张战略是企业产品与服务在本土之外的发展战略，是企业不断增强竞争实力和提高环境适应能力而制定的一系列发展决策的总称。一般来说，随着企业实力的不断壮大、国内市场的逐渐饱和，企业需要将市场定位扩展到本土以外的某些海外市场或全球市场。企业的国际化扩张战略将在很大程度上影响企业的国际化进程和方向，对企业国际化的未来发展态势起着导向性的作用。目前，中国企业的国际化大致可以分为海外设厂、产品出口、海外并购和贴牌生产四种类型。

福耀集团的国际化扩张战略

创立于 1987 年的福耀玻璃工业集团股份有限公司（以下简称“福耀集团”）一直致力于汽车玻璃业务，目前已成为全球规模最大的汽车玻璃专业供应商，产品得到全球顶级汽车制造企业及主要汽车厂商的认证和选用，为客户提供全球 OEM 配套服务和汽车玻璃全套解决方案。2016 年 10 月 7 日福耀集团投资的全球最大汽车玻璃单体工厂在美国俄亥俄州代顿市正式竣工投产。精耕于汽车玻璃的福耀集团不仅坚持实施集中化扩张战略，还在本土以外积极寻求扩张机会。高品质的产品、领先的研发中心、完善的产品线加上巨大产能，决定了福耀产品在竞争激烈的国际市场中有了占据一席之地的能力。

（资料来源：根据公开资料整理。）

（2）集中化扩张战略。集中化扩张战略也称密集型战略、加强型成长战略，采用聚焦于自身已有的业务，并在这些领域中通过精耕细作增加提供产品或服务的数量和质量，以便使企业的经营规模进一步扩大。集中化扩张战略主要有市场渗透战略、市场开发战略、产品开发战略和兼并重组战略四种典型形式：①市场渗透战略是通过各种营销措施，吸引顾客，增加现有产品在现有市场的销售量；②市场开发战略是努力

使现有产品打入新的市场的战略；③产品开发战略是通过改进原有产品或增加新产品来达到增加销售量的目的；④兼并重组战略是指通过多种途径将存在竞争关系或拥有竞争资源的其他组织纳入自己的组织中，以便达到减少和减缓竞争、扩大市场份额的目的。

宝钢与武钢合并重组

2016 年 6 月 26 号武钢股份和宝钢股份宣布两家上市公司的母公司——武钢集团和宝钢集团正在筹划战略重组事宜，这可以看作是对工信部关于《钢铁产业调整政策（2015 年修订）（征求意见稿）》公开征求意见的积极回应。该意见稿提出：进一步组织钢铁行业结构优化调整，加快兼并重组，到 2025 年，前十家钢企粗钢产量全国占比不低于 60%，形成 3～5 家在全球有较强竞争力的超大钢铁集团。行业重组合并可以形成明显的协同效应，有利于集中相关公司的优势技术、产品和人才，不断推出更为完美的产品和服务，有助于加速市场拓展速度从而提升整体竞争力。宝钢与武钢重组后形成的新集团将具备双方的核心力量，有助于对新产品的研发和推广，扩大我国的钢铁产品在国际舞台上的影响力，将具有更强的向“高精尖”产品靠拢的实力，以便使我国由钢铁大国向钢铁强国转变。

（资料来源：根据公开资料整理。）

2. 收缩战略

收缩战略（Retrenchment Strategy）也称撤退型战略，是企业从目前的经营领域上采取收缩和撤退的一种战略。收缩战略可分为积极型收缩战略、防御型收缩战略和放弃型收缩战略三种类型。导致企业采取收缩战略的原因大致有经营不善、经营环境变化、现有产业已经饱和并缺乏吸引力、新业务扩张需要且资源有限等。

（1）积极型收缩战略。积极型收缩战略是企业遇到了新的更好的发展机会，但由于自身资源有限而采取的压缩现有业务领域的投资，并将这部分资金投入到新的产业或市场中，以便在未来获得更好的发展。

（2）防御型收缩战略。防御型收缩战略是企业现有经营环境不理想、未来依然存在较好的发展前景但短期内又得不到明显好转，企业不得不通过缩小投资、压缩规模等形式控制成本支出来改善现金流，以便为该业务未来发展积蓄力量的一种战略。

（3）放弃型收缩战略。放弃型收缩战略也称清算战略，是现有产业已经成为失去发展前景的夕阳产业、企业由于各种原因失去了在现有业务中继续经营的能力，或者有买主肯出高于企业自己经营收益的情况下，企业通常会卖掉其资产或停止整个企业运营的一种战略。

3. 稳定战略

稳定战略（Stability Strategy）也称防御型战略、维持型战略，是指由于内、外经营环境发生变化或者内部资源条件受到一定限制无法实施成长战略，企业希望基本保持在目前经营状态水平上的一种战略。根据经营环境企业的稳定战略可以分为蓄势型稳定战略、休克型稳定战略和维持型稳定战略三种类型。

（1）蓄势型稳定战略。这一战略通常是企业基于长远发展的需要，在一定时期将企业的发展目标和速度平稳下来以避免遭受重大损失，并积极积蓄力量以便为获得新一轮的跨越式发展做准备。

（2）休克型稳定战略。这一战略通常是企业在未来的发展中不存在更好的发展机遇，组织暂时也缺乏明确的战略调整方向，企业没有必要冒风险进行重大的战略调整。休克型稳定战略的特征是“静观其变”和“以静制动”。

（3）维持型稳定战略。这一战略通常是企业的内、外部环境均不理想，未来的发展也存在巨大的危机，企业为短期效果而暂时放弃长期利益以维持过去的经济状况和效益，以便使企业能够生存下来或者使企业不会马上破产。维持型稳定战略的根本目的是使企业渡过暂时性难关或者能够暂时存活下来。

4. 更新战略

更新战略（Renewal Strategy）是指企业为了动态地适应内部条件或外部环境的变化，对组织长远发展有重大影响的组织特性进行改进或替换，以便能够实现可持续发展的一种战略类型。一般来说，组织实施更新战略是基于经营环境的变化导致组织绩效出现下滑，或者基于未来长期和可持续发展的需要进行的更新。根据战略更新的程度和过程，可以将更新战略分为完善型更新战略、颠覆型更新战略、渐进型更新战略三种。

（1）完善型更新战略。企业战略的更新需要与企业内、外部环境的不断变化相适应，因为环境的不断变化使得企业的经营战略也不得不随之进行改变。同时，这种改变并不一定是完全的、根本性的，而更多的是渐进的改进型和完善型战略。通常，企业实施完善型更新战略可以分为两种情况：一种情况是外部环境压力；另外一种情况是企业基于长远发展的需要，主动对企业战略进行调整。

韦尔奇制造 GE 公司的非均衡状态

运营状态良好的企业可以看作处于一种均衡状态，但是长期的均衡却有可能隐藏着许多潜在的重大危机。管理者必须不断发现那些不利的因素，并通过改革不定期地打破这种均衡，以便使组织达到一种新的均衡，通过周而复始不断更新，以达到长期生存发展的目的。在 1981 年杰克•韦尔奇（Jack Welch）成为 GE 公司的掌舵人时，GE 公司状况总体表现还是良好的。但是，韦尔奇意识到这家已经有 100 多年历史的公司存在规模庞大、等级森严、机构臃肿等问题。为此，韦尔奇对 GE 公司结构进行了大刀阔斧的变革，将原来 8 个层次减到 4 个层次甚至 3 个层次，基本实现了组织的扁平化结构。这种改变尽管使 GE 公司偏离了均衡状态但也摆脱了衰退的困境，通过信息传递效率的提高降低了管理成本、改善了企业的经营状况。在之后短短 20 年间，GE 公司的市值由韦尔奇上任时的 130 亿美元上升到 4 800 亿美元，成为盈利能力全球排名第一的世界级大公司。

（资料来源：根据公开资料整理。）

（2）颠覆型更新战略。颠覆型更新战略是由于内、外部环境发生了剧烈变化，原有的发展模式和路径已经无法适应未来的发展趋势，企业战略必须做出根本性的改变。比如，移动电话替代固定电话、数码相机替代胶卷相机、数字唱片替代盒式录音带等，都属于颠覆型的更新，导致原有产品失去了生存的基本条件。颠覆型更新战略不是渐变式的改进和完善，常常会对企业的正常经营状态产生重大的冲击，因此往往具有一定的风险性。例如，中国的铁路、电力、邮政等都曾处于完全垄断性的公用事业领域，但是随着政府管制的逐步放松和市场开放程度的提高，这些企业所处的经营环境将发生重大改变，这必将迫使这些企业做出重大的战略更新，以便能够对复杂、动态、竞争激烈、难以预测的市场做出快速的反应。颠覆型更新战略的目的不是简单地提高效率、质量，而更多的是基于生存或发展的必然选择。

（3）渐进型更新战略。渐进型更新战略是指通过不断的、渐进的、连续的小变化，最终达到可持续发展的目的。渐进型更新战略是从无数的小的更新开始，并通过渐进性、模仿性的尝试和摸索实现的，并以量的不断增加最终达到质的飞跃。因而，渐进型更新战略的实施周期一般较长，而且组织的发展状态也表现为稳定性、持续性。一般来说，企业的渐进型更新战略是一个自然的演化路径，主要可以分为战略解冻、战略变革和战略固化三个过程，即由一个从刚性到混沌，再通过柔性和计划使系统达到稳态，最终再次固化进入一个新刚性状态的过程。

3.2.3 水平一体化战略和垂直一体化战略

一体化战略又称企业整合战略，是企业充分利用已有的产品、技术和市场的优势，向经营的深度和广度进一步发展的一种战略，具体可以分为水平一体化、垂直一体化两种战略。

1. 水平一体化战略

水平一体化（Horizontal Integration）战略也称横向一体化战略，是指企业通过兼并、重组、投资、联合等方式控制竞争对手的企业，以便减少竞争、扩大规模、降低成本、巩固企业的市场地位、提高竞争优势和增强企业实力。水平一体化战略的特点是企业不追求整个产业链的“全”，而只追求产业链某些环节的“专”，主要通过与自身产品相关的供应商、经销商建立战略合作伙伴关系，组成长期的战略联盟或利益共同体，来达到提供有竞争力产品的目的。水平一体化战略按照实施方式可以分为投资型水平一体化战略（兼并、重组、直接投资等）、联合型水平一体化战略（合作、合资、战略联盟等）。

尽管福特汽车在成立之初主要采用了垂直一体化战略，但是在汽车产业发展相对成熟的背景下也开始改变战略。克莱斯勒公司（Chrysler Corporation）被认为是汽车行业中最早应用水平一体化战略的大型汽车企业。在成立之初即通过对外采购的方式生产汽车，甚至连发动机这样的重要部件都从其合作伙伴——道奇（Dodge）汽车公司采购。

20 世纪末，以通用、福特陆续剥离各自的零部件事业部成立独立的公司为标志，越来越多的跨国公

司开始大规模从垂直一体化转向水平一体化。因为水平一体化相对于垂直一体化能够更为敏捷地对市场做出反应，快速获得互补性的资源和能力并实现规模经济，进而提升企业的运营效率。此外，水平一体化还可以帮助企业有效地与客户建立稳定的合作关系，对竞争对手进行有效遏制，从而维持和提升自身的竞争地位和竞争优势。如今，水平一体化战略已经成为汽车产业的基本特点。

实施水平一体化的例子不胜枚举，典型的有克莱斯勒与戴姆勒-奔驰合并建立了戴姆勒-克莱斯勒；波音与麦道合并建立了世界上最大的航空公司；辉瑞收购了华纳-兰伯特成为最大的制药企业；惠普收购康柏；2010 年吉利并购沃尔沃；2003 年 TCL 与法国汤姆逊合并重组；联想 2004 年以 23 亿美元的代价收购了 IBM PC 业务之后，2014 年又花费 29 亿美元从谷歌手中收购了摩托罗拉，2016 年又收购了日本的 NEC。

比亚迪结束垂直一体化战略

2017 年 3 月底，比亚迪轿车电子事业部的一位高管表示："从 4 月 1 日起，我既是也不是比亚迪的人了。"这是因为比亚迪的轿车电子事务将从公司分拆出去，开始为其他轿车制作商供货。同时，比亚迪整车制作也宣称，今后公司使用的零部件将进行全球采购。这些意味着一直采取垂直一体化的比亚迪汽车有限公司放弃了原有战略。如今，绝大多数汽车制造企业只将某些核心零部件（如发动机、变速箱等）掌握在自己手中，而不擅长、不具有竞争优势的零部件则选择通过全球采购的方式从其他供应商那里采购。然而，比亚迪汽车有限公司自成立之初就选择了"垂直一体化"的发展模式。公司下属有几十个事业部，除了汽车轮胎不自己生产，绝大多数的零部件（如电气系统、控制系统、照明系统、车身、模具等）都自己生产，甚至加工零部件的设备也由自己制造。在过去 10 多年的发展过程中，垂直整合对公司发展曾经发挥过重要的作用。然而，过去的发展实践也表明，并不是所有的事业部都能在经营中取得竞争优势。为了使公司获得进一步的竞争优势，拆分其各项业务已经成为一个必然的选择。也就是说，前期的垂直一体化战略在比亚迪似乎完成了它的使命。

（资料来源：根据公开资料整理。）

2. 垂直一体化战略

垂直一体化（Vertical Integration）战略是企业以某一具体业务为核心，采用自建、控股、兼并重组等方式，将为其提供原材料、半成品或零部件的其他上下游企业纳入其经营业务的范围。垂直一体化的本质是产业链的进一步延伸，其外在表现是人们常说的"大而全"或"小而全"。

根据业务延伸方向，垂直一体化战略又可以分为前向一体化战略和后向一体化战略两种形式：①前向（Upstream Integration）一体化战略是企业对自己所生产的产品做进一步深加工，或建立自己的营销系统来销售本企业产品或服务的战略，其本质是实现"产""销"结合；②后向（Downstream Integration）一体化战略是企业生产所需的原材料和零部件等，由外部供应改为自己生产，其本质是实现"供""产"结合。此种战略主要通过投资上游产业、获得对供应商的所有权或对其加强控制等方式来实现。垂直一体化战略主要通过投资、设立分支机构、购买服务等方式来实现。实施垂直一体化战略的好处是：通过直接投资兴办或者兼并收购的途径获得产业的整体控制权，直接把上游生产环节或者下游产品生产环节内部化，这样的经营方式在一定条件下可以减少交易环节、降低交易成本、改善交易效率、提高自主可控能力等。垂直一体化最典型的例子应该是福特汽车公司发展初期阶段的经营模式。

福特汽车的垂直一体化

汽车通常由 2 万多个零件组成，零件的材质主要包括钢铁、塑料、橡胶等。尽管如今福特公司已经实施全球资源配置战略，但是在公司建立之初，并没有这样的供应商能够为福特公司的大规模汽车生产提供所有零件的原材料。那时，福特公司不得不进行钢铁、塑料及橡胶的生产与加工。当时福特公司位于底特律的鲁治河（Rouge River）工厂占地面积达到 330 英亩，曾是世界上最大的制造工厂。在这里，福特公司不仅生产装配汽车，而且还在汽车原材料领域从事生产和加工活动，几乎进行着从炼制钢铁到制造 T 型车的全过程。这种从事生产汽车上游产业的经营活动，属于后向一体化。直到 20 世纪 90 年代初期，福特公司的汽车零部件自制率依然高达 30%。另外，福特汽车生产初期没有专门的销售和代理公司为福特公司销售汽车，这些也需要福特公司自己来做。后来，福特公司建立自己的销售网络及服务机构，这些经营活动属于前向一体化。甚至，福特汽车信贷公司 2005 年在中国成立了全资子公司——福特汽车金融（中国）有限公司，旨在用先进的管理向经销商和零售汽车顾客提供优质的汽车金融服务，进而支持福特产品在中国的销售。

（资料来源：根据公开资料整理。）

3.3 企业运营的竞争战略

对于企业而言，竞争力是企业能够长期以比其竞争对手以更有效的方式向市场提供所需要的产品和服务的能力。可以说竞争力尤其是核心竞争力是决定一个企业生存、发展、壮大的重要因素，是企业有效实现组织总体战略的根本性的保证条件。然而，由于经营环境的差异，不同企业的竞争力所表现出来的要素可能存在较大差异。迈克尔·波特认为，成本领先战略、差异化战略、集中战略是业务单元获得竞争优势的三种基本战略（见图 3-8）。

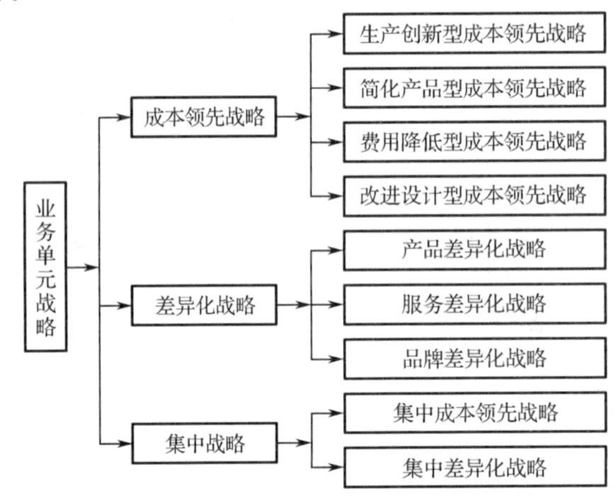

图 3-8　三种获得竞争优势的基本战略

（资料来源：搜狐网. 赵梅阳. 业务单元战略分类模型，2017-12-13. ）

尽管迈克尔·波特对企业如何获得竞争优势进行了开拓性研究，但是由于内外部环境在不断变化，企业的竞争视角也必然需要不断调整。被称为“运营管理之父”的哈佛商学院教授威克汉姆·斯金纳（Wickham Skinner）认为，成本、质量、快速交货和柔性是四种基本竞争优势要素。而进入 20 世纪 90 年代后，服务被称为第五种竞争优势要素。杰伊·海泽和巴里·伦德尔（2010）认为，质量、品种、可定制、便利、及时性及成本是新的全球竞争标准。事实上，不同时期、消费者的消费能力、背景等因素都会对市场关注的因素产生重要影响。实践表明，展现企业竞争优势的根本性的特征经历了低成本、差异化、高质量、快速响应和持续创新等的不断演化，（企业运营战略竞争重点的变迁见图 3-9）。

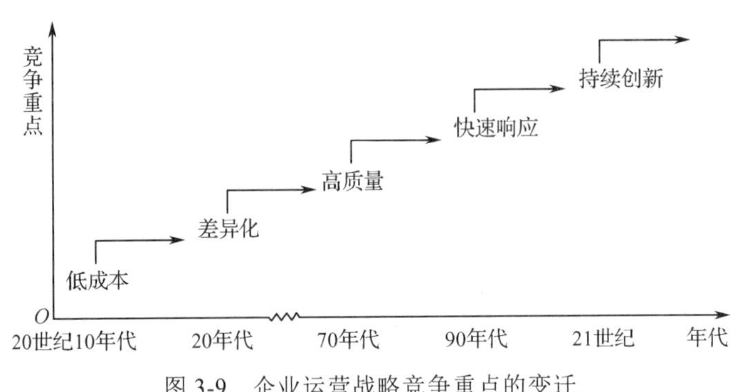

图 3-9　企业运营战略竞争重点的变迁

3.3.1 成本领先竞争战略

1. 成本领先竞争战略的背景

成本领先战略（Overall Cost Leadership）也称为低成本战略，是指企业通过一系列方式降低运营成本，使企业的总体成本低于竞争对手的成本，从而获取竞争优势的一种战略。自从人类生产进入大规模生产阶段，企业之间的竞争就开始逐渐加剧。基于消费者对产品价格的敏感，成本控制也就成了一种决定企业竞争优势的根本手段。在正常经营过程中，有竞争力的成本使企业在价格制定和市场竞争中能够掌握更多的主动权。以 20 世纪初福特汽车装配流水线的使用为标志，产品为大规模生产，组织的生产效率得到了极大提升。福特公司也因此将其他汽车制造企业远远甩在了身后，低成本竞争的威力被展现得淋漓尽致。尽管现在成本已经不再是决定竞争优势的唯一因素，但是成本优势依然在竞争中起着核心作用，依然是企业获得竞争优势的一项基本战略。

2. 成本领先竞争战略的特点

（1）穷尽的低成本。低成本战略并不意味着低价值或低质量，而是在满足顾客期望价值的前提下，能够提供性能不低于竞争对手而价格又相对更低的产品和服务。尤其需要指出的是低成本竞争不是静态的，而是需要根据市场及自身经营情况通过多种方式无穷尽地降低成本，以保证在成本方面与竞争对手相比能够具有优势。

（2）全面的低成本。低成本竞争最终反映在产品的价格上，但是要形成具有竞争力的低成本需要从运营的各个方面朝着低成本的方向努力。为此，企业需要不断检验 10 项运作管理决策（产品与服务设计、质量、流程和产能设计、选址、设施布置、人力资源与工作设计、供应链管理、库存、调度、维护）的各个环节，并进行成本的全面管理和控制，进而使每一项在降低成本方面尽可能体现优势，甚至是追求极致。

（3）相对的低成本。作为一种竞争战略，低成本是相对于企业的竞争对手而言的，而不只是相对于企业自身的成本。也就是说，尽管企业自身的成本很高，但是只要相对能够比其竞争对手的成本低，在产品定价、打价格战、实施促销等活动时就能够掌握更多的主动权。只有这样，企业实施成本领先战略才可以真正有效地对竞争对手形成冲击，进而获得竞争优势。

3. 成本领先竞争战略的实施

尽管低成本竞争战略在企业竞争中实施了较长的时间，但是该战略依然是企业获得竞争优势的基本手段之一，甚至那些能够获得高附加价值的高科技公司也是如此。量本利分析方法是企业确定运营成本的常用方法，可以以此为基础确定低成本竞争战略的实施决策（基于量本利分析的成本战略决策见图 3-10）。

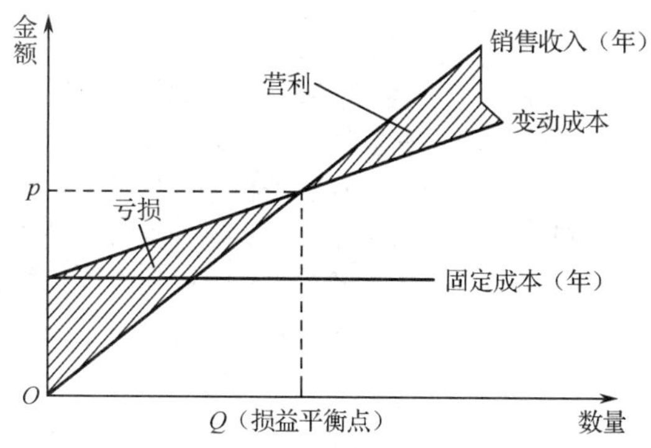

图 3-10 基于量本利分析的成本战略决策

在低成本竞争的成功案例中，除了 20 世纪初的福特公司，典型代表还有沃尔玛、戴尔、美国西南航空、格兰仕等。从表面上看，低成本竞争只是一个简单的成本控制问题，但是本质上成本控制却是一个具有极大挑战性的系统工程问题。通常，成本领先竞争战略可以通过以下几种方式实施：①简化产品型成本领先竞争战略；②改进设计型成本领先竞争战略；③人工费用降低型成本领先竞争战略；④规模经济型成本领先竞争战略。

沃尔玛的低成本竞争战略

沃尔玛称“帮顾客节省每一分钱”“我们为消费者节约了成本，以便于让他们生活得更好”。有学者称沃尔玛是“捍卫平等”的领导者，因为其致力于改善低收入人群的购买力。沃尔玛每年从中国进口的商品价值高达 300 亿美元，如果沃尔玛是一个国家的话，它将成为中国的第八大贸易伙伴。事实上，20 世纪 80 年代中期沃尔玛销售的产品仅有 5%来自美国以外，而 20 年之后，沃尔玛 80%以上的供应商均来自中国。而这正是沃尔玛实施低成本战略的重要一环，因为中国产品在过去较长的时期表现为物美价廉。

（资料来源：根据公开资料整理。）

事实上，几乎每一个企业都有一些关于低成本的类似口号：福特汽车的口号是“使得大多数的普通人都可以拥有属于自己的汽车”，吉利汽车的口号是“造老百姓买得起的好车”，宜家（IKEA）的口号是“提供种类繁多、美观实用、老百姓买得起的家居用品”，深圳迈瑞生物医疗电子股份有限公司的口号是“将性能与价格完美平衡的医疗电子产品带到世界的每一角落”。

3.3.2 差异化竞争战略

1. 差异化竞争战略的背景

差异化战略又称别具一格战略，是指企业提供的产品和服务、展示的企业形象等与其竞争对手存在明显的区别，通过满足其竞争对手不能覆盖的市场需求而获得竞争优势的战略。流水线使很多产品的制造采用了工业化的大规模生产方式，在供给数量上日渐趋于饱和。在这种情况下，人们的消费需求已经不再仅满足于“吃饱”“穿暖”，开始向消费的更高阶段和更高层次转变，差异化成为市场需求的一个典型特征，有别于其他人的个性化、多样化的产品，受到越来越多的人的青睐。

通用的差异化打败了福特的 T 型车神话

20 世纪初，亨利·福特宣称“不管顾客需要什么，我的车都是黑色的”。在他看来，再没有哪一种生产方式比单一品种、大批量生产、专业分工、流水线生产更经济、更有效了。福特汽车从 1908 年到 1927 年总共销售 T 型车 1 500 万辆，这一“前无古人”的成绩正是导致福特“傲慢”的“底气”。然而 1918 年加盟通用汽车公司的艾尔弗雷德·斯隆（Alfred Sloan，Jr.）提出了汽车形式多样化的经营理念，通用汽车公司市场占有率超过福特汽车从 1923 年的 12%迅速提升到 1928 年的 30%以上，并在 1956 年达到了 53%。这主要是因为通用汽车抓住了当时顾客关切价值改变的契机，推出了不同价格、不同型号、不同颜色的汽车，不断蚕食福特原有的市场。1926 年，亨利·福特也不得不生产不同颜色和不同类型的汽车，但是他为这种迟来的反思付出了巨大的代价，“所有汽车长得都一样”也永远成为历史。

（资料来源：根据公开资料整理。）

差异化竞争战略可以分为两种情况：一种是基于企业的长远发展主动探索新的市场，是一种创新行为；另一种是由于自身资源的局限，不具备与强大竞争对手展开正面攻势的能力，因而选择一些竞争对手未覆盖的市场获得生存和发展的机会。这一策略主要通过利基市场（Niche Market）提供一个较小的产品或服务领域，集中力量进入并逐步扩大市场进而成为领先者，并培养持久的竞争优势，这通常是小企业成长初期采用的竞争策略。总体来看，差异化竞争战略不仅能够给企业带来较高的收益，还可以用来对付竞争对手和缓解竞争对手带来的压力，并赢得新的顾客和市场。

2. 差异化竞争战略的特点

一般来说，差异化竞争常常是指企业提供有别于其竞争对手的产品或服务，有助于培养和增强消费者对企业品牌的感知、认同和忠诚，能够使企业获得高于同行业平均利润的收益。差异化竞争战略具体可以分为产品差异化竞争战略、服务差异化竞争战略和形象差异化竞争战略等。

（1）产品差异化竞争战略。差异化是产品差异化竞争战略的核心，其重点是创造被市场视为独特的产品和服务。产品差异化竞争战略主要关注的因素包括产品的特征、性能、一致性、耐用性、可靠性、易修理性和样式等是否有别于竞争对手。

（2）服务差异化竞争战略。任何行业都离不开服务，企业提供的服务质量在很大程度上决定了其在市场中的竞争状况。尽管服务业在不断推进标准化和规范化，但是由于服务企业提供的服务内容千变万化、种类繁多，如何在服务方式、环境、内涵等方面展现自己的特色，采取合理的服务差异化竞争战略依然是其获得竞争优势的重要手段。

（3）形象差异化竞争战略。一个企业的形象会对消费者产生深远的影响，进而会影响其消费行为。一般来说，企业的形象可以分为表层形象和内涵形象。表层形象主要通过广告、宣传图册、产品样式等进行展示，比如一些旅游、住宿、餐饮等组织将自己打造成复古型、清新型、田园型、宫殿型等风格，进而给消费者带来深刻印象。内涵形象主要通过承担符合社会与公众期望的责任和义务，如绿色、环保、正义等来树立一种容易被消费者接受和认可的形象。

3. 差异化竞争战略的实施

差异化竞争战略是通过独具特色的产品和服务获得优势。尽管实施差异化竞争战略相对较为困难，但能为企业带来不菲的收益。差异化竞争战略提升了企业与供应商和销售商讨价还价的能力，使企业在控制产品成本和制定产品价格时具有更大的调节空间。另外，差异化的产品和服务有助于企业占领新的市场，提高竞争者进入门槛，并有更多机会强化顾客的忠诚度。企业要想实施差异化竞争战略通常需要满足以下条件。

（1）具有良好的市场洞察力和超越传统市场的创造性的思维能力。

（2）具有较强的产品和服务设计能力。

（3）具有有机式的组织结构，部门之间能够开展快速、有效的协调。

（4）具有较强的市场开发、推广和销售能力。

（5）具有较高的差异性模仿难度。

然而，企业实施差异化竞争战略需要注意一些风险，如差异化过度的风险、差异化模仿的风险、差异化可持续的风险等。

3.3.3　质量竞争战略

1. 质量竞争战略的背景

所谓质量竞争战略是企业为了使设计和生产出的产品能够满足顾客所需要的质量特性、质量水平，而做出的长远性谋划和方略。之所以很多企业在顾客心中留下了深刻的印象，大多是通过其提供的产品和服务来实现的，而高质量的产品往往会对提高顾客的满意度和忠诚度起决定性作用。

事实上，质量管理最早可以追溯到泰勒的科学管理时期，尤其是 1924 年休哈特（Shewhart）首先将数理统计方法应用到质量管理工作后，质量管理开始走上规范的科学管理阶段。然而，在之后的很长时间里人们始终没有深刻认识到质量管理的价值和意义，直到建立在高品质基础上的日本产品展现出来的强大竞争力才引起人们对质量管理的重新审视。

第二次世界大战后的很长一段时间里，日本产品也曾是“低质低价”的代名词，然而随着 20 世纪 80 年代日本经济的飞速发展，人们仿佛一夜间发现这种发展是建立在日本产品的高品质的基础上的。可以说，“日本制造”之所以能够在 20 世纪 60 年代以后走到世界前列，质量管理的广泛推广是极为关键的原因之一。

2. 质量竞争战略的特点

随着竞争的加剧，企业必须适应顾客青睐既具有低廉的价格又具有较高品质的产品的趋势。顾客对产品的数量、多样性变得习以为常时，良好的质量便成为顾客选择商品的另一项基本要求。为此，越来越多的企业开始强调质量管理能力的提升。一般来说，质量竞争战略具有以下特点。

（1）适度的质量。质量战略不是质量水平越高越好，而是能够与市场的需求相符才是恰当的质量竞争战略。

（2）相对的质量。质量优势不完全是由产品的绝对质量决定的，而是由自己的产品质量与其竞争对手的产品质量的相对优势决定的。也就是说，只要自己的产品优于竞争对手，哪怕只是优于竞争对手一点点也能够体现为竞争优势。

（3）全面的质量。如今产品的质量已经不再是单维度的而是多维度的，如顾客对产品技术性、时间性、心理性、契约性和道德性等方面都在不断产生新的需求，并且要求的程度越来越高。另外，实施质量竞争战略不能只局限于产品的某些方面，而是需要开展全面质量管理。

3. 质量竞争战略的实施

一般来说，产品质量主要通过产品的功能、寿命、可靠性、安全性、经济性、外观造型、产品的合格率等指标来体现。质量竞争力一般表现为两个方面：一方面是产品质量，另一方面是过程质量。产品质量是直接影响顾客感知的核心因素，而过程质量则对产品质量产生着至关重要的影响。

从质量竞争战略的实施过程来看，首先要基于企业的内、外部环境及未来的发展规划制定质量战略。比如，有的企业定位于生产高档产品，有的企业则定位于生产中、低档产品。其次要根据基本的质量战略对组织机构进行适当的调整，从而为战略的有效执行提供组织上的保证。最后是质量战略的具体执行，该阶段除了需要企业领导给予充分支持，还需要采取适当的激励措施以便使员工积极参与。目前，对质量进行管理的典型方法和工具有统计分析工具、质量控制七工具、戴明环（PDCA）、全面质量管理（TQM）、6 西格玛（6σ）、质量管理小组（QCC）、田口方法、5S 管理、质量功能展开（QFD）等。

有机饲养的质量控制

尼克·弗吉是英国国家公园 Peak 区劳尔·赫斯特农场的经理，他日复一日地为牲畜的安康而操心，并严格按照有机的原则来运营农场。有机饲养是一项艰苦的工作，人造化肥、转基因饲料及促进生长的促进剂一律禁止使用，所有从农场售出的牛肉都是家养的或者是能够对其寻根溯源的。尼克说："牧群的质量是至关重要的，有机饲养不仅包括我们所生产的肉类的质量，还包括生活的质量和对牧区的关心。按照我们的牲畜饲养方法，我们的顾客相信我们能够保证牲畜的饲养是有机的和富于人性的，使用能够使牲畜的痛苦减少到最小的屠宰方法。如果你想知道传统饲养与有机饲养的差异，那就看看我们在请兽医的方式上有什么不同。大多数传统的农场主请兽医是为了治疗牲畜的突发疾病，而我们付给兽医的报酬是较低的，因为我们从一开始就注意避免牲畜生病。我们请兽医是为我们讲解牲畜防护知识，帮助我们避免牲畜生病这类事情的发生。"

（资料来源：根据公开资料整理。）

3.3.4 快速响应竞争战略

1. 快速响应竞争战略的背景

在市场竞争日趋激烈的背景下，越来越多的企业已经将"时间"作为竞争的重要武器。相关资料显示，新产品的生命周期已经由 19 世纪的 70 年左右缩短到如今的 3 年左右。许多高科技公司就是因稍有迟疑便失去了竞争资格，而最终被市场无情地淘汰。也可以说，除了需要在成本、多样性、质量方面不断进行改进，快速响应（Quick Response，QR）成了另一个决定企业竞争优势的关键要素。

1992 年美国成立了由福特汽车、通用汽车等制造企业和软件供应商组成的"快速响应制造工业联盟"，致力于缩短新产品上市周期、降低研发费用、提高产品质量。同年，美国国家标准与技术研究院（National Institute of Standards and Technology，NIST）发布了面向快速响应制造（Rapid Response Manufacturing，RRM）的先进技术计划。1996 年，美国 AUTOFACT（工厂自动化）在底特律举办了主题为"快速设计与制造（Rapid Design & Manufacturing）"的专题讨论，许多企业通过应用 RRM 技术与方法获得了成功。针对这一趋势，1998 年雷蒙德·T.耶（Raymond T. Yeh）和克里·皮尔森（Keri Pearlson）提出了"零时间"概念。他们认为，企业要想具有竞争优势，需要快速理解不断变化的市场需求，并对此做出快速响应，而最理想的响应状态就是"零时间"。

2. 快速响应竞争战略的特点

快速响应竞争战略不是单一品种产品的大规模供给，而是通过多批次、低成本、高质量的快速供给来不断满足市场多样化的需求。快速响应竞争战略一般具有以下几层含义。

（1）对数量和质量的快速响应。快速响应不仅是传统意义上对简单数量的快速响应，还是多品种、小批量的大规模生产。同时，这是一种在满足高质量要求情况下的数量性快速响应。

（2）对组织内、外部环境的快速响应。企业具有快速响应能力不仅体现为组织内部资源的快速组织、协

调、执行，还体现为对市场的反应，甚至是对一些微小的、潜在的变化也能够及时捕捉、调整和响应。

（3）对变化可靠和有效的快速响应。快速响应不仅需要“快”，还需要“可靠”，而且是有效的，进而可以随着内、外部环境的变化不断做出快速有效的响应。

（4）对确定性与不确定性的快速响应。企业运营过程中既有基于计划的确定性任务，也有基于内、外部环境变化而导致的不确定性任务。对于确定性任务，要求系统能够及时有效地对既定计划做出快速响应，并尽可能做到在尽可能短的时间完成。对于不确定性任务，就需要系统能够在满足顾客要求的同时展示出特有的灵活性和适应性。

3. 快速响应竞争战略的实施

面对市场需求的快速变化，企业只有做出快速响应才能够满足市场需求从而获得竞争优势。联邦捷运公司（Federal Express）每晚都整理和发送 650 000 多份包裹，这需要一个庞大、精密且具有足够柔性的系统来提供支撑。一般来说，企业系统的柔性主要体现为组织柔性、生产柔性和人员柔性。

（1）组织柔性（Organizational Flexibility）。如今的内、外部环境需要组织展示出更多的柔性，只有这样才能够对外部环境的不断变化做出快速响应。组织的这种柔性体现为有机式的组织、灵活的制度，以便快速应对内、外部环境的变化。

（2）生产柔性（Flexible Production）。柔性生产的概念是英国的莫林斯（Molins）公司在 1965 年首次提出的，其特点是电气化、标准化、系列化、通用化和模块化，彻底改变了传统大规模生产的刚性特征，这使得“少品种大批量生产”的生产模式成为可能。

（3）人员柔性（Flexible Staff）。组织柔性和生产柔性最终都需要人员来执行和实现，所以在柔性系统中人员柔性至关重要。人员柔性不仅可以应对人员的临时缺失，还有利于动态调整人员的数量，以应对供给与需求的不断变化。另外，人员柔性还有助于复合型人才的培养，实现人才在生产系统中的优化和互补，能够满足生产系统的动态性和柔性的需要。

本田不断提高生产系统的柔性

汽车企业需要不断地开发新车型，那些可以同时在一条生产线上灵活地生产不同型号汽车的公司，可以根据需求的变化随时改变生产，并不会因生产不断转换而增加产品成本，日本本田公司在这方面表现出比同行更多的优势。本田生产讴歌（Acura）系列的 MDX 交叉型 SUV 和较低价的飞行员（Pilot）的两个工厂，可以生产 300 000 辆 MDX、Pilot 和奥德赛（Odyssey）的任意组合。生产的柔性让本田可以集中力量在需求量最大的任意车型上，相反福特、通用和戴姆勒-克莱斯勒等竞争者生产一种车型就需要 3 个工厂之多。

（资料来源：根据公开资料整理。）

3.3.5 创新竞争战略

1. 创新竞争战略的背景

1912 年约瑟夫·熊彼特在《经济发展理论》一书中首次提出“创新理论”（Innovation Theory）。随着竞争日益激烈，创新能力已经成为企业维持竞争优势的必备条件。创新不但是推动社会进步的有效途径，而且是企业实现可持续发展的原动力。创新活动赋予资源一种新的能力，把未被满足的需求或潜在的需求转化为机会，从而创造出新的客户价值。

低成本、差异化、高质量、快速响应是组织获得竞争优势的基本手段，但进入 21 世纪以来，市场对于创新给予了越来越多的关注，因为如今的企业已经离不开创新，甚至由于没有抓住稍纵即逝的创新机会，那些曾经的“庞然大物”可能短时间就轰然倒下，这样的教训不断上演。创新变得越来越关键，并且影响着其他四种竞争能力。在典型的企业中，创新与低成本、差异化、高质量和快速响应对企业竞争优势具有显著的影响，企业获得竞争优势的核心要素及作用关系如图 3-11 所示。

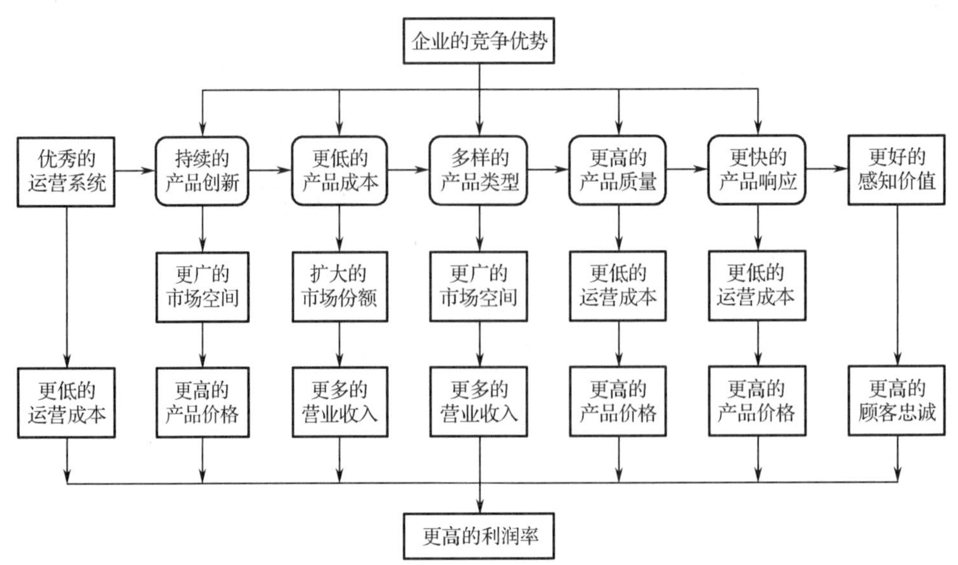

图 3-11 企业获得竞争优势的核心要素及作用关系

2. 创新竞争战略的特点

（1）全面性创新。在企业实践中，创新不仅是产品技术的研发，还应该是涵盖各个方面的全面创新。创新不只是某一个部门或者某一方面的创新，而是全系统、全过程和全员共同参与的创新。

（2）系统性创新。创新的实现不只是某些部门的事情，而是需要相关部门的全面参与。为了使创新从创意转变为成功的产品，需要在企业各个部门之间开展系统、紧密的合作。

（3）长期性创新。创新不是一次性行为，而是长期的、持续的。在内、外部环境变化日趋加速的背景下机遇稍纵即逝，企业必须时时刻刻开展创新活动才能在激烈的竞争中占有一席之地。

（4）相对性创新。创新并非要十全十美，不可盲目追求最优、最佳、最美和最先进。通常来说，创新技术上的先进性、经济上的合理性、整体上的新颖性等都是与其竞争对手相对而言的，只要与其竞争对手相比表现更好便意味着创新成功。

3. 创新竞争战略的实施

通常来说，创新的实施主要来自两种驱动力：一种是以市场需求来驱动的，另一种是以技术创新来驱动的。但是无论哪一种方式，创新在实施过程中都需要考虑以下几方面的问题。

首先，创新需要一种良好的思维方式，即创新性思维，从而发明新技术、形成新观念、提出新方案和决策、创建新理论。其次，创新是一项高投入、高风险、高不确定的活动，创新者需要有足够的勇气去面对挑战，给予恰当的物质或者精神上的激励是使创新活动获得持久动力的根本支撑。例如，美国明尼苏达矿务及制造业公司（3M）要求，每个部门都要从 5 年前还不存在的产品中取得 25%的销售额，公司的经理们对此给予了高度重视并通过持续改善的精神使新产品不断涌现。最后，创新常常与旧事物相冲突，必然受到一定的干预、影响和制约，要想实现创新需要制度、管理、文化、环境和资源等多方面给予有力的支持。

3.4 运营战略的制定与实施

企业制定运营战略时需要考虑许多影响因素，有些是企业外部因素，有些是企业内部因素，其中的一些主要因素有市场需求及其变化、技术进步、供应市场和企业整体经营目标和各部门职能战略等。战略管理过程包含以下六个主要步骤：企业总体战略确定、企业内部环境分析、企业外部环境分析、运营战略制

定、运营战略实施和运营战略效果评估（战略管理的主要步骤见图 3-12）。

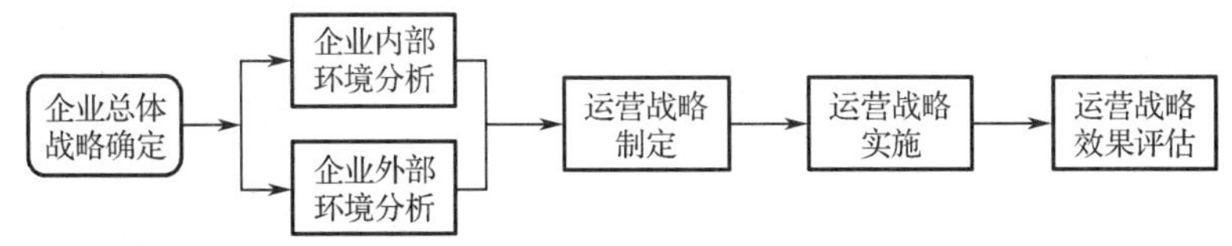

图 3-12 战略管理的主要步骤

3.4.1 运营战略的识别与制定

1. 运营战略的制定形式

运营战略与企业的总体战略存在明显的区别。根据部门不同层次管理人员介入战略分析和战略选择工作的程度，可以将运营战略制定形式分为三种。

（1）自上而下。先由部门最高管理层制定总的运营战略，然后由下属各子部门根据具体情况逐级分解，形成系统的具体运营战略方案。

（2）自下而上。这种类型的战略主要适用于组织运营较为成熟、员工对于运营管理情况较为熟悉的情形。此种情况下组织的最高管理层往往对下属部门的运营不做具体规定，而是由各部门积极提交运营战略方案并逐级上报再形成总体战略。

（3）上下结合。这种类型的战略既不完全依赖组织的最高管理层，也不完全由下属各部门的管理人员制定，而是全体相关人员广泛协商、共同参与，通过充分的沟通和磋商制定出适宜的运营战略。

2. 运营战略的特点

职能部门在制定运营战略时需要以企业的总体战略为基础，并通过具体的运营战略在经营中将之落到实处，因此需要运营战略是细化的、具体的。对于具体执行部门来说，运营战略又是它们的依据，为此需要上一级运营战略能够表述清晰并以恰当的方式向下传达，以便采用有效的方式进行解释和推进，进而使下级部门能够将运营管理战略系统地贯彻执行，最终实现部门的运营战略目标。一般来说，运营战略具有以下几个特点。

（1）运营战略从属于总体经营战略，但涉及问题十分广泛且具体。从产品研发、生产制造、竞争战略到生产组织结构等都是其研究的具体对象。

（2）运营战略与营销战略、财务战略等紧密相关。尽管运营战略与营销战略、财务战略是组织的同一层级的战略，但是财务战略与营销战略不能做到独立的自我发展、自我实现，而是需要受到运营战略具体行为的约束和影响。

（3）运营战略基于各个不同职能部门，其管理内容、具体任务往往表现得形形色色。因此，运营战略涉及和需要考虑的问题非常广泛，战略制定和实施的时间跨度比较长，部门之间的协调比较困难。

3. 运营战略分析过程

组织的运营战略针对的研究对象极为广泛又非常复杂，战略的种类、侧重点、执行方式等都存在巨大差异。然而，运营战略的制定过程在本质上与总体战略类似，可以归纳为对以下三个问题的回答。

（1）我们现在在哪里。回答该问题本质上就是对自己目前的状况进行客观的评价，如企业拥有什么资源、哪些能力、水平状况，以及企业目前的经营业务、生产产品、提供服务的情况，运营成本、差异化、质量、快速响应及创新的能力状况等。这些都是寻求发展目标和选择路径的主要依据。

（2）我们想到哪里去。回答该问题本质上就是回答企业的愿景、目标、使命。为此，战略制定者需要时时对市场保持敏感，还需要深入了解竞争者的状况。这种信息可以从很多渠道和途径获得，如每天的相关新闻、与顾客交谈、竞争者的宣传活动等。

福耀集团的战略表述

企业宗旨：诚信、务实、创新、高效。

企业愿景：为中国人做一片属于自己的玻璃！

企业的使命：要成为——全球客户的忠实伙伴、同行业竞争者的行为典范、全球员工的最佳雇主、社会公众的品牌形象，我们正在为汽车玻璃专业供应商树立典范。

企业的责任：客户的任何要求都是我们的行动指南；研究、开发、同步设计走在时代的前沿；保质、保量、准时交付，成为客户的虚拟工厂。

质量方针：质量第一、效率第一、信誉第一、客户第一、服务第一。

（资料来源：根据公开资料整理。）

（3）我们如何到达那里。回答这一问题本质上是在企业目前的情况下，如何才能以更高的效率和更好的效果达成目标。这需要建立在前两个问题较为明确的基础上，只有明确了企业发展的愿景、使命、目标，企业目前的资源状况和能力水平，才能选择和确定一个较为可行的方案。

PIMS 辨别高投资回报公司的特征

战略与绩效分析（Profit Impact of Market Strategy，PIMS）项目建立在与 GE 合作的基础上，PIMS 项目组从 3 000 家合作组织中收集了 100 条数据，将收集的数据和投资回报率（Return on Investment，ROI）作为衡量成功的标准，PIMS 已经辨别出高投资回报公司的一些特征。这些特征中对运营战略有影响的有：①高产品质量；②高产能利用率；③高运营效率；④低投资强度；⑤低单位直接成本。以上五个方面因素有助于企业产生高投资回报率，组织在制定战略时应该予以考虑。

（资料来源：根据公开资料整理。）

3.4.2 运营战略系统及主要分析方法

1. 运营战略系统

运营战略管理的对象本质上是一个系统，为了使确定的运营战略更为科学合理，需要对部门的使命、目标、手段和策略进行系统研究，而这些通常需要建立在对系统的内、外部环境及具体的运营状况等进行深入分析的基础之上。组织的内部运营环境主要包括系统的结构、产品、人员、文化、制度等。组织的外部环境主要是指对部门产生重要影响的政治环境、社会环境、技术环境和经济环境等。同时由于组织的内、外部环境涉及的因素众多，且与组织目标存在极为复杂的作用关系和影响机理，往往需要借助一定的理论、工具和方法展开深入分析。

2. 运营战略主要分析方法

目前，使用较为广泛的运营战略分析方法有 SWOT 分析方法、PEST 分析方法、波士顿矩阵分析方法、外部因素评价矩阵分析方法、内部分析框架模型、竞争态势矩阵分析方法、通用电气公司矩阵分析方法、五力竞争模型（参见第二章部分的相关内容）、钻石模型及价值链分析模型（参见第二章和第三章部分的相关内容）等。

（1）SWOT 分析方法。SWOT 分析方法中的四个字母分别是：S（Strengths）是优势、W（Weaknesses）是劣势、O（Opportunities）是机会、T（Threats）是威胁。SWOT 分析方法是基于内、外部竞争环境和竞争条件下的态势分析，将与研究对象密切相关的各种主要内部优势、劣势和外部的机会、威胁等列举出来，并依照矩阵形式排列，然后用系统分析的思想，把各种因素相互匹配起来加以分析，从中得出一系列相应的结论和决策。

按照企业竞争战略的完整概念，战略应是一个企业“能够做的”（组织的强项和弱项）和“可能做的”（环境的机会和威胁）之间的有机组合。运用这种方法，可以对研究对象所处的情景进行全面、系统、准确的研究，从而根据研究结果确定相应的发展战略、计划及对策等。

（2）PEST 分析方法。PEST 也被称为 STEP、DESTEP、STEEP、PESTE、PESTEL、PESTLE 或 LEPEST，分别是政治（Political）、经济（Economic）、社会文化（Socio-cultural）、科技（Technological）、法律（Legal）、环境（Environmental）的缩写字母。2010 年后更被扩展为 STEEPLE 与 STEEPLED，增加了教育（Education）与人口统计（Demographics）。PEST 分析与外部总体环境的因素互相结合，就可归纳出 SWOT 分析中的机

会与威胁。PEST/PESTLE、SWOT 与 SLEPT 可以作为企业与环境分析的基础工具。

企业进行 PEST 分析需要掌握大量的、充分的相关研究资料，并且对所分析的企业有着深刻的认识，否则，此种分析很难进行下去。经济方面主要内容有经济发展水平、规模、增长率、政府收支、通货膨胀率等。政治方面有政治制度、政府政策、国家的产业政策、相关法律及法规等。社会方面有人口、价值观念、道德水平等。技术方面有高新技术、工艺技术和基础研究的突破性进展等。

（3）波士顿矩阵分析方法。波士顿矩阵（Boston Consulting Group Matrix，BCG），又称市场增长率-相对市场份额矩阵、波士顿咨询集团法、四象限分析法、产品系列结构管理法。波士顿矩阵是由美国大型商业咨询公司——波士顿咨询集团首创的一种规划企业产品组合的方法。该矩阵主要用于解决如何使企业的产品品种及其结构适合市场需求的变化，以及如何将企业有限的资源有效地分配到合理的产品结构中去，以保证企业收益最大化，进而使企业在激烈竞争中获胜。

波士顿矩阵认为，市场引力与企业实力是决定组织产品结构的两个基本因素。市场引力包括整个市场的销售量（额）增长率、竞争对手强弱及利润高低等；企业实力包括市场占有率、技术、设备、资金利用能力等。以上两个因素相互作用，会出现四种不同性质的产品类型：①销售增长率和市场占有率“双高”的产品群（明星类产品）；②销售增长率和市场占有率“双低”的产品群（瘦狗类产品）；③销售增长率高、市场占有率低的产品群（问题类产品）；④销售增长率低、市场占有率高的产品群（金牛类产品）。基于企业产品所处的四个象限具有不同的含义，波士顿矩阵给出相应的战略对策（波士顿矩阵图见图 3-13）。

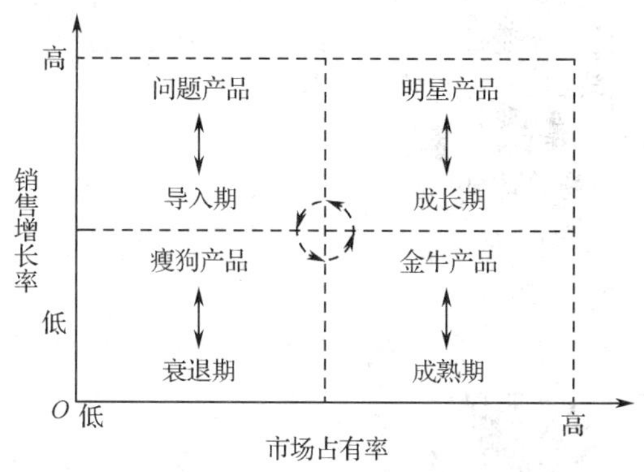

图 3-13 波士顿矩阵图

（4）外部因素评价矩阵分析方法。外部因素评价矩阵（External Factor Evaluation Matrix，EFE）是一种对外部环境进行分析的工具，其做法是从机会和威胁两个方面找出影响企业未来发展的关键因素，根据各个因素影响程度的大小确定权数，再按企业对各关键因素的有效反应程度对各关键因素进行评分，最后算出企业的总加权分数。EFE 矩阵可以帮助战略制定者归纳和评价经济、社会、文化、人口、环境、政治、政策、法律、技术及竞争等方面的信息。

（5）内部分析框架模型。内部分析框架模型是由美国管理学会院士杰恩·B. 巴尼（Jay B. Barney）提出的，所谓 VRIO 模型，就是价值（Value）、稀缺性（Rarity）、难以模仿性（Inimitability)和组织（Organization）模型。巴尼在《从内部寻求竞争优势》（1995）一文中概括了该模型的核心思想：可持续竞争优势不能通过简单地评估环境的机会和威胁，然后在高机会、低威胁的环境中通过经营业务来创造。可持续竞争优势还依赖于独特的资源和能力，企业可把这些资源和能力应用于环境竞争中。为了发现这些资源和能力，管理人员必须遵循有价值的、稀缺的、模仿成本高的原则从企业内部寻求战略资源，然后经由它们所在的组织开发利用这些资源。弗莱舍（Fleisher）和本苏桑（Bensoussan）（2003）认为，只有那些通过 VRIO 模型的每一项测试的资源才能被认为是具有竞争力的、有价值的资源。

（6）竞争态势矩阵分析方法。竞争态势矩阵（Competitive Profile Matrix，CPM）用于确认企业的主要竞争对手及战略地位，以及主要竞争对手的特定优势与弱点。CPM 矩阵中的因素包括外部和内部两个方面，评分用来表示优势和弱势。竞争态势矩阵的分析步骤为：①确定行业竞争的关键因素；②根据每个因素在该行业中成功经营的相对重要程度确定每个因素的权重；③筛选出关键竞争对手，按每个因素对企业进行评分，分析各自的优势所在和优势大小；④将各评价值与相应的权重相乘，得出各竞争者各因素的加权评分值；⑤加总得到企业的总加权分，在总体上判断企业的竞争力。

（7）通用电气公司矩阵分析方法。通用电气公司矩阵（GE Matrix/Mckinsey Matrix）方法又称通用电气公司法、麦肯锡矩阵法、九盒矩阵法、行业吸引力矩阵法。在战略规划过程中，GE 矩阵可以用来根据组织在市场上的实力和所在市场的吸引力对这些事业单位进行评估，也可以对一个公司的事业部组合强项和弱点进行判断。在需要对产业吸引力和业务实力做广义而灵活的定义时，可以 GE 矩阵为基础进行战略规划。

（8）钻石模型。钻石模型（Diamond Model）又称菱形理论、钻石理论及国家竞争优势理论，是由迈克尔·波特于 1990 年提出的，用于分析一个国家产业如何形成整体优势，进而在国际上形成较强的竞争力。钻石模型认为，一个国家的某个行业取得国际竞争优势的状况是该国的四个基本要素（资源要素、需求条件、辅助行业、企业战略）和两个辅助要素（机遇和政府）的综合作用的结果。尽管钻石模型最初是用于国家竞争战略分析的，但是对于企业运营战略的制定也具有较好的参考价值。

3.4.3 运营战略的选择

1. 运营战略的研究对象

运营战略的研究对象是运营过程和运营系统运行的基本问题，包括产品选择、工厂选址、设施布置、生产运营的组织形式、竞争优势要素等。对于研发部门而言，产品/服务的开发与设计策略需要考虑以下问题：做跟随者还是领导者？自己设计还是外包设计？花钱买技术或专利还是自主研发？做基础研究还是应用研究？……对于生产部门而言，则需要考虑以下问题：是大批量生产还是小批量多批次生产？是流水线生产还是小组式装配生产方式？是自动化生产还是半自动生产？是自己制造还是外包加工？对于系统设计部门而言，如超市、医院、商场等地址应该选择在哪里？企业的相关设施应该如何布置？企业内各部门的岗位与工作应该如何设计？企业的生产工序、装配流程应该如何设计？……企业中一些典型的运营战略选择类型如表 3-2 所示。

表 3-2 企业中一些典型的运营战略选择类型

企业部门	决策内容	选择的主要类型
工厂	产品类型	高科技产品或低科技产品
	制造流程范围	自制、外包、外购
	工厂规模	大、中、小
	厂址选择	国内、国外、东部、中部、西部
车间	车间布置	工艺专业化、对象专业化
	设备选择	专用设备、通用设备
	工艺装备选择	大规模、小规模、单件
生产计划	计划类型	长期、中期、短期
	库存策略	备货型库存、订单式库存、临时性库存
	质量控制	高可靠性、高耐用性、高性价比
	控制内容	人、财、物、成本、质量、时间
人力资源	员工专业化程度	高度专业化、一工多能
	管理人员选择	技术背景的管理者、管理背景的管理者
	报酬形式	工资、津贴、奖金、提成
	监督形式	严格、宽松、人性化
产品设计	产品规模	大规模、小批量、定制
	产品多样性	外观多样性、技术多样性
	产品稳定性	变更频繁、变化很少
	产品创新性	模仿型、追随型、引领型

续表

企业部门	决策内容	选择的主要类型
组织架构	组织架构	金字塔式、扁平式、矩阵式
	组织形式	按产品、按设备、按工艺
	人员配置	班组、工段、团队
	授权程度	集权、分权

企业一般由不同的职能部门组成，职能部门的活动是为了支持企业总的发展战略，这就需要相应部门制定各自的职能战略，如研发战略、生产战略、财务战略、库存战略、供应链战略和营销战略等。由于不同部门的职能存在明显的差异，其战略涉及的具体问题具有其明显的部门特征。可见，运营战略是对上述基本问题进行根本性谋划，这就需要对组织运营过程、运营系统的目标、发展方向和重点、基本行动方针、基本步骤、主要任务等具有非常深入且综合的理解。

2. 运营战略的特点与难点

运营战略在企业的经营活动中具有承上启下的作用：向上要遵循企业的经营战略，将经营战略细化、具体化；向下要推动运营管理系统贯彻执行具体的实施计划，以实现经营战略的目标。运营战略在企业经营管理中的这种位置决定了它具有如下特点。

（1）从属于经营战略。运营战略考虑的问题比较具体，从产品选择到生产组织都是其研究的具体对象。

（2）与营销战略、财务战略等紧密相关。一方面运营战略不能脱离营销与财务战略等自我发展、自我实现，其在运营过程中要受到营销和财务管理的约束；另一方面运营战略是实现营销与财务战略的必要保证。

（3）动态性强。由于运营战略考虑的面比较宽、时间跨度比较长，内、外部环境的变化都要求运营战略做出及时、合理的调整。

快时尚

快时尚（Fast Fashion）源于 20 世纪的欧洲，美国称之为“Speed to Market”。随着新生代消费习惯的变化，人们普遍认为“快速、时尚”将是未来服装等时尚行业的主要发展趋势。快时尚的一个重要表现就是速度快，以便能将当前的流行元素及时展现给消费者。一般来说，快时尚以低价、款多、量少为特点，能够提供当下流行的消费款式和产品元素，激发消费者的兴趣，进而最大限度地满足消费者的需求。在这一背景下，由于传统企业在潮流信息反馈上存在明显的滞后性，使得这些企业在时尚市场中失去了竞争优势。然而，快时尚也存在一些广受诟病的问题，如资源浪费严重、不环保，以及相关企业的自主创新能力差等。

（资料来源：根据公开资料整理。）

3.4.4 运营战略的实施与评估

1. 运营战略的实施

选择和制定运营战略后便要组织实施，这是非常关键的一个步骤。运营战略的实施是指为贯彻和执行已选定的战略决策方案所开展的活动。因此，在运营战略的实施过程中，需要遵循以下原则。

（1）目标明确原则。企业运营战略目标应该分解为企业各部门和下属各单位的具体目标，以便落实责任和检查监督。同时，各部门、各单位直至个人的具体目标应合情合理，既有利于挖掘潜力，又能调动各方面的积极性。

（2）统一领导原则。实施企业运营战略，必须由企业高层管理者进行统一的领导，以保证企业各部门、各单位及全体职工加强协调、统一行动、密切合作。

（3）突出重点原则。一个合理的运营战略方案应明确地规定战略重点，以突出企业的主攻方向。这些重点一般是对企业发展的全局有决定性影响的方面，同时要兼顾全局，用重点来带动一般，以一般来保证重点。

（4）适应变化原则。战略是对未来一定时期的谋划和方略，但具体到实施时环境总会发生这样或那样的变化。运营战略的制定者和实施者应随机应变，适时调整和修改原有的战略方案，以便使之能够适应变化的新环境。

（5）全员参与原则。很多人认为，企业战略是高层管理者的事情，基层员工是否理解企业愿景并不重要。然而，GLOBE 的研究显示，下属都期望领导者提供积极有力的愿景来指引企业迈向未来，运用有效的激励技能来刺激员工努力实现愿景，而且具有出色的规划技能来帮助实施该愿景。因此，如果能够让员工理解一个具有美好愿景战略的价值和意义，有助于企业所有员工形成朝着一个方向努力的合力。

2. 运营战略的效果评估

在战略的实施过程中，企业要不断检查实施效果，发现问题、解决问题并及时调整战略。也就是说，要对战略目标执行情况进行有根据和有效的评价，并据此调整战略目标和战略方案。战略的实施过程本身就是对企业战略方案的一个检验过程，一旦发现问题应该寻找原因并提出解决措施。战略的实施过程也是一个不断改进的过程，企业不仅关注战略的执行过程及结果，还应及时总结经验教训，并不断改进战略措施。

运营战略是基于组织长远发展的管理活动，而企业为了保持可持续发展，必须关注组织内、外部环境的不断变化，以便能够在特殊情况出现时做出及时有效的反应。事实上，在未来的经营环境中，与企业相关的新技术、新理念、新市场、新环境等都将不断涌现。为此，运营管理战略还需要对未来可能出现的挑战尽早做准备。从目前来看，经济全球化、环境保护、企业社会责任、技术创新、知识管理等都需要相关企业积极应对。

本章小结

通用电气前 CEO 杰克·韦尔奇曾说：如果没有最基本的战略，即使是一家食品店也无法经营。的确，一个企业的成功或者失败最终都可以归结为战略。本章第一节介绍了战略的概念、特征和类型，以及战略管理理论的几个典型发展阶段；第二节介绍了三类八个企业级战略类型，以及这些战略的特点；第三节系统梳理了企业运营战略的几种典型战略类型，并分析了这些战略的形成背景、特点和实施要点；第四节介绍了运营战略的识别、分析方法、战略选择、实施过程和效果评估，并阐述了运营管理将面临的一些挑战和应对策略。

思考题

1. 简述运营战略与企业战略的区别和联系。
2. 简述企业的总体战略类型。
3. 企业在运营过程中的主要竞争战略的类型。
4. 简述企业运营战略的制定与实施过程。
5. 当今企业在运营管理过程中面临的主要挑战是什么？

案例分析

第二篇　运营系统设计

第 4 章　产品与服务设计

4.1　产品与新产品研发

引导案例

4.1.1　新产品概述

1. 产品

一直以来，产品给人的直观感觉就是那些看得见、摸得着的有形实体产品，如家用电器、手机、机械设备、医疗仪器、运输工具等。然而，随着人类社会生产能力和水平的不断提高，服务在社会经济中所占比重越来越大。现在产品的概念是广义上的概念，服务也是产品之一。餐馆、酒店、商店、银行、保险公司、文化机构、大学、机场、公共交通等，它们时时刻刻通过服务满足顾客的需求。因此，产品的范畴不仅包括有形的实体产品，还包括无形的服务产品。

2. 新产品

新产品是指采用新技术原理、新设计构思研制，使产品在结构、物理性能、化学成分、功能及其性能等方面同原有产品具有本质不同或显著差异的产品。事实上，新产品是一个相对的概念，在不同的时间、地点、范围等条件下可以有不同的界定。一般来说，新产品一般具有以下一项或多项特点：①采用了新的科学原理、技术发明、物理结构、服务平台等；②采用了新的材料、零件、部件，新的服务流程或模式；③具有了新的性能、更高的效率；④有了新的用途，拓展了新的市场等。

3. 新产品的分类

在市场竞争日趋激烈、产品生命周期不断缩短的背景下，企业为了应对市场日趋个性化、多样化的需求，不断开发新产品，为实现可持续发展提供根本性的支撑。一般来说，新产品可以分为如下几个类型。

（1）全新型新产品。全新型新产品是指采用了新原理、新技术、新材料和新工艺，具有新功能、新结构等特征的产品。全新型新产品往往是一种由于科学发现、技术发明的突破及市场环境发生巨大变化而形成的具有独创性的产品，比如新能源汽车相对于传统能源汽车、电子商务平台相对于实体商业平台。

（2）升级型新产品。升级型新产品是指产品的基本原理不变，部分采用了新技术、新材料、新的元器件，使产品在结构、功能、品质等方面具有新的特点和新的改进，比如移动 4G 网络对 3G 网络的替代、休闲度假模式正在对走马观花式的旅游团模式形成冲击。

（3）改进型新产品。改进型新产品是指在原有老产品的主要的结构、功能、品质不变的基础上，使产品在款式、花色、外观、包装、流程等简单属性上具有一些新的特征，进而使其结构更加合理、功能更加齐全、品质更加优质，比如手机的拍照功能不断提升、快递速度变得越来越快等。

上述新产品的分类方法主要是基于产品的创新程度，而根据产品所在区域的差异可以分为地区新产品、国内新产品和国际新产品，按照新产品的来源还可以分为技术引进新产品、独立开发新产品、模仿型新产品和混合开发产品等。

4. 新产品研发管理的价值

(1)新产品研发的整个过程都需要管理职能的介入。新产品研发是一项系统工程，涉及企业的各个方面。在这个过程中，管理的四大基本职能渗透到新产品研发的全过程，对于产品按照预定的计划有效实施具有基础性的保障作用。

(2)新产品研发的有效管理可以取得事半功倍的效果。通常情况下新产品研发的费用仅占产品制造总成本的10%以下，而研发时间却占用产品制造总时间的60%，并且产品设计方案一经确定，产品总成本的80%就会固定下来。如果在制造过程中才发现设计缺陷，将付出巨大代价。也就是说，建立在有效管理基础上的优秀设计，对于一个产品的成功具有重要意义。

(3)新产品研发管理可以有效降低新产品研发面临的风险。新产品研发是一项高投入、高风险和高不确定性的活动。格雷格·A. 史蒂文斯（Greg A.Stevens）和詹姆斯·伯利（James Burley）通过研究发现，3 000 个新产品的原始想法只有 1 个能最终成功。为此，从市场需求、产品趋势、研发战略、研发流程、研发团队等多个方面对新产品进行科学管理，有利于降低研发中存在的风险。

(4)新产品研发管理有助于缩短新产品进入市场的时间。在市场竞争日益激烈的背景下，产品不仅需要高的品质，还需要有更快的研发速度。研发速度快在很大程度上意味着企业能够提前占领市场，更早地同客户建立起联系，更多地获得优势资源，还能够给企业带来更多的声望和品牌效应。

设计管理的意义

- 在增长迅速的企业中，90%的企业认为设计具有不可或缺的作用。而在增长缓慢的企业中，只有26%的企业能够认识到这一点。
- 在认为设计不可或缺的企业中，有 70%的企业在最近三年中研发了新产品或服务。而其他企业只有30%做到了这一点。
- 通过设计可以降低材料成本并提高流程效率，从而降低企业整体成本。同时设计可以压缩产品或服务投向市场的周期。
- 能够有效地利用设计的企业的经济效益比市场平均效益高200%。

（资料来源：根据公开资料整理。）

4.1.2 产品研发战略

产品研发战略是企业在对市场机遇与挑战、内部资源能力的优势和劣势所进行的全面的、前瞻性的思考和分析的基础上，依据自身的条件制订的服务于企业总体战略目标的产品发展计划。产品研发战略为企业产品发展指明了方向，为企业发展获得持久、可靠竞争力提供了保障。

1. 产品研发战略定位

按照产品研发的基本定位可以将产品研发战略分为领先型研发战略、追赶型研发战略和改进型研发战略。

(1)领先型研发战略。领先型研发战略也称技术领先战略。采取这种战略的企业主要表现为努力追求产品技术水平和最终用途的先进性、新颖性，与竞争对手相比在技术上保持领先地位和持续的竞争优势。通常这一战略适用于那些有很强的研发能力和雄厚资源的企业。

(2)追赶型研发战略。追赶型研发战略是指后发企业与先发企业之间在综合能力、技术水平、市场占有率、规则制定等方面存在明显差距，后发企业又很难在较短时间内与先发企业展开直接竞争，从而通过学习、引进、模仿等方式逐步缩小与先发企业之间差距的发展战略。

(3)改进型研发战略。改进型研发战略是指在竞争对手已有产品的基础上，基于市场需求通过改进、完善某些属性和功能，从而获得新的市场和竞争优势的发展战略。这是一种相对保守的研发战略，主要适用于那些倾向于规避风险或者自身资源有限的企业。

2. 产品研发战略实施方式

按照产品研发的技术来源可以将产品研发战略分为自主型研发战略、外包型研发战略和联合型研发战略。

(1)自主型研发战略。自主研发是指依靠自己的资源和能力开展的研究和发明活动，具有较强的自力更生的含义。对于在市场中竞争的企业而言，拥有核心技术将掌握更多的经营主动权，不仅可以节省用于

购买专利、核心技术的大量资金，还可以有效控制供应风险。自主研发对于企业可持续发展至关重要。

（2）外包型研发战略。由于技术创新不仅需要投入巨额资金购买设备，还需要有专业造诣深厚的高级人才，再加上研发的不确定性和高失败风险，一些企业会倾向于将研发交给在研发领域更加专业的企业、科研组织或高等院校去完成。事实上，已经有越来越多的国际一流企业基于各种原因在采用外包部分技术研发的方式。

（3）联合型研发战略。联合型研发战略是指企业基于自身资源和能力限制，或者基于竞争能力提升的需要等原因与其合作伙伴共同研发的战略形式。联合型研发战略可以使合作企业之间通过相互协作实现优势互补，能够解决由于资源和能力限制面临的发展问题等。联合型研发需要处理好与合作伙伴之间的合作。

C919 成功首飞

2016 年 5 月 5 日，由中国商用飞机有限责任公司（英文名称 Commercial Aircraft Corporation of China Ltd，缩写 COMAC，简称“中国商飞”）研制的大型客机 C919 在上海浦东国际机场成功首飞，这是中国首款自主研制的具有国际主流水准的客机。C919 的座位数超过 150 个，标准设计航程为 4 075 千米，预计将会成为空客 A320 和波音 737 的竞争对手。C919 的成功首飞，吸引了全世界的目光。美国 CNBC（Consumer News and Business Channel）指出，首飞成功将是 C919 研发、制造、投产过程中一个“关键里程碑”，中国正在朝着全球航空领域重要玩家的方向大步前进，努力将自身打造成为空客和波音两大航空巨头的有力竞争者。

（资料来源：根据公开资料整理。）

3. 产品研发战略实施层次

按照产品研发中科学、技术、工程的倾向程度可以将产品研发战略分为基础研究型研发战略、应用研究型研发战略和开发研究型研发战略。

（1）基础研究型研发战略。基础研究主要通过实验分析或理论性研究对事物的属性、结构和要素与要素之间的关系等进行分析，以达到解释现象的本质、揭示物质运动的规律的目的来加深对客观事物的认识，或者提出和验证各种设想、理论或规律。如今几乎所有具有世界级竞争力的企业都在开展相关领域的基础研究，因为这才是企业未来能够实现产品可持续领先的根基。

（2）应用研究型研发战略。应用研究主要是针对基础研究成果的可能用途，或者为了实现特定目标对新方法、新路径等进行的探索活动。应用研究一方面对基础研究成果的实践应用进行探索性研究，另一方面为开发研究提供原理、原型性的方法和应用途径上的支撑。基于应用研究的研发能力是企业实现中长期可持续发展的桥梁。

（3）开发研究型研发战略。开发研究是利用应用研究的成果和现在的知识与技术，创造新技术、新方法和新产品，是一种生产新产品或完成新工程项目任务而进行的研究活动。开发研究决定着企业产品是否适应市场需求，是企业获得直接收益的基本途径。

4.1.3　产品设计趋势

1. 实体产品设计趋势

随着新理论、新技术的不断出现，市场对新产品的需求也呈现出个性化与多样化、复合化与多能化、智能化与简便化、微型化与集成化、简易化与环保化等特征。

（1）个性化与多样化。产品个性化设计是为了满足人们消费日益差异化的需求。面对众多的消费者，企业不能只满足某些消费者的需求，要做到尽可能多地满足不同消费者的个性化需求，即多样化。

（2）复合化与多能化。产品复合化设计是为了满足人们日益丰富的工作、生活需求，其表现为将功能上相互关联的不同单体产品发展为复合产品。例如，将洗涤、脱水、烘干集于一体的洗衣机，兼具打印、复印、扫描、传真等功能的打印机，具有通话、照相、游戏、上网等功能的手机。

（3）智能化与简便化。当今的许多产品不需要用户掌握产品的运行原理，而只需要按照使用说明一步步地操作，甚至只需要按一两个按键就可以完美地完成任务。例如，配有智能芯片的酸奶机、冰激凌机、电饭煲、电炖锅及“傻瓜相机”等。产品的智能化和简便化使用户易学、易会、易用，进而能够使专业产品变成大众产品，最终使生产企业的收益增加。

（4）微型化与集成化。随着技术的不断发展，产品的微型化和集成化已经成为大多数产品的发展趋势。通过对产品结构的不断改进，零部件数量不断减少、体积不断缩小，使产品在功能不变甚至增加的情况下更便于操作、携带、运输、安装和使用。例如，计算机的小型化、集成化不仅使计算机的体积越来越小巧，还使计算机的功能越来越强大。产品的微型化设计不仅需要独特的思维方式，还需要大量新技术、新材料和新设备的支撑。

（5）简易化与环保化。基于使用者便利、降低成本和减少资源消耗等目的，简易化和环保化已成为一些产品的设计趋势。例如，老人机在设计中考虑了按键和显示字体较大、操作简便、铃声声音较大等需求，这正是专门针对老年人需求特点研发的产品。基于节俭式创新的产品研发兼顾了成本与环保需求。

集成化的计算机一体机

计算机一体机是目前台式机和笔记本电脑之间的一个新型的市场产物，它是将主机部分、显示器部分整合到一起的新形态电脑，该产品的创新在于内部元件的高度集成。随着无线技术的发展，计算机一体机的键盘、鼠标与显示器可实现无线连接，整个机器只有一根电源线。这就解决了一直为人诟病的台式机线缆多而杂的问题。

（资料来源：根据公开资料整理。）

2. 服务产品设计趋势

服务业发展较晚及其无形性特点，都增加了服务产品设计的难度。服务产品的设计一般较为重视个性化、多样化等特征，但是这往往会导致效率的降低和成本的增加，为此如今的服务设计广泛借鉴了传统工业产品设计中的标准化、规范化和规模化等方法。

（1）服务设计系统化。相对于实体产品来说，服务产品的实现不仅要对服务自身考虑周全，还常常需要借助一系列有形的要素进行展示。一个服务产品的设计需要设计者开展系统化设计，尽可能考虑到可能出现的各种情况，以便减少设计缺陷。另外，服务产品的交付绩效还需要一个完善的服务运营系统给予充分的支撑，包括服务内容、服务标准操作程序（Standard Operation Procedure，SOP）、客户投诉处理流程、服务情景、服务设施等，无论哪一个环节出现问题都可能会对服务效果产生重要影响。

（2）服务设计标准化。基于管理的可行性和经济性，服务产品设计在很多方面展现出“标准化”的特征，以便能够在服务管理中做到有效控制。在具体的服务设计中通过对服务进行细分，确保每个子服务过程都有明确的服务规范和操作指南，以便服务及服务流程得到切实执行。

（3）服务设计专业化。随着服务竞争的不断加剧，服务设计专业化将成为服务企业获得竞争优势的必然选择。服务设计专业化就是让“专业的人做专业的事”，以便使服务企业的运营能够有效率、有效果地满足顾客的需求，兼顾“科学性”和“艺术性”。服务设计专业化建立在专业分工理论的基础之上，并努力实现由专业的服务人员运用专业知识和工具提供专业的服务。

（4）服务设计工程化。20 世纪 70 年代，哈佛大学教授西奥多·莱维特（Theodore Levitt）就提出了“将服务运作活动工业化”的思想。为了获得竞争优势，基于规模化、标准化、专业化、社会化的服务设计工业化思维，正在被越来越多的企业所采用。例如，银行将服务分解成若干子任务，并且识别出哪些是与顾客互动较少的部分，这些工作可以由 ATM 机来完成。然而，服务设计工业化在提高效率、降低成本的同时，也会导致个性化服务失真、指标导向缺乏弹性等问题，这些都需要服务设计工作者高度重视。

4.2 产品设计

产品的成功开发需要经过一系列流程，以便使产品开发能够按照预定逻辑顺序在计划的时间点完成。一个完整的产品开发流程主要包括产品创意、产品核心内容及可行性分析和产品设计过程。

4.2.1 产品创意

1. 产品创意来源

一般来说，产品的创意主要来源于市场拉动和技术驱动。

（1）市场拉动。产品最终要通过市场来验证设计的合理性，也需要通过市场来实现其价值，也就是说市场是检验产品研发成功与否的根本标准。如果能够真正了解市场、了解消费者的需求就能形成良好的产品创意。在很大程度上，产品的创意是由市场需求拉动的。了解市场需求的方式和途径很多，如企业营销部门的客户调研、研发人员的市场分析、与经销商合作、专家咨询等。

苏宁电器的定制产品

创立于 1990 年的连锁零售商苏宁电器，在我国 300 多个城市拥有近 1 600 家连锁店，为消费者提供质优价廉的家电商品，涵盖彩电、空调、冰箱、洗衣机、音像、小家电、通信、电脑、数码等近千个品牌，20 多万种规格型号，形成了一个庞大的销售网络。苏宁电器每天在销售大量产品的同时，也会与大量的消费者进行直接的接触，能够了解到消费者的需求、偏好及趋势变化等相关信息。同时，电话售后服务、电话回访、“服务月”期间的检修调查及对市场的跟踪都可以获得关于产品外观、性能、质量、价格等方面的市场数据。可以说苏宁电器拥有关于市场需求的海量信息，通过对大数据的深入分析和挖掘就可以从更深的层面了解和掌握消费者的偏好和趋势，这些信息对于产品制造商而言极为重要。

（资料来源：根据公开资料整理。）

（2）技术驱动。技术驱动产品的情况主要是指某一领域的技术获得进展或突破，催生了新产品或者使产品具有了新功能，进而创造了消费者的新需求。无论哪一种技术进步，在产品研发中都发挥着极为重要的作用。

中国领跑世界光量子计算机

2017 年 5 月 3 日，中科院宣布中国科学家构建的世界首台超越早期经典计算机的光量子计算机在中国诞生。量子计算机是指利用量子相干叠加原理，具有超快的并行计算和模拟能力的计算机。该台原型机把量子计算机真正推向和经典计算机竞争的擂台。以计算速度为例，使用亿亿次的“天河二号”超级计算机求解一个亿亿亿变量的方程组所需时间为 100 年，而使用一台万亿次的量子计算机求解仅需 0.01 秒。随着可操纵的粒子数的增加，量子计算机的计算能力呈指数提升，可以为经典计算机无法解决的大规模计算难题提供有效的解决方案，具有巨大的发展潜力。

（资料来源：光量子计算机．中国领跑世界[N].太行日报，2017-05-18.）

2. 产品创意生成方法

有了市场需求不会自然而然地就有新产品，首先需要有一个好的创意。从已有产品来看，产品创意的来源途径可以是企业内部的营销人员、技术人员、管理人员等，也可以是企业外部的零售商、消费者、咨询机构、科研机构等。归纳起来，大致可以分为以下几种主要途径。

（1）市场调查法。通过采访、问询、问卷调查及一线销售人员的意见和建议等方式来搜集市场的需求，通过对这些信息的收集、整理、分析，从中寻找和发现市场机会，进而形成新产品的创意。

（2）专家意见法。通过头脑风暴法和德尔菲法等专家意见法，往往能够搜集到那些从常规渠道或者通过常规方法得不到的想法，从中寻找和发现有价值的市场机会，进而形成新产品创意。

（3）员工构思法。研发人员以其良好的专业素养、丰富的研发经验，通过科学的流程可以不断形成优秀的产品创新思路。另外，企业的一般员工、管理人员也在时时刻刻与企业的产品进行近距离接触，在生产和生活中对产品都会有相关的理解，不同的知识结构、不同的观察视角也能给产品研发带来新的思路。

（4）竞争者产品启发法。在市场中往往存在很多竞争性产品，企业可以通过观察竞争对手的产品来获得新产品的创新思路。竞争者产品的优势有时通过直观的方式就能够理解，而更多的情况则需要进行深入分析。逆向工程是一种面向竞争对手的优势产品，通过学习、改进形成自己产品创新的有效方法。

（5）招标定制法。当企业内部对于产品创意的方案不完全清晰，或者设计的方法不完全满意时，可以通过招标的方式在更大范围收集关于产品的新思想、新思路，从而借助企业外部的一些专业机构或人员实现产品创意。

3. 新产品竞争能力定位——顾客价值包

开发新产品的目的是使企业获得可持续发展，而这需要通过新产品的竞争能力来实现。竞争力是新产品的重要指标之一，是获得市场认可、与竞争对手相比具有竞争优势的根基。这种竞争力往往是由顾客获得价值来决定的，而这种价值可以通过产品的质量、价格、速度、多样性及一些产品或服务的特殊组合等特性来呈现。产品中具有的一系列满足顾客需求的特性及特性组合称为顾客价值包（Customer Benefit Package，CBP）。顾客价值包分析是进行产品和服务设计的重要方法，该方法主要确定如下一些类似问题：顾客价值包能够满足顾客要求吗？什么样独特的核心及附属产品和服务可以提供竞争优势？顾客价值包可以满足订单资格和满足订单的标准吗？企业的产品同竞争对手提供的产品相比如何？企业具有既经济又高质量地生产产品或服务的能力吗？

4.2.2 产品核心内容及可行性分析

1. 产品的核心内容

随着商业化程度的不断深化，产品不仅局限于那些直观感知到的对象，其内涵和外延已经极大拓展。一般来说，一个完整的产品可以分为核心产品、形式产品、期望产品、延伸产品和潜在产品几个类型，产品的整体层次概念如图 4-1 所示。

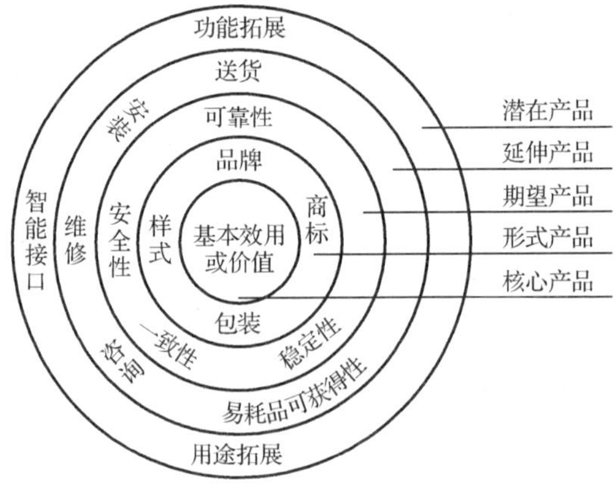

图 4-1 产品的整体层次概念

（1）核心产品。核心产品是指产品应该具有的基本功能属性或价值。比如，买电视机时关注的是电视机而不是电视机包装箱。

（2）形式产品。形式产品是指产品在品牌、商标、包装、样式、结构、颜色等方面表现出来的一些特征。比如，电视机的屏幕有正方形、长方形等，颜色有白色、灰色、黑色等，品牌有国内的、国外的等。

（3）期望产品。期望产品是指产品在可靠性、安全性、一致性、稳定性等基本属性方面表现出来的特性。比如，电视机接收信号稳定、图像清晰、操作人性化和使用简便等特性。

（4）延伸产品。延伸产品是指产品在送货、安装、维修、易损件可获得性和售后服务等方面表现出来的特性。比如，购买电视机后对于产品质量的回访、出现问题的解决速度等。

（5）潜在产品。潜在产品是指产品在适应未来的、潜在的一些需求上表现出来的特性。比如，电视机能否连接网络、与其他电子产品是否兼容等。

从表面来看，消费者购买商品时是在购买核心产品，但是对其购买行为产生影响的可能不是核心产品，而是形式产品，或者是期望产品、延伸产品，甚至是潜在产品。

2. 产品的工业设计

通常有形产品的设计是从整体的外观开始设计的，这一阶段的工作一般被称为产品的工业设计。工业设计又称工业产品设计学，是工业发展领域专业化进一步分工的结果，其与传统的艺术活动、生产活动、

技术设计等都有明显的不同。工业设计是一门交叉学科，在设计过程中会应用到心理学、社会学、美学、人机工程学、机械构造、摄影和色彩学等。工业设计主要关注人体工程学（Ergonomics）需求和美学（Aesthetics）需求两个维度。人体工程学主要是分析产品在使用过程中如何才能与使用者进行更加高效的交互作用；美学更为关注当前的时尚元素，主要是让消费者对产品在感觉、触觉、嗅觉等方面的感知更加与众不同，从而提升消费者的时尚感、自豪感。

尽管产品的工业设计主要从时尚型、经济性等角度对产品进行有针对性的设计，但是也需要对市场需求、产品流行趋势等信息有深刻的把握，以便确定产品的总体风格来满足产品的市场定位，在此基础上进行产品的工业设计才会符合市场需求。工业设计活动可以从五个方面提升产品价值：①人机界面的质量；②产品对用户的情感吸引力；③产品的维护和修理更加简单、便捷；④产品合理消耗和利用资源；⑤产品具有个性化和差异化特征。

3. 产品的可行性分析

产品的工业设计完成之后，到进入产品的真正实施阶段之前，还需要对产品的可行性进行充分分析。一般来说，产品的可行性经过技术可行性、经济可行性、社会可行性三个方面的系统分析之后，才意味着产品具备了进入技术研发实施阶段的条件（产品可行性分析的主要内容见图 4-2）。

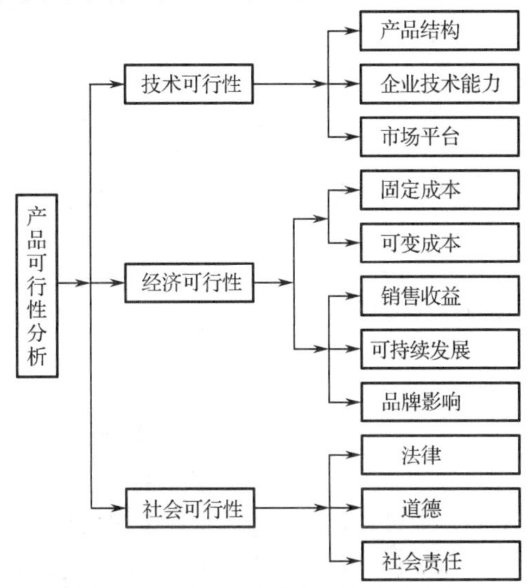

图 4-2　产品可行性分析的主要内容

（1）技术可行性。一个实体产品能够在市场化的过程中获得成功，需要在一系列环节上满足其技术要求，主要包括产品结构、企业技术能力和市场平台等。也就是说，产品的使用门槛、易用性和应用平台等都会影响制造出来的产品在市场中的使用情况。因此，在产品设计过程中就需要充分考虑产品市场化过程中的一些技术支持问题。

（2）经济可行性。产品研发会有收益，但是也会产生成本，在经济性方面是否划算是决定是否进行新产品研发的关键因素。产品的费用主要包括调研费用、研发费用、管理费用、资产折旧、办公费用、原料、零部件、资金成本、能源消耗、纳税等。产品的收益主要包括销售收益、可持续发展和品牌影响等。对于以盈利为最终目的的企业而言，只有收益大于成本的产品才是可行的。

（3）社会可行性。产品的社会可行性一般主要考虑研发产品是否在法律、道德、社会责任等几个方面取得正向效益。在市场化机制日趋成熟的背景下，有远见的企业不仅注重新产品的技术可行性和经济可行性，还非常关注社会可行性问题，以便获得良好的社会声誉。

4.2.3　产品设计过程

总体来看，产品设计过程一般可以分为产品总体结构设计、产品系统技术设计、产品制造工艺设计三个阶段（产品设计过程见图 4-3）。

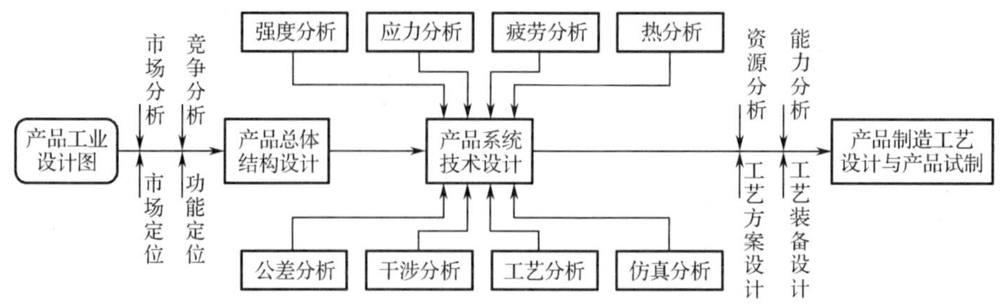

图 4-3　产品设计过程

1. 产品总体结构设计

产品的总体结构设计是在经过论证的工业设计结果的基础上进行的。工业设计的结果大多是一个整体的产品，或者说只是产品的大致外形，甚至产品外形的一些具体参数还没有明确。

在总体设计阶段应该明确产品形状、运行机理、技术配置、成本和价格等主要参数。为了获得上述有效信息，需要对市场用户、竞争者产品状况、类似产品发展趋势等信息进行深入系统的收集和分析，以便确定产品的大体市场定位、确定产品的主要功能，在此基础上才能进行产品的总体结构设计。可见，产品的总体结构设计是基于产品的基本要求和企业拥有的相关资源与经验，在企业所有部门的参与协作和支持的情况下完成的。

2. 产品系统技术设计

大多数产品都可以分为若干子系统（或者模块），产品系统技术设计阶段的工作首先是将产品总体划分为各个模块子系统，然后对各个子系统进行零件设计。该设计阶段需要紧密联系实际制造的要求，将产品的内部结构详细展示出来，从而明确组成产品的各零部件之间的关系。为此，产品系统技术设计需要将产品由整体拆分为各个零件，以便能够清晰展示产品的内部结构，尤其是零部件构成、零部件之间的连接和配合关系等。

3. 产品制造工艺设计

一般来说，产品制造需要制定合理的加工顺序、制作恰当的工艺装备。基于先后顺序，可以将这些工作分为产品工艺方案设计、工艺装备设计和产品生产试制三个环节。

（1）产品工艺方案设计。产品工艺方案设计是指在满足产品形状、尺寸、精度等要求的基础上，确定毛坯的形状和尺寸（包括加工的先后顺序）、选择加工设备、制定加工顺序、制定加工参数（包括人员、劳动工时、关键问题、设备参数等）、设计工装夹具和确定工艺规范等详细安排（产品工艺过程设计的内容见图 4-4）。工艺方案设计过程是结构设计过程和制造过程之间的桥梁，需要相应的规范为后续工作的执行提供操作标准。

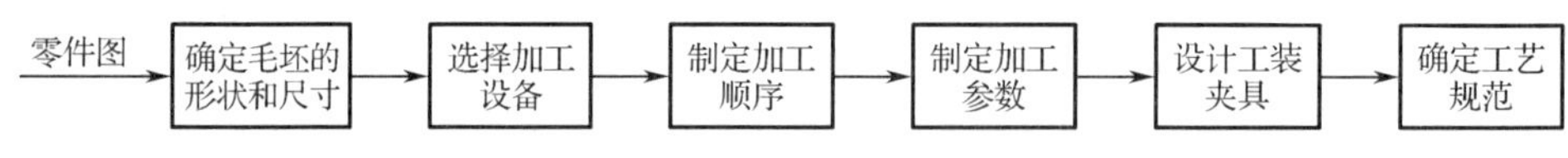

图 4-4　产品工艺过程设计的内容

（2）工艺装备设计。工装是指在制造过程中所用的各种工具的总称，包括刀具、模具、量具、检具、辅具、钳工工具和工位器具等。夹具是加工时用来迅速紧固工件，使机床、刀具、工件保持正确相对位置的工艺装置，包括焊接夹具、检验夹具、装配夹具和机床夹具等。工装夹具主要用来保证工件的加工精度、稳定产品质量、提高劳动生产率、降低成本、改善工人劳动条件和保证安全生产等。在大规模的工业生产中，工装夹具起着极为重要的作用。

（3）产品生产试制。新产品要想实现最终的大规模生产和销售大致需要经过样品试制、小批量试制和大规模生产三个阶段的不断验证。样品试制是根据设计图纸、工艺文件和一些必不可少的工艺装备，由试制车间制造出少量样品，用以检验产品的结构、性能及主要工艺是否达到设计要求；小批量试制是试制样品通过鉴定和校正修改后，根据成批生产和大量生产的要求，编制全部工艺规程，设计制造全部工艺装备，通过小

批量生产来检验大规模生产情况下产品性能、工艺流程和工艺装备是否能够满足预定要求；大规模生产是在小批量生产得到成功验证的基础上进行的，对产品图纸进行最终的工艺性审查，进而为市场提供大批量产品。

4.3 服务设计

服务设计是设计学中一个比较新颖的领域，在 20 世纪 90 年代才逐渐兴起。与有形产品研发类似，新服务的成功实施也需要特定的逻辑流程给予充分的保障，以便按计划有序地完成服务的研发工作。一般来说，一个完整的新服务研发流程包括服务创意、服务可行性研究、服务情景设计和服务交付等基本步骤（具体见图 4-5）。

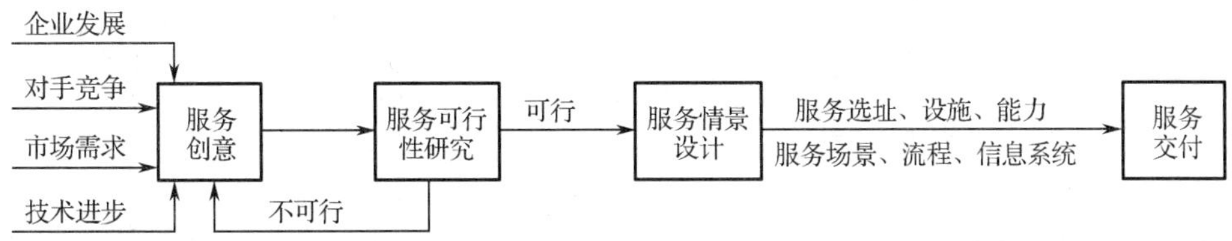

图 4-5　新服务研发流程

4.3.1 服务设计概述

1. 服务及服务经济

服务是指为他人做事，并使他人从中受益的一种有偿或无偿的活动。服务不是以实物形式而是以提供劳动的形式满足他人的需求。随着人们对服务需求的增加，服务经济（Service Economy）已经成为大多数发达国家的主流经济形态，也将成为国家之间竞争的主要领域。在服务经济时代，土地和机器等有形资源的重要性在大大降低，人力资本成为经济增长的主要来源。

服务产品与有形产品存在很大的差异，主要体现为无形性、不可存储性、产销的同时性和质量的波动性等特征。特别是由于产品的无形性特征，服务产品、服务人员及服务情景都可能存在极大的不确定性，这些都对服务的有效管理带来了挑战。

2. 服务系统及要素

服务由服务人员通过特定的方式提供给顾客，是一个以人为核心的人与人不断互动的系统过程。服务企业要想获得可持续发展，需要重点关注服务价值链：员工的满意度和忠诚度—高质量的服务传递—顾客的满意度和忠诚度—持续的利润增长。一般来说，服务价值链中涉及四个主体，分别是服务人员、服务产品、服务场景和顾客。正是由四者构成的一个系统在相互作用和影响下，在顾客得到满意服务的同时，服务企业也获得了可持续发展（服务价值链的具体运行流程见图 4-6）。

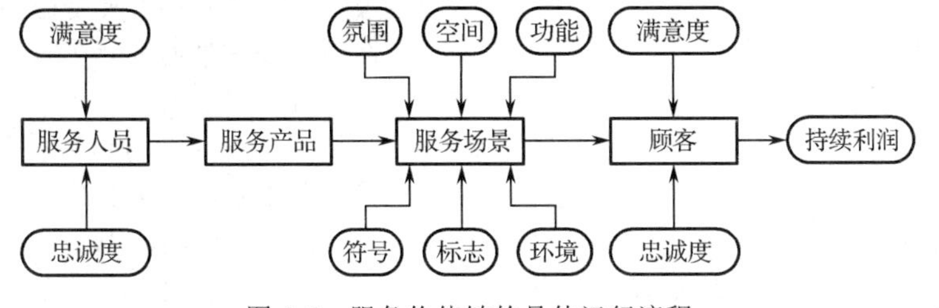

图 4-6　服务价值链的具体运行流程

（1）服务人员。服务人员与顾客直接接触是服务的基本特征，在服务实现过程中需要相应的人员来提供服务。尤其是处于一线的服务人员的态度、行为举止、服装、外表等，都可能会对顾客感知的服务质量产生重大的影响。为此，服务人员是进行服务设计的一个关键环节。

（2）服务产品。服务产品是指那些不具有实体特征，以各种劳务形式来实现的交互活动，如餐饮、酒店、理发、修理和咨询等。与实体产品的先生产、后消费不同，服务产品的实现往往具有同时性或者一边生产一边消费的特点。如果顾客不来购买服务产品，服务人员和设备只能闲置在那里。

（3）服务场景。服务场景是指服务经历、交易或事件所处的直接有形环境和社交环境。由于服务产品特点、顾客需求特征的不同，相应的服务场景也有必要随之发生改变。服务场景可以是服务氛围、服务提供的空间布局、服务场景的功能细分、服务的符号、组织的标志和物质与文化环境等。

（4）顾客。服务的顾客需求导向是决定企业获得竞争优势的关键。与传统的制造业不同，顾客始终参与服务的传递过程。由于顾客的需求是在不断变化的，甚至在接受服务的过程中也会发生变化，因此深入了解顾客的需求显得至关重要。这就需要服务企业根据顾客的需求对服务变量进行协调，以便在成本、质量、效益之间取得平衡。通常来说，协调越多成本就会越高，而效益可能就会受到影响。

一般来说，按照顾客的接触程度可以分为高接触的服务和低接触的服务，或者服务要求高的顾客和服务要求低的顾客。面对不同类型的顾客，展示服务的情景设计也可能大相径庭。与顾客接触、互动较少的服务，其情景的设计可以简单化。高接触服务的服务情景则可能很复杂，要涉及很多因素和很多形式，诸如周边环境、空间布局、标识和招牌等。

3. 服务设计及意义

（1）服务设计。服务设计是为了满足人类与社会的某些特定的需求，通过一系列规划、分析和决策产生相应的创造性构想，并将设想转变为能够满足社会需要的服务方式和服务内容的过程。最近几十年来，已经有越来越多的学者注意到服务业的研究价值和意义。尽管如此，由于服务本身的多样性和复杂性，对服务的认识仍然没有形成完整系统的研究方法和理论体系。

由于服务过程强调顾客体验，在服务设计过程中需要采用跨学科的知识和理论，设计的服务产品是集管理学、心理学、人体工程学、工业设计、工程技术为一体的综合性系统。应该特别指出的是，服务设计作为一门学科不应该被孤立地看待，而应该同服务开发、管理、运营和营销充分地结合起来。

（2）服务设计的意义。服务设计是有效计划和组织一项服务中所涉及的人、基础设施、通信交流及物料等相关因素，从而提高顾客体验和服务质量的活动。服务设计以为顾客策划一系列易用、满意、信赖、有效的服务为目标，已经广泛地存在于各项服务业中。服务设计强调通过合作使共同创造价值成为可能，让服务变得更加有用、可用、高效、有效和被需要。

在服务业中，采用专业的服务设计十分必要，其意义主要体现为：一是提高服务质量。进行专业的服务设计可以有效地保持服务的一致性、可靠性，使企业提供服务的质量得到充分保证，进而有助于提升企业的品牌和整体形象，使顾客对服务产生更大的满意度和忠诚度。二是提高服务绩效。专业的服务设计可以帮助企业对服务流程、人员服务规范、资源有效利用等进行科学管理，使其效用最大化发挥，进而通过提高效率使服务成本得以有效降低。

4. 服务设计的影响因素

与实体产品设计不同，服务产品在设计过程中，应该将这一系统的各个相关组成部分充分考虑进来。一般来说，服务是通过特定的系统来提供的，该系统中包括提供服务的人员、接受服务的顾客、服务产品及服务场景等。同时，提供服务的相关技术、功能设施、服务流程和信息流等都在服务执行过程中创造价值。然而，在价值链传递过程中，大量要素之间又存在复杂的影响关系。

可见顾客特征、服务特征、服务能力等存在的多样性和复杂性，对于服务运营管理产生了较大影响。服务的复杂性（Complexity）是指一项服务涉及的步骤，以及在各个步骤上可能进行的动作。而服务的多样性（Divergence）是指各步骤中顾客和服务提供者的交互方式因每一步骤的需要不同而不同，比如一个餐馆正在考虑增加一项服务，而低级别服务与高级别服务在复杂性和多样性上存在巨大差异。

5. 服务设计的创新维度

根据服务设计创新点的不同，可以将服务设计的创新分为以下五种类型（服务设计的五星模型见图 4-7）。

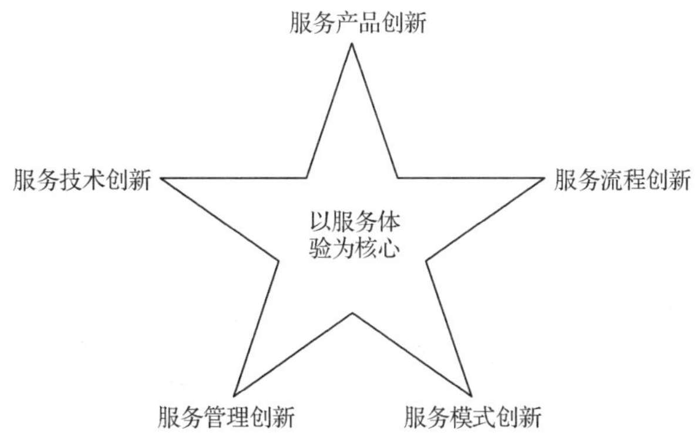

图 4-7 服务设计的五星模型
（资料来源：陈劲.创新管理[M]. 北京：北京大学出版社，2016.）

（1）服务产品创新。服务产品是企业为了满足顾客的需求而提供的一种核心的供给物。也就是说，服务产品的提供是基于满足顾客的基本需求，尽管服务的一些其他要素正在不断扩大着影响力，但是服务产品依然是决定顾客购买服务的根本所在。为此，服务产品创新关系企业的可持续运营。

（2）服务流程创新。一般来说，一项完整的服务可以分为多个动作、多个阶段、多项内容，这些通常需要按照特定的顺序依次提供或展示给顾客。这些服务内容和环节如何展示、展示的先后顺序可以多种多样，而采用不同的方式又可能产生截然不同的服务效果。服务流程创新工作可以是为设计新服务提供顺序，也可以是为新服务设计新的流程内容。优质的服务流程创新可以给顾客带来全新的服务体验，也可以对服务系统的效率、成本、质量等进行有效的控制。

（3）服务模式创新。服务模式就是服务提供商将服务传递给顾客的方式。服务系统涉及服务产品、服务提供商、顾客多个主体的参与，其交付的形式、过程往往多种多样，只有恰当的服务模式才能够有效地影响顾客的感知价值，使服务获得最佳的效果。随着人们支付能力的提升，新的需求也在不断呈现。智能服务正在成为很多企业转变服务方式的新趋势，有越来越多的组织基于各种原因不断加大自助服务的硬件投入；还有一些服务由到店服务拓展到上门服务，比如上门洗车、上门维修、上门美容等服务；一些物业公司还推出了管家式服务，这项服务承诺可以为所有业主提供 24 小时的全方位、多项目体贴入微的高级服务，还可以根据每一个顾客的需求提供各种特约服务。

客户关系管理满足个性化服务

经济学中的“二八”规律也适用于一些企业的具体经营问题，比如一些企业的 80%的收益往往来自 20%的老客户，所以如何留住老客户就成了企业经营中的一项重要工作。相关研究资料显示，争取一个新客户所耗费的成本是留住一个老客户所需成本的 5 倍，并且在企业流失的客户中有大约 70%的客户是因为对企业所提供的服务不满意而选择中止合作。因此，建立和维持良好的客户关系在市场竞争日趋激烈的背景下显得越来越重要。客户关系管理（Customer Relationship Management，CRM）就是适应这种趋势而产生的一种全新的客户服务模式，该系统可以通过增加企业的服务内容、提高服务质量来提升客户的满意度和忠诚度。客户关系管理系统以“客户一对一理论”为基础，利用最新的网络技术、信息技术、通信技术来协调企业与客户之间在销售、营销和服务，甚至产品设计上的交互，通过改善管理模式提高对客户需求的响应速度，并向客户提供个性化的交互服务。

（资料来源：根据公开资料整理。）

（4）服务管理创新。服务活动是一个复杂的供给系统，涉及具有不同属性的多种要素，要素之间还存在复杂的相互作用关系，要想获得良好的服务绩效，需要在管理方面进行不断的创新。服务创新的管理内容包括：服务人员的选择、培训、授权、激励等方面需要不断适应内、外部环境的变化；服务情景的软硬件配置、主要功能的艺术性展示、功能区的划分等；加深对顾客的消费特征、期望、感知等方面的理解，并进行有效引导；服务质量的设计、承诺、指标等方面要进行不断的监控、评估、再设计和更新。

（5）服务技术创新。服务本身是由一系列有顾客深度参与的活动组成的过程，在具体执行的过程中需要通过一些特别的工具和方法加以展示或者实施。一系列新技术的出现对于新服务的产生及使传统服务实现质的飞跃起到了巨大的推动作用，因此在设计新服务时需要有意识地选择和利用新技术，以便形成竞争优势。网络技术、通信技术、信息技术、云计算、物联网等的不断发展使共享经济、自助服务、远程服务等给人们的生活带来了极大便利。人工智能技术也正在成为影响服务产业发展的重要技术之一，新兴技术使传统服务业具有了越来越多的“现代”特征。

听障人士的福音——“手音”

2017 年 4 月，“手音”团队在百度与联合国开发计划署共同主办的“极·致未来”责任创新挑战赛上获得了一等奖和最佳人气奖，“手音”被誉为最有“包容性”的项目。该团队是由清华大学与北京航空航天大学联合组成的，主要为听障人士的沟通提供解决方案。“手音”项目的基本原理是通过采集听障人士打手语时产生的肌电信号、手臂加速度信号并将其转换为语音，以便使听障人士能够与普通人进行正常的交流。“手音”的创始人王娜娜和联合创始人黄爽介绍，目前这种基于臂环的手语翻译系统“手音”，正在利用深度学习、自然语言处理能力不断改进，已经能够解决 500 多种常用手语数据训练。

（资料来源：根据公开资料整理。）

4.3.2 服务设计与选择

1. 服务的创意来源

与产品的创意来源相似，企业服务的创意来源也是市场拉动和技术驱动。

（1）市场拉动。随着社会的不断发展，人们对服务的需求也在不断发生变化，而企业在进行新服务选择时主要是通过理解和分析顾客的需求而设计具体的服务内容。可以说，新服务主要源于市场的需求。近年来，随着电子商务的快速发展，传统的中国邮政已经无法满足电子商务物流的需求。于是能够提供灵活、快捷邮寄业务的各种快递公司不断成立，并获得了跨越式发展。快递业的发展就是为了满足电子商务物流的需求。确实，这些快递公司给电子商务企业和购买者带来了极大的便捷，但是目前的快递公司和购买者还面临着“最后 1 千米”的困扰。丰巢公司的智能快递柜业务就是应这一市场需求而产生的。

丰巢公司的智能快递柜

智能柜是近年来新兴的快递包裹收件（也寄件）方式，智能柜取件时间灵活、收件及时、短信通知等特点解决了消费者白天不在家、不希望被频繁打扰、担心个人住址信息泄露等痛点，也使得越来越多的物流电商巨头开始利用智能柜补充自己的配送体系，以便解决物流链的“最后 1 千米”难题。2015 年 6 月 7 日，顺丰、申通、中通、韵达、普洛斯联合发布公告，共同投资创建深圳市丰巢科技有限公司，致力于研发、运营面向所有快递公司、电商物流的 24 小时自助开放平台——丰巢智能快递柜，以平台化快递收寄交互业务解决快递最后“100 米”问题。目前，丰巢智能快件柜产品已覆盖物流快递、社区服务、广告媒介等领域，并通过移动终端实施自助操作和安全保障，统一标准的设施和营运方式为物流公司和终端用户提供了极大的便利。

（资料来源：根据公开资料整理。）

（2）技术驱动。电子商务领域可以说是最近 20 年来发展最快的行业之一，该行业中不断涌现出新的商业业态、新的服务产品、新的服务领域，比如电子商务平台、网络购物、网络支付、网络外卖、共享单车、网络金融、众筹等。可以说，这些服务的产生并不是偶然的，它们都依托于快速发展的信息与通信技术。同时，开始于 2014 年的以互联网为基础的 OFO、摩拜等公司的共享单车快速发展，涂刷着不同颜色的自行车来回穿梭在城市的街头。共享单车不仅解决了城市交通面临的“最后 1 千米”的问题，同时充分体现了绿色出行的理念。然而，共享单车之所以能够成功，是因为在新一代信息与通信技术的驱动下使传统自行车具备了“互联网+”的特征。

2. 服务的构思方法

相对于实体产品而言，服务作为管理对象的时间还较短，其本身又具有复杂性、多样性等特征和属性，

针对服务的研究在很多方面还处于探索阶段，关于服务设计的方法也是如此。尽管许多学者对服务设计方法进行了研究和总结，但是在表述和使用上还存在较大的差异。目前，服务设计方法主要有以下几种。

（1）基本服务分析法。尽管人们的需求在不断发展，服务也变得越来越多样化、丰富化、个性化。然而，大多数顾客所需要的服务并不总是越丰富越好，很多顾客只是关注服务的基本内容。因此，企业提供基本服务不仅能够满足顾客的需求，还可以使顾客付出较少的代价。基本服务分析法是指那些只关注顾客基本需求，尽可能将这些服务做到极致的设计方法。企业聚焦于基本服务可以降低提供服务的成本，使顾客获得物美价廉的服务，进而使企业和顾客实现双赢。

阿尔迪的成本控制

作为全球最大的零售企业，沃尔玛一直以“天天低价”的理念纵横零售界，但德国的零售商——阿尔迪（ALDI）在成本控制方面却做得比沃尔玛更好。来自德国的阿尔迪超市继承了德国人那种简单、高效的作风，将超市变得极为简约，节省了大量无意义的人力成本。相对于沃尔玛的大约 15 万种商品，阿尔迪超市只有大约 700 种生活必需品，大大降低了物流成本、人员成本，并且获得了丰厚的回报。

（资料来源：根据公开资料整理。）

（2）服务延伸法。服务延伸法是指企业将服务内容以横向拓宽或者纵向延伸的形式拓展服务范围和内容的方法。服务的横向拓宽是指将已有服务与相关产业进行有机融合，从而扩大顾客服务范围的方式。服务的纵向延伸是指将已有服务的上下游产业的服务有机地纳入总体服务体系中，从而使顾客获得更高的价值服务。比如，海尔等企业明确提出了服务应该从售前开始的理念。

海尔的全流程服务模式

海尔在“一切以用户为中心”理念的指导下，推出了一套集售前、售中、售后各环节的全流程服务模式。海尔服务人员在售前会根据消费者需求免费上门设计家电组合方案，还可以为消费者提供免费打孔、预埋管线等服务；海尔的售中服务体现为可以实现即买即送即装，并且安装前免费为消费者测甲醛、测电，消除安全隐患，正在装修的消费者还可以根据装修进度要求分批送货；关于售后，成套服务还可享受 8～10 年延保、终身免费清洗保养等服务。海尔的服务延伸模式不仅开辟了行业成套服务的先河，也为消费者提供了更加贴心的服务体验。

（资料来源：根据公开资料整理。）

（3）质量功能展开法。服务质量是影响服务感知的重要原因，从服务质量角度开展服务设计更为直接有效。质量功能展开法（Quality Function Deployment，QFD）在产品研究和设计中已经得到广泛应用。质量功能展开是基于顾客服务需求，通过质量屋（House of Quality）矩阵将顾客的主要服务需求、行为特征和各服务项目的重要性程度等转化为详细的服务设计要求和参数指标，以便使服务产品与顾客的需求相一致，确保服务设计的对象和模式能让顾客满意。

（4）服务蓝图法。服务蓝图（Service Blueprinting）是一种能够深入分析服务流程的工具，可以对服务提供过程、服务遭遇（Service Encounter）、员工和顾客角色、物理实物（Physical Evidence）等进行详细描述，以便直观地向顾客展示整个服务的过程。服务蓝图法一般将服务活动分解为前端（Front-Stage）、后端（Back-Stage）及各种活动之间的关联，有助于顾客对整个服务中人员、服务产品和服务流程之间错综复杂的关系有一个清晰的认识。在此基础上通过改变系统中的各要素之间的关系及整个服务系统的运作过程，从而使服务产品得到不断的改善。

（5）脚本分析法。脚本分析法（Scenario Analysis）又称情境描述法、情景分析法，是假定研究对象过去的某种现象或某种趋势将持续到未来，并基于研究对象在特定情境下可能出现的状况、可能发生的后果做出预测的方法。脚本分析法在服务研究中主要是将一系列的服务活动按照一定的次序进行“预演”，通过观察其效果对服务活动在服务内容、服务环境、服务方式、服务流程等方面进行改进设计。

（6）要素整合法。要素整合法是一种通过对服务要素剔除、减少、增加、创造等方式达到取长补短的目标的方法。服务活动涉及大量的要素，服务过程中这些要素不仅在先后顺序上可以灵活安排，还可以根据具体情况进行多种组合，进而形成不同的服务形式。肯德基提供中式饮食，就是在保留西式快餐基本特征的基础上不断融入中国餐饮的一些典型特征。

肯德基提供中式快餐

肯德基在中国30多年的成功秘诀之一，就是它们不断地实行“变脸”。尽管肯德基一直坚持做到“万变不离其宗”——质量不变、服务不变、理念不变，但是店面的装饰风格、食品的种类都在不断变化，并一直在努力尝试着不断接近中国消费者的饮食习惯。例如，肯德基在中国北方推出了“榨菜肉丝汤”“寒稻香蘑饭”，在上海推出了“海鲜蛋花粥”“香菇鸡肉粥”。以“为中国而改变”为宗旨，肯德基经历了对中国市场探索、磨合、适应、创新的过程，摸索出一条适合中国市场的本土化发展的服务创新之路。

（资料来源：根据公开资料整理。）

（7）TRIZ 方法。TRIZ（Theory of Inventive Problem Solving）是专门研究创新设计的理论，主要通过一系列的普适性工具帮助设计者尽快获得满意的方法。在本质上，TRIZ 理论的优势在于克服设计者的思维惯性，使其产生新思想、新理念，以新的视角分析问题。TRIZ 理论拥有发明原理、标准解等成熟工具，能给出普适解或模拟解，设计者据此发现问题的进化规律并预测未来发展趋势，帮助设计者开发富有竞争力的新服务产品。TRIZ 方法应用范围越来越广，已经由原来的工程技术等自然科学领域逐渐向管理等社会科学领域扩展，在服务设计领域也将大有作为。

（8）因需而变法。因需而变法是一种问题导向性的设计方法，是指服务提供者根据顾客提出的需求，在充分交互的基础上设计符合顾客需求的服务方案。在服务设计过程中需要对客户的需求进行系统的识别、分析和研究，在此基础上先给出基本服务方案，再通过双方的反复沟通和协商，最终确定出符合顾客需求的组合服务方案。顺丰速运提出的“因需而变”服务，就是以顾客需求为导向的“应用性服务创新”。

顺丰速运的“因需而变”

顺丰速运“电商专配”的出现颠覆了传统物流标准化的服务模式，树立了电商物流“因需而变”的个性化服务的标杆。首先，要能“价格因需而变”。在服务项目方面区别设置增加项和减免项，商家可根据自身需求自选需要的服务项，商家拥有模块化选择自主权，最终会体现在服务价格上。其次，要做到“时效一目了然”。从下单的那一刻，顾客便可得知快件准确的送达时间，他的满足可想而知。再次，提供主动的专业化顾客服务。为商家主动监控订单的物流信息，如出现异常情况将及时处理，以保证订单准时到达；根据商家的需求对顾客进行适时的回访，以提升顾客体验、大大减轻商家客服的压力。最后，提供“定制化服务”，满足顾客个性化需求。如今“快”已不再是电商物流唯一的评价标准，根据需求定制个性化的服务才是电商物流未来的发展趋势。

（资料来源：根据公开资料整理。）

3. 服务的可行性分析

对于企业而言，服务需要在经济可行性、政策可行性、技术可行性、组织可行性等方面满足要求，才能在实施中规避不必要的风险，进而获得预期效益。

（1）经济可行性。企业提供服务主要是基于经济性的目的，因此盈利模式是企业在进行服务产品设计时需要考虑的核心问题之一。为此，企业在新服务提供过程中需要对价格与成本、质量与成本、市场需求、资金筹措、经济环境等方面进行详细分析，以便为服务提供适宜的价格策略、成本策略、营销策略。

（2）政策可行性。企业提供服务能否获得收益还需要受到一系列政策环境的影响。企业提供服务需要在国家经济政策、产业政策、税收政策等范围内执行和实施，最终的效果还将受到财政政策、货币政策、收入政策等的影响，因为上述政策将会对社会的物价、就业、人口等产生影响，进而影响服务的供需状况。另外，服务在设计时还需要考虑其是否符合国家的法律、法规等政策的要求。

（3）技术可行性。服务系统由多个主体构成并在特定的情境下运行，在每一阶段都需要考虑服务具体执行的可行性，比如是否有足够的能力提供保障、是否有足够的空间作为服务场所、服务流程是否符合顾客的消费习惯、服务环境是否与服务产品相匹配、服务过程能否保证服务的质量要求等。这些均需要在服务设计之初在相应环节做好相应的技术准备，提供有效的技术支撑，以便使服务能高效率地顺利交付。

（4）组织可行性。服务需要在特定的组织内完成，也需要通过一系列组织活动来具体推进。企业应该在充分设计自身运营架构的基础上集成自身运营所需的各种资源，并经过科学的安排保障自身具备提供相应服务的能力，以便与顾客的需求在数量和质量上相匹配，这些都需要企业充分研究组织的可行性。例如，

组织人员是否具有提供有效服务的能力、是否认同企业的服务战略，面对顾客服务需求的波动是否有恰当的方式来充分保障组织的运营效率。

4. 服务的设计方法

（1）服务的工业化设计方法。服务的工业化设计方法是借鉴工业化设计理念和方法，以分工和标准化为基本特征，对于成本、质量、时间、过程等进行严格控制。餐饮、零售、银行、酒店、航空等行业，具有需求规模普遍较大的特征，这些行业大多数可以采取工业化设计方法对服务实施有效管理。工业化设计方法的基本手段就是使服务产品标准化、使服务系统标准化，并应用工业领域中那些经典的系统化的方法对服务进行设计。总体来说，服务工业化设计的主要内容包括建立明确的劳动分工、应用各种软硬件代替个人劳动、服务的标准化、服务人员行为的规范化等。

麦当劳的工业化服务设计

麦当劳（McDonald's）1955 年创立于美国，是全球大型跨国连锁企业，在世界一百多个国家中拥有三万多家分店，主要售卖汉堡包、薯条、炸鸡、汽水、冰品、沙拉、水果等快餐食品。麦当劳之所以能够得到迅速扩张，与其对服务进行工业化设计的管理模式不无关系。麦当劳对组织进行了四个服务要素的标准化设计：一是“环境”要素。麦当劳拥有统一的店堂布置、烹制设备和操作规范等，这有助于强化顾客对麦当劳的品牌认知。二是“物品”要素。麦当劳门店提供规格统一的食品和包装，如巨无霸、麦香鸡、炸薯条等，这有助于麦当劳为顾客提供快速的产品服务。三是“显性服务”要素。麦当劳有统一服务规定，并严格控制服务人员操作规范，这有助于公司向顾客提供口味一致的食品、待客一致的服务方式，也有助于对员工的评价和管理。四是“隐性服务”要素。各个麦当劳门店对服务环境拥有同样的要求，整洁、卫生的外观有助于强化顾客对于就餐的安全感。

（资料来源：根据公开资料整理。）

（2）服务的顾客化设计方法。与服务的工业化设计方法相比，顾客化设计更加强调服务的个性化和多样化，更为关注为顾客提供有别于传统的规范化、标准化的产品。顾客化设计方法正是在顾客需求特征不断发生变化的背景下形成的，是适应市场发展趋势的必然选择。顾客化设计能够为顾客提供有特色、高质量的超值服务，有助于提高顾客的忠诚度。

在满足个性化、多样化服务的需求下，企业进行顾客化设计通常可以采取两种方法：一种是增加顾客的参与。顾客参与服务能够节约时间并减少服务人员数量，同时一些顾客也希望多多参与，因为在参与过程中能够得到更多的体验，进而获得更多的满足感。在餐饮行业，服务的顾客化设计也得到了广泛重视，比如音乐餐厅、黑暗餐厅、医院餐厅、海景餐厅、水下餐厅、胖人餐厅、马桶餐厅等。这些都在一定程度上基于顾客的个性化需求而设计，并且往往能够获得较好的效果。另一种是深入研究顾客的需求，并通过工业化的经典方法为顾客提供更为丰富的个性化选择。例如，红领集团的大规模定制模式就是采用新技术为顾客定制服装，在服装定制过程中通过电子测量仪掌握顾客的身材信息，并通过电脑显示顾客穿上不同颜色、不同风格服装的形象，在得到顾客认可的情况下将确定的产品传送到生产车间。生产人员利用激光仪控制裁剪和缝制，顾客稍等片刻就可穿上定做的新衣。

（3）技术核分离方法。众所周知，不同的服务在服务过程中与顾客的接触程度是存在明显差异的，有些服务与顾客接触程度非常高，而有些服务与顾客接触程度却十分低。技术核（Technical Core）分离法正是基于服务可以按照与顾客接触程度的不同进行分类，以便分别进行有针对性的管理，进而实现服务系统兼顾效率和效果的设计方法。根据服务与顾客接触程度，可以分为顾客高接触服务（如零售、教育、医疗、牙科诊断、业务咨询等）和顾客低接触服务（如生产、仓储、运输、批发、通信等）。一般来说，与顾客接触程度高的主要放在服务系统的“前台”执行，以便能够有效感知和管理顾客的行为，进而控制和影响顾客的满意度。而与顾客接触程度非常低的服务就放在“后台”执行，因为顾客对这些服务感知程度较低，这些服务不会对顾客的满意度产生重要影响。“前台”主要是保证顾客的个性化服务，“后台”主要是注重服务系统的效率。

5. 服务的选择

随着内、外部环境的不断变化，顾客对于服务的需求也在不断发生变化，企业所提供的服务也需要在数量和质量上与时俱进。在这一背景下，选择恰当的服务及服务形式对于企业而言显然是至关重要的。

（1）按服务运营方式选择。按照服务运营方式的发展与演化，已有运营方式可以分为：坐等服务、上门服务、优势服务和世界级服务等几种类型（服务运营方式的演变及主要特征见表 4-1）。随着服务环境的不断变化，已经有越来越多的组织开始提供上门服务，这样不仅顾客可以享受更优质的服务，而且企业能够获得更多的收益。对于企业而言，要想提高顾客的满意度和忠诚度，需要不断适应时代发展过程中消费者需求的变化，通过改善服务方式来提高服务质量是其中一个重要的方向。

表 4-1 服务运营方式的演变及主要特征

竞争阶段	服务运营方式			
	坐等服务	上门服务	优势服务	世界级服务
特点	顾客不得不接受，运营是一种反应	顾客被动接受，运作平庸，没有激情	顾客根据声誉选择服务，企业自行优化运营系统	不仅满足顾客需求，而且提供竞争对手能力以外的服务
服务质量	处于次要地位	部分满足顾客需求	超过顾客需求	提高顾客期望值
新技术应用	只在危及企业生存时才采用	只在可以减少成本时采用	当承诺提供服务质量时才采用	被认为是超过竞争者的源泉
员工管理	消极约束	按工作需要约束	允许双向选择	培养创新精神
现场管理	监督控制工人	控制工序	倾听顾客意见	引导员工改进工作

（2）按顾客参与程度选择。顾客参与是服务产品交付过程中的一个重要特征，顾客的参与程度、参与方式都会对顾客的服务感知产生重要影响。根据顾客参与程度可以分为服务主导型和顾客主导型（服务定位矩阵见图 4-8）。服务主导型适用于顾客对服务参与主动性不十分强烈，企业为了提高组织的运营效率，往往会使服务流程标准化，以便能够进行有效的管理和控制。比如，肯德基、麦当劳等快餐企业主要属于服务主导型。顾客主导型可以分为顾客主动参与型和企业引导顾客参与型。前者是顾客对于个性化的服务十分感兴趣，愿意花更多时间和成本参与到服务中去，并希望从中得到服务本身以外的更多价值。后者更多是企业基于运营成本等方面的考虑，通过一定方式引导顾客参与到自助服务的系统中来，并且顾客在自主服务中不会因此感觉自己的价值有所损失。例如，我国的服装零售业经历了柜台式的百货大楼、开放式的品牌专柜的发展过程，如今全开放式的自选服装品牌店正成为一种风尚，因为这种服装店给予了顾客更大的选择范围、更自由的购物环境。

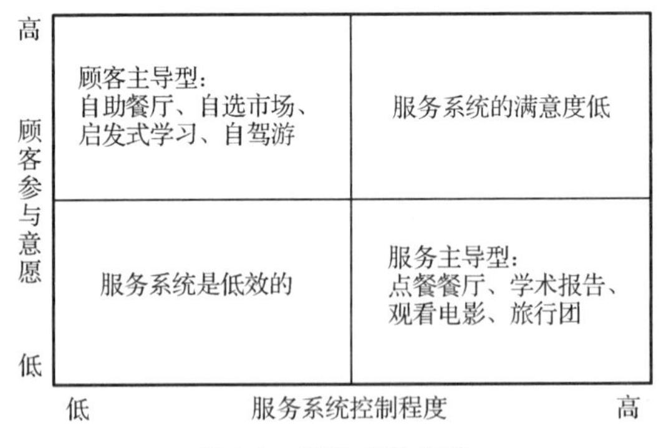

图 4-8 服务定位矩阵

4.3.3 服务系统设计

服务的一切设计都需要紧紧围绕顾客的价值关切展开，然而由于不同顾客的关注点不同，因此服务设计面临着复杂性和多样性的挑战。为此，基于系统的视角对服务进行科学的规划设计可以大大降低运营中的风险。一般来说，企业进行服务设计时需要尤其关注一些事关服务的核心设计事项，如服务包、服务组织选址、服务场景、服务能力、服务即遇、服务流程和服务信息系统等。

1. 服务包设计

服务包（Service Package）是指在特定环境下提供的一系列产品和服务的组合。一般来说，兼具有形和无形两个方面是服务包的核心特点，甚至服务包的优劣也通常是用有形和无形因素中满足顾客的程度来描述的。通常，基于“服务包”的设计主要由以下五部分构成：①支持性设施——提供服务前必须到位的物质资源；②辅助物品——顾客购买和消费的物质产品；③显性服务——可以用感官觉察到的和构成服务基本或本质特性的利益；④隐性服务——顾客能模糊地感到由服务带来的精神上的收获，或服务的非本质特征；⑤信息——由享受高效服务和按其具体要求定制服务的顾客提供的运营数据或信息。

2. 服务组织选址设计

顾客参与是服务产品得以实现的重要一环，尤其是那些顾客参与程度较高的服务项目（如医疗和餐饮等行业），服务设施的选址往往会对顾客参与效果产生重要影响。服务设施选址的一般原则是以目标顾客为中心，因为顾客是否在时间、空间上方便参与会极大影响服务的运营效果。尽管都以顾客为中心，但是由于服务性质的不同，采用的选址原则也可能存在一定差异。例如，餐饮业选址于顾客的“重心”位置是基于商业利益的最大化；而公立医院、消防部门等公共服务部门设施选址时大致遵循使最远的顾客可以在尽可能短的时间内获得服务的原则；而如今蓬勃发展的快递公司的派送点大多位于顾客的聚集区就是基于提高运营效率的目的。但需要注意的是，随着网络技术、信息技术的发展，新商业业态的出现，服务设施对于那些虚拟类服务产品的影响力正在逐渐减弱。

3. 服务场景设计

服务场景（Servicescape）是指为顾客提供服务具体环境的总称，其已经成为服务给顾客留下深刻印象的重要组成部分。一般来说，服务场景包括标志、符号、环境氛围、器物和空间布置等。例如，宽敞明亮、富丽堂皇的大厅往往是酒店高级与否的一项基本特征；苹果手机用户在意的可能不是手机的通话质量，而是印在手机背面的符号，这往往会给人们带来不一样的体验；而麦当劳外部明显的红色与黄色相配合使消费者能够快速地捕捉到，店内淡雅、整齐的桌椅与墙壁的色调协调一致，再配上舒缓的背景音乐，创造了一种高雅宁静的用餐环境。总之，服务场景设计极为关键，恰当的服务场景设计可以传达一种品质，给顾客留下专业的印象，有时甚至比服务本身还重要。

4. 服务能力设计

需求的波动性是服务系统的典型特征，例如，餐饮业在中午和晚上的就餐高峰时段服务往往供不应求，而上午、下午、凌晨可能“无人问津”；旅游景点在“黄金周”往往人满为患，而工作日却冷冷清清。如果按照高峰时的需求来确定服务能力显然会产生浪费，相反如果服务能力太小会造成严重的服务“排队”现象，致使顾客流失。因此，服务能力和需求的有效平衡非常重要。任何一个服务系统总有一个服务能力的极限，这个极限往往是在设计服务系统时确定下来的，依据是目标顾客群体的数量。然而，由于服务系统及外部环境在不断发生变化，如何在既定条件下使服务系统能力得到最大化的发挥需要企业在经营过程中不断探索。除了通过价格策略调节需求，还可以通过优化服务流程、采用新技术改变服务模式、引导顾客参与服务等方式使服务设施尽最大可能发挥作用。例如，预约系统可以使顾客排队等待的时间缩短；微波炉等新式烹饪电器使咖啡店、餐馆缩短了食物加热的时间；电子收款机缩短了顾客排队等待时间；顾客自助服务减少了顾客等待时间和服务人员数量。

5. 服务即遇设计

服务即遇（Service Encounter）也称服务接触，是指服务人员与顾客之间在服务交付过程中的互动。服务接触的方式大致可以分为面对面的接触、电话接触服务和远程服务接触等。基于接触方式的不同，服务接触的具体事项也存在较大差异。一般来说，服务即遇系统可以分为服务即遇区、服务内部支持区和外部协调区三个部分。

（1）服务即遇区。一般来说，服务即遇是服务人员与顾客在特定的情境中进行面对面互动的过程，服务传递系统中的服务人员、顾客、服务场景及其他一些有形或无形的因素，对于服务产品的有效传递会产生较大影响，从而会影响顾客对服务质量的认知和评价。除了服务产品品质本身，服务人员的外表、态度、措辞、动作，以及服务设施的布局和款式、装潢的风格和色调等都会影响顾客对服务质量的感知。

（2）服务内部支持区。为了保证服务接触区的质量，需要在服务接触前进行深入、细致的研究，以便明确服务接触的内涵、属性、特点和作用，理解服务接触对顾客感知服务质量的影响。在服务业中有一个时刻非常关键，被称为“关键时刻（Moment of Truth）”，在这一时刻顾客对于服务的满意度被确定下来。因此，需要让服务人员知道“关键时刻”环节将发生什么并掌握一些如何对顾客的期望产生正向影响的技巧，以便使服务接触部分能够有效执行。对于这些重要环节的事项可以采用服务说明书等形式进行标准化的设计和管理。例如，服务人员怎样迎接宾客、点餐流程，以及食物配送的时间、方式、动作等都尽量采用明确的条文确定下来，以便使服务人员在执行过程中有据可依，切实起到对服务的支持作用。

（3）外部协调区。由于服务接触过程中服务人员与顾客会进行较多的互动，这就增加了服务提供的可能方式、提高了服务难度、扩大了流程的不确定性，进而提升了服务系统运营管理的难度。在这种情况下，如果服务系统提供的服务与顾客的需求不匹配，就难免出现一些冲突和不满意的状况。此时，外部协调区应该根据服务传递的产生过程、互动行为及结果评估之间的关联性，分析服务人员与顾客间的行为不协调的原因，并将互动结果反馈给服务人员、管理人员，进而通过评估和改进尽可能降低服务出现问题造成的负面影响。

6. 服务流程设计

服务流程设计（Service Process Design）是指开发出一种有效满足顾客需求的服务顺序。服务流程设计大致包括以下几个阶段。

（1）概念化阶段。该阶段主要是明确服务对象、服务目标等事项，形成对服务的构思，进而对顾客需要和需求趋势等进行评估。

（2）服务内容限定阶段。该阶段主要是明确服务内容的构成及服务的各项具体内容，如服务传递过程中前台和后台、服务自动化与标准化、流程、顾客参与等。

（3）服务标准设定阶段。该阶段主要是确定服务质量规格，并将质量规格转换成各执行环节的标准和规范。制定恰当的服务规范和标准能够帮助管理人员进行服务质量分析、人员绩效评价，也使员工在执行具体任务时有明确的参考依据，并简单快捷地完成服务内容。

（4）服务流程设计阶段。一系列服务活动可以组合成多种不同的服务顺序，该阶段主要是规划各服务要素的执行顺序，并明确先后衔接顺序、确定具体任务和增值行为。服务流程图是描述该阶段成果的常用形式。

（5）服务传递方式选择阶段。根据顾客参与程度可以将服务传递分为生产线方法、顾客参与方法和分离方法三类。生产线方法的特点是服务规模化和标准化，此方法适用于顾客参与程度低的服务；顾客参与方法注重顾客个性化的服务需求，讲究服务员工处理的自主性和灵活性，该方法适用于顾客参与意愿程度高的服务；分离方法是整合前两种方法的优势，把服务产品分为“前台”和“后台”两个部分，“前台”与顾客共同完成，“后台”活动顾客不参与，这是最常用的服务传递方法。另外，服务传递过程中应对服务水平、服务员工授权和服务支持系统三者进行恰当平衡，柔性设计是实现该目标的基本手段。

太平洋财产保险客户服务部的服务传递

中国太平洋财产保险股份有限公司为客户提供全面的财产保险产品和服务。公司的客户服务部是直接与客户打交道的场所，在这个场所内设计一个科学的服务传递方式将有助于提升客户的满意度。经过不断的改进，公司客户服务部的服务给客户留下的感受是：环境精致、设计科学、礼仪标准、流程规范、服务细致。从进门的迎宾区到服务区，再到休息等候区，最后到受理区，科学的业务流程使客户不需要走冤枉路，办理业务非常顺畅、方便。

（资料来源：根据公开资料整理。）

7. 服务信息系统设计

随着组织变得越来越庞大，服务复杂程度越来越高，管理信息系统（Management Information System，MIS）对于现代服务业而言也正在变得越来越重要。可以说，只有对信息进行科学管理和运营的企业才能提供有竞争力的服务。

（1）信息对服务业发展的影响机制。现代服务业逐渐从传统的劳动密集型产业向知识密集型转变，信息的有效利用对于服务企业的影响主要体现在以下几个方面。一是可以提高服务企业人力资本水平。人力

资本水平是影响服务业绩效的重要因素。二是可以促进企业服务创新。获取和加工知识、信息的能力可以加强服务企业部门之间的联系，对于服务改进、完善、创新具有支撑作用。三是可以使服务企业组织形式更富有弹性。基于信息技术的业务流程优化和组织重建，能够提升服务企业运营的灵活性和效率，有助于企业服务能力的提高。四是可以改善企业服务质量。例如，在信息技术支持下的网络银行、自助柜员机（Automatic Teller Machine，ATM）减少了顾客在银行排队等待的时间，使其享受的服务效率更高、质量更好和更加人性化。总之，随着信息技术的快速发展，服务人员与顾客的交流变得更加及时、快速、便捷，这不仅使沟通质量得到了显著提升，还可以大幅降低服务成本。

（2）服务信息系统的构成。组织运营绩效的高低取决于企业能否做出有效的决策，而决策正确与否在很大程度上又取决于信息的数量和质量，所以信息是影响企业服务管理水平的重要资源。服务信息系统是以计算机硬件、软件、网络通信设备及其他办公设备为基础，进行信息的收集、传输、加工、储存、更新、挖掘和维护的系统数据密集型、人机交互，为服务运营决策提供支持的人机一体化系统。一般来说，服务信息系统大致由登录模块、服务产品模块、客户信息管理模块、销售信息管理模块、售后服务信息管理模块、市场策略公告模块、统计报表管理模块和决策支持模块等构成。

4.3.4　服务质量设计

1. 服务质量及 SERVQUAL 模型

服务质量（Service Quality）是指服务产品能够满足顾客需求的程度。在当今激烈的市场竞争环境下，服务质量对于任何一个企业的重要性都是不言而喻的。然而，服务质量在不同的服务行业可能存在着截然相反的界定。

SERVQUAL 模型是 1988 年由美国营销学家帕拉休拉曼（Parasuraman）、赞瑟姆（Zeithamal）和贝利（Berry）等人提出的。SERVQUAL 为英文“Service Quality”（服务质量）的缩写，是基于全面质量管理（TQM）理论在服务行业中提出的一种新的服务质量评价体系。该模型将服务质量要素分为有形性、可靠性、响应性、保障性、移情性五个方面和 22 个具体指标（SERVQUAL 项目组成表见表 4-2）。

（1）有形性。有形性（Tangibles）是指服务的“有型”展示部分，包括服务的实施设施、设备及服务人员的服饰等。由于服务的本质是一种行为过程，因此往往需要借助一些有型的、可见的媒介来展示和凸显服务的本质和特征。

（2）可靠性。可靠性（Reliability）是指企业能够准确提供所承诺服务的能力，体现为保障服务质量的能力。如果服务过程中出现差错，不仅会给企业带来经济上的损失，还会因此损害自身的企业形象。

（3）响应性。响应性（Responsiveness）是指企业为顾客提供有效、快捷服务的能力，体现为企业的服务效率。企业能否对顾客提出的各种要求给予及时有效的满足，反映了企业是否将顾客的利益放在第一位。

（4）保障性。保障性（Assurance）是指服务人员的友好态度和胜任工作的能力，这能够增强顾客对企业服务质量的信心和安全感。例如，员工所具有的技能、礼节，以及表现出来的自信与可信的能力有助于提升顾客的满意度。

（5）移情性。移情性（Empathy）是指企业关心并为顾客提供个性服务的能力。

表 4-2　SERVQUAL 项目组成表

尺　度	组 成 项 目
有形性	（1）有现代化的服务设施
	（2）服务设施具有吸引力
	（3）员工具有整洁的服装
	（4）公司的设施与它们所提供的服务相匹配

续表

尺　度	组成项目
可靠性	（5）公司向顾客承诺的事情都能及时完成
	（6）当顾客遇到困难时能够给予帮助
	（7）公司是可靠的
	（8）能准时地为顾客提供所承诺的服务
	（9）正确记录与顾客相关的内容
响应性	（10）不能指望员工告诉顾客提供服务的准确时间
	（11）期望员工提供及时的服务是不现实的
	（12）员工并不总是愿意帮助顾客
	（13）员工因为太忙一直无法立即提供服务，不能满足顾客的需求
保障性	（14）员工是值得信赖的
	（15）在从事交易时顾客会感到放心
	（16）员工是礼貌的
	（17）员工可以从公司得到适当的支持，以提供更好的服务
移情性	（18）公司不会针对顾客提供个别的服务
	（19）员工不会给予顾客个别的关心
	（20）不能期望员工了解顾客的需求
	（21）公司没有优先考虑顾客的利益
	（22）公司提供的服务时间不能满足所有顾客的需求

2. 服务质量的衡量方式

服务质量的构成要素、形成过程、考核依据、评价标准均有别于有形产品。一般来说，服务质量可以采用客观标准和主观标准两种衡量方式。

（1）服务质量的客观标准。服务质量的客观标准主要适用于顾客参与程度低、服务具有较强的统一性和规范性的情况。这种评价方式采用的指标虽然源于顾客对服务的需求特征，但是这些标准一经确定下来，在较长的时间里就相对较为稳定。一般来说，顾客是否对服务满意存在一定的波动和变化区间。

（2）服务质量的主观标准。服务质量的主观标准主要适用于顾客参与程度高、顾客的需求存在不确定性、模糊性和演化性、服务质量的高与低主要是依据顾客对服务主观感知结果的评价情况。一般来说，顾客对于服务满意与不满意、对其希望的服务水平和可接受的服务水平都存在一定的主观性（顾客满意与否的分布情况见图 4-9）。同时，由于不同顾客对不同的因素的感知情况、对其满意与不满意也存在一定的主观性，这些都会影响顾客对服务质量的满意程度（不同因素对顾客满意与否的影响见图 4-10）。可见，服务质量的主观评价方式不仅需要关注顾客对服务结果的判断，还要关注服务的整个过程；不仅需要关注顾客对服务的当前需求，还要关注顾客对服务的未来需求；不仅需要使顾客能够较容易识别服务水平，还要能够使服务水平得到顾客的认可。

3. 服务满意度形成的 5GAP 模型

SERVQUAL 的理论核心是“服务质量差距模型”，即服务质量取决于顾客所感知的服务水平与顾客所期望的服务水平之间的差别程度，因此又称为“期望-感知”模型。其模型为：

SERVQUAL 分数=实际感受分数-期望分数

由于服务质量差距模型主要采用五个差距进行分析，所以也称为 5GAP 模型（见图 4-11）。这五个差距的内涵及形成机理如下所述。

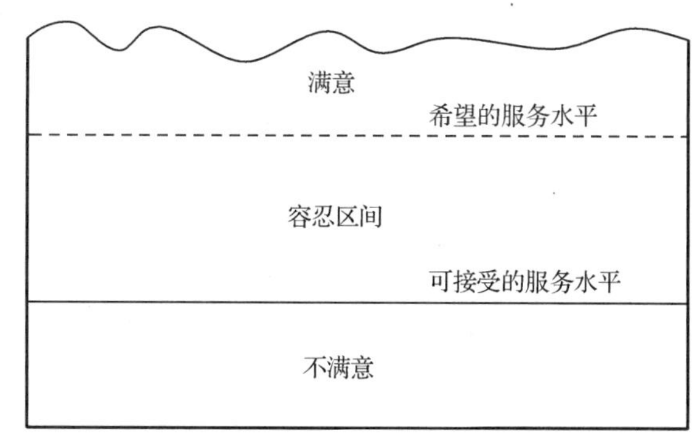

图 4-9　顾客满意与否的分布情况

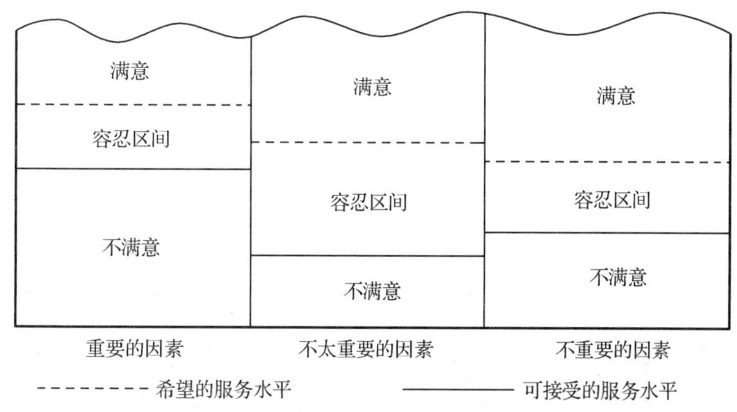

图 4-10　不同因素对顾客满意与否的影响

（1）差距 1：管理者认知与顾客期望之间的差距。这一差距是指管理者对顾客期望质量的状况不明确。管理者一旦缺乏对服务竞争本质和需求的理解，则会导致严重的后果。这一差距产生的原因可能是管理者对市场研究不充分或获得的需求信息不准确；对期望的解释信息不准确；没有进行需求分析；从企业与顾客联系的层次向管理者传递的信息失真或丧失；臃肿的组织层次阻碍或扭曲了顾客反馈的信息等。

（2）差距 2：管理者认知与服务质量标准之间的差距。这一差距是指管理者对质量期望的认识与服务质量标准不一致。对于服务质量而言，大多数服务有一定的标准或者有一个标准范围，如果管理者对这样的标准存在质疑或者认识上的偏差，就可能导致其提供的服务与已有的标准不一致，进而影响顾客对服务质量的感知。这一差距产生的原因可能是计划失误或计划过程不够充分；计划管理混乱；组织无明确目标；服务质量的计划得不到最高管理层的支持等。

（3）差距 3：服务提供与服务标准之间的差距。这一差距是指在服务提供过程中员工的行为不符合质量标准。这一差距产生的原因可能是标准太复杂或太苛刻；员工对标准有不同意见；标准与现有的企业文化发生冲突；服务管理混乱；内部营销不充分或根本不开展内部营销，缺乏团队合作；技术和系统没有按照标准为工作提供支持等。

（4）差距 4：服务提供与营销沟通之间的差距。这一差距是指营销沟通行为所做出的承诺与实际提供的服务不一致。这一差距产生的原因可能是营销沟通计划与服务生产不统一；传统的市场营销和服务生产之间缺乏协作；营销沟通活动提出一些标准，但组织不能按照这些标准完成工作等。

（5）差距 5：顾客期望与顾客感知服务质量之间的差距。这一差距是指顾客感知或经历的服务与期望的服务不一样。这一差距产生的原因可能是营销沟通过程中往往存在故意夸大其词、承诺过多的倾向；顾客对于服务产品抱有太高的期望，或者顾客是个“完美主义者”等。

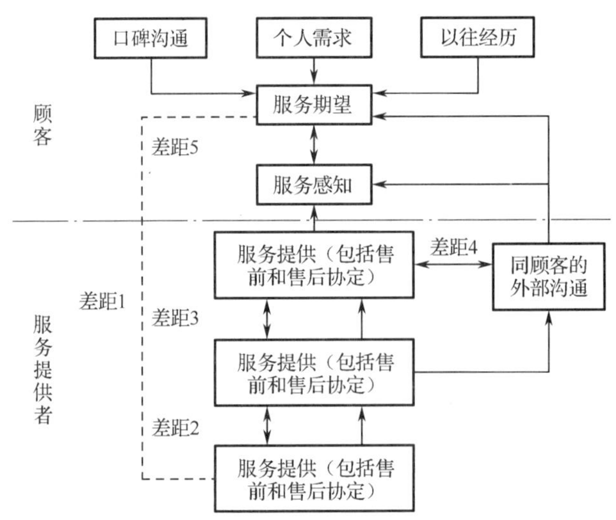

图 4-11　服务质量差距模型（5GAP 模型）

4．服务满意度的影响因素

顾客满意度是每个企业都极为关注的，然而明确到底是什么对顾客产生了正面或者负面的影响却不是一件非常容易的事情。一些研究表明，顾客的满意度与补救、适应性、主动性、问题处理四个因素密切相关。

（1）补救。补救是指当服务交付系统出现过失时，员工必须通过某种方式对顾客的失望、沮丧或者抱怨做出适当的回应。

（2）适应性。适应性是指服务系统所具备的满足顾客特殊需求的能力。

（3）主动性。主动性是指服务人员无须顾客提示或要求就能采取行动。

（4）问题处理。问题处理是指服务人员应该如何与遇到问题的顾客打交道。

5．服务标准化

标准化是近现代工业大规模生产方式的基本要素，也是其最显著的特征之一。然而，随着服务业的不断发展，标准化也已经成为推进服务业提升效率的基本手段。服务业采用标准化模式有利于企业进行管理、有利于员工执行工作、有助于解决客户异议等。在越来越多的企业开始实施标准化模式的情况下，对其进行规范研究已经成为一项内在需求。

国际标准化组织消费者政策委员会（ISO/COPOLCO）在 2008 年颁布了《服务标准化指南》，明确了服务标准化的范围。随后包括中国在内的许多国家也制定了相关国家标准。一般来说，服务标准化的内容主要包括为客户提供有形产品，如汽车维修；为客户提供无形服务产品，如保险；为客户提供专家咨询服务，如法律服务和理财服务；为客户提供培训和教育服务，如语言、体育培训；为客户提供食宿或娱乐服务，如旅馆、影剧院；为参与者提供组织和引导的服务，如旅游、假日活动；为客户提供设备和房屋租用服务，如出租代理；为客户提供护理或治疗服务，如美容、医疗服务。由于服务内容十分广泛，标准强调服务标准化的范围不限于上述服务内容。

在服务标准化成为一种必然趋势的背景下，企业应该系统了解服务标准化所涉及的内容。一般来说，服务标准的内容主要包括服务基础标准、服务管理标准、服务质量标准、服务资质标准、服务设施标准、服务安全卫生标准、服务环境保护标准和消费者权益保护标准等。

4.4　新产品设计理念与技术

产品研发是由一系列复杂而连续的过程依次完成来实现的，因此开展系统的产品设计就显得极为必要。一些企业按照规范的原则进行产品的设计，往往能取得意想不到的效果。目前，针对产品设计环节出

现了许多相关的理念和技术，如基于制造全过程的产品设计、基于全生命周期的产品设计、基于并行工程的产品设计、基于逆向工程的产品设计等。

4.4.1　基于制造全过程的产品设计

产品从最初构思到交付顾客需要一个较长的时间和过程，在此期间发生的一系列活动都会对产品的最终绩效产生影响。如果能在产品设计之初就尽可能将这个过程中存在的问题都充分考虑清楚，往往会达到事半功倍的效果。对此，一种被简写为“面向……的设计（Design for X，DfX）”的管理技术具有重要的应用价值。

目前，常见的 DfX 技术有面向制造的设计（Design for Manufacturing，DfM）、面向装配的设计（Design for Assembly，DfA）、面向成本的设计（Design for Cost，DfC）、面向环境的设计（Design for Environment，DfE）、面向附加服务的设计（Design for Service，DfS）、面向顾客的设计（Design for Customers，DfCu）、面向质量的设计（Design for Quality，DfQ）、面向采购性的设计（Design for Procurement，DfP）、面向可测试性的设计（Design for Test，DfT）、面向可拆卸性的设计（Design for Disassembly，DfD）、面向可靠性的设计（Design for Reliability，DfR）、面向可维修性的设计（Design for Maintainability，DfM）和面向互换性的设计（Design for Change Ability，DfCA）等。几种典型的产品设计管理技术如下所述。

1. 面向制造的设计

面向制造的设计（DfM）是指在不影响产品功能的前提下，在产品设计中需要将从产品的初步规划到产品的投入生产的整个制造过程都考虑进来，以便使设计出来的产品具有良好的“可制造性”，即“易于制造”“易于加工”“经济地制造”。面向制造的设计理念要求研发人员在进行产品设计时不仅需要关注产品的功能，还需要考虑产品在生产制造过程中可能面临的问题。因为不管产品功能设计得多么完美和先进，如果制造和生产难度大，导致花费巨额的制造和生产成本，这样的产品也不能算是成功的产品。

要想使面向生产的设计理念得到实际执行，一般要遵循标准化、规范化、简单化等原则。一些具体的做法包括：①使产品的零部件数量尽量少，进行模块化设计；②尽量使一种零件有多种用途；③尽量使用标准件；④尽量使操作简单化；⑤使零件具有可替代性；⑥尽量使装配流程简单化；⑦尽量使用可重复、易理解的工艺流程。同时，采用面向制造的设计方式不仅需要产品研发人员的努力，还需要营销、制造、物流、财务，甚至一些组织外部的利益相关者的深入参与。

通用的“公用部件”战略

通用汽车原来有 65 种不同的操作杆，后来将操作杆的数量减少到 26 种，随后又设定了不超过 8 种操作杆的目标。为了进一步简化运营，通用汽车着手实施“公用部件/公用系统”战略，以便把美国汽车的基本设计数量从 12 个减少到 5 个。同样，丰田和日本其他公司也在探索减少车辆部件数量的方法。因为这样做会明显降低库存数量和调度难度，使运营管理问题大幅减少。

（资料来源：根据公开资料整理。）

2. 面向装配的设计

产品均是由若干个零件和部件组成的，少的有几个多的成百上千，甚至数以万计。产品设计完成之后，需要将产品的构成零部件按照规定的技术要求，一件一件地按照先后顺序组合在一起，这个过程被称为“装配”。合理的装配设计会对产品的质量、性能、成本、寿命、效率等产生重要影响。面向装配的设计（DfA）理念就是一种针对产品如何科学、高效、可靠安排零部件装配关系进行系统研究的设计技术。面向装配的设计理念已经受到很多企业的重视，并取得了很好的应用效果。一般来说，面向装配的设计可以使产品装配工艺更加简单、易懂，能够避免同一工位上零件混淆和错用，减少装配操作时间、降低员工体力消耗、减少标准件数量等。施乐公司因为实施面向装配的设计企业节省了几百万美元，而福特公司因此节省了约 10 亿美元。

面向装配的设计常用的方法包括：通过改变产品结构简化产品装配工序，利用专业工装夹具缩短产品装配时间，设计识别系统减少产品装配错误，零部件标准化提高现有设备使用率，根据人体工程学原理科学降低员工的工作强度等。

3. 面向成本的设计

面向成本的设计（DfC）就是通过在设计阶段将影响产品的成本因素充分考虑，尽可能将产品的成本控制在最低限度，以便形成产品的价格竞争优势。生产制造环节是面向成本设计关注的焦点之一，产品结构设计得是否简洁、是否便于员工进行装配、是否选择了价廉物美的零部件、是否便于搬运等都会在生产制造环节影响人力、物力、时间等资源的消耗。

将标准件、通用件或已有产品中较为成熟的零部件作为新产品的零部件，可以减少零部件的数量，并能够降低由于零部件过多容易混淆造成的生产错误，进而使产品的制造环节更加便于管理。减少变化的方案（Variety Reduction Program，VRP）技术是减少产品零部件数量的一种重要方法，该方法主要通过固定/可变技术、模块化技术、功能复合和集成技术、范围划分技术、趋势分析技术等确定最佳的产品结构。另外，在满足产品质量需要的情况下尽可能选择价格低廉、寿命适当的原材料或零部件，也是通常采用的原则。另外，选择恰当的工艺技术也可以有效控制产品成本。

4. 面向环境的设计

面向环境的设计（DfE）是一个综合考虑环境影响和资源效益的现代化设计理念，其目标是使产品在生命周期内尽可能最大化地利用资源，并将环境产生的负面影响最小化，以便使产品在经济效益和社会效益之间取得平衡。如今，环境问题、资源问题和生态问题变得日益严峻，甚至已经对人类的生存造成了重大影响。有学者认为，环境友好将成为未来商品的基本特征。在这种情况下，充分考虑环境问题的产品设计将成为企业实现可持续发展的重要保障。

从本质上来说，面向环境的设计是使用更少的材料、更少的资源、更少的能源，产生更少的废物。为了做到这一点，这一理念需要贯穿从产品设计、制造、包装、运输、使用到报废处理的整个产品生命周期。面向环境的设计强调，产品在设计时要考虑如何减少甚至避免产品使用中对环境造成的危害，如何降低能耗、如何减少材料消耗，在产品制造过程、使用过程和报废过程中如何最少量地使用能量和资源。

5. 面向附加服务的设计

随着科学技术的不断发展，世界经济的主要形态也在不断演化，在越来越多的经济体中服务业的经济占比在不断增加。我国服务业在国民经济中的重要性正在日益增加，可见在未来竞争中企业需要对服务业给予越来越多的重视。同时，因为实体产品和无形服务已经无法明确区分，在向顾客提供有形产品的同时往往伴随着无形服务，服务也正在变得越来越重要。面向附加服务的设计（DfS）就是为了适应这一趋势产生的一种设计。

面向附加服务的设计主要考虑如何使企业提供的后续服务更加有效，如何使企业提供的服务更容易被顾客所接受，企业提供的服务在时间点和时间长度上是否具有较强的可行性、提供的服务的地点和空间是否便利、出现故障是否便于维修等。

德尔地板：以高附加值服务打造核心竞争力

在 2017 年央视的“3·15”晚会上，德尔地板被评选为“家居行业诚信标杆”，成为家居行业唯一获此殊荣的品牌。这是德尔地板多年来坚守诚信、提供健康环保地板的结果，也代表着万千消费者对德尔的认可和信赖。随着人们生活水平的提高，消费者对服务的关注已超过产品本身成为购买第一因素。良好的终端服务形象不仅代表了企业的形象，也可以折射出产品的品质。作为国内领先的专业木地板品牌服务商，德尔地板多年来致力于为消费者提供绿色环保、科技领先的家居产品和前沿的家居体验。为了满足成熟而理性的消费者的需求，德尔地板的服务体系不仅仅局限在售后服务上，还包括产品前期服务和销售中的过程服务。服务的不断创新已经成为德尔地板的一个重要组成部分。为此，德尔地板不计成本地为全国的安装师团队配备了全套无尘化安装工具，并按行业最高标准对安装师服务形象、安装技能等方面进行全方位考核，最高可授予“五星级安装师”称号。与此同时，德尔地板每年都会对全国安装师队伍进行集体培训和考核，力争让每一个消费者都可以享受到“五星级”的安装服务。德尔地板良好的终端服务形象、五星级的安装服务及完善的售后服务体系，已经在消费者中攒下了良好的口碑。

（资料来源：根据公开资料整理。）

6. 面向顾客的设计

面向顾客的设计（DfCu）的目标是通过提高质量、降低成本、快速将产品投放市场等方式满足顾客需求，这一理念最早可追溯到 20 世纪 50 年代日本面向顾客设计思想的推广。一般来说，顾客对于经济性、安全性、可靠性、便利性、舒适性等指标十分关注，为此面向顾客的设计在产品设计时就需要对这些指标给予充分关注。

4.4.2 基于全生命周期的产品设计

1. 产品全生命周期理论

在工业化大生产的背景下，企业主要将关注点放在了产品的生产周期上，即产品概念的产生、设计、生产制造，直到销售的这样一个过程。与产品生产生命周期相比，产品全生命周期（Product Total Life Cycle，PTLC）除了产品的孕育期、研发期、生产期、仓储期、销售期，还包括服役期和报废再生期，它是一个闭环周期。这是在人们对资源、环境问题给予越来越多的关注的背景下，从更广泛的视角来研究产品，进而获得更持久竞争力的一种管理理念。由于产品生命周期每个阶段表现出的产品的市场特征是不同的，相应地对产品设计就会产生不同程度的影响，合理针对产品生命周期的不同时点进行有针对性的设计，对于企业保持有效的运营极为关键。

玻璃幕墙安全问题

近年来，有些地方出现过建筑物玻璃幕墙爆裂伤人的事件。在玻璃幕墙日渐普遍的今天，如何应对高层建筑玻璃坠落问题变得日益迫切。同时，玻璃幕墙还存在自爆脱落、光污染、难清洗、防火能力差、隔热性能差、不保温、不防火、不防震和易脱落等潜在风险。幕墙行业专业人士表示，建筑寿命有几十年甚至上百年，但玻璃幕墙的寿命只有二十多年，另外很多材料的幕墙使用年限是十年，这远远低于建筑寿命。在 20 世纪 90 年代就有高层建筑采用玻璃幕墙，由于年代久远其安全问题堪忧。

（资料来源：根据公开资料整理。）

2. 产品全生命周期设计理念

面向产品全生命周期的设计（Design for Total Lifecycle，DfTL）又称生态设计（Eco-Design），是一项产品设计技术，也是一种服务设计理念，它是从产品性能、环境保护、经济可行性等角度考虑产品开发全生命周期，遵从全系统、全寿命、全费用的“三全”原则。在这个过程中，需要将产品概念形成、相关资源的可获得性、成本效益分析、结构设计、零部件制造、产品装配、使用寿命、安全等级、维修计划、报废与回收、拆解分类、再生利用，以及对产品的功能与性能、生产效率与效果、数量与质量、经济性与环保性、能源与资源利用率等进行全面考虑和综合优化，以便使产品在多方面达到最佳平衡。现在的顾客对于产品满意度的评价更趋多元化，这些都会在进行二次购买及在向周边人述说体验时有所体现，进而对产品的销售、企业的竞争能力产生重要影响。

啤酒的全生命周期管理

啤酒生产不仅涉及啤酒酿造工艺和酿造设备的设计，还涉及啤酒的包装问题。在瓶装啤酒中，包括啤酒瓶、瓶盖、标签等的设计都需要进行细致思考。啤酒瓶是灌装含气液体并多次重复使用的包装容器，应具备足够的坚固性，同时要质量轻、易于清洗；瓶盖直接与啤酒接触，瓶盖和垫片应是无毒性材料，并能保证在保质期内有足够的密封性能；标签纸要有足够的牢度，以免在运输过程中脱落，并且印制图案的油墨应不含毒性。显然，有关啤酒瓶、瓶盖、标签纸、印制油墨、黏结剂等问题都不是啤酒工艺设计师擅长的范围。多学科的合作设计，从一开始就仔细谋划设计的各个方面，集思广益，这样不但可以增加产品成功开发的概率，而且可以缩短设计周期。

（资料来源：根据公开资料整理。）

3. 产品全生命周期设计集成系统

尽管全生命周期的产品设计理念已经得到人们的广泛认同，但是从发展和应用状况来看，还存在着一些问题和不足需要解决，比如全生命周期的设计理论体系还不够完善、准确的产品全生命周期时间难以预测、支持全生命周期设计的信息集成模型探索不足、全生命周期的知识库和数据库还十分缺乏、产品全生命周期的环境影响评估方法还相对滞后等。作为一个复杂的系统，产品全生命周期设计要想实现其目标需要建立一个全面、综合的集成系统，以便能够为相关各主体提供有力的支持。总体来说，产品全生命周期设计集成系统大致包括数据库模块、信息集成模块、功能性模块、经济性模块、寿命性模块、再利用与再制造模块、多目标评价模块等。全生命周期的产品设计是一种优秀的设计理念，但由于涉及的因素非常广泛，其执行绩效往往不是单一目标，需要满足多目标综合评价的需求。评价的主要对象包括产品的技术性能、经济性能、全生命周期内对环境的影响程度及综合评价能源、资源的利用率等。

诺亚医疗的全生命周期健康管理

家庭医生也称私人医生或全科医生，诞生于20世纪60年代的欧美发达国家，被公认为是“健康的守门人”。与我国传统就医模式有别，家庭医生是以家庭为单位维护与促进个人整体健康的，他们掌握每一个客户一生的健康状况，为其提供全程医疗服务，定期为客户的健康做出综合性评价与疾病预警，必要时也向客户提供疾病诊治等医疗服务。同时，家庭医生与公立医院医生的最大区别在于为客户提供细致、耐心的服务，并具有很强的私密性。广州诺亚医疗推出了“全科日常疾病诊疗+专业健康咨询管理+绿色就医通道”的服务模式，实施精准的全生命周期健康管理服务。诺亚医疗的医生会对客户进行细致的诊断，详细地了解客户的过往病史，并根据客户的健康档案做出更加精确的诊断，避免了“头痛医头，脚痛医脚”的情况。除此之外，诺亚医疗非常注重疾病的预防，会为客户提供全生命周期的健康管理服务（诺亚医疗的全生命周期健康管理体系见图4-12）。

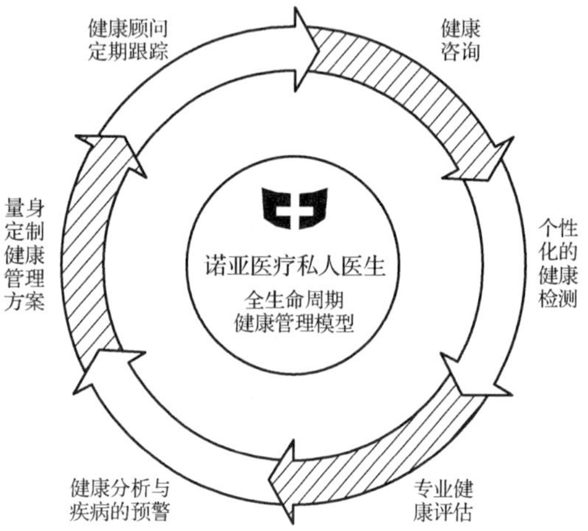

图4-12　诺亚医疗的全生命周期健康管理体系

（资料来源：根据公开资料整理。）

 4.4.3　基于并行工程的产品设计

1. 并行工程

并行工程（Concurrent Engineering，CE）是指从产品开发的初始阶段开发设计人员、工艺技术人员、质量控制人员、生产制造人员、营销人员，甚至协作厂家、用户代表一起工作，各项工作同时进行的工作方式。并行工程是相对于传统的串行工程而言的。一般来说，产品生产的主要阶段包括产品战略、市场调研、（顾客）价值链设计、概念构建、结构设计、细节设计、工艺设计、调整改进、工业生产、市场推广、市场评估和废物回收等。在具有明确分工的背景下，产品制造过程的各个阶段由不同职能部门分别负责，即从需求分析、产品结构设计、工艺设计、加工制造到装配、入库都是在各部门之间按顺序进行的，依此类推，直到产品最终被推向市场。显然，这些活动是串行依次进行的（典型的串行制造流程见图4-13）。

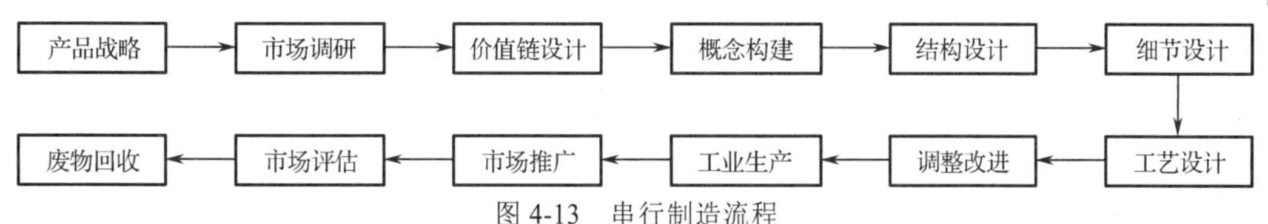

图 4-13　串行制造流程

串行的工作流程存在一系列潜在问题，比如由于部门之间信息沟通不及时，本应该在上一阶段发现的问题到了下一阶段才被发现，导致产品缺陷和质量问题发现过晚。另外，在产品制造过程中只有上一个部门完成后下一个部门才开始介入，这就需要一个逐步熟悉的过程，常常导致消耗更多的时间。

并行工程是一种更为先进的工作模式，在实施过程中注重全员、全流程、全要素的系统综合考虑，并且在各活动主体共同参与中对信息进行及时交互和转换，并且采取并行交叉的协同工作方式。通过全过程的并行工程，最终达到提高质量、降低成本、避免返工、缩短产品开发周期和产品上市时间的目的。在竞争日益激烈的环境下，并行工程已经成为企业获得竞争优势的必然选择。研究表明，实施并行工程能够减少 30%～70%的开发时间、65%～90%的工程变化、20%～90%进入市场的时间，提高 200%～600%的质量、20%～110%的生产力和 20%～120%的资产回报率。

2. 并行设计

基于并行工程的思想，并行设计是一种强调各阶段相关各职能部门共同参与的系统化产品设计方法。并行设计方法可以帮助产品研发人员在产品设计之初尽可能全面地考虑产品整个生命周期中的所有因素，以便从概念形成到设计、制造、测试、储运、安装、维修、回收等环节规避下一个阶段可能出现的问题。一般来说，并行设计时需要对一些重要影响因素进行考虑，主要因素如图 4-14 所示。

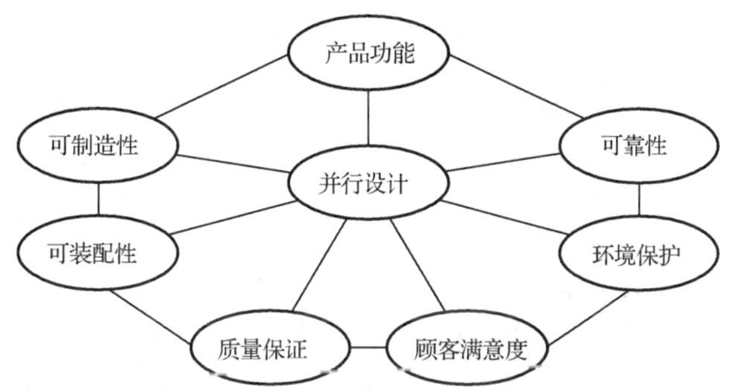

图 4-14　并行设计需要考虑的主要因素

自并行工程理念提出以来，在汽车、飞机、计算机、机械、电子等行业已经得到广泛应用。美国弗吉尼亚大学并行工程研究中心应用并行工程开发新型飞机，由以往的 18 个月减至 7 个月，使机翼的开发周期缩短了 60%；美国 Mercury 计算机联合开发公司运用并行工程方法在开发 Intel 微处理芯片时，使产品开发周期由原来的 125 天减少到 90 天；美国惠普公司采用并行工程方法设计制造的示波器，研制周期缩短了 1/3；而波音公司通过“虚拟工作空间”，使包括澳大利亚、日本、意大利、加拿大及美国各地的合作伙伴，能够实时地参与 787 客机的数字化设计、制造、测试，减少了设计过程中的错误，同时提高了生产效率。并行设计与串行设计的流程对比如图 4-15 所示。

通用汽车的并行工程

以前，通用汽车将拥有全世界 14 个制造点、生产子系统的 12 家合作伙伴的这样一个复杂设计统一起来无能为力。在采用了电子数据系统之后，通用汽车让自己员工与外部汽车零部件供应商共享产品信息的系统，实现了设计工作的并行工程。每天有超过 16 000 名设计师和其他员工共享三维设计软件（CAD/CAM/CIMS/Proe/UG），系统会自动更新设计以便每个人都在同一张图纸页面上工作，并能对零部件变动保持及时沟通和跟踪。其结果是，通用汽车把完成一个全车模型的时间从 12 周减少到 2 周。

（资料来源：根据公开资料整理。）

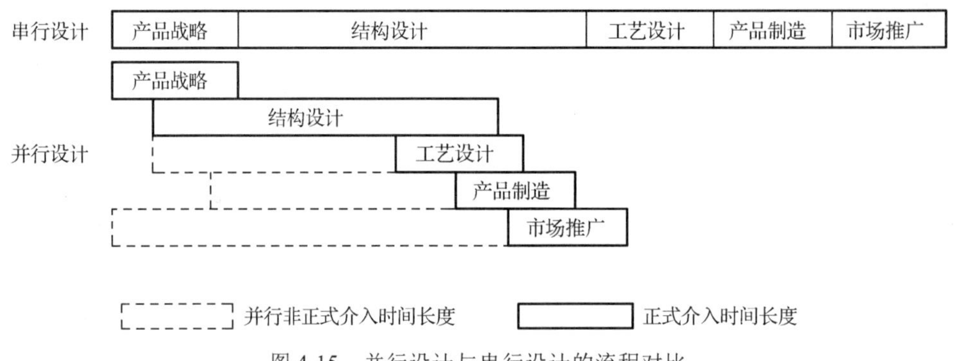

图 4-15　并行设计与串行设计的流程对比

3. 并行工程应用的基础

并行工程的优点是显而易见的，但是由于其涉及大量的组织、人员、活动，是一个由产品设计系统、产品制造系统、辅助支持系统、项目管理系统、工作流程管理系统、决策支持系统等构成的复杂的技术系统。为了使该系统得到有效的运行，它需要建立在一定的技术基础和组织基础之上。

（1）技术基础。要真正实现并行工程需要一些系统进行支撑，包括项目管理系统、工作流程管理系统、决策支持系统、产品设计系统、产品制造系统、辅助支持系统等（并行工程技术系统图见图 4-16）。在实施并行工程的过程中，各参与主体之间需要进行及时的沟通和交流，不断发展的网络技术、信息技术、通信技术等为并行研发和价值链的创造提供了保障。

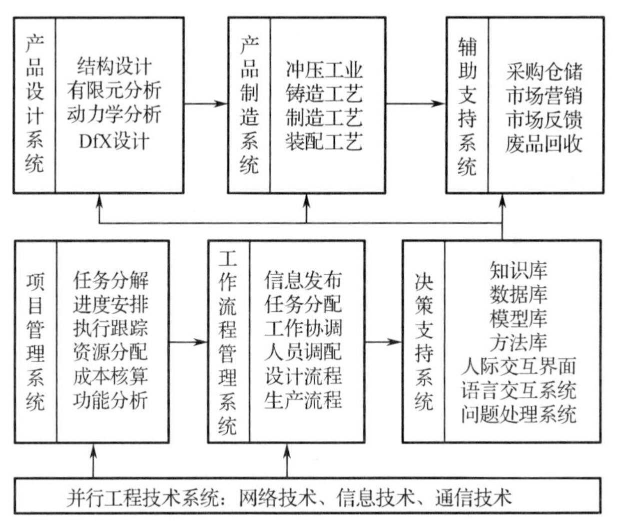

图 4-16　并行工程技术系统图

摩恩卫浴的并行工程

以前，摩恩（Moen）公司的工程师需要花费 6～8 周的时间提出一项新的设计方案，拷贝成 CD 盘并寄给 14 个国家相关的供应商，供应商经过论证之后再将他们的建议拷贝进 CD 盘寄回来。这样的协调和沟通过程可能需要几个来回，这使产品的设计和生产时间长达 24 周。而在网络技术的支持下，一个新的水龙头从制图到上架的时间，已经从平均的两年时间缩短至 16 个月。节省下来的时间可以让摩恩的工程师开展更多的研发活动。

（资料来源：根据公开资料整理。）

（2）组织基础。尽管并行设计有众多优点，但是要想发挥其作用需要建立一个高度集成、结构清晰、逻辑合理的管理组织系统进行支撑，比如并行设计的工作流程首先需要由熟悉工作流程的人员了解整个工作的逻辑关系，经过精确定义之后交给执行人员确定详细的设计计划。同时，产品总费用、生产周期、质

量控制、信息交互等都需要成立专门的组织机构来具体执行。一般来说，并行设计需要一个由 4～20 个成员组成的多功能团队，其通常包括公司产品相关的每一个业务部门。并行设计团队需要一个良好的组织结构，以便确定产品的特性，决定怎样的设计方法和生产方式更为合适，分析产品的功能定位等问题。

4.4.4　基于逆向工程的产品设计

1. 逆向工程

（1）逆向工程及应用。逆向工程又称反求工程（Reverse Engineering，RE），是一种再现已有产品设计过程的技术，即先有产品（成熟产品或者十分精确的产品原型）再进行产品设计的研究模式。逆向工程最初源于商业、军事领域中的硬件分析，在新产品开发、产品改型、产品仿制等领域已经被广泛应用。在第二次世界大战中失败的日本在战后急于恢复和振兴经济，在 20 世纪 60 年代初将国外体现先进技术的产品引进国内。实现这些产品的国产化，首先需要对这些产品进行消化、吸收。为此，大量专家在逐渐摸索中发明了一整套对产品进行逆向工程的技术。20 世纪 80 年代以后，欧美一些国家开始注意到逆向工程的价值，并对逆向工程理论开展了大量研究。逆向工程技术在我国实施追赶型发展的过程中也发挥了巨大作用。

逆向工程在很长一段时间被人们与非法仿制、盗版、侵犯知识产权等联系起来，而事实上科学、合法的逆向工程是一种非常高效的产品设计技术。1984 年美国的《半导体芯片保护法案》（Semiconductor Chip Protection Act of 1984，SCPA）的诞生，明确了逆向工程的合法性。2007 年，我国也从法律的层面明确了逆向工程技术在学习研究等领域的合法性。事实上，逆向工程在人类社会中十分普遍，不仅被广泛应用到工业领域，甚至在社会科学领域也十分常见。实施逆向工程主要是因为，需求方不能轻易（代价太高或者缺乏常规途径）获得相关产品或技术的信息，不得不逆向推导出产品的设计原理。逆向工程方法已经被广泛应用于汽车、航空、航天、家电、模具、计算机零部件等设计与制造领域。宝马、波音、通用汽车、克莱斯勒、福特、雷神、丰田、上海大众、成都飞机制造等公司都广泛应用 Imageware 等软件实施逆向工程。

（2）逆向工程与正向工程的区别和联系。基于正向工程（Forward Engineering，FE）的设计是设计现在还不存在的产品的过程，即设计人员首先对新产品进行构思，得到产品的大致外形、结构、性能、技术指标等后，再进行详细零部件设计，最后通过加工制造进行验证，设计流程如图 4-17（a）所示。而基于逆向工程的设计是先有产品，然后对已有产品的性能、技术参数等指标进行分析和推理，再通过三维扫描、实体测量等手段对已有产品进行结构解剖，在此基础上进行零部件的结构、材料等的设计，最终通过验证得到的新产品与原有产品的优缺点，通过不断改进和完善进而获得新产品的过程，设计流程如图 4-17（b）所示。

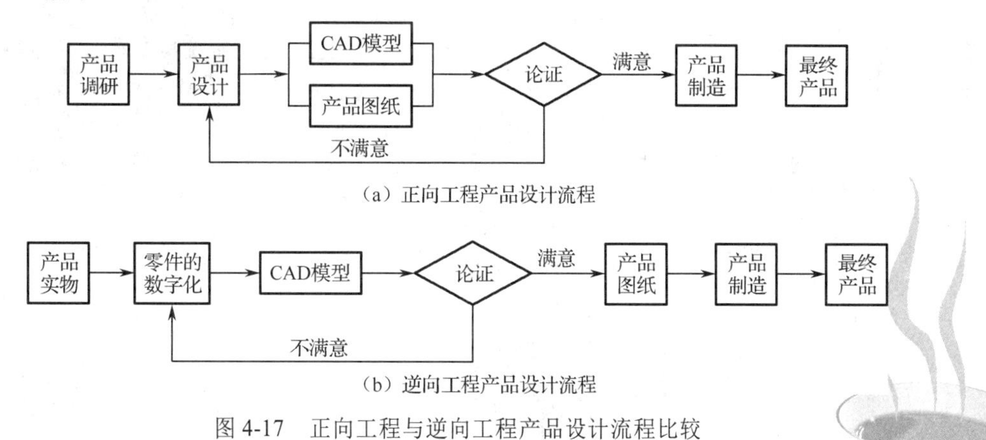

图 4-17　正向工程与逆向工程产品设计流程比较

表面上看，正向工程与逆向工程是一对完全相反的过程，存在本质的区别。事实上，两者之间也存在着紧密的联系，甚至实施过程中两者往往是相互交叉的，逆向工程中需要使用正向工程，而正向工程中也需要采用逆向工程的方式解决一系列问题。逆向工程似乎给人一种“抄袭”“山寨”的印象，但是很多逆向工程是需要强大的正向工程研发能力给予支撑的。正向工程是进行逆向工程的重要基础，也是将那些通过逆向工程获得的新能力进一步提升或者超越的基础。

2. 逆向工程的设计应用

从目前逆向工程的应用来看，大致可以分为如下几种情况：一是学习目的；二是掌握竞争对手的核心技术；三是产品文档重建；四是产品原型参数固化；五是辨别侵权行为。逆向工程实施的一般步骤包括产品原形的数字化、创建产品结构曲面、形成产品实体数据、产品技术数据确定和产品制作加工等。

（1）产品原形的数字化。在确定对于新目标产品实施逆向工程后，通常采用接触式（触发式、扫描式等实体直接测量）和非接触式（光学、声学、电磁学等间接测量）的测量方法得到物体表面、内部结构参数，目前采用较为广泛的工具是三维光学扫描仪。基于超声波、投影光栅、轮廓投影、工业 CT、核磁共振等原理的工具也得到了快速发展。

（2）创建产品结构曲面。获得产品原形结构的点坐标后，还需要将这些数据转化成产品的技术数据。曲面尤其是不规则曲面是建立产品模型的难点，为了解决这个问题往往需要借助目前使用最为广泛的逆向转换软件——Imageware。该软件包含 Surfacer、Verdict、Build it、RPM、View 等模块，用于产品逆向工程的不同阶段。

（3）形成产品实体数据。当产品的大体结构曲面数据确定后，还需要将这些数据按照原产品的基本结构转换、分拆成由具体零部件构成的详细数据和资料。在此基础上，还需要利用三维设计软件将新得到的三维数据在 CAD 系统中分别做表面模型的拟合，并通过拼接与原形产品进行比较、修正和完善，最终实现产品原形 CAD 模型的重建。

（4）产品技术数据确定。基于产品实体数据获得的 CAD 模型，可以利用三维软件工具将产品结构数据转换为数控中心识别格式，并进行产品的样品制作，以此来检验新建 CAD 模型在结构、精度、性能等指标上是否满足要求。如果不满足要求则要重复以上过程，直至达到零件的逆向工程设计要求，产品原型的技术数据得以最终确定。

（5）产品制作加工。在产品数据得以确定后可以存档、备份并下发到相关的职能部门，以便为大规模生产提供技术资料。

需要指出的是，上述逆向工程主要是针对产品的结构展开的。事实上，产品除了外形、结构，在反求产品设计思想、探索原设计的工作原理、机构组成分析、材料分析、工作性能分析等方面也被广泛应用。

鼠标的逆向工程

鼠标已经成为计算机应用过程中的基本设备，人们对鼠标的要求不仅局限在功能、外观等指标上，还要有良好的人体工程学原理。三维的 CAD 软件可以形象地展示鼠标的结构和外观，还可以对这些指标进行直观的评价。但是，关于是否具有良好的手感，使用时是否容易导致疲劳等体验信息就很难获得。对此，鼠标设计企业往往通过一定方式制作出与设计鼠标近似的实物模型，再交给使用者通过实际感知给出产品效果评估。然后，根据使用者的评估建议进行修改，通过若干次实验和修改最终得到符合预期的产品原型。然而，此时的产品原型由于缺乏确切的外形和结构数据而无法制造。在这种情况下，企业往往需要利用逆向工程软件生成产品的二维或三维数据，以便进行产品的制造和生产。这样的产品由于功能合理、外观新颖、手感好、符合人体工程学原理，更容易获得市场的广泛认可。

（资料来源：根据公开资料整理。）

本章小结

产品是企业连接消费者的基本途径，也是实现企业价值的根本方式。随着社会经济结构的不断演化，产品已经不再局限于有形产品，无形的服务变得越来越普遍。本章第一节介绍了新产品的概念、分类和新产品开发的价值，还总结了产品研发的主要战略和设计趋势；第二节主要介绍了实体产品创意的来源、生成方法，产品的核心内容及可行性分析，产品设计过程；第三节主要介绍了服务产品设计要素、意义和影

响因素，以及服务设计的构思方法、设计方法，尤其是对服务系统进行了综合解释，并介绍了服务质量模型；第四节介绍了新产品设计的几种典型设计理念和技术，包括基于制造全过程的产品设计、基于全生命周期的产品设计、基于并行工程的产品设计、基于逆向工程的产品设计。

思考题

1. 简述产品与新产品的内涵。
2. 简述产品研究与开发的意义。
3. 简述产品设计的主要过程及在产品设计中 DfX 的意义。
4. 简述服务的特点，服务设计与产品设计的区别。
5. 服务质量模型的主要内容是什么？
6. 产品研发的新理念和发展趋势是什么？

案例分析

第5章 流程设计

5.1 流程设计与优化

引导案例

5.1.1 流程管理

1. 流程

流程（Process）是为了获得期望的结果，对信息、资金、人员、技术等要素按照一定方式进行组合，并使业务的具体活动按照顺序依次执行的过程。简单地说，一个流程就是一组将输入转化为输出的活动进程。从流程定义来看，一个典型的业务流程应该包括六大要素：流程目的、输入资源、按一定秩序执行的活动、这些活动之间的结构（相互关系和作用）、输出结果、流程创造的价值。

流程普遍存在于社会的生产、生活中，是实现组织目标的基本组织活动安排。企业对业务流程的关注不仅出于对完成既定任务的简单考虑，而且是迫于日益严峻的外部竞争压力。不断评估、调整、改进企业内部及企业间的业务流程，是应对内、外部环境不断变化的一项基本策略，是提高企业核心竞争力的基本手段。

2. 流程的特点

（1）目标性。企业业务流程的目标是通过对资源的有效配置和具体活动的顺序安排，高效地产出相关的产品和服务，最终实现收益最大化。

（2）层次性。一些流程可能相对简单，也有一些流程可能非常复杂和庞大。为了更为清晰地描述、展示和管理流程，往往将总流程划为若干层次。例如，企业的流程管理可以进一步分为战略层、计划层、运营层和生产层流程。

（3）相关性。通常来说，一项业务流程往往由几十个、上百个，甚至更多数量的活动构成。尽管这些活动（或者子流程）具有相对的独立性，但是这些活动或者子流程往往又具有紧密的关联性，都需要服务于业务流程的目标。

（4）动态性。在一定情景下，总流程（或者子流程）的各个活动的先后顺序是可以变化的，可以有多种多样的组合，正所谓“条条大路通罗马”。另外，随着内、外部环境的变化，一些原本重要的活动可以被完全替代。

（5）结构性。流程的各活动之间不仅存在一定的逻辑关系，还存在一定的先后顺序。在这种情况下，基于组织活动的目标可以将流程中的活动按一定的原则进行结构安排，比如串联、并联、反馈等结构。

3. 流程的类型

（1）生产流程和服务流程。在社会经济系统中，流程大致可以分为生产流程和服务流程两大类。自人类开始从事生产活动以来必然涉及生产过程的先后顺序安排，科学合理的生产流程对于生产系统的绩效会产生重要影响。随着社会经济形态的变化，服务在社会经济中占的比重越来越大，对于服务流程进行科学管理的需求正在日趋迫切。

一般来说，生产流程与服务流程两者之间既有明显的区别，也存在明显的联系。两者之间的区别如下：一是体现在业务性质方面。一般来说，服务产品具有无形性、易逝性、不易存储性和主观性，而实体产品具有有形性、经久耐用性、存储性和客观性。这将对业务流程产生重要影响。二是体现在顾客参与程度方面。在服务业务中，服务的交付往往在顾客与服务人员一对一的情景下完成，顾客与服务人员互动较多、

顾客参与程度相对较为深入。而在生产业务中，被高度专业分工的产品制造往往采取标准化、自动化的方式大规模生产，产品在上市之前顾客一般很少参与。然而，要想完成最终的产品交付，生产流程与服务流程之间的关联正在变得日趋紧密。

（2）业务流程和工作流程。在企业的生产系统中，流程可以分为工作流程和业务流程两大类。工作流程是指企业内部发生的某项业务从起始到完成，由多个部门、多个岗位、多个环节协调及顺序实施以便共同完成的完整过程。业务流程是为达到特定的价值目标而由不同的人共同完成的一系列活动。活动之间不仅有严格的先后顺序限定，而且活动的内容、方式、责任等也都必须有明确的安排和界定，以使不同活动在不同岗位角色之间的交接变得顺畅。

一般来说，工作流程更加微观，主要包括生产流程、业务流程、各类行政申请流程、财务审批流程、人事处理流程和质量控制及客服流程等，其核心元素包括操作时间、关键步骤、动作要求和责任人等。业务流程更加宏观，主要包括部门间业务流程、企业间业务流程和供应链业务流程等，其核心元素包括节点时间、关键流程、使用表格和责任部门岗位等。

4. 流程管理的意义

流程管理（Process Management）是指企业通过流程定义、流程分析、流程设计、资源分配、时间管理、质量控制和流程优化等活动，降低运营成本、保障服务质量、提高工作效率、加快市场反应速度、控制经营风险等，以便提高顾客满意度和企业市场竞争力，进而达到提高经营效益和利润最大化的目的。从企业内部角度看，来自提高经济效益、创新、保持高质量标准方面的压力，也要求企业正确面对流程管理。流程管理的内容和过程主要包括流程目标识别、流程设计、流程运作、流程优化等（见图 5-2）。

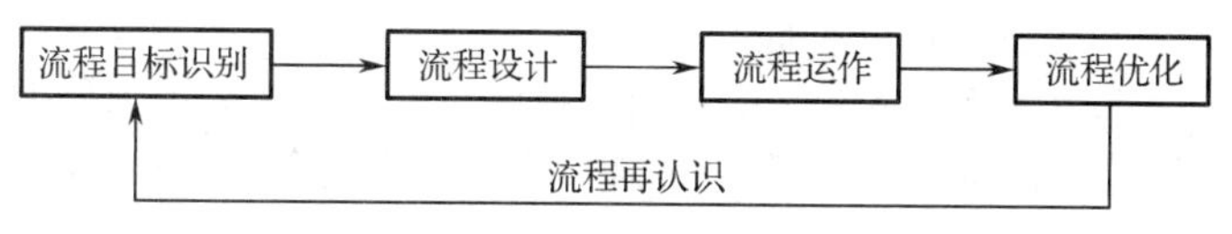

图 5-2 流程管理的内容和过程

5.1.2 流程设计

1. 流程设计的目标

无论是生产实体产品还是提供无形服务，都需要通过一系列活动顺次（流程）执行得以实现。设计一个能够快速响应客户和满足市场需求的业务流程，有助于实现组织的最终目标。具体而言，流程设计希望达到的根本目标就是提高经济效益、提高运营效率、降低成本、压缩时间、提高产品质量、提高管理水平、保障安全生产和节约资源等。

2. 流程设计的原则

（1）系统性原则。尽管业务流程是对组织特定活动工作顺序的具体安排，但是每个环节都应该建立在“系统思考”的基础上，并紧紧围绕组织的总体目标实施。也就是说，业务流程设计应该建立在系统分析和一体化逻辑的基础上，采用整体运作的思维模式，强调局部流程服务于整体价值。

（2）目标驱动原则。企业以经济效益最大化为目标，流程设计需要强调产出与投入比最大化。另外，社会效益也已经成为影响企业品牌形象的重要指标，因此流程设计也应该对员工健康、安全等权益，以及环境、资源等生态保护给予关注。因此，在进行流程设计时有必要兼顾经济价值与社会效益。

（3）价值增值原则。价值增值是进行流程设计的基本目标，流程设计中不仅需要考虑能否给企业带来价值增值，更为重要的是看流程能否给顾客带来价值增值。为此，企业在进行流程设计时尽可能删除那些无法为企业和顾客带来增值的活动。

（4）灵活性原则。大规模生产的流水线流程强调规范化、标准化，而与顾客接触程度高的情境流程更加强调个性化和人性化。为此，企业在设计流程时需要基于流程的特点保持必要的柔性，以实现科学性与艺术性的平衡。

（5）任务简洁原则。尽可能将整个流程划分为若干简单明确的子流程，并制定详细的任务说明书，明确流程中的任务划分、操作员工的职责、任务上下游的关系，便于员工的理解和执行。

（6）有效控制原则。为了实现有效控制，控制目标必须是明确的、可以衡量的，要尽可能减少控制节点和控制环节，还要明确活动内容和任务节点的职责和岗位角色，并建立有效的问题处理方法和机制。

3. 流程设计关注的要素

为了使流程能够最大化服务于企业的经营目标，企业进行流程设计时需要综合考虑质量、成本、效率、效益、安全和环保等一些关键要素。

（1）流程质量。无论是产品还是服务都是在一定的流程中完成的，高质量的产品和服务需要一系列高质量的流程提供基础保障。高质量的流程能够提供物美价廉、符合市场和顾客需求的产品，甚至为发展新顾客创造机遇。

（2）流程成本。产品和服务的提供过程由大量的工作内容构成，需要消耗诸多资源、能源，这些都是流程成本的基本构成。在设计流程中尽可能减少非增值的活动，减少资源、能源的消耗，有助于降低产品和服务成本。

（3）流程效率。在竞争日趋激烈的背景下，以更短的时间向顾客提供产品和服务是获得竞争优势的重要手段。而产品和服务的快速响应，在很大程度上受流程时间、工作顺序、资源集成等是否得到有效管理与控制的影响。

（4）流程效益。通常来说，机械化、自动化、标准化的大规模生产方式是提高流程效率的重要方法。然而，生产效率高并不意味着就能够获得更高的收益，因为自动化程度高意味着大量的固定资产投入，如果成本得不到有效控制将无法实现良好的收益。

（5）流程安全。在流程设计过程中不但要重视流程效率，还需要特别强调流程安全问题，要做到以人为本。当两者之间存在冲突时流程效率应服从于流程安全，因为安全是生产的前提，并且贯穿于生产过程的始终。

（6）流程环保。在流程设计过程中要尽量节省能源、减少甚至消除废水、废气、废渣的排放，使流程系统与生态环境实现相容。环保流程不仅能够使生产过程减少对生态环境产生的影响，还能够减少资源的消耗，降低运营成本。

4. 流程设计的步骤

通常来说，流程设计的主要步骤包括：明确流程目标、分析流程影响因素、研究流程重要特征、划分流程阶段、描述流程内容、实施与评价流程绩效等（流程设计步骤图见图 5-3）。

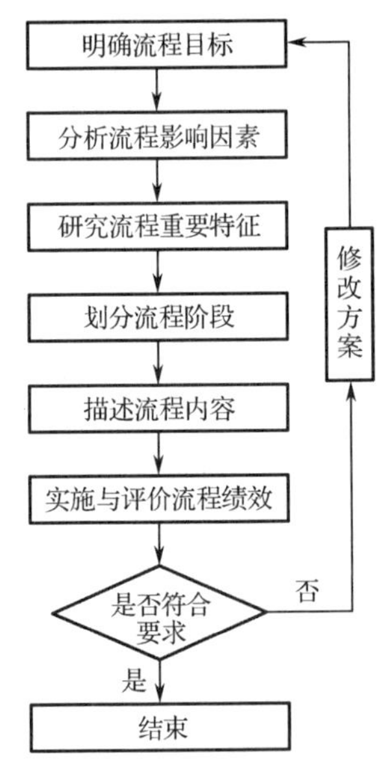

图 5-3　流程设计步骤图

（1）明确流程目标。为了使流程真正服务于企业的目标，需要对组织及流程目标进行广泛深入的调研，深入理解组织的愿景、使命和宗旨，真正理解企业和流程的需求。通常来说，企业的总体目标是获得更多的利润。

（2）分析流程影响因素。为了切实服务于企业目标，需要对流程中工艺、材料、人员、设备、管理、技能、资金、环境和竞争等的影响因素进行深入分析，从而使流程具有良好的运营机理，并能够与组织的结构、文化环境、软硬件能力等相匹配，以便为流程的顺利实施奠定基础。

（3）研究流程重要特征。由于流程涉及多个环节、多种要素、大量活动内容，不同的结构特征都会对流程的绩效产生重要影响。例如，在流程中是使用通用设备还是专用设备，就需要考虑生产类型的特性、未来的生产规模和发展战略。

（4）划分流程阶段。一个流程涉及少则几十项、多则成百上千项具体活动。为了进行有效控制，需要根据流程的特点和组织结构进行阶段、层级、主次边界的划分。例如，可将流程分为一级流程（企业的价值链层）、二级流程（业务模块的运营层）、三级流程

（部门内的工作层）、四级流程（岗位内的作业层）、五级流程（具体工作步骤层）等。

（5）描述流程内容。对流程进行描述的目的主要是将流程以正式文件的形式固化下来，以便使执行活动能够标准化和规范化，便于管理人员对执行绩效进行有效评估。从描述流程的具体内容来看，主要包括流程的目标、详细内容、具体活动、执行人、操作顺序、关键指标、事项标准、使用设备等，以及控制流程、处理功能、数据组织及其他方面的细节等。描述流程的常用软件有 Word、Visio、Mindmanager、Xmind、FreeMind、MindMapper 等。在此基础上，根据流程的内容和各项活动的顺序绘制流程图，主要有顺序结构、选择结构、循环结构等。在流程图绘制完成后，检查每一个判定符号、每一个工作的回路等是否符合逻辑、是否有模糊的区域、是否有效描述了工作内容。

（6）实施与评价流程绩效。为了使流程得到科学操作和管理，需要通过培训使员工及相关管理人员熟练掌握流程特点、技术规范和管理要求等。而流程的绩效评价大致分为确定评价内容、选择评价指标、明确评价标准、资料收集、数据整理、选择评价方法、企业进行评价和分析评价结果等步骤。最后，将评价结果反馈到流程管理之中，并提出相应的改进建议和措施。

目前，对流程进行描述有图形、表格和语言等几种形式，其中图形描述方式具有直观、便于理解等优点，相对于单纯文本描述等描述方法最为常用。目前，企业进行流程设计的常见图形分析工具有流程图、时间功能图、价值流图、工艺路线图和服务蓝图等。

5.1.3　流程优化

流程优化大致可以分为流程评估、流程分析、流程改进和流程实施等阶段，下面详细介绍前三个阶段。

1. 流程评估

（1）界定评估对象。一般来说，需要优化的流程往往不是流程的整体，而是其中某一部分或者某些环节。为此，流程优化首先需要找准优化的对象，即界定一个需要加以分析和改进的流程，比如效率最低的流程、耗时最长的流程、技术条件发生变化的流程、物流十分复杂的流程等。流程评估对象确定的主要途径包括绩效评价、事故检讨、客户反馈、检查控制和学习研究等。

（2）确定评价标准。流程优化是基于提升组织的竞争力，只有明确流程的关键指标，并用这些指标对该流程的绩效进行评价才具有实际意义。评价指标类型主要有流程的运营质量、运行成本、反应速度及与标杆组织流程绩效之间的差距等。

（3）选择评价方法。加权综合评价法是对流程绩效进行评价的常用方法，但该方法也存在操作复杂、工作量大等问题。而流程事故检讨法、客户反馈法、检查控制法、学习研究法等更加直观、快捷、简便。如果能够将科学的定量方法和柔性的定性方法恰当地结合起来，会大大提高流程绩效评价的有效性。

2. 流程分析

流程分析的内容主要包括对流程存在问题的性质分析、原因分析、关联分析和实施分析等。

（1）性质分析。对流程进行分析首先要判断问题的性质，即确定其是全局问题还是局部问题，是战略问题还是战术问题，以便明确流程中发现问题的影响程度和严重性，进而决定流程优化需要投入的资源。

（2）原因分析。要想解决流程中存在的问题，首先需要明确造成这一问题的原因是什么，以便进一步分析和探寻问题形成的机理及影响因素，进而寻求适当的方法进行改进。

（3）关联分析。流程中存在的问题不是孤立的，尤其是其前后活动可能是导致问题出现的重要影响因素，这就需要深入了解哪些活动与之存在关联及关联的程度如何，以便对症下药。

（4）实施分析。分析流程需要对优化方案的必要性、可能性、同步性等问题进行研究，主要是回答改进的意义、改进的可行性、改进的急迫性和改进关联流程的同时性等问题。

3. 流程改进

面对流程存在的问题，改进的方案主要是根据问题的需要进行简化、补充或者调整等，优化的基本方向可以通过访谈法、专家意见法、头脑风暴法、德尔菲法等来确定。总体来看，实现流程优化的基本方式大致有以下几种。

（1）纵向整合。流程的纵向过长将会因决策链和指令链过长而导致信息失真。流程的纵向整合主要是尽量减少各部门之间的活动合作，使活动由一个部门或者一个人来独立完成。并行工程是实现纵向整合的一种有效方法。

（2）横向整合。流程中有很多任务需要不同部门相互配合和协调完成，这就容易导致矛盾和冲突。为此，将原来分散在不同部门的相关工作尽可能整合在一起，并由特定的人员和部门负责，以便提高流程的整体绩效。

（3）次序调整。流程由大量具有先后顺序的工作内容和活动构成，由于设计缺陷及内、外部环境的不断变化，当前流程中的活动顺序可能无法满足工作要求，这时就需要通过工作步骤的不断调整，使流程活动次序更加顺畅。

（4）优化控制节点。流程中存在大量的决策环节，每一个决策尤其是非常规决策需要耗费决策人员大量的时间和精力，而这就会降低流程的运行效率。为此，减少控制环节、避免“多头”控制是提高流程效率的重要手段。

（5）过程柔性化。服务业甚至制造业的顾客的需求已经呈现出多样化、个性化的趋势，流程设计需要在标准化的基础上更多地考虑操作环节的柔性，以便使组织提供的服务与顾客的需求有效匹配。

（6）新技术的应用。信息技术、网络技术、物联网、云计算、人工智能等新技术不断催生新的商业模式和新型业态形式。积极探索新技术在流程优化中的应用，将极大提升流程的运行效率。

5.1.4 流程优化的主要方法

在企业的流程优化中，常用的方法有流程图法、标杆管理法、增值分析法、5W1H 分析法、ECRS 分析法等。

1. 流程图法

流程图不仅可以作为流程设计的工具，还可以作为对流程进行优化的重要方法。流程图法可以帮助管理者发现流程中存在的问题，进而为解决问题提供方向。例如，一家罐头公司产品生产流程原来需要 52 天，通过对流程图进行分析发现有些环节不仅占用了大量时间，还不创造价值。对此，公司对原有流程进行了分析和改进，其中等待时间和订单处理方面的改进使公司生产周期缩短了 46 天。可见，如果能够对流程进行有效改进可以节省出的时间是十分可观的。

2. 标杆管理法

标杆管理法是指企业将组织确定的目标与那些在相应方面表现非常优秀、卓有成效的企业相比较，以便从中发现自身的差距并寻求改进措施，进而达到自身不断进步的目的。标杆选择的目标多种多样，如产品、服务、成本和绩效等，主要是基于组织当前及未来获得竞争优势的需要。标杆管理要想获得满意的效果，需要组织全体员工给予足够的重视，并遵循一定的原则和实施步骤。在流程优化中，实施标杆管理法的主要步骤包括决定流程标杆管理主题、组建流程标杆学习团队、检讨现行的作业流程、设定最佳作业流程典范、收集流程资料、分析目前流程绩效与预期绩效之间的差距、采取流程变革措施、评估流程绩效并进行反馈等。

3. 增值分析法

企业开展经营活动的根本目的就是盈利，然而在企业实际运营中并不是每一项活动都能够增值。因此，对于那些不增值、产生浪费的活动进行科学管理是实现企业目标的基本方法。根据活动的增值情况可以将企业的运营活动分为增值活动、非增值活动和浪费活动三种。

（1）增值活动。增值活动（Value Added，VA）是指那些能够使产品或服务的附加值得到提高的活动。例如，汉堡的肉饼制作过程中的烘烤、汽车修理厂的故障诊断。

（2）非增值活动。非增值活动（Non Value Added，NVA）一般是指那些其本身不能给产品或服务增加附加值，但是为了完成工作又不得不存在的活动。例如，在制品工序之间的转移、需修理的汽车在修理人员与顾客之间的交接。

（3）浪费活动。浪费活动（Waste）是指那些本身既不增值，也不有助于产品和服务增值的活动。例如，产品等待搬运、重复性质量检查等。

增值分析法可以帮助管理者明确流程中哪些活动是增值的、哪些是不增值的、哪些是纯粹的浪费，以便找出流程优化和改进的重点环节。很明显在流程分析和改进中“浪费”是要去除的主要对象，并且使“浪费”减少到零是最佳状态；而对非增值活动而言，尽管其本身并不增值，但又是运营过程中必要的，并且运营过程中还存在错误风险，所以越少越好；对于增值活动来说，尽管其是必不可少的，但是依然可以对其进行改进和优化，以便不断提升运营效率。

对流程进行增值分析可以采用图 5-4 所示的 VA/NVA 图，它可以清楚地表示出增值和不增值活动在全部活动中所占的比重，以便管理者在此基础上制定切实可行的改进目标，比如在 1 年内将浪费去除 35%，将增值活动所占的时间比重提高至 80%等。该图也可以用于对改进后的结果进行分析和评价。

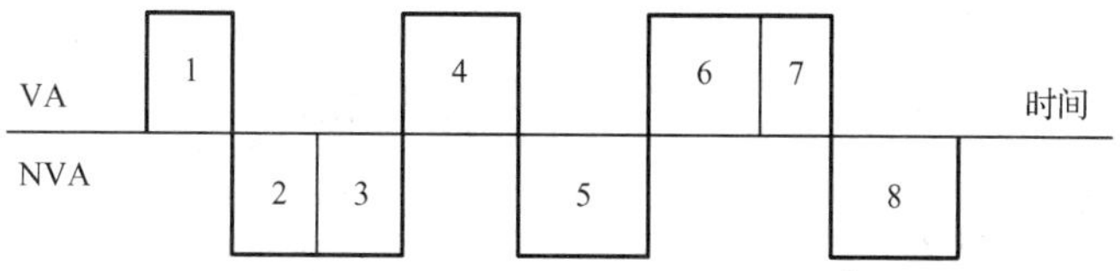

图 5-4　VA/NVA 图

4. 5W1H 分析法

解决组织的流程问题是运营管理的基本职能，而解决问题首先要发现和明确要解决的问题，以及存在问题的原因，所以不断提问是解决上述问题的有效方法。在管理实践中，人们总结出一种被称为“5W1H”的分析法，即问题对象（What）、地点（Where）、时间（When）、人员（Who）、原因（Why）、方法（How）六个方面。一个新的流程在设计或者改进时，实际上需要回答以下六个问题。

（1）研究的具体对象是什么（What）？企业要研究的对象有很多，对此可以提出的问题有：公司生产什么产品？为什么要生产这种产品？能不能生产别的？如果生产这种产品不挣钱，生产什么产品利润更高？

（2）运营的场所在哪里（Where）？企业运营活动需要特定的场所，对此可以提出的问题有：生产的地点在哪儿？选择这个地方的原因是什么？可不可以换个地方？在什么地方更合理？

（3）执行活动的时间安排（When）？企业运营活动执行的时间多种多样，对此可以提出的问题有：这个流程安排在什么时候？在这个时间工作的原因是什么？其他时间加工是否可以？

（4）具体操作由谁来执行（Who）？企业运营活动涉及很多人员，对此可以提出的问题有：这个流程由谁负责？要他负责的原因是什么？是不是可以换其他人负责？

（5）选择这些问题进行分析的原因是什么（Why）？运营问题出现的原因很多，对此可以提出的问题有：为什么设定这个技术参数？为什么不能变动？为什么要做成这个形状？为什么采用机器代替人力？

（6）如何才能达到预期目标（How）？完成一项活动有很多方式和方法，对此可以提出的问题有：完成流程的方法是什么？为什么用这种方法？有没有更好的方法？

5. ECRS 分析法

流程存在问题的原因有很多种，有些是因为活动流程过于简单或者过于繁复、活动顺序安排不合理、存在冗余活动等。ECRS 分析法是通过取消（Eliminate）、合并（Combine）、重排（Rearrange）、简化（Simplify）几种方法，为管理者提供一种简洁、有效的优化流程分析框架，最终帮助人们找到更好的工序方法。

（1）取消。尽可能取消所有不必要的活动。对于流程中一切活动，尤其是那些不产生价值的活动，都要反复分析这些活动是否必要。对于那些不需要的活动，要坚决予以取消，这是改善工作程序、提高工作效率的基本原则。

（2）合并。尽可能合并必要的工作。分工是实现组织高效运转的基本方法，但是过度分工也可能会对组织绩效产生负面影响。合并是指对那些不能取消的工作，考虑能否通过与其他工作合并得到改善。因此，对原有工作进行适当的合并通常可以简化工作、提高效率。

（3）重排。影响绩效的程序尽可能合理重排。经过取消和合并以后，剩下活动的流程还可能存在逻辑顺序不合理的情况。在这种情况下，梳理流程活动顺序，进行重新安排，将有助于工作安排更有条理，工作效率也会更高。

（4）简化。必需的活动内容尽可能简化。日常工作中常常存在一些冗余的活动、步骤或动作，采用恰当的方法对冗余的活动进行适当的简化，可以使流程变得更加清晰。

与 ECRS 分析法类似的方法还有 ESIA 分析法，ESIA 是 Eliminate（消除）、Simply（简化）、Integrate（整合）、Automate（自动化）的缩写，该方法强调的是自动化。除此之外，“QC 七工具”中的因果图法和相关图法也可以用来分析流程中存在的问题，尤其适用于对那些相对较为复杂的问题进行分析和优化。

5.2 生产流程

5.2.1 生产流程及要素

1. 生产流程的概念

生产流程也叫工艺流程、加工流程或者制造流程，是指基于用户的需求通过生产系统按照一定的顺序将原料投入（人流、物流、信息流、资金流）后转变成产品产出的一系列过程。在这个过程中，涉及大量的通过一定的设备按顺序连续地进行产品加工的过程。流水线就是生产流程的一个典型形式。

2. 生产流程的构成要素

一个完整的生产流程需要完成投入与产出的转化过程，在这个流程中会涉及客户、任务、供应商、投入与产出、物流与信息流、人员与设备等要素。

（1）客户。生产流程主要是通过向顾客（或下道工序）提供产品而获得收益的活动。因此，每个流程都存在自己的客户，这就要求生产流程中的所有活动都要满足自己客户的需求。

（2）任务。任务是指完成基于客户需求的既定目标，往往体现为活动指令形式的信息流。任务一旦明确，相应的流程就可以进行设计和实施了。

（3）供应商。完成任务的原材料、半成品等大多数来源于各个不同的供应商。对于流程的有效运行而言，选择合适的供应商极为重要。

（4）投入与产出。为了使生产流程的投入有效地转化为产出，通常需要确定投入资源的数量、准备情况、可获得性及产出的产值、质量、时间等。

（5）物流与信息流。在进行实质性的生产过程中，需要对投入和产出的物流进行科学配置，而这在很大程度上是建立在有效信息流的基础上的。

（6）人员与设备。生产制造活动需要由特定的人员在一定的设备上实施，加工人员的数量、能力，以及生产设备的一些特性，都会对生产流程的实施效果、产品的质量产生重要影响。

3. 生产流程关注的问题

生产流程是企业实现盈利目标的基本方式，其主要关注效率、成本、柔性、安全、环保等问题。

（1）效率。生产流程的效率是指给定投入和技术的条件下资源有效转化为产出的程度，是直接决定企业竞争力的关键指标。

（2）成本。一直以来，产品成本都是获得竞争优势的关键要素之一，生产成本是生产流程设计中需要考虑的核心问题之一。

（3）柔性。为了适应客户个性化、多样化的需求变化，生产流程需要在设备功能、空间布局、顺序调整等方面具有较强的柔性。

（4）安全。在大规模的生产系统中，可靠的运行设备、状态良好的员工、内容规范的工艺等，会大大降低生产流程中由于生命与财产安全问题造成的损失。

（5）环保。生产流程不应该对员工健康、周边环境，甚至土壤、大气、生物多样性、水资源等产生负面影响，应该符合社会对绿色和环保的发展要求。

5.2.2　生产流程类型

琼・伍德沃德（Joan Woodward）在研究企业组织绩效与技术之间关系的过程中，按技术复杂程度将企业的生产方式分为小批量与单位生产方式（Unit Production）、大批量生产方式（Mass Production）、流程（或连续）生产方式（Process Production）。然而，随着管理实践和管理理念的不断探索，这一分类方法已经不能完全描述如今生产系统的类型。通常来说，组织的生产活动选择什么样的流程形式与产品的性质、组织的结构、员工特征、技术水平、管理理念等息息相关。

1. 按产品生产间隔时间分类

按照产品生产间隔时间可以分为连续型生产流程和离散型生产流程。

（1）连续型生产流程。连续型生产中的“连续”是指产品间的生产时间不存在明显间隔，往往采用 24 小时连续不间断的生产运作模式。化工、冶炼、食品、造纸等大多属于连续型生产流程，其产品具有单质性、连续性，一经生产就是较多数量和较大规模的。连续型生产流程具有产品产量、质量和效率相对稳定，以及资源浪费少、自动化水平高、劳动生产率高等优点，但是也存在建设周期长、一次性投资大、工艺复杂、产品单一、对员工要求高、设备刚性强、不能快速适应内外环境的变化等不足。另外，如果由于特殊原因导致停产，企业往往需要为之付出较大的时间、设备调试等成本。

100 万吨乙烯工程

近年来，中国各地不断上马了一系列百万吨乙烯工程。乙烯工业是石油化工产业的核心，是衡量一个国家石油化工发展水平的重要标志之一。乙烯是全世界产量最大的化学产品之一，其相关产品占石化产品的 75%以上。乙烯是合成纤维、合成橡胶、合成塑料、合成酒精的基本化工原料，也用于制造氯乙烯、苯乙烯、环氧乙烷、醋酸、乙醛、乙醇和炸药等，还可用作水果和蔬菜的催熟剂。中国经济的快速发展对乙烯形成了巨大需求，2016 年乙烯产量近 1 800 万吨。乙烯生产是典型的连续型生产流程，但是因为其具有投资大、环境潜在风险高等特征，对工程的选址、建设、流程控制等管理工作提出了非常高的要求。

（资料来源：根据公开资料整理。）

（2）离散型生产流程。离散型生产流程中的“离散”是指产品间的生产时间存在明显或一定间隔，采用这一生产方式的企业可以根据需求在一定范围内确定产品的生产节奏。也就是说，离散型生产是按照产品特定的加工要求，在不同的加工设备上进行顺序加工。机械设备、电子产品、家用电器、汽车、快餐等产品的制作过程均属于离散型生产流程。离散型生产流程生产的产品大多由许多可以明确分离的零部件按照一定的规则组合而成，所以其生产过程是先制造零部件，再进行产品总的组装，整个生产过程的顺序、时间等具有离散性的特征。

在离散型生产系统中，设备通常按照功能分组布置，生产活动顺序也可以进行不同的组合，具有很强的柔性。相对于连续型生产，离散型生产流程开工与停工之间的转换相对较为容易，产品生产的数量、质量、效率也可以有较大的变化，人为因素对系统运行效率的影响更为明显。例如，即使使用同样的设备生产同一种产品，不同的组织、不同的管理模式产出效率也可能存在巨大的差异。

2. 按产品品种和生产数量分类

按照产品品种和生产数量可以分为单件生产、大规模生产、大规模定制等流程类型。不同生产方式的生产流程都具有自身独特的特点。

（1）单件生产流程。单件生产（Simplex Production）也可称为单品种小批量生产，一般是指那些产品单一品种的生产量较小，甚至是一件的生产类型。例如，新产品试制、重型机械、专用设备、航母、火箭、艺术品、奢侈品、大型工程项目等大多属于单件生产类型。单件生产往往采用通用化的装备进行加工制作，以便有效降低单件产品成本。同时，单件产品生产的工作内容相对较为灵活，对工作人员的技能有更高的要求。

（2）大规模生产流程。大规模生产（Mass Production）也可称为单品种大批量生产，是指单一品种产品大批量，或者若干种产品大量生产的方式，具有产品种类少、生产数量大、产品成本低、工艺重复性高等特征，具有显著的规模经济效益。汽车、电视、洗衣机、电脑、手机，以及米、面、油等，还有鸡、猪、牛等的饲养和屠宰业都属于大规模生产类型。大规模生产是基于产品或零件的互换性、标准化和系列化，生产中往往使用专门的设备和工具，能大幅提升生产效率和降低产品成本。然而，大规模生产也存在初始投入巨大、建设周期长、难以适应产品的个性化和多样性需求等不足，面对变化愈来愈快的市场需求和激烈的竞争需要克服诸多困难。

（3）大规模定制流程。大规模定制也可称为多品种小批量生产。在过去很长一段时间里，大规模定制被认为是一种不可能实现的生产方式，但是随着新技术的不断发展，已经有一些企业将其应用在实践中。大规模定制实现的基本思路是基于产品零部件和产品结构的相似性、通用性，利用标准化、模块化等方法降低产品的内部多样性，并运用现代化的信息技术、新材料技术、柔性制造技术等一系列技术，把产品的定制生产问题全部或者部分转化为批量生产，以大规模生产的成本和速度，为单个客户或小批量多品种市场定制任意数量的低成本、高质量的产品，进而满足客户个性化、多样性的需求。可见，大规模定制具有产品设计模块化、产品技术参数化、组织结构扁平化、生产制造客户化、采购销售一体化和竞争方式团队化等特点。需要特别指出的是，大规模定制不是完全意义上的根据客户天马行空的想法提供所有需要的产品，而是在企业产品提供能力范围内进行多种快速的产品组合。延迟制造是实现大规模定制的常用策略。

成批生产（Batch Production）也是理论研究领域中的一种生产类型。成批生产根据每批次生产产品数量的多少可以分为“大批生产”“中批生产”和“小批生产”三种，其中“大批生产”就是指大规模生产，而“小批生产”就是指单件生产。

3. 按产品生产指令来源分类

按照生产产品的指令来源可以将生产流程分为推动式生产流程和拉动式生产流程，两者拥有截然不同的管理理念。

（1）推动式生产流程。推动式生产流程是指生产者是从自身生产特点出发供应需求的，市场是一种“被动性”接受过程。推动式生产的被动性特征体现为上下游工序被分割开来，每道工序都不考虑下一道工序的实际需求，只按照自己觉得合理的批量和节拍生产，并成批送到下游工序。在这种情况下，供需双方在产品数量、质量、时间、地点等方面缺乏及时的沟通，容易导致供应不足或者供给过剩，进而出现生产停工、忙闲不均、库存波幅过大等问题。

（2）拉动式生产流程。拉动式生产流程是指供应者是从市场的需求出发的，用市场需求拉动的“主动性”生产过程。拉动式生产的主动性特征体现为下道工序是上道工序的客户，上道工序是在下道工序主动需求指令的拉动下生产的。在这种情况下，部门之间形成一个以下道工序向上道工序不断发出指令，实现符合实际需求的连续、有序的生产流程系统。拉动式生产可以保证只在适当的时间进行适当数量产品的生产，从而避免了因高库存产生浪费。看板是实现拉动式生产的一种基本工具。

4. 按产品生产是否移动分类

根据产品在生产过程中是否移动，可以将生产流程分为产品移动式生产流程和产品不动式生产流程。

（1）产品移动式生产流程。产品移动式生产流程的典型代表就是流水线生产方式，其典型特征是产品在生产过程中处于不断移动状态。流水线是指每一个生产单位只专注处理整体产品的某一个工作环节，在一个环节的工作完成之后便移动到下一个工作环节，依次流动下去，最终完成整个产品的所有生产内容。流水线一般包括牵引件、承载构件、驱动装置、张紧装置、改向装置和支承件等，具体类型可分为皮带式流水线、板链式流水线、差速输送流水线、滚筒式流水线、悬挂式流水线等。流水线是人和机器组合的有效形式，是实现大规模生产的基本方式。

（2）产品不动式生产流程。对于一些生产数量少、形体巨大、不宜移动的产品来说，往往采用产品不动的生产方式，比如大型船舶、航母、火箭、道路、桥梁、楼房、矿井等的生产制造。在这一生产方式下，产品一般不进行移动，而操作人员、机器设备、工具、零部件是根据产品制造需要不断进行移动的，这属于典型的产品不动式生产流程。尽管这一生产方式没有流水线的高效率，但依然是很多领域采用的基本生产方式。

5. 按产品数量移动特征分类

根据在工序之间移动的产品数量可以分为单件移动型生产流程、成批移动型生产流程和混合移动型生产流程。

（1）单件移动型生产流程。单件移动型生产流程是指每道工序生产产品的数量以一件为基本单位，当一件产品在上道工序完成后立即转移到下道工序加工，直到最后一道工序加工完成。大多数流水线都是典型的单件移动型生产流程。

（2）成批移动型生产流程。成批移动型生产是指生产系统中产品是以成批的形式在上下工序之间流转的。成批移动可以避免因单件产品移动导致的移动次数过多、移动效率低等问题。机械加工车间中零件的加工大多采用成批的移动方式。另外，由于客户的需求往往是以一定数量为单位的，企业就需要根据订单以成批的形式进行产品的生产和流动。

（3）混合移动型生产流程。成批移动产品转运次数少，管理简单，设备能够得到充分利用，但是每道工序库存量较大。单件移动库存量小，加工周期短，但是转运次数大大增加，设备空闲时间多而零碎。混合移动型生产流程是指生产过程中根据生产的需求可以采用单件移动也可以采用成批移动的方式，其兼具前面两种流程方式的优点，有助于提升生产系统的效率。

6. 按产品生产中人参与的程度分类

根据在产品生产中人参与的程度，可以将生产流程分为自动生产流程、人工生产流程和混合式生产流程。

（1）自动生产流程。自动生产流程是指由机械替代人工作的生产过程。在这种生产系统中，企业的生产过程是通过一些仪表和机械装置来实现对生产过程的动作、流程、数量、质量、速度等的控制的，而不需要工人更多的直接参与，从而使生产按照一定的参数自动进行。随着机器人、智能制造等技术的不断发展及人工成本的不断提高，自动生产方式具有生产速度快、生产成本低、产品产量和质量稳定、安全系数高等优势。

（2）人工生产流程。自动化生产存在诸多优点，但是也存在投入大、刚性强、调试周期长、维护成本高等不足。在人工成本与上述投入相比依然划算的情况下，采用人工生产依然是一种可供选择的生产流程方式。另外，对于那些需求量小或者对产品个性化要求比较高的产品来说，大多仍需采用人工生产的方式。

（3）混合式生产流程。基于自动生产与人工生产的优劣势，需要在两者之间进行恰当的权衡，即在提升生产的自动化程度的同时，某些环节依然需要人工参与。尽管自动化生产系统具有诸多优点，但几乎没有哪一个组织或是哪一个活动能够做到绝对没有人的参与。然而，在机械化、自动化的技术和经济可行性不断提高的背景下，未来的生产系统中人的活动将会越来越多地被机器取代。

5.2.3　生产流程设计的影响因素

生产流程是企业实现经营目标的基本形式，如何调整才能提升生产系统的绩效，需要对影响生产流程的因素有全方位的理解。

1. 产品的需求性质

（1）产品的数量。产品的需求数量、品种等的波动会直接影响企业在设备采购、固定资产投资等方面的资源投入决策，进而影响生产流程的形式和运行方式。由于生产规模的差异，产品的生产流程往往存在巨大差异。

（2）产品的质量。对于不同质量等级的产品来说，其需要使用的设备、加工时间、产品材料、成本等往往会存在较大差异。而这些都会对生产中的一系列系统产生较大影响，导致生产流程难以与产品的质量相适应。

（3）产品的结构。产品的结构是影响生产流程的重要因素之一，比如大尺寸产品与小尺寸产品对于设备、场地的要求明显不同。当产品的结构发生变化时，往往其相对应的生产流程也不得不进行调整。

2. 企业的生产能力

如果企业在设备能力、人员结构、生产柔性等方面具有较强的能力，产品往往会完全由自身提供。否则，企业可能会采用外包、外协、外购等方式解决产品供应问题。

（1）企业的设备能力。设备是企业的硬件，是生产产品的基本工具，会对产品生产的数量、种类、质量等产生重要影响。当产品种类多、批量大、质量要求高时，产品会对企业的设备数量、设备配置等提出较高的要求，相应的流程也会更为复杂。

（2）企业的人员结构。要想使设备能力得到最大化发挥，需要强有力的执行人来实施。不同的产品生产需要的人员是不同的，甚至差异巨大。人员的构成是影响产品实施的基本要素。

（3）企业的生产柔性。生产柔性需要设备柔性和人员柔性等多个方面的支撑。设备柔性是指生产系统从生产一种产品快速地转换为生产另一种产品的能力。人员柔性是指在生产系统快速变化的情况下，工作人员快速适应生产活动的能力。

3. 顾客的参与程度

顾客参与曾经是服务行业的一个典型特征，随着顾客需求性质的不断变化、顾客主动参与的积极性不断提高，顾客参与已经成为企业不得不重视的管理事项。在这一背景下，一些企业在产品的生产、制造，甚至设计中都设置了顾客参与的环节。因此，顾客以什么形式、在多大程度上参与，都会影响生产流程系统的设计。

4. 资金的预算数量

资金预算的数量直接决定生产流程能够投入多少资产。流程的自动化水平高，意味着技术装备多、投资量大、投资周期长。而人工生产流程较为灵活、投资量小，但是生产效率很低。在内、外部环境不断变化的背景下，需要在劳动密集型和资本密集型的生产流程方式之间进行权衡。事实上，高自动化的流程并不一定就意味着强的竞争力。

5. 产品的订单性质

产品的订单是一次性的还是连续性的，对企业选择制造流程起着重要影响。如果产品属于一次性的，企业往往不会为此投入大量固定资金，通常会使用一些通用设备来实现生产；如果产品需求量较大且较为稳定，企业为了有效降低产品成本，往往会投入一些特殊设备，如产品的专用设备。专用设备是针对特定产品而制造的，尽管其具有较强的刚性，但在生产产品时往往具有极高的效率。

6. 生产的新技术

在新技术不断涌现的背景下，企业在进行生产流程设计时需要恰当且充分地利用新技术。信息技术、物联网技术、智能制造技术、3D 打印技术、机器人、自动存取系统、机床技术、自动识别技术等对生产流程正在产生着越来越大的影响。

5.2.4 生产流程设计

1. 流程的系统设计

（1）流程总体结构。生产流程涉及企业的方方面面，需要对多种任务进行妥善的安排和科学的管理，为此从系统的视角对流程目标、组织架构、层级分布、管理模式等进行科学规划和合理设计是将来流程有效运营的基础。

（2）流程涉及部门。产品生产涉及大量活动，这些活动往往需要企业的诸多部门具体执行。在这种情况下，流程涉及哪些部门、设施、设备，部门之间如何衔接、具体任务之间的逻辑关系等，都需要在流程设计之前清晰明确。

（3）流程方式。一般来说，常见的流程有连续性或离散性生产流程、备货型或订货型生产流程、大量生产流程、成批生产流程和单件生产流程等。对于拥有不同资源的企业来说，同一种产品采用的流程也可能存在巨大差异。

（4）流程工位顺序。工位顺序决定了产品生产流程中各工序的先后开展顺序。流程工位顺序一方面受到产品生产工艺、设备生产占用的制约；另一方面要尽可能以科学的方式安排先后顺序，以便在生产中避免不必要的浪费。

2. 流程的布局设计

（1）流程场地。生产流程是由一系列工作顺序排列而成的，一些复杂的产品可能需要占用很大的场地。例如，一辆汽车的装配线长度在 5～6 千米。因此，在对流程进行设计前首先要充分估计流程在场地占用方面的需求。同时，设计时还要尽可能预留一些可扩展的场地，用于未来流程改进可能存在的场地需求。

（2）流程空间。产品的生产流程不仅具有一定长度，一些特殊的流程还有高度的要求。例如，汽车装配线的某些环节采用悬吊方式。同时，为了便于装配、保证员工走动安全和产品运输畅通，还需要使装配流程周边具有较为宽阔的空间，以便需要时进行灵活调整。

（3）流程环境。大量员工需要长期处于生产流水线的工作环境中，生产环境的安全、卫生、环保也是在流程设计时应关注的重要因素。一般来说，科学管理工作场所的照明、温度、湿度、颜色等有助于提高工人的劳动效率。

3. 流程的资源设计

流程的运行过程中涉及很多资源，这些资源的设计将影响流程的绩效。

（1）人员。人员是生产流程的基本执行者，人员的技术水平、熟练程度、工作态度等都会对生产的数量、质量、过程和周期等产生重要影响。因此，人员是流程设计必须考虑的主要因素之一。

（2）设备。产品生产需要工作人员利用一定的生产设备来实现，这些设备的数量、先进程度、运行状态等会对生产系统的工艺路线、产出效率、流程的自动化水平等产生广泛影响。为此，在生产流程设计中需要对相关设备进行系统的研究和选择。

（3）工位。工位是指为了完成某一产品生产的特定工序而设置的指定区域。一般来说，一个工位可以配置一个人或者多个人。工位现场包括工具、零件、工作设备、电源插口、水杯架等。

（4）库存。对于生产流程而言，绝对没有库存是不可能的。在这种情况下，将库存视为一种资源，并充分发挥其正向作用显得非常重要。因此，在进行生产流程设计时需要对库存进行科学、合理的管理和控制。

4. 流程的时间设计

在生产流程中需要消耗大量的时间，而这些时间将会对产品的生产周期产生直接影响。

（1）生产周期。生产周期（Production Cycle）是指加工的产品以原材料的状态进入生产流程开始直至变成成品，在生产流程中经过的全部时间。生产周期不仅包括各工序的加工时间，还包括流程内的停滞、等待、储藏和搬运等时间。

图 5-5 是面包生产的基本流程，其中面粉混合、成型、烘烤、冷却、包装工序都需要一定的时间。在这种情况下，该条面包生产线生产一个批次的产品需要的时间就是每一个生产工序所需的时间之和，再加上工序之间可能存在的停滞和等待时间，两者时间之和就是一个批次面包的生产周期。

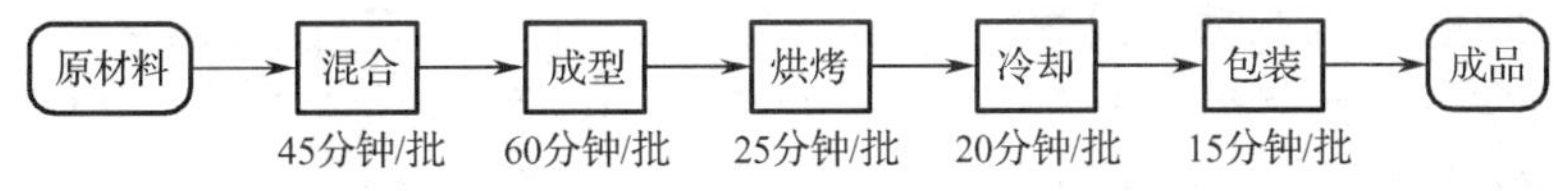

图 5-5 面包生产的基本流程

需要注意的是，上述生产周期是单一批次进行生产时所需要的时间。当生产批次发生变化以后，系统生产面包所需要的生产周期就可能发生改变，比如面包是连续进行生产的，即当第一批次面包的混合工序完成之后，就立刻对第二批次的面包原料进行混合，成型、烘烤、冷却、包装等各工序也依此顺序进行。在这种情况下，每批次面包生产周期就是一个时间段与面包生产批次的比值。另外，工序之间衔接可能存在人员和设备的停滞、等待现象，这将会影响生产周期。

（2）加工时间。加工时间（Production Time）是指生产流程中从原材料到转化为成品过程中处于生产状态的全部时间，即能够对产品起到价值增值的一系列生产活动。图 5-5 所示的面包生产流程中，混合、成型、烘烤、冷却、包装工序所消耗的时间均属于流程的加工时间，而各工序之间的等待、运输、存储等花费的时间则不属于加工时间范畴。

（3）空闲时间。空闲时间（Idle Time）是指工作时间内设备或人没有执行有效任务的时间。空闲时间是流程优化、改善的重要分析对象。一般来说，空闲时间通常是流程中各工序的时间不一致造成的。图 5-5 中，由于混合、成型、烘烤、冷却、包装工序需要的时间各不相同，这就导致各道工序之间的生产不能实现均衡，以致有些工序工作强度非常大，而有些工序会处于等待状态。在本质上，空闲时间表现为流程中一些资源没有充分发挥效用，从而产生了浪费。

（4）节拍。节拍（Circle time）是指连续完成相同的两个产品（或两个批次）之间的时间间隔。在生产流程中，节拍适用于流程的终端产品，也适用于流程中某一具体工序或环节，即两个相邻产品产出的时间间隔。图 5-5 中，包装过程中两个相邻面包的完成之间的时间间隔，可以认为是单位面包包装工序的节拍。两个批次的面包完成之间的时间间隔也可以称为节拍。可见，节拍是研究生产流程的基本单位。

（5）搬运时间。搬运活动一般包括装货、卸货、运货、码货等行为。货物的搬运需要消耗人力、物力和财力等资源，还需要一定的存储空间和运输通道，然而这些活动不仅不产生任何价值，还可能会因搬运不当产生额外损失。因此，对生产流程中搬运时间的有效管理是减少浪费的重要方法。

（6）工序转化时间。产品在加工过程中往往需要在工序与工序之间、设备与设备之间进行转换，如调整设备、准备新工具、量具、更换模具、清洗设备等，因此而花费的时间被称为工序转换时间。由于市场需求的多样化、个性化，生产线需要经常变动，工序转换时间可能只需要几分钟，也可能需要几小时，甚至更长时间。而工序转换过程中相关人员、设备无法有效执行工作任务，从而造成浪费。因此，工序转换时间越短越好。丰田汽车公司的“60 秒即时换模”（Single Minute Exchange of Die，SMED）技术是控制工序转换时间的典范（SMED 方法的成功案例见表 5-1）。

表 5-1　SMED 方法的成功案例

公 司 名 称	机 器 类 型	原切换时间	SMED 切换时间
丰田	1000 吨冲压机	4 小时	3 分钟
雅马哈	生产线	9.3 小时	9 分钟
马自达	环形齿轮切割机	6 小时	10 分钟
日立	铸模机	1.25 小时	3 分钟

资料来源：丰田内部系列培训材料。

丰田的快速换模

“60 秒即时换模”是在 20 世纪 50 年代初期由丰田汽车公司的新乡重夫（Shigeo Shingo）发明的。之前，丰田汽车公司生产线转换需要耗费大量时间，新乡重夫的观点是“必须让流动顺畅起来”。基于丰富经验，他开发了一个可以分析换模过程的方法，找到了换模时间长的原因及减少的方法。为了缩短转换时间，他发明了 SMED 换模的七大法则：并行操作、双脚勿动、特殊道具、剔除螺丝、一转即定、标准化、事前准备。在他领导的多个案例中，换模时间甚至被降到了 10 分钟以下，因此这种快速换模方法被冠名为“单位分钟快速切换”或“快速作业转换”。SMED 技术通过快速的模具切换（Exchange of Dies）达到了缩短换线时间、生产线快速转换的目的，对于提升丰田汽车公司的生产效率起到了巨大作用。

（资料来源：根据公开资料整理。）

总体来看，增加硬件是缩短流程速度的有效方法，也可以通过一些管理方法缩短流程时间：①将流程中的一些活动进行并行操作。并行操作方式通常可以使流程的时间缩短 80%，并获得同样的生产效果。②调整流程顺序。通过简化、理顺、调整工序可以有效减少重复或不必要的工序。③减少等待。流程是由一系列相对独立的工序组成的，这些工序之间需要通过一定形式进行衔接，基于拉式的生产方式可以有效减少等待时间。

5. 流程的能力设计

（1）流程生产能力。生产能力（Capacity）是反映流程生产加工能力的一个重要指标，如企业一年能够生产 1 000 万台冰箱、银行柜台每天能够服务 50 位顾客等。一般来说，流程的生产能力与采用的生产技术、设备型号、工艺路线及员工的经验有关。

（2）流程瓶颈。流程瓶颈（Bottleneck）工序也叫关键工作中心，是指流程中那些生产节拍最慢的环节，其决定了流程的最大产能。因此，流程设计的一个重要任务就是尽量避免因瓶颈环节制约而使整个系统出现失衡的状况，以便使产能最大限度地发挥出来。

（3）流程生产批量。流程生产批量（Lot Size）是指一个流程在一定时期，同一批次出产的在质量、结构和制造方法上完全相同的产品数量。对于一个流程而言，按每种产品每次投入生产的数量，分为大批量生产、中批量生产和小批量生产三种。不同批量的生产方式会由于转换生产线、等待原料等影响生产效率。

（4）流程生产效率。流程生产效率（Production Efficiency）是衡量一个系统运营优劣的一个重要指标。事实上，影响流程生产效率的因素有很多，如产品特性、生产场所、设备、生产技术、产品原料、能源类型、员工技能、组织架构、工作方法、管理模式等，大多数流程的效率在 50%～95%。

5.2.5 生产流程平衡

1. 生产流程平衡的本质

生产流程平衡是通过调整各工序的作业负荷，使流程中全部工序达到平均化、均衡化，其目的是消除各种等待浪费，以达到生产效率最大化。通常来说，生产流程是由一系列上下工序顺次衔接组成的，由于每道工序的工作性质和内容存在一定差异，各道工序所需要的时间几乎不可能完全相等。在这种情况下，就会出现生产流程失衡状况，进而导致闲忙不均、设备和人力浪费等问题。

2. 生产流程平衡的基本原理

流程平衡的基本手段就是尽可能使所有工序间消耗的时间相等，从而使各工序没有等待时间，使产能得到充分发挥。然而，流程平衡是进行流程管理的永恒问题，因为当流程中某一用时最长的工序得到改善后，其他工序就会成为新的瓶颈。流程平衡的主要方式大体可以分为两种：一种是将时间耗时长的工序进行优化，达到压缩工作时间的目标；另一种是将工序进行调整，尤其是将时间短的工序进行适当合并，或将时间长的工序进行分解，以达到所有工序需要时间基本相同的目的。

3. 生产流程平衡的改进步骤

对生产流程实施平衡管理是一项系统工程，一般需要经过以下几个步骤。

（1）分析流程现状。基于生产流程中存在的问题，相关人员需要了解、分析生产流程的运行状况及导致这些问题的可能原因。例如，各流程工序的不良品率、人员出勤状况、产品加工的难易程度、品质事故的发生点等。

（2）明确改善目标和对象。改善生产流程的平衡状况具有多个视角，不同的改善目标会影响改进对象、具体措施的选择。例如，提高流程的生产效率、提高产品产量、减少作业人员，以及是基于流程整体的改善还是基于对部分环节的优化等。另外，此阶段还要基于确定的目标选择恰当的管理对象。

（3）分析生产流程。由于流程的平衡改善主要是确定瓶颈环节，研究人员需要深入了解产品工艺流程状况，对各工位具体作业情况进行观察分析并获得各工序具体数据，以便为科学寻找流程瓶颈提供分析依据。

（4）确定瓶颈工序。获得流程各具体工序的数据后，明确导致目前各问题的主要原因。在此基础上，绘出生产流程平衡图，计算目前的平衡率①、平衡损失率等。最后，根据改善要求确定需要改进的瓶颈工序。

（5）设计改进方案。生产流程平衡问题的改进的本质是使流程中各工序的节拍达到一致。一般来说，最理想的方案是求出使生产流程能够有效生产的最小节拍，或者使各工序的单件作业时间尽可能接近节拍或是节拍的整数倍。节拍的计算公式为：

生产线节拍=流程生产的每天时间÷每天产品的产量

基于生产节拍的概念，将整个产品生产过程划分为若干个工位，每一个工位要完成的工作由多个作业基本单元组成，使每个工位在节拍内都处于繁忙状态，最终达到各工位的闲置时间最少、作业平衡、效率较高的目的。

---

① 根据国内外业界的一些标准，生产流程的平衡率在 90%～100%处于较为理想状态，在 80%～90%处于良好状态，而低于 70%就处于急需改进状态。

（6）试运行改进方案。在新流程实施之前，最好得到高层领导的认可和支持。在此基础上通过广泛宣传并加强员工培训，以便使员工在实施过程中降低难度和消除畏难情绪。另外，在所有实施条件都基本完善的情况下，依据平衡改善法则、动作经济原则等方法对新流程进行试运行。

（7）实施改进方案。在新流程方案的实施过程中，相关专业技术人员需要对流程执行情况进行深入观察和分析，以确定新流程方案的改善结果是否达到预期标准，并在此基础上对新流程的执行情况进行评价、完善和总结。

5.3 服务流程

5.3.1 服务流程及要素

1. 服务流程的概念

服务流程是指服务组织为了满足顾客需求而提供的一系列有形或无形的服务生产、交易和服务消费等活动，以及相关的程序、任务、操作方针、组织机制、日程、人员管理的制度等。服务流程对服务质量、成本、效率、服务展示、顾客满意度等都会产生重要影响。图 5-6 为一汽大众 4S 店的维修服务流程，具体包括电话预约、准备工作、接车/制单、修理/进行工作、质检/内部交车、交车/结账、服务跟踪等。可见，服务人员在提供服务的过程中做到了分工明确、有条不紊。

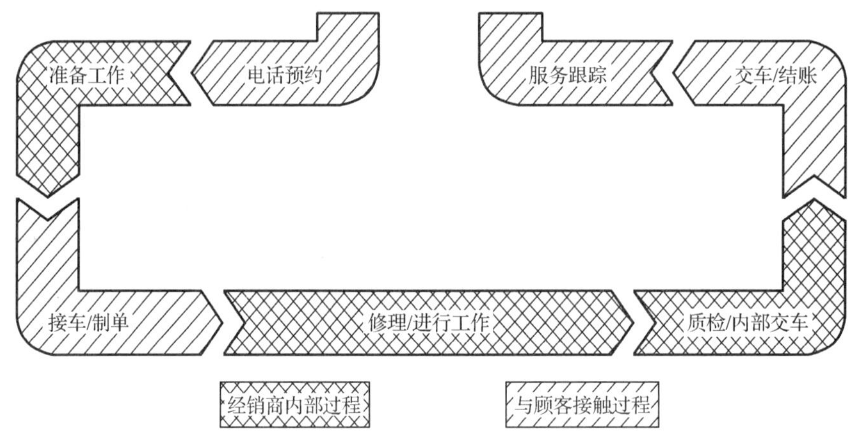

图 5-6　一汽大众 4S 店的维修服务流程

2. 服务流程的构成要素

一个完整的服务流程是服务人员为顾客提供其所需要的整个服务过程，这个过程会涉及顾客、服务人员、服务内容和服务平台等要素。

（1）顾客。顾客是指到服务组织购买有形产品或无形服务的组织和个人。顾客为组织实现价值提供资金保证，是组织之所以能够存在的基础。为此，提升顾客满意度是所有服务组织永恒的努力目标。

（2）服务人员。服务人员是指在特定情境下为顾客提供服务的人员。服务人员的一些常见基本职责有迎接顾客、招呼顾客、答复顾客问询、为顾客解决困难、处理顾客投诉等。一般来说，服务人员往往需要与顾客进行直接的面对面交流，对服务质量和顾客满意度等会产生极为关键的影响。

（3）服务内容。服务产品是连接顾客与服务组织的桥梁，也是影响两者之间关系的关键环节。与实体的有形产品相比较，服务具有更为丰富的内涵和特征。有些服务产品是完全无形的，有些是有形的，还有一些是两者兼具的。例如，顾客不仅重视食品的样式、色泽、盛放方式等，而且对食品的口味、营养、健康等因素十分在意。

（4）服务平台。服务的一些无形特性为了得到顾客的充分感知，需要借助一些有形的媒介展示出来。例如，服务场所的装潢、服务人员的仪表、态度，服务场所提供的自助终端、自动售货、自动洗车等设备，都有助于提升顾客的满意度。

3. 服务流程关注的问题

与实体产品交付过程相比，服务流程往往需要与顾客进行较为深入的接触。这个过程会影响服务的效率、成本、柔性、安全等，进而影响顾客满意度。

（1）服务效率。服务效率会受到服务人员素质、态度、能力，以及顾客的一些消费行为特征的影响。在服务业竞争日趋激烈的背景下，提升服务效率是提升企业竞争力的重要手段。

（2）成本。尽管服务具有个性化的特征，但仍可以在某些环节采用工业化生产方式，以减少员工数量、降低服务风险等，从而达到控制服务成本的目的。另外，通过引进先进的管理理论、采用新的技术手段、优化服务流程等也可以在一定程度上降低服务成本，不断提升企业的成本竞争优势。

（3）柔性。顾客需求的多样化、个性化特征，要求企业提供的服务能够根据顾客需求进行快速的调整和变化。制定柔性的服务流程、培训柔性的服务人员、建立柔性的组织架构等都有助于满足顾客的需求，进而得到顾客的认可。

（4）安全。为顾客提供一个健康、安全的环境，尤其是不能给顾客造成威胁、危险、损失是服务组织开展服务活动的基本要求。可靠的服务设备、身心健康的员工、空气新鲜的场所、内容规范的服务等都是提升服务安全水平的重要因素。

5.3.2　服务流程类型

1. 按服务标准化程度分类

（1）流水线化服务流程。对于具有大量共性的持续性需求的服务，可以采用标准化程度较高的流水线服务流程形式。例如，患者在医院就诊通常需要经过挂号、诊断、付费、取药、治疗、离开医院等过程，而这些过程是按照患者的治疗过程依次完成的。

（2）定制化服务流程。定制化服务属于非经常性重复的服务，服务内容、服务属性、服务时间、服务方式、服务能力等都可能不断变化，难以采用资本密集型方式。例如，企业管理咨询通常需要针对不同的问题，制定明显不同的服务内容和服务流程。

2. 按顾客接触程度分类

（1）低接触服务流程。在低接触服务中，因为顾客不直接出现在生产过程中，所以不会对服务流程产生直接影响。因此，对于低接触的服务流程类型尽可能采用自动化设施，设计成标准化和规范化的流程形式。

（2）高接触服务流程。在高接触服务中，顾客的过多参与尽管可以减少服务组织的资源消耗，但是也可能增加不确定性。因此，在设计高接触服务流程时需要对顾客参与行为进行科学的规范和引导，也需要对相关服务人员进行有效的培训，从而提升服务对顾客的正面影响。

3. 按复杂程度和差异程度分类

（1）复杂程度和差异程度都比较低的服务流程。这种服务类型尽可能采用规范化、标准化的服务模式提供一致性较强的服务。例如，超市收银员使用 POS（Point of Sale）系统提供收费服务，这个服务过程对员工的专业能力，甚至对肢体行为能力都没有过高的要求。

（2）复杂程度比较高、差异程度比较低的服务流程。这种服务类型需要对人员、设备的专业能力给予充分的重视，而对所需设备的一致性要求较高。例如，自动停车系统是一个复杂的设备，需要大量的设施、设备、人员进行管理，但是由于车辆类型相对标准，停车系统的程序、场地、位置等并不存在明显的差异。

（3）复杂程度比较低、差异程度比较高的服务流程。这种服务类型需要服务人员能够根据服务中可能出现的不同状况表现出明显的灵活性，而对设备的要求不高。例如，一般的理发或者餐饮服务使用的设备大都不是很复杂，但服务人员需要根据顾客的不同需求提供明显的差异化服务。

（4）复杂程度和差异程度都比较高的服务流程。这种服务类型不仅需要高质量的服务设备，而且需要服务人员具备提供多样化和个性化的服务内容的能力。例如，人体器官移植手术是一个复杂的医疗活动，医生需要具有专业的、高超的医疗技能，同时器官移植过程也需要一些高端设备给予支持。

5.3.3 服务流程设计的影响因素

1. 接受服务的顾客

由于服务具有顾客的高交互性，顾客的一些特征会影响服务的提供方式。

（1）顾客的数量。提供给少数人的服务大多属于奢侈品范畴，服务面对的挑战不在于服务的提供数量，而在于服务的质量。对于这种顾客群体，服务流程应该更加注重服务的品质、个性化、定制化。同样，如果顾客数量较为庞大，服务的提供方式标准化是一个必然的选择。

（2）顾客的接触方式。顾客接触服务的方式可以分为线上和线下两种。如果顾客采用线上的接触方式，其对服务的体验具有即时性、瞬间性，服务过程中有某些环节出了差错，其结果都会使顾客对服务不满意，并往往无法挽回。而实体店则具有现场性的特征，服务人员有充分进行交流的机会，以弥补服务中可能存在的失误或顾客的误解。可见，不同的服务流程需要侧重的方面是存在差异的。

（3）顾客的接触程度。根据顾客参与服务的程度可以分为高接触程度和低接触程度两类。高接触程度具有顾客参与服务的时间长、深度大和广度宽等特点，服务的重点应该放在服务的提供过程上。而低接触程度的服务，服务流程的重点应该更多地放在服务的生产过程上。

2. 提供服务的员工

（1）员工的技能。高质量的服务要想在顾客所能体验到的“服务过程”中实现，需要员工掌握良好的服务技能。作为服务的一线人员，接触顾客的员工需要在关键时刻通过观察、问答来识别顾客的愿望和需求，并在发现问题时能够及时采取有效措施，以便提升顾客的满意度。

（2）员工的态度。对于服务过程而言，员工服务态度的好与坏、真诚与否，都能够被顾客感知到，从而影响顾客对服务质量的评价。因此，企业在提升员工服务技能的同时，也要不断强化员工的服务意识，从而提高服务流程的竞争力。

3. 支持服务的技术

对于未来的服务业竞争而言，不仅需要高质量的服务运营管理技能，还需要更多地借助最新的技术来改进服务流程。新技术的不断出现和应用，极大地改变了原有的服务系统流程。例如，汽车修理厂的电子诊断仪、医院的血液和尿液快速检测仪、机场的视网膜安全扫描仪、人脸识别系统、车牌自动识别系统等都极大地提升了服务的效果和效率。

5.3.4 服务流程设计

服务流程设计是指设计者针对服务组织内外部资源结构、优化配置能力等，为提高服务效率和效益而进行综合策划的服务活动过程。

1. 服务流程设计的基本要素

不同服务组织的业务流程及其内容、构成要素等存在显著差异。在进行服务流程设计时，服务组织需要考虑以下基本问题。

（1）服务流程的一般要求。服务组织在进行服务流程设计时需要对服务流程的预期目标、基本产出、核心产出、设施能力、产出率、质量特征、关键成功因素等具有明确的认识，并制定相应指标予以确认。

（2）服务流程的组织及其边界。服务组织进行服务流程设计需要对服务组织的基本结构、支持结构、服务流程起点和终点等进行科学的界定，并采用合理的方式予以固定下来，以便在实施过程中有据可依。

（3）服务流程的组织权限。服务流程是一个系统，也有一个与之相适应的管理组织架构，各个组织具有的权限也相对明确。在服务流程中，不同层级的组织、成员往往具有不同的服务使命和具体工作内容。为了使服务组织能够顺畅运行，需要对所有组织的权限和责任进行明确的规定。

（4）服务流程的应用技术。各类技术对服务系统的绩效正在产生越来越显著的影响。服务组织应该广泛了解目前服务正在使用的技术，理解这些技术的优势并使之尽可能充分地发挥作用。同时，组织还要清楚地知道现有的技术存在哪些劣势，以便尽可能采用一些新技术进行替代，从而不断提升服务流程绩效。

2. 服务流程设计的基本步骤

服务流程是为了实现特定目标而设计，由多种要素组成的复杂系统。一般来说，服务流程设计的基本步骤如下。

（1）明确目标与使命。明确服务组织的使命、宗旨、战略规划、目标要求等，是开展服务流程设计的基础，所以必须根据上述基本要素清晰地界定服务流程的输入、加工、输出的基本过程、涉及要素和基本属性，以便能够切实依据组织的目标和使命进行流程设计。

（2）确定内部需求和能力要素。服务流程设计的根本目标是提高服务的质量和效率，因此服务内容必须与服务组织内部需求及其相关能力相匹配。深入研究和了解组织的主要能力是切实提高服务绩效的基础。

（3）设计服务组织的基本结构。服务组织的结构会对绩效产生极大的影响。为此，服务流程设计需要对组织使命、职能特点、团队或小组结构形式进行科学规划。同时，还需要兼顾软硬件交互与兼容，力求为服务流程创造一个良好的实施条件。

（4）分析现有技术或可获得的技术能力。服务组织在服务流程设计时必须深度分析现有技术或可获得的技术能力，以便最大限度地解决服务面临的问题。例如，IT 技术的应用能够使数据输入从手工记录发展到远程读取，使服务运营效率得到大幅度的提高。如果相关服务技术存在不足，则必须加大投资力度，以便不断提高服务效率。

（5）准确定位利益相关者。在服务流程中存在大量利益相关者，服务组织在进行服务流程设计时必须准确定位利益相关者，以免在整体协调方面犯常识性错误。因此，服务组织在进行服务流程设计时，需要对服务流程参与者的实际工作位置、社会地位等进行综合考虑，并尽量避免利益相关者相互之间的界面产生混乱和利益冲突。

（6）服务流程设计。在对服务流程总体形成清晰认识和理解之后，服务组织就需要基于基本目标，从流程的细节出发对服务流程的总体架构、构成要素、活动顺序、支持系统、辅助系统等进行详细分析，以对服务流程进行科学的设计。

（7）服务流程的修改完善。在服务流程设计完成以后，服务组织可以邀请一些相关领域的专家针对设计的服务流程进行科学评价，从而找出现有设计中存在的问题。经过反复地论证和修改，直至服务流程设计方案得到广泛认可，再批准执行。

3. 服务流程设计方法

（1）生产线法。生产线也称生产流水线，生产线法的基本原理是把一个服务的整个活动过程分解为若干个子过程，前一个子过程为下一个子过程创造执行条件，直至服务活动得以全部完成。服务生产线化是借鉴实体产品生产过程的分工和标准化的方式，为顾客提供大量、快速、标准的服务。一般来说，麦当劳是服务生产线化的开创者，其竭尽所能减少因为服务人员给产品带来的不确定性，甚至在公司内部极为强调“以有效的产出为导向，不关注其他事物”。正如现代营销学奠基人之一的西奥多•莱维特（Theodore Levitt）所说的那样，快餐食品的传递是一个制造过程，而不是一个服务过程。例如，麦当劳制作一种宽口的铲子以便能精确、快速地盛取一定数量的薯条，还有汉堡肉饼的形状和厚度标准化、汉堡的面包坯子尺寸的标准化等，基于生产线的标准化服务方式已经体现在麦当劳运营的方方面面。

（2）自助服务法。在服务领域中存在着形形色色的服务产品类型，以便满足顾客多种多样的需求及个性化的差异。基于一部分顾客能够或者愿意参与服务过程的某些环节的情况，自助服务在服务领域已经得到广泛应用。例如，自助取款机、自助加油站、登机牌自助终端、自助餐等。自助服务法一方面有助于服务提供商减少服务内容，从而可以降低服务成本和缩短服务时间；另一方面还可以强化那些有参与意愿的顾客的服务感知，提高顾客的满意度。

（3）个体维护法。与标准化的生产线法和强调顾客参与的自助服务法不同，个体维护法认为服务没有固定的模型可以完全遵循，强调要用与众不同的服务来满足顾客的个性化需求。个体维护法可以使顾客在接受服务中得到超乎寻常的服务感知、使服务组织获得高的顾客满意度、忠诚度，为服务组织带来源源不断的客流，从而使服务组织获得非常高的服务收益。

诺德斯特龙百货公司的个体维护法

诺德斯特龙（Nordstrom）百货公司是美国高档连锁百货店，主要经营的产品包括服装、饰品、箱包、珠宝、化妆品、香水、家居用品等。诺德斯特龙从西雅图的一家鞋店起步，现在已发展成为遍布美国的时尚百货店，并且发展劲头迅猛。可以说，实施个体维护法是诺德斯特龙百货公司取得巨大成功的重要原因之一。为了能够为顾客提供卓越的服务，加入诺德斯特龙百货公司的新员工都会领到一本神奇的员工手册。该手册不像其他公司那样多达一两百页，它只是一张卡片，尺寸大概是13厘米×20厘米，正反两面加起来总共有75个单词，其中第一条规则是"请在任何情况下，运用你的最佳判断行事。除此以外，没有其他规则。"尽管标准化也是诺德斯特龙百货公司成功的重要因素，但公司更注重培养员工对外在的准则、内在的个人素养和知识的把握和控制能力，以便使员工能够提供令顾客的需求得到充分满足的服务。

（资料来源：根据公开资料整理。）

4. 服务系统设计矩阵

服务业种类繁杂，顾客的需求也千变万化，在为顾客提供服务时到底选择什么样的服务方式，服务组织往往不得不进行深入的研究和分析。雅各布斯和蔡斯（2011）提出了一个服务系统设计矩阵，有助于服务组织理解顾客需求与服务类型选择的关系（顾客与服务者接触类型见图5-7）。

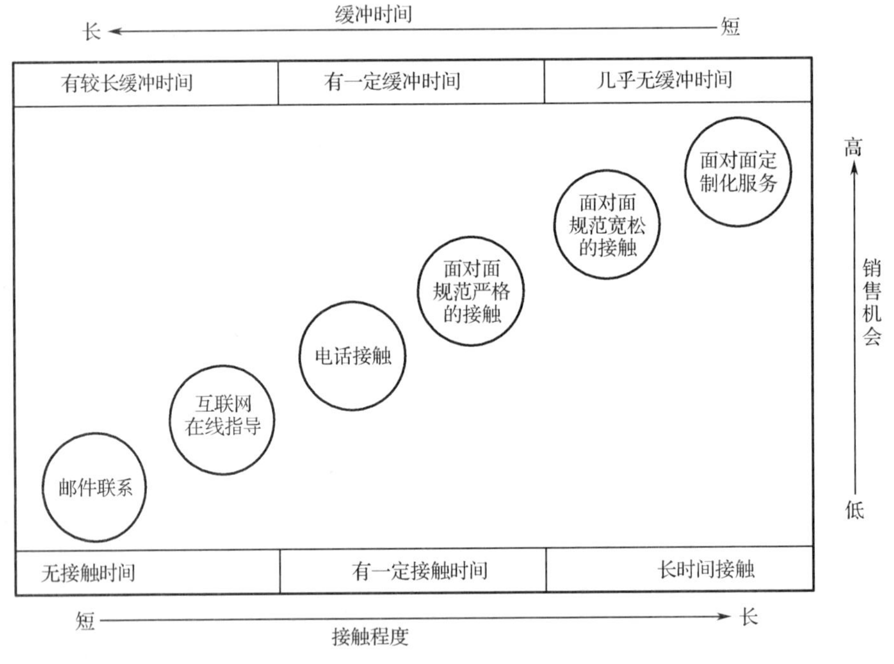

图5-7 顾客与服务者接触类型

服务系统设计矩阵给出了六种常见的选择：邮件联系、互联网在线指导、电话接触、面对面规范严格的接触、面对面规范宽松的接触、面对面定制化服务。矩阵内部列出了服务过程的几种方式，在一端服务接触可以通过邮件来完成，顾客与服务者无接触时间；在另一端通过面对面接触，顾客按照自己的要求获得定制化服务。矩阵中其他四种方式也代表了不同程度的交流。服务系统设计矩阵显示，随着与顾客接触的增多，系统的服务效率会随之降低。为了弥补这个缺点，面对面的接触提供了更多的销售机会，从而可以销售更多的产品。反之，较少的接触可以使服务体系运作更为高效，这是因为顾客不能对这一体系施加明显的影响。然而，这种方式却相应地失去了销售更多产品的机会。

5.4 企业业务流程再造

5.4.1 BPR 的本质及发展

1. BPR 的含义

业务流程再造（Business Process Reengineering，BPR）这一概念是 1993 年由美国麻省理工学院（MIT）教授迈克尔·哈默（Michael Hammer）和 CSC 管理顾问公司董事长詹姆斯·钱皮（Jame Champy）正式提出的。他们对 PBR 的定义为：对企业业务流程进行根本性的（Fundamental）的再思考和彻底性的（Radical）的再设计，从而使企业在成本、质量、服务和速度等衡量企业绩效的关键指标上取得显著性的（Dramatic）进展。在这个定义中，“根本性”“彻底性”“显著性的进展”和“流程”是人们需要关注的四个核心内容。“根本性”表明业务流程再造所关注的是企业核心问题，通过对这些根本性问题的仔细思考，发现自己赖以存在或运转的商业假设是否正确；“彻底性”的再设计意味着是对企业进行重新构造，而不是对企业进行改良、增强或调整；“显著性的进展”意味着业务流程再造追求的不是一般意义上的业绩提升或略有改善、稍有好转等，而是要使企业业绩有显著的增长和极大的飞跃；“流程”是业务流程再造关注的根本对象，一切“再造”工作都围绕业务流程来展开。

2. BPR 的产生背景

业务流程再造理论的产生有其深刻的时代背景。以分工和标准化为基本特征的大规模生产方式，极大影响了人类的工业化进程。随着 20 世纪六七十年代信息技术革命的出现，企业的经营环境和运作方式发生了巨大变化，而西方国家经济的长期低增长又使得市场竞争日益激烈。进入 20 世纪 80 年代，市场竞争已经进入到 3C（Customer，Competition，Change）阶段，而以美国为代表的西方发达国家经济陷入增长缓慢和通货膨胀的困境，企业成本增加、效益降低，产品竞争力与亚太国家相比处于不断下降的趋势。面对这些挑战，美国的企业迫切期望改变这种状态。到了 20 世纪 90 年代，互联网技术的成熟和信息化手段的完善，给企业的发展和原有的商业模式带来了严重冲击，也提供了新的发展机遇。

在这一背景下，迈克尔·哈默和詹姆斯·钱皮在《企业再造：企业革命的宣言书》一书中指出，200 年来人们一直遵循亚当·斯密的劳动分工的思想来建立和管理企业，即注重把工作分解为最简单和最基本的步骤，“为了飞跃性地改善成本、质量、服务、速度等现代企业的主要运营基础，必须对工作流程进行根本性的重新思考并彻底改革”。BPR 强调以业务流程为改造对象和中心，以关心客户的需求和满意度为目标，对现有的业务流程进行根本的再思考和彻底的再设计，利用先进的制造技术、信息技术及现代化的管理手段，最大限度地实现技术上的功能集成和管理上的职能集成，以打破传统的职能型组织结构（Function-Organization），建立全新的过程型组织结构（Process-Oriented Organization），从而实现企业经营在成本、质量、服务和速度等方面的巨大改善。这一全新的思想一经提出就震动了管理学界，一时间“企业再造”“流程再造”成为全世界企业界、学术界研究的热点。

3. BPR 的意义

在本质上，BPR 是对以亚当·斯密斯的劳动分工理论、泰勒的科学管理理论、法约尔的一般管理理论等为代表的传统管理理论的根本性反思。BPR 吸收了全面质量管理（TQM）、准时生产（JIT）、工作流管理（Workflow）、团队管理（Workteam）、标杆管理（Benchmarking）等一系列管理理论与实践经验，打破了金字塔状式的组织结构，以作业流程为中心使企业能适应信息社会的高效率和快节奏、适合企业员工参与企业管理、实现企业内部的有效沟通，具有较强的应变能力和较大的灵活性。业务流程再造的作用主要表现为提高响应能力、降低运营成本、提高员工满意度、充分发挥每个人在整个业务流程中的作用。在传统管理模式下，人们具有明确的职责，缺乏对于自身职责之外事情管理的兴趣。业务流程再造提倡团队合作精神，并将个人的成功与其所处的流程的成功当作一个整体来考虑，增强了员工在流程中工作的使命感。

福特应付账款的流程再造

20 世纪 80 年代早期，美国汽车工业尚处于低潮期。面对外部竞争者的威胁，福特进行了业务流程再造的探索。其中，在应付账款部门的尝试最为典型。当时，福特的管理者发现自己的应付账款部门的人员是合理人数的五倍。建立在信息技术基础上的新流程实施后，公司的物料管理变得简单化，应付账款部门人员减少了 75%，而且财务信息变得更加精确了。

（资料来源：根据公开资料整理。）

4. BPR 与业务流程优化的比较

“根本性”“彻底性”“显著性的进展”和“流程”是业务流程再造的核心特征。流程优化是一项通过不断发展、完善、优化现有工作业务流程，从而使企业竞争优势得到持续性、积累性的改善和提高。例如，一些企业为了改善绩效不断加大信息技术方面的投资，试图用技术手段强化原有业务流程的机械化、自动化，进而提升企业业务流程的绩效。然而，在这些改变中，原有的流程却被原封不动地保留下来，速度的提高并不能解决流程固有的缺陷。因此，流程优化的效果是存在局限性的。流程再造是直击原有流程的要害，实现了创新与速度、数量与质量等的兼容。可以说流程优化是在做正确的事，而流程再造是正确地做事，两者在战略上存在着本质差别。

5.4.2 BPR 的实施方法和步骤

1. BPR 的具体实施方法

尽管 BPR 在系统结构、实施步骤等方面较为复杂，但是在实施过程中却存在一些较为简单、具体的方法。这些方法主要有以下几种。

（1）合并相关工作或工作组。相对于传统组织中细化分工，BPR 是把相关工作合并或整项工作都由一个人来完成。这既提高了工作效率，又使员工有了工作成就感，从而鼓舞了士气。如果合并后的工作仍需几个人共同负责或工作比较复杂，则可成立团队，由团队成员共同负责一项从头到尾的工作。在这种工作流程中，大家一起收集信息、一起出谋划策，能够更快更好地做出正确判断。

（2）工作流程的各个步骤按其自然顺序进行。在传统的组织中，直线化的“串联”工作流程容易使工作时间大大加长。如果按照工作本身的自然顺序可以同时进行或交叉进行，这样可以大大提高工作效率。

（3）根据同一业务在不同工作中的地位设置不同工作方式。在传统的流程中，标准化要求工作方法既要适合简单的工序，也要满足最困难、最复杂的工作需要。显然，这种做法存在着很大的浪费。而 BPR 往往根据不同的工作情况设置若干种处理方式，这样既可以大大提高效率，也可以使工作变得更为简洁。

（4）模糊组织界线。在传统的组织中，工作完全是按照部门划分的，这就需要增加许多协调工作来解决各部门之间发生的摩擦。BPR 尽可能使严格划分的组织界线模糊化甚至超越组织界线，避免了由于过多的协调工作而带来的成本。

（5）给予员工决策拍板的权力。在传统的工作流程中，决策者指挥与员工执行相互分离，经常造成指令扭曲、失效等问题。而 BPR 可以尽可能做到信息共享，有利于增强员工的工作兴趣和对工作的责任感，以便员工更快、更好地做出决策。

（6）尽量减少不增值的管理工作。在传统的工作流程中，一些细分后的活动不会起到增值的作用，这不仅会造成大量人力、物力的消耗，还会产生不可预料的损失。而 BPR 不断减少不增值的活动，尽量只在创造价值的地方进行管理。

2. BPR 的具体实施步骤

作为一项根本性、颠覆性的活动，企业进行流程再造是一项系统工程，需要制订严谨的实施计划。一般来说，BPR 的实施可以分为以下几个阶段。

（1）准备阶段。这一阶段的主要任务是搭建团队、设定目标。

（2）分析阶段。该阶段主要是对流程再造的内外部环境进行系统、全面的分析，以便为设计活动打下可靠的基础。

（3）设计阶段。该阶段的主要工作是明确执行团队的任务分工、详细分析现有流程、设计具体的运营

模式和再造方案。

（4）试行阶段。该阶段主要是以探索尝试的态度实施新流程，并不断完善。

（5）评价阶段。该阶段主要是对流程进行绩效评估，并通过不断改进使流程不断成熟，进而确定和固化流程。

5.4.3　BPR 的常见模式和实施原则

1. BPR 的常见模式

（1）迈克尔·哈默的四个阶段流程再造模式。尽管迈克尔·哈默并没有系统地总结归纳流程再造的方法步骤，但是一些学者通过对他著作的研读，通过迈克尔·哈默的流程再造思想总结出四个阶段流程再造模式（具体见图 5-8）：①确定再造队伍；②寻求再造机会；③重新设计流程；④着手再造。

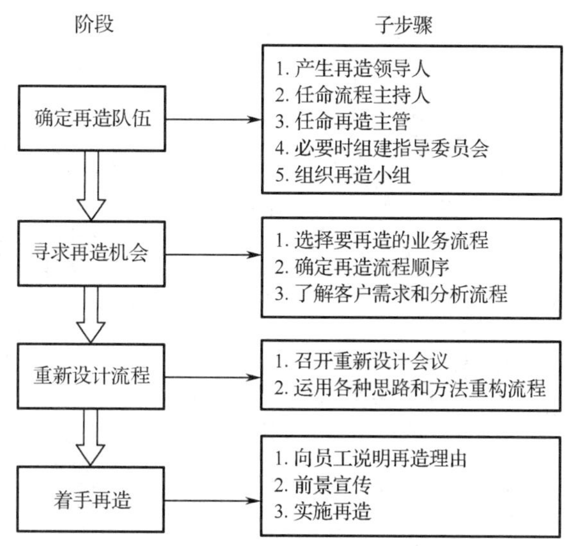

图 5-8　迈克尔·哈默的四个阶段流程再造模式

（资料来源：陈畅. 基于企业再造理论的军工企业组织变革流程设计与应用[D]. 哈尔滨：哈尔滨工业大学，2014.）

（2）乔·佩帕德和菲利普·罗兰的五个阶段流程再造模式。乔·佩帕德和菲利普·罗兰通过对流程再造思想的研究，总结出五个阶段流程再造模式（具体见图 5-9）：①营造环境；②流程的分析、诊断和重新设计；③组织架构的重新设计；④试点与转换；⑤实现愿景。

（3）威廉姆·J.丁格等人的六个阶段流程再造模式。威廉姆·J.丁格等人在调查 33 家咨询公司在企业推行流程再造的实践经验以后，总结出六个阶段流程再造模式（具体见图 5-10）：①构思设想；②项目启动；③分析诊断；④流程设计；⑤流程重建；⑥监测评估。

另外，针对流程再造理论，国内一些学者也进行了深入探讨。芮明杰和袁安照（2000）通过对流程再造的步骤进行研究，总结出七个阶段流程再造模式。潘国友和陈荣秋（2003）在前人研究的基础上，提出了四个阶段流程再造模式。梅绍祖和詹姆斯·腾（James Teng）（2004）在比较了 20 多种不同的流程再造模式之后，归纳总结出六个阶段流程再造模式。

2. BPR 的实施原则

尽管流程再造理论还存在一定的不足，但是迈克尔·哈默通过设定一些关于流程再造的原则，使该理论更具操作性。从目前来看有两个流传较广的原则。

（1）迈克尔·哈默的七条原则。迈克尔·哈默在他的《再造不是自动化，而是重新开始》一文中为流程再造总结了七条原则：①围绕结果进行组织，而不是围绕任务进行组织；②让利用流程结果的人执行流程；③将信息处理工作归入产生该信息的实际工作流程；④将分散各处的资源视为集中的资源；⑤将平行的活动连接起来，而不是合并它们的结果；⑥将开展工作的地方设定为决策点，并在流程中形成控制；

⑦从源头上获取信息。同时，迈克尔·哈默强调领导层的支持是流程再造获得成功必须具备的一个条件，只有这样流程再造才能更容易地在组织内推行开来。

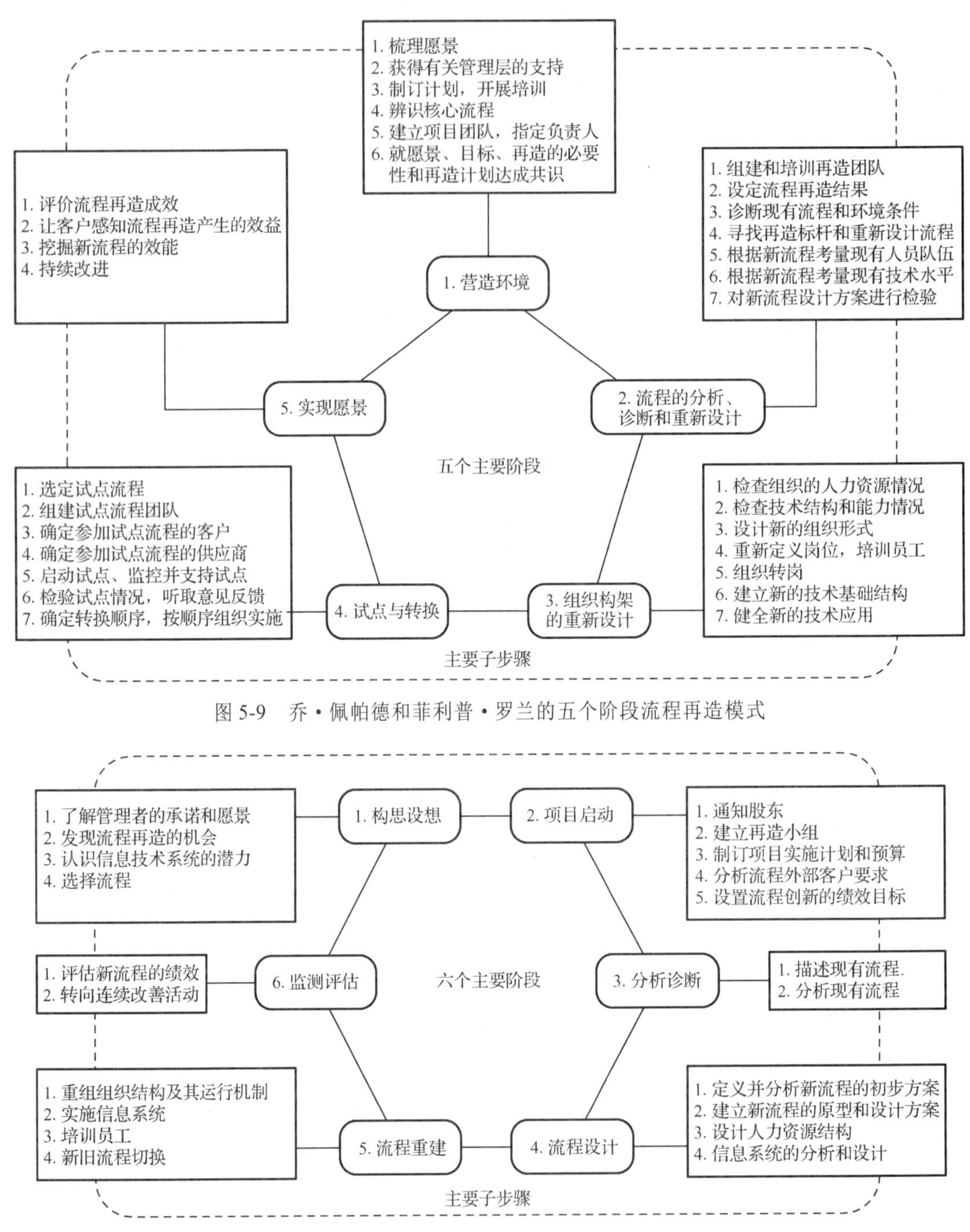

图 5-9　乔·佩帕德和菲利普·罗兰的五个阶段流程再造模式

图 5-10　威廉姆·J.丁格等人的六个阶段流程再造模式

（2）阿什利·布拉干扎的十条原则。英国学者阿什利·布拉干扎经过对流程再造进行广泛研究，认为变革的动因直接引发了对全面流程再造的需要。当需要采取根本性措施时全面的流程再造是最好的选择，因为其他的选择都有先天的局限性。另外，变革的动因是使组织绩效获得根本性的改进，而全面的流程再造就是获得这种改进的一个有效方法。在此基础上，阿什利·布拉干扎总结了流程再造实施过程中应该遵

循的十条原则：①全面的流程再造需要在大家对组织的变革动因充分认同的基础上进行；②只有当跨职能变革成为实现变革动因的需要时，成功实施全面流程再造才成为可能；③当人们认识到组织要素，即战略、结构、人员责任和评估标准、协作行为、信息系统应该与职能流程导向看齐时，更有可能实现全面的流程再造；④当人们明确并接受组织所需的所有变革时，全面流程再造就更可能实现；⑤当企业内的所有人都愿意让变革影响他们时，更容易建立全面的流程意识；⑥当人们发现需要处理的某些问题，并把那些问题和所需的真正变革联系起来时，全面的流程再造才更有可能实现；⑦在进行全面流程再造时，如果能够根据各个问题的实际情况同时运用革命性和改良性的实施方法，变革才更有可能获得成功；⑧公司只有通过全面行动方案激发人们实施变革的主人翁意识和意愿，全面的流程再造才更有可能取得成功；⑨如果变革的实施者和接受者都能认同这两种角色并且意识到它们是相互关联的，而且愿意扮演这两种角色，就更可能实现全面流程再造；⑩衡量全面流程再造所取得的成果，要看变革动因是否被解决及行为方式改变的程度。

另外，乔·佩帕德和菲利普·罗兰将流程再造定义为一种改进的哲理，其目标是通过重新设计组织经营的流程，使这些流程的增值内容最大化，其他方面的内容最小化，从而获得最大收益。在此基础上，他们总结了流程再造要想成功必须遵循的十五条原则。

5.4.4　BPR 中的信息技术

1. 信息技术与 BPR 的关系

哈默等学者认为信息技术是 BPR 得以实现的重要基础。对于颠覆传统流程的 BPR 来说，需要在多个方面得到信息技术的支持，甚至可以说没有信息技术的快速发展 BPR 是很难实现的。哈默认为在实际利用信息技术进行流程再造时，应该运用归纳性思维，即先考虑信息技术允许我们做什么，然后寻求这种技术所能解决的问题，而不是采用先发现问题然后试图利用信息技术解决问题的传统思维。一旦所采用的信息技术基础被确定，在 BPR 规划的指导下就可以利用信息技术实现再造后的流程。BPR 与信息技术两者之间既存在紧密的联系，又相互形成制约。BPR 使信息技术在更广的范围内得到了应用，而信息技术则是 BPR 得以实现的基础性条件之一。

2. 信息技术在 BPR 中的作用

随着信息技术的不断发展，公司的员工可以在家中或其他地方工作；多媒体通信系统可以帮助员工使用电子邮件、文件传递、视频会议等进行决策。另外，计算机辅助设计（CAD）、计算机辅助制造（CAM）、计算机辅助工程（CAE）也可以用于产品设计、制造和工程活动。可见，对于 BPR 来说，信息技术的使用是其能够获得巨大效果的一个关键，信息技术在 BPR 中最重要和最有价值的应用是作为 BPR 实施过程中的管理和决策工具，用来改变现有的企业业务流程、减少整个功能的环节或活动，以实现效率、成本、服务等方面的质的飞跃，从而达到企业业务流程再造的目的。一般来说，信息技术在企业中的应用能够显示出很多优点，比如，可以减少运营时间，业务完成的准确度和精密度得到提升，大量的工作在很短的时间内完成，提高工作绩效及服务或产品的质量，在团队内可以快速沟通，与客户和其他利益相关者能够更好地沟通，对业务进度进行实时跟踪等。

3. 信息技术在 BPR 中的功能

信息技术对组织的影响几乎无处不在，并且已经成为企业用来进行成本控制、产品多样化、质量改进、与供应商一体化、稳定顾客群体和创造新的商业机会等活动的必要手段。信息技术对于企业的影响十分广泛，对于 BPR 也影响深远。一般来说，信息技术作为 BPR 的实现手段，其功能主要表现在自动化处理、信息处理、顺序控制、远程交互、监控与跟踪、决策处理和电子商务处理七类应用上（基于信息技术的 BPR 功能分析表见表 5-2）。

表 5-2 基于信息技术的 BPR 功能分析表

序　号	功　能	着眼点	目　的	相关应用
1	自动化处理	效率	减少人力劳动	工业控制软件
2	信息处理	信息	进行业务信息处理	MIS 软件、数据仓库等
3	顺序控制	时间	改串行为并行处理	CAD/CAM 软件等
4	远程交互	空间	随时随地的异地信息处理	电信网络与共享数据库
5	监控与跟踪	安全性	减少人为失误	监控系统
6	决策处理	复杂性	人人参与决策	专家系统、DSS 系统等
7	电子商务处理	服务	基于网络的客户服务	EDI、企业网络主页等

（资料来源：刘东.基于信息技术的业务流程再造[D]. 武汉：武汉大学，2004. ）

4. 信息技术在 BPR 中的应用

按照功能分类，张涛等人（2002）认为信息技术在 BPR 中的应用体现为以下几个功能。

（1）项目管理工具。BPR 是一项复杂的系统工程，为了能够对项目的规划、进度安排、预算、协调和监控等进行有效控制，需要强大而有效的项目管理工具。最常见的工具有甘特图、PERT 图、思维导图、时间线、工作分解结构图、状态表、鱼骨图，以及美国普为海通公司的 Primavera Project Planner（P3）、微软的 Project、哈佛的 Total Project Management、德州仪器公司的 IEF Project Manager 等软件。信息技术为这些方法发挥效用提供了强有力的基础。

（2）建模工具。建模工具用于建立企业组织和业务流程的模型，从而便于人们理解开发过程。这类软件主要是集分析、设计和开发为一体的集成计算机辅助软件工程（ICASE）工具集，是实现 BPR 的科学管理的基础。例如，美国的知识软件（Knowledge Ware）公司的 IEW Planning Workstation 和按需定制软件（Popkins Soft）公司的 Popkins Sys Architect 等。

（3）图形化仿真模型工具。BPR 是彻底地对已有的流程进行巨大的变革，在变革实施前对变革性能的预测是必要的。仿真工具可以用来预测提议的变革对业务流程可能造成的影响，或在企业着手进行项目的开发之前测试新业务流程的设计。目前，主要的仿真工具有美国希特尔（Scitor）公司的 Process Charter 产品、挪威模型数据（Modell Data AS）公司的 Powersim 产品等。

（4）业务流程分析工具。在实施 BPR 前，必须详细有效地分析已有的流程，并找出现有流程的瓶颈。由于现实中企业的流程非常复杂，业务流程工作需要信息技术作为分析辅助工具给予支持。用于建模和仿真的工具也可以用于业务流程分析。

（5）人力资源分析和设计工具。BPR 不仅带来企业业务流程的变革，也相应地带来了企业组织、人员的变革。人力资源分析和设计工具用于设计和建立再造过程中人力和社交部分的内容，并针对某些特定问题给出解决方案。常见的工具还有技能评估、团队组建、薪金计划和组织图表等分析和设计工具。

（6）系统开发工具。一些信息技术工具用于使业务流程再造的过程自动化，包括集成计算机辅助软件工程（ICASE）工具、可视化编程工具（如微软的 Visual Basic、Borland 公司的 Delphi）、应用程序框架（Borland 公司的 Application Framework）、测试工具（McCabe & Associates 公司的 CodeBreaker）等。

总之，现代信息技术的发展日新月异，其应用非常广泛，具有巨大的潜能和无比的威力。正如詹姆斯•钱皮在著作《企业 X 再造》中提出的，X 再造就是通过信息技术的广泛应用，重新规划跨组织界限的业务流程，以实现企业绩效的突破性提升。然而，需要特别指出的是，尽管 BPR 理论一出现就得到了企业界和管理学界的广泛推崇，但是其自身至今仍存在诸多不完善之处，还需要各界不断开展深入而广泛的研究和探索。

本章小结

不管是生产还是服务基本都需要多个步骤才能完成，而一系列步骤的首尾连接就构成了流程，流程是企业实现价值增值的关键环节。本章第一节在介绍流程概念、特点和管理意义的基础上，介绍了流程设计、流程优化、流程优化的主要方法；第二节介绍了生产流程，主要包括生产流程概念、流程主要类型和流程设计的影响因素，以及流程设计的系统、布局、资源、时间和能力等问题，还有生产流程的平衡理论；第三节主要介绍了服务流程的概念、要素、主要类型和影响因素，并对服务流程设计基本要素、基本步骤、设计方法和服务矩阵进行了说明；第四节主要介绍了企业业务流程再造理论，包括 BPR 的含义、产生背景、管理意义，以及 BPR 的实施方法、步骤、常见模式和实施原则，并阐述了信息技术对 BPR 的影响。

思考题

1. 简述流程的定义，流程设计的意义。
2. 简述流程设计的主要方法及各方法的特点。
3. 简述生产流程定义，生产流程的主要类型和设计的主要内容。
4. 简述服务流程的要素、主要类型，服务流程设计的主要步骤。
5. 餐厅的服务流程与医院的服务流程有什么区别?
6. 简述企业业务流程再造，阐述常见的企业业务流程再造模式。

案例分析

第6章 工作设计

6.1 工作设计的意义及发展

引导案例

6.1.1 工作设计的概念及内容

1. 工作设计的概念

众所周知，人力资源是企业创造财富的根本，而很多企业并没有对员工的工作进行认真设计，因此出现了岗位设计不合理、工作效率低下等问题，未能充分发挥人力资源的潜能。工作设计（Job Design）是人力资源工作的核心工作之一，是从事运营管理工作的人员必须掌握的管理技能之一。

工作设计是指为了有效地达到组织目标而对员工工作内容、工作关系、工作时间和工作方法等进行的设计。工作设计是对工作进行周密的、有目的的计划安排，工作设计的对象既可以是工作的某个部分，也可以是工作各部分的总体。

2. 工作设计的主要内容

一般来说，工作设计的主要内容可以分为工作分析和工作研究两个部分。工作分析主要是从系统视角对工作内容、工作关系、工作规范等进行研究，而工作研究则主要是从更细微的视角对工作方法、工作标准、工作时间等进行研究。工作分析与工作研究的内容及理论如表6-1所示。

表6-1 工作分析与工作研究的内容及理论

阶段	分析与研究内容	主要理论	主要工具
工作分析输入阶段	● 明确工作分析的相关主体需求 ● 明确工作分析的目的、信息类型、数据形式、人员和基本条件 ● 制订工作分析的计划和部署 ● 确定工作分析的工具和方法	科学管理理论、一般管理理论、权责对等理论、分工理论、行政管理体系理论、人际关系理论、激励-保健因素理论、企业契约理论、学习型组织理论	工作实践法、观察法、访谈法、问卷法、典型事例法、工作日志法、职位分析问卷法、岗位管理描述问卷法、功能性工作分析法、辅助工作设计法
工作分析准备阶段	● 由工作分析专家、岗位在职员工、上级主管组成工作小组 ● 确定调查和分析对象的样本，考虑样本的代表性 ● 利用现有文件和资料，对工作的主要任务、主要责任、工作流程进行分析总结 ● 把各项工作分解成若干工作元素和环节，确定工作的基本难度 ● 提出原有工作说明书中存在的不清楚的问题或对新岗位工作说明书提出拟解决的问题		
工作分析的调查和分析阶段	● 编制各种调查问卷和调查提纲 ● 到工作场地进行现场观察，分析工作流程、记录关键事件，调查工作必需的工具和设备，考察工作物理环境和社会环境 ● 对主管人员、在职人员进行广泛问卷调查，并与主管人员、典型员工进行面谈，收集有关工作的特征，征求改进意见 ● 仔细审核、整理获得的各种信息 ● 创造性地分析、发现有关工作和工作人员的关键成分 ● 归纳、总结工作分析的必需材料和要素		

续表

阶段	分析与研究内容	主要理论	主要工具
工作分析结果输出阶段	● 根据工作分析搜集的信息，制定工作说明书或工作规范 ● 制定说明书或规范的建议和意见 ● 形成关于岗位重点问题的分析报告 ● 对工作分析过程和结果进行总结评估，为今后的工作分析提供经验和信息基础		
工作研究阶段	● 工作方法研究（工作方法的过程，工作程序分析、最佳动作过程、动作行为分析） ● 作业测定研究（工作方法的时间测定及标准、动作过程的时间测定及标准） ● 工作扩大化、工作轮换、工作丰富化、高绩效工作体系 ● 辅助工作设计：缩短工作周期、弹性工作制、工作分享、现代信息技术影响		

3. 工作设计的意义

工作设计直接决定了人在其所从事的工作中干什么和怎么干、有无机动性、能否发挥主动性和创造性、有没有可能形成良好的人际关系等。优良的岗位设计可以使员工体验到工作的重要性和自己的责任，有助于员工从工作本身感知工作的意义与价值。为此，管理者不仅需要对工作原理和内容有所了解，还需要了解员工从事劳动的内在动机和促进手段。同时，管理者应该及时让员工了解工作的结果，因工作的高度满足感而产生的内在激励作用，以便为充分发挥员工的主动性和积极性创造条件，从而使员工在最有效率、最富有创造力的状态下工作。

总之，建立在严谨工作分析和科学工作研究基础上的工作设计，可以使企业的人力资源得到有效的配置，以便不断提高生产率、增加产出、满足岗位多样性和完整性的需要，进而使企业的竞争力得到不断提升。可以说工作设计是企业运营的基础，开展科学的工作分析和工作研究对企业高效运营意义重大。

6.1.2 工作设计的影响因素

工作设计的目的是希望通过一系列激励手段，将员工的工作内容、工作资格条件和报酬结合起来，以便有效地实现组织的目标。然而，工作设计效果会受到很多因素的影响，这些影响因素大致可以分为外部和内部因素两类。

1. 工作设计的外部影响因素

工作设计的外部影响因素主要包括政治、经济、法律、文化、科技等宏观因素。在进行工作设计时，企业需要考虑相应国家或地区的法律、法规要求，要适应当时和未来的经济环境的特征和趋势，要充分考虑相关区域的文化价值观，以便能够在工作设计完成后顺利实施。例如，在工作设计中需要考虑工作环境、劳动强度、工作时间、女性员工、残疾员工等问题，使员工工作的正常权利得到充分的保障，以便避免政府、劳工组织、工会等部门对企业在保护员工、工作环境等方面的质疑。

2. 工作设计的内部影响因素

工作设计的内部影响因素主要包括组织架构、技术水平、员工素质、工作环境、企业文化等。企业在进行工作设计时，除了需要考虑满足生产率和质量目标，还需要重视设计的工作能够满足安全性、激励性。现代企业管理理论越来越强调工作本身应该能够不断激发员工的工作兴趣和工作热情，无疑这对设计工作提出了挑战。一般来说，个人对工作的兴趣和热情，与其从工作本身所获得的满足感和工作成效存在紧密关联，而这就要求企业在进行工作设计时能够有效地解决这个问题。如果企业所设计的工作能使员工相信只要经过努力就可以满足个人需要，这样员工的工作积极性就会很高。因此，企业在进行工作设计时需要充分考虑影响工作的执行因素、影响员工对工作的满意度因素、影响员工的生理与心理健康的因素等，进而通过不同的方式达到对员工形成激励的目标。

6.1.3 工作设计的流程

一般来说，当员工出现工作满意度下降、工作情绪消沉、工作效率下降及企业开发和生产新产品时，都需要进行工作设计。工作设计是一个复杂的系统工程，具体的实施步骤如下。

1. 需求分析

工作设计的第一步是对目前的工作状况进行研究和诊断，以决定是否需要进行工作设计，以及应该在哪些方面进行改进。

2. 可行性分析

在确认工作需要进行设计之后，企业需要进行经济可行性、技术可行性分析。首先，应考虑该项工作是否能够通过工作设计达到改善工作状态的目的；其次，应该考虑企业是否具备开展新工作的资源和能力；最后，应该对工作设计的技术操作方案的可行性进行研究。

3. 评估工作特征

由工作设计专家、管理人员和一线员工等组成工作设计小组，对原有工作的基本特征进行科学调查、诊断和评估，通过分析确定需要改进和设计的问题。

4. 工作分析

在明确工作设计的相关需求后成立工作小组，基于人力资源管理的一系列方法开展包括工作内容、工作关系等事项在内的工作分析研究，为今后的工作设计提供经验和信息基础。

5. 工作研究

成立工作小组，在工作内容得到系统分析的基础上，运用工业工程的一系列方法开展包括工作方法、工作时间等具体活动在内的工作研究，以便为工作设计提供基础性的信息支持。

6. 工作设计方案实施

根据工作分析和工作研究的结果，由工作设计小组提出可供选择的工作设计方案，包括工作特征的改进对策，新工作体系的工作职责、工作规程、工作方法、工作标准等方面的内容，先通过小范围试运行验证，然后就可以正式实施了。

7. 评价与推广

评价可以从员工的态度和反应、员工的工作绩效、企业的投资成本和效益等方面展开。如果工作设计的实施效果良好，便可在更大范围内进行工作设计推广。如果评价结果不理想，就需要对工作进行重新设计，直至满意为止。

单调的安全检查工作

自美国“9·11”恐怖袭击以来，安全检查几乎成为人群密集场所的必选项目。然而，大量惨痛的教训表明，在恐怖分子面前没有什么完全有效的防护措施。更糟糕的是，看似严格的安全检查措施经常会因人为原因而失效，特别是安检人员在面对大量不耐烦的旅客和堆积如山的行李进行超负荷工作时，他们经常会显得力不从心。观看 X 光屏幕是安检人员的主要工作，这项工作对于场所安全来说是至关重要的，然而这项工作常常是重复性的，安检人员在长时间工作的情况下会出现厌烦、劳累、注意力不集中等问题。因此，安检部门应该科学评价现有工作设计的合理性，重新设计这份工作，使它变得更加有趣，提升安检人员工作的积极性，这样的安全检查才会给人们带来更大的保障。

（资料来源：根据公开资料整理。）

6.2 工 作 分 析

 6.2.1 工作分析的概念及主要内容

1. 工作分析的概念

工作分析（Job Analysis）又称职位分析、岗位分析或职务分析，是人力资源管理的重要内容之一。加里·德斯勒（Gary Dessler）认为工作分析是与工作相关的一道程序，通过这道程序可以确定一项工作

的内容和性质，以及哪种类型的人（从技能和经验的角度来说）适合被雇佣来从事这项工作。工作分析的结果提供了与工作本身要求有关的信息，而工作要求是编写职位说明书（工作内容是什么）和工作规范（雇佣哪种类型的人来从事这项工作）的基础。

工作分析的成果主要应用于组织活动的两个方面：一方面是对工作本身的具体内容做出明确的解释，即工作的内容是什么；另一方面是对工作执行人的行为和资格进行明确的规定，即工作需要的员工技能。具体来说，工作分析活动可以为员工规划、员工甄选、员工培训、员工录用、绩效评价、薪酬福利等提供决策依据（工作分析的主要应用见图 6-1）。

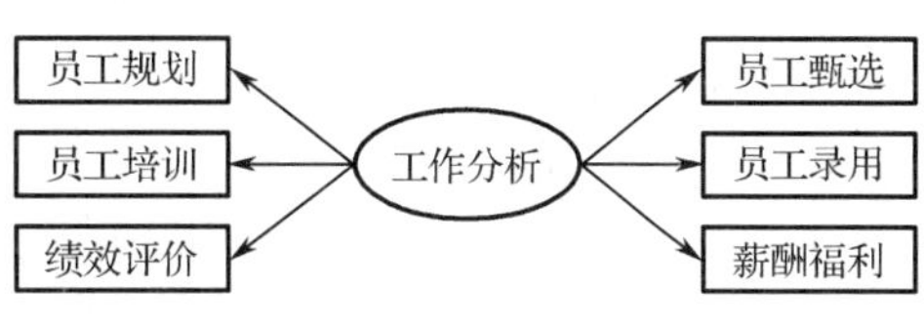

图 6-1　工作分析的主要应用

2. 工作分析的主要内容

工作分析的内容十分广泛，涉及很多相关主体。一般来说，岗位说明书（工作说明书、职位说明书）是开展工作分析的主要成果，是组织工作管理的基础文件之一。从岗位说明书的内容来看，可以将其分为工作内容、工作规范和工作关系三个方面。

（1）工作内容。工作内容是指劳动者具体从事什么种类或内容的劳动，是劳动合同确定劳动者应当履行劳动义务的主要内容，包括员工从事工作的工作概述、工作范围、工作职责、工作权限、绩效标准、工作环境、工作条件、工作强度和工作时间等。

（2）工作规范。工作规范是对任职者应具备条件进行的限定。具体来说，工作规范一般对岗位人员的资历要求、体能要求、知识水平、技能要求、道德水准、心理素质等做出明确的规定。

（3）工作关系。工作关系主要是说明岗位内部及外部相关部门与岗位存在影响和被影响的关系状况。从内部来看，需要说明本岗位与其他岗位的从属关系、监督关系、上下级关系、指挥与被指挥关系等，尤其是它们之间的协作关系、协作内容、协作方式、监督关系等；从外部来看，需要说明本岗位与外部组织其他部门相关岗位的合作关系，以及联系、沟通、信息交流等途径和方式。本部分内容反映出完成工作所要求的人际关系的数量、程序、各部门之间的关系。

以上三个方面的岗位设计为组织的人力资源管理提供了基本决策依据，保证事得其人、人尽其才、人事相宜。同时，岗位说明书有助于优化人力资源配置，为员工创造发挥自身能力的环境和岗位，从而达到提高组织工作效率的目的。

6.2.2　岗位说明书

1. 岗位说明书的用途

岗位说明书用书面形式对组织中各类工作（职位）的岗位名称、岗位任务、岗位职责、岗位权限、岗位关系、劳动强度、劳动条件、劳动环境、劳动设备和工作对象等进行详细说明，较为清楚地界定任职者应该做些什么、如何去做和在什么样的条件下履行其职责，这有助于任职者了解该职位的责任，帮助管理阶层分析并改进公司的组织结构，作为职位评价、薪资调查、建立薪资结构的基础。

岗位说明书在工作内容、工作规范、工作关系等内容上进行了详尽的解释和说明，能够为人力资源规划、人员招聘、绩效评价、薪酬管理、教育培训、岗位分类、组织优化等的科学管理提供依据（岗位说明书的主要用途见图 6-2）。

2. 岗位说明书的内容

由于岗位的不同，工作内容、工作规范和工作关系会存在一定差异，相应岗位说明书在格式上和展现形式上往往也有自身的特色。一般来说，岗位说明书由岗位基本信息、岗位职责、岗位权利与权限、存在密切联系的岗位和部门、任职资格、工作条件等内容构成。岗位说明书通常采用表格的形式展现，典型的岗位说明书具体表格可以参考一些相关的公开资料。

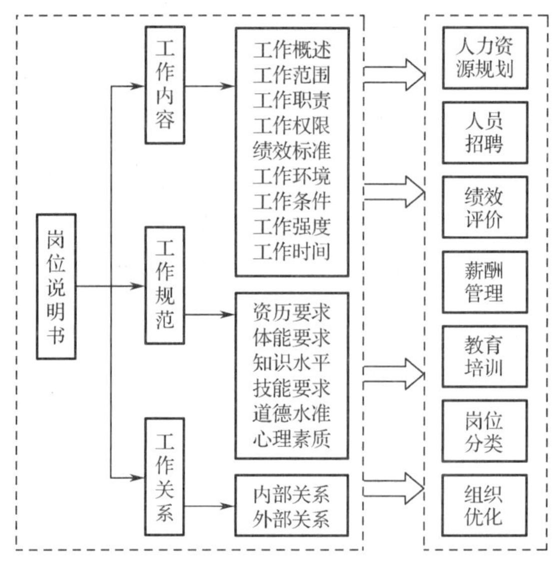

图 6-2　岗位说明书的主要用途

6.2.3　工作分析的步骤和意义

1. 工作分析的步骤

在明确工作设计的相关需求后，便可以正式开展包括工作内容、工作关系等事项在内的工作分析研究。首先，成立工作小组，制订工作分析的计划和部署，明确工作分析的目的、信息类型、数据形式、人员和需要具备的条件；其次，利用现有文件和资料，对工作的主要任务、主要责任、工作流程进行分析总结，找出原有工作说明书中存在的不清楚的问题，或对新岗位工作说明书提出拟解决的问题；再次，到工作现场观察工作流程，记录关键事件，考察工作的物理环境和社会环境，对主管人员、在职人员广泛进行问卷调查，并与主管人员、典型员工进行面谈，收集有关工作的特征、需要的各种信息，征求相关人员的改进意见；最后，确定工作的基本难度，明确工作分析的工具和方法，根据工作分析搜集的信息制定工作说明书或工作规范，对工作分析过程和结果进行总结评估，为今后的工作分析提供经验和信息基础。

2. 工作分析的意义

工作分析的意义如下所述：为制订人力资源计划提供依据；为确定员工的学习和培训内容提供依据；为组织的所有任务都得到明确安排提供依据；为招聘和录用员工提供依据和标准；为明确工作之间的影响和作用关系提供依据；为企业工作的科学设计和发展提供依据；为设计科学合理的岗位培训规范提供依据；为提高员工对工作的性质、内容、资格要求等的认知程度提供支持；为制定员工考核程序与方法提供依据；为员工培训提供明确的依据；为员工培训指明合理方向；为员工的职业生涯规划提供建议。

6.2.4　工作分析的主要理论及方法

1. 工作分析的主要理论

工作分析需要进行一系列工作信息的收集、分析和综合，以便为管理活动提供各种有关工作方面的信息，工作分析的质量对人力资源管理的效果具有举足轻重的影响。因此，工作分析过程中需要有科学、严谨的理论给予支持。基于工作分析对象、目标、过程的特点和需求，分析过程常常以科学管理理论、一般管理理论、权责对等理论、分工理论、行政管理体系理论、人际关系理论、激励－保健因素理论等为理论基础。

2. 工作分析的主要方法

为了切实达到工作分析的目的，切实贯彻工作分析的主要理论思想，企业需要采用科学、有效的方法和工具实施工作分析。目前，用于工作分析的主要方法有观察分析法、面谈法、问卷调查法、主管人员意见法、

关键事件技术法、工作日志法等。其中，关键事件技术法是用以识别各种工作环境下影响工作绩效的关键性因素的一种工作分析方法。不管是采用问卷调查还是深入访谈作为主要的数据收集工具，其主要目的都是寻找对工作有重大影响的关键事件。这种方法的理论基础是每种工作中都有一些关键事件，它们是决定员工业绩好坏的关键内容。一般来说，关键事件技术法要求以书面的形式描述出至少 6～12 个月能观察到的 5 个关键事件，并分别说明杰出的任职者和不称职的任职者在这些典型事件中工作的差别，以确定本项工作所需的关键知识、技能和素质。但关键事件技术法较费时，并且缺乏对中等绩效员工的关注，常常与其他方法结合使用。

6.3 工作研究

6.3.1 工作研究的概念及主要内容

1. 工作研究的概念

工作研究（Job Study，Work Research）是一项服务于生产实践的管理技术，是运用科学管理理论、人体工程学、行为科学、心理学等学科的知识和方法，消除或减少多余的非生产性的动作（如寻找、选择、逗留、检验等），以便使工作达到有序、合理、经济、高效的目标。工作研究可以对现有工作系统进行深入分析，进而制定合理的工作方法、规范的操作标准、最优的工作时间，相关结论有利于工作的成本、时间、质量、柔性的改善（工作研究的主要应用见图 6-3）。

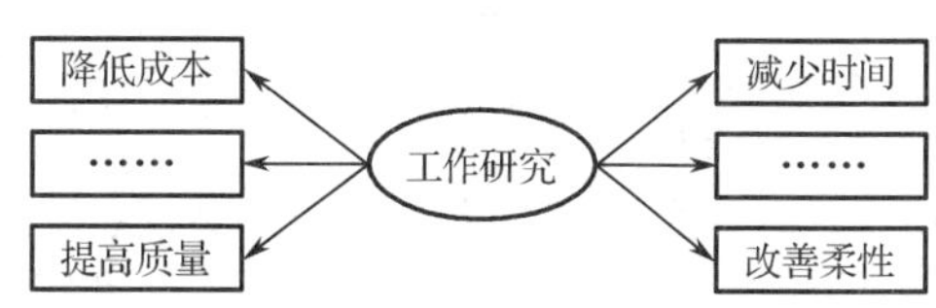

图 6-3　工作研究的主要应用

工作研究是工业工程（Industrial Engineering，IE）体系中最重要的基础技术，最早可以追溯到 20 世纪初泰勒倡导的“时间研究（Time Study）”和吉尔布雷斯提出的“动作研究（Motion Study）”。随着相关研究和理论的不断发展，逐步形成了较为完整的理论体系。1930 年美国工业工程学会和管理学会认为工业工程与管理研究是相互联系、不可分割的，两个学会于 1936 年合并成立了美国管理促进学会。同时，“时间研究”被称为“作业测定（Work Measurement）”，而“动作研究”被称为“方法研究（Method Study）”。从此，“作业测定”与“方法研究”被统称为“工作研究”。世界各主要工业化国家都将工作研究作为提高生产率的首选技术，美国 90%以上的企业都应用了工作研究，因此企业生产率普遍提高了 50%以上，工作研究对产业发展起到了显著的提升作用。

2. 工作研究的主要内容

工作研究是现代工业企业的一项基础管理技术，主要分为方法研究、作业测定两个方面。工作研究的主要内容如图 6-4 所示。

（1）方法研究。方法研究主要是通过对现行工作方法的过程和动作进行分析，从中发现不合理的动作或过程，进而寻求人在生产操作过程中的最佳肢体运动轨迹、所需的标准时间、最少的体力消耗，以达到合理操作和提高工作效率的目的。方法研究在于寻求经济有效的工作方法，主要包括工作程序分析、作业分析和动作分析。从某种意义上来说，人类在发展过程中一直都在不自觉地进行方法研究。一方面体现为人们对工具的不断改进和发明，另一方面体现为人们在工作方法上和工作过程中进行研究。正是经过这些研究，生产能力才得以不断提高。

（2）作业测定。经过方法研究以后，获得了最佳的作业程序、最省力的动作和工作方法，接下来要确定运用新的程序和方法完成工作所需的时间，以便作为工作管理的基本标准。随着人们对于该项工作重要性的认识及工业工程学科的不断发展，确定工人完成某项作业所需时间的测定方法也日渐成熟。作业测定又称操作测定和工作衡量，是运用各种技术来确定合格工人按照规定的作业标准完成某项工作所需时间的过程。工时定额是作业测定的核心内容，具体包括对定额时间、无效时间和标准时间的研究等。

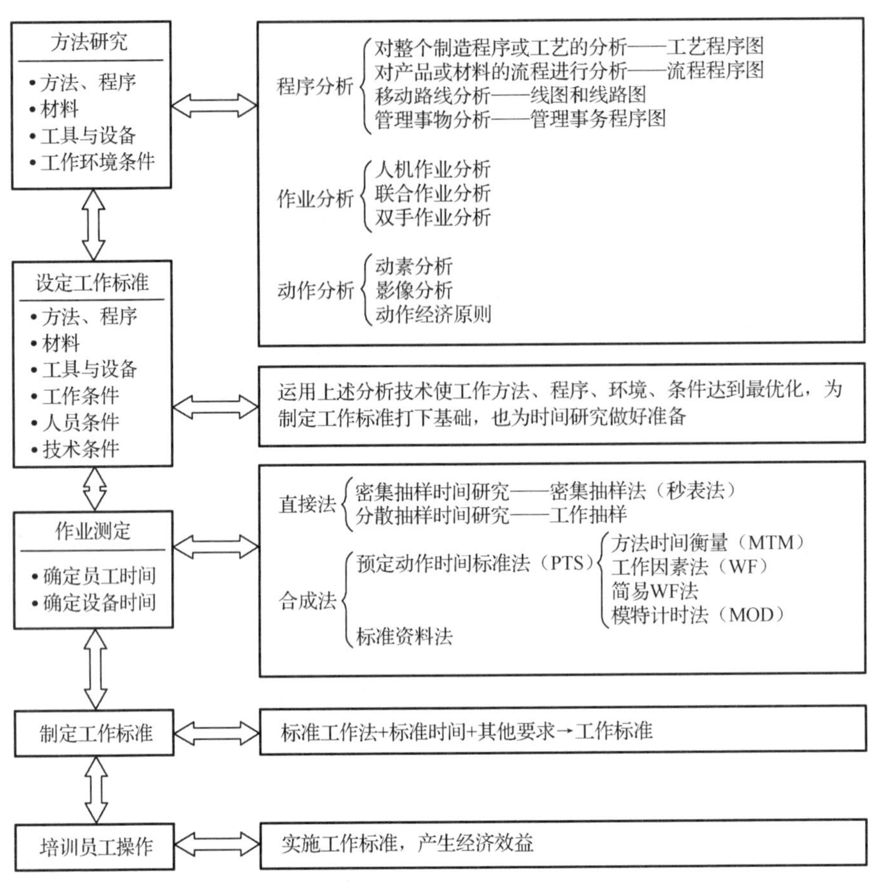

图 6-4　工作研究的主要内容

3. 工作研究的步骤

（1）选择研究对象。工作研究的对象主要集中在系统的关键环节、薄弱环节，或效率不高、成本耗费较大、急需改善的普遍性问题上。研究对象可以是一个运营系统的全部也可以是某一局部，比如生产线中的某道工序、某些工作岗位，甚至某些操作人员的具体动作、时间标准等。

（2）确定研究目标。工作研究的主要目标包括减少作业时间、节约物料消耗、提高产品质量、增强工作安全性、改善工作环境、降低劳动疲劳、提高工作兴趣及积极性等。

（3）分析现行方法。运用各类专用表格技术将现在采用的工作方法或工作过程如实、详细地记录下来，动作与时间研究还可借助录像设备来录制视频。在此基础上，可以使用“5W1H”分析方法，详细分析现行工作方法中的每一个步骤和每一个动作是否必要、顺序是否合理、哪些可以去掉、哪些需要改变，进而在工作时间、工作标准等方面给予明确。

（4）设计新工作方法。新工作方法的设计主要建立在改进现有工作方法的基础上，四巧技术（ECRS）的“消除—合并—重排—简化”是常用的改进方法（工作研究 ECRS 研究框架见表 6-2）。

表 6-2　工作研究 ECRS 研究框架

原　则	解　释
消除（Eliminate，E）	取消或者清除不必要的工序、作业等
合并（Combine，C）	对于无法取消而又必要的工序或动作是否能够合并，或者将多人操作改进为共同担任或者单独操作
重排（Rearrange，R）	不能取消或者不能合并的工序或动作能否根据人、事、时进行重排
简化（Simple，S）	经过取消、合并、重排后的工序或动作可考虑采用最简单、最快捷的方法来完成

（5）新方法实施。工作研究成果一开始往往不被人了解，而且要改变人们多年的老习惯，会使推广相对困难。因此，实施过程中要认真做好宣传和试点工作，做好各类人员的培训工作，切勿急于求成。

（6）新方法固化。新方法实施一定时间后，应该由工业工程部门主管对该工作设计方法的实施情况进行全面检查和有效评估，比如目标是否达成、方法实施产生的种种影响，制定的标准作业与实际情况存在差异的程度等。在此基础上进行改善，经过验证后固化下来，以便为后续正常工作提供标准规范。

4. 工作研究的意义

工作研究运用系统分析的方法把工作中不合理、不经济、混乱的因素排除掉，避免人力、物力、财力、时间等的浪费，并寻求更好、更经济、更容易的工作方法，以提高系统的生产率。工作研究的意义可以用“聪明而不辛苦地工作”来描述。

一般来说，提高生产率的方式有很多，如购买新设备、提高劳动强度、延长个体劳动时间等，这些大多属于粗放式的改进办法。工作研究在提升效率方面则表现为内涵式增长方式，即在既定的工作条件下，不依靠增加投资，不增加工作强度，只通过科学的重新组合生产要素、优化作业流程、整顿现场秩序等方法，消除各种浪费，节约时间和资源，从而提高产出效率、增加效益、提高生产率，最终达到增强企业竞争力的目的。可见，工作研究是企业开展工业工程活动的基础技术，对于提升企业效率具有独特价值。

6.3.2　工作的方法研究

1. 方法研究的内涵

方法研究是指运用各种分析技术对现有工作方法进行记录、考察、分析和改进，设计出在给定的约束条件下经济、合理、有效的工作方法，从而减少人员、机器的无效动作和资源的消耗，并使工作方法标准化的一系列活动。泰勒的“搬运生铁试验”“铁锹试验”“金属切削试验”，吉尔布雷斯的“垒墙试验”都是进行工作方法研究的经典实例。

2. 方法研究的主要内容

方法研究是对现有的或拟用的工作方法进行系统的记录和严格的考察，开发出更经济、更高效的工作方法。按照从粗到细、从宏观到微观、从概括到具体的过程，方法研究包括程序分析、作业分析、动作分析三部分。

（1）程序分析。程序分析是对现行作业方法的各个基本环节，如加工、搬运、等待、检查、储存等整个生产过程进行客观、准确的观察、描述、记录和分析，以便发现不经济、不合理、不均衡的现象，找到改善重点，并制订相应改进方案的一种分析技术。程序分析一般以程序图为基本分析工具，主要由六种基本符号组成，分别表示加工、搬运、检验、储存、等待。另外，根据分析需要还有一些由基本符号派生出来的复合性应用符号（程序图分析中的常用符号见表 6-3）。

表 6-3　程序图分析中的常用符号

活　动	符　号	定　义
加工（操作）	○	表示有目的地改变物体的形状或性质等特性或对其进行分解、装配所需要进行的作业
搬运（运输）	→	表示把原材料、零件、产品等从一处移动到另一处所需要进行的作业
检验	□	表示对原材料、零件、产品等的数量与基准进行比较
	◇	表示对原材料、零件、产品等的性质与基准进行比较
储存	▽	表示按计划储藏原材料、零件、产品等
等待（暂存）	D	表示原材料、零件、产品等非预期的滞留状态
复合作业	□○	表示同一个人在同一时间或同一地点执行加工与检查工作
	○□	表示以加工为主，同时进行数量检查
	□◇	表示以数量检查为主，同时进行品质检查

续表

活　动	符　号	定　义
复合作业	◇内含□	表示以品质检查为主，同时进行数量检查
	○内含→	表示以加工为主，同时进行搬运

程序分析不是单独以一个生产站点、生产环节、生产工序为研究对象，而是以整个生产系统为研究对象，是对生产过程进行全面、系统的研究分析。一般来说，程序分析的研究内容可以分为工艺程序分析、流程程序分析、布置和经路分析、管理事务分析（程序分析的主要内容见图6-5）。

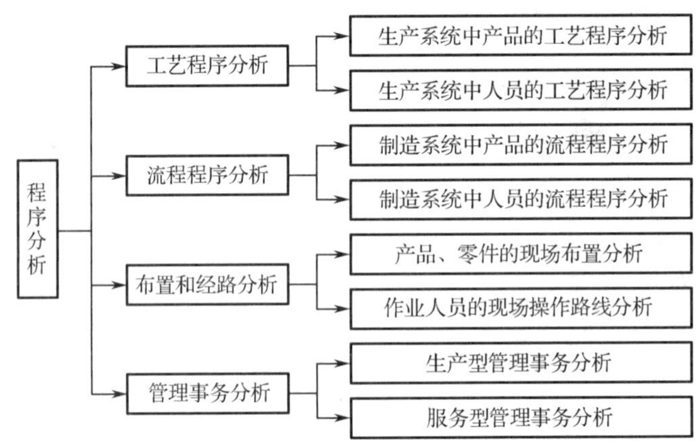

图6-5　程序分析的主要内容

（2）作业分析。作业分析也称工序分析，是指将以“人”操作为主的工序作为研究对象，通过系统观察、记录和分析、研究作业者在工作场所的操作程序、操作方法等，如操作机器、使用工具和移动路线等，进行有效性分析的一系列活动。工序是产品工艺过程的基本环节，也是制订劳动定额的组成单元。工序的生产能力大小、效率高低对产品的生产成本有着直接的影响。因此，对工序进行研究和改进，特别是对瓶颈工序的研究可以大幅度地提高企业的生产能力、降低生产成本、提高企业的经济效益和在市场竞争中的优势地位。作业分析是通过将作业者、作业对象和作业设备三者进行科学组合、合理布置和优化工序结构，以达到降低劳动强度、减少作业工时、缩短工作周期、提高产品产量和质量的目标。根据特定的适用场合及分析对象的不同，作业分析可以分为人机作业分析、双手作业分析和联合作业分析三种基本类型。

- 人机作业分析是以机械化作业为研究对象，通过观察、研究和分析作业者和机器在同一时间的相互配合关系，寻求合理负荷，使人的操作时间和机器的运转时间相互配合协调，即“人不等机，机不等人”，尽可能消除作业者及其设备在工作过程中的空闲时间，进而提高人和机器作业效率的分析技术。
- 双手作业分析是以工序操作过程中的“双手”为研究对象，通过详细观察和记录工序过程，应用双手协调工作原理改进操作方法，以平衡双手负荷、减轻疲劳和提高效率的技术。双手作业分析方法主要是通过找出“独臂”的作业、不平衡的左右手分工，发现伸手、寻找及笨拙的动作，发现工具物料和设备等不合适的放置位置、不规范作业等，为编制作业指导书提供参考。双手作业图是进行双手作业分析的基本工具，其基本步骤分为：记录整个工作周期中按照操作顺序左右手的动作，再根据左右手动作次数和难度分析平衡情况，并运用5W1H法和ECRS法对于一只手工作时另一只手停滞的情况进行改进，最终达到左右手移动次数及负荷相对平衡。图6-6是电子产品数据线制作过程中改进前和改进后双手作业的状况比较，很明显改进后左右手的动作相对平衡了。
- 联合作业分析是对多个作业人员共同完成一项作业时的配合关系进行分析，以便消除操作者之间存在的不均衡和浪费，从而提高工作效率。联合作业是以联合作业分析图的现状记录为基础，运用5W1H和ECRS法基于动作经济原则进行改善的（联合作业分析的基本特点见表6-4）。

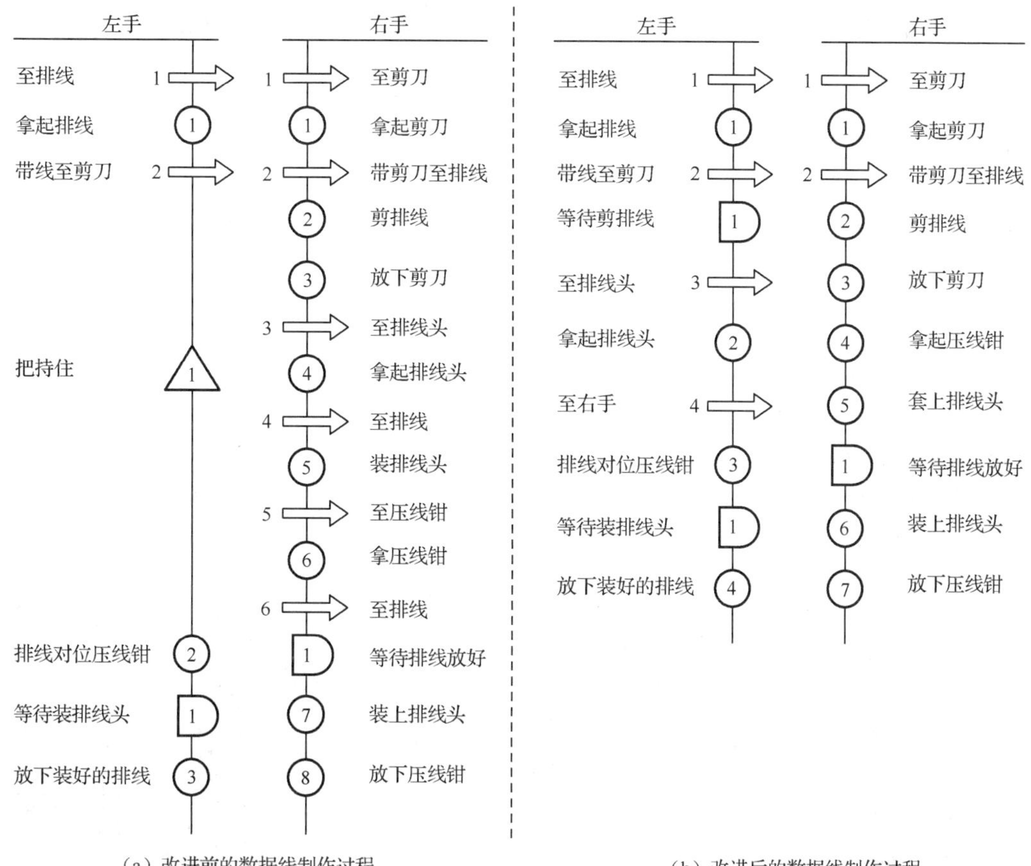

（a）改进前的数据线制作过程　　（b）改进后的数据线制作过程

图 6-6　改进前和改进后的数据线制作过程比较

表 6-4　联合作业分析的基本特点

分 析 结 果	着 眼 点
作业者有等待现象时	缩短自动运转时间、使机械高速化、对机械进行改善、在机械自动运转时进行作业
机械有闲置现象时	缩短作业者单独作业时间、改善手工操作的时间或使手工操作自动化
作业者、机械都有等待的现象时	考虑改变作业顺序，前两项的改善着眼点也可考虑
作业者、机械几乎没有等待的现象时	考虑是否有缩短各段作业时间的可能

（3）动作分析。生产活动是由大量基本动作组成的，这些动作的快慢、多少、是否有效等都将直接影响生产系统的效率。动作分析是指对操作人员的基本动作要素（动素）进行分析，按照动作经济原则要求对不合理、不经济的动作进行改进，从而使动作更加简化、更为合理，最终达到提升生产效率的目的。动作分析的效果对于那些存在大量、反复作业活动的组织显得尤为重要。总体来说，动作分析的意义体现为三个方面：制定科学、合理、规范的动作顺序和方法；降低作业活动的疲劳程度；设计恰当的工装夹具，改善现场设施、设备的布置。

动作经济原则是关于设计作业动作的基本原理，可用于指导设计简单容易、操作方便而又减少疲劳的动作。动作经济原则具体可以分为减少动作数、动作平衡、缩短动作距离和动作轻快化四个方面。

3. 方法研究的意义

方法研究可以在现有条件不变的情况下提升工作绩效，实现“以正确的方式做事”，对于提升企业竞争力具有重要意义。具体而言，方法研究的意义体现为：①使作业变得更加容易、安全；②改善工作环境，提高工作人员的工作满意度；③改进工艺和流程，降低生产成本；④缩短生产周期，增加产量；⑤降低劳动强度，提高产品质量；⑥经济地使用人力、物力和财力，减少不必要的浪费。

6.3.3 工作的作业测定

1. 作业测定的含义

作业测定是运用各种技术来确定合格工人在一定的工作条件下，按规定的作业标准完成某项工作所需要的时间。合格工人是指具备必要的身体素质、智力水平、受教育程度和技能的工作人员；一定的工作条件是指符合要求的设备、材料、作业环境等；规定的作业标准是指经过方法研究后制定的标准工作方法。

作业测定在企业管理中发挥着举足轻重的作用，不仅用于制定标准工时，还可以为工作改善提供依据。一般来说，作业测定可以用于生产、作业系统的设计及最佳作业方式的选择；作业系统的改善；生产作业系统的管理；为企业实施各种奖励制度提供科学的依据；分析工时利用情况，挖掘工时利用的潜力等。

2. 作业测定的主要内容

对于大多数员工而言，每个工作日的工作时间是固定的，而在这个时间内能否产生效益对于企业而言十分重要。因此，研究员工在工作日的时间消耗和分布情况是实现时间科学管理的基本方法，而开展员工时间研究首先需要了解工作时间的基本构成。一般来说，员工工作日的时间可以分为定额时间和无效时间。

（1）定额时间测定。定额时间是指员工为完成工作任务所必须消耗的全部时间，具体可分为准备与结束时间、作业时间、作业宽放时间等（定额时间的基本构成见图 6-7）。

（2）无效时间测定。无效时间是指由于组织管理不善或员工自身原因而导致的，员工在工作时间内发生无效劳动和造成损失的时间。一般来说，无效时间可以分为产品性无效时间、工艺性无效时间、管理性无效时间、人工性无效时间四类（无效时间的基本构成见图 6-8）。

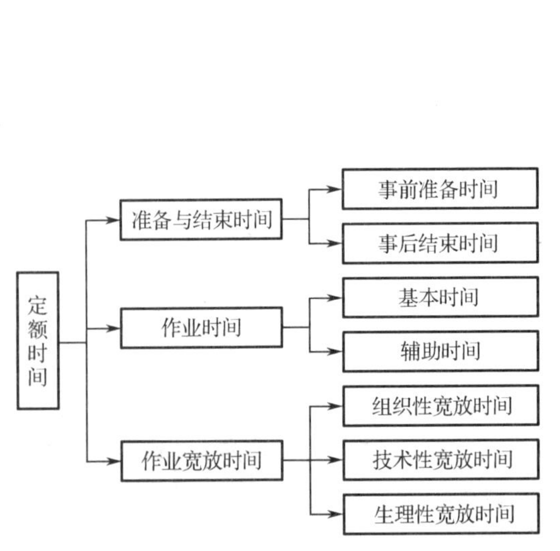

图 6-7 定额时间的基本构成

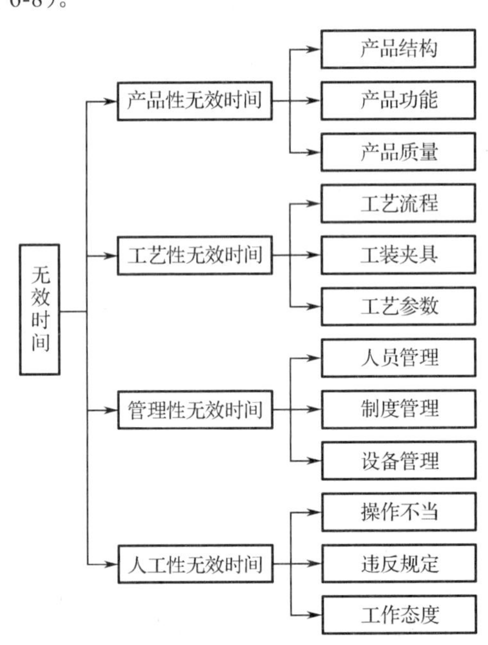

图 6-8 无效时间的基本构成

（3）标准时间测定。标准时间也称为工时定额，是指在一定的技术状态和生产组织模式下，按照产品工艺工序的加工方法，具有平均熟练程度的工人以正常速度完成单位产品作业所需要的劳动时间（工作时间、准备时间、休息时间与生理时间的总和）。

标准时间是衡量一个劳动者和组织劳动生产率的重要指标。在管理过程中，标准时间能够化繁为简，把不同类型的工作对象、作业人员、工作条件统一起来，用时间这样一个相同的度量单位来表示和比较，

使得生产计划、设备规划、成本预测及控制等工作简便易行，为组织的管理活动带来了极大的便利。

具体来说，标准时间的作用主要有以下几点：用来评价最适当的作业方法；用来控制作业者之间工作时间的平衡；确定作业者负责的设备数量；为生产计划提供基本数据；为成本核算提供基本数据；为效率管理提供基准；为外协单价确定提供基础依据；为人力资源管理提供重要依据；为绩效评估提供基本依据。

3. 作业测定的主要步骤

作业测定的目标是获得标准时间，标准时间是衡量一个员工工作效率高低的基本指标。一般来说，作业测定的主要步骤包括：①确定测定对象；②获取充分的资料；③作业分解；④确定观测次数；⑤时间测定；⑥计算各单元实际操作时间；⑦计算正常时间；⑧确定宽放时间；⑨确定标准时间。

4. 作业测定的主要方法

作业测定的方法有很多，根据测定方法的性质可以分为直接测定法和间接测定法。直接测定法包括工作日写实法、工时测定法和工作抽样法；间接测定法包括标准要素法和预定时间标准法。

（1）工作日写实法。工作日写实法是在岗位生产劳动现场，按时间的先后顺序连续对一个工作班次内的工作时间进行观察，并如实对整个工作日内的各种活动及其时间消耗进行记录，通过整理、分析、统计和研究获得工作时间的一种测定方法。工作日写实法是工作时间研究最基本、最精细的方法，也是制定工作的标准时间、休息与生理需要的标准时间、准备与结束的标准时间的重要方法。

工作日写实法对以下五方面内容进行分析：写实对象及其所在岗位的基本情况，工作日内从事的各种活动的名称和内容及动作时间，各种活动的位置，各种相关因素状况和接触时间，写实对象或所在岗位写实时间内完成的工作量。

工作日写实法有利于全面分析、研究工时利用的情况，找出工时损失的原因，拟定改进工时利用的措施；总结推广工时利用的先进经验，帮助广大工人充分利用工时，提高劳动生产率；为制定或修订所需布置工作的时间、休息与生理需要时间、准备与结束时间提供资料；为最大限度增加作业时间、规定工人与设备在工作日内合理的负荷量提供必要的数据。

（2）工时测定法。工时测定法是采用一定的计时装置或用影像录制等手段实测作业中各动作元素所用的时间，根据测量数据计算该项工作所需的标准时间。该方法的主要工具是秒表，所以也称为秒表测时法。工时测定法一般以工序为研究对象，使用时间测量工具直接测量某个工序完成某项工作的各个操作单元所消耗的时间。标准时间的确定一定要持科学、严谨的态度，因为这一数值将会对作业系统中很多要素产生重要影响。

一般来说，工时测定法的基本步骤：①分析测试环境；②分解作业操作单元；③决定观测周期次数；④观测并记录操作时间；⑤分析测定时间；⑥决定宽放值；⑦设定操作的时间标准。

（3）工作抽样法。工作抽样法（Work Sampling System）也叫瞬时观测法，是一种间接的时间研究方法。工作抽样法是由研究人员在随机的时间段或者随机的时刻对作业者或者设备的工作状态进行观察，记录其从事某类作业或空闲的发生次数，运用数理统计等方法计算其占全部观察次数的百分比，以这个百分比来表示整个工作时间中该项作业或空闲时间所占的百分比，进而计算出该项工作的标准时间。工作抽样法的基本程序是：首先选择随机的观测时间。观测者去观测现场获取数据的时间应该在选定的时间长度内随机确定，以免数据失真。接下来就是观察和获取数据。通过观察并采用一定方式记录有关数据，并将其检查是否需要更多的样本数。最后是对获得的观测数据进行分析，并将其转化为标准时间。

工作抽样法的观测内容集中在研究对象的状态上，主要是采用非连续性观测方式，不记录观测的时间，而记录观测到的事件的性质，比如是处于工作状态还是处于停工状态，据此得出判断结果。因此，该方法尤其适用于工作内容多样而又不固定的办公室人员的时间分析。工作抽样法具有操作方便、简单省时、观测者不需要专门训练等优点。其局限性在于所需观察的样本数较多，需要保证有一定的估计精度等。由于工作抽样法是以随机抽样理论为指导的方法，其准确程度与观察次数成正比。然而，如果观察次数太多，会耗费大量的人力和时间。一般来说，工作抽样的数量因研究对象的不同而存在一定差异。表 6-5 列出了一些常见作业的观测次数参考值。

表 6-5　一些常见作业的观测次数参考值

研究目的	观测次数
调查和发现工时利用的一般问题	100～500
特定管理目的，如分析停工原因	600
特定活动分析，如准备时间的比率	2 000
调查人与机器的开动率	4 000
高精度地确定标准时间	10 000+

（4）标准要素法。标准要素法（Elemental Standard Data Approach）也称标准资料法，其基本原理是在实际生产中存在着大量相同或类似的工作单元，而大多数工作是由这些工作单元按照不同流程形成的组合。例如，“取材料”“移动”“运输”“检测”等也是由一些工作单元构成的。当这些工作单元的标准一经测定，即可存入数据库，作为基本要素的标准时间，可在需要时应用于不同种类工作时间的确定。如果掌握了一套基本要素标准的时间数据，只需将要测定的工作分解为各个基本要素，而不需要再对同一要素进行重复性地测定。

标准要素法的基本步骤：①将新工作分解成基本元素；②在表中查每一相似元素时间，为工作中的这些元素设定时间；③根据新工作的特殊特征，调整每一元素的操作时间；④将所有元素的时间加起来，根据工作的特点加上适当的宽放时间，最终得到标准时间。标准要素法常见的表现形式有解析式（经验公式）、图线式（包括直线、曲线）和表格式等。

（5）预定时间标准法。预定时间标准法也称预定时间标准系统（Predetermined Time System，PTS）、动素时间标准法、动作时间法等，是国际公认的制定时间标准的先进技术。预定时间标准法的原理是把作业过程的操作分解成若干基本动素，在对这些基本动素进行详细观测的基础上得到基本动素的标准时间。当要确定某项工作的作业时间时，不需要经过秒表进行时间测定，只需把完成作业任务的操作过程分解成一些基本动素，然后查出这些基本动素的标准时间，并将各种动作时间值累加，便获得作业的正常时间值，再加上宽放时间就可以得到标准作业时间。

预定时间标准法的研究最早可以追溯到吉尔布雷斯夫妇，他们于 1912 年提出了动素概念，又提出了动作经济原则，这为以后制定预定动作时间标准提供了依据。1924 年美国学者西格（Segnr）通过对电影胶卷的记录分析发现，不同的人做同一动作所需要的时间大体上相同（偏差一般为 10%），因此如果把作业细分为多个基本动作要素，则各个基本要素所用的时间就可以通过相加的方式获得，进而可以得到整个作业的正常时间。1926 年西格出版了《动作时间分析》（*Motion Time Analysis*）一书，引起了产业界的极大注意，越来越多的学者、研究人员开始对各种预定动作时间标准方法展开研究。1934 年美国无线电公司的奎克（Quick）等人创立了工作因素体系（Work Factor System，WF）。1948 年美国西屋电气公司的梅纳德（Maynad）等人提出了时间衡量方法（Methods Time Measurement，MTM）。1966 年澳大利亚的哈依德（Heyde）博士在长期研究各种预定时间标准方法的基础上，结合人因工程方面的有关研究创立了模特法（Modular Arrangement of Predetermined Time Standard，MOD）。目前已经有 40 多种不同的 PTS 方法，其中应用最为广泛的是模特法。

模特法是 PTS 的第三代工作时间的研究技术。第一代 PTS 主要是指动作因素分析法和动作时间测定法，这两种方法较为复杂，动作分类过于琐碎，不容易掌握。第二代 PTS 是在第一代技术基础上简化而来的，主要有动作因素分析和动作时间测定法。在第一代和第二代技术的基础上，澳大利亚的哈依德博士经过长期研究各种预定时间标准方法创立了模特法。目前，模特法是国际上公认的、应用非常广泛的制定时间标准的先进技术。模特法适用于加工、生产、技术、设计、管理、服务等部门的时间标准制定和动作分析。

5. 自动化下的作业测定

无论是制造业还是非制造业，进行作业测定的目的都是提高生产率、改善质量和降低成本。过去，作业测定的主要对象是人的工作时间，然而随着生产系统的自动化程度越来越高，传统的人将会在越来越多

的工作岗位被机械、设备、机器人所替代。工作系统中“人”向“机器”的转变，对作业测定产生了较大的影响。例如，当一个企业的自动化程度提高时，原来的作业测定结果和作业测定方法也不得不进行相应改变，原有的宽放时间也可能变得不适当了。而在一个自动化的工厂里，因为机器正在越来越多地控制着工作循环，许多循环都是由数控设备决定的，因此很少需要观测工人的动作和判断他们的能力发挥情况。可以说，传统作业测定方法在自动化设备中使用起来更加容易，因为可以用电子监视器同时对多个对象进行观测，并且进行全时检测。同时，自动化的发展也正在影响作业测定理论的发展。

（1）开始关注和评价脑力劳动者的工作方法。PTS 方法的关注点由体力劳动者的工作时间和体力疲劳转到了脑力劳动者的工作时间和精神疲劳上。在一个自动化程度较高的企业中，脑力劳动者往往占很大比例。

（2）开始关注和评价机器人的工作方法。近年来，一种被称为“机器人时间和动作研究”（Robot Time and Motion，RTM）的系统开始专门研究机器人的工作问题。机器人需要明确的指令，其工作内容、步骤、动作、时间等要素也需要进行有效设计和测量。另外，机器人执行工作的时间也随着新技术的出现和发展在不断发生变化。

6.3.4　工作时间研究中的模特法

基于模特法的基本原理，其适用情景通常需要满足以下基本假设：人的作业的动作均可以分解成一些基本动作；在限定条件下，不同的人做同一动作所需的时间基本相等；工作中身体不同部位的活动所需时间应为基本动作的整数倍。

根据人们在工作中可能出现的动作特征，模特法将动作分为移动动作、终止动作、身体动作和其他动作四大类，共计 21 个细分动作（模特法的基本动作类型见图 6-9）。相对于 PTS 的前两代技术，模特法对动作类型进行了大幅度缩减，相对来说显得易学、易记、易懂。同时，模特法采用 MOD 作为基本计量单位（MOD 是时间单位）。1MOD 是手指的动作，作为一个基本单位，其他动作大多是以手指动作的整数倍来表示的。比如，手的动作是手指动作的 2 倍，小臂的动作是手指动作的 3 倍。根据研究，设定 1MOD 的时间长度为 0.129 秒（0.00215 分）。这样将动作类型与具体的时间值直接地结合起来，进而为工作研究提供了一种简单、直观、容易操作的有效方法。

1. 移动动作

移动动作是指抓住或移动物件的动作，主要包括以下 5 种类型。

（1）手指动作（M1）：指用手指的第三个关节的前部分进行的动作，相当于手指移动了 2.5 厘米左右的距离，每动作一次时间值记为 1MOD，比如用手指把开关从 OFF 拨到 ON 的位置、用大拇指和食指旋转螺柱上的螺母、用手指按压密封条等。

（2）手的动作（M2）：指手腕关节前部分（包括手指的动作）进行的动作，相当于手移动了 5 厘米左右的距离，每动作一次时间值记为 2MOD，比如用手转动调谐旋钮每次转动不超过 180 度、将电阻插在印刷电路板上、翻书等。需要注意的是，做此动作时，或多或少会牵动前臂，在分析时仍为 M2。

（3）前臂动作（M3）：指肘关节前部分（包括前臂、手、手指）进行的动作，相当于移动了 15 厘米左右的距离，每动作一次时间值记为 3MOD，比如在纸上画一条约 15 厘米的线、在作业范围内移动前臂去取放在工作台上的零件等。需要注意的是，在实际操作中，M3 动作会或多或少牵动大臂或者移动了肘关节，此时仍按 M3 分析。

（4）后臂动作（M4）：指伴随肘的移动，上臂及前面各部分以自然状态伸出的动作，相当于后臂移动了 30 厘米左右的距离，每动作一次时间值记为 4MOD，比如把手伸向放在桌子前方的零件、把手伸向放在略高于操作者头部的工具等。

（5）肩部动作（M5）：指在胳膊自然下垂的基础上，整条胳膊伸出并伸直的动作，相当于肩部移动了 45 厘米左右的距离，每动作一次时间值记为 5MOD。在进行该动作时，有一种紧张感，感到筋或肩、背的肌肉被拉紧，比如把手伸向工作台的侧面、尽量伸直胳臂取高架上的东西等。

2. 终止动作

终止动作指在移动动作之后，动作的终结。终止动作有下列 6 种类型。

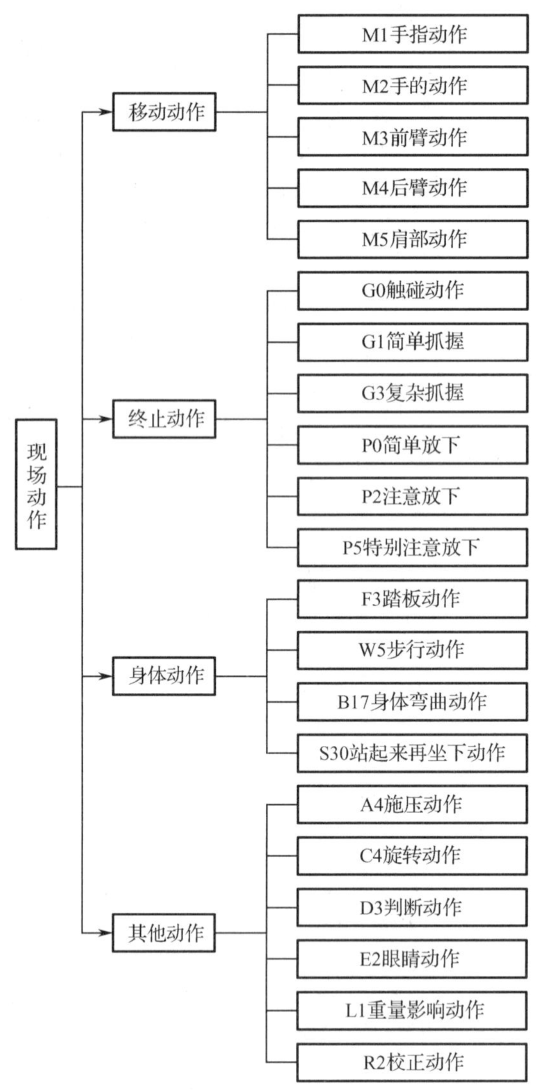

图 6-9 模特法的基本动作类型

（1）触碰动作（G0）：指用手、手指接触目的物的动作，它只是触及而已，仅仅是移动动作的结束，并未进行新的动作，每动作一次时间值记为 0MOD，比如用手去按计算器的按键时，必须先伸手去接触该按键再按数字键、用手去推动放在桌子上的某一个物件时必须先接触该物件才能推该物件。

（2）简单抓握（G1）：指在自然放松的状态下用手或手指无阻碍地触及目的物之后，用手指捏或手掌比较容易地抓握物体的动作，每动作一次时间值记为 1MOD。该动作属于抓取容易的物件，目的物附近无妨碍物，一抓即可，比如抓起放在工作台上的旋具、抓起放在书桌上的钢笔、两手同时伸出捧住电视机等。

（3）复杂抓握（G3）：指抓握时需要注视，是 G1 所不能实现的，抓握前有迟疑，手指有超过两次的动作，每动作一次时间值记为 3MOD。抓握困难一般可能是要抓取的目的物周围有障碍物或者目的物比较小不容易一抓就得，或是目的物易变形、易碎，比如抓起放在工作台面上的垫片、抓起放在台子上的一支绣花针、抓起放在零件箱中的小螺钉等。

（4）简单放下（P0）：指抓着目的物到达目的地之后直接放下的动作，每动作一次时间值记为 0MOD。该动作是放置动作中最简单的一种，不需要用眼注视周围的情况，放置处也无特殊要求，被放下的物体允许移动或滚动，因此无须时间值，比如将拿着的工具放到桌子旁、把放下工具的手移回原来的位置等。

（5）注意放下（P2）：指放置物体时需要用眼睛看，以确保物体的大致位置，每动作一次时间值记为 2MOD。在放置目的物的过程中只允许一次方向与位置的修正，如把垫圈套入螺栓的动作、将装配完的零件放到传送带上等。

（6）特别注意放下（P5）：指把目的物准确地放置在规定的位置或进行装配的动作，动作有迟疑，需要眼睛注视，有两次以上的方向、位置的修正动作，从始至终需用眼睛观察其精确的位置，每动作一次时间值记为 5MOD，比如把导线焊在印制线路板上、把电阻插入印制板的孔中等。

3. 身体动作

身体动作指躯干、下肢的动作，分为以下 4 种类型。

（1）踏板动作（F3）：指将脚跟踏在踏板上做足颈动作，这个动作必须是脚跟不离踏板，是单程的。如果踏一下又回来，因为足颈活动了两次，所以是两个 F3，比如脚踏缝纫机制衣、脚踏汽车油门、脚踏冲床的开关。每下踏就需要返回一次，即往返踏板一次，时间值为 6MOD。

（2）步行动作（W5）：指通过膝关节运动，使身体移动或回转身体的动作，每动作一次时间值记为 5MOD，比如向前、向后、横向、侧向等，凡是用脚支配身体的水平移动的动作均属此动作。

（3）身体弯曲动作（B17）：指以站立状态弯曲身体、弯腰、下蹲、单膝跪地，之后再返回站立状态的一个循环过程的动作，每动作一次时间值记为 17MOD。

（4）站起来再坐下动作（S30）：指坐在椅子上，站起之后再坐下的动作过程，这个动作包括站起来向后推椅子及坐下来拉椅子的动作，每动作一次时间值记为 30MOD。

4. 其他动作

其他动作包括以下 6 种类型。

（1）施压动作（A4）：指操作中需要推、拉、压克服 20N 以上阻力的动作，每动作一次时间值记为 4MOD，比如铆钉对准配合孔用力推入、手用力拧紧各种闸阀等。

（2）旋转动作（C4）：为使目的物做圆周运动，以手腕或肘关节为轴心旋转划圆形轨迹的动作，每动作一次时间值记为 4MOD，比如摇车床的把柄、搅拌液体、旋转 1/2 周以上的旋转动作等。

（3）判断动作（D3）：指在两个动作之间判断是否要从事及判断下一动作所需时间的动作，每动作一次时间值记为 3MOD，比如看压力表的表盘后，除了目视动作 E2，还必须判断读数反应的压力是否属于正常值。

（4）眼睛动作（E2）：指为看清事物眼睛移动和调整焦距的动作。这个过程中包含两个动作：一个是进行视线转移，另一个是看清目标对象。

（5）重量影响动作（L1）：指搬运重物时，物体的重量影响动作的速度，并且随物体的轻重而影响时间值，因此应予以考虑。重量因素按下列原则考虑：有效重量小于 20N，不考虑；有效重量为 20～60 N 的，重量因素为 L1，时间值为 1MOD；有效重量为 60～100N 的，重量因素为 2 个 L1，时间值为 2MOD；以后每增加 40N，时间值增加 1MOD。有效重量的计算原则为：单手负重，有效重量等于实际重量；双手负重，有效重量等于实际重量的 1/2；滑动运送物体时，有效重量为实际重量的 1/3；滚动运送物体时，有效重量为实际重量的 1/10；两人用手搬运同一物体时，不分单手和双手，有效重量皆以实际重量的 1/2 来计算。重量因素在搬运过程中只在放置动作时附加一次，而不是在抓取、移动、放置过程中都考虑，且不受搬运距离长短的影响。

（6）校正动作（R2）：指矫正抓零件和工具的动作，或将其回转，或改变方向而进行的动作，每动作一次时间值记为 2MOD。同时，校正动作必须独立进行时才给时间值，比如，抓取一只二极管并矫正好方向，以便插入二极管座，这是在抓取（G）之后或放置（P）之前进行重新校正操作物体位置的动作。

总体来看，模特法的时间确定原理是根据操作时人体不同部位的基本动作、动作距离、工作对象的难易程度，分析、计算、确定完成这些标准动作所需的时间。该方法尤其适用于手工作业较多的劳动密集型企业。模特法的分析依据较为科学，计算也较为简单，具体事例的计算方法如下。

例如，操作人员要看清仪表上的读数。在这个工作中，操作人员首先必须转移视线，将视线由别的地方转移到仪表盘面上来，如果转移动作范围比较大，则这个动作可以归为 C4（C4=4MOD）。然后进一步看清盘面的读数（调整焦距），这个动作可以归为 E2（E2=2MOD）。也就是说，上述工作的动作排列式为 C4、E2，其时间值则为 4MOD+2MOD，即为 6MOD。

6.4 工作设计理念及方法

工作设计和再设计的重要目标是使公司的人力、设备和技术等资源得到充分利用，从而使公司获得竞争优势。然而，工作设计要想达到预期的效果，仅考虑工作本身的内容是远远不够的，还需要对工作任务中的多种要素，尤其是执行工作的人给予充分的认识、理解和分析。

从工作设计的发展历史来看，工作设计的理念一直在随着内外部环境的变化不断演化（工作设计理念的主要发展阶段见图 6-10）。从总的发展历程来看，工作设计关注的焦点由过去主要研究工作内容本身转向执行工作的人。亚当·斯密的分工理论及以泰勒为首的科学管理理论主要针对工作内容本身展开，对于人的特性未能给予足够的重视。随着内外部环境的变化，人机工程理论、行为科学理论，以及授权、团队、柔性工作等新理论不断出现，对于人机匹配、人的积极性及主动性、人的潜能发挥、人的自我价值实现等进行了诸多探索，使工作设计呈现出越来越丰富的视角。从设计理念视角来看，工作设计方法可以分为基于工作效率的工作设计方法、基于行为科学管理理论的工作设计方法、基于人机工程学的工作设计方法、基于综合模式的工作设计方法四种基本类型。

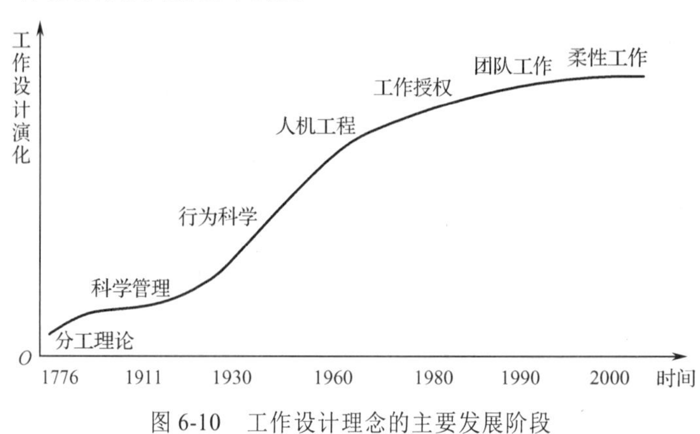

图 6-10 工作设计理念的主要发展阶段

6.4.1 基于工作效率的工作设计方法

由于工作效率的不断提升，相关的理论也在不断发展，其中以劳动专业化分工理论、科学管理理论、机械自动化生产理论为基础的三类工作设计方法较为典型。

1. 基于劳动专业化分工理论的工作设计

尽管早期或者古代的工作也进行设计，但是当时主要是建立在个人经验的基础上，缺乏系统的理论基础。而亚当·斯密在 1776 年出版的《国富论》一书中详细阐述了分工理论，这为人类社会的工作设计提供了一个全新的视角。分工理论的广泛采用使组织中员工的工作内容、工作方式发生了极大的变化，从而使原有的小作坊、手工工厂逐渐被以大规模为特征的生产组织所替代，同时极大提升了组织的工作效率。

劳动专业化（Specialization of Labor）在今天已经被视为一种再寻常不过的传统工作设计方法。一般来说，工作专业化程度越高，所包含工作任务的范围就越窄，重复性就越强，效率往往也越高。这种工作设计方法的优点在流水线生产上体现得最为明显。劳动专业化分工强调找到一种最简单同时使效率最大化的方式来对工作进行组合，通常做法是降低工作的复杂程度，尽量让工作简单化。这种基于工作效率的设计方法使工作安全、简单、可靠，使员工工作中的精力消耗最小化。然而，尽管劳动专业化极大提升了人

类社会的生产和生活水平，但也给每天面对重复性工作的员工带来了巨大的负面影响。劳动专业化分工对管理者和员工的有利和不利影响如表 6-6 所示。

表 6-6　劳动专业化分工对管理者和员工的有利和不利影响

	有利影响	不利影响
对管理者	● 能迅速培训劳动者 ● 使招聘新员工变得容易 ● 由于工作单一、重复，生产率高 ● 由于劳动力替换容易，可降低员工报酬 ● 对工作流和工作负荷可以严密控制	● 由于无人对整个生产负责任，质量控制较为困难 ● 员工不满意，从而导致员工流失、缺勤、懈怠、情绪低落、故意中断生产等潜在问题 ● 由于员工缺乏创新视角，降低了改善流程的可能性 ● 在改变流程方面缺乏灵活性，从而很难生产出新的产品或改进产品
对员工	● 为了获取工作只需要很少教育或不需要培训 ● 比较容易学会一项工作 ● 一般性工作不需要太多努力	● 重复性工作容易产生厌倦感 ● 由于每项工作贡献很小，从而对工作本身难以产生满足感 ● 对工作进度很少或没有控制，从而意志消沉且容易倦怠 ● 只具有特定工作技能，获得新工作的能力不足

2. 基于科学管理理论的工作设计

泰勒的科学管理理论是应用科学方法来确定从事一项工作的“最佳方法”，使工作管理从依靠经验变为依靠科学，为管理者从微观视角认知员工的劳动提供了更加精准的方法和工具。泰勒认为，管理技术就是“确切知道要别人干什么，并注意让他们用最好最经济的方法去干”，整个作业应当“建立在对单位工时的精确和科学的研究上”。针对工作设计，泰勒提出了科学管理的四条原则。

（1）对员工操作的每个动作进行科学研究，用以代替单凭经验的办法。

（2）科学地挑选员工，并进行培训和教育。

（3）与员工亲密协作，以保证一切工作都按已发展起来的科学原则去办。

（4）管理者和员工之间在工作和职责上几乎是均分的，管理者把自己比员工更胜任的那部分工作承担下来。

泰勒的科学管理研究实行“三定”：定标准作业方法、定标准工作时间、定每天工作量，形成了定量的作业管理模式。在科学管理时期，吉尔布雷斯夫妇无疑是丰富科学管理理论的典型代表。他们对于工作中的多余动作、生产安排、设备配置、员工培训等进行了研究，不仅极大地提升了当时企业的劳动生产率，而且这一研究方法和工具在今天依然是开展科学管理的根本基础。基于科学管理理论的工作设计通过对工作程序和操作方法的标准化，大大提高了劳动生产率。

3. 基于机械自动化生产理论的工作设计

由于人对于工作具有不同的体会和认知，管理者在设计工作时也不得不照顾人的多种需求，这就增加了工作设计的复杂性，也加大了管理的难度和成本。以机械设备、机器人、电气元件为主要“工作者”的生产系统，可以有效解决上述问题。在这种背景下，已经有越来越多的企业开始提高工作机械化、自动化的程度，甚至出现了无人工厂。

20 世纪 60 年代以后，由于电子计算机的应用，出现了数控机床、加工中心、机器人、计算机辅助设计、计算机辅助制造、自动化仓库、柔性制造系统（FMS）、计算机集成制造系统（CIMS）等。企业采用机械化、自动化控制不仅可以把人从繁重的体力劳动、部分脑力劳动及恶劣、危险的工作环境中解放出来，还能极大地提高劳动生产率。因此，机械化、自动化已经成为现代企业提高效率的工作设计新趋势。

6.4.2　基于行为科学管理理论的工作设计方法

尽管泰勒的科学管理理论对“经济人”假设有所突破，但对于员工生理、安全之外的需要还缺乏足够的关注。哈佛大学心理学教授梅奥（George Elton Mayo）于 1927 年开始在美国芝加哥西部电器公司所属的霍桑工厂进行的霍桑试验（Hawthorne Experiment），将人们对于影响生产系统效率的影响因素，尤其是组织中工作员工的特征对生产影响的认识向前推进了一大步。霍桑试验第一次把研究的重点从工作和物的因素上转移到人的因素上，提出了“社会人”“非正式组织”等观点，不仅在理论上对古典管理理论进行了突破和补充，还为现代行为科学理论奠定了基础。

行为科学管理理论认为，工人的工作动机和行为并不仅仅被金钱等物质利益所驱使，他们不是“经济人”而是“社会人”，具有一定的社会性需求。行为科学管理理论的出现改变了管理者看待员工的思想观念，把以“事”为中心的管理转向了以“人”为中心的管理，由原来对“规章制度”的研究发展到对人的行为的研究，由原来的专制型管理向民主型管理过渡。一般来说，基于行为科学管理理论的工作设计中以工作内容范围、工作自主性和工作内在特征为关注点的三类设计方法较为典型。

1. 基于工作内容范围的工作设计

（1）工作扩大化。工作扩大化（Job Enlargement）也称“水平工作负荷”（Horizontal Job Loading），是指通过增加员工同一性质的工作而使得工作效率得以提高的方法。工作扩大化将原来狭窄的工作范围、频繁重复的情况加以改善，使工作多样化，这可以在一定程度上缓解员工工作的枯燥和单调的感觉。例如，工作多样化可以使员工有机会完成整个产品的主要工作，这能让员工了解自己在整个产品上所做出的贡献，从而提高满足感。

尽管工作扩大化有很多优点，但是也存在一些不足，比如扩大工作范围会使相应的培训费用有所提高。另外，在引进新的工作系统时，生产率会大为降低。最重要的是，工作扩大化并没有从根本上改变工作由于单调和沉闷而引发的弊端。

（2）工作丰富化。工作丰富化（Job Enrichment）也称“垂直工作负荷”（Vertical Job Loading），是指通过在工作中赋予员工更多的责任、自主权和控制权而使得工作效率得以提高的方法。工作丰富化是依据赫茨柏格（Frederick Herzberg）的双因素理论而来的。该理论认为，让员工负责任、受到赏识、有成就感、升迁及获得成长等可以对员工工作形成激励，上述因素也是工作丰富化设计的重点。

一般来说，工作丰富化将使员工承担更多的任务、更大的责任，员工有更大的自主权，这有助于提高员工的工作动力、满意度。同时，工作丰富化更加关注提高工作的挑战性、意义性和完整性，让员工感觉到自己的职位更有意义，进而激发员工工作的主动性。总之，工作丰富化能够有效降低员工的缺勤率和离职率，增强员工的工作积极性，进而提高劳动生产率。

工作扩大化与工作丰富化的主要区别是工作内容在扩展方向上的差异。工作扩大化是现有工作内容的横向扩展，而工作丰富化是现有工作内容的纵向扩展。例如，假设员工目前的工作内容是产品设计，从横向工作扩大化的角度看，产品的外观设计及产品的工艺设计是与产品设计相互平行的工作职能，都属于产品研发部门内部的主要工作内容；从纵向工作扩大化的角度看，产品的生产及产品的销售分别属于生产部门和销售部门的工作内容，而产品设计是研发部门的主要工作内容，这种内容的扩展已经不属于同一部门了。工作扩大化与工作丰富化的主要区别如图 6-11 所示。

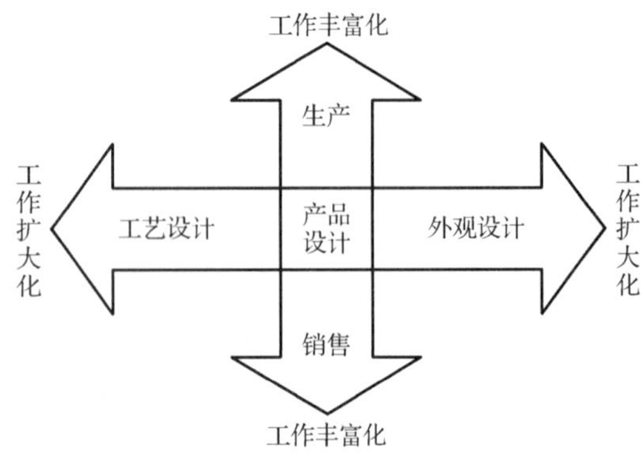

图 6-11　工作扩大化与工作丰富化的主要区别

（3）工作轮换。工作轮换（Job Rotation）也称职务轮换、岗位轮换，是组织有计划的按照大体确定的期限，让员工或管理人员轮换负责若干种不同工作的做法，从而达到考察员工的适应性和开发员工多种能力的目的。工作轮换可以是员工换到另一个同样水平、技术要求相接近的工作职位上去工作，也可以是

高层管理者在部门之间进行较大跨度的轮换。例如，在一家快餐店工作的普通员工，可以在第一天负责接待客人，第二天在厨房做汉堡，第三天负责包装，第四天负责清理用餐区，依此类推；企业的技术经理在产品的营销部门任职一年，然后在生产部门任职一年，通过在不同部门的职务轮换可以使该管理者对企业多个部门的运行状况有所了解，以便具备成为更高管理者的能力。由于轮换的对象、轮换的部门、轮换的技能不同，工作轮换的目的也存在一定的差异，比如新员工巡回轮换、"一工多能"员工轮换、骨干成员培养轮换等。

工作轮换具有很多优点，但也存在很多不足。其优点是：丰富了工作内容，减少员工对工作的枯燥、单调感，使员工的工作积极性得到提高；员工能学到更多的技能，提高对环境的适应能力，也为员工的职业生涯规划提供参考。其缺点是：使培训员工的成本增加，而且一个员工在转换工作的最初时期效率较低；变动一个员工的岗位意味着其他相关联的岗位会随之变动，增加了管理人员的工作量和工作难度。另外，在实施过程中需要明确哪些职位之间可以互相轮换，那些过于敏感或有高度机密性的职位不适合经常调动。

2. 基于工作自主性的工作设计

霍桑试验表明，员工的工作效率问题不是分工理论和管理科学理论能够完全解决的，良好的沟通和信任关系、良好的工作环境、恰当的激励等也深深地影响着员工的工作结果。马斯洛（Maslow）的"需求层次理论"、赫茨伯格（Herzberg）的"双因素理论"、麦格雷戈（McGregor）的"X 理论"和"Y 理论"、麦克利兰（McClelland）的"成就动因理论"，以及"期望理论""公平理论""目标设置理论"和"认知评价理论"等为管理者激励员工提供了有益借鉴。因此，从员工的需求出发进行相应的工作设计往往能够获得意想不到的效果。目前，以工作授权、工作团队、柔性工作为主要形式的工作设计得到了广泛应用。

（1）工作授权。授权（Authority）是主管领导将职权或职责授予下属和员工，并责令其负责管理性或事务性工作，以便达到组织目标的活动。工作授权思想是伊恩•戈登（Ian Gordon）在 20 世纪五六十年代提出的。当时，面对以客户为中心和全球市场竞争的挑战，许多企业特别是大公司需要减少中间管理层次、简化办事程序、提高办事效率，以便满足客户的需求。工作授权思想在 20 世纪 80 年代得到了广泛关注。

授权是一门管理的艺术，是领导者智慧和能力的扩展和延伸。科学的授权能使管理者不必对各种事务亲力亲为，从而把更多的时间和精力投入到企业更重要的发展事务上，或者达到锻炼、培养下属运营管理能力的目的。总体来说，工作授权具有下列作用：授权可提升下属参与解决问题的积极性，使其获得较大的工作满足感；授权可以减轻管理者的工作负担，使其将时间和精力放在更重要的管理上；授权可以提升下属解决问题和独当一面的工作能力；授权容易在组织中培养有效的竞争环境；授权使员工对工作任务负责，会提升员工的责任感；授权可以扩大管理者的管理幅度，减少组织层次，提升组织沟通效率。

（2）工作团队。工作团队（Work Team）是指由一小群技能互补的成员组成的组织，所有成员致力于共同的宗旨、绩效目标，并且共同承担责任。团队的主要类型可以分为问题解决型团队、多功能型团队、自我管理型团队、虚拟工作团队。在过去很长时间里，日本企业中有各种形式的工作小组。其中，"自治工作小组""日本式工作小组""雇员参与团队"等是主要形式。美国企业也非常重视工作团队，在工作团队中设定的工作目标通常比传统组织的目标高很多，并能够取得更好的工作效果。

自主型工作团队是团队的典型形式之一。一般来说，自主型工作团队对工作有很高的自主管理权，包括集体控制工作速度、任务分派、休息时间、工作效果的检查方式等，甚至可以有人事挑选权，团队中成员之间相互评价绩效，适用于扁平化和网络化的组织结构。例如，瑞典卡尔马（Kalmar）"富豪"汽车公司的装配厂，用 12～15 个工人组成的自主型工作小组取代了装配线，每个工作小组负责一个主要的汽车装配过程。事实证明，这种生产方式效果理想，在生产率相对提高的同时，产品质量也有所改善，缺勤和人员流动也得到了有效降低。

（3）柔性工作。随着现代工作内容的快速变化、人们生活节奏的不断加快，越来越多的人开始不喜欢传统的工作方式，更加倾向于柔性的工作方式。过去，这种想法缺乏实现的可行性。然而，随着信息技术、网络技术、通信技术的高速发展，越来越多的公司开始推行柔性工作（Flexible Work）方式，在工作时间、工作地点、工作方式，甚至工作内容上都具有较大的自主性，这无疑已经成为一些企业吸引特殊人才加盟的有利条件。对于企业而言，采用柔性作业方式基于两方面的需求：一方面是随着外部经营环境的快速变化，需要管理者、员工展现出足够的工作柔性，以便在工作能力、工作方式上及时快速地应对；另一方面是随着人们生活水平的提高，以及生活、工作观念的转变，越来越多的人认为工作只是人生的一部分，柔性工作可以使工作和生活之间达到恰当的平衡，从而能够较好地满足人们的一些新需求。

比起传统的固定工作制度，柔性工作有着显著的优点，主要体现为：可以减少缺勤率、迟到率和员工的流失；可以提高员工的生产率；增加工作营业时限，减少加班费的支出；可以使员工在工作时间上增加自由度；有助于员工的社交和被尊重等高层次的需求得到满足。然而，柔性工作也存在明显的不足，主要体现为：管理者对下属进行工作指导变得困难；导致工作轮班发生混乱；当某些具有特殊技能或知识的人不在现场时，可能使问题更难解决；使管理人员的计划和控制工作更为麻烦，花费也更大；许多工作并不宜转为柔性工作方式，如超市的营业员、企业的接待员、装配线上的操作人员等。总之，面对柔性的工作方式，管理者必须充分考虑这种新的工作方式在决策、沟通、职权、保密、招聘、绩效评价等方面可能面临的挑战。

3. 基于工作内在特征的工作设计

工作特征模型（Job Characteristics Model，JCM）也称职务特征模型、五因子工作特征理论，是哈佛大学教授理查德•哈德曼（Richard Hackman）和伊利诺依大学教授格雷格•奥尔德汉姆（Greg Oldham）在 1976 年提出的，是工作丰富化的核心。工作特征模型认为，可以把一个工作按照它与核心维度的相似性或者差异性来描述，进而按照模型中的实施方法丰富化工作中高水平的核心维度，并由此创造出高水平的心理状态和工作成果。工作特征模型通过确定 5 种核心工作维度，研究它们对于员工工作动机和责任感产生的影响，确定导致工作结果的原因，进而开展工作设计的一种方法。工作特征模型是管理者在设计具有激励作用的工作时常常采用的一种有效框架，典型的工作特征模型具体如图 6-12 所示。

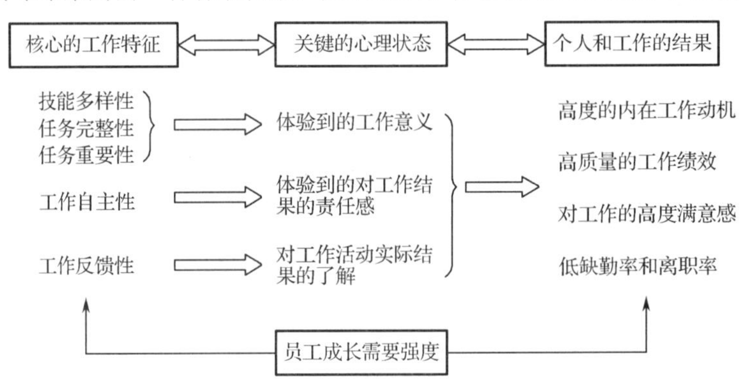

图 6-12　典型的工作特征模型

（1）技能多样性。技能多样性（Skill Variety）是指员工完成一项工作所需要具备的各种技能和能力。

（2）任务完整性。任务完整性（Task Identity）也称任务同一性，是工作在多大程度上需要作为一个整体从开始到完成，并取得明显成果的程度。

（3）任务重要性。任务重要性（Task Significance）是自己的工作影响其他人的工作或生活的实际程度。

（4）工作自主性。工作自主性（Autonomy）是员工在安排工作内容、确定工作程序等方面被允许的自由度、独立权和决定权的程度。

（5）工作反馈性。工作反馈性（Feedback）是员工能及时明确地知道他所从事的工作的绩效及其效率的程度。

工作特征模型认为，良好的工作岗位可以让员工感受到工作的意义、感受到工作的责任和了解到工作的结果，这是三种心理状态。这些心理状态可以影响到个人和工作的结果，如内在工作动力、绩效水平、工作满足感、缺勤率和离职率等，从而使员工产生内在的激励，使员工能够以自我激励的方式形成积极循环。工作特征模型强调的是员工与工作岗位之间的相互作用，并且强调最好的岗位设计应该能够给员工内在的激励。为此，工作特征模型基于上述 5 个核心维度得出一个预测性指标，即激励潜能分数（Motivating Potential Score，MPS），其计算公式为：

$$MPS = \frac{(SV + TI + TS) \times A \times F}{3}$$

式中：MPS 为激励潜能分数；SV 为技能多样性；TI 为任务完整性；TS 为任务重要性；A 为工作自主性；F 为工作反馈性。

工作特征模型体现了人本主义的管理方法，重视工作中人的因素。根据此模型，管理者应该致力于 5 个核心维度特征的改善，不断进行工作的再设计。一般来说，合并任务、形成自然的工作单元、建立客户联系、纵向拓展工作、开通反馈渠道是工作再设计的基本方式（见图 6-13）。

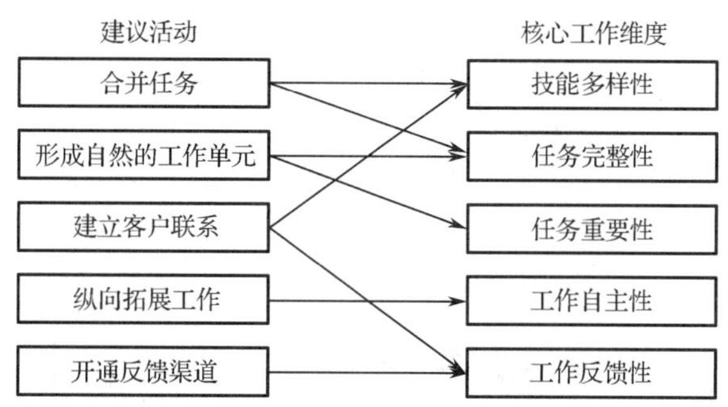

图 6-13　工作再设计的基本方式

（1）合并任务。应当将现有的过细分割的任务组合起来，形成一项新的、内容广泛的工作，这将使技能多样性和任务同一性得到提高。

（2）形成自然的工作单元。应当将任务设计成一种完整、具有同一性、有意义的工作，这可使员工产生归属感。

（3）建立客户联系。应当在员工与他们的客户之间建立直接联系，这可提升员工的技能、自主性和绩效反馈效果。

（4）纵向拓展工作。纵向拓展工作可使员工产生责任感，并掌握以往保留在管理者手中的控制权。它将使一项职务的“作业”与“控制”两方面间的分离得以部分地结合，从而提升员工的自主性。

（5）开通反馈渠道。通过有效的反馈方式，员工不仅能了解他们所从事的工作的价值，还能知道他们的绩效如何。

6.4.3　基于人机工程学的工作设计方法

1. 人机工程学的定义

人机工程学是运用多个学科的知识，根据人和机器的条件和特点，合理分配人和机器承担的操作职能，使作业中人、机器、环境三者之间相互协调，从而创造出健康、舒适、安全的工作环境，使系统的工作效率达到最优的一门综合性交叉学科。人机工程学在不同的国家和地区的名称存在一定差异，美国称其为人类工程学（Human Engineering）或人因工程学（Human Factor Engineering），日本称其为人间工学，欧洲称其为工效学（Ergonomics），中国也有人类工程学、人体工程学、工效学、人因工程和人机工程学等说法。其中，人机工程学是应用最为普遍的名称。

一般来说，以往研究工作效率更多的是关注人-机系统（Man-Machine Systems），然而这个系统往往会受到其所处环境的重要影响。因此，人机系统实际上与环境形成了一个不可分割的人-机-环境系统。例如，船长驾驶轮船、飞行员驾驶飞机、司机驾驶汽车都是人机系统，需要在轮船内、飞机内、汽车内来执行具体操作活动，而这个过程中的操作行为及执行效率会受到环境的影响。在人机工程学的研究中，需要应用到心理学、生理学、医学、人体测量学、美学、工程技术、环境科学等多学科的知识、方法和工具，人机工程学的学科体系如图 6-14 所示。

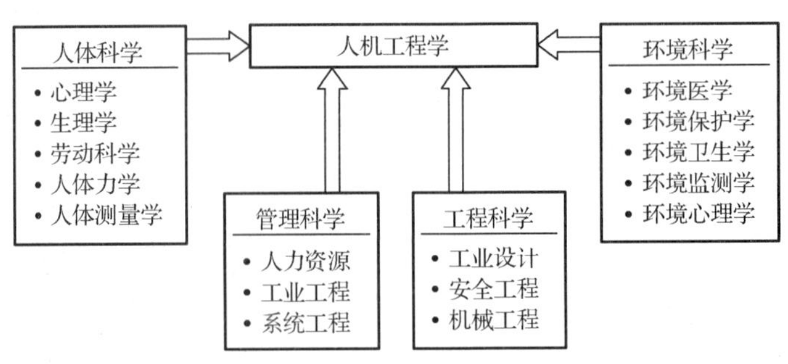

图 6-14　人机工程学的学科体系

2. 人机工程学的研究内容和研究方法

（1）人机工程学的研究内容。人机工程学在社会实践中，包括企业管理中应用非常广泛，涉及业务的方方面面。一般来说，企业中涉及人机工程学的主要内容有员工的生理与心理特性、人机系统总体设计、人机界面设计、工作场所设计及改善、工作环境及其改善、作业方法及其改善、系统的安全性及可靠性、组织与管理的效率等。

（2）人机工程学的研究方法。人机工程学的主要研究方法有调查法、观测法、实验法、心理测量法、图示模型法、心理测验法等。其中，心理测验法以心理学中有关个体差异理论为基础，将操作者个体在某种心理测验中的成绩与常模做比较，以分析被测试者的心理素质特点。企业进行心理测验必须满足以下两个条件：一是要建立常模。常模是某个标准化的样本在测验上的平均得分。二是测验必须具备一定的信度和效度，即准确而可靠地反映被测试者的心理特性。

瑞典企业“强制”员工工作日健身

瑞典人热爱户外体能活动，即使是在欧洲，该国人民的运动量也高居榜首。现在，一些瑞典企业老板甚至把健身纳入公司政策，强制规定员工上班时间也得做运动。根据欧盟的一项调查，70%的瑞典人每周至少运动 1 次，51%的瑞典人每周至少运动 2～3 次。

由瑞典网球名将比约恩·博格创立的同名时尚运动品牌，两年前采取了更“激进”的做法，强制规定斯德哥尔摩总部全体员工每逢周五必须在上班时间暂停工作，到办公室附近一个健身房锻炼身体。公司总裁邦吉说：“如果你不愿锻炼身体，或者不认同我们的公司文化，那你就得走人。”不过，至今还没有人因为这项规定而辞职。自推行这个政策以来，员工更开心，生产力也更高，公司的所有关键指标都上扬。

斯德哥尔摩大学的一项研究报告显示，在上班日做运动对劳资双方都有好处，员工会因此更健康、更专注于工作，请病假的人也会减少，员工缺勤率因此下降了 22 个百分点。自 20 世纪 80 年代末以来，瑞典多数企业均为员工提供运动津贴，无论是打高尔夫球还是进行水中有氧运动都可获得这项津贴，最高津贴数额为每年 500 欧元，提供运动津贴的雇主则可享有税务回扣。

（资料来源：中国新闻网. 瑞典企业“强制”员工工作日健身　称提高生产力，2018-03-01.）

3. 人机工程学的工作环境因素

工作环境是指工作人员从事某项活动的空间场所，包括场所的空间的位置、大小和形状，以及照明、温度、空气质量、色彩、噪音等一些特性，是人机工程学研究的重要内容之一。

（1）工作场所的照明。选择合理的照明方式，对改善工作质量、提高工作效率具有重要作用。一般来说，工作场所主要采用自然照明、人工照明和混合照明三种形式。为了防止照明条件产生不良影响，需要从照明强度和灯光分配两方面入手。改善工作环境照明的一些基本原则包括：在不产生眩光的前提下，尽量增加照明强度；尽量避免使用直射光源，多使用反射和透射光源；一般不宜用有色光；在光滑表面刷涂能够降低反射系数的材料；局部照明与全面照明相结合，合理分配灯光，保证足够的照明度；尽量使工作场所受光均匀，防止过大的对比度。

为了对工作环境照明进行科学管理，许多国家都制定了照明标准。例如，联邦德国的 DIN5034、日

本的 JISZ9110 等。我国制定了《建筑照明设计标准》(GB 50034—2013)，该标准规定了新建、改建和扩建的居住、公共和工业建筑的一般照度标准值。表 6-7 列出了一些典型工作场所的照明标准。

表 6-7　典型工作场所的照明标准

工作分类	活动内容	标准照度（lx）	照明范围（lx）
超精密工作	钟表、超精密机械加工、刺绣	1 000	700～1 500
精密工作	汽车、飞机组装	500	300～700
普通工作	机械加工、铸造、焊接	200	150～300
粗工作	木器加工	100	70～150
非工作	车间非工作区	50	30～70
非工作	附属生活区及卫生间	20	15～30

(2) 工作场所的温度。适宜的环境温度会对工作人员的工作状态产生积极的影响，而不合适的温度可能会引起员工的全身乏力、工作注意力下降、情绪波动、工作效率降低等现象。例如，高温是很多生产系统具有的特征，高温对人体的作业状态的影响可以分为生理和心理两个方面：在生理方面，高温会使人体大量排汗，进而会导致失盐、失水、汗腺疲劳等症状，甚至使人没有能力坚持工作。一般情况下，人在 20 ℃左右的环境中工作会感到舒适，但当温度升高至 45 ℃时，由于血管扩张和出汗，就会感到疲惫、难受。许多调查证明，高温车间的工人患急性肠胃病的人数要比一般车间多 40%，患慢性胃病的人数比一般车间要多 25%。在心理方面，高温会引起人的知觉判断、反应能力、协调能力、动作精确性等的下降，还会让人注意力涣散、情绪烦躁不安，容易发生事故等。因此，使工作环境温度保持在恰当的范围是提升工作效率的重要因素。表 6-8 列出了我国一些建筑物内的最佳温度范围标准。

表 6-8　我国一些建筑物内的最佳温度范围标准

建筑物	最佳温度范围（℃）
学校教室	18.3～21.1
医院病房	21.1～22.2
剧院电影院	18.3～20.0
食堂	18.3
工厂车间	12.8～18.3
住宅	18.3

另外，为了保证员工正常工作不受高温的影响，除了在高温季节与高温场所安装空调、风扇、通风、隔热等设备，还可以根据工作性质安排合理的休息时间，或者缩短工作时间等，以便对员工进行有效保护。

(3) 工作场所的空气质量。空气是人们开展正常活动的基本需要，而状态欠佳的空气环境会对员工劳动效率产生重要的影响。一般来说，工作环境的空气状况和空气的流动速度会对作业质量控制产生影响。研究表明，在工作人员不多的房间中空气流动的最佳速度约为 0.3 米/秒，在拥挤的房间中约为 0.4 米/秒，而当室内温度、湿度都很高时，空气流速最好应达到 1～2 米/秒。在温度相同的情况下，保持空气新鲜的工作场所要比空气通风不畅的工作场所效率高出约 10%。

工作环境的空气质量主要用空气的污染状况来表示。一般来说，工作环境中的空气污染有两个来源：一是来自人的污染。人在工作过程中会排出二氧化碳等气体，随着劳动强度的增大，二氧化碳等气体的排放量会随之增加，从而影响空气质量。表 6-9 列出了不同劳动情况下成年男子的二氧化碳的呼出量。二是来自生产过程的污染。生产过程中的加工、运输、贮存等可能会产生粉尘、烟雾、气体、蒸汽、纤维质等，这些可能会飘浮在空气中，对人体不同的器官产生刺激和损害。

表 6-9　不同劳动情况下成年男子的二氧化碳的呼出量

能量代谢率	劳动强度	二氧化碳呼出量（m^3/h）	计算用量（m^3/h）
0	睡觉	0.011	0.011
0～1	极轻劳动	0.012 9～0.023	0.022
1～2	轻劳动	0.023～0.033	0.028
2～4	中劳动	0.033～0.053 8	0.046
4～7	重劳动	0.053 8～0.084	0.069

（4）工作场所的色彩。色彩对人的行为产生的影响主要是通过视觉神经影响人的生理和心理，进而影响心脏、内分泌机能、中枢神经系统的活动。颜色之所以能够对人的心理和生理产生影响，是因为在长期的人类进化中，人与物在交往的过程中积累起来的经验，使人在面对一种颜色时心理会受制于以往对这种颜色的态度。医学研究表明，常见的赤、橙、黄、绿、青、蓝、紫等颜色对人的生理有不同的影响。另外，暖色和冷色也会对工作氛围产生影响。还有，明色调与暗色调也可能对人的情绪产生不同的影响。

为了科学地对颜色进行管理和控制，采用数量的方式对颜色给予界定是十分必要的。目前，较为成熟的颜色表达方式是采用色调（Hue，H）、明度（Value，V）和彩度（Chroma，C）三个要素排列起来表示具体颜色。例如，符号为 7.5YR8/4 的颜色，其含义为：色调是 7.5 橙，明度为 8，彩度为 4。

- 色调。色调分为 5 种基本色调——红（R）、黄（Y）、绿（G）、蓝（B）、紫（P），加上 5 种中间色调——黄红（YR）、绿黄（GY）、蓝绿（BG）、紫蓝（PB）、红紫（RP）。
- 明度。明度是指在一定背景下的明亮感觉，在白黑中间分成由 0～10 感觉上等距离的等级。
- 彩度。彩度是指反射或透射光线接近光谱色的程度。一般来说，彩度分为 12～14 个等级，彩度越高色彩越纯，感觉越艳丽；彩度越低，色彩越涩，感觉越浑浊。当某颜色达到饱和时，便为纯色。黑、白、灰的彩度为 0，属于无彩色。

基于以上三个要素，孟塞尔颜色系统（Munsell Color System）对色彩的表示方法采用以下格式：

HV÷C=色调、明度÷彩度

在为工作场所选择颜色时，要与具体用途相匹配。例如，普通生产用房应采用明快的色调，温度很高的房间最好涂上冷色调，俱乐部和休息室应采用使人感到舒适的热色调，而会客室则可涂上暗色调，通常天花板要有较大的反射值，而墙与地板的反射值应较小。另外，一般不建议把工作场所涂成单一的颜色或者一种色调占主要地位，因为单一的颜色容易使人视觉疲劳，把表面涂成对比色能够较为有效地缓解疲劳。表 6-10 列出了一些特定工作场所的颜色参数。

表 6-10　特定工作场所的颜色参数

场所	天花板	墙壁上部	墙壁下部
车间	7.5GY9/2	7.5GY8/2	10GY5.5/2
办公室	7.5GY9/2	7.5GY8.5/2	7.5GY7.5/2
食堂	7.5GY9/2	6YR8/3	7.5YR8/2
候诊室	N（白）9/0	6.5YR8/2	5YR6/3
走廊	7.5GY9/2	7.5GY9/2	7.5GY7.5/3

（5）工作场所的噪声。噪声是指那些能够对生产者形成干扰，使其感到不快、不安或者造成伤害的一切声音信号。一般来说，噪声为 30～40 分贝是比较安静的正常环境，超过 50 分贝就会影响人的睡眠和休息，70 分贝以上会造成人心烦意乱、精神不集中，影响工作效率，甚至发生事故，而长期工作或生活在 90 分贝以上的噪声环境中，会严重影响人的听力和导致其他疾病。噪声对人的危害不仅体现在听觉系统上，还会对神经系统、内分泌系统、心血管系统、视觉器官、消化系统等非听觉系统产生影响。据世界

卫生组织估计，仅工业噪声每年由于低效率、缺勤、工伤事故和听力损失赔偿等，就使美国损失近 40 亿美元。可见，对噪声进行有效控制是十分必要的。

控制噪声可以从噪声源、噪声传播途径和噪声接收者三个方面分别寻求解决方案。一是声源控制。这一方法主要是通过研制和选择低噪声的设备和改进生产加工工艺、提高机械设备精度和安装技术，使发声体不发声或降低发声强度，可以从根本上解决噪声的污染。二是限制噪声传播。这一方法主要是在传播途径上阻断和屏蔽声波的传播，或使声源传播的能量随距离衰减，这是控制噪声、限制噪声传播的有效方法。例如，将高噪声车间与噪声较低的车间、生活区分开布置，避免互相干扰，对特别强烈的噪声源，还可以在声源周围采用消声、隔声、吸声、隔振、阻尼等局部措施降低噪声。三是接收者的防护。这一方式主要在其他措施不成熟或达不到预期效果时采用，使用防护用具进行个人防护是一种经济、有效的方法。防护用具常见的有橡胶或塑料制的耳塞、耳罩、防噪声帽等。

6.4.4 基于综合模式的工作设计方法

无论是工作扩大化、工作丰富化还是工作轮换，都不能作为提升员工工作效率的万全之策，因为这些方法具有一些优势的同时也存在明显的缺陷。也就是说，从某个单独视角都无法全面解决工作设计面临的问题。根据系统论创始人路德维希·冯·贝塔朗菲（Ludwig Von Bertalanffy）的观点，企业运营系统是由若干要素以一定结构形式联结构成的具有某种功能的有机整体，员工、设备、环境、目标、制度等之间存在明显的影响关系。为此，基于系统论的工作设计综合模型是应对现有挑战的有效体系之一。工作设计综合模型认为，企业的工作是一个社会技术系统。一般来说，基于综合模式的工作设计需要充分考虑与工作设计相关的工作因素、员工因素、组织因素和环境因素等。

1. 工作因素

工作因素分析的目的主要是更加深入和细致地分析工作内容，以便在设计中抓住工作设计的重点，做到有的放矢。一般来说，分析工作内容可以从工作广度、工作深度、工作完整性、工作自主性、工作反馈五个方面展开。

（1）工作广度。工作设计时需要充分了解工作的广度，避免工作过于简单化，使员工在完成任务的过程中能够从事不同的活动，从而降低枯燥感和厌烦情绪。

（2）工作深度。工作设计时应该注意工作活动的层次性，并合理安排工作的难易程度，激发员工的创造力和克服困难的能力，使员工有不断提升多方面技能的动力。

（3）工作完整性。一个完整性的工作可以是一个产品从工作开始到结束的整个过程，也可以是流水作业中的一个简单程序的全过程。完成一个完整的工作流程，能够让员工感受到自己工作的意义。

（4）工作自主性。工作自主性是在执行任务中员工拥有一定的自主权和决策权。管理者适当地授权能够使员工感到自己被信任和重视，可以增强员工的工作责任感和使命感，从而有助于调动员工的主动性和积极性。

（5）工作反馈。工作反馈包括两个方面的信息：一方面是上级对岗位作业人员的意见反馈；另一方面是岗位作业人员向上级的汇报信息。工作反馈信息有助于员工全面认识自己的工作效果，能有效激励员工，有利于员工不断进取。

2. 员工因素

员工是执行工作任务的最基本要素，员工特性的变化将会对工作设计产生重要的影响。随着生活水平、文化教育水平和经济发展水平的提高，员工除了关注物质收益，越来越期望在自己的工作中得到锻炼和自我发展。因此，如何使员工在工作中得到最大满足已经成为工作设计的一个主要内容。

（1）工作设计与员工的能力相适应。工作设计不能仅仅凭主观愿望，必须从员工的实际情况出发，尽可能使工作与人力资源的实际水平相一致。也就是说，工作特征要与员工的个人特征相适应，为员工的成长和发展创造有利条件，并通过恰当的方式激发员工的主动性和积极性，进而使员工在工作中发挥最大效能。

（2）工作设计与员工的需求相适应。工作设计时要深入研究员工的特征和发展趋势，并基于员工的要求和兴趣加以开发及引导，为他们的成长和发展创造有利的条件和环境。这样有助于激发员工的工作热情，增强组织吸引力。对员工进行有效的激励、授权是目前企业在进行工作设计时采取的主要方式。

3. 组织因素

为了提高企业等组织的绩效，工作设计需要紧紧围绕组织的需求，要与组织的基本架构、层次、机制等相符合。如今的工作与其说是建立在个人工作方式的基础上，不如说是建立在整个组织工作系统的基础上。因此，工作设计应该能够充分发挥员工的个人能力及潜能，应该能够使组织团队内外部协同开展工作，从而充分发挥组织系统的支撑作用，以便能更好地实现组织的运营目标。

一般来说，组织进行工作设计时需要考虑下列因素：①岗位设计的内容应包含组织所有的生产经营活动，以保证组织生产经营总目标的顺利有效实现；②全部岗位构成的责任体系应该能够保证组织总目标的实现；③岗位设计应该能够有助于发挥员工的个人能力，致力于提高组织效率。

总之，组织在进行工作设计时需要全面考虑组织的岗位要求、职责及人员激励问题，以便能够在组织生产效率和员工的职业生涯和心理需要上找到最佳平衡点，使组织和员工获得双赢。

4. 环境因素

工作设计不仅受组织内部因素的影响，还需要充分考虑外部环境因素的影响。一般来说，外部的主要环境因素包括工作的社会环境、经济环境、技术环境、政治环境和地理环境等。

（1）社会环境。工作的社会环境是指工作所在社会大环境的发展状况、技术环境、社会地位、未来发展趋势等。工作设计时应该关注该工作的发展趋势、发展前景、需求变化等，以便对目前及未来的工作做出科学的安排。

（2）经济环境。工作的经济环境是指与工作相关的社会经济状况和国家经济政策。工作设计时需要考虑组织面临的社会经济条件及其运行状况、发展趋势、产业结构、交通运输、资源等情况，这些都会影响相关工作的开展。

（3）技术环境。工作的技术环境是指一个工作相对应的国家和地区的技术水平、技术政策、新产品开发能力、技术发展趋势等，是影响工作设计内容、方式的重要因素。一项新技术的应用可能意味着一些新工作的出现，也可能意味着一些工作的消失。

（4）政治环境。工作的政治环境是指影响工作设计的国际政治局势、国际关系、国内的政治制度、政党和政党制度、政治性团体、党和国家的方针政策、政治气氛等。组织进行工作设计时需要充分考虑政治环境产生的影响，以便使组织的工作活动不与相关国家或地区的法律相冲突。

（5）地理环境。工作的地理环境是工作所在的地理位置、空间、气候等因素的情况。由于组织分布地理位置不同，其相应工作所处的环境也存在差异。当外部的这些自然环境不同时，就可能会对工作的具体要求产生影响。例如，在南极和北极工作需要考虑工作人员和设备的防冻、保暖问题，新疆的工作时间与哈尔滨的工作时间存在较大的时差，西藏的户外工作与四川的户外工作由于日照强度不同需要的工作保护措施存在差异等。

总之，一个成功有效的工作设计，必须从系统的视角综合考虑各种因素，除了需要分析工作、员工、组织和环境，还需要对工作进行周密的、有目的的计划与安排，并考虑到员工的具体素质、能力及各个方面的因素，还要考虑到本单位的管理方式、劳动条件、工作环境、政策机制等因素，以及工作设计目标、方法、绩效目标等，以便使工作设计更加科学合理。

本章小结

工作是由企业员工执行并创造价值的基础性活动，也是进行工作分析和工作研究的核心内容。本章主要介绍对象为工作分析和工作研究。第一节主要介绍了工作设计的概念和主要内容，以及工作设计的主要影响因素和工作设计的主要流程；第二节围绕工作分析展开，主要包括工作分析的概念、研究内容、

岗位说明书及工作分析的步骤和意义，还有工作分析的主要理论和方法；第三节围绕工作研究展开，主要包括工作研究的概念和研究内容，工作研究方法的介绍，还有作业测定的内容、步骤和主要方法，重点对模特法进行了介绍；第四节主要介绍了工作设计的一些主要理念，包括基于工作效率的工作设计方法、基于行为科学管理理论的工作设计方法、基于人机工程学的工作设计方法和基于综合模式的工作设计方法。

思考题

1. 简述工作设计的意义，工作设计的发展历史。
2. 工作分析的主要内容是什么？简述工作分析的基本步骤。
3. 工作研究的主要依据是什么？工作研究有哪些基本方法？
4. 简述工作设计的发展历程中每个阶段形成的内在原因。
5. 人机工程学研究的主要内容是什么？

案例分析

第7章 企业选址

7.1 企业选址的意义及过程

引导案例

7.1.1 企业选址概述

1. 企业选址的概念

企业选址（Enterprise Location）是指运用科学的方法为生产系统或服务系统确定地理位置和自然空间的活动。一般来讲，企业向市场提供产品需要由具有一定素质和能力的员工在一定的环境下完成，从原材料生产和运输，到零件的加工制造，再到部件的生产组装、产品的总装，最后经过分销、零售才能到达消费者手中。在这个过程中，企业不仅需要关注业务流程，还需要系统分析整个供应链系统（典型的企业供应链结构示意图见图 7-1）。选址对于企业业务运营和合作伙伴的选址都会产生重要影响，有时甚至起决定性的作用。

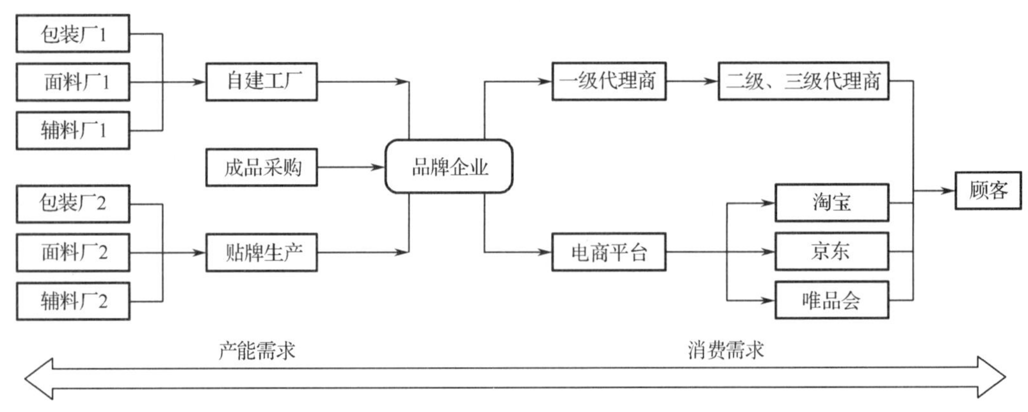

图 7-1　企业供应链结构示意图

选址是企业运营管理中的一项重要决策内容。对于制造业企业来讲，其地理位置对于原材料和产品的运输成本、劳动力成本及其他辅助设施的成本等往往会产生较大影响。对于服务业企业来讲，位置甚至会对客流产生决定性影响。例如，人口密集的商圈会带来大量潜在的消费者。另外，企业选址还会对组织内的员工的工作成本、心情、健康及员工之间的相互关系等产生影响。如果企业建成后才发现地址存在问题，往往是难以补救的。

2. 企业选址的原因

选址对于企业而言是一件大事，但是这种管理活动并不是经常发生的，只是在特定情况下才实施的。一般来讲，企业选址有以下几种常见情形。

（1）成立新的企业。一个新成立的企业需要向国家或地区工商局申请经营证照，而这些材料上大多需要填写企业的经营地点。为此，企业成立前应首先要确定新企业的地理位置，因此必然存在选址问题。

（2）扩大市场的供应。当企业采取扩张型战略时，通常需要成立新的企业，而这也需要选择经营位置。例如，设立新的银行分支机构、布设新的快餐连锁店、增设零售商店新网点等。

（3）完善现有系统。随着市场环境的不断变化，处于之前位置的企业无法满足经营需要时，就需要对

运作设施进行改造、完善或搬迁。例如，当原有企业所在地经营费用不断上升造成经营困难时，可能会考虑重新选址。

3. 企业选址的类型

基于决策的视角，企业选址可以分为立体选址和平面选址、线选址和点选址、单一设施选址和综合设施选址、连续选址和离散选址等。然而，从产业视角可以大体分为制造企业选址和服务企业选址两大主要类型。

（1）制造企业选址。制造业是指机械工业企业按照市场要求，通过制造过程将一系列制造资源（物料、能源、设备、工具、资金、技术、信息和人力等）转化为可供人们使用的大型机器、工业产品与生活消费产品的行业。从全球制造业的分布来看，企业的位置一般具有明显的地域特征，不同地区往往在某些领域具有较高的竞争力。调查表明，制造企业在进行组织选址时必须认真考虑下列五种因素：劳动力条件、与市场的接近程度、生活质量、与供应商和资源的接近程度、与其他企业设施的相对位置。

美国明尼苏达矿务及制造业公司（Minnesota Mining and Manufacturing，3M）将其大部分核心业务转移至得克萨斯州的奥斯汀，是因为那里有更加适宜公司产品的气候；中国的福耀玻璃选择在美国的俄克拉何马州建立汽车玻璃生产企业，是基于国际化的需要；酒泉卫星发射中心设立在甘肃酒泉，是因为那里气候适宜、幅员辽阔、物资运输便利。例如，如果资源型企业在京津冀（北京、天津、河北）三地选址，那么北京显然不是其最佳选择（京津冀区域的产业集聚特征及优势产业分布见图 7-2）。

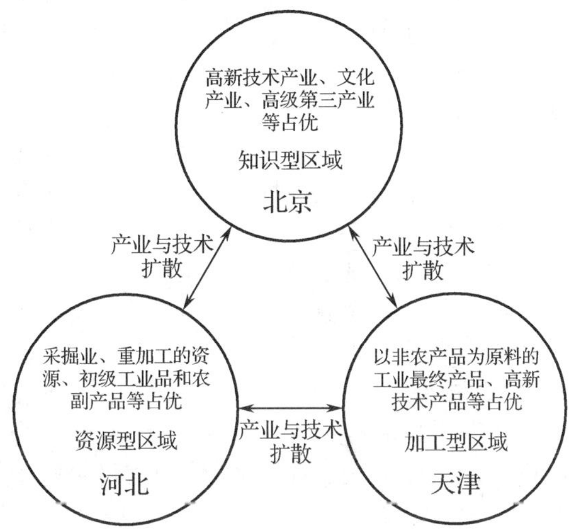

图 7-2　京津冀区域的产业集聚特征及优势产业分布

（2）服务企业选址。与制造企业相比，服务企业在提供产品的内容、形式、途径上都存在较大区别。不同的服务行业选址时各有其特殊性，但一般都要考虑以下几个方面的内容：①选址地区的潜在顾客群状况，如选址地区人口数量和密度、日均人流量、年龄结构、文化水平、职业分布、人均可支配收入等，如阿里巴巴公司在马来西亚设立区域物流中心主要是服务于快速增长的东南亚国际市场；②交通条件和相邻产业情况，如公共交通是否方便、服务辐射的半径大小、必要的停车条件等；③选址地区的竞争情况，如竞争对手的销售情况、服务内容和单位面积销售额等情况，尽量充分利用产业集聚的优势，避免竞争过于激烈的区域；④企业的独特性，如小餐馆、小超市、小型连锁店、发廊、医药店等具有即时消费性、少容量、应急性等特点，在住宅小区附近选址更为合理；⑤企业间的协作管理水平，如供应链企业之间的相对位置会对快速协作能力产生较大影响；⑥企业经营策略，如大型超市的净利率一般只有 2%～4%，其获利不是靠毛利高而是靠周转快，选址时不仅要关注是否在目标顾客集中的区域，还要关注交通是否便利、停车是否方便、租金是否相对低廉等；而小超市的经营策略则是通过最大限度地接近顾客，给顾客带来尽可能多的便利，一般选址在顾客徒步几分钟即可到达的地方。

7.1.2 企业选址的意义

对于一个要决定开小型商店的店主来说，最头疼的事就是商店开在什么地方。选址的合理与否对于商店将来的经营状况起到至关重要的作用。“找到一个理想的店面，开店创业就等于成功了一半”，这句话一点都不为过，开店不同于办工厂、开公司，以零售为主的经营模式决定了店铺的选址至关重要，往往决定着店铺经营的成败。事实上，对于生产型的企业来说，选址也是至关重要的。

1. 企业选址的重要性

科学的选址会有效降低经营成本，而好的位置能够吸引源源不断的客流。选址对于企业经营的重要性体现为多个方面。

(1) 选址决策影响的长期性。选址是一项长期性投资，具有长期性和固定性的特点，企业地址一经确定就很难再进行大规模的调整。

(2) 选址决策影响的关键性。企业所在区域的状况深刻影响着企业运营过程中的一系列关键要素，比如制造业的原材料、生产环境、供应商、经营成本等与企业所在地的状况直接相关，而服务企业所处的位置将直接影响企业的服务对象、顾客数量、服务内容、服务质量等关键运营指标。

(3) 选址决策影响的战略性。对于企业而言，有些失误是可以弥补的，而有些是难以改正的。如果服务企业选址错误，那么即使有良好的店内布置、科学的服务流程、优秀的购物体验也可能毫无意义，甚至会从战略的层面影响企业的发展。

2. 企业选址需要注意的重要事项

(1) 选址需要与企业经营战略相适应。不同地区的社会环境、地理环境、人口、交通状况及市政规划等可能存在较大差异。企业选址时需要将备选地址的特点与企业的经营战略有效地匹配起来，以便使企业实现可持续发展。

(2) 选址需要与企业市场定位相匹配。企业的市场定位会受到资源供给、市场渠道、供应商水平等的影响，而恰当的选址可以使企业占有“地利”的优势，使企业能够更容易接近市场和吸引顾客。

(3) 选址需要充分评估经济性。选址是一项较大的投资，企业进行选址决策时需要对经济性进行科学的评估。企业位置选择在城市中心或城市周边、市区或乡镇、国内或国外，所需要的运营成本往往存在巨大的差异。

(4) 选址需要充分结合企业的服务理念。企业选址决定了顾客可接触程度、购买产品和接受服务的时间、消费者为此需要付出的交通费用等。随着竞争的日趋激烈，能够使顾客更容易获得产品和服务变得越来越重要。

3. 企业选址面临的挑战

(1) 供应链管理的影响。随着经济全球化的发展，企业不仅需要通过自身节约成本和提高劳动生产率来提升竞争能力，还需要通过供应链管理来强化企业之间的合作，供应链管理已经成为企业迎接挑战的一个基本管理视角。在供应链管理的背景下，企业间的物流管理要更加注重系统性、协调性和整体性，而具有战略意义的配送中心选址决策显得尤为重要。因此，企业在进行选址时不但要考虑供应商和顾客，还要考虑企业未来的发展状况，并积极建立以核心企业为中心的战略联盟，以便增强供应链的稳定性，进而提升企业的综合竞争力。

(2) 智能制造的影响。随着信息技术、网络技术、通信技术、人工智能技术等的不断发展，基于互联网思维的智能制造将对传统的产销模式、生产过程、供应链模式、物流系统等产生深远而广泛的影响。制造商、顾客、系统集成商、物流企业、零售企业及这些组织之间的关系都将会发生巨大变化，随之而来可能会出现无人工厂、无人仓库、无人驾驶、无人配送等。因而，原有的生产模式、企业与企业之间的关系、企业与顾客之间的关系可能会被完全颠覆。在这种情况下，企业在未来选址时可能会觉得原来重要的选址原则已经变得无足轻重。

7.1.3　企业选址决策的过程

1. 选址决策的层次

一般的企业选址决策过程可以分为两个层次：一是选位，即要选择一个地区；二是定址，即在一个地区选择一个或若干个适当的地点（企业选址的选址类别和影响因素见表 7-1）。

表 7-1　企业选址的选址类别和影响因素

选址类别		影响因素
选位	国家	政局的稳定性、政府政策与鼓励措施、经济、文化、宗教信仰、汇率等
	地区或城市	地区政策、目标市场、原材料供应地、运输条件、与协作厂家的相对位置、劳动力资源、创新能力、气候条件、基础设施条件等
定址	地点	场所大小和成本、可扩展条件、交通条件、生活环境等

（1）选择某一个地区。随着经济全球化的发展，越来越多的企业不只是在单一地区设有工厂，还可能在一个国家的多个省、市、地区，甚至在不同的国家开设很多分厂或独立的经营机构，这些机构都需要具有一定的经营场所。地区可以是一个国家，也可以是一个国家的省、市、自治区，甚至可以是县、乡等这一层级的行政单位。在确定区域层级的选址决策时，需要考虑所在区域的经济、政治、法律、文化、科技、人口和自然等因素总体发展状况是否与企业发展需求相适应，以便为企业提供一个适合发展的宏观环境。

（2）选择适当的地点。当企业选址的地区确定以后，就需要进一步明确具体的地点。这时要基于企业的特点，考虑公共交通、物流运输、社区环境、商业环境、行政环境等影响企业运营的因素。例如，若企业选址的区域限定为北京市，那么接下来就需要根据一些具体因素确定具体在北京的哪个区等问题。

2. 选址决策的步骤

选址对于企业来说意义重大，需要科学合理的决策，以便做到切实可行。一般来讲，企业选址主要包括以下几个步骤。

（1）明确选址目标。企业选址第一步必须要明确选址的基本目标。一般来讲，选址是为了获得新的经营场所，或者为了扩大生产供应能力，或者是降低经营成本、接近市场、接近原材料基地等。

（2）设定选址标准。当选址的目标确定后，就需要明确实现目标的途径和方式，并根据产品特征、生产规模、物流状况等制定一些明确的标准。另外，还需要思考选址是永久性的还是暂时性的，厂房是自己建设还是租赁等。

（3）明确选址各指标的具体要求。一般来讲，企业选址时对于关系企业运营的各项指标都应该以数据的方式给予明确界定，所选地址应该满足企业的生产规模、员工人数、设备数量、部门构成、工艺方案、资源需求、环保等的具体要求。

（4）确定初始选址范围。一般来讲，确定初始选址范围可能会出现两种情况：一种是由于选址标准不高导致初始备选地址很多；另外一种是由于选址标准太过严苛，导致几乎没有备选方案。通常能够保证备选方案在 10 个以内是较为恰当的。

（5）收集初始方案的详细信息。当初始方案确定后，为了保证选址工作的严谨性，最好成立专门的工作小组，通过多种途径收集这些方案的各种相关资料，并进行整理、讨论和研究。相关信息主要包括自然资源、人力资源、经济水平、行政环境、相应的商圈发展潜力、未来的发展机会和上升空间等。

（6）确定备选方案。基于全面信息的掌握，根据选址目标和标准的具体要求来评价各种备选方案。评价数据是选择方案的基本依据，但是在很多情况下可能存在各方案得分值相近，或者出现一些备选方案在某些指标上存在较大偏差的情况，这就需要对方案进行人为的选择。此时，既要重视经验、直觉等的决策作用，也要坚持采取科学、规范的方法，以便降低决策的不确定性风险。

（7）申请行政审批。行政审批是行政审核和行政批准的合称，是根据法律规定的条件由实际执法部门来审核是否符合条件的行为。企业尤其是生产企业在生产过程中一般需要占用土地、修建厂房、建设管网等，这些都需要在当地政府允许的范围内实施。只有符合有关条件的企业才能获得许可证而正式实施，否则就属于非法建筑。

（8）确定最终方案。当获得政府的行政审批之后，如果企业决策不出现大的变化，就意味着选址决策进入收尾阶段。这时主要由企业高层对选址进行总体的审核、评价、总结、批准，进而开始制订下一步的具体实施方案。

7.2 企业选址的影响因素

影响企业选址的因素有很多，不同类型的企业的影响因素往往存在较大的差异。相关人员在考虑企业选址的影响因素时，需要注意的是：①必须仔细权衡所列出的所有因素，决定哪些是与企业选址紧密相关的，哪些虽然与企业经营或经营结果有关，但是与企业位置的关系并不大，以便在决策时分清主次、抓住关键；②在不同情况下，同一影响因素也可能会有不同的作用，因此，决不可生搬硬套任何原则，也不可完全模仿、照搬已有的经验；③对于制造业和非制造业的企业来说，要考虑的影响因素及同一因素的重要程度可能有很大不同（制造业和服务业选址的影响因素见表 7-2）。一般来讲，可以将影响企业选址的因素分为宏观因素和微观因素两类。

表 7-2　制造业和服务业选址的影响因素

制　造　业	服　务　业
关注成本	关注收入
运输模式与成本	服务对象的统计性数据，如年龄、收入、受教育程度
能源的可得性与成本	人口区域规划
劳动力成本及可得性、技能水平	交通的便利性与方式
硬件建设成本	接近顾客程度

7.2.1 宏观因素

宏观因素主要包括经济因素、政治因素、法律因素、文化因素、科技因素、人口因素和自然因素等。

1. 经济因素

经济因素是指影响企业运营活动的一个国家或地区的宏观经济状况，主要包括经济发展状况、经济结构、居民收入和消费者结构等。例如，国内生产总值、工业增加值、通货膨胀、失业率、国际收支等国民经济总体指标；政府投资、企业投资、外商投资等社会投资指标；社会消费产品零售总额、城乡居民储蓄存款余额等消费指标；货币供应量、利率、汇率、外汇储备等金融指标；财政收入、财政支出、赤字或结余等财政指标。这些因素往往会对企业选址及日后的运营状况产生重要影响。

2. 政治因素

政治因素具体涉及政治制度、政党和政党制度、政治性团体、党和国家的大政方针政策、政治气氛、政治环境、国际政治局势、地缘政治等。一般来讲，政治因素是企业难以掌握的，对企业的影响具有直接性、难以预测性、不可逆转性等特点。

3. 法律因素

法律因素是指国家或地方政府所颁布的各项法规、法令和条例等。企业只有依法进行各种经营活动，才能受到国家法律的有效保护。与企业经营相关的法律主要包括《中华人民共和国公司法》《中华人民共和国反不正当竞争法》《中华人民共和国消费者权益保护法》《中华人民共和国商标法》《中华人民共和国专利法》《中华人民共和国食品卫生法》《中华人民共和国环境保护法》《中华人民共和国劳动法》等。近年来，中国不断推进“一带一路”倡议，在这个过程中一些中国企业也不得不面对“一带一路”不同国家

存在不同法律政策的挑战。

4. 文化因素

文化是人类社会在其长期发展过程中形成的，它主要由特定的价值观念、行为方式、伦理道德规范、审美观念、宗教信仰及风俗习惯等内容构成，它影响和制约着人们的消费观念、需求欲望、消费行为和生活方式等。可以说，文化因素是影响企业运营发展诸多变量中最复杂、最深刻、最重要的变量之一。在我国的“80 后”“90 后”“00 后”逐渐成为劳动主力军的背景下，企业需要适应这些新生代的文化价值观对于工作态度的变化。

5. 科技因素

科学与技术的发展和变革能够对组织机构、管理思想、合作方式等产生直接的影响，组织要提高运营效率、保持自身的竞争力，就必须关注科技因素的变化，以便及时采取应对措施。总之，在科学技术水平不断提高的情况下，企业能否及时接触和应用科技的最新成果与能否具有竞争力直接相关。高新技术产业大多集聚在大学城、高科技园区周边，以便更加快速地了解高新科技的发展动态。

6. 人口因素

人口因素是一个综合范畴，包括人口的数量、人口的质量、人口的构成、人口的发展、人口的分布和迁移等多种因素。从影响企业运营的角度看，宏观人口数量、结构、年龄、性别、家庭人口、平均寿命、人口增长率、收入、职业等会对企业产品的市场需求、产品结构、发展趋势产生重要影响。企业产品只有不断适应宏观人口的变化特征，才可能得到市场的认可并获得可持续发展。对于劳动密集型企业而言，人工费用占产品成本的主要部分，因此必须考虑劳动力的成本及一般劳动力的可获性等问题。在过去很长的时间里，一些发达国家的公司纷纷到中国投资，很重要的一个原因就是看中了这里有低廉的人工成本，然而这种局面正在发生变化。

7. 自然因素

自然因素主要是所在地区的气候条件和自然资源状况。一般来讲，企业在生产过程中需要在特定的环境下利用多种原材料，而这些材料在一定情况下对企业经营起到决定性影响。研究表明，气温在 15～22 ℃时人们的工作效率最高。因此，良好的气候会成为选址的因素之一。过去好莱坞之所以聚集了很多电影制片厂，其中一个原因就是该地终年温和而干燥，适合室外拍摄活动。另外，造纸厂、发电厂、钢铁厂、化纤厂等企业在生产过程中需要耗用大量的水资源，这就决定了它们选址往往需要尽可能靠近水资源丰富的地区。同时，不同企业对于水资源品质的需求也存在差异，如上述工厂主要是对水量较为关注，而中医药、白酒、啤酒等企业往往对水质要求非常严格。太阳能、风能、潮汐能等新能源产业，也必须在特定的自然环境下才能正常运行。

东阿阿胶与东阿井水

阿胶是中药三宝之一，在滋阴补血、润燥、止血等方面具有独特功效，“东阿阿胶”是高品质阿胶的典型代表。实践证明，正是东阿特殊的地下水孕育了贵为滋补上品的阿胶，其中尤其以“东阿井”的井水最为独特。研究表明，东阿井水色绿而重，清冽甘美，富含钾、钠、钙、镁、锶、锌等 20 多种人体所需的矿物质和微量元素，其特殊的水质和丰富的微量元素有利于阿胶炼制过程中的杂质提纯，提升了东阿阿胶的功效。可以说，东阿井水是东阿阿胶的地下密码。

（资料来源：根据公开资料整理。）

7.2.2 微观因素

微观因素主要包括交通运输因素、竞争环境因素、资源环境因素、社区环境因素、商业环境因素、规模扩充因素、地质因素等。

1. 交通运输因素

对于企业而言，选址需要对交通运输状况进行系统分析，选择最有效的交通运输方案有助于企业获得最大收益。一般来讲，多种运输工具各有各的特点，在选址时应尽可能综合考虑。在运输工具中，水运运输的运载量大，运费较低；铁路运输次之；公路运输的运载量较小，运费较高，但最具灵活性，能实现门到门运输；空运运输的运载量小，运费最高，但速度最快。因此，根据企业产品的特点选择恰当的运输方案可以使企业处于相对有利的位置。另外，在考虑交通运输因素时，还需要考虑产品的特性。例如，砖瓦、水泥、玻璃、钢铁和木材等长距离运输时会产生较大成本，而对保质期要求严格的食品还需要考虑运输时间的可行性。

家乐福集团公司选址标准

家乐福（Carrefour）集团公司成立于1959年，是大卖场业态的首创者，是欧洲第一大零售商，世界第二大国际化零售连锁集团。家乐福集团公司于1969年开始进入国际市场，在世界上30多个国家和地区拥有10 000多家销售网点，涉及的零售业态包括大卖场、超级市场、折扣店、便利店、仓储式商店与电子商务。家乐福集团公司在选址过程中一般遵循以下原则：①开在十字路口。家乐福的法文含义为“十字路口”，1963年第一家店就开在巴黎南郊一个小镇的十字路口，十分火爆，大家都说去“十字路口”，把店名给忘了。“十字路口”已成为家乐福集团公司选址的第一准则。②3～5千米商圈半径。这是家乐福集团公司在外国选址的标准，在中国一般选址标准是公共汽车8千米车程，不超过20分钟的心理承受力。③外聘公司进行市调。一般选两家调查公司分别进行销售额测算，以保证预测的科学性和准确性。④灵活适应当地特点。家乐福门店可开在建筑物的地下室，也可开在四五层，但最佳为地面一二层或地下一层和地上一层。家乐福门店一般占两层空间，不开三层。这比沃尔玛、麦德龙更为灵活。

（资料来源：根据公开资料整理。）

2. 竞争环境因素

企业在选址时需要对竞争环境给予特别关注，以便趋利避害，使企业获得最大化收益。几乎任何企业都面临着竞争，市场上既有从事同类商品生产经营的企业，也有潜在成为竞争者的企业。同时，同一地区、同一类型企业数量的多少也会影响企业的竞争环境。为此，企业在进行选址时需要开展系统的竞争环境调查，以便清晰了解市场状况和市场竞争强度，并根据本企业的优势尽可能做到取长补短、扬长避短，制定正确的选址决策。一般来讲，竞争环境的调查主要是了解竞争对手的类型、位置、数量、规模、营业额、营业方针、经营商品及服务对象等。另外，企业在选址时还需要充分考虑产业集聚度、产业链完善度等问题，一个竞争适度的环境往往会给企业的未来经营发展带来机遇。

肯德基公司选址五步法

1995年，南京肯德基公司把第二家分店的店址确定在南京的山西路商业圈的少儿活动中心，该位置紧挨着当时国内有名的山西路商业步行街，这是一个仅次于南京新街口商业中心的较成熟的一级商圈。选址人员花了近三个月的时间，按照肯德基公司的标准的选址流程，详细分析和评估了该商圈内的几个集客点，最后选择的地点令人满意。餐厅一开业即门庭若市、生意兴隆，并迅速把这一商圈带动得更加兴旺，以至于当时的南京商界流传这样一种“傍大款”的说法：“选址跟着肯德基走，生意一定红火!”肯德基公司选址的五步法为：①收集并分析城市人口及经济数据；②评估、选择商圈；③统计、分析商圈内人口总数及特征；④选择集客点；⑤集客点评估。

（资料来源：根据公开资料整理。）

3. 资源环境因素

对于企业而言，运营中需要消耗电、煤、油、天然气等资源。对于耗能大的企业，如钢铁、炼铝、火力发电厂，其厂址应该靠近燃料、动力供应地。这样不仅能够降低能源供给不可控因素的影响，还可以降低运输成本。从人力资源的角度，在选址时需要考虑企业所在地获得人力资源的具体状况。一般来讲，企业应尽可能选在劳动力资源充足的地方，应尽量减少从外地雇佣大量一般劳动的员工。尽管每年流动就业人数不断增长，但是从本地雇佣劳动力可以减少外地人员住宿、饮食、文化等方面产生的管理成本，也更加容易得到当地政府的支持。

4. 社区环境因素

企业在进行一定范围的生产活动时，可能会对周边居民的生活产生影响。当生产过程中道路建设、供

水、供电、烟尘、噪声、废气、污水及废料堆放和处理等对周边居民的生活产生影响时，企业的生产活动就可能受到周边居民的抵制。另外，社区居民的文化价值观、生活习惯、文化水平、道德修养，以及治安、消防、生活配套、娱乐等也是企业在选址时需要考虑的因素。

5. 商业环境因素

商业环境可以分为宏观和微观两种环境。宏观的商业环境主要包括社会环境、生产环境、经济环境、全球环境、竞争环境。微观的商业环境主要是指企业所处地区的基础设施情况（包括道路设施状况，水、电、气等的供给状况）及相关配套设施情况（包括博物馆、展览馆、商场、步行街、写字楼、宾馆、餐饮店、专卖店、美容美发店等）。一般来讲，这些因素都会对企业的商品交换、满足消费者需求、实现商品流通等产生重要影响。然而，随着时代的发展，现代意义上的商业环境呈现出多样化、复杂化、科技化和人性化的特征。

7 天连锁酒店选址标准

自 2005 年成立以来，7 天连锁酒店集团（7 Days Group Holdings Limited）经过快速发展，分店总数已经超过 3 000 家，覆盖全国 300 多座城市，成为中国经济型酒店行业的知名品牌。现在，7 天品牌拥有定位于商务时尚的高端经济型酒店产品“7 天优品”、定位为都市时尚的经济型酒店产品“7 天阳光”、以方便快捷倍受消费者欢迎的“7 天酒店”三大酒店产品，共同诠释“年轻的选择”这一核心价值观。

对于快速扩张的 7 天酒店来讲，需要在各地选择合适的位置。对于酒店行业来讲，选择位置将直接决定入住率和经营绩效。一般来讲，7 天酒店的选址标准如下：①3 千米范围内企业、工厂、机关单位密集，有较充足的商旅住宿需求；②1.5 千米范围内有 4 星以上酒店及甲级写字楼为佳；③临街为佳，商业繁华区也可选择，但距路口最好不超过 50 米，不可有过多迂回及分岔，需有车道直达门前，同时路口及沿途需能提供路标；④1 千米范围内有较完备的生活配套，餐饮、购物、娱乐便利；⑤治安秩序良好。

（资料来源：根据公开资料整理。）

6. 规模扩充因素

确定厂址时应考虑厂区平面布置方案，一般要留有适当的扩充余地。也就是说，所选位置不仅需要满足当前的生产工艺要求，还应尽可能留有余地，以便为未来需要进一步扩大生产时提供场地。需要注意的是，在国家对农业土地控制日趋严格的背景下，企业在选址时应尽可能慎重征用耕地，力求少占或不占农田。

7. 地质因素

企业一般需要从事一定的生产、生活活动，需要配备一定的设施、设备。不同性质的企业对于地质条件的要求可能存在一定差异。有些企业需要配备大型的工业制造设备，这些设备体积大、重量重，一般需要有坚固的地基。而食品生产企业对于所在地区的土壤元素、大气成分可能存在一定要求。另外，所在地是否存在塌方、泥石流、地震、山洪、内涝、溶洞、水库等潜在的风险，以及是否存在重工业企业等，都需要企业在选址时高度重视。

7.2.3 不同地方选址优劣势比较

当确定一个企业选址的区域后，接下来就是选择具体位置。一般来讲，企业的具体位置选择可以分为在城市选址、乡村选址和城郊选址三种主要类型。

1. 城市选址

在城市选址主要是因为城市人口稠密、人才集中、交通便利、通信发达及相关企业较为聚集，协作更加方便等。然而，在城市核心区选址也存在地价昂贵、生活成本高、对环境保护要求高等问题。一般来讲，适合在城市核心区选址的企业大致包括以下几种。

（1）需要雇佣大量受过良好教育和培训的高素质员工的企业。

（2）需要与顾客直接接触的商场、购物、培训等服务企业。

（3）场地占用空间小的公司总部和分支机构。

（4）提供便捷、舒适服务的餐饮、酒店、宾馆等服务企业。

苏宁电器的选址原则

从整体来看，苏宁电器实体店主要分布在沿海或较为发达的省份，而从具体的省份来看，其集中在经济较为发达的城市（如苏宁在广东的广州、深圳、佛山、东莞、中山五市），而在具体城市中又集中在较为繁华的商业圈（如苏宁在广州市主要集中在天河区、越秀区和海珠区）。

（资料来源：根据公开资料整理。）

2. 乡村选址

在乡村选址主要是因为乡村有较为充足的土地，可扩展空间较大。同时，乡村的土地价格相对低廉、交通相对顺畅，对于环保要求相对不是非常严格。一般来讲，适合在乡村选址的企业大致包含以下几种。

（1）需要占用大量土地的大规模生产企业。

（2）存在较大污染、噪声、烟尘、废水等的生产企业。

（3）需大量普通技术型员工的企业。

（4）具有高度保密和安全要求的企业。

（5）对土地成本较为敏感的企业。

3. 城郊选址

在城郊选址主要是因为要兼顾城市和乡村的优缺点，在两者之间取得一个平衡。通常，在城郊选址的企业是那些从事粗加工、附加值相对较低的企业。但是由于现代交通和通信的不断发展，有越来越多的其他类型企业开始在城郊选址，甚至一些高新技术企业也出现了这一趋势。随着城市规模的不断扩大、城市核心区土地价格的快速上涨，很多企业都面临着向城市周边转移的问题。

总体来看，企业在选址时选择在城市、乡村或城郊，都需要综合不同选择的优缺点，仔细进行权衡。一般来讲，土地价格是影响企业投资的重要因素，因为这会极大影响企业的经营成本。在城市的核心地段地价很高，可谓“寸土寸金”；在城郊或较偏远的地方则前期投资会大大降低。另外，在城市、乡村、城郊三者之间进行选址时还需要考虑其他因素。例如，由于专业化分工，企业必然需要与周围其他企业发生密切的协作关系。

7.3 企业选址的主要原则

基于企业的类型、特性，企业在选址时需要考虑的影响因素千差万别，没有一个确定的模式适用于所有企业，甚至适用于同一类企业。然而，还是有一些一般性原则可以为企业选址提供参考。

7.3.1 靠近市场

企业产品与服务都是为了提供给消费者，所以能否让消费者快速及时地接近、了解十分重要。对于企业而言，选址靠近企业产品和服务的目标市场至少有两个好处：一是有利于接近消费者，并且便于产品迅速投放市场，降低运输成本，提供便捷服务；二是靠近市场更加容易了解市场，可以随时听取消费者的反馈意见，并根据他们的意见改进产品和服务，进而提供更符合市场需求的产品。

珠三角的区位优势

珠江三角洲（又称珠三角）工业基地位于广东省中南部，包括广州、深圳、东莞、珠海、佛山、中山等城市，是我国人口、城镇密集，经济发达的地区之一。珠三角工业基地是我国重要的轻工业基地，这里形成了以轻工业为主、重化工业较发达、工业门类较多、产品竞争能力较强的工业体系。家用电器、消费类电子、纺织服装、食品饮料、医药、玩具、手表、自行车、多种日用小商品等轻工业均居全国前列。尤其是电子工业的产值占全国20%，已成为全国重要的新兴电子工业基地，成为全球电子工业产品的最大出口基地之一。珠三角之所以能够快速发展，其中一个重要原因就是它与香港、澳门毗邻，靠近东南亚，地理位置相当优越。同时，珠三角还是著名的侨乡，有利于吸引海外华人投资，能够就近接受港澳产业的扩

散，利用港澳贸易渠道转口大量出口商品，参加广泛的国际分工。因此，在改革开放的几十年里，大量的企业看中了该地区独特的区位优势。

（资料来源：根据公开资料整理。）

靠近市场原则，不仅对生产企业很重要，对于服务企业也十分重要。因为服务产品具有无形性、易逝性，再加之服务业竞争日趋激烈，如何能够使消费者以最小的代价（时间、金钱）获得服务产品显得极为重要，如消防、医院、中小学、餐馆、理发店、快递公司、药店等都应该在靠近市场的位置选址。一般来讲，服务企业基于靠近市场原则大多选在核心商业区、交通枢纽区、人口聚居区等位置。另外，随着企业对准时制（JIT）生产方式的重视，企业更加希望供应商在自己周边区域建设配套企业，以便能够快速、准时地进行产品配送。

日本企业在华投资的变化

改革开放初期，中国在产业投资方面存在较为严重的资金不足现象。之后，大量吸引外资进入中国市场的政策不断推出。其中，日本就是当时外商投资的主要来源国。然而，随着中国经济的不断发展，2013年日本制造业对中国的投资已经达到峰值。相关研究显示，对于日本企业来说，中国不再是海外投资最有潜力的国家。然而，尽管中国可能不是最具投资潜力的国家，但这并不意味着一定要减少在中国的业务规模。相关数据显示，日本只有3.5%的企业表示会缩小在中国的业务，或者从中国撤资。而52.7%的企业表示会在中国维持经营现状，43.6%的企业表示仍然准备强化或者扩大在华业务。这些希望强化或者扩大在华业务的日本企业，看重的是中国的市场规模和消费潜力。

（资料来源：根据公开资料整理。）

7.3.2　靠近资源

企业开展正常经营需要建立在多种资源的基础上，尽管资源特性存在差异，但是总体上企业都希望设置在靠近自身需要的资源的地方。事实上，对于企业发展起到重要影响作用的资源，已经不再局限于传统的自然资源，还包括人力资源、商业资源、科技资源及教育资源等。对于京津唐（北京、天津、唐山）地区而言，该地区位于中国东部沿海地带的北部，是中国北方地区的海上主要门户，毗邻天津港、京唐港、秦皇岛港等港口，与日本和韩国联系便捷，区位优势明显。京津唐三地在经济发展上各有所长，北京是我国的政治中心、信息中心、国际交流中心，具有悠久而深厚的文化底蕴；天津拥有加工制造业和海运等优势，是北方经济中心、贸易中心、航运中心、物流中心；唐山则拥有重化工业、资源及港口等优势，三方优势有着很强的互补性。正是因为这一地区具有得天独厚的优势，才吸引了大量企业投资入住。

7.3.3　靠近集聚区

靠近集聚区是指企业在选址时可以选择在相关产业较为聚集的区域。产业集聚（Industry Cluster）是指同一产业在某个特定地理区域内高度集中，产业资本要素在空间范围内不断汇聚的一个过程。产业集聚具有明显的集聚效应，指各种产业和经济活动在空间上集中产生的经济效果，以及吸引经济活动向一定地区靠近的向心力。集中在一起的厂商比单个孤立的厂商更有效率，这就是产业的集聚效应，比如美国硅谷聚集了全球几十家知名的IT巨头和数不清的中小型高科技公司。

企业选址靠近产业集聚区可以为企业经营带来很多好处，主要体现为：①有助于上下游企业减少搜索原材料及配套产品的成本和交易费用，企业比较容易获得配套的产品和服务，使产品生产成本显著降低；②有助于企业深化产业链的分工和协作，相关企业的高效协作可以提高企业劳动生产率；③有助于企业形成稳定的供应链体系和网络，使企业能够得到供应商稳定、高效的服务；④有助于提高企业群体谈判和议价的能力，能以较低的成本从政府或其他组织机构处获得公共产品或服务；⑤有助于大量吸引各种专业的技能人才，使企业在短时间内以较低的费用找到合适的岗位人才，从而降低人力资源管理成本；⑥有助于企业快速、及时了解产业发展、市场需求、技术革新等信息，为企业的新工艺、新技术创新提供支持。

长三角的产业集聚

长江三角洲工业基地（沪宁杭工业基地）简称长三角，是国家定位的综合实力最强的经济中心、亚太地区重要国际门户、全球重要的先进制造业基地，是我国率先跻身世界级城市群的地区，现已是国际公认的六大世界级城市群之一。这一地区形成了以上海为龙头的江苏、浙江经济带。长三角拥有雄厚的产业、金融、贸易、教育、科技、文化等实力，对于带动长江流域经济的发展、连接国内外市场、吸引海外投资、推动产业与技术转移、参与国际竞争与区域重组具有重要作用。长江三角洲快速积聚的国际资本和民间资本，不仅规模越来越大，而且以其特有的活力强有力地推动着这一地区的经济快速发展，形成了吸引国际资本与技术的强大磁场。

（资料来源：根据公开资料整理。）

7.3.4 靠近竞争者

企业将地址选在原材料基地附近或供应商附近，其优点是显而易见的。而将地址选在竞争者附近看似不可思议，然而这种选择在现实中却是十分普遍的。例如，服装城、建材城、灯具城、汽车4S店、小商品城、餐饮一条街等，都属于在同一地点存在多个提供相同或类似产品竞争者的情况。中国的苏宁电器和国美电器在很多地方布局都呈现“唱对台戏”的现象，也属于类似情况。尽管这种竞争看似激烈，但是对于企业的经营有相互促进作用。因为一类产品按照这种方式集中在一个地方，有助于提升这一区位的知名度，能够让更多的消费者了解，并慕名而来。而在同一地点有多种选择时，消费者总会在其中进行选择，只是选择哪一个商家而已。

事实上，企业除上述原因被动地在竞争者周边选择外，还有些企业会主动选址于竞争者的附近，这主要是基于培养和获得自身竞争优势的原因。波特钻石模型认为，同业竞争是企业获得竞争优势的重要影响因素。企业是区域经济发展的核心力量，一个区域集聚了大量同类型企业会加剧区域的竞争态势，这不仅对相关企业提出了挑战，还为这些企业甚至行业提供了提高竞争力的可能。因为相类似的企业集聚，使不同企业的员工之间接触沟通的机会增多，有助于相互之间的思想碰撞，这给企业带来了创新的压力与动力，迫使企业不断降低成本，改进产品及提高服务质量，追赶技术变革的浪潮。随之而来的学习、借鉴、模仿、竞争、创新会不断涌现，进而不断产生创新思维。另外，对于那些处于追赶阶段的企业来说，将厂址选择在领先者附近，有助于其充分利用技术溢出（Technology Spillover）效应，往往会给自身竞争力的提高带来巨大帮助。

7.4 企业选址的主要方法

选址的方法有很多种，有简单的定性分析方法，也有复杂的定量分析方法，以及采用定性与定量相结合的方法。定量分析方法是解决组织选址的重要方法，较常用的方法包括量本利分析法、综合评分法、线性规划法、图论法、重心法、地理信息系统法等。

7.4.1 量本利分析法

量本利分析也称为CVP分析（Cost-Volume-Profit Analysis），是对产量（或销售量）—成本—利润依存关系分析的简称，是指在变动成本计算模式的基础上，以数学化的会计模型与图文来揭示固定成本、变动成本、销售量、单价、销售额、利润等变量之间的内在规律性的联系，为决策和规划提供必要的财务信息的一种定量分析方法。该方法起源于20世纪初的美国，到了20世纪50年代已经相对完善。量本利分析法着重研究产量、成本和利润之间的关系，在企业预测、决策、计划和控制等管理实践中得到了广泛应用。该分析方法在选址决策中应用的主要步骤如下。

（1）确定每一备选地点的固定成本和可变成本。

（2）建立直角坐标系，横轴为销量，纵轴为成本。

（3）在直角坐标系中绘出各个选址地点的总成本线和销售收入线。

（4）确定在某一预定的产量水平上，哪一个地点的总成本最低或利润最高。

在实际生产经营过程中，产品销量和经营成本受到大量因素的影响，为了便于计算，在绘制模型图时需要做以下基本假设。

（1）产量在一定范围内时固定成本不变。

（2）可变成本在一定范围内与产量呈正比。

（3）企业只有一种产品。

（4）产品售价与选址无关，均相同。

现假设有一个企业在甲、乙两地之间选择一个厂址，当销售量大于 Q_0 时两个选址方案均盈利，当销售量达到 Q_1 和 Q_2 时，乙地选址的收益明显大于甲地选址。因此，在这种情况下应该选择乙作为最优方案。上述决策是建立在两个选址的售价和销售量均相同时的基础上。然而，由于一些原因在不同地点销售量可能存在较大差异。例如，餐饮、娱乐等服务项目的销售情况就与地点密切相关，在人流密集和较为繁华的地点销售量往往会大很多，甚至价格也可以更高一些。如图 7-3 所示，当选址在乙位置时销售量为 Q_1，而选址在甲位置时销售量为 Q_2，此时选址在乙位置的收益与甲位置获得的收益并不存在太大的差异。因此，企业在进行选址决策时应该充分考虑一些特殊情况。

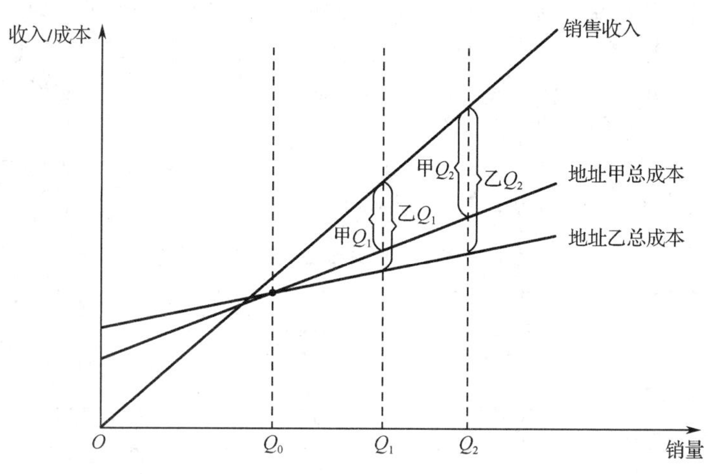

图 7-3 选址的量本利分析模型示意图

可见，上述量本利分析法是在特定假设基础上应用的。尽管如此，量本利分析法在很多领域还是存在广泛应用的，不仅适用于多个选址方案的比较，还适用于成本线和收入线为曲线的情形。

7.4.2 综合评分法

综合评分法（Composite Grade Method）又称打分法，是指基于一定的标准用打分的方式分别对评分对象指标赋值，然后采用加权相加的方式求得总分，取分数值最高者为最终选择对象。综合评分法较为适用于评价指标无法用统一的量纲进行定量分析的情况，因此用无量纲的分数对评价对象进行综合评价。综合评分法的主要步骤如下。

（1）确定评价项目。该阶段主要是确定企业选址的评价对象，并明确评价对象的基本方向、总体目标、实现手段，以便在选择评价指标时能够有的放矢。例如，制造企业与服务企业选址的方向和目标往往存在较大差距。

（2）制定评价指标体系。能否对评价对象做出客观评价与选择的指标密切相关。在制定评价指标时，一般先对评价对象进行分析，并分解为若干能够表征评价对象的具体指标。根据评价指标的层次，可以分为一级指标、二级指标，甚至三级和四级指标，以便能够更加清晰地描述评价对象。例如，企业选址指标可以分为自然环境、经营费用、经营环境、基础设施和社会效益五个一级指标和十四个二级指标。典型的企业选址评价指标体系如图 7-4 所示。

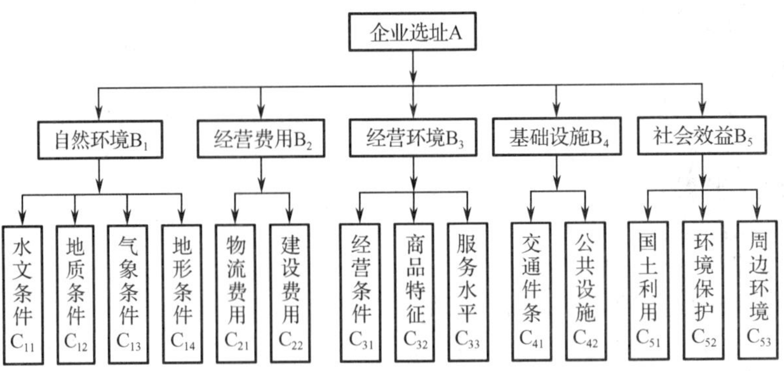

图 7-4　企业选址评价指标体系

（3）制定评价标准和指标权重。在明确评价指标后，就需要制定出各项评价指标统一的评价等级或分值范围，然后制定出每项评价指标的每个等级的明确标准，以便使评价者能够科学有效地打分。同时，由于每个指标对于评价对象的影响程度存在差异，因此需要确定每个指标的权重。需要注意的是，评价标准、指标权重的确定对于评价准确性来说十分重要。一般来讲，准确的指标权重的确定较为困难，常常需要根据具体情况采用定性与定量相结合的方法。例如，对于食品企业，食品安全极为重要，相关指标不仅是评价的重要标准，而且应该具有较高的权重，而权重到底应为多少则往往缺乏一致性的认知。

（4）绘制评分表。根据上述要素和过程绘制评分表，评分内容主要包括评价指标、指标权重和评分说明等。某物流中心选址综合评分法打分表如表 7-3 所示。

表 7-3　某物流中心选址综合评分法打分表

评价指标	指标权重	候 选 方 案				评 分 说 明
		A	B	C	D	
自然环境	0.15					
经营费用	0.25					
经营环境	0.25					
基础设施	0.2					
社会效益	0.15					
加权总分	1					

注：评价等级及赋值：优（81～100）、良（61～80）、中（41～60）、次（21～40）、差（1～20）。

（5）指标打分。指标打分过程一般是首先对某项指标达到的成绩做出等级判断，然后进一步细化，专家一般要根据表格说明在这个等级的分数范围内给出一个具体分值。专家在打分的过程中一般需要保持独立性，尽量避免专家之间的过多交流，以便使评分更加客观、公正。需要注意的是，在打分之前需要让相关专家能够较为清晰地理解评价对象、评价标准，还要保证他们能够准确使用评价方法。

（6）数据处理和评价。基于专家打分评价表，对评价对象的各项指标的得分与各指标的权重进行计算，通过综合评分得到评价对象的总评分。根据评价对象的得分多少，确定具体的企业地址。

7.4.3　线性规划法

作为管理科学的基础学科，运筹学为企业选址提供了一系列科学的决策方法。线性规划是运筹学的重要组成部分，其中“运输问题”理论可以为一系列特定情境下的企业选址决策提供支持。这一方法适合解决如下类型的问题：运输问题的主要目标为使 n 个单位的产品运到 m 个目的地的成本最小，或者使 n 个单位的产品运到 m 个目的地的利润最大。

例 7-1　厂址选择问题。

工厂 A_1 和 A_2 生产某种物资。由于该物资供不应求，故需要再建一个工厂，相应的建厂方案有 A_3 和 A_4 两个。这种物资有 B_1、B_2、B_3、B_4 四个需求地。各工厂年生产能力、各地年需求量、各厂至各需求地的单位运费为 c_{ij}（i，j=1、2、3、4），如表 7-4 所示。工厂 A_3 或 A_4 开工后，每年的生产费用估计分别为 1 200 万元和 1 500 万元。现要决定建设工厂 A_3 还是 A_4 能使今后每年的总费用（全部物资运费和新工厂生产费用之和）最少。

表 7-4 某工厂的供需情况表

A_i	B_j				生产能力（千吨/年）
	B_1	B_2	B_3	B_4	
A_1	2	9	3	4	400
A_2	8	3	5	7	600
A_3	7	6	1	2	200
A_4	4	5	2	5	200
需求量（千吨/年）	350	400	300	150	

注：框格里的数值是从 A_i 到 B_j 的单位运价（万元/千吨）。

这是一个典型的物资运输问题，其特点是事先不能确定应该建设 A_3 和 A_4 中的哪一个，因而不知道新厂投产后的实际生产费用。显然，该问题可以使用混合整数规划方法来求解，以获得最终决策方案（具体解法可参看运筹学的相关内容）。

7.4.4 图论法

图论（Graph Theory）是运筹学的一个分支，以图为其基本研究手段。图论中的图是由若干给定点及连接两点的线所构成的图形，点代表事物，两点之间的连接线表示相应两个事物间具有某种关系。这种图形通常用来描述某些事物之间的某种特定关系，在实际的生产生活中有着广泛的应用，在企业选址中图论可以作为一种有效的方法为决策提供依据。

例 7-2 某连锁企业在某地区有 6 个销售点，已知该企业的交通网络示意图如图 7-5 所示，其中点代表销售点，边表示公路，l_{ij} 为销售点间公路距离，问仓库应建在哪个销售点，可使离仓库最远的销售点到仓库的路程最近？

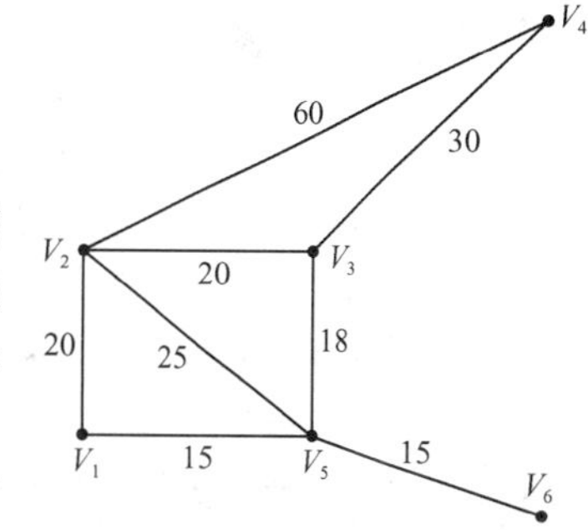

图 7-5 某连锁企业销售点交通网络示意图

这是个选址问题，实际上要求出图的中心，可以转化为一系列求最短路线的问题。在求解过程中，应首先求出 V_1 到其他各点的最短路线 d_j，令 $D(V_1)$ =max（d_1，d_2，…，d_7），表示若仓库建在 V_1，则离仓库最远的销售点距离为 $D(V_1)$。再依次计算 V_2、V_3、…、V_6 到其余各点的最短路线，类似求出 $D(V_2)$、$D(V_3)$、…、$D(V_6)$。$D(V_i)$（i=1，…，6）中最小者即为所求结果（具体解法可参看运筹学的相关内容）。

7.4.5 重心法

重心法（Centroid Method）是一种为单个设施选址进行决策的技术，需要考虑现有工厂、工厂之间的距离、货物运输量等因素的影响。这一技术经常用于解决中间仓库或分销仓库的选址的问题。该方法最简单的形式是假定运入与运出费用是相等的，并且未满载的运输不增加特别的费用。现在，重心法的另一个应用是通信发射塔的选址，如收音机、电视、手机信号塔等。这一应用的目标是既要找到靠近顾客群的地点，还要保证清晰的无线电信号。

重心法的第一步是将现有的厂址标注在网格坐标系上，坐标系的选择完全是任意的，目的是标注出各厂址的相对位置。对跨国选址问题可选用经度、纬度来标注。

重心是通过 x、y 的坐标计算得到的，并确定最低费用。具体公式为：

$$C_x=\frac{\sum d_{ix}V_i}{\sum V_i},\qquad C_y=\frac{\sum d_{iy}V_i}{\sum V_i}$$

式中：C_x为重心的 x 坐标；C_y为重心的 y 坐标；d_{ix}为第 i 个厂址的 x 坐标；d_{iy}为第 i 个厂址的 y 坐标；V_i是从第 i 个厂址运入或运出的货物量。

例 7-3 某石油炼制公司需要在炼油厂与主要分销商之间的某处选址。炼油厂和主要分销商之间汽油运输量如表 7-5 所示。

表 7-5 炼油厂和主要分销商之间汽油运输量

地 点	每月汽油量（10 万加仑）
E 炼油厂	1 500
A 分销商	250
B 分销商	450
C 分销商	350
D 分销商	450

在这个案例中，基于以上计算公式分别得到炼油厂的相关决策数据：d_{ix}=325；d_{iy}=75；V_1=1 500。绘制炼油厂和各分销商的网格地图，从而得到图中近似中心坐标。决策者可以根据计算结果，在上述坐标附近进行选址。

7.4.6 地理信息系统法

地理信息系统（Geographic Information System，GIS）是对与地理环境有关的问题进行分析和研究的一门学科。它利用计算机建立地理数据库，对地理环境的空间分布状况，如道路的状况、门牌住址、人口及社会经济现象空间分布等各种要素所具有的相关数据进行数字存储，建立有效的数据管理系统，通过对各种要素的综合分析，能够方便快速地获取信息，并以图形和数字方式表示结果，以便为相关的应用或研究提供支持。

近年来，地理信息系统法在企业选址决策方面展示了独特的应用价值。具体来讲，地理信息系统将通过市场调查等方式收集的消费者分布资料，通过住址定位后绘制成地图，清楚地显示消费者的空间分布。地理信息系统可以进一步根据选址地点，将商圈区分为中央商圈及次级商圈。划分出商圈范围后，地理信息系统可以根据人口统计资料，基于空间分布的视角推算出商圈内消费者的人数及他们的社会特性，如年龄结构、文化层次、消费行为等。了解商圈内的消费者，可帮助企业选择适当的商品组合、预估销售量、进行库存的管理及规划销售活动。随着大数据和人工智能技术的不断发展，地理信息系统在企业选址等决策中将会发挥越来越重要的作用。

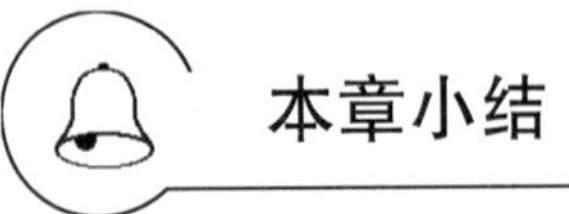

本章小结

企业选址是企业在地理空间位置上的确定，对于企业的经营发展会产生深远的影响。本章第一节介绍了企业选址的概念、原因、类型，企业选址的意义、注意事项和面临的挑战；第二节介绍了企业选址的影响因素，主要包括宏观的经济、政治、法律、文化、科技、人口和自然等因素，以及微观的交通、竞争、资源、社区、商业、扩充、地质等因素，还介绍了不同地方选址的优劣势；第三节介绍了企业选址的主要原则，分为靠近市场、靠近资源、靠近集聚区和靠近竞争者几种典型类型；第四节主要介绍了企业选址的几种主要方法，包括量本利分析法、综合评分法、线性规划法、图论法、重心法和地理信息系统法等。

思考题

1. 简述企业选址的意义，企业选址的基本过程。
2. 简述企业选址的主要影响因素。
3. 简述企业选址的主要原则。归属于不同产业的企业在选址时会有什么差异?
4. 企业选址的主要决策方法有哪些? 各种方法的使用条件是什么?

案例分析

第8章 设施布置

8.1 设施布置的目标及意义

引导案例

8.1.1 设施布置概述

1. 设施布置的概念

设施布置（Facility Layout）是指在已确定的空间范围内，对企业或某一组织内部各个生产作业单位和辅助设施的相对位置与面积、组织内部的生产设备等进行合理的布置和安排，以便使企业能够经济高效地完成相关的运营活动。例如，企业在选址基础上进行厂房、办公室、库存、住宿区、餐饮区、道路、停车位、绿化区和一些辅助设施的位置安排。另外，当厂房等建筑设施确定后，还需要对内部的一些设备、工具、辅助设施、办公场所等位置进行进一步安排。例如，机械加工企业的车床、铣床、磨床、刨床、焊接、喷漆、装配等设施的摆放。

2. 设施布置的情景

设施布置活动耗时、费力，但是通常在以下几种情况下不得不实施。

（1）成立新企业。新成立的企业需要购买相应的设施和设备以开展运营活动。采用什么样的方式、原则科学、合理地完成这些设施的布置工作将会对未来企业运营效率产生重要影响。

（2）优化设施系统。若企业结构、生产方式等发生变化，则可能会对设施布置的方式提出新的要求。对于原有的设施布置方案进行优化，常常能够缩短产品生产过程的搬运路线、减少生产时间、提高效率。

（3）添加新设施。当原有的设施无法满足企业经营需要时，企业就可能需要购置新的运营设备。在这种情况下，新设施的布置方案不仅会影响新设备自身效用的发挥，还可能会对原有设备的运行产生影响。

3. 设施布置的类型

（1）制造系统设施布置。生产制造系统的布置主要考虑如何将生产制造成本降至最低、生产效率提升到最佳水平，以及使生产制造过程安全有序进行等。具体而言，生产制造系统设施布置涉及机器设备、工作场所、仓储空间、清洗室、工具间、实验室、办公室、休息区及相关娱乐设施等的安排。

在生产制造系统的设施布置中，一般要致力于以下目标：①使生产设备与制造流程相匹配，发挥最大效用；②使原材料、零部件、工具等消耗最少，使最终成品的产出最大；③便于人员之间的交流与互动，能够有效提高工作效率；④便于监管，将安全事故和运行损失降到最低；⑤为员工创造一个愉悦的工作环境，提高员工工作的积极性。

（2）服务系统设施布置。服务系统的类型多种多样，其相应的布置方式也各具特色，并且即使是同一类型的服务企业也可能存在较大的差异。例如，同样是餐馆，中餐馆与西餐馆在使用设备、采购食材、加工工艺等方面都迥然不同。在服务系统设施布置时需要“因地制宜”，以便为顾客提供一个愉快、舒适、宜人的环境，使顾客不仅有“宾至如归”的感觉，还能充分感受到被尊重。

4. 设施布置的重要性

设施布置意义重大，由于设施布置涉及组织中大量的工作内容，布置一经确定再进行改变就会变得十分困难。同时，设施布置问题广泛存在于各类型的组织管理之中，不管是对于营利性的制造业和服务业，还是非营利性的社会组织来说，设施布置的质量都会对组织的有效运营产生重要影响。

科学合理的设施布置可以有效提高空间、设备和人员的利用效率，可以加快信息、物料或人员的流动

速度，可以提高工作环境的安全性，可以调节员工的工作情绪，可以提升消费者与企业工作人员的交互效果，可以适应日益快速变化的动态环境等。

 8.1.2 设施布置的影响因素与原则

1. 设施布置的影响因素

设施布置涉及大量的相关设备、人员、投入资源和具体的运营活动，影响因素十分广泛。

（1）产品或服务种类。产品或服务种类不同，需要的相应设施、设备、人员、环境可能存在明显差异。

（2）生产工艺特点。不管是实体产品的生产，还是无形服务的提供，生产过程都需要紧密结合产品的生产和流程。另外，即使是同类型的产品，也可以采用不同的工艺方法。

（3）专业化类型。按照专业化的基本类型分类，可以分为产品专业化和工艺专业化两类。基于不同的专业化类型，其相关设备的布置可能迥然不同。

（4）生产规模。无论是制造企业还是服务企业，生产规模都会对企业的设施布置产生重要影响。一般来讲，在大型的制造企业中，一个生产车间往往会有数量可观的同一规格设备，而在小型的制造企业中可能所有的设备都集中在一个车间里。

（5）技术装备水平。一般来讲，技术装备的特性、数量和能力等方面的指标，决定着组织的生产能力和项目的工艺技术方案。

（6）协作水平。一般来讲，企业的专业化协作水平越高，通过外购、外协取得的产品零部件、资源等就越多，则企业的生产运作范围越小，生产运作过程也越简单。

（7）设施布置的柔性。为了具有一定的适应性，在初期设计布置方案时，就需要对未来进行充分预测，并从一开始就应该考虑以后的可改造性。

2. 设施布置的原则

一般来讲，一个好的设施布置具有直线流动、迂回最少、在制品少、可视性强、设备彼此靠近、有序的物料搬运和易于调整等特征。具体来讲，要遵循以下一些基本原则。

（1）设施整体性原则。企业进行设施布置时不仅要最大化发挥设备本身的工效，还需要将其作为大生产系统的一个子系统，并充分考虑如何布置才有利于系统整体效益最大化的发挥。

（2）设施保持柔性原则。面对市场需求快速变化的挑战，企业在对生产系统进行设施布置时需要充分考虑，尽可能使自身的生产设备具有充分的柔性，以便在外部环境发生变化时能够及时、有效地应对。

（3）产品移动距离最短原则。企业在进行设备布置时通常应尽可能使生产联系和协作关系密切的单位相互靠近，并且应尽量避免产品加工工艺路线的交叉迂回，从而保证产品移动距离最短，以减少时间、资源的消耗。

（4）产品流动性顺畅原则。研究表明，一个产品从原材料投入直至产品产出的整个生产周期中，只有15%左右的时间是处于加工工位上，其余都处于搬运过程中或库存中，搬运成本有时可达总生产成本的25%～50%。可见，科学的设备布置有助于加速产品在设备之间的流动，避免运输路线迂回和交叉，有助于降低相应的时间和成本消耗。

（5）空间利用最大化原则。企业在进行设施的空间规划时，要在满足正常的生产条件下使设施占据的空间尽可能小。这样不仅能够使已有空间得到充分利用，还可以在某种程度上缩短相关联设施之间的距离，以便满足产品移动距离最短、产品流动性顺畅等要求。

3. 设施布置面临的挑战

随着土地价格的不断上升及市场竞争的不断加剧，人们逐渐意识到设施布置同样能够对企业的竞争力产生重要影响。事实上，设施布置理论也经历了一个不断演化和发展的过程。

（1）快时尚需求的影响。随着人们需求的不断变化及相关生产技术的不断发展，企业生产的产品、使用的设备需要不断调整，以便能够适应市场需求的“快时尚”特点。这就要求生产系统不仅能够满足快速生产的要求，还需要具有较强的柔性，这些对生产设施的布置提出了更高的要求。

（2）精益生产的影响。精益生产的管理理念、目标、优化工具及对象无不反映出对供应链、厂房、车

间、仓库、生产线、设备、工作地点等的精心规划、布局设计的高要求。流程的均衡性、节奏性，以及零件、部件、在制品、产品的零库存目标，对企业设施布置提出了较高要求。

（3）智能制造的影响。在新建或改建厂房时，设施布置的规划应尽可能适应未来5年至10年的发展要求，需要考虑包含自动流水线、自动设备、物联网等在内的生产系统应用的布局和安排，应尽可能符合工业4.0的扩展架构，以便在未来产业升级过程中能够适应未来柔性、快速生产的要求。

8.1.3 设施布置的决策过程

设施布置设计的方法和技术一直是企业运营领域不断探讨的问题，学者们提出了一些在企业进行设施布置时可以参考的一般性程序和方法，其中以下列三种系统设施布置程序最为典型。

1. 瑞得的工厂布局程序

拉德尔·瑞得（Ruddell Reed）（1961）认为，设施布局和规划是由一系列系统的行动计划组成的，大致可以分为以下几个步骤：①分析产品的制造过程；②确定制造该项产品所需要的程序；③准备布局计划图表；④确定工作站设计；⑤分析所需要的储存区；⑥确定最小通道宽度；⑦确定所需要的办公室；⑧考虑人员及服务设施；⑨研究工厂服务项目；⑩明确未来扩展需求。瑞得强调，在上述步骤中布局计划图表是整个布局程序中最重要的一个内容，而布局计划图表应包含操作、运送、储存及检验等流程程序、每项操作的标准时间、机器的选择及平衡、人力选择及平衡、物料搬运需求等。

2. 安普尔的工厂布局程序

詹姆斯·M.安普尔（James M.Apple）（1977）曾对工厂布局制订下列详细步骤：①取得基本资料；②分析基本资料；③设计生产程序；④计划物料流程的类型；⑤考虑一般的物料搬运计划；⑥计算设备需求；⑦规划具体的工作站；⑧选择特殊的物料搬运设备；⑨协调相关的作业群；⑩设计各项活动的相互关系；⑪决定储存设备；⑫规划服务及辅助活动；⑬决定所需要的空间；⑭将活动分配到总空间内；⑮考虑建筑物的类型；⑯完成主要布局；⑰选用适当的人员来评估、调整及检查布局；⑱取得批准；⑲进行布局；⑳对布局的执行实施跟踪。总体来讲，安普尔的工厂布局程序的优点是考虑了各个部门间的联系问题，且将物料搬运系统作为评估与协调各部门面积配置的手段，提高了物料搬运在设施规划中的地位。而该程序的不足是对设施设计的建立和改善未给出较为完整的解释和说明。

3. 缪瑟的工厂布局程序

理查德·缪瑟（Richard Muther）（1973）提出了一种被称为系统布置规划（Systematic Layout Planning，SLP）的工厂布局程序。在SLP工厂布局程序实施过程中需要输入五类基本要素，分别为产品（Product，P）、产量（Quantity，Q）、工艺路线（Routing，R）、辅助服务（Supporting service，S）与时间（Time，T），进而将图表作为分析工具，并提出布局方案的主要依据。设施布置中主要依据所输入的资料及了解各作业之间的角色和关系，进行物料流程分析及作业关联分析并得到关联线图，以表明各项作业的相对空间位置。在上述工作的基础上，确定每项作业所分配的空间大小，并开始制作每一部门的样板，并将这些样板放入关联线图内，从而获得空间关联线图。随后，根据修改的建议及实务上的限制，就可以发展出许多布局方案，通过评估并获得较佳方案。

SLP工厂布局程序将布置设计过程划分为确定位置、总体规划、详细布置和实施四个阶段。

（1）确定位置。首先要明确待建工厂的产品、计划生产能力，参考同类工厂确定待建工厂的规模，从待选的新地区或现有工厂中确定可供利用的厂址。

（2）总体规划。首先应明确各生产车间、职能管理部门、辅助服务部门及仓储部门等作业单位的工作任务与功能，确定其总体占地面积及外形尺寸。在确定了各作业单位之间的相互关系后，把基本物流模式和区域划分结合起来进行布置。

（3）详细布置。根据每台设备、生产单元、服务单元、公用单元等之间的相互关系，确定各自的位置。

（4）实施。绘制大量的详细安装图，编制搬迁、安装计划，按计划进行机器设备及辅助装置的搬迁、安装施工工作。

一般来讲，工厂布置设计包括工厂总平面布置设计及车间平面布置设计两项主要内容。在系统布置设

计四个阶段中，“确定位置”阶段与“实施”阶段由专业人员负责，系统布置设计人员应积极参与；“总体规划”阶段与“详细布置”阶段由系统布置设计人员完成。

通过分析瑞得、安普尔、缪瑟等人设施布置程序的特点可知，三种程序各具特色，为一般的设施布置提供大体的步骤。然而，总体来看，这些程序都缺乏明确的设施定位说明，都忽视了顾客特性的需求，都没有考虑持续改善的不断循环。事实上，没有任何两个布局的设计是完全相同的，设计程序也会有一定的差异，故在完成一个步骤之前，可能会跳跃一些步骤。同样，设计过程中也可能需要返回前面已经完成的步骤，或是由于过去有某些因素未加考虑，此时就需要重新核对或局部修正。总之，在设施布置的实际实施过程中还需要尽量综合考虑组织的运营系统，尽可能对相关问题进行较为全面的考虑，以便得到更佳的设施布置效果。

8.2　设施布置的主要形式

尽管设施布置的类型很多，但在实际执行过程中大多数布置活动可以归结为固定型设施布置、产品型设施布置、工艺型设施布置、单元型设施布置、成组型设施布置、混合型设施布置等几种主要形式。

 8.2.1　固定型设施布置

1. 固定型设施布置的定义

固定型布置（Fixed Position Layout）也称项目式布置（Project Layout），是指加工对象一般被固定在一个确定的位置，而工人、设备、原材料、零部件、工具都随加工产品的需要而移动。固定型设施布置一般适用于那些移动不便的体积和重量较大的产品加工的情况，或者过于复杂以致无法移动，或者由于一些原因不能移动，从而采取设施设备移动的方式进行布置的类型（固定型设施布置见图 8-1）。

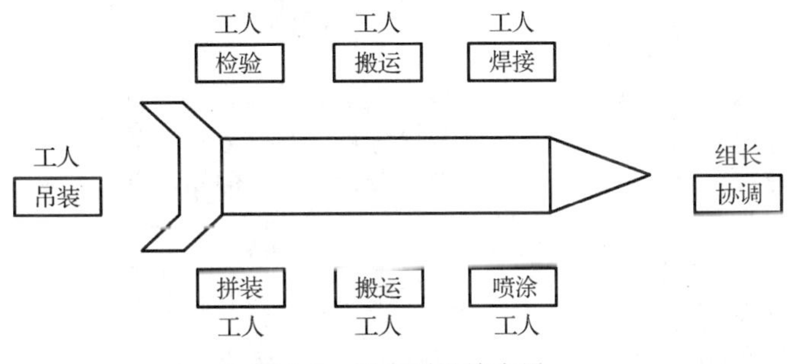

图 8-1　固定型设施布置

2. 固定型设施布置的适用范围

固定型设施布置的特点是产品的数量和品种都相对比较少，在设计过程中主要是以产品为中心，按照使用和移动的难易程度安排物料和设备的位置。例如，大型飞机、船舶、重型机床等的生产与装配，以及大坝、筑路、大楼等大型项目的建设，还有服务业中住院病人的医疗和护理、特殊的餐饮服务等都属于固定型设施布置方式。航母作为大型的舰船，其建造就是典型的固定式的制造方式，其相应的设施就属于固定型设施布置类型。

在固定型设施布置中，普遍的做法是按照作业的先后顺序来决定生产阶段和工艺，按照物料的优先性来安排物料，在对大型的机械设备做规划设计时尤其要遵循这一原则。例如，在轮船制造过程中铆钉的需要数量很多，因此往往先将其放在近处或放在船体里；重型发动机部件只需要一次运输，因此将其放在相对较远的位置；起重机使用频繁，因此将其放在靠近船体的位置。

3. 固定型设施布置的优缺点

常规的方法很难制造笨重而难移动的大型产品，而固定型设施布置方式可以有效解决这一问题。这一

方式的缺点是占用空间较大，需要专门的设备，制造过程中需要不断地进行人员、设备、材料的调换。同时，这一布置方式在场地空间方面相对有限，组织管理难度较大，物流需要动态变化。一般来讲，基于效率等因素的考虑，只有那些规模较大、重要性较高或工作时间较长的生产活动才有可能选择这一布置方式。

当物料运输成本非常大，工厂又部分允许直线型物料运输方式时，则可以考虑优先利用一些相关软件进行规划。近年来，固定型设施布置实践也在发生一些变化，正在不断探讨发现新的设备布置方式。例如，飞机制造过程中就具有明显的固定型设施布置的特点，然而一种被称为“脉动式生产线”的布置方式正被越来越多的飞机制造企业所采用。

8.2.2　产品型设施布置

1. 产品型设施布置的定义

产品型设施布置（Product Layout）也称对象专业化（Product Focused）方式、装配线布置、流水线布置、对象原则布置，是指生产设施按照产品、零件或部件的不同特点，划分车间、工段、小组等生产单位，将不同机器设备、不同生产功能布置在同一生产工作单位的布局方式，进而形成产品专业化车间。产品流程是一条从原料投入到成品完工的连续线路。在产品专业化的生产单位里，集中所有为制造某种产品所需要的各种设备，配备相应各工种的工人，不用跨其他生产单位就能独立生产产品。图 8-2 展示了几种典型的产品型设施布置。产品 1 的制作需要依次经过车床、铣床和磨床的加工，产品 2 的制作需要依次经过刨床、镗床和磨床的加工，而产品 3 的制作需要依次经过镗床、钻床和车床的加工。

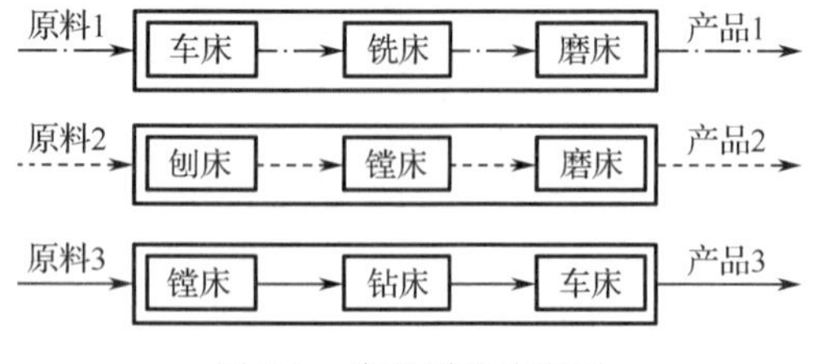

图 8-2　产品型设施布置

2. 产品型设施布置的适用范围

产品型设施布置的目的在于使大量产品或顾客顺利且迅速地通过系统，其基本思想是按产品或服务的技术要求对整个布局进行设计。最常见的产品型设施布置是流水生产线或产品装配线，而相对应的组织往往是具体的职能部门，如汽车制造厂的发动机车间、曲轴车间、齿轮工段等生产单位。一般来讲，产品型设施布置形式适用于对品种少、批量大的产品进行大规模生产的情况。

采用产品型设施布置的典型例子有汽车装配线、自助餐厅等。也就是说，只要产品、顾客或信息加工过程有一个相对固定的顺序，就可以采用产品型设施布置方式。例如，电视、冰箱、空调等产品的加工都可以采用产品型设施布置方式。

3. 产品型设施布置的优缺点

产品型设施布置方式的优点十分明显，其主要表现为物流连贯性强，节约了生产面积，缩短了运输距离，减少了运输费用，生产过程中的在制品少，库存压力小，运营成本较低等。该布置方式适合采用高效专用设备进行连续流水作业，可有效缩短生产周期，有利于提高生产效率，还简化了生产的复杂性，使管理变得更为简单。然而，产品型设施布置也存在一定的缺点，主要表现为生产单位只拥有生产一种或很少几种产品的设备，因而对产品品种变化的适应能力较差，无法有效适应市场需求的多样化趋势。

8.2.3　工艺型设施布置

1. 工艺型设施布置的定义

工艺型设施布置（Process Layout）又称工艺专业化布置（Process Focused Layout）、工作中心布置（Workcenter Layout）、加工车间（Job Shop）、机群布置、功能布置等，是指在产品制造或服务提供的过程中，按照工艺专业化原则，将同类机器或功能相近的设备集中在一起，配备同工种的工人，并采用相同的工艺对企业的各种产品进行加工。例如，机械加工企业常常细分为铸造车间、锻造车间、机械加工车间、热处理车间等生产单位，以便企业对这些工序进行有效编组，最终提高设施的利用率。另外，机械加工车间还可以分为车床组、铣床组、刨床组、磨床组等。在服务业中也有很多组织的工作是按照工艺型原则进

行设施布置的。例如，医院大多数分为多个专门的科室，并通过专业化分工来为病人提供专门的服务。工艺型设施布置与产品型设施布置的核心区别就在于：产品型是以产品为导向的，主要适用于特定类型的产品；而工艺型是以设备布置为导向的，适用的产品可以十分广泛。图 8-3 展示了一种典型的工艺型设施布置。车床、铣床、刨床、磨床、镗床和钻床都分别布置在一个集中的区域，而各种产品是基于其自身的加工工序分别在不同区域的设备上加工，使产品最终得以完成。

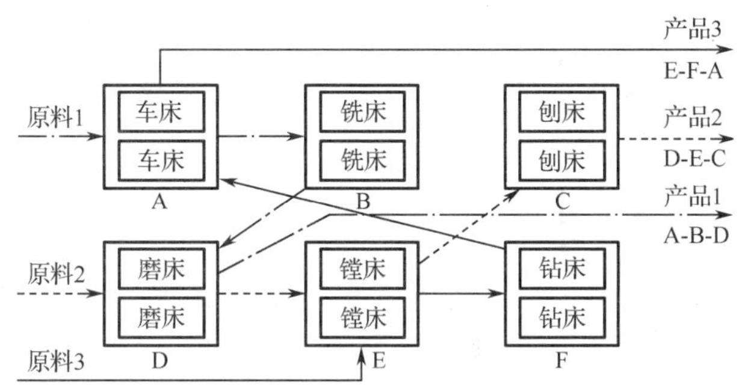

图 8-3　工艺型设施布置

2. 工艺型设施布置的适用范围

在工艺型设施布置的生产组织中，设备主要是根据产品的加工工艺的相似性布置的。在工艺型设施布置的系统中，产品、信息或顾客需要根据各自的需求从一个活动单元转移到另一个活动单元。例如，对于医院而言，X 光室是为特定病人提供服务的，而有些病人并不需要进行 X 光检查；对于超市而言，冷冻食品一般需要集中存放在具有冷柜设施的地方，新鲜蔬菜则需要存放在具有保鲜功能的设备内，而易储藏的罐装食品则可以集中在一个特定的区域，便于工作人员集中补货。工艺型设施布置不仅适用于制造业，在服务业中也广泛存在，医院的专业科室、大学的不同学院、图书馆的不同学科的书目等均是按照一个类型放置在相同位置这一原则布置的。

3. 工艺型设施布置的优缺点

工艺型设施布置方式适用于多品种、小批量的场合，其优点是机器设备利用率高，设备和人员方面的柔性高、适应能力强，生产系统可靠性高、工艺管理方便，设备投入相对较少，作业多样化，有利于员工的发展。工艺型设施布置的缺点是由于完成整个生产过程需要跨越多个生产单位，因而加工路线长、生产过程的连续性差、运输量大、运输成本高，生产计划与控制复杂、生产周期长、组织管理工作复杂等。另外，由于变换品种时需要重新调整设备，因此此种布置方式耗费的非生产时间较多、生产效率较低、对员工技能要求较高。

8.2.4　单元型设施布置

1. 单元型设施布置的定义

单元型设施布置（Manufacturing Cell Layout）最早是由丰田公司提出来的，是精益生产的一个模块形式，是由一些机器设备、操作工人组成的能够完成多种产品或零部件生产制造过程的一条生产线或生产系统。在这个单元里，产品或服务需要的各种资源一应俱全，设备和厂房以特定的顺序进行安排，通过这种安排，材料和零件能够以最短的搬运时间或延误完成流程。在这里可以完成产品所有工序过程，并提供最终产品。单元型生产是当代最新、最有效的生产线设置方式之一，被日本及欧美企业广泛采用。这种方式对于小批量、多品种的生产比流水线方式的效果还好，因此被誉为“看不见的传送带”。

单元型设施布置与工艺型设施布置类型相似，也是将有相似加工要求的产品的设备放在同一个区域。与工艺型设施布置类型的区别在于，单元型设施布置制造单元可以完成一个相对完整的产品，而工艺型设施布置主要是对产品的一个或几个工序进行加工。单元型设施布置最常见的单元呈现 U 型结构如图 8-4 所示。

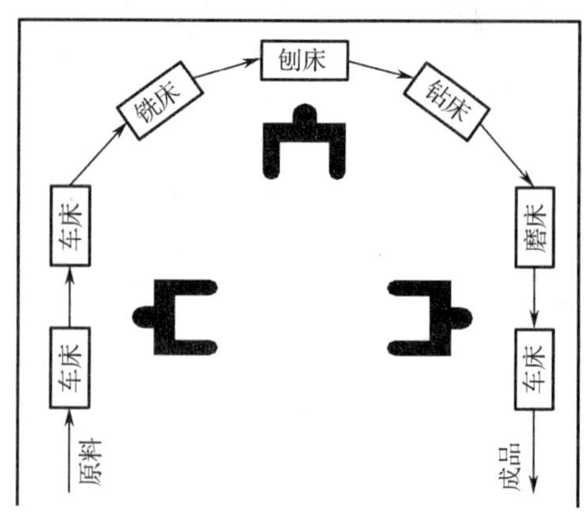

图 8-4 单元型设施布置

2. 单元型设施布置的适用范围

尽管单元型设施布置多用于制造业，但是这一布置方式对服务业也同样适用。一般来讲，单元型设施布置适合于具有以下特征的生产系统。

（1）有限分工化。劳动分工理论认为“分工越细，效率越高”，越有助于实现规模效益。而单元型设施布置则是反“分工理论”，并反其道而行之，其尽可能让作业人员从事多种工作内容。

（2）有限规模化。单元型设施布置具有小型化、少人化的特征。一般来讲，一个单元只有 4～6 人，而该单元流水线的长度一般在 6～8 米。

（3）有限流水化。单元型设施布置尽可能取消工位之间的传送带，而主要采用手工搬运或其他简易方法（如滑道等）来运输产品。

（4）有限专业化。单元型设施布置一般表现为企业可能在厂区设置多个制造单元，而每个制造单元只对一种或一组产品进行高效的生产。由于单元型设施布置中人员数量相对较少，组内员工往往需要进行岗位轮换，这种有限的专业化将有助于培养“一专多能”的员工，以便使员工由“专能工”向“多能工”转变，进而增强人员调配的灵活性。

（5）有限机械化。单元型设施布置主要采用手工作业，只有在必要时才使用机械设备。为了使手工操作变得更有效，一般给员工配备自动化程度低的设备。

单元型设施布置既具有工艺型设施布置的优点，又展示出要完成一个完整任务而需要较为全面能力的特点。例如，在大型的购物中心里服饰、餐饮、娱乐，甚至男装、女装都被分别布置在特定的区域内，这一布置方式可以看作工艺型布置方式。但是在大型购物中心也存在一些特殊类型，如体育用品专营店内可以出售服装、运动鞋、运动器械、运动养护品，甚至还出售体育杂志、健身书籍、影碟和功能饮料等，这样的布置就属于典型的单元型设施布置。

3. 单元型设施布置的优缺点

单元型设施布置的优点较为明显，主要包括以下几个。

（1）更好的人际关系。工作单元由几个工人组成，他们组成一个小团体来完成整个作业，有助于加深人与人之间的沟通和交流。

（2）提高操作技能。在一个有限的生产周期内，工人只生产有限数量的部件，重复程度较高，有利于工人学习和熟练掌握生产技能。

（3）减少在制品库存的物料运输。在一个工作单元中完成几个生产步骤，可以减少部件在整个车间的运输。

（4）缩短生产时间。加工产品品种的减少意味着工具种类有限，可以减少工具更换所需要的时间消耗。

然而，单元型设施布置也存在一些不足，如生产系统具有较强的刚性、生产效率相对较低、难以实现大规模生产等。某些单元只能加工特定的一些产品，而且能加工的产品类型较为有限。

8.2.5 成组型设施布置

1. 成组型设施布置的定义

成组设施布置（Group Layout）方式建立在成组技术（Group Technology，GT）的基础上。成组技术是按照产品或零件在某种特征上的相似性把它们分组归类，然后在专门的设备上进行加工的一种方法。成组技术源于 20 世纪 50 年代的苏联和欧洲一些国家。20 世纪 70 年代柔性制造系统（FMS）出现，成为解决中小型批量生产的新途径，而成组技术的生产思想被融入柔性生产系统中，进一步提高了生产的柔性，很好地解决了多品种、小批量生产的问题。成组技术涉及工程技术、计算机技术、系统工程、管理科学、

心理学、社会学等学科的前沿领域。日本、美国、苏联和德国等许多国家把成组技术与计算机技术、自动化技术结合起来发展成柔性制造系统，使多品种、小批量生产实现了高度自动化。

2. 成组型设施布置的适用范围

成组型设施布置是以零件结构形状和工艺相似性等为特征，把所有的产品零件、部件进行分类分组，并以组为单位组织和管理生产的方法。在成组技术中需要识别并利用产品零部件的相似性，将一系列有相似工艺要求的零件组成零件族，再针对一个零件族选择一系列特定的机器，形成制造单元。例如，圆柱形产品加工主要用车床、铣床、钻床等，可以分为一组；而矩形产品加工主要用剪切机、冲床、刨床等，可以分为另一组（成组型设施布置见图 8-5）。

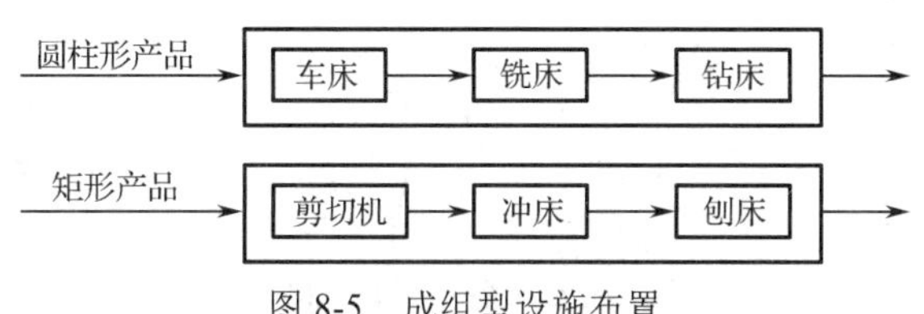

图 8-5 成组型设施布置

可见，成组技术的基本原则是根据零件的结构形状特点、工艺过程和加工方法的相似性，打破多品种界限，对所有产品零件进行系统的分组，将类似的零件合并汇集成一组，再针对不同零件的特点组织相应的机床并形成不同的加工单元对其进行加工。经过这样的重新组合，可以使不同零件在同一机床上用同一组夹具和同一组刀具，稍加调整就能加工，从而变小批量生产为大批量生产，进而达到减少重复劳动、节省人力和时间、提高工作效率的目的。成组技术原理图如图 8-6 所示。

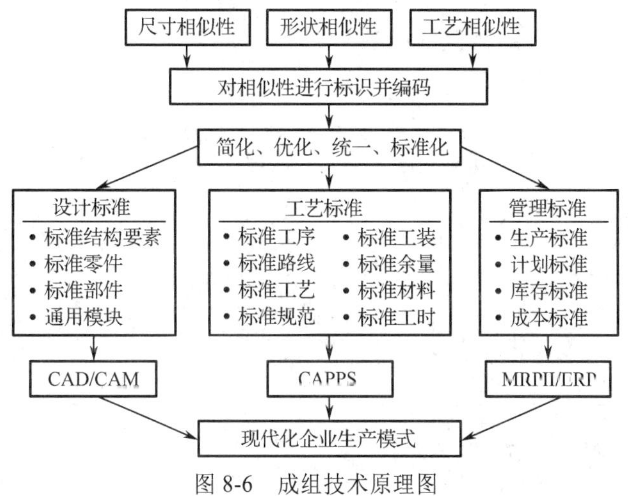

图 8-6 成组技术原理图

3. 成组型设施布置的优缺点

成组技术布局已经被广泛应用于金属加工、计算机芯片等制造和装配作业中，其优点主要体现为以下几点。

（1）改善人际关系。由少量人员组成团队来完成一个具体任务，可以使成员之间有充分的沟通时间和途径，有助于加强成员之间的理解并强化合作意识。

（2）提高操作技能。系统只能加工有限数量的不同零件，重复程度较高，员工可以通过较充分的沟通、观察相互学习，快速学习和熟练掌握生产技能。

（3）减少在制品和物料搬运。由于每个生产单元空间有限，工序的数量也较少，工序之间的转换次数较少，这些都减少了零件在车间内的移动和无效搬运。

（4）缩短生产准备时间。由于产品之间具有较大的相似性，因此加工不同产品之间的转换程度较低，有助于减少转换时间的消耗。

尽管成组型设施布置具有诸多优点，但是也存在设备刚性强、生产规模有限等问题。对于员工来说，在该生产方式下，难以接触更多的工作内容，不利于其全面发展和成长。

8.2.6 混合型设施布置

1. 混合型设施布置的定义

混合型设施布置是指基于生产设备、产品、人员的特点，在对相关设施进行布置时采取多种设施布置方式，包括固定型设施布置、产品型设施布置、工艺型设施布置、单元型设施布置等在内的两种或两种以上类型，并将这些类型有机地结合起来的布置方式。

2. 混合型设施布置的适用范围

许多企业在进行设施布置时，往往是由多种类型布置方式搭配或集成实现的。例如，医院总体上是基于工艺原则布置的，各个部门代表着一个特定类型的工艺（如挂号、门诊、化验室、X 光室、手术室等）。然而，手术室是基于固定型设施布置的，X 光室是按照工艺型设施布置的，而化验室则是按照产品型设施布置的。同样，餐厅也具有明显的混合型布置特点。一般来讲，餐厅的整体是基于固定型布置的，而厨房是按照工艺型布置的，包括食品储藏、食品准备、食品烹饪都集中在一定区域。自助式餐厅则采用了单元型布置方式，因为各个自助区分别为顾客准备了所有菜肴。

3. 混合型设施布置的优缺点

大型生产企业，由于生产的产品类型多样，加工工艺和需求也存在较大差异，因此一般采用混合型设施布置。混合型设施布置类型兼顾工艺原则、对象原则等多种形式的特点，适用范围更为广泛。但是这一类型方式需要投入大量的资源，也需要增加更多的人员进行协调和管理，还存在生产设备缺乏灵活性、管理成本高等不足。

总之，各种不同类型的设施布置方式既存在各自的优点，又存在自身的一些不足，不同设施布置类型的优缺点比较如表 8-1 所示。

表 8-1　不同设施布置类型的优缺点比较

设施布置类型	适用范围	优点	缺点
固定型	单件、小批量企业，如航母、轮船、建筑等制造	在有限的场地内就可以解决大型难以移动产品的生产	相关工作装备的专业化较强，单件产品的平摊成本非常高
产品型	少品种、大规模生产的企业，如汽车、家电等大规模装配生产	生产效率非常高，单件产品生产成本很低	初始设施设计复杂，相关投入巨大
工艺型	小批量、多品种（产品相似性要求不高）的产品，如金属零件的机械加工	设备齐全，专业化程度高	产品加工中需要在设备之间不断移动，并且移动距离一般较长
单元型	小批量、多品种（产品具有较高的相似性）的产品，如跑车、名包等个性化的奢侈产品	机动、灵活、增加工作成就感，生产单元设置与取消较为容易	需要经常变动生产单元，生产效率通常较产品型布置要低
成组型	少品种、中等批量（产品具有非常高的相似性）的产品，如订书钉、螺钉、钢珠等采用特殊工艺的产品	具有极高的生产效率	生产设施专用性强，其刚性导致灵活性、柔性不足

8.3 生产设施布置

典型制造企业的主要部门包括基本生产部门（准备车间、加工车间、装配车间）、辅助生产部门（运输部门、动力部门）、生产服务部门（仓库、试验与计量检验部门、工具科）、生产技术准备部门（研究所、设计科、工艺科、试制车间）、附属生产部门（供气、供水、食堂）等。从典型的布置对象来看，可以分为厂区、车间、生产线、仓库等。这些部门都需要进行科学的布置，以便能够为企业的高效运转提供支持。

8.3.1 厂区布置

1. 厂区布置原则

厂区布置就是在厂址选定的基础上，综合考虑生产工艺流程、运输条件及安全、卫生、环保、施工、管理等因素，结合场地自然条件，对厂区内的建筑物、构筑物、室外工程设施及各种通道进行统筹规划，合理规划和安排建设场地内各功能区域，经多方案比较后确定的工厂总体的平面位置关系。尽管不同企业的厂区布置形式差异较大，但是大多企业还是遵循以下几条一般性原则。

（1）充分利用当地的自然条件和地形、地质条件的差异，化不利为有利。

（2）根据企业生产工艺和流程的设计要求，合理确定各功能区域的边界与面积，保证工艺流程顺畅、生产系统完整。

（3）进行功能分区时要从实际出发，既要满足工艺技术的需求，又要有利于扬长避短、合理布局，尽量避免货流与人流交叉，发挥整体最佳效益。

（4）力求外部运输、供水、供电等线路的进厂方向的合理规划，使运输路线最优。

（5）充分考虑管理和保养的便利性，保证设施、设备具有较高的灵活性。

（6）充分考虑通风、排水、安全、卫生、绿化、美化等的布置问题，营造一个有利于人员健康和安全的环境。

（7）尽量预留合理的发展扩展空间，体现规划的前瞻性。

2. 厂区布置规划

大多数工业企业一般可划分为厂前区、生产区、辅助生产区、动力区、仓库区、原料堆场区、供水区、废水处理区等若干个功能区域。厂区布置与工厂的规模、生产发展、管理体制、厂区自然条件、地区协作条件、运输方式、安全、卫生、环保等的技术条件与要求有直接关系。厂区布置规划的内容主要包括以下几点。

（1）生产技术要求。工厂总平面布置首先必须满足生产工艺及物料流程的要求，应充分了解生产工艺要求，做到流程合理、负荷集中、运输通畅。

（2）生产安全要求。企业在进行厂区布置时，还需要考虑满足防火、防爆、卫生、环保、防地质灾害等要求。在安全生产方面，不同的行业对于安全要求存在一定的差异。

（3）生产效率要求。工厂布置要在满足企业生产过程要求的基础上，合理规划物流、人流通道，以便降低厂区内物流成本和通行安全。尽量把厂房建筑物和各种设施布置得紧凑些，这样既可以节省用地，又能够缩短厂内各种管道和线路的长度，从而减少投资和日后的维护费用，有助于整体效率的提升。

（4）生产环境要求。厂区的布置要符合环保要求，并要搞好绿化美化工作。例如，厂区可以增加一定的园林风景、艺术造型、板报宣传等，为员工创造一个良好的工作和生活环境，使职工心情舒畅、士气旺盛，从而提高其工作的积极性。

（5）生产发展要求。工厂布置应满足生产发展的要求，一方面要与远期发展规划相适应，另一方面要考虑工厂投产后由于工艺流程的革新改造、市场需求变化，导致产品产量和品种的增加等而引起的工厂扩建和发展需求等。

3. 厂区布置规划类型

根据实际情况，厂区布置规划可以分为全新厂区规划、现成厂区规划和现有厂区大幅优化三种主要类型。

（1）对于全新厂区规划来讲，大致可以分为五个阶段：第一个阶段是进行厂区总体需求分析，主要研究内容包括总体产能、生产工艺流程特点、功能模块组成、生产辅助设施构成、土地使用面积、政府用地要求、总体规划原则等；第二个阶段是进行厂区整体区域规划，主要包括人车物流线路、功能模块划分、楼层功能定位、建筑单元设置、需求面积测算、厂房空间尺寸、整体结构布局、建筑参数设计、方案评审等；第三个阶段是进行厂区的详细规划，主要包括产能规划与分解、全生产流程工艺分析、主要设备选型、设备需求清单、标准单元设置（人员数量、工位大小、物料区域设置等）、楼层分布规划、厂区内外物流规划、关键通道衔接、生产辅助设施规划（卫生间、饮水间、休息区、讨论区）、建筑参数设置（柱网间距、层高、通道宽度、功能区标识）、设计备选规划方案、方案综合评审等；第四个阶段是进行辅助设施规划，主要包括消防设施规划、管网桥架设计、工艺用水设置、强电系统布局、气液管网设计、通信网络设置、监控系统设计、考勤门禁系统设计、生活设施设计等；第五个阶段是厂区设计方案完善，主要包括厂区总体布局方案总图设计、总体布局拆解图设计、执行阶段方案、建筑需求参数、技术实施方案及其他设计资料的完善等。

（2）对于现成厂区规划和现有厂区大幅优化来讲，需要在初始阶段充分考虑现有厂区的条件限制，如厂区位置、厂区面积、厂区主要建筑形式、车间布局、主要道路分布、基础设施形式等。由于上述一系列因素很难改变，因此在进行规划时需要在尽可能满足工艺要求的情况下与现有厂区条件相适应，避免进行大的改动。设计过程中的其他环节也可能会受到现有条件的限制，实施过程中要本着满足生产工艺要求的情况下最大化地发挥现有厂区的功能和效用，以便获得最大的效益。

根据实际情况，除对上述主要因素进行科学规划外，还需要对厂区相关楼宇、车间、仓库、绿地、道路、围墙、大门等进行系统安排。在实施厂区总体布置时，需要对一系列重要因素进行深入的定量分析，主要包括厂区产品工艺过程分析、厂区物流分析、厂区非物流分析、厂区作业单位综合相互关系分析、厂区作业单位位置相关分析、厂区作业单位面积相互关系分析等。除此之外，还需要对工厂的坐落方位、工厂大门的朝向，以及车间与车间的交互通道进行设计，以便尽可能利用已有的设施达到日后运营效率最大化的目的。图 8-7 是某有机溶液生产企业的厂区布置图，结构特点如图所示。

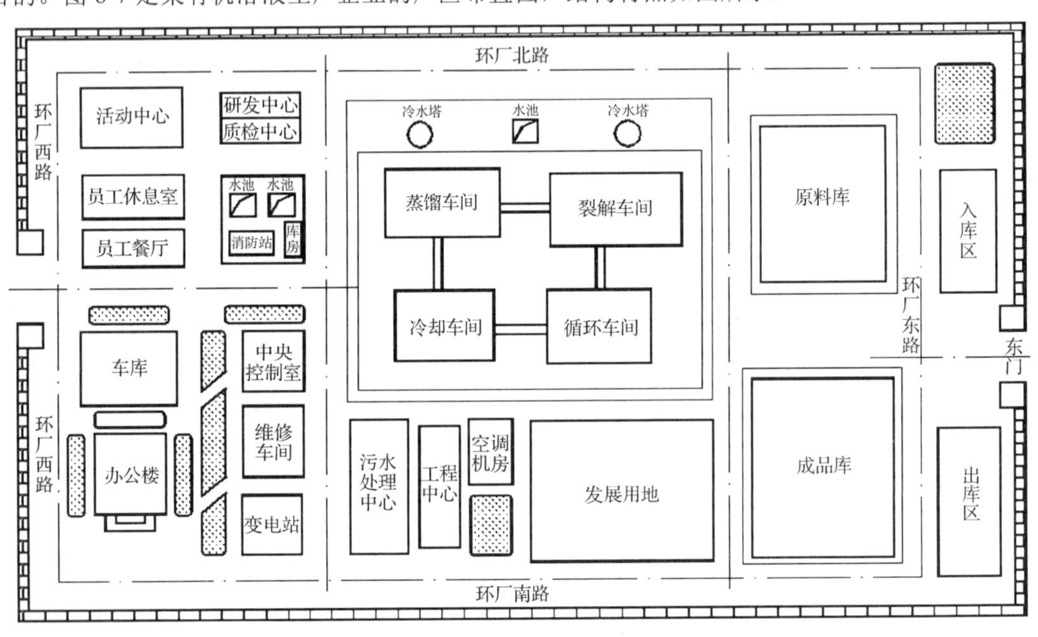

图 8-7　某有机溶液生产企业的厂区布置图

8.3.2　车间布置

1. 车间布置原则

车间布置就是按一定的原则合理地确定车间内部各组成单位（工段、班组）的位置，以及设备机床之间的相互位置，从而使其能组成一个有机整体，以便高效地实现车间的具体功能和完成任务。由于生产产品、工艺特性的不同，车间的类型繁杂多样，车间的布置往往差异巨大。尽管如此，企业在进行车间布置时都要求以物料流动效率最大化为核心目标。

大部分车间一般可分为生产区、辅助生产区和行政生活区三个部分，各部分的组成与产品种类、生产工艺流程、质量等级要求等情况有关。基于车间的布置范围，车间布置可以分为车间的总体布置和车间的设备布置两类。对车间进行布置时需要从车间的主要功能和任务出发，在明确生产设备的种类和数量的基础上规划车间的总体布置，具体布置过程中不仅要考虑生产的具体工艺路线和生产组织形式，还要尽可能

使占用面积得到最大化利用。具体而言，车间的布置需要遵循的主要原则有：①与厂区其他车间、公用工程系统、运输系统等实现有机融合；②有利于满足生产操作和生产工艺的要求，便于生产管理和操作维修等活动；③合理布置工作地，使其符合生产过程流向，便于生产过程中的相关运输活动；④便于工人操作和工作地（工具、图纸、工位器具）的布置，尽量做到基建和安装的费用少、生产成本低；⑤兼顾生产发展的长期要求，充分利用车间面积，并要考虑将来扩建、增建和改建的情况；⑥考虑防火、防爆、防毒、防腐、防潮等问题，为未来的生产活动创造安全、良好的工作环境。

2. 车间布置规划

车间布置规划要以车间的主要要素为核心，需要对车间的基本生产部分、辅助生产部分、仓库部分、过道部分、车间管理部分、生活福利部分等主要对象进行详细的规划。传统的规划是以资产为核心的布局方式，首先从设备、工装开始，最后考虑工序的流动。而随着精益思想的引入，现代工厂更多的是从顾客开始，然后围绕作业员工来设计工序流动。精益思想下的车间布置的目标是使作业流程中的浪费和过载最小化，同时增强现场的目视沟通条件。

一般来讲，车间布置过程需要对以下内容进行设计和规划：①确定车间的平面空间尺寸，包括车间的面积、高度、廊柱之间的间距等；②分析产品的工艺流程图，确定生产线布置图、生产单元布置图、周转库布置图、成品库布置图、原料库布置图等；③设计车间物流通道，主要包括确定车间大物流、分割生产单元位置、确定车间通道及物流方式；④布置设施设备主要是依据分割好的空间布局、确定好的物流形态，明确生产设备、工作单元、工作人员、转运设备、办公空间的布置；⑤架设生产所需管线，主要包括核算车间水、电、气、油等能耗情况，规划设计总桥架、生产线桥架，制定施工要求和规范；⑥确定辅助设施布置方案，主要是对车间排污、排气、车间辅助设施位置、计量室、车间现场办公室、设备备品室、模具库房、车间垃圾废料置场等的设置。典型的金属产品加工工序流程如图 8-8 所示，根据其生产特点，要求在进行车间布置时要对原料、相关设备、生产单元、检验、成品等进行综合考虑，以便使车间发挥最大的效能。

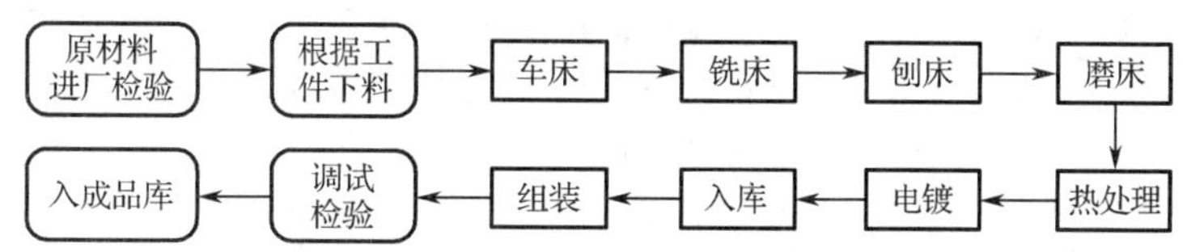

图 8-8　典型的金属产品加工工序流程

企业在进行车间布置时要切记减少或消除产品和物料的搬动，以便最大限度地降低生产成本。车间布置时应该将供应物料环节与消耗物料环节紧密结合起来，这将减少搬动消耗和等候时间。

3. 车间布置类型

车间布置按照设备类型划分，其基本形式有两种：一种是按照产品工艺相似性将同类机器布置在一起；另一种是按加工对象所需设备的类型和数量进行布置。按照布置的空间形状，设施布置可以呈现为矩形、L 型、T 型等。矩形结构是最常见的，其具有结构简单、施工方便、设备布置灵活、采光和通风效果好等优点。按照厂房的高度还可以分为单层结构和多层结构，在冶金、机械加工等工业企业中单层结构最为普遍。单层厂房具有跨度大、高度大、可承受的负荷大等特点，因而适合那些构件体积大、截面尺度大、动力荷载和移动荷载高的生产情况。按照厂房建筑材料和建筑方式可以分为钢筋混凝土构造和钢架构造两大类。钢筋混凝土构造是现在单层厂房的基本构造方式，其跨度可超越 30 米，高度达 20～30 米或更高。而随着轻工业企业越来越多，钢架构造型式越来越普遍。钢架构造具有构件品种少、制造较简单、构造轻盈、室内有较大空间等优点。但是，由于钢架构造承载负荷能力较弱，通常仅适用于重量不超越 10 吨、跨度不超过 16～34 米的车间或库房类型。

8.3.3　生产线布置

1. 生产线布置原则

生产线是企业进行生产的基本单位，其布置是否合理将影响企业内部的生产分工和协作关系，决定着物料流向、物流路线、运输量、企业生产效率等，是企业与车间布置中的重要方面。企业在进行生产线布置时，应致力于减少迂回、停顿和无效搬运，保持装配生产的灵活性、有效利用人力与面积、提高士气、为车间管理提供方便等。总体来讲，生产线布置需要遵循与生产流程相匹配原则、有效利用面积原则、简单化原则、安全原则和弹性原则等。

2. 生产线布置规划

一般来讲，布局良好的生产线有助于企业实现减少作业浪费、提高转产应变能力、减少搬运浪费、生产过程目视化、减少质量隐患等目标。根据生产线实际运营经验，企业在进行生产线布置规划时需要注意以下事项。

（1）逆时针排布。生产线逆时针排布主要适用于一位员工能够完成作业的情形，即一人多机或流动的一人多工位情况。这种工作一般是由一个员工从头到尾全部完成的，由于员工是动态的，又称“巡回作业”。一般来讲，人们行走时大多习惯先迈左腿，这样向左走时左手拿东西操作后，再用右手放的同时，左脚和左手再往左移动就显得更加顺畅。另外，对于习惯使用右手的操作者而言，采用“左取右放”或“左定位右操作”较为符合人体工程学原理。如果生产设备布置采取顺时针排布，那么员工操作就需要在操作动作之间不断进行转换，从而导致时间无谓的消耗。

（2）出口与入口合并。出口与入口合并是指原材料入口和成品出口在一起。这种布置方式有利于减少员工生产过程中可能存在的空手浪费问题，否则当员工生产完一件产品后，再去取另一件原材料加工时，员工就会空手从成品产出口走到原材料投入口，这个过程是浪费时间的。如果出入口一致，则员工完成一件产品的生产时正好回到加工起点，就立刻可以取到新的原材料进行加工，从而避免了空手浪费。同时，由于出入口一致，布局必然呈现类似 U 或 C 的形状，这使得各工序的操作距离非常接近，从而也为一个人同时操作多道工序提供了可能，并提高了工序分配的灵活性，使生产线更加平衡。

（3）单元之间进行良好的衔接。在生产过程中，产品加工是由一系列加工步骤依次衔接完成的。为了使零件加工更加顺畅，减少转移过程中因搬运动作、搬运时间、搬运损失等产生的损耗，生产线布置时应尽可能地将紧密相连的工序或单元有机地衔接起来，尽量避免孤岛型布局。孤岛型布局是把生产线分割成一个个单独的工作单元，单元之间无法互相协助，最终导致资源、能源的浪费。

（4）便于人流和物流交互。产品加工过程中需要人与人之间、物与物之间不断地进行交互流动，这有助于产品的生产过程更加顺畅。

总之，企业在进行生产线布置时应尽可能遵循“两个遵守、两个回避”原则，即遵守逆时针排布、出入口一致，回避孤岛型布局、鸟笼型布局。鸟笼型布局往往没有考虑物流、人流顺畅的问题，这种布局主要表现为许多机器设备或工作台把工作人员围在中间，使得物流不顺畅，在制品增加、单元与单元之间的相互支援时变得非常困难，也不利于人员之间的相互学习和交流。实践表明，花瓣型生产线布局是实现上述原则的一种重要形式，这种布局由多个单元共同组成，有助于单元间的互相协助。如果前面单元的员工耽误了时间，则后面单元的员工可以提供一定的协助，从而提高生产效率（典型的花瓣型生产线布局见图 8-9）。

3. 生产线布置类型

一般来讲，生产线布置的主要类型分为直线型、S 型、U 型、L 型、环型和 Z 型等。下面主要对典型的直线型、S 型和 U 型生产线布置形式进行讲解（典型的生产线布置形式见图 8-10）。

（1）直线型生产线。直线型生产线是生产过程中采用最为普遍的布置形式，具有容易实现自动化传输、对于机械设备的技术要求相对较低、产品流动较为顺畅、操作者劳动强度低等优点。同时，直线型生产线也存在一些不足，主要表现为当增加或减少操作人数时生产线保持平衡较为困难、操作者相互分开会导致缺乏相互交流机会、难以通过操作者之间的相互协作来提高产量等。

一般来讲，典型的直线型生产线布置形式分为图 8-11（a）和图 8-11（b）两种。图 8-11（a）中操作者与流水线成垂直方向，呈前后座位安排形式，人与人之间缺乏沟通和交流的便利条件，这种生产线布置形式在美国工厂中较为常见。而图 8-11（b）中操作者是沿着生产线面对面而坐的，人们之间距离较近便于对生产过程中出现的问题及时进行沟通，并且操作者之间通过相互观察可以了解其他操作者的工作内容

和工作方法，有助于培养操作者的“一工多能”的能力，该布置形式还可以随时掌握上下游工序的进度，有助于进行速度的调整，从而实现生产线的平衡。另外，从图 8-11（a）和图 8-11（b）的比较中可以看出，图 8-11（a）布置形式的生产线更宽，其所占用的场地空间要比图 8-11（b）更大一些。

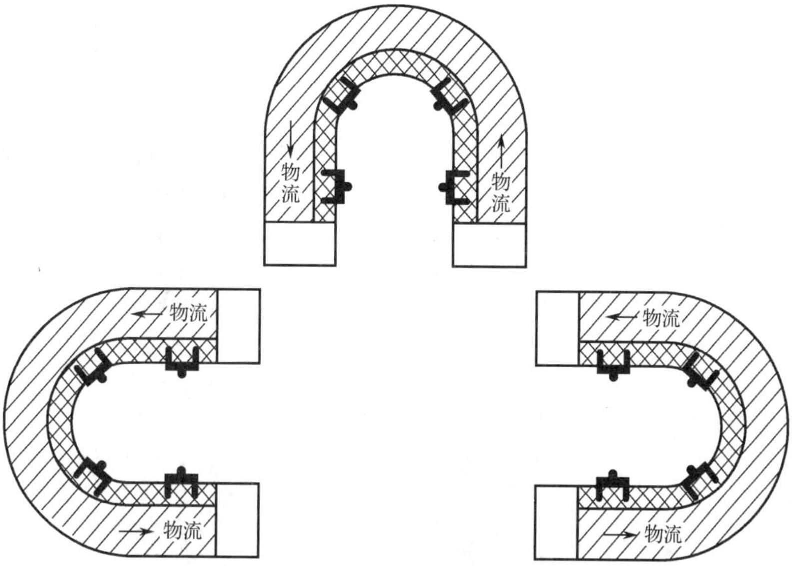

图 8-9 花瓣型生产线布局

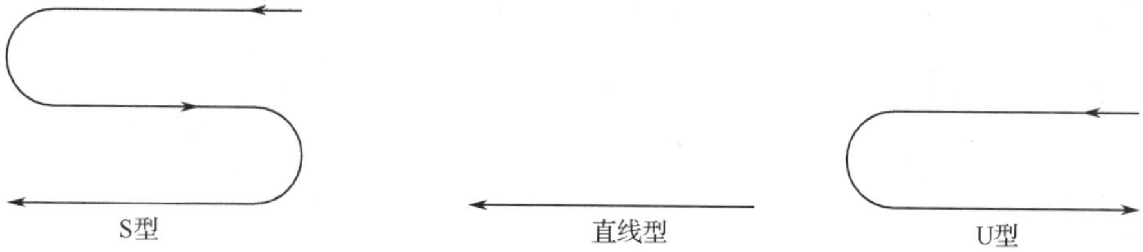

图 8-10 典型的生产线布置形式

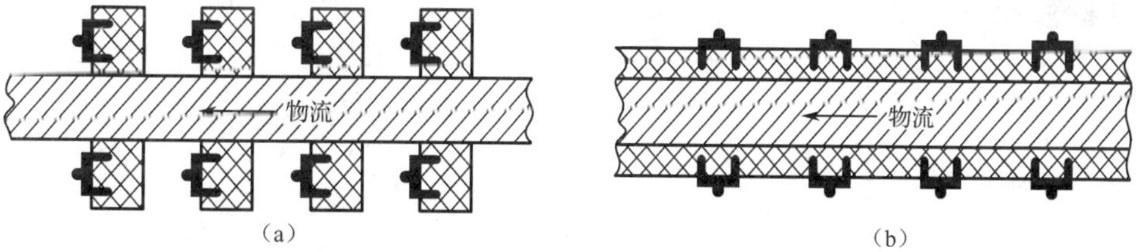

图 8-11 典型的直线型生产线布置形式

（2）S 型生产线。尽管直线型生产线最为常见，但是由于空间限制等原因生产线很多时候呈现为 S 型。也就是说，S 型生产线的布置形式在很大程度上是基于有限空间的最大化利用，并能够在一定的空间内执行更多的工序。然而，由于 S 型生产线存在一定的转弯环节，这些部分的运动必然不如直线型更为顺畅。一般来讲，S 型生产线的流动速度会受到限制，相关的连接设备也相对复杂。为了解决这个问题，往往需要对转弯环节进行特殊的设计，这也对生产线传动设备提出了更高的要求。

S 型生产线适用于那些生产线较长，并且场地空间有限的情况。S 型生产线在生产车间十分常见，比如牲畜屠宰、家禽屠宰、饮料灌装、食用油灌装等。S 型生产线的传动方式主要分为滚筒形式、吊装形式、转角皮带形式、柔性连扳形式等。

（3）U 型生产线。通常来讲，那些入口和出口一致的、较为简单的生产线都可以布置成 U 型生产线。U 型生产线布置具有以下特点：①U 型布置设备相对较为紧凑，便于工件制品之间的传递，减少了相应的运输时间和运输成本，有助于实现单件生产、单件传递；②U型布置生产单元的出口和入口在同一位置上，便于及时掌握“供”“需”关系，便于“拉动式”生产的实现；③U型布置便于对生产单元内的生产周期进行控制，有利于控制在制品数量，同时U型布置能够增强生产单元的柔性，能够迅速适应生产计划的变化和调整；④U型布置的生产单元内的操作者位于U型生产线的中间，其可以同时观察和操作两边相邻的设备，这不但能提高操作者的工作效率，而且便于随时调整生产线上或生产单元内的操作者数，以适应产品产量需求的变化。

对于由一系列工序组成的生产线，直线型生产线类型存在很难实现工序与工序之间平衡的问题，进而导致操作者之间的闲忙不均。而U型生产线的操作者之间工位很近，进行交流和不同工位之间的补偿较为容易，以至于在同样工作数量的情况下可以减少操作者数量。另外，由于走动距离短，U型生产线的操作者可以兼顾其他工序，表现出相对更好的灵活性。例如，正常情况下U型生产线为3人，每天生产900件产品，当生产任务变为600件时，就可以将操作者人数减少到2人。而直线型生产线由于分为若干道工序，如图8-12（a）分为6道工序，每道工序必须有一位操作者，当任务量变化时人数也不能减少。尽管U型生产线也需要6道工序组成，但是可以通过操作者之间的协作使工序减少到只需要5位操作者，如图8-12（c）所示。另外，图8-12（c）的U型生产线也优于图8-12（b）的单人工作方式，单人工作方式存在操作者之间沟通和交流的不足，工作也缺乏必要的柔性。

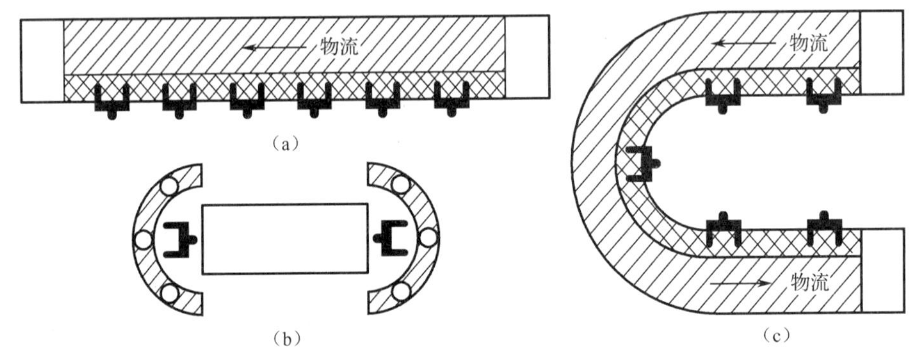

图8-12　U型流水线与其他形式流水线的对比

尽管U型生产线具有很多优点，但也存在一些明显的不足。U型生产线要求操作者具有多种岗位操作技能，这就需要对操作者进行广泛的培训。U型生产线还在一定程度上忽略了人的管理因素，相对效率也低于直线型的大规模生产线。

8.3.4　仓库布置

1. 仓库布置原则

仓库布置（Warehouse Layout）主要是指对仓库内部的存储区域、辅助作业区域、行政管理区域、存储设施、搬运设施、通道与道路等进行合理的规划和设计。仓库布置的目的是达到物料搬运成本、存储成本等的最优化，因此仓库布置的核心任务就是最大限度地利用仓库的空间，并保持搬运物料成本的最小化。仓库布置除在企业总体布局内选择具体位置外，主要内容还包括进行内部设施的设计和规划。仓库内部设施的布置是仓库系统日常运行和管理的基础，其布置得合理与否将直接关系仓储系统的效率和安全性，也直接影响仓库总体运行目标的实现程度。

由于仓库的类型多种多样（如平面仓库与立体仓库、封闭仓库与开放仓库、常温仓库与恒温仓库、露天堆场与集装箱堆场等），各种仓库的布置原则也存在明显差异。一般来讲，企业进行仓库设施布置时需要考虑仓库性质、资金数量、周围环境、存货特征、作业流程等因素的影响。除此之外，一般还要注意满足与功能区布局相匹配、有利于作业流程优化、仓库资源的最大化利用、仓库安全运行等基本要求。

2. 仓库布置规划

仓库布置规划主要包括根据仓库作业量、作业活动特征、存储设备、搬运设施特征、仓库建筑特点，

以及其他成本、人员、流程等因素，进行仓库作业区域的划分、确定各区域的作业内容、设计科学的作业流程等。仓库作业区域的规划直接决定着仓库系统的布局、运营成本、运行效率，是整个仓库系统设计的核心内容。一般来讲，仓库作业区域可以分为收货/卸货区、发货/装货区、存储区、分拣区、集货区、行政管理区及其他活动区域。典型仓库的布置形式如图 8-13 所示。

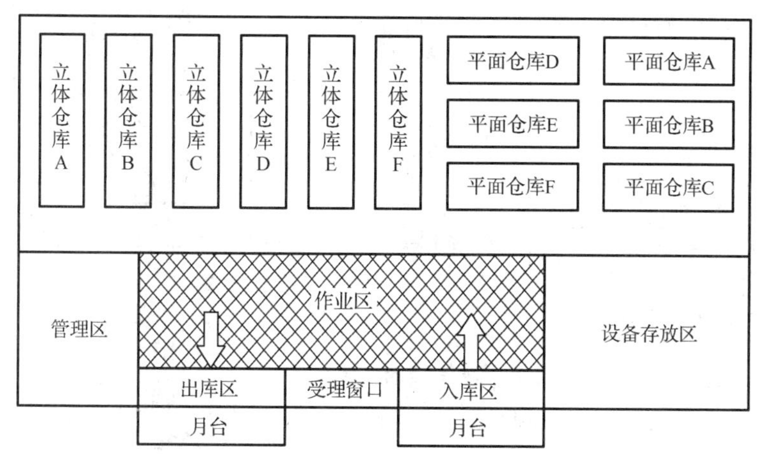

图 8-13 典型仓库的布置形式

（1）收货/卸货与发货/装货作业区域规划。仓库的收货和发货区域的主要任务是对货物进行清点、核对、检验等。基于仓库面积的大小，可以将收货和发货的区域分开，也可以放置在同一个区域。企业在对收货和发货区域进行规划时要考虑应使两类业务尽可能均衡，并且尽量采用自动化、标准化的设备，以便提高系统的运行效率。

（2）存储区域规划。存储区域是实现仓库存储功能的核心区域，其规划工作主要包括根据存储物料的特点来确定存储位置、面积大小、托盘数量和类型、货架的数量和通道形式等。

（3）分拣作业区域规划。分拣作业是将物品按品种、出入库先后顺序进行分门别类地堆放的活动，是完善送货、支持送货的准备性工作，是不同配送企业在送货时提高运营效率、实现仓储规范化、自动化的基础。分拣作业是仓储作业流程中最烦琐、最耗时的工作，也是最容易出错的环节之一。科学地规划分拣作业区域有助于提升仓库作业效率。

（4）集货作业区域规划。集货作业是指货物经过分拣后，在发货前进行的集中、清点、检查和装箱等处理活动。因为分拣货的方式、装载容器、发货批量、发货频次、出货路线、出车时间等的不同，集货需要的作业面积也存在差异。此外，集货作业区域可能在同一时段出现不同订单拣货需求的情况，这时可以通过对集货作业区域进行适当分割，以避免可能存在的冲突和混淆。

（5）行政管理区域规划。仓库的行政管理区域是仓库业务的支持性管理部门，主要包括办公室、接待室、休息室等。尽管行政管理区域不从事直接的仓储活动，但是对于仓库的正常运行必不可少，甚至有着重要的影响。为此，企业在进行行政管理区域规划时，需要充分考虑行政管理区域与仓储其他区域的关联程度、联系途径、沟通频次等，进而具体确定行政管理区域的位置和空间大小。

（6）其他相关区域规划。相关区域除涉及直接参与和执行仓储活动的部门，还涉及仓库的大门、门卫室、停车场、绿地、通道等区域，这些区域虽然与仓库内部操作流程不直接相关，但是科学地规划和设计也会对仓库的正常运行产生重要影响。例如，仓库的停车位就需要进行详细的设计和规划，以便在收发货时能够适应可能进出的车辆型号、数量、吨位、频次等，以保证仓库物流系统的高效顺畅运行。

一般情况下，生产或服务过程中会经常将物资运进和运出仓库，工作量很大。如果仓库整体布置不合理，则会直接影响运营成本。对于仓库的总体布置规划来讲，规划的基本原则是在仓库货物运输量较大的情况下，寻找一种使总搬运量最小的布置方案。

3. 仓库布置形式

仓库的布置形式需要根据仓库的具体特征而定，主要影响因素包括可用空间、作业物流特点、作业区域需求、存储设备、搬运设备和辅助设施等。基于存储空间和货物流动路线的不同，仓库布置的主要形式可以分为U型、L型和I型（见图8-14）。无论具体选择哪一种类型，都要遵循路线不迂回和不交叉、减少无效搬运、避免搬运事故等原则。

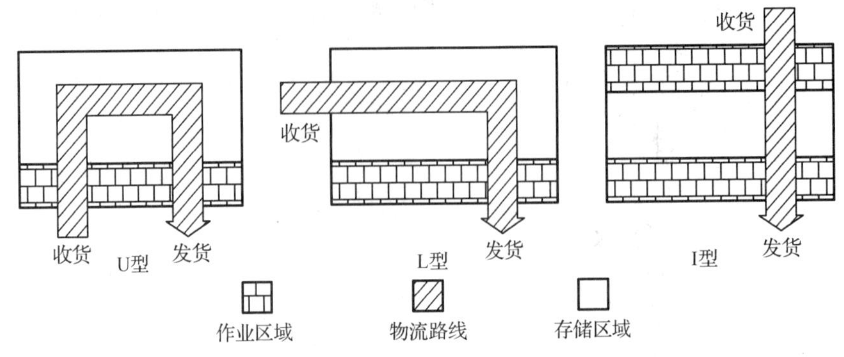

图8-14　仓库布置的主要形式

（1）U型布置。仓库采用U型布置形式的作业场地集中在一个区域，是一种效率较高的标准仓库布置形式。这种形式的仓库适用于交叉配送（Cross Docking）作业，使用同一通道供车辆出入，可以在建筑物三个方向进行空间扩张。仓库采用U型布置形式具有存储与作业较为集中、仓库设施与空间利用率高、安全风险防范较为容易等特点，这种布置形式适合订单需要快速处理的物流情况，如大量产品一经入库马上就进行出库的操作。

沃尔玛公司的交叉配送

交叉配送也称越库作业，这类货物只是流经仓库或配送中心，而不进入仓库的储存空间。仓库在接收货物后，立即根据顾客需求加以拆解、分类、堆放，然后装到预备好的出货运具上，送往各交货点。沃尔玛公司是交叉配送的早期倡导者，这一独特的作业方式由于没有入库、储存、分拣环节，因此可以加快货物流通速度。沃尔玛公司的竞争对手每5天配送一次商品，而沃尔玛公司每天送货一次，这大大减少了中间过程，有效降低了管理成本。数据表明沃尔玛公司的配送成本仅占销售额的2%，而一般企业却高达10%。这种灵活高效的物流配送方式明显降低了沃尔玛公司的仓库成本，使沃尔玛公司在竞争激烈的零售业中独占鳌头。

（2）L型布置。L型仓库布置适用于需要快速处理的货物，但是这种形式常常占用更多的仓库空间，相对较为浪费，比U型仓库存储量低。L型布置拥有两个独立货台、较少出现碰撞交叉点，适合处理快速流转的货物。其不足是除L型流向范围内的货物出入效率高（“快流”），其他功能区的货物的出入效率相对较低（“慢流”）。因此，通常把“快流”的货物储存在L型流向范围内，把“慢流”的货物储存在L型流向范围外。

（3）I型布置。I型仓库布置也称直进穿越型布置，适用于快速流转的货物，可以应对进出货高峰同时发生的情况，常用于接收相邻加工厂的货物或用不同类型的车辆来出货和发货。

8.4 服务业的设施布置

服务业与制造业存在本质的区别，服务业以向顾客提供无形的服务产品为导向，并且顾客会参与服务的过程。另外，服务业种类繁多，难以像制造业一样归纳成几种基本类型。因此，不同服务企业的设施布置也存在较大差异。

一般来讲，好的服务系统布置通常具有以下特点：①一目了然的服务流程。简单明了的服务流程不仅有助于顾客了解服务过程，不仅能够使顾客以更加客观的态度接受服务，还能够使服务人员更快地掌握服务技能、服务范围、服务要求等。②便捷的服务交流。由于服务过程中有大量的顾客参与活动，顾客常常有一些疑问需要服务人员给予及时解答。方便快捷的沟通渠道能有效降低顾客的投诉率，有助于提高顾客的满意度。③独特的服务等待设施。大多数服务都有明显的“高峰”和“低谷”阶段，顾客常常会因为长时间的等待而不满意。提供独具特色的等待服务设施，能够极大缓解顾客等待中的急躁问题。④科学的服务有形展示平台。尽管服务业以提供无形的服务为主，但如果能够与恰当的有形展示平台充分结合就能使服务“锦上添花”，并能够给顾客带来更大的满足感。⑤有效的客户监督。服务的无形性加大了顾客识别服务质量的难度，有效的客户监督能够切实提高顾客对服务的感知和信赖程度，有助于提高顾客的满意度。⑥最大化的盈利能力。服务业的最终目标是获得最大化的收益，对于一个服务企业而言扩大单位面积、提高单位设施的产出是实现企业经营目标的基本手段。

8.4.1 零售业的设施布置

1. 零售业设施布置的原则

零售业布置（Retail Layout）是指为了达到有效满足消费者需求的目的，对店内空间、商品、设备、用具、通道等进行合理安排的活动。零售服务业的类型十分广泛，有商店、银行、餐馆、服装店等。设施布置是零售业管理中的一个重要事项，其核心是充分利用企业的空间并获得最大化利润。

在零售店林立的商业中心，几乎每一家店面的空间布局、顾客的行走路线、商品的陈列都不相同。对于零售店，店内的每一处地方都是花钱买的或租来的，所以在进行布置的时候应尽量让每一个地方都尽可能多赚钱，即零售店布置的目的是要使店铺的单位面积的净收益达到最大。零售店在进行布置时，不仅需要确定各商品的摆放位置，还要考虑如何展示才能吸引顾客。同时，布置时要在顾客眼前尽可能多地展示商品，这样就能提高销售和投资的回报率。一般来讲，零售业的布置需要遵循充分利用空间、充分体现特色、销售氛围宽松友好、高效的流通环节、增加顾客逗留时间等主要原则。

2. 零售业设施布置的规划

(1) 空间布局规划。当顾客进入一家商店的时候，第一印象应该是商店的货物摆设和整体的布局设计，如果在这方面下功夫，则肯定会让人有耳目一新的感觉。无论是大型商场还是连锁超市几乎都将首饰、化妆品、烟酒等布置在一层。这种类似的布局不是简单的偶合，而是基于特定的原理专门这样设计的。一般来讲，良好的空间布局需要在单位面积销售额、视觉效果、随机销售机会等方面进行强化。

(2) 商品陈列规划。商品陈列是指运用一定的艺术方法和技巧，借助一定的道具，将产品按销售者的经营思想及要求，有规律地对销售的商品进行科学的摆设和展示，以方便顾客购买。研究表明，合理地陈列商品可以起到有效展示商品、刺激消费、方便购买、节约空间、美化购物环境等重要作用。据统计，如果能够正确运用商品的布置和陈列技术，则店面销售额可以在原有基础上提高10%。一般来讲，商品陈列时需要做到：显见易取、整齐而不缺乏生动、按价格梯度分布、货架放满等。

(3) 顾客行走路线规划。顾客行走路线也称顾客动线，是商店按照产品种类、购买时限或产品的生命周期来设计引导顾客在商场内循序渐进的路线。商店在进行顾客行走路线规划时不仅需要关注路线走向，还需要科学地确定路线的宽度。如果路线太宽，则不但会浪费宝贵的商店空间，也会由于距离产品远而影响顾客购买兴趣；如果路线太窄，则会使顾客相互拥挤产生不愉快的感觉，从而影响购买兴趣。一般来讲，成年人的肩宽约为40～55厘米，因此顾客行走路线宽度应在85～120厘米为宜，这样的路线宽度使前面的顾客在选购商品时，不妨碍其他顾客选购后面的商品。而从路线的类型来看，顾客行走路线一般可分为主路线、副路线和付款路线等。

宜家公司的顾客动线设计

宜家（IKEA）公司在顾客动线上面进行了系统的设计，也以此获得了丰厚的收益。在宜家家居展厅，顾客的动线就像一条蛇一样弯弯曲曲地从入口延伸到出口（宜家家居展厅的顾客动线设计见图8-15），走完全程要花费很长时间，走在这条路线上就像进入了宜家公司设计的“圈套”。宜家公司将一些顾客可能需要的热销商品和滞销商品放置在顾客动线两侧，在逐一体验的过程中顾客会被各种各样的产品吸引。另外，如果顾客进店只是为了购买特定的商品，宜家公司还特意设计了便捷通道，顾客可以直接走那些便捷通道以减少无谓的时间消耗。同时，宜家公司还有效地利用了恰当的灯光、通道、展示位置、声音、招牌和颜色等多种因素，致力于为顾客创造一个舒适的购物环境。这些都会使顾客停留更多时间，并购买更多的产品。

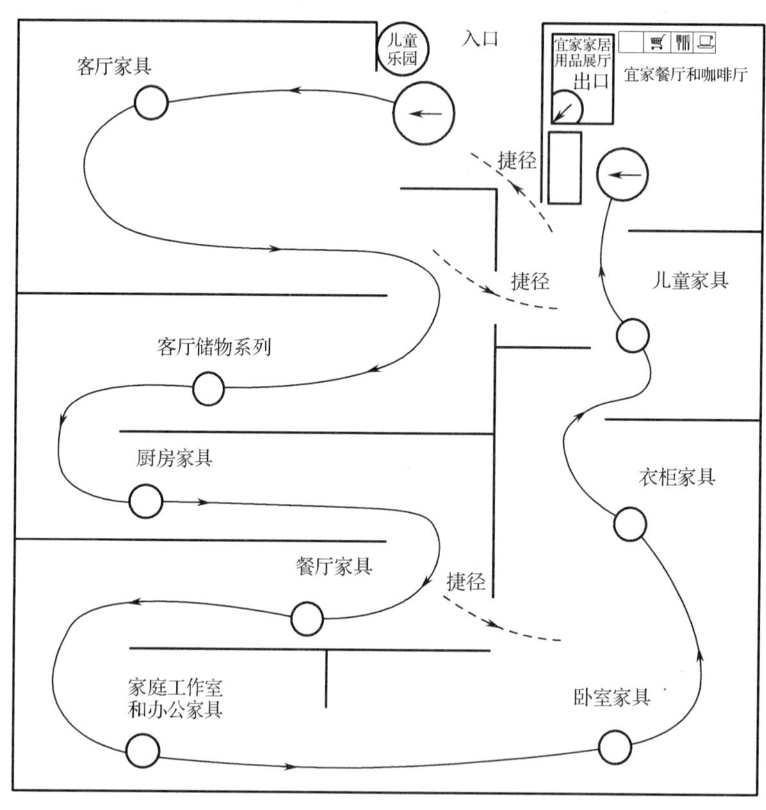

图 8-15　宜家家居展厅的顾客动线设计

（资料来源：根据公开资料整理。）

（4）服务场景规划。服务场景（Servicescape）是指提供服务时的物理环境、对顾客和员工产生影响的人文环境。现代社会的消费者对情感和文化的需求逐渐强烈，并且渴望得到属于自己的唯一的东西。流行、时尚、动感、自我等消费概念逐渐兴起，使得越来越多的消费者从趋利型消费的要实惠转向唯心型的要感觉，并越来越忽视商品的物质功能，且转而追求商品所带来的精神满足。对于零售企业来说，仅靠产品和服务来网罗消费者是十分困难的，在消费者购物的过程中为其创造出难忘的体验场景是一个重要的策略。

对于当今的消费者而言，购物不仅是一种单纯的购物行为，还是一种娱乐活动。越来越多的消费者是看到才买而不是想到去买，特定的服务场景体验成为购买行为形成的一个重要推动因素，而零售店铺的设计能在一定程度上影响消费者的购买情绪和行为。服务场景从外部来看，包括外部标志、周围景观、周围环境、停车场地等；而从内部设施来看，包括内部标志、布局、灯光、温度、空气质量等。

普拉达公司的体验营销

普拉达（PRADA）是意大利奢侈品牌，主要提供男女成衣、皮具、鞋履、眼镜及香水等，以及一些量身定制的服务。普拉达公司在体验营销方面做出了大胆的尝试，它在纽约、洛杉矶、旧金山和东京等地开设了体验店。这些体验店全都坐落在城市最繁华的地带，建筑风格鲜明，并运用了各种高科技来加强顾

客在店内的体验。例如，试衣室的门是用特制的玻璃做成的，顾客试衣时一按按钮，试衣室的门就从透明变成不透明；同时顾客可以通过“魔镜”，前后左右全方位地观察自己试穿衣服后的效果。普拉达公司在纽约的体验店位于地下室，人们会经过一条弯曲的被称为“波浪”的楼梯，它是一朵多功能的“波浪”——既是楼梯，也是展览空间，还是休息天地。在营业时间，这里还用来展示各种鞋子，是顾客试鞋的地方；在非营业时间，“波浪”可以收回到地面上来，成为艺术品。

（资料来源：根据公开资料整理。）

3. 零售业店内布局形式

尽管零售业业态众多，各有各的特征，但是由于建筑结构越来越标准化，零售业的店面布局大同小异，主要可以分为网格式（Grid Layout）、自由式（Freestyle Layout）、精品店式（Boutique Layout）三种布局形式。

（1）网格式布局。网格式布局适用于那些面积较大，形状呈现为矩形的空间。网格式布局是以矩阵网格的方式来安排柜台的，空间内的通道通常都呈井字形，大多路线都是平行的。网格式布局能有效利用销售空间，购物环境也显得整洁有条理，能够为顾客创造一个较为开阔的购物环境。大多数超市、超级市场和购物中心都采用网格式布局，典型的超市的网格式布局如图 8-16 所示。

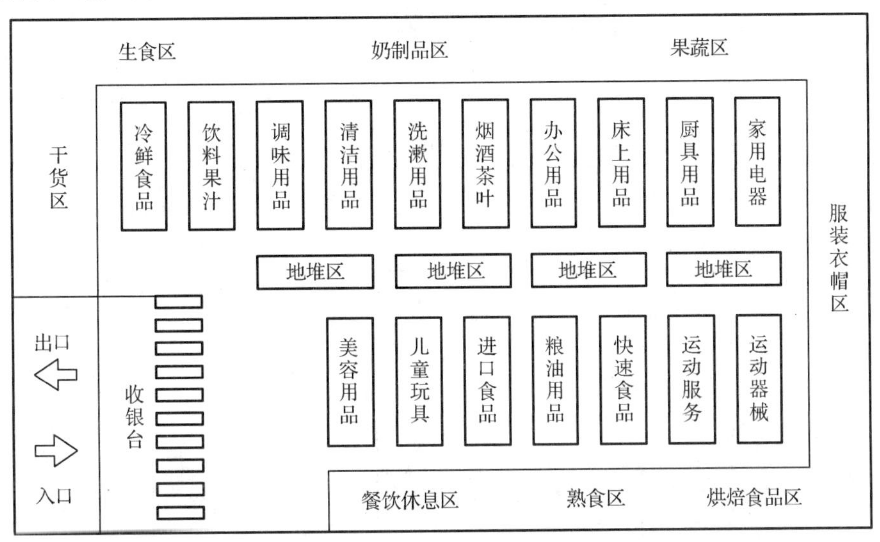

图 8-16 超市的网格式布局

（2）自由式布局。自由式布局与网格式布局存在明显差异，其主要采用不同形状和大小的柜台进行展示，甚至柜台的组合方式也可以随时调整。自由式布局的主要优点是能够为顾客营造一个轻松、友好的购物气氛，有利于顾客在店里逗留更长时间，还有助于增加顾客冲动性购物的机会。尽管自由式布局有很多优点，但是也存在空间利用率不高的问题。典型的零售店的自由式布局如图 8-17 所示。

（3）精品店式布局。精品店式布局主要是指将商店划分为一系列相对独立的购物区，每一个区域都有自己的主题。典型的精品店式布局就是在一个大的空间里布置一系列专卖店（零售店的精品店式布局见图 8-18）。另外，精品店式布局能为顾客提供一个独特的购物环境。同时，精品店式布局销售的产品档次一般较高，主要定位于那些消费层次较高的或较为时尚的群体。一般来讲，精品店式布局适用于精品时尚店、专业购物中心等，能够通过独特的形象来吸引特定消费群体。

苹果零售店创意技术服务区

苹果公司在世界各地都有大量的苹果产品体验店，这些体验店的布局不只是为了达到店面利润最大化，而且还试图通过科学的布置方法最大限度地利用每一寸空间，为不断创造顾客的新需求提供支持。为此，几乎所有苹果零售店都设有一个创意技术服务区（Genius Bar），为顾客提供技术建议、应用演示及产品维修服务。大部分店面还设有一个多媒体服务区，顾客可以在这里接受“创作式”的服务和帮助，如如何将音乐和照片结合起来做成一个短片等。

（资料来源：根据公开资料整理。）

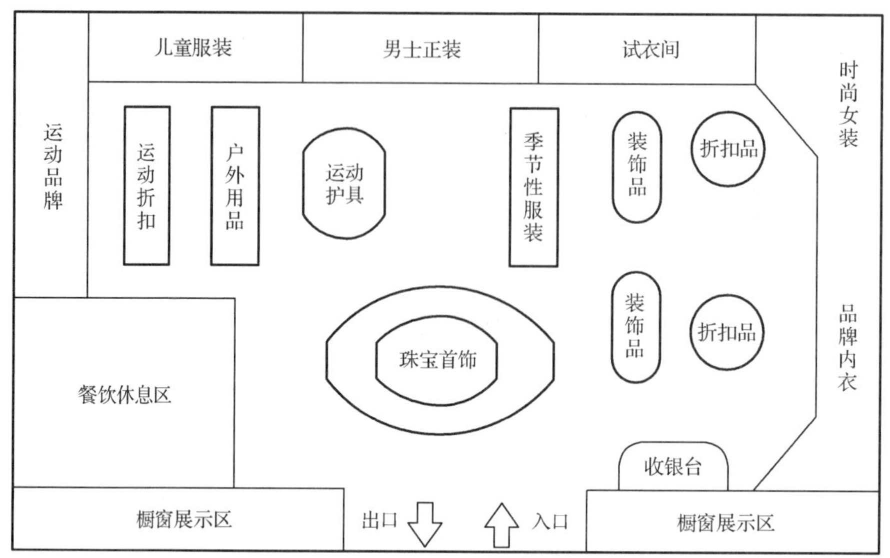

图 8-17　零售店的自由式布局

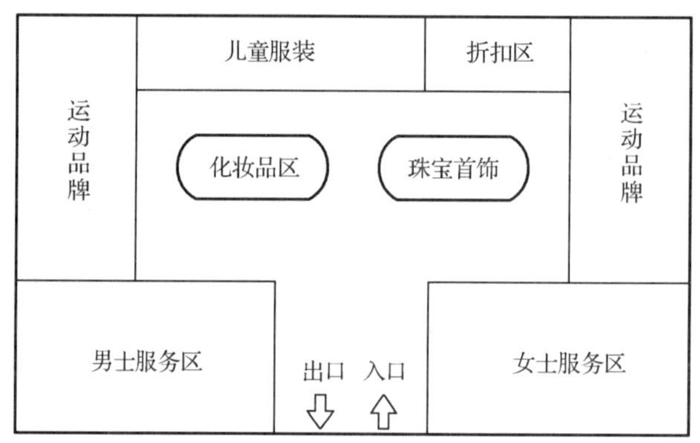

图 8-18　零售店的精品店式布局

8.4.2　超市的设施布置

超市是集众多产品于一个空间的场所，商品位置的科学摆放不仅有助于顾客快速地发现所需要的商品，还能增加超市的营业额，从而达到双赢的效果。研究表明，大多数顾客的购物顺序为：蔬果—畜产—水产—冷冻—调味品—糖果饼干—饮料—面包牛奶—日用百货。在对商品进行位置摆放时，除需要考虑顾客的购物顺序外，还需要在具体执行过程中注意以下原则。

1．便于发现的陈列原则

在不同的超市，商品的布置形式各式各样，看似没有一个统一的规范，但是在商品进行布局和陈列时都是尽可能让顾客能够方便地找到自己需要的商品，以便实现有效销售。为此，超市入口处一般都张贴有商品布局分布图，或者在店内的主要通道悬挂指示牌、图文标识等，这将会给新顾客带来一种非常亲切的感觉。有些超市的陈列是从方便员工和供应商角度考虑的，按供应商品牌归类陈列，于是导致同类品种的不同规格、不同价位、不同功能的商品集中陈列在一起，这可能会使顾客在选择某品牌的商品后，又发现了另一个品牌具有同功能、同口味的其他同类产品，因此，这种布置可能会造成顾客重复挑选，不仅会浪费顾客的时间，还有可能打乱原有商品的陈列，进而增加了员工整理的工作量。

2. 便于识别的陈列原则

超市有大量商品，如果将商品放在顾客不容易看到的地方就无法实现销售。为了能够让顾客对眼前的商品做到快速识别，不仅需要对商品进行清晰标识，还需要将商品摆放整齐，尽可能最大限度地将核心信息展示给顾客。例如，尽可能使每个商品都贴有标签，商品正面直接面对顾客，以便减少顾客查看时间，从而增加销售机会。同时，商品应尽可能有层次地进行展示，而不能使一些商品挡住另外一些商品。另外，货架底层不易看清的商品，可考虑倾斜式陈列来突出商品，或者将备用产品、必需商品放在最底层。研究表明，人的最佳垂直视角为 26°～30°。因此，从垂直方向来看，将商品放置在顾客容易看到并且容易拿到的位置最佳。从水平视角来看，水平视角大约是 120°。从水平方向来看，在较长的货架上将商品摆放在货架两端是最容易引起人们注意的。

3. 便于拿取的陈列原则

商品的陈列应尽量做到方便顾客挑选和拿取，这样有助于增加商品的购买机会。同时应便于顾客将不满意的商品放回原位，从而减少理货员的工作量。而对于一些生鲜商品，应该为顾客提供一次性手套、夹子等工具，以方便顾客进行挑选。另外，商品陈列不能过高，陈列商品时需要考虑顾客尤其是女性顾客身高的问题。我国家庭主妇的平均身高为 156 厘米，比较适合顾客拿取的货架空间高度是 80～150 厘米（女性身高与商品最佳摆放位置见图 8-19）。如果商品放得过高，则顾客可能会因为不容易拿到或放回去而放弃。对于高处的货架空间可以进行一些重复性陈列，这样既能保持顶层的美观，又能保证商品供应充足。易碎商品或重量较大的商品尽量不要放置在顶层，这可能会增加顾客拿取的危险性。另外，货架隔板之间预留的空间要适当，间隙过大，则顾客会容易看到背板很不美观；而间隙过小，则商品不好拿取，会影响顾客的购物感受和增加员工的操作难度。

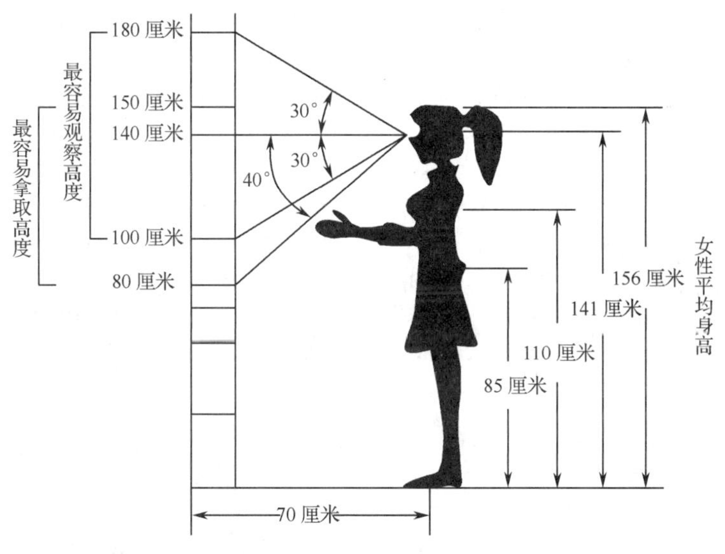

图 8-19　女性身高与商品最佳摆放位置

4. 货架丰满的陈列原则

超市内货架上的商品应尽量陈列丰满，否则不仅会降低货架空间的利用率、增加仓库的库存压力，还容易给顾客留下商品不热销或是剩余商品的印象，进而影响商品的销售。尤其是地堆（地堆又称堆头或堆垛，是超市常见的一种陈列式促销形式，其作用有两点：一是促进销量；二是展示形象）或端头（端头是指双面的中央陈列架的两头，是顾客通过流量最大、往返频率最高的地方。端头一般用来陈列新商品和利润高的商品）等特殊陈列的商品更需要陈列丰满，以便通过给顾客留下强烈的视觉冲击而增加其购买欲望。如果商品没有充足的库存不能保证货架放满，就要把商品前进陈列，或者拉大相邻商品的排面、填充相同一类的商品，或者把其他关联性的并且销售比较好的商品填补上，以保证货架商品丰满、整齐。

5. 先进先出的陈列原则

大部分商品存在保质期问题，尤其是食品类商品对于顾客的购买行为和使用安全会产生重要影响。为了保证能够为顾客提供高品质的商品，在补充商品时应依照先进先出的原则来进行。补货时把里面的商品先拿出来，如果保质期和待上架的一样且货架和商品都干净，就直接上货。否则，就将原来的商品拿下来，清洁后把新商品补充在里面，然后把原来的商品放在外面。尤其是生鲜、冷冻冷藏等保质期较短的食品更要注意先进先出，否则容易导致商品过期，从而增加损失、降低利润。

6. 关联性的陈列原则

在对超市内的商品进行陈列时，可以遵循商品之间的关联性陈列原则。一般来讲，一些商品之间存在一定的关联，也就是说，在消费一种商品时可能需要另外一些商品的搭配。好的关联陈列容易在顾客购买一种商品时，激发其同时购买计划外的其他商品。商品之间的关联形式很多，如服装、鞋、帽存在一定的相关性，而烟、酒、茶也经常在同一场合出现，还有肉制品与酱料也往往搭配销售。另外，还可以以一个主题的方式将商品进行关联。例如，情人节与“火锅节”、新年与圣诞节等可以进行适当商品的组合陈列。另外，端头陈列的商品与相邻货架商品也可以存在一定的关联，端头产品的陈设可以发挥一定的导购作用。关联陈列时需要注意的是，关联产品之间要平稳过渡，不能太突然，如洁厕灵与饮料、食品应尽量分开陈列。总之，关联性陈列既具有互动互补性，又具有一定的灵活性，良好的关联性陈列能够在一定程度上增加商品销量。

7. 商品垂直的陈列原则

垂直陈列也称纵向陈列，是指将同一类商品沿上下垂直方向陈列在货架的不同高度的层位上。一般来讲，顾客在选择物品时视线往往更多地是上下移动，而不是横向移动。研究表明，垂直陈列与横向陈列在产品销售的效果上确实存在一定的差异，甚至系列商品垂直陈列会使一些商品的销售量提高 20%～80%。垂直陈列能使系列商品呈现出直线式的系列化特征，让顾客一目了然。而系列商品采取横向陈列方式，顾客在挑选系列商品的某个单品时，就会感到非常不便。因为人的视觉进行上下垂直移动更方便，其视线的最佳上下夹角是 26° ～30° 。顾客在离货架 40 厘米左右的距离挑选商品时，就能清楚地看到 3～5 层货架上陈列的商品。而人视觉横向移动时，就要比垂直移动困难很多，因为这时人的视线左右夹角是 50° 。在顾客离货架 40 厘米左右的距离挑选商品时，只能看到横向 1 米左右距离内陈列的商品。同时，横向陈列时顾客在挑选商品要往返好几次，否则必然会漏看某些商品。顾客在垂直陈列商品面前一次性通过时可以看清楚整个系列商品，从而会起到很好的销售效果。垂直陈列会使同类商品呈一个直线式的系列，能体现出商品的丰富感，起到很强的促销效果。与此同时，垂直陈列可以使同类商品平均享受货架上各个不同的位置。按照人的最佳视角，在货架的垂直方向只有一定货架位置处于最佳视觉区间。为了能够照顾大多数产品的销售，最好的办法是将最佳的位置分配给尽可能多的商品，从而使每种产品都能够分配到处于最好位置的一定空间。

8. 唯一性的陈列原则

对于超市而言，货架的数量和面积是有限的，为了能够最大化展示更多的商品，货架上商品陈列的位置应是唯一的，应避免两个或两个以上的陈列区域，否则不仅会减少摆放商品的种类，还会打乱顾客对商品陈列位置的印象，造成一定的混乱。在一些超市中，有时也会看到商品重复陈列的现象，这些重复陈列大多数位于货架端头或者地堆，这通常是对特殊商品进行展示或者是进行促销等。在进行特殊展示时一般是使用商品厂家自制的展架、货架，应慎重设计和摆放，以便使这些特殊陈列与超市的整体布局能够相协调。

9. 安全性的陈列原则

超市人员密集，货架摆放需要注意产品和人身安全问题。对于存在保质期的商品需要通过设置恰当的存储空间，尽可能使商品延长保质期，为顾客提供健康的商品。还有一些商品怕磨损、需要防止灰尘，这类商品应该设置专门的展示柜台。另外，在商品摆放时要考虑货架的承重能力，较重、较大的商品放在货架的下方，而较小、较轻的商品放在货架的上方。同时，易碎的商品也尽量不要放置在货架的高处，并要及时检查并采取有效的防护措施。

总之，超市的设施布置类型多种多样，遵循的原则也存在较大的差异。商品陈列没有不变的法则，不管采用哪种布置方式都要以顾客需求为中心，并基于一些基本陈列原则和技巧进行设计，进而实现超市效

益最大化的目标。

8.4.3 医院的设施布置

医院是为患者提供健康服务的场所，其相关设施的布置需要实现最大化为患者提供高质量服务的目的。然而，大多数医院都存在挂号队伍长、收费队伍长、就诊队伍长、取药队伍长等问题，极大地影响了患者的治疗体验，甚至加剧了医患关系的不和谐。之所以出现上述问题，除了医疗资源供需不平衡，相关的医疗设施布置不合理也是重要的原因之一。为此，医院需要基于科学的原理和现实条件对医院建筑位置、科室分布、楼层设置、标牌导引、通道规划等方面进行合理设置。

1. 医院门诊流程

不同类型的医院在设施上存在明显的差异。按照综合程度医院可以分为综合性医院、专科医院。而专科医院又可以分为血液病医院、传染病医院、肿瘤医院、儿童医院、妇产科医院、心血管医院、口腔医院、美容医院和结核病医院等。传染病医院与美容医院、儿童医院与妇产科医院在所需设施方面存在较大差异，尽管如此大多数医院的功能设置和流程还是相似的。大多数患者对于医院的设置并不是十分了解，这就需要患者一进入医院就能够通过清晰、醒目的标识快速了解医院的基本结构、科室分布，以及挂号、等候等区域的位置。

在医院里患者或者家属要完成治疗需要在各个科室之间不断穿梭，并且在每个科室都需要花大量的时间排队等待。之所以出现这种情况，主要是因为患者在诊治过程中需要的各种设备分别布置在不同的科室（这是一种典型的工艺型设施布置形式），患者只有到有相应设备的科室才能完成诊治过程。一般来说，医院的典型诊治流程为：挂号—科室分诊—医生诊断—治疗划价—患者付费—取药—进行治疗等（北京协和医院门诊就诊流程见图 8-20）。

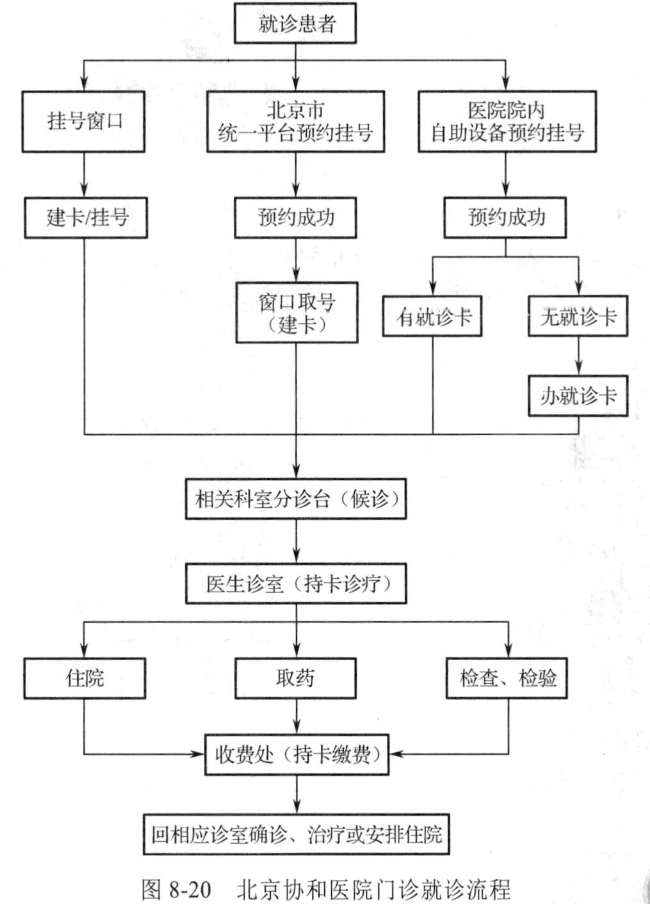

图 8-20 北京协和医院门诊就诊流程

（资料来源：依据北京协和医院官网的门诊流程信息整理并绘制而成。）

2. 医院的建筑布置

不同规格的医院，建筑布局也往往存在较大差别。依据功能、设施、技术力量等，医院可以分为三级医院、二级医院、一级医院，而每一级医院又可以细分为甲、乙、丙三个等级。以三级甲等医院为例，医院需要满足以下要求：①应有正式的病房和一定数量的病床设施；②应有基本的医疗设备，设立药剂、检验、放射、手术及消毒供应等诊疗部门；③应有能力为住院病人提供合格与合理的诊疗、护理和基本生活服务；④应有相应的、系统的人员编配；⑤应有相应的工作制度与规章制度；⑥应有相应的医院文化等。

为了满足医院的基本职能和主要功能，需要由若干个建筑物来分别承担相应的业务。医院建筑的分布往往会受到医院的历史影响，如果是已经存在的医院，设置布置主要是对不同功能区进行规划和优化。一般来说，大多数医院有门诊室、内科、外科、保健室、药房、化验室、放射科、行政、食堂、教学、休闲和绿地等。这些功能区如何设置不仅会影响空间的有效利用，还可能会影响医院的诊治效率。北京协和医院（东院）楼宇分布图，如图 8-21 所示。

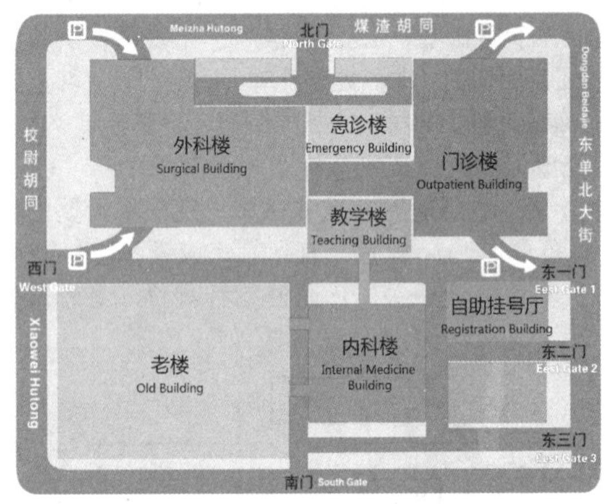

图 8-21 北京协和医院（东院）楼宇分布图

（资料来源：北京协和医院官网。）

3. 医院的楼层科室布置

大多数医院的建筑属于多层结构，患者需要到不同科室完成医治流程，对于科室的不同布置形式将导致患者的行走路线存在一定差异，这主要是医院设备采用工艺型设施布置形式决定的（某医院二楼部分科室的分布图见图 8-22）。

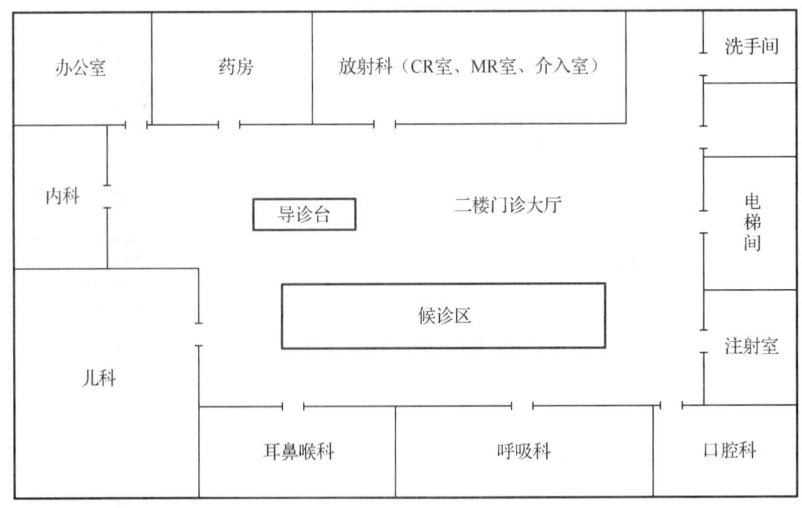

图 8-22 某医院二楼部分科室的分布图

由于医院的患者类型多种多样，不同类型的患者在医院的医治流程是不一样的（常见患者在医院的医治流程见图 8-23）。例如，头晕发烧的患者需要经过挂号—内科诊断—划价—收费—化验—内科治疗—划价—收费—西药等流程，交通事故中受伤患者需要经过挂号—外科诊断—划价—收费—手术治疗等流程，而一般的脾胃失调患者需要经过挂号—中医诊断—划价—收费—中药制备或领取等流程。

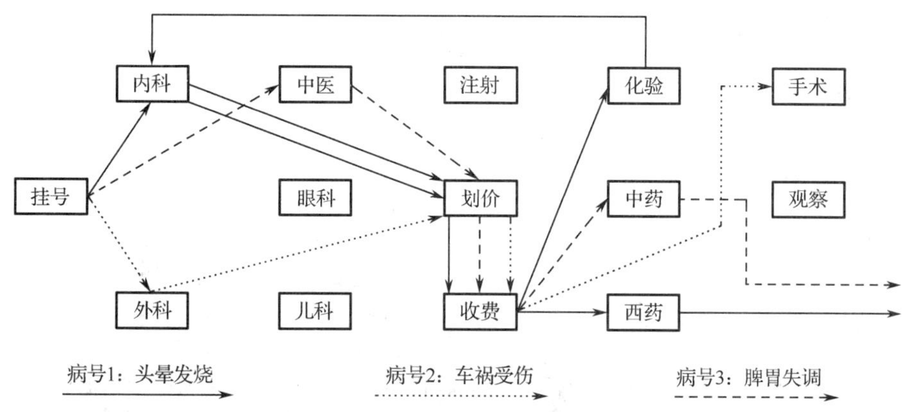

图 8-23 常见患者在医院的医治流程

可见不同类型的科室之间往往存在一定的关联，但是关联程度由于患者的状况不同也往往存在一定差异。基于各个科室之间关联程度的差异可以进行不同布置，以便使那些关联紧密的科室尽可能近一些，从而使患者在医院内行走的路程缩短。为了获得不同科室之间的关联程度，可以通过系统布置设计（Systematic Layout Planning，SLP）方法对医疗设施进行合理布置。在设计过程中需要对医院的主要业务流程进行分析，以便掌握各个科室如何布置才能使繁忙的科室之间的距离尽可能近一些，从而缩短患者在医院的行走距离。

4. 医院无障碍设施布置

医院作为向特殊群体提供服务的组织，服务设施的无障碍程度直接关系到各类患者就医的便捷程度。医院在进行无障碍设施设计的过程中，应该主要关注功能区、出入口、走廊、电梯和卫生间等。

（1）功能区设计。医院的基本功能区可以分为询诊台、就诊区、等候区、饮水处等。询诊台应设置在明显的位置，并有为视觉障碍者提供可以直接到达的盲道等引导设施；就诊区应该根据病人的特点设置特定的装置，使患者在整个诊治流程中能够便捷畅通；等候区应该充分考虑服务功能的完善性，为患者等候创造一个相对轻松的环境；饮水处应方便、安全，最好设置一些低位置的开关，以方便乘坐轮椅患者使用。

（2）出入口设计。出入口是患者进入医院，或者在不同科室之间流动的关键环节，考虑到行动不便的残障人士和老年人，医院在设计出入口时需要配置无台阶的缓坡道。出入口的坡道可以设计成一字型、一字多段型、L 型或 U 型，两侧应设扶手，坡面应平整，不要过于光滑。如果通道过长应设有休息平台，以便供轮椅安全通行；出入口的门尽可能采用自动门，以便于患者无障碍通过。

（3）走廊设计。走廊是患者通往目的地的通道，在设计时要考虑人流大小、轮椅类型、拐杖类型及疏散要求等因素。走廊的无障碍设计包括通道的通行空间、扶手、护墙板、盲道和墙壁的突出物等。通行空间要足够大，地面要进行防滑处理，扶手两侧高度要适度，且要安装坚固、形状易于抓握。

（4）电梯设计。电梯是医院为患者提供在不同楼层之间进行流动的重要工具。为方便乘坐轮椅患者转换位置和等候，电梯厢上、下运行及到达应有清晰显示和报层功能，呼叫按钮的高度控制在 900～1 100 毫米。电梯入口的地面应设置盲道提示标识，能够告知视觉障碍者电梯的准确位置和等候地点。电梯厢要有适当的宽度和高度方便轮椅患者回转，电梯厢内三面应设置高度适当的扶手。同时，电梯厅的深度不应小于 1 800 毫米，电梯也要尽可能设计得大些，以便能容得下移动病床。

（5）卫生间设计。卫生间是医院的基本服务设施，然而大多数医院的卫生间存在残障人士、老年人使用不方便的问题。为更好地服务于特殊患者，卫生间要设置在易于寻找和接近患者的位置，并有无障碍标志作为引导。进出口应便于轮椅通行，地面要进行防滑处理。另外，卫生间内除了要设有坐便器、洗手盆、安全抓杆等主要设施，还应设镜子、放物台及呼救按钮等辅助设施。

医院管理学管理啥

医院管理学是管理学的一个分支学科，是研究医院管理现象及其发展规律的科学，其目的是提高医院工作的效率和效果。医院管理的对象十分庞杂，有医院的战略管理、经营管理、文化管理、诊疗管理、服务质量管理、人力资源管理、财务管理、信息管理、设备管理、公共关系管理和安全管理等。

近年来，人满为患是医院尤其是那些知名医院的普遍现象。面对拥挤不堪的就医环境，设施布置的相关理论可以为缓解医院的拥挤程度提供某些改进方法和建议。研究表明，患者及家属在医院的停留时间中真正处于就诊和治疗状态的时间很短，而更多的时间是排队等待、往返于各个部门。众所周知，医院里有各种各样的医疗设施和设备，合理安排这些设施、设备的位置，使患者能够快速、便捷地完成相关的就医环节，能够减少患者在医院的滞留时间，最终缓解医院的拥挤程度。

（资料来源：根据公开资料整理。）

8.4.4 办公室的设施布置

办公室布置（Office Layout）以提供舒适、安全、信息畅通的办公环境为主要目的，布置时主要考虑两个因素：一是信息传递与交流的迅速、方便，提高工作效率；二是为工作人员创造一个舒适、温馨的工作环境。

1. 办公室布置的类型

随着技术的不断发展，人们的办公环境布置也在不断发生变化。一般来说，办公室存在以下几种基本模式：传统的封闭式办公室（Closed Workplaces）、开放式办公室（Open Workplaces）、半截屏风的组合办公模块、新型的“活动中心”式办公室布置、“远程”办公布置方式等。除传统的办公布局外，越来越多的公司开始采用新的办公模式。在思科（Cisco）公司里，数以千计的员工没有固定的工位，而是采用供全体员工公共使用的办公桌和休息区。IBM 公司只有高层管理者及其助理拥有独立的办公桌或办公室。

“活动中心”式办公室始于 20 世纪 80 年代。这种办公室一般是由一系列子活动中心组成的，有会议室、讨论间、电视电话、接待处、打字复印和资料室等，中心设有进行一项完整工作所需的各种设备。基于不同的功能，一个楼内可以有若干个这样的活动中心。另外，由于信息技术的迅猛发展，远程办公形式正在从根本上冲击着传统的办公布置方式。远程办公是指利用信息网络技术，将处于不同地点的人们联系在一起来共同完成工作。例如，人们可以坐在家里办公，也可以在出差地的另外一座城市，甚至在飞机、火车上实现办公等。

2. 办公室布置的特点

办公室布置与生产制造系统布置相比，有许多不同的特点：①生产制造系统加工处理的对象主要是有形的物品，而办公室工作的对象主要是文件、信息，还要组织和协调来自内、外部的来访者；②在生产制造系统中产出速度往往取决于设备的速度，而办公室工作效率的高低往往与办公室的布置方式存在很大关系；③在生产制造系统中，产品的加工特性往往在很大程度上决定了设施布置的基本类型，而在办公室布置中同一类型的工作任务可以选用的办公室布置有多种形式，包括房间的分割方式、每人工作空间的分割方式、办公家具的选择和布置形式等。

此外，组织结构、各个部门的配置方式、部门之间的相互联系和相对位置的要求，对办公室布置也有非常重要的影响，在办公室布置中要充分考虑。例如，按照工作流程和能力平衡的要求可以划分为工作中心和个人工作站，并使办公室布置保持一定的柔性，以便于未来的调整和发展等。

3. 开放式与封闭式办公室

封闭式办公室是将一个较大的空间分割成多个小房间，伴之以一面面墙、一个个门和长长的走廊；而在开放式办公室内，可以根据行业的不同、工作任务的不同采用不同的布置形式。在一间很大的办公室内，可同时容纳一个或几个部门的十几人、几十人甚至上百人共同工作。典型的日本企业的办公环境是员工在

一个较大的开放式环境中工作，办公桌紧密相连并排成一个个长排，经理坐在长排的一端，可以纵观全局，并随时掌握员工的工作状态。而更普遍的开放式办公室是将原有的空间用半截屏风分割成若干个半开放的办公模块。

事实上，开放式办公室与封闭式办公室各有优点和缺点（见表 8-2）。尽管如此，由于开放式办公室具有独特的优势，其已经得到更为普遍的应用。另外，兼具开放式办公室和封闭式办公室优点的半封闭式办公室得到了更为广泛的应用。一般来说，改进的半封闭式办公室布置既利用了开放式办公室布置的优点，又在某种程度上避免了开放式布置情况下的相互干扰、闲聊等不足，而且这种模块式布置有很大的柔性，可随时根据情况的变化调整和布置。

表 8-2 开放式办公室与封闭式办公室的优缺点比较

办公室类型	优　点	缺　点
开放式办公室	● 灵活应变，工作位置能随需要而移动、改变； ● 节省面积和门、墙等，节省费用，能容纳更多的员工； ● 易于沟通，便于交流； ● 易于监督，员工的行为容易被上司督察； ● 容易集中化服务和共享办公设备	● 难于保密； ● 很难集中注意力，员工容易受电话、人们走动等干扰； ● 房间易有噪音，如说话声、打电话和操作设备声易影响他人； ● 员工很难拥有属于自己的私人空间
封闭式办公室	● 比较安全，可以锁门； ● 易于保证工作的机密性； ● 易于员工集中注意力，从事细致或专业工作； ● 易于保护隐私，有明确办公空间供自己使用	● 费用高，墙、门、走廊等占用空间多，并需要更多装饰； ● 难于监督工作人员的活动； ● 难于交流，员工被分割开，易产生孤独感

另外，由于工作内容不同，办公室的布置也存在明显差异。例如，研发人员和财务人员的办公室相对于行政人员、销售人员的办公室可能封闭一些，而高层领导者相对于中层管理者、普通员工的办公室也相对封闭一些。

8.5 设施布置的主要方法

8.5.1 从—至表法

1. 从—至表法的类型

从—至（From-to）表是一种矩阵式图表，分析从一个工作地到达另一个工作地搬运物品或走动次数的汇总表，该方法主要是根据各种零件在各工作地（设备）加工的顺序，编制零件从某工作地（设备）至另一工作地（设备）的移动次数。表的列为起始工序，行为终止工序，分别表示“从”和“至”，对角线右上方数字表示从起始工序到终止工序的搬运次数之和，对角线左下方数字表示从终止工序到起始工序的搬运次数之和，经过有限次试验并改进，可以求得近似最优的设备布置方案。在具体的使用过程中，利用从—至表列出不同部门、机器或设施之间的相对位置，以表中相应数据为基准计算各工作地点之间的相对距离，从而找出整个单位或生产单元物料总运量最小的布置方案。从—至表法比较适合于多品种、小批量生产的情况。从—至表具有表达清晰且阅读方便的特点，因而得到了广泛的应用，不仅可以用来对车间的设备进行布置，还可以用来进行企业选址的设计，甚至可以应用于服务业中一些典型服务活动的相对位置布置。

企业使用从—至表法对车间设备进行布置时，根据表格中所使用数据元素的意义不同，从—至表可以分为以下三类。

（1）运输距离从—至表。当表中数据表示从出发设备至到达设备的距离时，表格被称为运输距离从—至表，该方法主要是求运输距离最小化。

（2）运输成本从—至表。当表中数据表示从出发设备至到达设备的运输成本时，表格被称为运输成本从—至表，该方法主要是求运输成本最小化。

（3）运输次数从—至表。当表中数据表示从出发设备至到达设备的运输次数时，表格被称为运输次数从—至表，该方法主要是求运输次数最小化。

2. 运输距离从—至表法

在一个生产车间，加工过程中运输距离是影响运营绩效的重要因素。一般来说，要想使零件在加工过程中运输距离最短，需要考虑两个方面的因素：一是零件使用每一种加工设备的次数；二是产品在进行加工过程中从一个设备转移到另一个设备的距离。可见，零件加工总运输距离是两者的乘积。关于这类问题主要是对设施布置进行规划，使车间零件加工过程中总的运输距离最小。对于运输距离从—至表法的求解过程主要包括：①根据零件加工顺序，绘制零件加工工艺过程表；②根据综合工艺路线图，编制零件从—至表；③改进零件从—至表，求最佳设备排列顺序；④进行计算，评价优化结果。

具体的计算公式如下：由于数据方格距对角线的距离表示两工序间的距离，而数据表示零件在两工序间的移动次数，所以可以用方格中数据与方格距对角线的距离之积的和来表示零件总的移动距离：

$$L = \sum_{i}\sum_{j} I_j C_{ij}$$

式中：L 为总的移动距离；I_j 为第 j 格移动对角线的格数；C_{ij} 为移动次数。

需要强调的是，这种算法是一种穷举法，而不是一种有效的算法，是一种试验性的设备布置方法，通过该算式很难得到一个绝对最优的布置方案。

3. 运输成本从—至表法

对于企业而言，获得更多利润是经营的最终目标，而最大限度降低成本能够为企业获得更多利润奠定基础，运输成本从—至表法可以实现上述目标。

例 8-1 一个机械加工车间有六台设备，根据其生产的零件品种及加工路线，得到零件每个月在设备之间的移动次数、设备之间单次的运输成本。试确定最佳布置方案，以便使该车间每月的运输成本最低。

解：（1）绘制零件在设备之间的移动次数和单位成本。根据零件在设备之间的移动情况，分别绘制每月各种设备之间的运输次数（见表 8-3）和各种设备之间的单次运输成本（见表 8-4）。

表 8-3 机械加工车间各种设备之间的运输次数

单位：次

	车 床	铣 床	磨 床	钻 床	镗 床	刨 床
车 床		220	125	190	95	82
铣 床	55		150	225	180	25
磨 床	75	65		180	84	15
钻 床	60	60	75		145	36
镗 床	205	90	126	150		25
刨 床	216	46	160	35	45	

表 8-4 机械加工车间各种设备之间的单次运输成本

单位：元

	车 床	铣 床	磨 床	钻 床	镗 床	刨 床
车 床		0.15	0.2	0.2	0.18	0.15
铣 床	0.16		0.1	0.12	0.2	0.16

续表

	车 床	铣 床	磨 床	钻 床	镗 床	刨 床
磨 床	0.18	0.1		0.2	0.15	0.1
钻 床	0.15	0.15	0.18		0.18	0.15
镗 床	0.2	0.18	0.15	0.2		0.14
刨 床	0.15	0.15	0.2	0.14	0.14	

（2）计算产品在任意两个设备之间进行移动的成本。将运输次数矩阵与运输成本矩阵相同位置的数据相乘，得到从一台机器到另一台机器每月的运输成本，如表 8-5 所示。然后，按对角线对称的成本元素相加，得到两台机器间每月的运输总成本，如表 8-6 所示。

表 8-5 机械加工车间零件在设备之间的运输成本

单位：元

	车 床	铣 床	磨 床	钻 床	镗 床	刨 床
车 床		33	25	38	17.1	12.3
铣 床	8.8		15	27	36	4
磨 床	13.5	6.5		36	12.6	1.5
钻 床	9	9	13.5		26.1	5.4
镗 床	41	16.2	18.9	30		3.5
刨 床	32.4	6.9	32	4.9	6.3	

表 8-6 机械加工车间零件在设备之间的运输总成本

单位：元

	车 床	铣 床	磨 床	钻 床	镗 床	刨 床
车 床		41.8	38.5	47	58.1	44.7
铣 床			21.5	36	52.2	10.9
磨 床				49.5	31.5	33.5
钻 床					56.1	10.3
镗 床						9.8
刨 床						

在得到产品在各设备之间运输总成本后，对各设备之间的成本由大到小进行降序排列，以确定紧密相邻的系数，就得到了机器（或部门）之间的紧密相邻程度。根据表 8-6 可知，车床与镗床之间的数值为 58.1，其值最大，应该相邻布置。镗床与钻床之间的数值为 56.1，其值次之，也应该相邻布置。其后依次为镗床与铣床之间的数值为 52.2、车床与刨床之间的数值为 44.7、磨床与车床之间的数值为 38.5，这三类机床也应该尽可能相邻布置。在此基础上，车床的布置方案如图 8-24 所示。

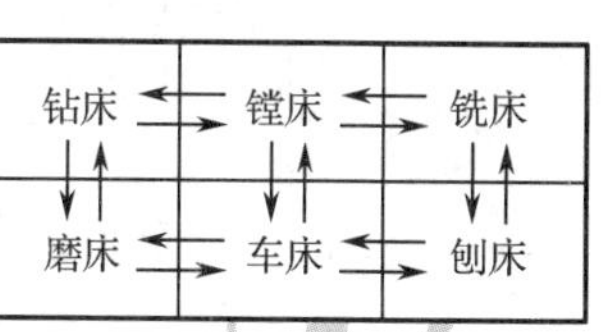

图 8-24 车床的布置方案

需要指出的是，设备之间在进行布置时是以设备之间的关联程度为基本依据的，对于那些相邻系数相近的数值可以对设备之间的位置布置进行灵活处理。另外，设备在进行布置时还需要考虑设备的体积、大小、高低及产生垃圾的数量等，以便使设备布置能够与车间的总体布局相协调。

4. 运输量从—至表法

在一些工厂里，物料的运输量是影响运输费用的主要因素，从—至表法也可以用来从运输量方面进行设计，即运输量从一至表法。物料运输量从一至表是按照生产过程中物料的流向及生产单元之间的运输量，布置企业的车间及各种设施的相对位置的。

例 8-2 一个工厂加工车间主要有机械加工车间、热处理车间、焊接车间、锻造车间和铸造车间，在产品生产过程中一些物料（原材料、在制品、成品）需要在各个车间之间运送，各车间之间物料运送重量如表 8-7 所示。试确定该工厂各车间的最佳布置方案，以便使工厂每月的运输量最低。

表 8-7 车间之间运量表

单位：吨

	铸造车间	机械加工车间	热处理车间	锻造车间	焊接车间	总计
铸造车间		70	20	10	40	140
机械加工车间			60	20		80
热处理车间		40		50	10	100
锻造车间			60		20	80
焊接车间				20		20
总计	0	110	140	100	70	

解：（1）绘制初步物流图。根据各车间之间原材料、在制品在生产过程中的流向，初步布置各个生产车间和生产服务单位的相对位置并绘出初步物流图，具体如图 8-25 所示。

（2）绘制物料运量表。根据工厂各车间之间物料的运输量绘制车间之间的运量表，如表 8-7 所示。

（3）调整车间位置。按运量大小进行初始布置，将车间之间运输量大的安排在相邻位置。从各车间的物流表可以看出，初步设备布置方案中一些车间之间还存在运量大、距离远的问题。因此，需要根据物料运输最小化原则进行优化，并考虑其他因素进行改进和调整。

（4）确定最终布局。经过优化，将各车间之间物流流量较大的尽可能靠近布置。因为热处理车间和机械加工车间、机械加工车间和铸造车间、热处理车间和锻造车间、铸造车间和焊接车间之间的运量较大，所以应该相邻布置，最后的优化结果如图 8-26 所示。

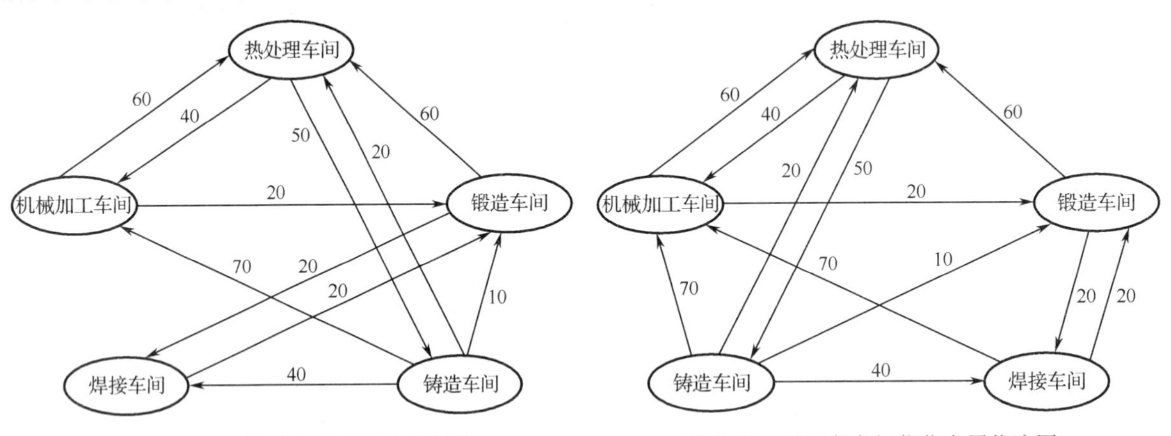

图 8-25 工厂各车间初始布置物流图

图 8-26 工厂各车间优化布置物流图

8.5.2 作业相关图法

作业相关图法是由理查德·缪瑟（Richard Muther）首先提出的，该方法主要是根据企业内各个部门之间的活动关系密切程度来布置其相互位置的。一般来说，一个企业的各功能区之间存在着物流关系、业务沟通等关系。企业进行设施布置规划，需要根据作业单位之间在工艺流程中的密切程度决定相互位置，其主要原则是将相互关系密切程度高的部门靠近布置，这将极大减少存在联系的各单位之间物流或者非物流等活动的负荷。

该方法在求解过程中，首先，将各部门之间的关系密切程度划分为 A、E、I、O、U、X 六个等级，

如表 8-8 所示。其次，列出导致不同程度关系的原因，其具体意义如表 8-9 所示。再次，确定任意两个部门之间的关系密切程度。最后，根据各部门之间相互关系重要程度，按密切程度等级高的部门相邻的原则进行布置，通过不断优化最终获得最合理的布置方案。具体求解步骤，可以通过例 8-3 来解释。

表 8-8　关系密切程度分类表

代　　号	密 切 程 度	代　　号	密 切 程 度
A	绝对重要	O	一般
E	特别重要	U	不重要
I	重要	X	不予考虑

表 8-9　关系密切原因说明表

代　　号	关系密切原因	代　　号	关系密切原因
1	使用共同的原始记录	6	工作流程连续
2	共用人员	7	做类似的工作
3	共用场地	8	共用设备
4	人员接触频繁	9	其他
5	文件交换频繁		

例 8-3　一个新建企业由六个主要部门组成，计划将这六个部门布置在一个两排三列的平面空间内。已知这六个部门之间的作业关系密切程度如图 8-27 所示。试确定六个部门的具体位置，以便使关系密切的部门能够尽可能靠近。

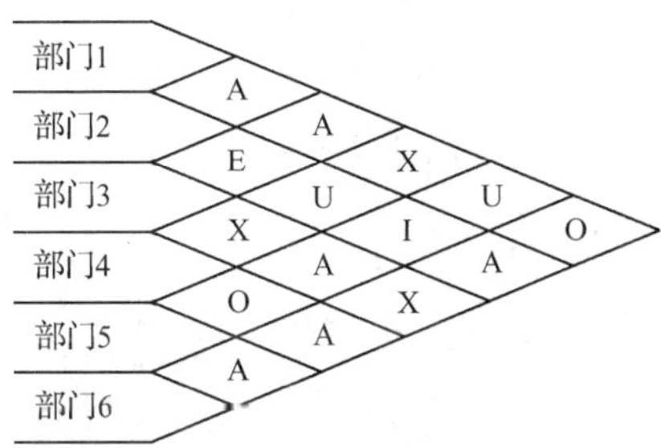

图 8-27　六个部门之间的作业关系密切程度

解：(1) 绘制这六个部门关系密切程度的分类表。根据这六个部门之间关系的密切程度，绘制出这些部门两两之间关系密切程度分类表（见表 8-10）。

表 8-10　关系密切程度分类表

A	E	I	O	U	X
部门 1—部门 2	部门 2—部门 3	部门 2—部门 5	部门 4—部门 5	部门 2—部门 4	部门 1—部门 4
部门 1—部门 3			部门 1—部门 6	部门 1—部门 5	部门 3—部门 6
部门 2—部门 6					部门 3—部门 4
部门 3—部门 5					
部门 4—部门 6					
部门 5—部门 6					

(2) 根据列表编制主联系簇。布置的原则是从关系表中出现"A"的部门开始，依次对那些与其存在

“A”关系的部门进行相邻布置。例如，本例中部门 6 出现“A”关系为 3 次。即，首先应该确定部门 6 的位置，然后将与部门 6 存在“A”关系的其他部门布置在其邻近位置（部分联系簇见图 8-28）。

（3）按照顺序依次选取与图 8-28 中的部门存在“A”关系的其他部门，如果能加在主联系簇上就尽量加上去，否则画出分离的子联系簇。本例中的主联系簇，如图 8-29 所示。

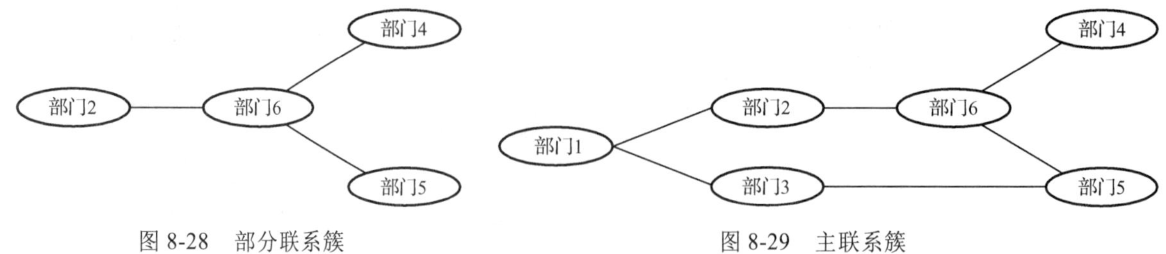

图 8-28　部分联系簇　　图 8-29　主联系簇

（4）依次画出“E”“I”“O”“U”“X”关系联系。“X”关系的联系图如图 8-30 所示。

（5）根据联系簇图和可使用的空间，用试验法逐步将各个部门按照联系紧密程度进行布置，得到六个部门最终布置图如图 8-31 所示。

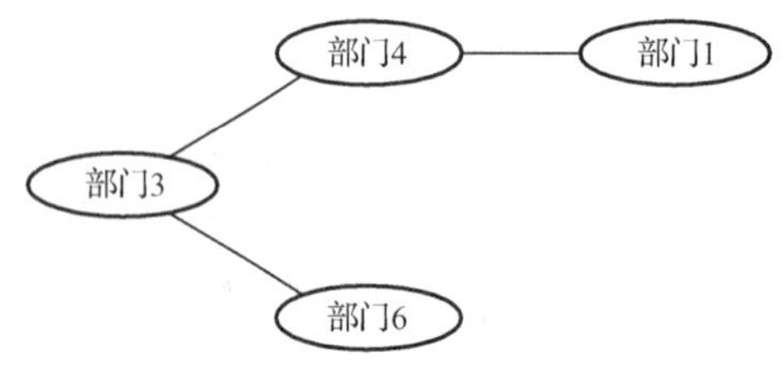

图 8-30　“X”关系的联系图

部门1	部门2	部门6
部门3	部门5	部门4

图 8-31　六个部门最终布置图

8.5.3　新设备布置问题

随着技术、生产方式和工艺流程的改变，一些企业经常需要对原有部门的设施和设备进行改造，甚至需要添置一些新设备，以便满足生产或服务新的要求。这一类问题的目标是使新设备能够较好地融入原有系统之中，其中一个重要的原则就是使新设备到老设备的加权直线移动距离的总和最小。

假设物料或人员在两台设备或两个部门之间移动时只能按交叉垂直的路线运动，即各点之间不能走对角线。设原有设备在坐标内的点为（a_1，b_1），（a_2，b_2），…（a_n，b_n），则目标是求出 x 和 y，使得新设备到老设备的加权直线移动距离的总和最小：

$$f(x,y)=\sum_{i=1}^{n} w_i(|x-a_i|+|y-b_i|)$$

引进加权系数 w 是允许新、老设备间有不同的流量。即：

$$f(x,y)=g_1(x)+g_2(x)$$

$$g_1(x)=\sum_{i=1}^{n} w_i|x-a_i|$$

$$g_2(x)=\sum_{i=1}^{n} w_i|y-b_i|$$

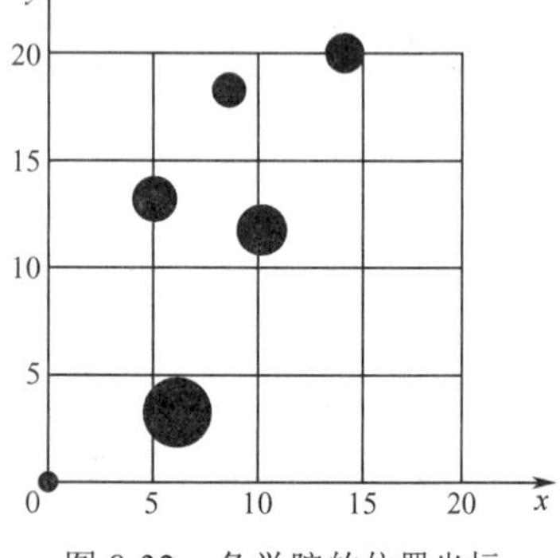

下面以一个简化的问题为例对该方法的应用过程进行解释。

例 8-4　某大学购买了一台新设备以便全校教师制作教学录像，这台设备由校园内六个学院的教师共同使用，这六个学院的位置如图 8-32 所示，其坐标和各学院使用该设备的教师人数如表 8-11 所示。各学院之间用草坪隔开，故通道都是交叉垂直的。该录像制作设备安置在何处能使所有教师的总行程最短？

图 8-32　各学院的位置坐标

表 8-11　各学院使用该设备的教师人数

学　　院	坐　　标	教 师 人 数
商学院	(5，13)	31
教育学院	(8，18)	28
工学院	(0，0)	19
人文学院	(6，3)	53
法学院	(14，20)	32
理学院	(10，12)	41

解：设录像设备布置的坐标分别为 x 和 y，取每个学院使用设备的教师人数为加权数。通过下面方式分别求录像设备的 x 和 y 坐标值。

（1）求 x 坐标的最优解。将所有学院 x 的坐标按递增的顺序排列，同时求出累计加权值，如表 8-12 所示。

表 8-12　各学院使用该设备的教师人数

学　　院	x 坐标	权　　数	累计加权值
工学院	0	19	19
商学院	5	31	51
人文学院	6	53	103
教育学院	8	28	131
理学院	10	41	172
法学院	14	32	204

x 最优值的求解方法为：首先将累计加权值除以 2，本例为 204÷2=102；接下来，在累计加权值中从小到大找出第一个大于 102 的值，本例中为 103；最后，与 103 值相对应的 x 坐标即为最优解，即 x=6。

（2）求 y 坐标的最优解。将所有学院 y 的坐标按递增的顺序排列，同时求出累计加权值，如表 8-13 所示。

表 8-13　各学院使用该设备的教师人数

学　　院	y 坐标	权　　数	累计加权值
工学院	0	19	19
人文学院	3	53	72
理学院	12	41	113
商学院	13	31	144
教育学院	18	28	172
法学院	20	32	204

y 最优值的求解方法与 x 值的求解方法一样。通过计算可知，y 坐标等于 12 时为最优解，即 y=12。

（3）确定新设备位置。通过以上步骤得知，x 的坐标为 6，y 的坐标为 12。综上可知，新设备的位置坐标为（6，12）时，能够使学校内所有教师的行走总路程最短。

8.5.4 系统布置设计方法

理查德·缪瑟（Richard Muther）于 1973 年提出的系统布置设计（Systematic Layout Planning，SLP）方法，为以作业单位物流与非物流的相互关系分析为主线的规划提供了一种有效的设计方法。该方法采用一套表达极强的图例符号和简明表格，通过一系列条理清晰的设计程序进行工厂布置设计，是一套实践性非常强的设计模式和规范的设计程序。自 SLP 法被提出以来在实践领域得到了广泛应用，不仅应用于机械制造企业，还被广泛应用于办公室、餐厅、连锁超市等服务企业的设施布置中，以及解决厂址选择、全盘布局计划与局部计划等问题。

1. SLP 法的基本原理及主要阶段

在布置设计领域中，SLP 法获得了极其广泛的应用。采用 SLP 法进行总平面布置的首要工作是对各作业单位之间的相互关系做出分析（包括物流和非物流的相互关系），综合得到作业单位相互关系表。然后，根据相互关系表中作业单位之间相互关系的密切程度，决定各作业单位之间距离的远近，安排各作业单位的位置并绘制作业单位相关图，将各作业单位实际占地面积与作业单位位置相关图结合起来形成作业单位面积相关图。通过作业单位面积相关图的修正和调整，得到数个可行的布置方案。最后，采用一定的评价方法选出最佳方案。

SLP 法将设计过程划分为确定位置、总体规划、详细布置和具体实施四个阶段，具体如图 8-33 所示。

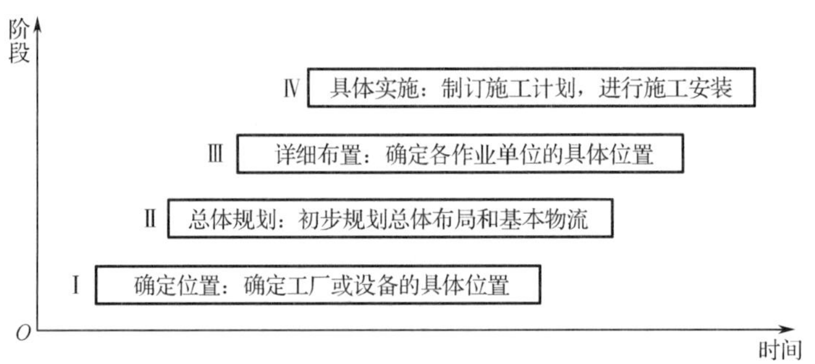

图 8-33 SLP 法的主要设计阶段

2. SLP 法的主要参数

SLP 法实施过程需要输入产品、产量、工艺路线、辅助服务和时间等，将图表作为分析的工具，进而提出布局方案的依据。一般来说，SLP 法的分析过程大致如图 8-34 所示。

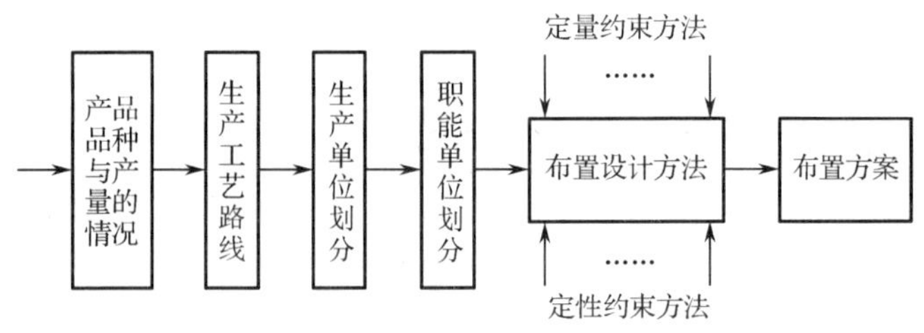

图 8-34 SLP 法的分析过程

（1）产品。产品是指待布置工厂计划生产的原材料、零件或成品等。具体信息包括品名、品种类型、材料、特性等，主要由生产大纲来提供，它影响着生产系统的组成及其各作业单位之间的相互关系、生产设备的类型和物料搬运方式等。

（2）产量。产量是指工厂所生产产品的数量，可用件数、重量、体积等来表示，它影响着生产系统的规模、设备的数量、运输量和建筑面积的大小等。

（3）工艺路线。为了完成产品的加工，生产满足质量要求的合格产品，必须制定合理的工艺路线或工艺规程，它影响着物料搬运路线、仓库、堆放地的位置、各作业单位之间的关系等。

（4）辅助服务。为了保证基本生产车间和辅助生产车间正常运行，需要工具、维修、动力、管理部门、停车场、绿化带、后勤保障部门等的辅助服务，这些部门占地总面积有时甚至大于生产车间面积，进而造成了较大的浪费，所以应给予足够的重视。

（5）时间。时间是指在什么时候、用多少时间生产出产品。在工艺过程设计中，企业需要根据时间因素确定生产所需设备的数量、占地面积和操作人员数量等。

3. SLP 法的设计程序

SLP 法是一种有效规划企业设施布置的方法，它有一套严谨、规范的流程，其主要设计程序如图 8-35 所示。

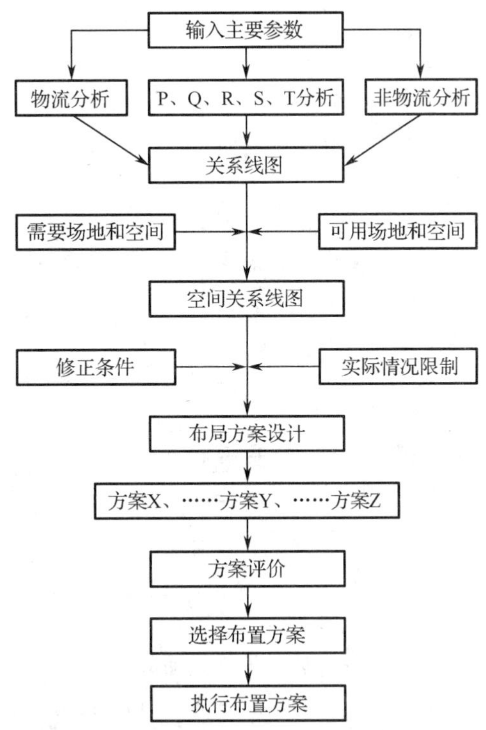

图 8-35　SLP 法的主要设计程序

（1）准备原始资料。在系统布置设计开始时，首先必须明确给出基本要素，如产品、产量、工艺路线、辅助服务、时间安排等，同时需要对作业单位的划分情况进行分析，通过分解与合并得到最佳的作业单位划分状况。

（2）工艺路线分析。通过零件的生产工艺过程和利用率，计算各工序之间的物流量，绘制各零件的工艺过程图、绘制各产品的工艺过程图、绘制各作业单位之间物流强度汇总表。

（3）物流分析与作业单位相互关系分析。以生产流程为主的企业，因为物料移动是工艺过程的主要组成部分，因此物流分析是布置设计中最重要的方面。同时，各作业单位之间的非物流关系对布置设计也很重要。因此，企业在进行作业单位相互关系分析时，需要综合考虑作业单位之间物流与非物流的相互关系。物流分析的结果可以用物流强度等级及物流相关表格来表示。非物流的作业单位之间的相互关系，可以用关系等级及相互关系表来表示。

（4）绘制作业单位位置相关图。根据物流相关表与作业单位相互关系表，以作业单位之间相互关系等级的高低决定作业单位相对位置的远近，得出各作业单位之间的相对位置关系。

（5）作业单位占地面积计算。各作业单位所需占地面积与设备、人员、通道及辅助装置等有关，计算出的面积应与可用面积相适应。

（6）绘制作业单位面积相关图。把各作业单位占地面积附加到作业单位位置相关图中，就形成了作业单位面积相关图。

（7）方案修正。作业单位面积相关图只是一个原始布置图，此时还需要考虑物料搬运方式、操作方式、储存周期，以及成本、安全和职工倾向等实际限制条件。在此基础上对面积图进行调整，得出若干个有价值的可行方案。

（8）方案评价与择优。针对得到的备选方案，对费用及其他因素进行评价。通过对各方案的比较评价选出或修正设计方案，得到最终布置方案图。

本章小结

设施布置是企业选址后进行相关设施、设备安放的基本管理活动，对于企业的运营绩效会产生重要影响。第一节主要介绍了设施布置的概念、情景、类型和意义，设施布置的主要影响因素和原则，还列举了设施布置面临的挑战和主要决策过程；第二节总结了设施布置的主要类型，主要分为固定型、产品型、工艺型、单元型、成组型和混合型；第三节主要介绍了生产设施的布置内容，包括厂区布置、车间布置、生产线布置和仓库布置；第四节主要介绍了服务业的设施布置问题，包括零售业、超市、医院、办公室等；第五节主要介绍了设施布置的主要方法，包括从—至表法、作业相关图法、新设备布置和系统布置设计方法。

思考题

1．设施布置管理的主要目标是什么？其具体意义是什么？
2．设施布置的影响因素有哪些？设施布置的基本原则是什么？
3．设施布置有哪些典型形式？各自的优缺点是什么？
4．生产设施布置的典型问题有哪些？各自的形成原因是什么？
5．服务业设施布置的典型应用有哪些？其共同特点是什么？
6．设施布置的主要方法有哪些？各自的适用条件是什么？

案例分析

第三篇 运营系统计划

第9章 预测管理

9.1 预 测

引导案例

9.1.1 预测的含义与意义

1. 预测的含义

预测（Forecast）是指在掌握现有信息的基础上，依照一定的方法根据过去和现在的规律对未来可能发生的事情及情况的预计和推测，从而预先了解事情发展的过程与结果。为了下一步决策，几乎每个人、每个组织时时刻刻都要进行预测，如天气预报、路况预测、就业预测、成绩预测、价格预测等。

预测是预计未来事件的一门艺术和科学，它可以通过采集历史数据并用特定的数学模型来推测将来，也可以基于主观或直觉的判断对未来进行预期，而更多的时候是上述两种方法的综合。

2. 预测的意义

正所谓“知己知彼，百战不殆”，为了在市场竞争中获得更多的收益，企业必须掌握竞争对手的活动情况，以便在运营过程中采取恰当的措施。在市场经济条件下，预测的作用可以在各个企业或行业内部的行动计划和决策过程中得以体现。也就是说，预测的重要意义在于它能够使企业在自觉地认识客观规律的基础上，借助大量的信息资料和现代化的计算手段，比较准确地揭示出客观事物运行中的本质联系及发展趋势、预见可能出现的种种情况、勾画出未来事物发展的基本轮廓、提出各种可以互相替代的发展方案，这样就使得人们具有了战略眼光，使得决策有了充分的科学依据。

3. 预测的影响因素

企业如何进行科学预测是很重要的，但预测结果的准确性更为关键。影响预测结果的因素主要包括：①预测活动费用投入的数量；②预测问题的难易程度；③预测结果精确程度的要求；④预测人员对于预测问题的专业程度。

从具体的预测活动来看，预测时需要以对一系列因素的深入了解为基础。例如，企业为了确定生产计划而针对市场需求进行预测时需要考虑需求特征、经济发展趋势、行业竞争态势、消费者的偏好、产品生命周期等外部因素，以及营销策略、销售政策、产品品牌、产品质量、销售人员和生产状况等内部因素。

9.1.2 预测的分类

1. 根据预测的对象分类

基于预测对象的不同，预测可以分为经济预测、技术预测、市场需求预测和社会发展预测等。

（1）经济预测。经济预测（Economic Forecast）的目的是为生产决策提供基本依据，经济发展对企业产品的销售往往会产生决定性的影响。经济预测通过预计通货膨胀率、货币供给、房屋开工率及其他有关指标来预测经济周期。根据预测范围可以分为国民经济预测、企业经济预测、部门经济预测、地区经济预测、世界经济预测等。

（2）技术预测。技术预测（Technological Forecast）的目的在于了解技术发展规律和趋势，以便企业在向市场推送产品时能够做到心中有数。根据预测技术的服务目标可以分为产品技术预测、设备技术预测和管理技术预测等，这些都会对企业向市场提供的产品产生重要影响。

（3）市场需求预测。市场需求预测（Demand Forecast）也叫销售预测，其目的是为企业制订产品生产计划提供依据，以便能够有效满足市场需求。市场需求预测还会对企业生产能力计划体系产生影响，甚至会影响到企业财务、营销、人事变动等。

（4）社会发展预测。社会发展预测（Social Development Forecast）的目的是为企业的宏观战略决策提供基本依据。社会发展是指构成社会的各种要素的变迁过程，涵盖经济、文化、政治、习俗、体制等一系列的影响因素。良好的社会发展预测有助于企业计划能够更好地顺应市场的需求。

2. 根据预测时间的长短分类

基于预测时间跨度的不同，预测可以分为短期预测、中期预测和长期预测。

（1）短期预测。短期预测（Short-range Forecast）的时间跨度通常以日、周、旬、月为单位，最多不超过 1 年，通常少于 3 个月。短期预测主要用于一个较短时间段内购货、工作安排、所需员工数量、工作规划和生产水平的预测等。

（2）中期预测。中期预测（Intermediate-range Forecast）的时间跨度通常以季度为单位，大致在 3 个月到 3 年的范围内。中期预测主要用于销售计划、生产计划、现金预算和分析不同作业方案等。

（3）长期预测。长期预测（Long-range Forecast）的时间跨度通常以年为单位，一般为 3 年及 3 年以上。长期预测主要用于规划新产品、资本支出、生产设备更新、研究与发展，是企业长期发展规划、产品开发研究计划、投资计划、生产能力扩充计划等的依据。长期预测一般借助于市场的调研、技术预测、经济预测、人口统计等方法，加上综合判断来完成，其结果大多是定性的描述。

3. 根据预测重复的次数分类

基于活动的重复次数，预测可以分为一次性预测和重复性预测两种。

（1）一次性预测。一次性预测（One-time Forecast）是指根据模型进行外推预测时可一次性得到所需要的远近任何时期的预测值，回归预测法和时间序列趋势外推法等是一次性预测的常用方法。

（2）重复性预测。重复性预测（Multi-process Forecast）是指预测模型每次只能向前预测一个阶段，下一个阶段的预测需要建立在上一期预测结果的基础上，指数平滑预测和自适应过滤法等是重复性预测的常用方法。

4. 根据预测使用方法的性质分类

基于预测过程中使用方法的性质，预测方法可以分为定性预测方法（也称判断方法）和定量预测方法（也称统计方法），具体分类如图 9-1 所示。

（1）定性预测方法。定性预测方法（Subjective or Qualitative Approach）是指预测者依靠熟悉业务知识、具有丰富经验和综合分析能力的人员与专家，根据已掌握的历史资料和直观材料，对事物的未来发展做出性质和程度上的判断，然后通过一定形式综合各方面的意见，作为预测未来的主要依据。其特点是预测的主要依据是不同人员的各种主观意见。使用较为广泛的定性预测方法包括用户意见调查法、德尔菲法、情景预测法、经理意见法和销售人员意见法等。

（2）定量预测方法。定量预测方法（Quantitative or Statistical Approach）又称为统计预测方法，其主要特点是通过数学模型对统计数据进行适当的处理和分析来进行预测的。一般来说，定量预测方法可分为因果预测模型和时间序列模型。因果预测模型可以分为回归分析模型、计量经济预测模型和投入产出预测模型。时间序列模型可以分为移动平均预测模型、指数平滑预测模型和时间序列分解模型。

定性预测方法与定量预测方法在预测方式、预测结果等方面都存在明显的差异。定性预测方法侧重于事物发展性质方面，具有较大的灵活性、动态性、跳跃性、非连续性和不确定性，更容易发挥人的主观能动作用，并且方法使用简单迅速、省时省力。而定性方法的不足在于结论受主观因素的影响较大，对于专家经验和能力的要求较高，对于预测过程的控制较为困难，尤其是无法对事物发展的具体情形做出精确的

解释。定量预测方法侧重于事物发展在数量方面的分析，重视从数量上对事物发展变化的程度进行描述，预测的基础是大量的历史统计数据，过程更为规范，受主观因素的影响较小。然而，定量预测方法相对较为机械、不灵活，难以处理随机性、离散型问题。尽管定性预测方法和定量预测方法之间区别明显，但是并非互为排斥关系，甚至在大多数情况下只有对两者进行综合利用、优势互补，才能获得较为现实的预测结论。

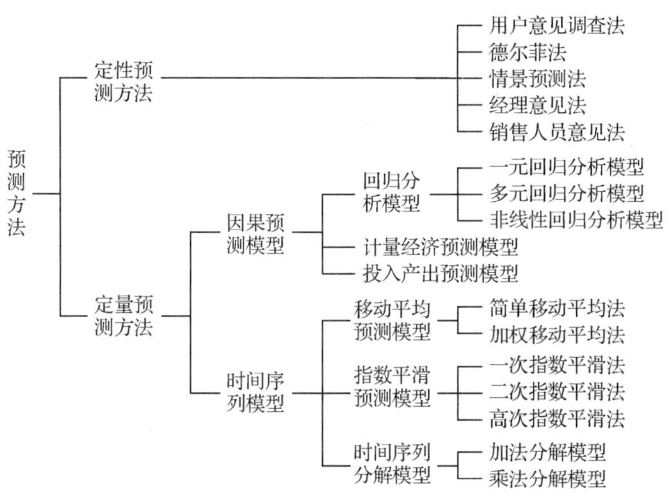

图 9-1　预测方法分类图

9.1.3　预测的一般程序及需要注意的问题

1. 预测的一般程序

一般来说，一个完整的预测工作大致需要经过以下几个步骤。

（1）确定预测对象和目标。企业进行一项预测，首先必须明确要预测的对象是什么、预测对象的特征和特点是什么等；其次，还需要明确预测的目标情况，如为什么要进行这项预测、进行这项预测能解决什么问题等。只有预测对象和目标明确，才能使预测工作有的放矢，使预测结果符合相应的规范和要求。

（2）选择预测方法。常见的预测方法有很多，各种方法都有自己的适用范围和局限性。要想获得较为准确的预测结果，选择恰当的预测方法十分关键。一般来说，预测方法的选择会受到预测目的、预测时间长短、预测对象特征、相关资料数量与完整程度等因素的影响。

（3）收集和整理资料。准确的资料是进行科学预测的基础，而做好资料的搜集工作是获得准确资料的前提。对于定性方法来说，收集的资料不一定都是数据，也可以是一系列能够服务于逻辑分析的文字、语言等。对于预测来说，大量的数据是必不可少的，丰富的文字描述也有助于定量预测工作的开展。

（4）设计预测模型。预测模型是对预测对象发展规律的近似模拟，在资料的搜集和处理阶段，应搜集足够的可供建立模型的资料，并采用一定的方法加以处理，尽量使它们能够反映出预测对象未来发展的规律性，然后利用选定的预测技术确定或建立可用于预测的模型。

（5）评价和修正预测结果。基于定量模型的预测只是对未来情况及变化趋势进行的一种估计和设想，由于市场需求变化的动态性和多变性，预测值同未来的实际值总会有差距（误差），但是过大的预测误差会使预测失去意义。如果预测误差过大需要寻找原因，并进行适当的修正。

（6）撰写预测报告。预测报告是对预测工作的总结，是向预测信息的使用者汇报的预测结果。预测报告要把历史和现状结合起来进行比较，不仅要进行定性分析还要进行定量分析，并尽可能利用统计图表及数学方法予以精确表述。预测报告要做到数据真实准确、论证充分可靠、建议切实可行。

2. 预测需要注意的问题

一般来说，企业在进行预测的过程中需要注意以下几个重要问题。

（1）判断的地位和作用。一般在预测之前人们对问题的结果往往会有一定的直觉判断，而这个判断可能会对预测过程产生重要影响。当对一个问题有基本判断之后，人们往往有将预测结果接近前期判断结果的倾向，进而对预测活动甚至结果产生干扰。为此，在预测过程中绝对不能把判断当成预测本身，既要充分发挥判断在预测中的作用，又要避免预测过程对判断形成的“路径依赖”。

（2）预测的经济性。预测的最终目标是使组织绩效最大化，但是预测活动本身是需要成本的，如果预测活动投入过大，超出了预测可能带来的收益就会得不偿失。一般来说，预测过程中不要过于追求预测结果的百分之百准确，而是需要在预测活动的投入与产出方面进行恰当的权衡。

（3）预测的时间跨度。预测是基于过去和现在的发展规律对事物未来发展趋势的判断，而预测对象距目前的时间跨度大小是影响预测结果准确性的重要因素。一般来说，选择恰当的预测跨度对于预测结果的有效性能够产生重要影响。另外，不同的预测方法在时间跨度的适用性方面也是不同的，在选用预测方法时应特别注意各种方法在适用时间跨度方面的区别。

（4）预测的可靠性。预测结果的可靠性是指预测结果在应用过程中适应内、外部环境变化的能力，是对预测结果的基本要求，其主要体现为结果的稳定性和响应性特征。良好的稳定性和响应性都是预测追求的目标，然而对于一些模型（如时间序序列模型）而言，这两个目标往往是互相矛盾的。

3. 预测的应用情景

预测与运营管理存在紧密的联系，几乎与从产品研发、生产制造到售后服务的每个运营职能都密切相关（产品生命周期中对于预测的需求见图 9-2）。例如，战略制定需要对市场供需系统进行综合预测，产品与服务设计需要对消费者的需求特征进行估计，能力计划、生产计划则需要对产品加工特性、生产系统的能力进行评估，服务计划需要对服务的内容与方式、流程等进行研究。

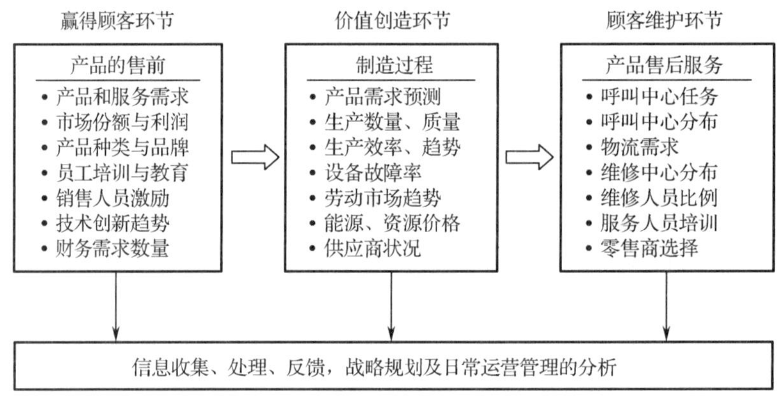

图 9-2　产品生命周期中对于预测的需求

在库存管理职能中，因为顾客与工厂分离，对企业及时掌握市场供求关系造成了困扰，这就需要将一定的库存作为两者之间实现供需平衡的缓冲，而库存的多少将直接影响运营成本。为了保持适当的库存，企业就需要通过科学的预测为生产决策提供有效信息。而在公司财务职能领域中，预测为执行预算计划和成本控制提供了基础。营销部门依靠销售预测来制订新产品计划、为销售人员制定营销目标。生产和运营管理人员使用预测来确定具体决策，包括工艺选择、生产负荷计划及设备布置，也包括关于产品计划、调度和库存等方面的连续性决策活动。

9.2　预测的定性方法

一般来说，常见的定性预测方法有用户意见调查法、德尔菲法、情景预测法、经理意见法和销售人员意见法等。

9.2.1　用户意见调查法

产品只有通过用户的消费才能转化为企业的收益，而能够提供符合用户需求的产品是实现上述转换的重要基础。因此，几乎所有企业对用户的需求情况都极为关注。用户意见调查法（Consumer Opinion Survey）也称市场调查法（Market Research），是企业了解用户详细需求特征的基本方式，也是企业对市场进行了解和预测的基本途径之一。用户意见调查法的具体方法有观察法、询问法和实验法等。

1. 观察法

观察法（Observational Survey）是指研究者根据一定的研究目的、研究提纲或观察表，用自己的感官和辅助工具去直接观察被研究对象，从而获得资料的一种方法。常见的观察方法有自然观察法、设计观察法、掩饰观察法和机器观察法等。观察法是有目的、有计划、有系统地对调查对象的行为、言辞、表情等进行观察记录。观察法最大的特点是在自然条件下进行，可以取得第一手资料，所得材料真实生动。但由于人的感觉器官具有一定的局限性，也会因为所观察对象的特殊性而使观察结果流于片面。因此，现代的观察法往往要借助照相机、录音机、微型录像机等各种现代化的仪器和手段进行观察。

2. 询问法

询问法（Inquiring Method）是将所要调查的事项以当面、书面或电话的方式向被调查者提问，以获得所需要的资料。询问法是市场调查中最常见的一种方法，可分为面谈调查法、电话调查法、邮寄调查法、网络问卷调查法和混合调查法等。

3. 实验法

实验法（Experimental Research）是指基于一定的理论和假设，通过一个或多个变量的变化来评估它对一个或多个变量产生的效应来了解用户对产品变化的反应，进而为组织决策提供借鉴。实验法的应用范围很广，凡是某一商品的品种、品质、包装、设计、价格、广告和陈列方法等因素发生改变时，都可以应用这种方法来调查用户的反应。实验法的结论具有一定的科学性，但是该方法一般难以准确地测定复杂的、深层的心理活动和个性心理等。常用的实验法主要有事前与事后对比实验法、控制组与实验组对比实验法、控制组的事前与事后对比实验法和随机对比实验法等。

9.2.2　德尔菲法

1. 德尔菲法的发展

德尔菲法（Delphi Method）也称德尔菲技术、专家调查法，在 20 世纪 40 年代由 O.赫尔姆和 N.达尔克首创，后经 T.J.戈尔登和兰德公司进一步发展。兰德公司于 1946 年首次利用这种方法来进行预测并获得了良好的效果，后来该方法被人们广泛采用。德尔菲法是依据系统的程序采用匿名发表意见的方式，即团队成员之间不得互相讨论、不发生横向联系，只能与调查人员进行联系，通过反复填写问卷并以综合问卷填写人的共识来搜集多方意见，以此有效应对复杂任务的管理技术。

2. 德尔菲法的特征

德尔菲法是获得问题解决方案和建议的方法，由于该方法具有逻辑性强、操作简单、过程清晰等典型特征，在很多领域得到了广泛的应用。总体来看，德尔菲法具有匿名性、反馈性、收敛性和统计性等特征。

（1）匿名性。因为采用这种方法时所有专家组成员不直接见面，只是通过函件交流，这样就可以消除因为某些专家的权威和资历而影响其他专家的意见表达。匿名性是德尔菲法的典型特点，不过一些改进的德尔菲法也允许专家通过开会的形式进行专题讨论。

（2）反馈性。该方法需要经过 3～4 轮的信息反馈，在每次反馈中调查组和专家组都可以进行深入的研究，从而使最终结果基本能够反映专家的想法和对信息的认识，反馈结果较为客观、可信。

（3）收敛性。在征询的初期专家们的意见往往存在较大的差异，具有很大的发散性。在经过数轮的征询后，专家们的意见会相对收敛，逐渐趋于一致。

（4）统计性。尽管德尔菲法的预测结果是反映多数人的观点，但少数人的意见也会给予考虑。这种统计性意见避免了专家会议法只反映多数人观点的缺点。

3. 德尔菲法的主要步骤

德尔菲法在实施过程中需要开展大量的组织性工作，需要有专门人员与专家进行持续性联系。德尔菲法的基本步骤包括以下几个。

（1）确定预测内容。根据决策和计划的需要明确预测目标，并选择对运营发展有重要影响的问题作为研究对象，进而确定预测的具体内容、具体主题和主要目标。

（2）设计问卷。根据调查问题的主题、具体细节、目标等进行调查问卷的设计工作，调查内容的设计要简明扼要，以便方便专家回答。由于德尔菲法需要很多的数据和材料，除设计详细的调查问卷之外，还需要向专家提供预测活动的详细背景资料，包括之前的情况、现在的情况、未来的目标等数据。

（3）选择专家。专家在德尔菲法的应用中至关重要，需要根据预测的主题、目标和内容、背景资料等选择合适的专家来开展预测调查。一般来说，专家应该是在主题相关领域具有丰富的经验和预见分析能力的专家、学者等。参与调查的专家人数需要根据问题的复杂程度确定，一般性问题应该控制在 20 人以内。另外，寻找专家时还需要考虑专家的意愿和时间允许程度，以便保证调查不中断。

（4）首轮开放式调研。发给专家的第一轮调查表是开放式的，只提出预测问题，请专家围绕预测问题提出预测事件。调查中要尽量减少各种限制，便于专家畅所欲言，以免漏掉一些重要信息。当首轮调查返回时组织者要系统地汇总、整理专家调查表，归并同类事件并进行专业的数据分析，排除次要事件，提出新的问题并作为第二步调查表的问题发给专家。

（5）第二轮评价式的调研。将第二轮调查问题发给专家，专家对第二步调查表所列的每个事件发生的时间、空间、规模大小等提出具体预测，并阐明理由和做出评价。当意见返回时，组织者统计处理专家意见，整理出事件发生时间的中位数和上下四分点，分析事件发生时间在四分点外侧的理由，再将整理结果反馈给专家。

（6）第三轮重审式的调研。发放第三轮调查表，请专家对预测单位得出的综合意见和理论加以评价，修正原来的预测值，并给出新的评价。修正自己的观点时，也应叙述改变的理由。组织者回收专家的新评论和新争论，总结专家观点并形成第四轮调查表，第四轮调查表的重点在于争论双方的意见。

（7）第四轮复核式的调研。按照以上的情况再发送调查问卷，此时预测专家就会有一个大体一致的意见，倘若选择的预测专家之间还存在着很大的分歧，那么可以按照这种顺序再进行第四轮，甚至第五、第六轮调查。是否要求做出新的论证与评价，取决于组织者的要求。如果最后意见基本一致，那么就可以作为预测的基本依据。

9.2.3 情景预测法

1. 情景预测法的发展

情景预测法（Scenario Prediction Method）也称脚本法、情景评估法、前景分析预测法、未来前景预测法。情景预测法由荷兰皇家壳牌集团于 20 世纪 60 年代末首先使用在战略规划中并获得成功，1971 年由该公司的皮埃尔·沃克（Pierre Wack）正式提出。该方法是在假定某种现象或某种趋势将持续到未来的前提下，以推测为基础描述未来的状况并做出一系列连续假定，进行全面连续的描述以便确定未来情境状况的预测方法。情景预测法可以用高度主观性的词语描述，也可以采用复杂的动态模拟方法来实现。

2. 情景预测法的特点

情景预测法是一种新兴的预测方法，它不受任何条件限制、应用较为灵活、能够充分调动预测人的想象力、考虑问题也比较全面，有利于决策者更加客观地进行决策，在制定经济政策、公司战略等方面有很好的应用。然而，企业在应用情景预测法的过程中一定要注意对问题的具体分析，因为即使对于同一个预测主题，由于企业所处环境的不同，最终的情景也可能会有很大的差异，这对决策者提出了较高的要求。

3. 情景预测法的基本步骤

（1）预测主题的确定。明确情景分析的目的和主要任务，包括其涉及的时间范围、具体对象、区域等。例如，预测“中国一线城市未来十年房地产业的发展状况”，那么“一线城市”就是区域，“未来十年”就是时间范围，“房地产业”就是具体对象。

（2）主要影响因素的选择。影响因素是指对事物未来发展趋势产生影响的因素，因为这些因素状态的改变影响甚至决定着未来的发展趋势和方向。具体影响因素的选择可以利用头脑风暴法，让企业人员和专家人士各抒己见，对影响因素进行选择。

（3）相关资料的收集。在确定主要影响因素的基础上要大量搜集相关情报信息，甚至还有必要开展大规模的调研和分析工作。一般来说，需要分析的主要影响因素是那些未来不确定性强、影响程度大的因素。为了确定少数的关键影响因素，可以利用德尔菲法征求相关领域专家的意见，对主要影响因素进行重要性排序，选择出公认的、最重要的关键影响因素。

（4）方案的描述与筛选。将关键影响因素的具体情况进行组合，形成多个初步的未来情景描述方案。例如，针对“中国一线城市未来十年房地产业的发展状况”这个问题，在 GDP 增速保持在 8%、6%和 4%三种水平下，房地产业的发展状况会存在明显的差异。因此，在对这些因素未来基本状况进行假设的基础上，根据过去的经验和发展规律，就可以对未来一个时间段内市场的供需情况进行预测。

（5）具体情景的模拟。模拟是采取情景假设的方式，即邀请公司的管理人员进入描述的情景中，面对情景中出现的状况或问题提出应对策略的过程。首先，公司各个层次的管理人员按照最终确定的重点描述方案进行分组，每组进行隔离模拟。其次，将每个情景方案用形象的手法详细描绘出来，列举出该情景下可能出现的问题。参加模拟的管理人员必须完全抛开日常的工作和其他事务，设想自己就处在该描述方案的真实环境中。再次，参与模拟的人员要对所列举的可能出现的问题进行讨论并给出解决方案，在逐一解决了问题之后，还必须讨论出该情景下的战略。最后，组织模拟的人员将管理人员在模拟中的反应信息进行收集、整理和分析，交给上一级管理者进行方案选择。为了达到上述目的，利用计算机软件进行模拟仿真常常是一个较为有效的方法。

（6）相应战略的制定。最终确定的方案是在分组进行模拟并肯定了每个单一战略后进行的综合分析，通过分析不同情境下的信息确定每个情景中涉及战略的真实性和准确性。对于最终方案还需要找出将来决策的重心、可能出现的意外情况、不同的组合等。在此基础上，为最终方案制定未来的战略规划和政策。另外，对于最终方案还要考虑每个方案的战略重要性和发生的概率，这对于实现组织利益最大化至关重要。

9.2.4　经理意见法

经理意见法（Manager’s Experience Method）是依据销售经理或其他高级经理的经验与直觉，通过一个人或所有参与者的综合意见得出所需预测值的方法。这一方法适用于当预测资料不足而预测者的经验相当丰富的情境，只根据具有丰富经验的企业经理等管理人员的意见，不需经过精确的设计即可简单迅速地进行预测。由于经理意见法是以个人经验为基础的，不如统计数字那样令人信服，但当无法采用时间序列分析方法预测未来时，此种预测法可以发挥丰富经验与敏锐直觉的作用，从而弥补了统计资料不足的弊端。

经理意见法的大致实施步骤：首先由企业的负责人把与市场有关或者熟悉市场情况的各种负责人员和中层管理部门的负责人召集起来，让他们对未来的市场发展形势或某些市场问题发表意见，并做出判断；然后，将大家的意见进行汇总、分析和综合处理；最后，经过讨论得出关于市场预测结果的一致意见。

9.2.5　销售人员意见法

销售人员意见法（Salesman’s Experience Method）是指在集合有关销售人员个人意见的基础上，对销售状况进行的预测和判断。由于销售人员最接近市场上的顾客和用户，对于顾客、竞争对手的情况比较熟悉和了解，尤其是对自己的“辖区”市场往往比其他人员了解得更为清楚。例如，企业派出的销售人员看到当地农业的生产情况就知道农民的收入会受到什么因素的影响，就会对那些产品（如农机、化肥、农药等）需求品种、规格、数量等的状况十分清楚。因此，由销售人员所做出的销售预测往往具有很大的参考价值，许多企业都通过听取销售人员的意见来预测市场需求。

企业的销售人员一般人数众多，综合他们的意见所做的预测具有较高的现实性。当企业收集了全部销售人员的预测数据后，进行汇总计算从而求出未来时期的销售预测值。销售人员的意见可以是每个销售人员单独做出的预测，也可以是与销售经理共同讨论而做出的预测。预测结果的收集方式可以以地区或行政区汇总，一级一级地逐级汇总，最后得出企业的销售预测结果。

9.3 预测的时间序列预测模型

时间序列预测模型（Time Series Forecasting Method）是进行定量预测的基本方法之一，它是根据过去的时间序列数据，通过曲线拟合和参数估计来建立数学模型，进而寻找市场演变规律的理论和方法。时间序列预测模型在国民经济宏观控制、区域综合发展规划、企业经营管理、市场潜量预测、气象预报、水文预报、地震前兆预报、农作物病虫灾害预报、环境污染控制、生态平衡、天文学和海洋学等方面得到了广泛应用。

9.3.1 时间序列预测模型的特征

在时间序列预测模型中时间序列是模型中重要的独立变量，是按一定的时间间隔把某种经营变量的数值按照发生的先后顺序排列起来的序列。时间间隔可以是每天、每周或每月，而相应时间的序列则可以是这些时间点的销售量、收入、利润、产量、运量和事故数等。一般来说，时间序列的数值是不断发生变化的，因为这些数值是在很多不同因素的共同作用下形成的。通常一个时间序列具有趋势变化、季节特征、循环周期和随机变化四种特征（某产品四年的需求曲线见图 9-3）。

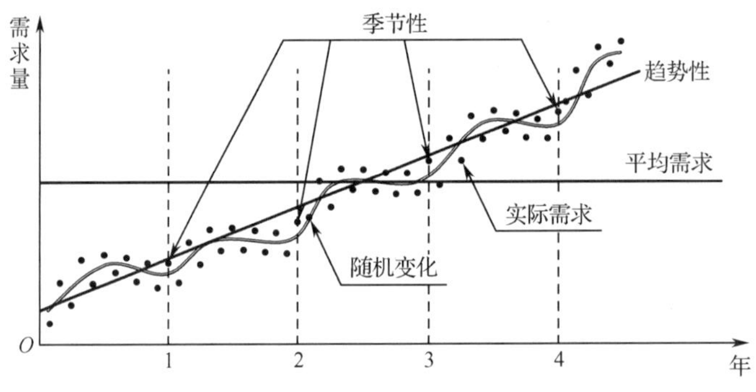

图 9-3 某产品四年的需求曲线

1. 趋势变化

时间序列的趋势变化（Trend Variation）是指时间序列变量在较长时间内的总势态，即在长时间内连续不断地增长或下降的变动势态，它能反映预测对象在长时间内变动的总趋势。这种变动趋势可能表现为向上发展，如劳动生产率提高；也可能表现为向下发展，如物料消耗的降低；还可能表现为由向上发展转为向下发展，如物价变化。图 9-3 中时间序列的总趋势表现在这四年过程中需求量是逐渐增加的。

2. 季节特征

时间序列的季节特征（Seasonal Variation）表现为一段时间内有规律的上下波动，即这种变动是自从上次出现后，每隔一段时间又再次出现。每年或每个季度都会重复出现的循环变动，叫作季节变动。季节变动通常与循环事件相关，如天气、节日、假期、时令等。图 9-3 中时间序列的季节特征是在一年内都呈现相同形状的 S 型曲线特征，并且在年末都处于需求的低谷期。

3. 循环周期

循环周期（Cycle Variation）同时间序列的季节性变化相比，不同之处在于它是每隔几年发生的，而不是以周、月或季度为周期的。从时间序列数据中预测周期通常是很困难的，因为预测转折点（新周期的

开始时间）是非常困难的。预测商业周期最好的办法是找到一个与数据系列相关的先导变量。例如，人的出生率通常领先高校入学率的时间是 18 年，如果预测中国未来 1～10 年的大学入学人数，可以以 18 年前的人口出生率为先导变量。同样，房地产销售数据则可以作为家居、家电等销售的先导数据。

4. 随机变化

随机变化（Random Variation）又称随机变动，是指变化没有精确的规则可循。一般来说，这种变化都是由偶然事件引起的，比如自然灾害、政治运动、政策改变等影响经济活动的事件。同时，这种变化的幅度往往较大，又没有确切的办法进行预测，往往会对组织的正常运行产生重要影响。图 9-3 中时间序列的某些时间点的需求量突然脱离原有的变化趋势，这种变化就属于随机变化。

9.3.2 时间序列的移动平均法

移动平均法（Moving Average Method）是一种简单平滑预测技术，是根据时间序列资料逐项推移，依次计算包含一定项数的序时平均值，以反映长期趋势的方法。当产品需求变化平稳，且不存在季节性因素时，移动平均法能有效地消除预测中的随机波动，对于预测未来一期或几期内公司产品的需求量、公司产能等是一种非常有效的方法。应用时间序列平滑模型时，如果由于随机成分的影响而导致需求偏离了平均水平，可以通过对多期观测数据平均的办法有效地消除或减少随机成分的影响，使预测结果较好地反映平均需求水平。根据预测时使用各元素的权重不同，移动平均法可以分为简单移动平均法（Simple Moving Average）和加权移动平均法（Weighted Moving Average）。

1. 简单移动平均法

简单移动平均法也称一次移动平均模型，是通过对近期的实际数值求算平均值预测未来值，简单移动平均的各元素的权重都相等。简单移动平均值可按下式计算：

$$F_t=\frac{A_{t-1}+A_{t-2}+A_{t-3}+\cdots+A_{t-n}}{n}=\frac{1}{n}\sum_{i=1}^{n}A_{t-i} \tag{9-1}$$

式中：F_t 是对 t 周期末的预测值；n 是移动平均的时期个数；A_{t-i} 是 i 个前期的实际值。

简单移动平均法的预测结果与 n 的取值大小有关。n 值越大，对干扰的敏感性越低，预测值的响应性越差、稳定性越好。

例 9-1　某企业 2020 年 1～11 月销售收入数据如表 9-1 所示。试用简单移动平均法预测 12 月的销售收入。

表 9-1　某企业 2020 年 1～11 月销售收入数据

月份	1	2	3	4	5	6	7	8	9	10	11
销售收入/万元	568	579	612	651	713	785	821	901	980	1 106	1 135

解：当 n=3 时，据式（9-1）计算：

$$F_{12}=\frac{A_{11}+A_{10}+A_9}{3}=\frac{1\,135+1\,106+980}{3}\approx 1\,074 \text{（万元）}$$

也就是说，1 074 万元是在取 n=3 时，12 月份的销售收入预测值。

很明显，上述预测值是在 n 值取 3 的情况下获得的，而 n 值还可以取 4、5 甚至 6、7 等数值，这时候得到的预测值往往是不同的。因此，在使用简单移动平均法时选择一个恰当的 n 值至关重要。一般来说，n 值越大预测的稳定性越好，而预测的响应性就会相对差一些。这就要求在进行预测时对不同 n 值下的预测误差进行评价，以便使预测值尽可能与实际情况相符合。

另外，简单移动平均法在预测中是把参与平均的数据都同等看待了，但是参与平均的各期数据所起的作用往往是不同的。一般来说，离预测期较近的数据与预测的数值更接近一些，而较远的数据则相关度差一些，如果同等看待就会影响预测的精度。加权移动平均法在一定程度上能够弥补简单移动平均法存在的不足。

2. 加权移动平均法

加权移动平均法是对观察值分别给予不同的权重，按不同权重求得移动平均值，并以最后的移动平均值为基础确定预测值的方法。一般来说，距离观察期较近的观察值对预测值有较大影响，它更能反映近期市场变化的趋势。对于接近预测期的观察值赋予较大权值，对于距离预测期较远的观察值则相应赋予较小的权值，以不同的权值调节各观察值对预测值所起的作用，使预测值能够更准确地反映市场未来的发展趋势。加权移动平均值可按下式计算：

$$F_t = \alpha_1 A_{t-1} + \alpha_2 A_{t-2} + \alpha_3 A_{t-3} + \cdots + \alpha_n A_{t-n} = \sum_{i=1}^{n} \alpha_i A_{t-i} \tag{9-2}$$

式中：F_t是对 t 周期末的预测值；n 是移动平均的时期个数；A_{t-i} 是 i 个前期的实际值；α_i 为相应时期数值的权重，且 $\alpha_1+\alpha_2+\cdots+\alpha_n=1$。

例 9-2 以例 9-1 的某家用电器生产企业的销售收入为例，试用加权移动平均法预测该企业 12 月的销售收入。

解： 当 n=3 时，并取 α_1=0.5，α_2=0.3，α_3=0.2。据式（9-2）计算：

$$F_{12} = \alpha_1 A_{11} + \alpha_2 A_{10} + \alpha_3 A_9 = 0.5\times 1\,135 + 0.3\times 1\,106 + 0.2\times 980 \approx 1\,095 \text{（万元）}$$

也就是说，1 095 万元是在取 n=3 时，12 月份的销售收入预测值。

很明显，加权移动平均法与简单移动平均法一样，也存在 n 取不同值时预测的数值也不同的情况，因此也有必要对不同 n 值下的预测误差进行评价。

用加权移动平均法求预测值，考虑了对近期的趋势反映较敏感的情况。但如果一组数据有明显的季节性因素影响时，用加权移动平均法所得到的预测值可能会出现较大偏差，如上述问题中如果利用 10、11、12 月份的数据预测 1 月份的数据就可能会使误差增大。因此，有明显季节性变化的因素存在时，最好不要采用加权移动平均法。

9.3.3 时间序列的指数平滑法

指数平滑法（Exponential Smoothing Method）是在移动平均法基础上演化而来的一种时间序列分析预测法，该方法是通过计算指数平滑值，再配合一定的时间序列预测模型对未来进行预测的。其原理是任一期的指数平滑值都是本期实际观察值与前一期指数平滑值的加权平均。指数平滑法是组织运营预测中应用最多的一种方法，常用于中短期经济发展趋势预测。指数平滑法兼容了全期平均和移动平均所长。简单的全期平均法是对时间数列的过去数据一个不漏地全部加以同等利用，而移动平均法则不考虑远期的数据，并在加权移动平均法中赋予近期资料更大的权重。指数平滑法重视近期数据的影响但也不忽视远期数据的作用，对于不同时期的数据赋予不同的影响权重，通常随着数据的远离赋予的权重越小。根据平滑次数不同，指数平滑法可以分为一次指数平滑法、二次指数平滑法和高次（三次及以上）指数平滑法等。

1. 一次指数平滑法

一次指数平滑法（Single Exponential Smoothing Method）是根据前期的实测数和预测数，以加权因子为权数进行加权平均，来预测未来一个时间段内趋势的方法。在本质上，一次指数平滑法是另一种形式的加权移动平均法。加权移动平均法只考虑最近的 n 个实际数据，指数平滑法则考虑所有的历史数据，只不过近期实际数据的权重大，远期实际数据的权重小。一次指数平滑平均值的计算公式为：

$$SA_t = \alpha A_t + (1-\alpha) SA_{t-1} \tag{9-3}$$

若把 t 期一次指数平滑平均值 SA_t 作为 t=1 期的一次指数平滑预测值 SF_{t+1}，则一次指数平滑法的预测公式为：

$$SF_{t+1} = \alpha A_t + (1-\alpha) SF_t \tag{9-4}$$

式中：SF_{t+1} 为（t+1）期一次指数平滑预测值；A_t 为第 t 期实际值；α 为平滑系数，表示赋予实际数据的权重（$0\leqslant\alpha\leqslant1$）。

式（9-4）经整理可以写为：

$$SF_{t+1} = SF_t + \alpha(A_t - SF_t) \tag{9-5}$$

式（9-5）是一个递推公式，其赋予 A_t 的权重为 α，赋予 SF_t 的权重为（$1-\alpha$）。将式（9-5）展开可得：

$$\begin{aligned} SF_{t+1} &= \alpha A_t + (1-\alpha)[\alpha A_{t-1} + (1-\alpha)SF_{t-1}] \\ &= \alpha A_t + \alpha(1-\alpha)A_{t-1} + (1-\alpha)^2 SF_{t-1} \\ &= \alpha A_t + \alpha(1-\alpha)A_{t-1} + (1-\alpha)^2[\alpha A_{t-2} + (1-\alpha)SF_{t-2}] \\ &= \alpha A_t + \alpha(1-\alpha)A_{t-1} + \alpha(1-\alpha)^2 A_{t-2} + (1-\alpha)^3 SF_{t-2} \\ &\vdots \\ &= \alpha[(1-\alpha)^0 A_t + (1-\alpha)^1 A_{t-1} + (1-\alpha)^2 A_{t-2} + \cdots + (1-\alpha)^t SF_1 \\ &= \alpha\sum_{j=0}^{t-1}(1-\alpha)^j A_{t-j} + (1-\alpha)^t SF_1 \end{aligned} \tag{9-6}$$

式中：$SF_1=SA_0$，它可以事先给定或者令 $SF_1=A_1$。

在式（9-6）中，当 t 很大时，$(1-\alpha)^t SF_1$ 可以忽略。因此，第 $t+1$ 期的预测值可以看作前 t 期实测值的指数形式的加权和。随着实测值“年龄”的增大，其权数以指数形式递减，这正是指数平滑法名称的由来。

例 9-3　某公司 1～12 月销售量数据如表 9-2 所示。试分别求当 α=0.3 和 α=0.7、SF_1=20（千件）时一次指数平滑预测值。

表 9-2　某公司 1～12 月销售量数据

月份	1	2	3	4	5	6	7	8	9	10	11	12
销售量/千件	18	19	21	24	28	35	46	50	42	36	30	22

解：根据一次指数平滑计算公式可知：

$$SF_{t+1} = \alpha A_t + (1-\alpha)SF_t = 0.3A_t + 0.7SF_t$$

当 t=1 时，SF_2=0.3×18+0.7×20=19.4（千件）

当 t=2 时，SF_3=0.3×19+0.7×19.4=19.28（千件）

在此基础上，当 α=0.3 和 α=0.7 时该公司 1～12 月销售量的一次指数平滑预测表分别如表 9-3 和表 9-4 所示。

表 9-3　某公司 1～12 月销售量的一次指数平滑预测表（α=0.3）

单位：千件

月份	实际销售量 A_t	α×上月实际销售量 $\alpha \times A_{t-1}$	上月预测销售量 A_{t-1}	（1-α）×上月预测销售量（1-α）×A_{t-1}	上月预测销售量 SF_t
1	18	—	—	—	20
2	19	5.4	20	14	19.40
3	21	5.7	19.4	13.58	19.28
4	24	6.3	19.28	13.50	19.80
5	28	7.2	19.80	13.86	21.06
6	35	8.4	21.06	14.74	23.14
7	46	10.5	23.14	16.20	26.70
8	50	13.8	26.70	18.69	32.49
9	42	15	32.49	22.74	37.74
10	36	12.6	37.74	26.42	39.02
11	30	10.8	39.02	27.31	38.11
12	22	9	38.11	26.68	35.68

表 9-4　某公司 1～12 月销售量的一次指数平滑预测表（α=0.7）

单位：千件

月份	实际销售量 A_t（千件）	α×上月实际销售量 $\alpha \times A_{t-1}$	上月预测销售量 A_{t-1}	（1-α）×上月预测销售量（1-α）×A_{t-1}	上月预测销售量 SF_t
1	18	—	—	—	20
2	19	12.6	20	6	18.6
3	21	13.3	18.6	5.58	18.88
4	24	14.7	18.88	5.66	20.36
5	28	16.8	20.36	6.11	22.91
6	35	19.6	22.91	6.87	24.67
7	46	24.5	26.47	7.49	32.44
8	50	32.2	32.44	9.73	41.93
9	42	35.0	41.93	12.58	47.58
10	36	29.4	47.58	14.27	43.67
11	30	25.2	43.67	13.10	38.30
12	22	21	38.30	11.49	32.49

通过将预测值与实际值进行比较，相应的具体结果如图 9-4 所示。从图中可以看出，用一次指数平滑法进行预测时，预测值的趋势总是滞后于实际值的变化趋势。当实际值呈上升趋势时，预测值总是低于实际值；而当实际值呈下降趋势时，预测值总是高于实际值。当 α 值比较大时，预测值与实际值较为接近，如 $\alpha = 0.7$ 的情况更为接近实际值。

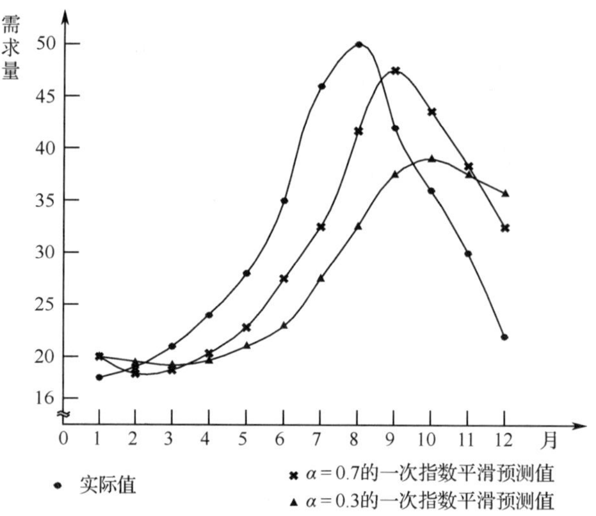

图 9-4　α=0.3 和 α=0.7 的一次平滑预测值与实际值的比较

综上可知，预测值依赖于平滑系数 α 的选择。对于一次指数平滑法而言，如果想使指数平滑值敏感地反映最新观察值的变化，应取较大的 α 值；如果所求指数平滑值是用来代表该时间序列的长期趋势值，则应取较小的 α 值。同时，对于市场预测来说，还应根据中长期趋势变动和季节性变动情况的不同而取不同的 α 值。一般来说，α 取值应遵循以下原则。

（1）如果观察值的长期趋势变动较缓慢，则宜取较小的 α 值（一般取 0.1～0.4），能使远期观察值的特征也反映在指数平滑值中。

（2）如果观察值的长期趋势变动接近稳定的常数，则应取适中的 α 值（一般取 0.4～0.6），能使观察值在指数平滑中具有大小接近的权数。

（3）如果观察值呈现明显的季节性变动时，则宜取较大的 α 值（一般取 0.6～0.9），能使近期观察在指数平滑值中具有较大作用，从而使近期观察值能迅速反映在未来的预测值中。

为了使预测值与实际值更加接近，尽可能降低预测误差，在实际运用中可取若干个 α 值进行试算比较，选择使预测误差最小的 α 值作为预测方案。

2. 二次指数平滑法

通过对一次指数平滑法进行分析可知，在有上升或下降趋势的情况下用一次指数平滑法预测会出现滞后现象，而此时就可以采用二次指数平滑法（Double Exponential Smoothing Method）进行预测。二次指数平滑法是对一次指数平滑值再做一次指数平滑的方法，也就是说二次指数平滑法不能单独地进行预测，必须与一次指数平滑法配合使用。

一次移动平均法的两个限制因素在二次指数平滑法中也存在，二次指数平滑法只利用三个数据和一个 α 值就可进行计算。在大多数情况下更多采用二次指数平滑法作为预测方法。二次指数平滑预测值可按下式计算：

$$F_{t+p} = SA_t + (p)T_t \tag{9-7}$$

式中：F_{t+p} 表示从第 t 期计算第 p 期的二次指数平滑预测值；T_t 为第 t 期平滑趋势值，T_0 事先给定；SA_t 为 t 期平滑平均值，又称为“基数”，SA_0 事先给定。

SA_t 可按下式计算：

$$SA_t = \alpha A_t + (1-\alpha)(SA_{t-1} + T_{t-1}) = \alpha A_t + (1-\alpha)F_t \tag{9-8}$$

T_t 可按下式计算：

$$T_t = \beta(SA_t - SA_{t-1}) + (1-\beta)T_{t-1} \tag{9-9}$$

式中：β 为斜率偏差的平滑系数；其余符号意义同前。

例 9-4　以例 9-3 中某公司 1～12 月销售量数据为例，设 α=0.3、β=0.5、SA_0=18.0、T_0=0.80，求二次指数平滑预测值。

解：先由式 9-8 计算 SA_t，再由式 9-9 计算 T_t，最后由式 9-7 计算 F_{t+p}，计算结果如表 9-5 所示。当 α 取 0.3 时，将二次指数平滑预测值、一次指数平滑预测值与实际值进行比较，如图 9-5 所示。由图 9-5 可以看出，二次指数平滑预测的结果比一次指数平滑预测的结果在有趋势的情况下与实际值更加接近，且滞后要小很多。

表 9-5　某公司 1～12 月销售量的二次指数平滑预测表

t (1)	A_t (2)	αA_t (3)	$(1-\alpha)F_t$ (4)	SA_t (5)=(3)+(4)	$\beta(SA_t-SA_{t-1})$ (6)	$(1-\beta)T_{t-1}$ (7)	T_t (8)=(6)+(7)	F_t (9)=(5)+(8)
—	—	—	—	18	—	—	0.8	18.8
1	18	5.4	13.16	18.56	0.28	0.4	0.68	19.24
2	19	5.7	13.47	19.17	0.31	0.34	0.65	19.82
3	21	6.3	13.87	20.17	0.5	0.33	0.83	21.00
4	24	7.2	14.70	21.90	0.87	0.42	1.29	23.19
5	28	8.4	16.23	24.63	1.37	0.65	2.02	26.65
6	35	10.5	18.66	29.16	2.27	1.01	3.28	32.44
7	46	13.8	22.71	36.51	3.68	1.64	5.32	41.83
8	50	15	29.28	44.28	3.89	2.66	6.55	50.83
9	42	12.6	35.58	48.18	1.95	3.28	5.23	53.41
10	36	10.8	37.39	48.19	0.01	2.62	2.63	50.82
11	30	9	35.57	44.57	−1.81	1.32	−0.49	44.08
12	22	6.6	30.86	37.46	−3.56	−0.25	−3.81	33.65

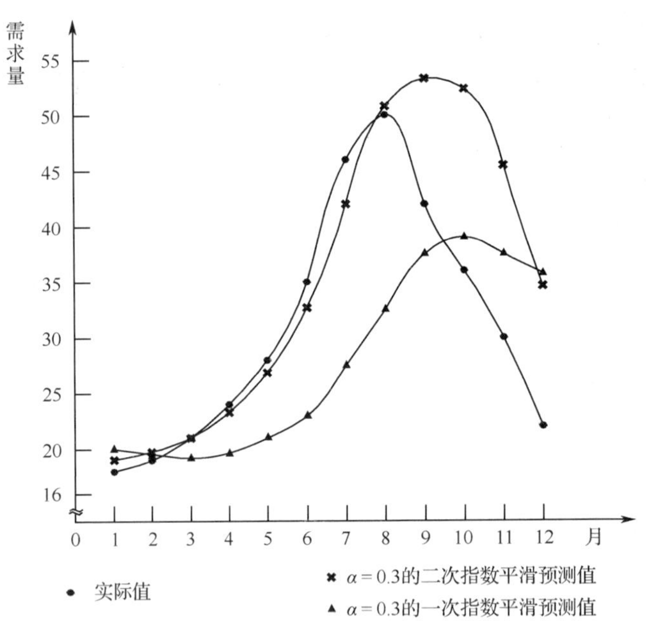

图 9-5　α=0.3 的二次指数平滑、一次指数平滑的预测值与实际值的比较

一般来说，二次指数平滑预测的结果与 α 和 β 的取值有关。α 和 β 的取值越大，预测的响应性就越好，反之稳定性就越好。α 影响预测的基数，β 影响预测值的上升或下降的速度。

3. 高次指数平滑法

对于出现趋势并有季节性波动的情况，则要用三次指数平滑法（Triple Exponential Smoothing Method）进行预测。当时间序列起伏较大时需要用二次曲线来拟合，采用三次指数平滑法进行预测。一般来说，在复合预测中，一般平滑次数不宜超过三次。三次指数平滑是在二次指数平滑的基础上再进行一次平滑，其计算公式为：

$$S_t^{(3)} = \alpha S_t^{(2)} + (1-\alpha) S_{t-1}^{(3)} \qquad (9\text{-}10)$$

式中：$S_t^{(3)}$ 为第 t 期第 3 次指数平滑预测值；$S_t^{(2)}$ 为第 t 期第 2 次指数平滑预测值；$S_{t-1}^{(3)}$ 为第 t-1 期第 3 次指数平滑预测值；α 为平滑系数，表示赋予实际数据的权重（$0 \leqslant \alpha \leqslant 1$）。

9.3.4　时间序列的分解模型

1. 时间序列分解

时间序列表面上是按时间顺序排列的数列，但是这些数值往往与一个或多个影响因素有关，如趋势性、季节性、周期性和随机性因素（一般把所有不能被清晰分离出来的其他因素统称为随机因素）。时间序列分解（Time Series Decomposition）是希望通过分析总的时间序列数据，识别并分析不同因素的影响状况，并综合处理各种成分的预测值以得到最终的预测结果。图 9-6 给出了几种典型的时间序列对应的曲线类型（其中，实线表示具体数据线，虚线表示实际数据的趋势线）。

在实践中，识别预测对象的发展趋势（即使不进行数学分析也很容易画出散点图并找出运动趋势）和季节性因素（通过历年相同时期的数据进行比较）并不困难，但要确定周期（也许几个月或几年）和随机因素却相当困难。为了能够进行有效分析需要做以下假设：各种因素是单独地作用于实际需求的，并且过去和现在起作用的机制和规律是适用于未来的。因此，在使用该方法时应该注意各种因素的适用范围、时间有效区间、转折点等情况。例如，2008 年的世界金融危机对欧美等发达国家的经济产生了重要影响，同时当地居民的收入也受到了极大的影响，随着国外消费者需求的降低还极大地影响了中国产品的出口。因此，当使用这一模型来预测当时中国一个时期内的出口市场时，就应该考虑是否发生类似的一些国际重大事件。

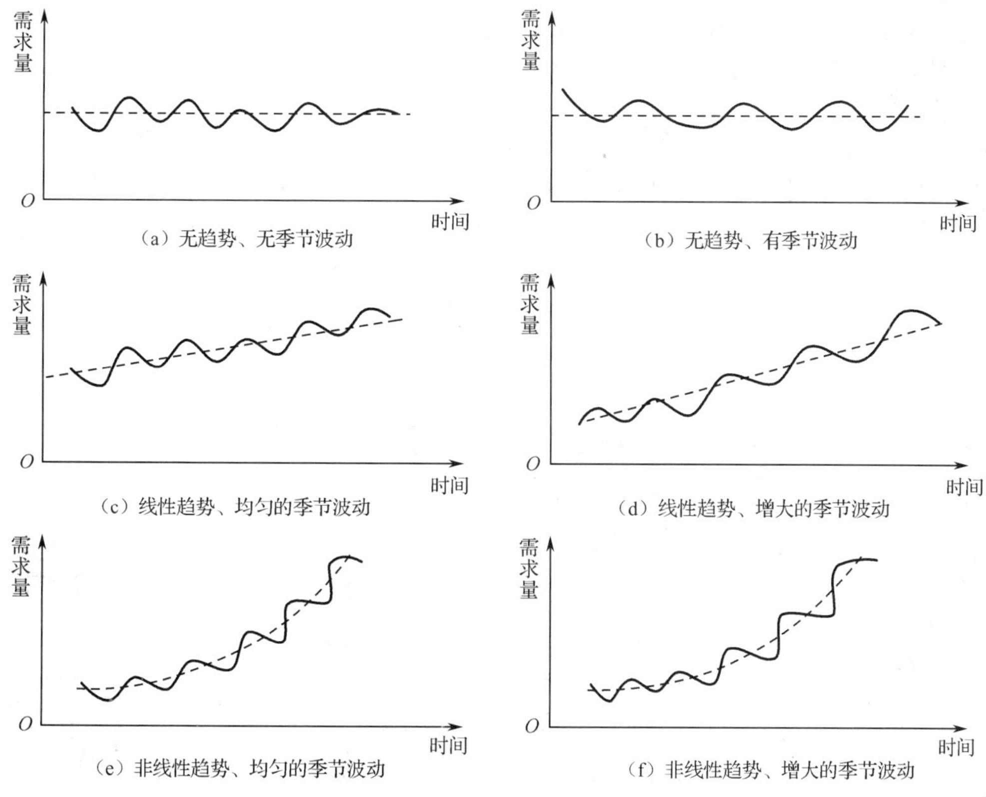

图 9-6　几种典型的时间序列曲线类型

2. 时间序列分解模型

为了便于解释，时间序列可以看作是以趋势性、季节性、周期性和随机性四种因素为自变量的函数，即：

$$Y_t=f(T_t,\ S_t,\ C_t,\ I_t)$$

由于在不同的领域中各种因素影响时间序列的机制不一样，一般将时间序列分解模型分为加法模型（Additive Model）和乘法模型（Multiplicative Model）两种形式。加法模型是将各种成分按照一定的比例形式采用相加的方式来求出估计值，而乘法模型则是将各种因素按照一定的比例形式采用相乘的方法来求出估计值。基于不同预测问题的特征，需要通过观察其时间序列值的分布来选用适当的时间序列分解模型。

（1）加法模型。加法模型简单地假设为不管趋势或者平均量是多少，季节变量是一个常数。加法模型可以表示为：

$$Y_t=T_t+S_t+C_t+I_t \tag{9-11}$$

式中：Y_t 为事件连续流的预测值；T_t 为趋势成分；S_t 为季节成分；C_t 为周期性变化成分；I_t 为随机的波动成分。

（2）乘法模型。在乘法模型中，趋势是由各因子的乘积得来的，乘法模型可以表示为：

$$Y_t=T_t\times S_t\times C_t\times I_t \tag{9-12}$$

式中：Y_t、T_t、S_t、C_t、I_t 的含义同上。

通常来说，乘法模型相对于加法模型更为常用。对不同的问题，常常通过观察期时间序列值的分布情况来选择适当的时间序列分解模型。需要指出的是，乘法模型中的时间序列预测值和长期趋势用绝对数表示，而季节变动、周期变动和随机变动用相对数（百分数）表示。

3. 时间序列分解方法

时间序列的分解一般是先计算季节指数（Seasonal Index，SI），然后计算长期趋势 T 和周期变动 C，最后计算随机变动 I。求解可以分为以下几个步骤。

（1）求趋势直线方程。首先根据给出的数据绘出曲线图形，然后用简单移动平均法求出平均值，并将平均值标注在图上。为求趋势直线，可采用最小二乘法。

（2）估算季节指数。即实际值与趋势值的比值的平均值。

（3）预测。在进行预测时，关键是选择正确的 t 值和季节指数。

需要指出的是，对现行趋势、相等的季节波动类型，可以用一种比较简便的周期性预测方法。

例 9-5 某化妆品公司 2017—2020 年期间的销售额如表 9-6 所示，试使用时间序列分解模型预测 2021 年各季度的销售预测值。

表 9-6 某化妆品公司 2017—2020 年期间的销售额

季度（1）		季度序号（2）	销售额（3）	季度平均销售额（4）	居中平均（5）	季节指数（SI）（6）	长期趋势（T）（7）	周期变动（C）（8）
2017	1	1	11 600.00	—	—	—	—	—
	2	2	10 408.00	—	—	—	—	—
	3	3	8 920.00	10 357.00	10 443.00	0.854 161	10 705.02	0.975 524
	4	4	10 500.00	10 529.00	10 603.38	0.990 251	10 789.05	0.982 790
2018	1	5	12 288.00	10 677.75	10 714.50	1.14 857	10 873.08	0.985 415
	2	6	11 003.00	10 751.25	10 849.00	1.014 195	10 957.11	0.990 133
	3	7	9 214.00	10 946.75	11 098.25	0.830 221	11 041.14	1.005 172
	4	8	11 282.00	11 249.75	11 284.38	0.999 790	11 125.17	1.014 310
2019	1	9	13 500.00	11 319.00	11 442.25	1.179 838	11 209.20	1.020 791
	2	10	11 280.00	11 565.50	11 672.75	0.966 353	11 293.23	1.033 606
	3	11	10 200.00	11 780.00	11 667.50	0.874 223	11 377.26	1.025 511
	4	12	12 140.00	11 555.00	11 526.25	1.053 248	11 461.29	1.005 668
2020	1	13	12 600.00	11 497.50	11 447.50	1.100 677	11 545.32	0.991 527
	2	14	11 050.00	11 397.50	11 491.25	0.961 601	11 629.35	0.988 125
	3	15	9 800.00	11 585.00	—	—	11 713.38	—
	4	16	12 890.00	—	—	—	11 797.41	—

（1）计算季节指数（SI）。季节指数的计算是先用移动平均法剔除长期趋势和周期变动，然后按季度计算出季节指数。由于一年有四个季度，因此在计算移动平均值时计算期数应取 4，计算结果如表 9-6 的第 4 列所示。为了消除长期趋势和周期变动需要做两次移动，移动平均结果如表 9-6 的第 5 列所示。简单说明如下：

$$S_1 = \frac{1}{4}\sum_{i=1}^{4} Y_i = \frac{11\,600.00 + 10\,408.00 + 8\,920.00 + 10\,500.00}{4} = 10\,357.00$$

$$S_2 = \frac{1}{4}\sum_{i=2}^{5} Y_i = \frac{10\,408.00 + 8\,920.00 + 10\,500.00 + 12\,288.00}{4} = 10\,529.00$$

$$TC_1 = \frac{1}{2}\sum_{i=1}^{2} S_i = \frac{10\,357.00 + 10\,529.00}{2} = 10\,443.00$$

其余依此类推，即得到了不含季节因素和随机变动的序列 TC。

用销售额 Y 除以 TC，即得到序列 SI，如表 9-6 的第 6 列所示。将序列 SI 重新排列得出表 9-7。

表 9-7　季节指数求解

		季　度				合　计
		1 季度	2 季度	3 季度	4 季度	
年份	2017	—	—	0.854 161	0.990 251	—
	2018	1.146 857	1.014 195	0.830 221	0.999 790	3.991 063
	2019	1.179 838	0.966 353	0.874 223	1.053 248	4.073 662
	2020	1.100 677	0.961 601	—	—	—
同季合计		3.427 372	2.942 149	2.558 605	3.043 289	11.971 415
同季平均		1.142 457	0.980 716	0.852 868	1.014 430	3.990 471
季节指数		1.145 185	0.983 058	0.854 905	1.016 852	4.000 000

根据表 9-7 采用按季平均法，即可求出隔年的同季平均数，因为四个季度的平均数之和为 3.990 471，不等于 4，因此需要做出修正。其修正系数为 4÷3.990 471≈1.002 388。经过修正后，即得到该化妆品公司销售额的季节指数，如表 9-7 最后一行所示。

（2）计算长期趋势（T）。将表 9-7 中数据做散点图，如图 9-7 所示。可以发现销售额 Y 具有明显的上升趋势，且可以用直线趋势拟合。

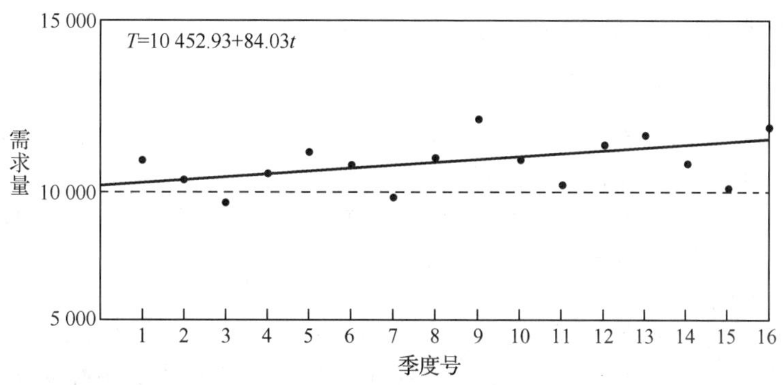

图 9-7　散点图及拟合曲线图

以时间 t 为自变量，以销售额 Y 为因变量，可求得如下回归方程：

$$T_t=10\ 452.93+84.03t$$

根据回归方程，即可求得长期趋势 T。如，当 t=3 时，T_3=10 452.93+84.03×3=10 705.02；当 t=6 时，T_6=10 452.93+84.03×6=10 957.11。依此类推，具体结果如表 9-6 中第 7 列所示。

（3）计算周期变动（C）。将序列 TC 除以 T_t，即可得到周期变动 C_t。例如，当 t=7 时，TC_t=11 098.25、T_t=11 041.14，可计算 $C_t=TC_t\div T_t$=1.005 172；当 t=14 时，TC_t=11 491.25、T_t=11 629.35，可计算 $C_t=TC_t\div T_t$=0.988 125。依此类推，具体结果如表 9-6 中第 8 列所示。

（4）计算随机变动（I）。当将时间序列分解后，剩余的即为随机变动，即：

$$I=Y\div TSC$$

由于随机变动因素计算是很难的，因此一般将随机变动因素进行简化，而此时对应的乘法模型就可以简化为：

$$T=T_t\times S_t\times C_t \tag{9-13}$$

（5）求解 2021 年各季度的销售预测值。2021 年第一季度的长期趋势 T_{17}（2021 年第一季度的序号承接上一年的 16 应为 17），可根据长期趋势方程求得：

$$T_{17}=10\ 452.83+84.03\times 17=11\ 881.44$$

由表 9-8 可知，2021 年第一季度的季节指数 S_{17} 为 1.145 185，但是 2021 年第一季度的周期变动 C_{17} 却需要通过判断进行估计。由表 9-6 的周期变动和销售额 Y 的历史资料，可估算出 2021 年第一季度的周期变动 C_{17} 为 0.99。于是，可求得 2021 年第一季度的销售额预测值为：

$$Y_{17}=T_{17}\times S_{17}\times C_{17}=11\ 881.44\times 1.145\ 185\times 0.99=13\ 470.38$$

同样，可求得 2021 年其余三个季度的预测销售额，如表 9-8 所示。表 9-8 中周期变动值均是根据历史数据通过主观判断确定的。

表 9-8　时间序列分解模型预测值

年　份	季　度	长期趋势（T）	季节指数（SI）	周期变动（C）	销售额预测值（Y）
2021	1	11 881.44	1.145 185	0.99	13 470.38
	2	11 965.47	0.983 058	0.99	11 645.12
	3	12 049.50	0.854 905	1.00	10 301.18
	4	12 133.53	1.016 852	1.00	12 338.00

9.4 预测的因果模型

 9.4.1 因果模型

1. 因果模型的特点

在时间序列模型中，将需求作为因变量，将时间作为唯一的自变量。这种做法虽然简单，但忽略了其他影响需求的因素。例如，政府部门公布的各种经济指数、地方政府的规划、银行发布的各种金融方面的信息、广告费的支出、产品和服务的定价等，都会对需求产生影响。因果模型则有效地克服了时间序列模型的这一缺点，通过对一些与需求有关的先导指数的计算来对需求进行预测。

2. 因果模型的原理

因果模型也称因果关系分析模型（Analytical Method of Causal Relationship）或关联模型，该方法是从事物变化的因果关系的规定性出发，用统计方法寻求市场变量之间依存关系的数量变化函数表达式的一类预测方法。不同于时间序列模型预测，因果模型预测通常需要考虑几个同预测量有关的变量。例如，手机的销量与广告预算、价格、竞争对手的价格等影响因素有关。其中，手机的销量是因变量，而上述因素为自变量，而手机的销售量受到这些因素的影响。对于手机销售部门来说，管理人员的工作就是寻找手机销售量与这些自变量之间的关系。这是一种因果关系，即一件事情的发生将导致另一件事情的发生。如果作为动因的事件在事先发生，就可以肯定地预见受其影响的事件也会发生，则可以用它作为预测的依据。

3. 因果模型的类型

基于影响因素之间因果关系的数学模型的不同，因果模型分为回归模型、计量经济预测模型、投入产出预测模型等。由于这些方法计算量较大，一般都要借助计算机才能使用。

 9.4.2 因果模型的回归模型

1. 回归模型

为了了解各种变量之间的关系，最常用的定量模型就是线性回归分析（Linear-regression Analysis）。回归预测法是从一个指标与其他指标的历史和现实变化的相互关系中，探索它们之间的规律性联系，以此作为预测未来的依据。如果能够准确获得这些相关变量之间的关系，统计模型也就随之建立起来，也就可以对目标变量进行有效预测了。

回归分析是回归模型的重要基础和方法，是研究一个变量（被解释变量）关于另一个（些）变量（解释

变量）的具体依赖关系的计算方法和理论，是建模和分析数据的重要工具。回归分析法是在掌握大量观察数据的基础上，利用数理统计方法建立因变量与自变量之间的回归关系函数表达式，来描述它们之间数量上的平均变化关系，这种函数表达式称为回归方程式。按照表达式的形式不同，可以分为线性回归（Linear Regression）、逻辑回归（Logistic Regression）、多项式回归（Polynomial Regression）、逐步回归（Stepwise Regression）、岭回归（Ridge Regression）、套索回归（Lasso Regression）和弹性回归（Elastic Regression）等几种常用方法。

线性回归分析是最基本的方法，也是市场预测中的一种重要预测方法。当研究的因果关系只涉及因变量和一个自变量时，叫作一元线性回归分析；当研究的因果关系涉及因变量和两个或两个以上自变量时，叫作多元线性回归分析。

2. 一元线性回归预测模型

一元线性回归预测模型是基于一元线性回归模型（Simple Linear Regression Model）进行预测的，一元线性回归模型也称简单线性回归模型，是指影响事物变动的因素只有一个，并且自变量同因变量之间的数据分布呈线性趋势。

利用一元线性回归模型进行预测，其表达式可以写成：

$$Y=a+bX \tag{9-14}$$

式中：Y 为一元线性回归预测值；a 为截距，为自变量 $x=0$ 时的预测值；b 为斜率；X 为自变量的取值。

一元线性回归预测模型的本质是使用曲线来拟合过去历史中的一些数据点，基于一定原则（如最小二乘法等）使得到的曲线与现实的数据点的距离差异尽可能地小。下面通过具体例子来讲解一下一元线性回归预测模型的使用过程。

例 9-6　居民购买房屋之后往往都需要进行装修，木地板已经成为铺装房间地面的重要选择。伴随着房屋销售数量的变化，某生产企业的木地板销售量（单位：平方米）也随着不断波动，2012—2020 年的各种数据如表 9-9 所示。为了科学地安排生产，企业希望对 2021 年木地板的市场销售量进行预测（假设 2021 年新房销售量为 27 万平方米）。

表 9-9　某地区新房销售量与企业木地板的销售量

年　份	新房销售量/万平方米	木地板销售量/平方米	年　份	新房销售量/万平方米	木地板销售量/平方米
2012	18	13 000	2017	28	16 000
2013	15	12 000	2018	35	19 000
2014	12	11 000	2019	30	17 000
2015	10	10 000	2020	20	13 000
2016	20	14 000	2021	27	?

该企业相信，如果已知当年的新房销售数量，那么对需求量进行预测是完全可以的。将数据绘制在图 9-8 中，其中 X 是新房销售数量，Y 是木地板的销售量。

这些点分布在图中看起来像是直线，因此决定使用线性关系式 $Y=a+bX$。绘制这条用来解决上述问题的直线，可以使用最小二乘法回归来实现。

解：直线的截距大约是 7 000 平方米，这可以被解释为当没有新房销售时的需求量，也就是可能用来替换的木地板。为了求得斜率，选取 2015 年的（10，10 000）和 2019 年的（30，17 000）两个点。根据求解直线方程知识可得斜率：

$$b=\frac{17\ 000-10\ 000}{30-10}=\frac{7\ 000}{20}=350$$

斜率可以解释为在该区域内每销售单位新房数量所能销售木地板的平均数量。因此，预测方程为：

$$Y=7\ 000+350X$$

现在假设 2021 年新房销售数量为 27 万平方米，那么 2021 年销售木地板的预测数量就是：7 000+350×27=16 450（平方米）。

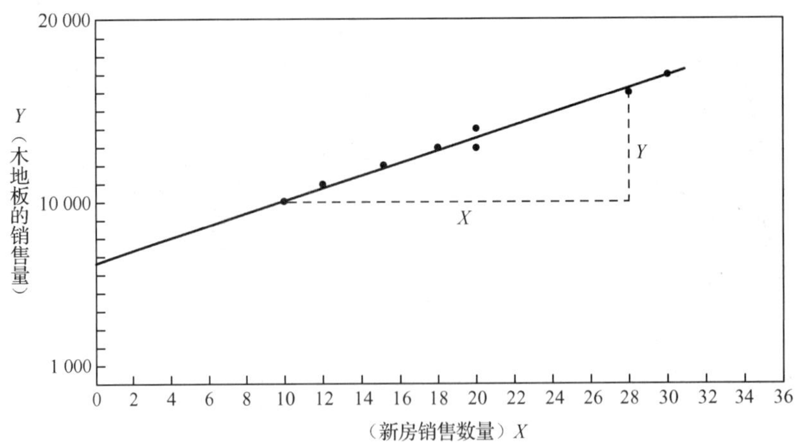

图 9-8　新房销售量与木地板销售量的因果关系

通过上面例子可知，木地板的销售量与新房销售数量之间构成了一种因果关系，这种关系可以被用来进行预测，为企业决策提供帮助。

3. 多元线性回归预测模型

回归模型方法比那些仅靠历史数据作为预测变量的时间序列方法要有效得多，因为在因果（关联）分析中不仅可以考虑时间因素的影响，还可以考虑其他更多维度的因素。例如，智能手机的销售量可能同品牌的广告预算、产品定价、竞争者的定价、促销战略，甚至国内经济形势和收入增长率都相关。为了能够了解更多因素对于研究目标的影响情况，就有必要对两个以上的变量与因变量之间的综合影响关系进行分析。这种情况一元回归预测模型已经无法解决，这时就可以采用多元回归预测模型进行预测。

多元线性回归（Multiple linear Regression）是指具有两个或两个以上自变量，且各自变量均为一次项的回归。本书以含有两个自变量的线性回归模型为例进行说明，其回归过程如下所述。

（1）模型建立。二元线性回归，模型的形式如下：

$$\hat{y}=a+b_1x_1+b_2x_2$$

上式中，$\hat{y}$ 为因变量，x_1、x_2 为自变量，a、b_1、b_2 皆为常数项。

同直线回归模型一样，二元回归系数也可以通过参数估计求得。

（2）参数估计。根据最小二乘法，求

$$\min Q=\sum(y-\hat{y})^2=\sum(y-a-b_1x_1-b_2x_2)^2$$

根据微积分中的极限定理，使 a、b_1、b_2 对 Q 的一阶偏导等于零，即

$$\begin{cases}\dfrac{\partial Q}{\partial a}=-2\sum(y-a-b_1x_1-b_2x_2)=0\\\dfrac{\partial Q}{\partial b_1}=-2\sum(y-a-b_1x_1-b_2x_2)x_1=0\\\dfrac{\partial Q}{\partial b_2}=-2\sum(y-a-b_1x_1-b_2x_2)x_2=0\end{cases}$$

通过对方程组进行整理，可得：

$$a=\overline{y}-b_1\overline{x_1}-b_2\overline{x_2} \tag{9-15}$$

$$b_1=\frac{AE-BC}{DE-C^2}$$

$$b_2=\frac{BD-AC}{DE-C^2}$$

式中：$A=\sum x_1y-(\sum x_1)(\sum y)/n$；$B=\sum x_2y-(\sum x_2)(\sum y)\div n$；$C=\sum x_1x_2-(\sum x_1\sum x_2)\div n$；

$D=\sum x_1^2-(\sum x_1)^2 \div n$；$E=\sum x_2^2-(\sum x_2)^2 \div n$。

（3）误差检验。用于衡量一元线性回归预测模型偏差的常用三个指标分别为标准误差、可决系数和相关系数。

标准误差（Standard Error，SE）是回归直线（估计值）与因变量值之间的平均平方误差，是衡量因变量偏离回归直线程度的指标，其计算公式为：

$$SE=\sqrt{\frac{\sum(y-\hat{y})^2}{n-3}}$$

可决系数（Coefficient of Determination）是衡量因变量与自变量之间关系密切程度的指标，表示自变量解释因变量变动的百分比，常用 R^2 表示。该值介于 0 到 1 之间，该值越大就意味着该模型对于 y 解释得越好。其计算公式为：

$$R^2=1-\frac{\sum(y-\hat{y})^2}{\sum(y-\bar{y})^2}=\left[\frac{\sum(x-\bar{x})\sum(y-\bar{y})}{\sqrt{\sum(x-\bar{x})^2}\sqrt{\sum(y-\bar{y})^2}}\right]^2$$

相关系数（Correlation Coefficient）是一个测定模型优劣的指标，其计算公式为：

$$r=\frac{\sum(x-\bar{x})\sum(y-\bar{y})}{\sqrt{\sum(x-\bar{x})^2}\sqrt{\sum(y-\bar{y})^2}}$$

由上式可知，相关系数的平方就是可决系数，但是相关系数是可正、可负的，且其范围在（-1，1）之间，r 越接近+1 或者-1，说明 y 与 x 的拟合度越好。当 $r>0$ 时，说明 y 与 x 是正相关的；当 $r<0$ 时，说明 y 与 x 是负相关的。

关于两个自变量的问题可以按照上述步骤进行回归分析预测，当自变量的数量多于两个时，预测过程本质上没有什么差别，只是计算过程更加复杂一些。随着自变量数量的增加，回归分析的计算量将成倍增加，手工计算几乎是不可能的，这时就需要借助计算机软件。能够进行多元回归分析的软件很多，如 SPSS、Matlab、Mathmatic、Sass 和 Excel 等。

4. 非线性回归预测模型

在实际生产实践中，因变量与自变量之间的关系往往非常复杂，不一定能够符合线性关系，更多的时候呈现为非线性关系，这时就需要选择合适的曲线拟合才能符合实际情况。

（1）曲线选择问题。除了直线，曲线类型也非常多，根据数据特征选择与之相适应的曲线类型是极为重要的。一般来说，曲线类型的选择需要考虑两个问题：变量间函数的类型和函数中未知数的确定。

对于变量间函数关系的类型，有的可以根据理论或过去的经验在事前予以确定。但是，在函数类型不能事先确定的情况下，则需要根据实际收集的数据绘制散点图，通过其分布形状选择适当的曲线进行拟合。

确定了函数类型之后，需要确定函数中的未知数。构建非线性回归模型时，函数中的未知数仍然采用最小二乘法。只是在具体应用时，需要对变量进行适当的调整，以便将得到的非线性关系转换成线性关系（线性化）。将非线性关系转换成线性关系非常重要，是实现后续计算过程中使用常规方法进行分析的基础。

（2）常见的非线性回归预测模型。选择合适的曲线类型并不是一件十分容易的事情，因此在很多情况下会将非线性回归预测模型通过一定处理转换为线性回归预测模型。然而，人们要想成功地做到这一点则需要拥有丰富的专业知识和经验。

9.4.3 因果模型的计量经济预测模型

1. 计量经济预测模型

计量经济预测模型（Econometric Prediction Model）主要是应用计量经济方法来研究经济现象及其主要因素之间数量关系的模型。经济现象之间的关系大多属于相关或函数关系，建立计量经济预测模型并进行运算，可以探寻影响经济变量的因素，以及这些因素之间的作用关系。

在市场经济条件下，市场作为社会经济活动的基本场所，它一方面会影响企业的营销活动，另一方面企业的经济行为也会对市场产生影响。企业为了能够做出更好的决策，就需要对市场系统内一些关键因素之间的因果关系有较为清晰的理解。需要强调的是，对于这些因素之间因果关系的研究不能只研究自变量对因变量的影响，还要重视因变量对自变量的逆向影响，以及各种自变量之间的相互影响。在这样一种变量之间相互关系异常复杂的情况下，回归分析法往往不能提供较为圆满的解决方案。计量经济学相关方法在揭示这类市场变量间复杂因果关系的数量变化方面具有独特的优势。计量经济预测模型通常包括一个或一个以上的随机方程式，能够简洁有效地描述和概括某个真实经济系统的数量特征，能够更深刻地揭示出经济系统中数量变化的深层次规律。狭义上的计量经济预测模型是指用参数估计和假设检验的数理统计方法研究经验数据的模型，而广义上的计量经济学预测模型是包括经济、数学和统计三者要素的一切模型。可见，计量经济学预测模型的应用极为广泛。

由于计量经济预测模型建立在样本数据的基础上，所以数据质量直接决定着最终预测结果的好坏。常用的样本数据有时间序列数据、截面数据和虚变量数据三类。一般来说，选择样本数据时需要重视完整性、准确性、可比性和一致性四个方面。

2. 计量经济预测模型的建立

计量经济预测模型的建立主要包含三部分工作，即选择模型变量、确定函数形式、拟定模型中待估参数的期望值。

（1）选择模型变量。对所要研究的经济现象进行深入的分析，需要根据研究的目的选择模型中包含的因素。在单方程模型中，变量分为解释变量和被解释变量两类。作为研究对象的变量，也就是因果关系中的“果”，是模型中的被解释变量，如生产函数中的产出量；而作为“原因”的变量，是模型中的解释变量，如生产函数中的资本、劳动和技术等。确定模型变量主要是指确定模型中的解释变量。一般来说，解释变量分为外生经济变量、外生条件变量、外生政策变量和滞后被解释变量等几类变量。

（2）确定函数形式。选择了适当的变量，接下来就要根据经济行为理论选择适当的数学形式来描述这些变量之间的关系，即建立理论模型。选择数学模型形式，可以借鉴经济学中常用的生产函数、需求函数、消费函数、投资函数等模型的数学形式，也可以根据变量的样本数据绘出解释变量与被解释变量之间关系的散点图，将散点图显示的变量之间的函数关系作为理论模型的数学形式，这也是人们在建模时经常采用的方法。在某些情况下，如果无法事先确定模型的数学形式，那么就采用各种可能的形式进行模拟，然后选择模拟结果较好的一种。

（3）拟定模型中待估参数的期望值。一旦理论模型的函数形式初步确定下来，确定相关参数就是本阶段必须开展的活动了。理论模型中的待估参数一般都具有特定的经济含义，它们的数值要待模型估计和检验后，即经济数学模型完成后才能确定，但对于它们的数值范围，即理论期望值，可以根据它们的经济含义在开始时拟定。理论模型要在参数估计、模型检验的全过程中反复修改，以便得到一种既能有较好的经济学解释，又能较好地反映历史上已经发生的诸变量之间关系的数学模型。

3. 计量经济学预测模型的应用

计量经济学预测模型的应用主要体现在以下几个方面。

（1）结构分析。结构分析是对经济现象中变量之间相互关系的研究，它研究的是当一个变量或几个变量发生变化时会对其他变量以至经济系统产生什么样的影响。结构分析采用的主要方法是弹性分析、乘数分析和比较静力分析。

（2）经济预测。计量经济学预测模型是从经济预测，特别是短期预测发展起来的，在人类社会经济发展中显示出重要的意义。然而，计量经济学预测模型也有局限性，在未来的发展中要想能够有效地进行经济预测，计量经济学预测模型需要与其他经济数学模型结合起来，这是一个必然的发展方向。

（3）政策评价。政策评价是指从许多不同的经济政策中选择较好的政策予以实行，或者说是研究不同的经济政策对经济目标所产生影响的差异。计量经济学预测模型与计算机技术相结合，可以建立“经济政策实验室”，能够有效地服务于政策评价等活动。

（4）检验与发展经济理论。检验理论是指按照某种理论去建立模型，然后用已经发生的经济活动的样本数据去拟合，如果拟合很好，则这种理论便得到了检验。发现和发展理论是指用已经发生的经济活动的样本数据去拟合各种模型，拟合得最好的模型所表现出来的数量关系，则是经济活动所遵循的经济规律。

计量经济学预测模型在这些应用方面具有独特的优势。

9.4.4　因果模型的投入产出预测模型

1. 投入产出预测模型

投入产出预测模型主要建立在投入产出分析方法（Input-output Method）的基础上。投入产出分析方法是分析特定经济系统内（国民经济、地区经济、部门经济、公司或企业经济单位）各个部分之间投入与产出数量依存关系的原理和方法，由俄裔美国学者华西里 • W. 里昂惕夫（Wassily W. Leontief）于 1936 年最早提出。投入产出预测模型又称投入产出分析或部门间平衡经济数学模型。严格地讲，投入产出分析方法是一种特殊的经济计量模型，广泛应用于国民经济活动的研究中。

自投入产出分析方法提出以来，已经有了很大的发展。投入产出分析方法可以进行经济分析、政策模拟、计划论证和经济预测，并为电子计算机在经济管理中的应用开辟了新的应用场景。除能够对国民经济体系进行研究外，投入产出预测模型还发展出固定资产模型、生产能力模型、投资模型、劳动模型，研究人口、环境保护等专门问题的模型，以及动态模型、优化模型等。尽管最初的投入产出分析方法是用于研究宏观经济的，但是该方法经过不断发展已经广泛应用于多个领域。由于企业的几乎所有活动都是一个投入产出的系统，因此投入产出预测模型也适用于对企业管理中的一些问题进行预测分析。

2. 投入产出预测模型的构成

投入产出预测模型建立在投入产出表的基础之上，是把一系列内部部门在一定时期投入（购买）来源与产出（销售）去向排成一张纵横交叉的投入产出表格，根据此表建立数学模型，计算消耗系数，并据此进行经济分析和预测的方法。静态投入产出预测模型主要用来说明本时期的生产和消耗部门间的平衡关系和最终产品的去向，而动态投入产出预测模型则能较为具体地分析积累与扩大再生产之间的关系。因为本时期的生产增长与以前若干时期的投资情况有关。同样，以后若干时期的生产增长又对本时期积累和消费的比例提出一定的要求。因此，需要动态地确定逐期的投资与消费比例，从而根据经济增长的要求制定正确的经济政策。

投入产出预测模型的基本分析内容包括编制投入产出表、建立相应的线性代数方程体系、综合分析及确定国民经济各部门之间错综复杂的联系、分析重要的宏观经济比例关系及产业结构等。对于一个经济系统来说，各个生产部门都需要从其他生产部门购入产品和支付服务性费用，同时为其他部门生产产品和提供服务。为了研究这种投入和产出的数量依存关系，可以将各种经济活动情况表现在一张专门设计的投入产出表中，从而为研究一个国家或地区的整个经济活动提供一个简明而又系统的结构模型。投入产出表是指反映各种产品生产投入来源和去向的一种棋盘式表格，具体形式如表 9-10 所示。

表 9-10　投入产出表

		部门 1	部门 2	…	部门 n	最终产品	总产值
物资消耗	部门 1	X_{11}	X_{12}	…	X_{1n}	Y_1	X_1
	部门 2	X_{21}	X_{22}	…	X_{2n}	Y_2	X_2
	…	…	…	…	…		
	部门 n	X_{n1}	X_{n2}	…	X_{nn}	Y_n	X_n
新创价值	劳动报酬	V_1	V_2	…	V_n		
	税收利润	M_1	M_2	…	M_n		
总产值		X_1	X_2	…	X_n		

投入产出分析方法有以下几个基本特点。

（1）兼顾全局与局部。整体性是投入产出分析方法最重要的特点，它从国民经济是一个有机整体的观点出发，综合研究各个具体部门之间的数量关系，既有综合指标又有按产品部门的分解指标，两者有机结合。因此，企业借助它可以较好地了解国民经济的全局和局部的关系，做到在国民经济综合平衡的基础上确定每个具体部门产品的生产和分配，使其成为计划和预测的一种重要工具。

（2）重视发展过程分析。投入产出表采取棋盘式结构，纵横互相交叉，从而使它能从生产消耗和使用分配两个方面来反映产品在部门之间的运动过程，也就是同时反映产品的价值形成过程和使用价值运动过程。因为每个部门同时具有生产者和消费者的双重身份：它既产出产品，按社会需要分配，供其他部门和领域消费；它又要消费其他部门的产品，通过本身的生产消费过程再将产品生产出来。这样，国民经济中各种产品的生产和分配相互交织，就形成了相互消耗和相互提供产品的内在联系。

（3）揭示技术经济联系与数量联系。投入产出分析方法通过计算可以得到一系列投入产出之间的关系系数。这些系数一方面反映国民经济各部门在一定技术和生产组织条件下的技术经济联系，另一方面反映社会总产品与中间产品、社会总产品与最终产品之间的数量联系。同时，这些系数既能够反映部门之间的直接联系，又能够反映部门之间的全部间接联系。总之，投入产出分析方法所提供的各种系数，是相关人士对国民经济进行数量分析、平衡核算和计划计算的依据。

（4）数学方法与数学工具相结合。投入产出表本身就是一个经济矩阵，是展示投入与产出之间联系的模型。这类模型更加适用于使用现代数学方法和电子计算机进行运算，这不仅可以保证计算的及时性和准确性，还可以进一步扩展应用范围。同时，投入产出分析方法通过与数学规划和其他数量经济方法相结合，已经发展成为经济预测和计划择优的经济管理模型。

3. 投入产出预测模型的应用

通过编制投入产出表和设计相应模型能够清晰地揭示国民经济各部门、产业结构之间的内在联系，特别是能够反映国民经济中各部门、各产业之间在生产过程中的直接与间接联系，以及各部门、各产业生产与使用分配、生产与消耗之间的平衡（均衡）关系。正因为如此，投入产出分析方法又称为部门联系平衡法。此外，投入产出预测模型还可以推广应用于对各地区、国民经济各部门和各企业等类似问题进行分析。当用于地区问题时，它反映的是地区内部之间的内在联系；当用于某一部门时，它反映的是该部门各类产品之间的内在联系；当用于公司或企业时，它反映的是其内部各工序之间的内在联系。因此，投入产出预测模型可以对大量的社会经济系统中的重要问题进行预测分析。

9.5 预测误差与监控

9.5.1 预测误差

1. 预测误差的含义

由于需求受许多不确定因素的影响，所有的预测都不可避免地存在预测误差（Forecast Error）。预测误差就是时间序列观察值和预测值之间的差异。一个量的观测值或计算值与其真实值之差，特指统计误差，即一个量在测量、计算或观察过程中由于某些错误，或通常由于某些不可控制因素的影响而造成的偏离标准值或规定值的数量。另外就测量值而言，人们往往将观测时得到被测量对象值的大小认为是真实值，实际上它也只是一个理想的概念。因为只有“当某量被完善地确定并能排除所有测量上的缺陷时，通过测量所得到的量值”才是量的真值。从测量的角度来说，真值是不可能确切获知的，即使是相对测量也不能完全准确。同时，由于各种原因还存在其他多种类型的误差。

尽可能深入地理解预测误差的性质和数量，对于决策者做出正确决策极为重要。例如，决策者很想知道获得预测结果的误差是 5%、10%还是 50%，或者这种误差是源于预测方法本身还是源于历史数据。这些都将会极大影响决策者对于问题的判断，甚至会对决策造成巨大的影响。

2. 预测误差的产生原因

预测误差种类繁多，产生的原因也各种各样。一般来说，影响预测精度的因素可以分为主观因素、环境因素、技术因素、条件因素和随机因素等。

（1）主观因素。任何一个预测都需要人的深入参与，如系统特性的判断、影响因素的选择、预测资料的取舍、预测模式的选定、各种预测值的调整和选用等，这些几乎都需要依赖人的经验进行主观判断。而人的判断会受到经验、阅历、知识、心理等因素的影响，这些都将会影响判断结果的准确性。

（2）环境因素。预测活动和研究问题都处于一定环境之中，社会、经济、政治、科技、文化等会对预测结果产生重要影响。例如，经济发展水平会对消费者的需求及企业的生产成本产生影响；生态环境可能会对健康产品的市场需求产生影响；人口数量和结构会对劳动力市场的供给产生影响等。

（3）技术因素。预测中涉及许多技术性操作活动，如选择预测方法、确定参数极限、处理数据过程、设计预测流程等，这些将直接左右着预测结果、影响预测误差。对于选择预测方法而言，预测可以采用的方法有很多，但是各种方法都有其不同的适用对象、适用环境，有其不同的预测效果、预测能力、预测精度。如果预测方法选用不当，必然会影响预测结果的精确度。

（4）条件因素。预测是在一定条件下开展的科学分析活动，需要收集能反映客观事物发展规律的有效数据资料，也需要对预测活动的时间期限进行科学的限定，还需要在预测成本与预测效益之间进行合理的权衡。以预测资料为例，预测需要大量的过去与现在的有关资料，这就要求资料的收集统计必须力求全面、系统、真实、可靠。如果资料不全或不适用都会导致预测结果的偏差。只有具备必需的条件，在最佳条件下的系统预测才能获得更为精确的结果。

（5）随机因素。对于预测的研究对象而言，其时时刻刻都在发生变化，有些变化是有规律的，而有一些变化具有很大的随机性。随机可变的影响因素，往往会对预测结果产生根本性的影响。例如，自然灾害、国家法令、重大国际事件等将极大改变原有的变化趋势，导致原有的预测模型无法适应新的变化，从而使预测值与实际值之间存在很大偏差。

3. 预测误差的特点

预测对象受各种因素的综合作用，这些因素虽然千变万化、各具形态、影响度不均衡，但它们总有一定的宏观特性可以供人们分析时借鉴。

（1）延续性。事物的发展具有延续性，没有一种事物的发展会与其过去没有任何联系。尽管它们之间有差别和不一致的地方，但总是具有许多相同或相通的地方。因此，对事物过去和现在的影响情况进行分析，可以对事物将来结果的影响因素及影响程度做出预测。

（2）相关性。事物发展变化都是有原因、有条件的，都和它周围的其他事物相互联系着、影响着。预测对象的各种影响因素之间也都存在着内在联系，存在着一定的关系。从预测误差的影响因素的结构层次入手分析其相互关系及其变化，可判断其对误差作用的强弱。

（3）随机性。预测过程中各种因素的干扰会使预测变量的未来表现呈现出随机变化的特征。影响因素的随机性变化会给预测工作带来很大的困难。目前，常常利用概率方法来推断预测结果的随机性规律和对误差的影响程度。

9.5.2　预测误差评价指标

预测中误差的类型有很多，较为常见且具有代表性的误差主要有四种，分别是平均平方误差、平均绝对偏差、平均预测误差和平均绝对百分误差。

1. 平均平方误差

平均平方误差（Mean Square Error，MSE）也称均方差，是对误差的平方和取平均值，平均平方误差用公式表示为：

$$\mathrm{MSE}=\frac{\sum_{t=1}^{n}(A_t-F_t)^2}{n} \tag{9-16}$$

式中：MSE 为均方差；A_t 为时段 t 的实际值；F_t 为时段 t 的预测值；n 为整个预测期内的时段个数（预测次数）。

若在研究某一问题时得到平均平方误差的总数为 87 910.6，则其相应的 MSE 为 87 910.6÷24=3 662.94

（以每天 24 小时计算）。MSE 虽然可以较好地反映预测精度，但是无法衡量无偏性。

2. 平均绝对偏差

平均绝对偏差（Mean Absolute Deviation，MAD）是整个预测期内每一次预测值与实际值的绝对偏差的平均值，其计算公式为：

$$\text{MAD}=\frac{\sum_{t=1}^{n}|A_t-F_t|}{n} \tag{9-17}$$

式中：MAD 为平均绝对偏差；A_t、F_t、n 的含义同上。

若在研究某一问题时得到绝对偏差的总数为 1 197，则 MAD 为 1 197÷24=49.88。MAD 的作用与标准偏差类似，但它比标准偏差更容易获得。MAD 与 MSE 类似，虽然能较好地反映预测的精度，但它不容易衡量无偏性。

3. 平均预测误差

平均预测误差（Mean Forecast Error，MFE）是指预测误差的和的平均值，可用公式表示为：

$$\text{MFE}=\frac{\sum_{t=1}^{n}(A_t-F_t)}{n} \tag{9-18}$$

式中，$\sum_{t=1}^{n}(A_t-F_t)$ 被称为预测误差滚动和（Running Sum of Forecast Errors，RSFE）。如果预测模型是无偏的，预测误差滚动和应该接近零，即平均预测误差应接近零。因而，平均预测误差能很好地衡量预测模型的无偏性，但它不能反映预测值偏离实际值的程度。

4. 平均绝对百分误差

平均绝对百分误差（Mean Absolute Percentage Error，MAPE）用公式表示如下：

$$\text{MAPE}=\frac{100}{n}\sum_{t=1}^{n}\left|\frac{A_t-F_t}{A_t}\right| \tag{9-19}$$

一般来说，MAPE 预测误差评价指标的含义如表 9-11 所示。

表 9-11　MAPE 预测误差评价指标的含义

MAPE	预测准确性	MAPE	预测准确性
小于 10%	高度精确	20%～50%	合理
10%～20%	良好	大于 50%	不正确

求解 MAPE 值主要是计算时间序列中每一个预测值百分比误差的平均值。例如，在研究例 9-7 问题时得到该问题的合计百分比误差为 218.13%，因此，MAPE 为 218.13%÷24=9.09%，即预测值会在实际呼叫量的平均绝对百分误差的±9.09%之间变化，属于预测结果高度精确的情况。

下面用一个具体的例子对上面四种误差指标进行说明。

例 9-7　某公司的主要工作是为广大市民提供人工服务，2015—2020 年该公司每个季度的实际呼叫量和预测呼叫量数据已知（具体见表 9-12 的前四列），请对预测误差进行评价。

表 9-12　某公司人工服务时间序列及预测

年　份	季　度	呼 叫 量	预测值 A_t	偏差（A_t−F_t）	方　差	绝 对 误 差	百分比误差（%）
2015	1	362	343.8	18.20	331.24	18.2	5.03
	2	385	361.6	23.40	547.56	23.4	6.08
	3	432	379.4	52.60	2 766.76	52.6	12.18
	4	341	397.2	−56.20	3 158.44	56.2	16.48

续表

年　份	季　度	呼　叫　量	预测值 A_t	偏差（A_t-F_t）	方　差	绝对误差	百分比误差（%）
2016	1	382	415	-33.00	1 089.00	33	8.64
	2	409	432.8	-23.80	566.44	23.8	5.82
	3	498	450.6	47.40	2 246.76	47.4	9.52
	4	387	468.4	-81.40	6 625.96	81.4	21.03
2017	1	473	486.2	-13.20	174.24	13.2	2.79
	2	513	504	9.00	81.00	9	1.75
	3	582	521.8	60.20	3 624.04	60.2	10.34
	4	474	539.6	-65.60	4 303.36	65.6	13.84
2018	1	544	557.4	-13.40	179.56	13.4	2.46
	2	582	575.2	6.80	46.24	6.8	1.17
	3	681	593	88.00	7 744.00	88	12.92
	4	557	610.8	-53.80	2 894.44	53.8	9.66
2019	1	628	628.6	-0.60	0.36	0.6	0.10
	2	707	646.4	60.60	3 672.36	60.6	8.57
	3	773	664.2	108.80	11 837.44	108.8	14.08
	4	592	682	-90.00	8 100.00	90	15.20
2020	1	627	699.8	-72.80	5 299.84	72.8	11.61
	2	725	717.6	7.40	54.76	7.4	1.02
	3	864	735.4	128.60	16 537.96	128.6	17.15
	4	661	753.2	-92.20	8 500.84	92.2	13.95
合计		13 179	13 164	15	90 382.6	1 207	221.39
平均		549.13	548.5	0.63	3 765.94	50.29	9.23

可见，平均平方误差（MSE）和平均绝对偏差（MAD）之间的一个最主要的区别就是 MSE 受大误差的影响要比小误差的影响更为显著。MAD 和 MSE 的值取决于时间序列数据的度量范围，平均绝对百分误差（MAPE）与它们的不同之处在于度量范围可以通过将时间序列数据值除以绝对误差来消除，这使得度量更容易理解。同时预测误差有正负之分，当预测值大于实际值时，误差为正；反之，误差为负。预测模型最好是无偏的模型（Unbiased Model），即应用该模型时，正、负误差出现的概率大致相等。平均预测误差（MFE）是评价预测精度、计算预测误差的重要指标。它常被用来检验预测与历史数据的吻合情况，同时是判断预测模型能否继续使用的重要标准之一。事实上选择预测精确性衡量指标并不容易，预测专家们往往在选择什么指标上无法达成共识。总之，MAD、MSE、MFE、MAPE 是几种常用的衡量预测误差的指标，但任何一种指标都很难全面地评价一个预测模型，在实际应用中常常将它们结合起来使用。

天气预报是世界难题——东方之星事件

2015 年湖北发生的东方之星事件，是强对流天气在航道里面较小的空间内引起的局部气象灾害造成的。中国气象局前任局长刘雅鸣认为，中国气象预报如今所面临的挑战是：①气象服务的领域广泛，对我们的工作提出了更高要求，如小尺度、突发的天气灾害监测；②在预报精确度、预见期上要下更大功夫，如提前一小时和提前两小时的预测结果是完全不同的。人类依然无法捕捉到某些气象信息，另外在短时间内的预警还是很有限的。事实上，我国在天气预报的很多方面已经处于世界的领先地位，目前我国 24 小时内的预报准确率是 87%。然而，天气预报仍有很多不准确的情况，尤其是在小尺度天气预报方面急需提高。

（资料来源：根据公开资料整理。）

9.5.3 预测监控

预测是基于过去市场需求的模式、特性对于未来进行的估计，但是预测结果正确的一个重要的假设是，市场的未来发展规律与对过去经验总结的规律是一致的。然而，由于内外部环境的不断变化，未来的实际情况是否能与假设的规律完全相符，以及发展过程中是否出现突发事件都存在很大的不确定性。也就是说，过去起作用的预测模型现在是否仍然有效，会受到很多因素的影响和制约。为了使组织能够正常运行不因环境变化而造成极大损失，就需要企业通过实施恰当的方式对实际情况进行监控，以便掌握市场的发展状况并及时进行调整。

一般来说，监控并检验预测模型是否有效主要有两种方法：一种方法是应用跟踪信号；另一种方法是利用控制图。

1. 跟踪信号

跟踪信号（Tracking Signal，TS）是一种比较跟踪预测值同实际值之间差异的方法，其值是跟踪信号预测误差总和（TSFE）除以平均绝对偏差（MAD），即：

$$\text{TS} = \text{TSFE} \div \text{MAD} = \frac{\sum_{t=1}^{n}(A_t - F_t)}{\text{MAD}} \tag{9-20}$$

式中：

预测误差总和（TSFE）=各期实际需求与需求预测之差的总和。

平均绝对误差（MAD）=预测误差总和÷预测总个数。

当 MAD 的初始值给定后，MAD 可用指数平滑法计算：

$$\text{MAD}_t = \text{MAD}_{t-1} + \alpha(|A_t - F_t| - \text{MAD}_{t-1}) \tag{9-21}$$

跟踪信号预测误差是用来衡量预测值的准确程度的。由于预测每周、每月、每季度都会更新，为了有效把握实际运行情况，需要将新近产生的需求数据同预测值一直进行对比。

正的跟踪信号表示需求大于预测，负的跟踪信号表示需求小于预测。一个好的跟踪信号（通常 TSFE 值比较小）意味着正误差同负误差基本持平。换言之，有小的偏差是可以的，只要正误差和负误差基本持平的话，跟踪信号中间值就接近于零。预测值总是大于或者小于实际值（或者说 RSFE 值比较大）的一贯趋势叫作偏移误差（Bias Error）。发生偏移的原因有很多，比如使用了错误的变量或趋势线，或者是没有使用季节指数。

一旦计算出跟踪信号的值，就要将其与先前确定的控制界限进行比较。当跟踪信号超出了上下限的临界值时就表示预测方法存在问题，管理部门将重新评估预测方法。为了直观、清晰地展示跟踪信号，一般会结合控制图进行分析，只是跟踪信号中使用的是累积误差。

在跟踪信号方法中，控制上下限一般的经验取值范围为±3～±8，一般取±4。每当实际需求发生时，就应该进行调整。只有当跟踪信号在一定范围内时，才认为预测模型可以继续使用。否则，就应该重新选择预测模型。

例 9-8 某面包店 1～6 月的销售量（千个）、预测需求和误差都已知，如表 9-13 所示。请计算跟踪信号并判断该预测的有效性。

表 9-13 某面包店 1～6 月的销售数据

月 度	实际需求	预测需求	误差	RSFE	预测误差的绝对值	预测误差的绝对值累计量	MAD	跟踪信号
1	90	100	−10	−10	10	10	10.0	−1
2	95	100	−5	−5	5	15	7.5	−2
3	115	100	+15	0	15	30	10.0	0
4	100	110	−10	−10	10	40	10.0	−1

续表

月　度	实际需求	预测需求	误差	RSFE	预测误差的绝对值	预测误差的绝对值累计量	MAD	跟踪信号
5	125	110	+15	+5	15	55	11.0	0.5
6	140	110	+30	+35	30	85	14.2	2.5

在第 6 个月月末，MAD=85÷6=14.2，且当月跟踪信号为 2.5，所以跟踪信号在可接受范围内。

2. 控制图

控制图（Control Chart）是对生产过程的关键质量特性值进行测定、记录、评估，并监测过程是否处于控制状态的一种图形方法。控制图是根据假设检验的原理构造的一种图，用来监测生产过程是否处于控制状态。控制图应用范围十分广泛，不仅可以应用于预测误差的管理，还是质量控制、生产控制、库存控制等的一种重要管理手段和工具。

最早的控制图是由“统计质量控制（Statistical Quality Control，SQC）之父”沃特 • A.休哈特（Walter A. Shewhart）于 1931 年在研究质量问题时提出来的。预测监控中的控制图是对事物发展过程的状况进行测定、记录、评估，从而监察过程是否处于控制状态的一种基于统计方法设计的图形。

控制图结构简单、直观明了，是一种简便有效的管理方法。控制图是以直角坐标系为基本框架的，图中有三条平行于横轴的直线，分别被称为中心线（Central Line，CL）、上控制线（Upper Control Line，UCL）和下控制线（Lower Control Line，LCL）。中心线是所控制的统计量的平均值，上下控制界限与中心线的距离是标准差的倍数（如 3σ，即 3 倍的标准差）。CL、UCL、LCL 统称为控制线（Control Line），通常控制界限设定在±3 倍标准差的位置。控制图主要是通过这些控制线来显示控制点所处的位置，以此来确定事物发展实际情况是否符合预期。控制点是研究对象的实际运行情况，是由横轴时间和纵轴具有表征运行的数据共同确定的，并按时间顺序依次将抽取的样本标注在控制图上。跟踪信号（TS）的预测误差的上下限是为累积误差设置的，控制图的上下限是为单个预测误差设置的。在控制图中，预测误差是均值为零的随机分布，并且误差的分布是正态的。

如果控制图中的控制点落在 UCL 与 LCL 之外或在 UCL 和 LCL 之间的排列不随机，则表明事物发展状况存在异常，就需要给予关注。在偏差确定为±3 倍标准差时，大多数控制点位于控制范围内，但也有个别控制点超出了控制范围，如图 9-9 所示。

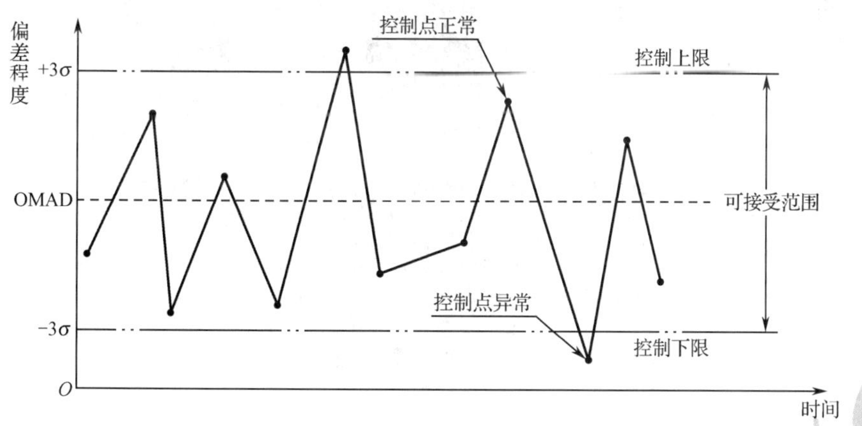

图 9-9　±3MAD 的控制图

通过上述内容可知，不管是跟踪信号还是控制图方法，对于一个控制事件来说确定控制上下界是进行有效控制的关键。由于环境的不同，对于一个控制系统来说没有一个确定性的控制界限，但是各个系统都会努力找到合理的区间。一般来说，界限选择的原则是不要严格到容不下各种细小的误差，也不要高到忽视了严重的误差。控制理论专家乔治 • 普洛索（George Plossl）和奥利佛 • 怀特（Oliver Wight）曾经以库存为例给出了建议，他们将±4 倍标准差作为大量库存的控制界限、±8 倍标准差作为少量库存的控制界限，还有一些学者则建议将控制范围稍微缩小一些。

从总体来看，控制图方法优于跟踪信号方法。跟踪信号方法使用累积误差，无法清晰展示单个误差情况，如果存在很大正偏差也存在很大的负偏差，通过累计就抵消了。然而，在控制图上可以反映每个预测数据的误差，能够清晰反映事件的真实运行情况。

本章小结

预测是基于过去规律对未来发展进行估计的方法，预测工作的重要性体现在企业运营的各个环节，对于企业有效运行起着至关重要的作用。本章第一节介绍了预测的含义、意义和影响因素，预测的类型、预测的一般程序及需要注意的问题；第二节主要介绍了预测的定性方法，包括用户意见调查法、德尔菲法、情景预测法、经理意见法和销售人员意见法；第三节主要介绍了定量预测方法中的时间序列模型，进一步分为时间序列的移动平均法、时间序列的指数平滑法、时间序列的分解模型；第四节主要介绍了定量预测的因果模型，进一步分为回归模型、计量经济预测模型、投入产出预测模型；第五节主要介绍了预测误差、控制理论和相应的控制误差的典型方法。

思考题

1．简述预测的含义及主要类型。
2．典型的定性预测方法有哪些？简述这些定性方法之间的异同。
3．简述时间序列预测模型的基本原理、主要类型。
4．简述因果模型的基本原理、主要类型。
5．简述预测误差产生的原因，预测误差的主要控制方法。

案例分析

第 10 章 生产计划与能力管理

10.1 生产计划与生产能力

引导案例

10.1.1 生产计划

1. 计划的含义和类型

（1）计划的含义。计划（Planning）是组织管理的首要职能，是一个确定目标和评估实现目标最佳方式的过程。随着现代企业运营的社会化程度越来越高，企业内部分工与协作也变得十分精细，任何一部分活动如果离开了严谨的计划都无法正常进行。企业制订一个“好”的计划，有助于其达到最大化顾客服务程度、最大化利润、最小化成本、最小化存货水平、最小化设备停顿时间、最小化消耗水平和最小化人员闲置时间等目标。

（2）计划的类型。企业计划的类型很多，按计划时间的长短可以分为长期计划、中期计划和短期计划；按计划的实施层面可以分为战略计划、战术计划和作业计划；按照计划的具体程度可以分为指导性计划和具体计划；按照计划的使用频率可以分为一次性计划和持续性计划；按照计划的确定性程度可以分为固定计划和滚动计划；按照计划所属的职能部门可以分为研发计划、生产计划、营销计划、财务计划和库存计划等。

2. 生产计划的含义和体系

（1）生产计划的含义。生产计划（Production Schedule）是关于企业生产运作系统总体方面的计划，主要是关于企业在计划期应达到的产品品种、质量、产量和产值等生产任务的计划和对产品生产进度的安排。具体而言，生产计划不仅需要计算“人员”“资金”“材料”三项基本生产要素的投入，还要明确“时间”“数量”“质量”三项基本市场要素的状况。

（2）生产计划的体系。企业的生产计划类型很多，从长期的方向性战略计划到短期的具体性的车间作业计划，形成了一个严密的分层计划体系。企业的计划过程是由一个有序的计划分层体系构成的，由战略计划、综合生产计划、主生产计划、物料需求计划和车间生产作业计划环环相扣，以保证企业的经营目标得以有效推进。图 10-1 是制造企业的生产计划分层体系，从中可以看出，各类计划之间需要紧密联系、协调配合、依次执行，最终达到企业的运营目标。

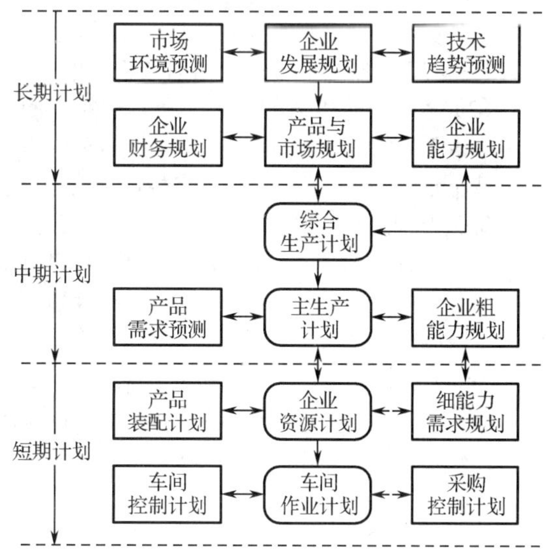

图 10-1 制造企业的生产计划分层体系

3. 生产计划的主要类型

从时间跨度角度来看，生产计划可以分为长期生产计划、中期生产计划和短期生产计划三种。

（1）长期生产计划。企业的长期生产计划是指那些着眼于未来，事关企业发展总体战略的重要生产安排，主要包括产品与市场计划、财务计划、战略资源计划和战略能力计划等。

（2）中期生产计划。中期生产计划是连接企业战略计划和车间具体生产计划的中间环节，也是企业生产计划的关键环节之一，其起点为综合生产计划（Aggregate Production Planning），该计划是基于企业产品与市场规划而来的。在此基础上，基于产品需求预测和企业粗能力规划（Rough-cut Capacity Planning，RCCP）情况制订主生产计划（Master Production Schedule，MPS）。

（3）短期生产计划。短期生产计划主要包括物料需求计划（Material Requirement Planning，MRP）、能力需求计划（Capacity Requirement Planning，CRP）、产品装配计划（Production Assemble Schedule，PAS）、车间控制计划（Workshop Control Plan，WCP）、车间作业计划（Workshop Production Activity Control，WPAC）和采购计划（Purchase Control plan）等。

4. 生产计划制订的步骤

对于制造企业来说，制订生产计划是一件极为复杂的工作，需要通过一系列严谨的过程顺次连接，在特定的情况下还需要不断反复修改完善。一般来说，制订生产计划主要可以分为生产目标确定、当前生产条件评估、未来生产环境预测、生产计划方案确定及生产计划效果评估等步骤，如图 10-2 所示。

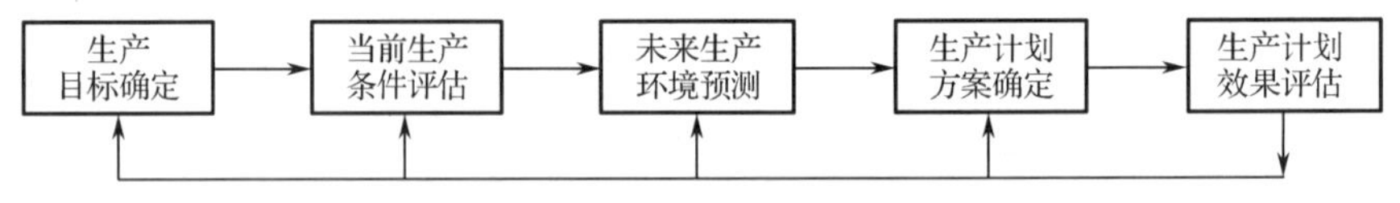

图 10-2　制订生产计划的一般步骤

需要特别指出的是，生产计划的制订过程不是一个简单线性的开环系统，而是一个在计划过程中不断完善、改进的闭环系统，能够使企业的生产计划日趋完善。

10.1.2　生产能力

1. 生产能力相关概念

（1）生产能力。生产能力（Production Capacity）简称产能，是指企业在特定的时间段内所能生产符合市场需求的最大产品的数量。然而，对于不同企业而言，关于生产能力的表述可能存在较大的差异。对于大多数生产制造企业而言，生产能力可能是一个精确的概念，也可能是一个非常模糊的概念。例如，百万吨乙烯工程是指项目每年能够生产 100 万吨乙烯产品，对于化工产业来说这一产能具有很大的确定性；而一个汽车生产制造企业每年生产多少辆汽车，不仅与最终固定资产投入有关，还与企业的运营管理能力、不同产品生产组合密切相关。为此，要想真实了解企业产能需要对生产能力开展科学的测定，需要对生产能力的相关表征指标有一个清晰的认识。

（2）设计产能和查定产能。设计产能（Design Capacity）又称设计生产能力，是指在理想环境下及一定时间内系统的最大理论产量。然而，生产加工时间和人员数量也是影响生产能力的重要因素。查定产能（Check-up on capacity）又称查定生产能力，是指经过技术改造或革新后原有设计能力发生实际变化，进行重新调查和核定后的生产能力。查定产能是依据实际生产能力重新查定的企业最大的生产能力。

（3）有效产能和实际产能。有效产能（Effective Capacity）又称有效生产能力，是指企业在现行的运营条件下预期达到的生产能力。一般来说，企业的有效产能要低于设计产能，这样做的原因是资源消耗未达到极限时往往会获得更好的运营效果。经验表明，在 82%的设计产能水平上运营效果是最佳的。实际产能（Actual Capacity）也称实际生产能力，是指由于受到内部及外部因素的影响，生产系统实际所能生产的产品数量。实际产能的数量受到多方面因素的影响，除了上面分析的一些情况，还与企业生产产品的组合状况存在密切的关系。

2. 生产能力表示指标

（1）代表产品。代表产品（Representative Product）是结构与工艺有代表性，且产量较大的产品。这主要是针对那些设备种类较多且生产产品的类型差异较大的企业，在实际工作中常将各产品的生产能力换算为代表产品的产量，以便达到用可比较的数值衡量生产能力的目的。

（2）工时定额。工时定额（Labor Time Standard）也称时间定额，是指在一定的技术状态和生产组织模式下，员工按照产品工艺工序加工完成一个合格产品所需要的工作时间、准备时间、休息时间和生理时间的总和。根据工时定额可以安排生产作业计划、进行成本核算、确定设备数量与人员编制、规划生产面积等。一般来说，工时定额可以作为制定工艺流程和设计生产线的重要参数。

（3）台时定额。台时定额（Machine Time Standard）是指在一定的技术状态和生产组织模式下，机器设备完成单位产品加工的时间消耗量标准。台时定额与工时定额相对应，台时定额是用来衡量机械的工作时间消耗，而工时定额一般用来衡量人员的工作时间消耗。企业制定合理的台时定额可以为编制生产作业计划提供可靠依据，也有助于平衡组织的人力与物力。

3. 生产能力的影响因素

一般来说，生产能力的影响因素可以总结为生产性固定资产的数量、生产性固定资产的工作时间和生产性要素的生产效率三个方面。

（1）生产性固定资产的数量。生产性固定资产的数量是指在企业计划期内所拥有的全部能用于生产的机器设备的数量，以及厂房和其他生产所用建筑面积。一般来说，企业能够实际运行的固定资产（设备、工具、场地等）数量越多，生产能力就会越强。

（2）生产性固定资产的工作时间。生产性固定资产的工作时间是指机器设备的全部有效时间。由于生产条件和工作制度不同，即使同样的设备其可以利用的相应工作时间也可能不同。一般来说，固定资产的有效工作时间越长，企业的生产能力越强。

（3）生产性要素的生产效率。对于一个企业来说，固定资产的数量、设备的使用时间及员工数量等都是相对有限的，充分运用管理技能最大化发挥设备和人员的工作潜能，往往会对企业的生产能力产生至关重要的影响。

事实上影响企业生产效率的因素有很多，除重视机器设备生产效率外，还应特别重视人对生产能力的影响，员工可以从多方面对企业的生产能力产生影响。学习曲线就是研究人的学习过程是如何影响生产效率的。

学习曲线

学习曲线（Learning Curve）也称为经验曲线，是美国康奈尔大学的怀特（Wright）博士在第二次世界大战期间总结飞机制造经验时得出的曲线规律。在飞机制造过程中，怀特发现每当飞机的产量积累增加 1 倍时，平均单位工时就下降约 20%。随后，在其他行业中也发现了与飞机制造中学习曲线类似的现象，只是下降的数值不同而已。一般来说，随着某项工作练习时间和练习次数的增加，单位时间内的生产数量会呈现出不断增加的趋势，单位产品需要的时间和出现的错误数量会呈现出不断降低和减少的趋势（学习曲线见图 10-3）。尽管学习曲线在一定程度上可以表示工作次数与效率之间存在一定的关系，但是实践中影响工作绩效的因素一般是较为复杂的。

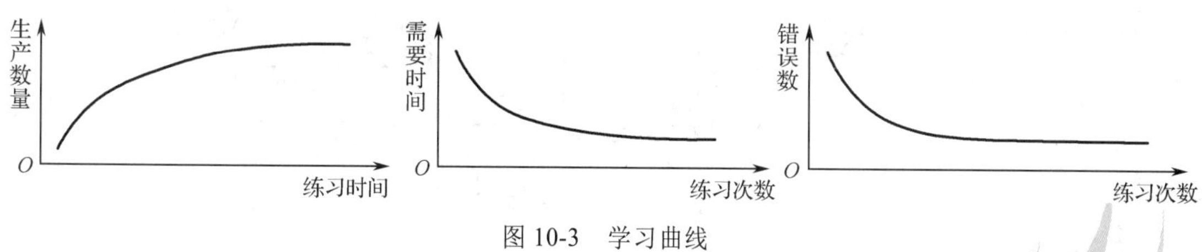

图 10-3　学习曲线

（资料来源：根据公开资料整理。）

由图 10-3 可知，通过学习可以获得非常好的学习效益。基于这一规律，企业可以利用相关数据和资料为企业经营管理工作提供预测和决策依据。一般来说，学习曲线适用于那种产品在投产的初期由于经验不足，产品的质量、生产维护等需要较多的精力投入，以致带来较高成本的情况。随着累计产量的增加，企业管理渐趋成熟，所需要的人力、财力、物力逐渐减少，工人工作越来越熟练，产品质量越来越稳定，前期生产期间的各种改进措施逐步见效，因而生产成本不断降低。

10.1.3 生产计划与生产能力的关系

1. 生产能力与生产任务的平衡

运营管理部门的一项重要任务是提供与市场需求一致的产品，而在企业实际运行中两者之间往往存在一定的差异，即市场需求或者生产计划产量往往与企业的正常生产能力不同步，这就造成了企业的产出大多呈现为块状，生产能力与计划产量如图 10-4 所示。

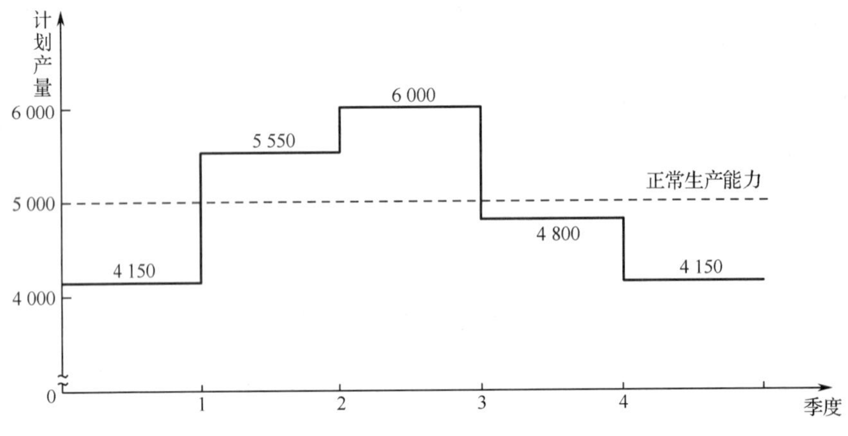

图 10-4 生产能力与计划产量

企业为了获得尽可能多的收益往往尽可能提高自身的生产能力，以便最大化满足市场需求。然而，大多数情况下企业却是在低于最大生产能力的状态下运行的，这是因为企业需要考虑需求的波动性，以便在需求增大时能够不失去满足市场需求的机会。企业理想的生产状态是当市场需求较大时企业能够足额供应，而当市场需求较小时也不浪费产能。因此，在很多时候生产能力与市场需求的合理平衡是企业实施运营管理的核心任务。

为了达到上述目标，企业不仅需要对生产计划进行科学设计，还需要对企业的生产能力进行系统的规划。然而，不管是生产计划还是生产能力都受到众多因素的影响，平衡两者之间的关系并不是一件容易的事情。要么生产能力不能满足市场需求的增加，要么生产能力因市场需求不足产生浪费。为了尽可能实现生产能力与市场需求的平衡，企业需要不断寻求能够使产品生产计划和产品生产能力实现有效匹配的方法（产品生产计划与产品生产能力的关系见图 10-5)。准时制（JIT）生产就是一种致力于这种理想供需关系的方法，即供应方在约定的时间、需要的地点，以合理的价格向需求方提供约定数量和质量的产品。

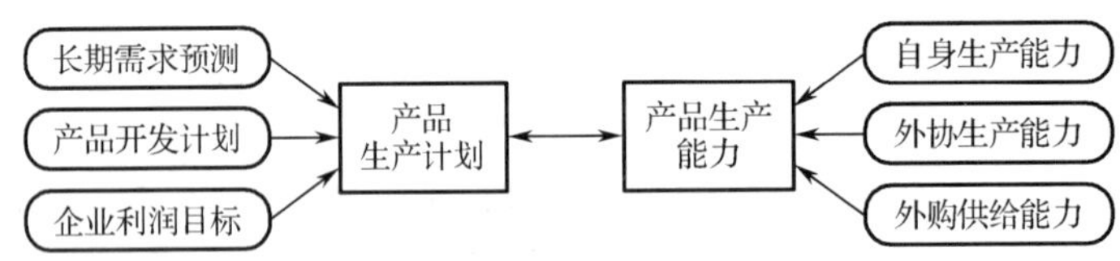

图 10-5 产品生产计划与产品生产能力的关系

2. 调节产品需求

对于一些具有较强刚性的生产系统来说，生产能力是相对稳定的，很难在短期内有所变化。然而，市场需求具有很强的波动性，可能会因为季节、突发因素等导致需求突然增加或者突然减少。也就是说，在供给能力不变的情况下，需求多了不能供应足够的产品，需求少了可能会造成产品积压，这种局面是企业不希望看到的。在供给能力相对固定的基础上，企业可以针对不同情况通过一些相应的办法改变或引导需求，使需求得到适当的调节，进而实现相对有序的供需平衡。在本质上，这是一种“以不变应万变”的平准型平衡策略，即企业在生产能力不变的情况下适应需求的变化。

3. 调节生产能力

企业调节生产能力是一种“以变应变”的追逐型平衡策略。如前所述外部需求发生变化无外乎有两种情况，一种是需求数量的增加，另一种是需求数量的减少。一般来说，前一种情况是运营管理的重点，而后一种情况处理则相对简单。当需求数量减少时可以维持生产，进行库存储备，以便在需求增多时进行销售，还可以通过减少员工工作时间以达到减少生产产品数量的目标。另外，企业可以在员工工作量不足时对员工进行培训，为将来更好地生产提供支持。当目前的生产能力不能满足需求的增加时，一些企业采取了很多有效的应对措施，包括增加资源投入数量、提高生产效率、柔性生产和利用外部资源等。

10.2 综合生产计划

10.2.1 综合生产计划概述

综合生产计划（Aggregate Production Planning）也称生产计划大纲，是指企业内相对更加宏观的、整体的计划，不是针对一个部门的计划，也不对每一个产品的生产数量、生产时间、车间工作、人员数量和具体任务等做出明确规定。因为综合生产计划的周期通常以年为单位，所以也称为年度生产计划。

1. 综合生产计划的主要内容

综合生产计划的主要内容是对企业在计划期内应该生产的产品品种、质量、产量和产值做出界定。

（1）产品品种。产品品种指标在一定程度上能够反映企业适应市场需求的能力。

（2）产品质量。产品质量是衡量一个企业的产品满足社会需要程度的重要标志，是企业赢得市场竞争优势的核心武器。

（3）产品产量。产品产量是表明企业生产成果的一个重要指标，是直接影响企业的销售量的指标，是企业制定其他一系列部门运营指标的重要依据。

（4）产品产值。产品产值是衡量一个企业经营规模的重要指标。一般来说，产品产值主要有商品产值、总产值和净产值三种表现形式。

2. 综合生产计划的制订原则

综合生产计划是促进企业提高客户服务水平、维持低库存、缩短交货时间、稳定生产效率的重要工具。综合生产计划是企业总体的规划，几乎涉及企业的所有部门。为了制订一个能够切实支撑企业全局发展的计划，需要公司的运营、研发、生产、销售、财务等部门之间密切合作，以便为企业的高效运行提供综合性的保障。综合计划的制订要尽量遵循一些原则：①最大化生产能力；②最大化生产价值；③最大化资源效用；④最小化生产成本；⑤最小化生产库存；⑥最小化消耗水平。

10.2.2 综合生产计划的制订策略

基于不同的生产组织特性和相应市场需求的特点，大多数企业的综合生产计划主要采取生产平准化和生产追逐型两种策略。

1. 生产平准化策略

生产平准化策略（Production Leveling Strategy）在生产管理实践中有两层含义：一层是生产系统的供给与市场需求的平准；另一层是生产系统内部各个产品与生产线之间的平准。对于生产供给与市场需求之间的平准而言，主要是通过调节库存水平、允许订单延期或缺货等办法来保持稳定的产出率和稳定的劳动力水平，以适应需求波动。这种生产策略具有人员稳定、产出均衡等优点，但是也存在降低顾客潜在需求和满意度水平、增加库存等不足（平准化生产满足需求策略见图 10-6）。而对于企业内部生产系统的平准而言，生产平准化策略大多是存在于多品种混合流水线生产中。

生产平准就是要求生产平稳、均衡地进行，不仅要达到产量上的均衡，还要保证品种、工时和生产负荷的均衡。所以，生产平准实际上是均衡生产的高级阶段。当企业生产的产品为多品种时，则需要考虑如何科学地编排投产顺序，实行有节奏、按比例地混合连续流水生产，而生产平准化是编排多品种混流生产投产顺序的基本原理。

2. 生产追逐型策略

生产追逐型策略（Production Chasing Strategy）是一种尽可能保持生产数量与市场需求相一致的计划策略。因为大多产品的市场需求是不断变化的，所以生产追逐型策略主要是不断对生产系统的供给能力进行调节。当订货发生变化时，通过聘用或解聘员工等形式增加或者减少产品生产，以适应需求的波动（追逐型生产满足需求策略见图 10-7）。生产追逐型策略体现为一种被动适应型生产模式，但是为了使生产数量与市场需求一致，企业需要具有极强的柔性和适应性。通常来说，企业在采取生产追逐型策略时要最大限度在一个特定的期间内保持一个能够满足预期市场需求的最低的存货水准。

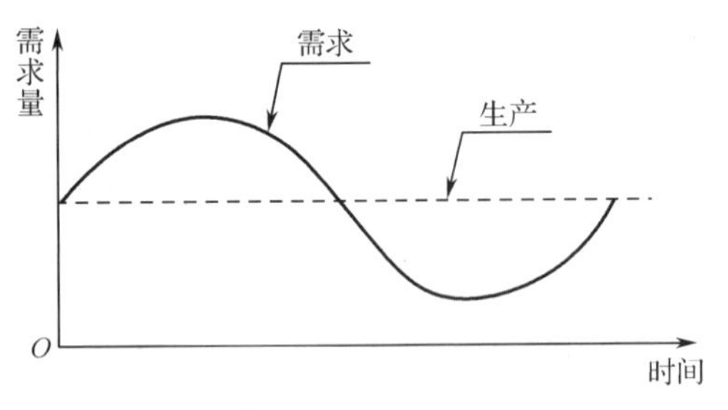

图 10-6　平准化生产满足需求策略

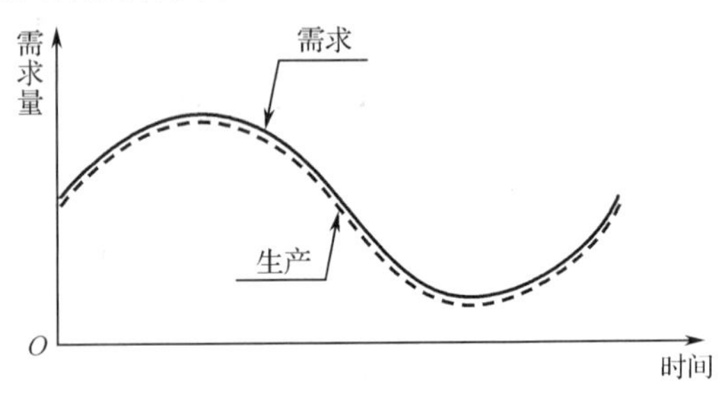

图 10-7　追逐型生产满足需求策略

生产追逐型策略使企业只有很小一部分缓冲存货（Buffer Stock），其优点体现为能够极大地降低库存成本和运营资金的需求。其缺点在于对运营管理人员管理能力的要求较高，员工雇佣和解聘的频率较高，会对员工士气和忠诚度产生不良的影响。

10.2.3　综合生产计划的制订过程

1. 综合生产计划的影响因素

企业制订综合生产计划需要充分考虑内外部环境，否则很难制订出使生产与需求相匹配的生产计划。一般来说，可以将影响综合生产计划的因素分为内部因素和外部因素两类。内部因素包括企业现有的生产能力、目前的劳动力水平、库存状况、生产需要的基本活动等，而外部因素包括宏观的经济环境、市场需求趋势、原材料的供应状况、竞争者行为、外部协作水平等（综合生产计划的影响因素见图 10-8）。

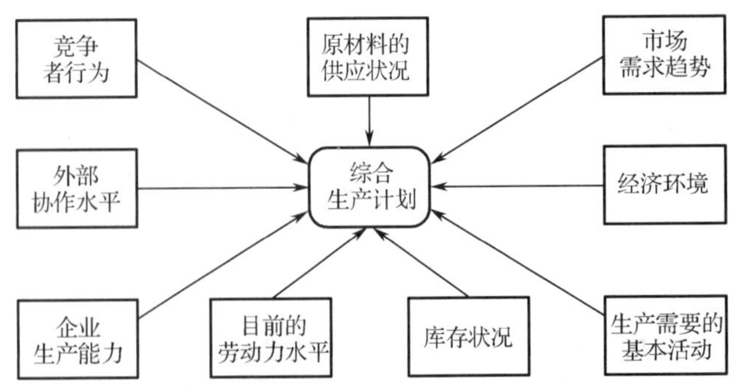

图 10-8　综合生产计划的影响因素

2. 综合生产计划制订的一般步骤

综合生产计划是企业生产计划的基础，直接影响着后续一系列具体生产活动的开展，企业采用严谨的态度制订综合生产计划十分必要。一般来说，企业制订综合生产计划的主要步骤如下：①确定每段时间的需求；②确定每段时间的能力，包括正常工作时间、超时工作时间和转包；③确定企业和部门对于安全库

存、员工的流动程度等方面的有关政策；④确定正常工作、加班、转包、维持库存、推迟交货、雇佣和解雇等方面的单位费用；⑤提出备选计划并计算每种计划的费用；⑥选择和批准最满意的计划方案（综合生产计划的制订流程见图 10-9）。

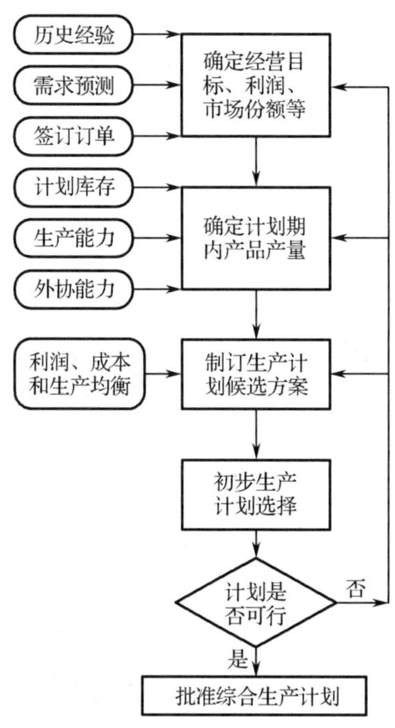

图 10-9　综合生产计划的制订流程

10.2.4　综合生产计划制订的主要方法

1. 试验法

试验法也称反复试验法、试错法（Trial-and-error Method），是在管理实践中应用最广的方法。面对复杂的管理对象，人们往往很难找到最优的方法。起初，人们通过直觉和经验得出一种方法并将这种方法用于实践，在尝试中取得经验、发现问题、做出改进，再用于实践，如此反复直至最后制订出一个较为完善的综合生产计划。试验法虽然不能保证获得最佳的计划方案，但是由于计算量小且简单易行，在制造企业中一直被普遍采用。

试验法可以采用图表的形式，列出计划内的综合生产计划、库存规模、劳动力需求量及相关费用。每一个计划都列出一张图表，然后对不同方案进行比较、选优。一般来说，试验法分为五个步骤：①确定每个时期的需求量；②确定正常生产、加班及转包的生产能力；③确定正常生产成本、加班成本、转包成本、延期交货成本、聘用成本、解聘成本及库存成本；④考虑公司对员工和库存水平的政策；⑤改进方案并核算其总成本。

2. 线性规划法

试验法虽然计算简单，但是不一定能够获得最优的综合生产计划方案。在综合生产计划中，可以采用线性规划法对现实的生产能力进行科学配置，以便最大化满足计划目标。线性规划法是根据成本最小化或利润最大化的原则分配有限资源，在满足一定约束条件的基础上寻求最优解决方案的一种方法。一般情况下，综合生产计划的目标是总成本最小，总成本包括正常生产、加班、外协、库存持有成本、改变劳动力的相关成本等，限制条件是劳动力、生产能力、库存水平和外协能力。线性规划模型一般由目标函数和约束条件两部分组成。

例 10-1　某企业生产 A、B、C、D 四种产品，各产品需要经过车床、钻床、磨床、装配、检验等工序，生产运营数据如表 10-1 所示。试求使企业收益达到最大化的生产计划。

表 10-1　某企业生产运营数据

产　品	加工工时/h					单位利润/元	最低产量/台
	车　床	钻　床	磨　床	装　配	检　验		
A	5	3	1	2	5	9	180
B	2	1	5	4	1	11	130
C	2	2	3	1	5	16	320
D	1	3	2	2	3	12	450
能力/h	1 400	1 800	1 100	2 100	1 300	—	—

解：设 A、B、C、D 四种产品分别生产 x_1、x_2、x_3、x_4，则使企业获得最大化收益的线性规划模型为：

$$\max z = 9x_1 + 11x_2 + 16x_3 + 12x_4$$

$$s.t.\begin{cases} x_1 \geqslant 180 \\ x_2 \geqslant 130 \\ x_3 \geqslant 320 \\ x_4 \geqslant 450 \\ 5x_1 + 2x_2 + 2x_3 + x_4 \leqslant 1\,400 \\ 3x_1 + x_2 + 2x_3 + 3x_4 \leqslant 1\,800 \\ x_1 + 5x_2 + 3x_3 + 2x_4 \leqslant 1\,100 \\ 2x_1 + 4x_2 + x_3 + 2x_4 \leqslant 2\,100 \\ 5x_1 + x_2 + 5x_3 + 3x_4 \leqslant 1\,300 \\ x_i \geqslant 0 \qquad (i = 1, \cdots, 4) \end{cases}$$

通过适当的方法对模型进行求解，即可得到为了使企业获得最大收益而对 A、B、C、D 四种产品的生产计划。

3. 表上作业法

对于约束条件较少的生产计划问题，可采用表上作业法（这一方法与运筹学中运输问题的表上作业法不属于同一种方法，该方法主要参考了马风才的著作《运营管理》的相应章节）求得最优解。表上作业法实际上是线性规划的一种特殊形式，这种方法具有简便易行、直观明了的特点，被广泛应用于企业计划的编制工作中。总成本最小是企业制订综合生产计划的重要目标之一，如何使生产过程中的相关成本得到有效控制极为关键。按照企业生产产品的方式，可以将生产成本分为正常成本、加班成本、外协成本和库存成本：正常成本主要包括各项直接支出和制造费用；加班成本是指包括正常成本在内的、因在工作时间之外增加了劳动时间所发生的成本；外协成本是指自制改为外协时，所支付的外协加工费和外协管理费等；库存成本也称库存持有费用，即库存产品的保管费用。表上作业法的基本假设是：每一个计划期正常生产能力、加班生产能力及外协量均有一定限制；每一个计划期预测的需求量是已知的；全部成本都与产量呈线性关系；不允许缺货。

在使用表上作业法时，要标出生产方式、每一个计划期的需求量、生产能力、初始库存量及可能发生的成本。表 10-2 是综合生产计划的表上作业法的规范用表，具体结构如下所示。

在表 10-2 中，h 表示组织计划期内产品的持有费用；r 表示组织计划期内单位产品的正常生产成本；c 表示组织计划期内单位产品的加班生产成本；s 表示组织加工单位产品的外协成本；I_0 表示计划期初库存；R_i 表示第 i 个计划期的正常生产能力；O_i 表示第 i 个计划期的加班生产能力；S_i 表示第 i 个计划期的外协生产能力；D_i 表示第 i 个计划期的需求量。

表 10-2　综合生产计划的表上作业法

			计划期				生产能力	
计划期			1	2	3	4	未用	全部
期初库存			0	h	$2h$	$3h$		I_0
计划期	1	正常生产	r	$r+h$	$r+2h$	$r+3h$		R_1
		加班生产	c	$c+h$	$c+2h$	$c+3h$		O_1
		外协生产	s	$s+h$	$s+2h$	$s+3h$		S_1
	2	正常生产	—	r	$r+h$	$r+2h$		R_2
		加班生产	—	c	$c+h$	$c+2h$		O_2
		外协生产	—	s	$s+h$	$s+2h$		S_2
	3	正常生产	—	—	r	$r+h$		R_3
		加班生产	—	—	c	$c+h$		O_3
		外协生产	—	—	s	$s+h$		S_3
	4	正常生产	—	—	—	r		R_4
		加班生产	—	—	—	c		O_4
		外协生产	—	—	—	s		S_4
需求			D_1	D_2	D_3	D_4		

表 10-2 中每一行表示一个计划方案，如第一行表示期初库存，它可以用来满足四个单位计划期内任何一期的需求。第二行是第一个计划期内正常工作时间的生产量，它也可以用来满足四个单位计划期内任何一期的需求。接下来的两行是第一个计划期的加班生产量和外协量，也可以用来满足四个单位计划期内任何一期的需求，依此类推。

表中各列分别表示计划所覆盖的各单位计划期、各计划期末使用的生产能力和总生产能力。每一单元格右上角的数字表示包括生产成本和库存成本在内的单位成本。例如，在第一个计划期正常时间的生产成本是 r，如果在第一个计划期生产出来的产品用来满足第二个计划期的需求，因为又发生了一个计划期的持有费用 h，则成本为 $r+h$。第一个计划期生产的产品，如果用来满足第三个计划期的需求，则成本为 $r+2h$，以此类推。虽然成本最低方案是当期生产当期销售，但是由于生产能力的限制，这 目标不是总能达到。

表上作业法的具体步骤如下：①将有关需求、生产能力、成本的数据填入规范用表中；②在规范用表中列出“未用生产能力”，在开始编制综合计划时，未用能力与可用能力相等；③在第 1 列（第 1 个单位计划期）寻找成本最低的单元，尽可能将生产任务分配到该单元，但不得超出该单元所在行的生产能力和该单元所在列的需求；④如果该列仍然有需求尚未满足，重复上一步骤直至需求全部满足；⑤在其后的各单位计划重复步骤③、④，完成一列后再继续下一列。

表上作业法的使用原则是：一行各单元计划量的总和应等于该行的总生产能力，而一列各单元计划量的总和应等于该列的需求。遵循这条原则才能保证企业未超过生产能力，并且满足全部市场需求。

10.3　主生产计划

10.3.1　主生产计划概述

主生产计划（Master Production Schedule，MPS）属于中期计划，是位于综合生产计划和物料需求计划之间的计划活动，是综合生产计划的进一步具体化，也是制订物料需求计划的基础和前提。主生产计划的“主”主要是指它在企业的生产计划体系中起着主控作用。综合生产计划只是对企业生产什么、生产什么品种进行了规定，但是并没有明确说明各个时段生产什么品种、生产的产品型号、生产多少、什么时间完成，其对企业各单位的生产不具有实际的指导价值。综合生产计划的时间往往以年、季度或者月为单位，而主生产计划通常以旬，甚至以周、天为单位，并且要明确说明企业计划生产什么型号的产品、具体什么时候生产、生产多少等内容。

1. 主生产计划的主要内容

主生产计划是根据综合生产计划中产品的总需求量和时间要求，对具体的各类产品的生产数量和生产时间进行安排，它同时考虑了预测需求量、需求时间和现有库存等因素。主生产计划的设计对象种类繁多，涉及的内容也非常广泛，具体计划方式需要考虑计划对象的特点。

（1）主生产计划的计划对象。主生产计划是针对产品系列中的具体产品而做的计划。对于企业来说，其产品可以是最终完成、具有独立需求特征的整机，可以是直接用于消费的成品，也可以是要装配的部件或配件、变形产品、选装件或套件等。

在不同的生产环境下，主生产计划的对象是不同的。在备货型生产（Make-to-Stock，MTS）环境下，通常是用很多种原材料和部件制造出少量品种的标准产品。在这种情况下，本着减少计算量的原则，产品、备品备件等独立需求项目通常成为主生产计划的计划对象。而装配型生产（Assemble-to-Order，MTO）的主生产计划的计划对象通常是那些基本组件、通用部件和可选件。订货型生产（Make-to-Order，MTO）的最终产品一般是按订单要求设计的产品，具有个性化、多样化的特征，此时主生产计划的计划对象可以放在产品结构的底层。在上述三种生产环境下，主生产计划的计划对象如图 10-10 所示。

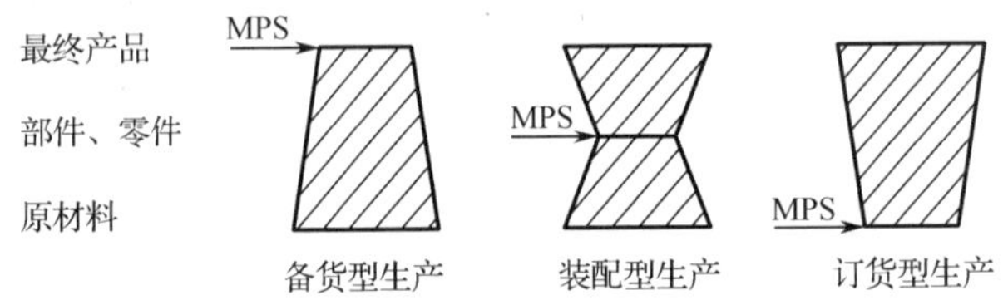

图 10-10　典型生产环境下主生产计划的计划对象

（2）主生产计划的计划内容。一般来说，主生产计划的主要工作是确定产品品种、产品产量、产品出产计划等。因此，主生产计划必须对要生产产品的具体型号、规格和生产时间做出明确的规定。一般来说，主生产计划的对象一般是最终产品，即最终完成、要出厂的成品。下面的例子是一个基于综合生产计划的简单的主生产计划。

经过反复试验，某冰箱企业基于综合生产计划的主生产计划如表 10-3 所示。其中，综合生产计划以假定产品为单位：1 月份提供 2 000 台，2 月份提供 3 500 台。在主生产计划中，将综合生产计划的产量变成具体产品 BCD-180、BCD-220、BCD-300 及每周产量，此时就形成了产品具体生产计划，每个阶段各类型的产品合计数应该等于假定产品数。

表 10-3　基于综合生产计划的主生产计划

		1 月				2 月			
冰箱（假定产品）		2 000				3 500			
具体产品		1 周	2 周	3 周	4 周	1 周	2 周	3 周	4 周
	BCD-180	400		400	200	1 000		500	800
	BCD-220		450		200		600	200	
	BCD-300	150		200		100	300		
合计		2 000				3 500			

企业得到某类型的产品主生产计划后，就可以得出具体产品的生产计划。主生产计划是物料需求计划

（MRP）的主要输入，通过 MRP 处理，具体产品的需求就会变成对构成产品的零部件和原材料的需求，使计划得以逐步执行。

2. 主生产计划的制订意义

（1）主生产计划是计划系统中的关键环节。主生产计划是根据客户合同和市场预测，将规划中的产品系列具体化，确定最终出厂产品。该计划是进行物料需求计划（MRP）与粗能力计划（CRP）运算的主要依据，起着从宏观计划向微观计划过渡的承上启下的作用。

（2）主生产计划是计划系统中的重要枢纽。一个有效的主生产计划需要能够充分利用企业资源，也能够对生产与市场进行有效协调，最终实现生产计划大纲中所列出的企业经营目标。主生产计划是配套企业、销售网点、制造车间、库存系统等的重要联系枢纽，也是向市场及顾客提供承诺的依据。

（3）主生产计划是计划系统中工作的基础。主生产计划决定着后续一系列计划及制造行为的目标。从短期来看，主生产计划是制订物料需求计划、零件生产计划、订货优先级和短期能力需求计划的依据。从长期来看，主生产计划是估计本厂生产能力、仓储能力、技术人员、资金等资源需求的依据。

3. 主生产计划的制订原则

主生产计划的最终目标是最大化地实现生产规划，但是这需要建立在企业生产能力与市场需求两者有效协调的基础之上。因此，企业制订主生产计划时不能超过企业能力范围、市场需求等。一般来说，企业制订主生产计划应遵循以下基本原则：①最少项目原则；②独立具体原则；③关键项目原则；④全面代表原则；⑤适当余量原则；⑥适当稳定原则。

10.3.2 主生产计划制订的主要类型和策略

1. 主生产计划的制订要求

企业在制订主生产计划时需要对相关信息和注意事项有系统的理解和认识，并且能够在资源利用中做到相互协调。总体来说，制订主生产计划的相关人员需要能够准确掌握以下制订主生产计划的具体要求。

（1）熟悉企业产品的基本结构特点和生产特性，了解相关生产车间的生产工艺及相关物资的供应情况，了解销售合同尤其是客户的具体要求。

（2）掌握企业内产品的搭配组合，能够在同一时期不同产品之间进行有效的协调，掌握减少生产准备库存和合理利用资源的方法。

（3）能够同市场销售、研发、仓储、生产、财务等部门保持有效的联系与合作，预见未来可能发生的问题，了解缩短交货期的各种有效措施。

（4）及时核实和调整系统的生产计划，及时调整日常生产制造活动，为企业的物料需求计划提供可靠的保证。

2. 主生产计划制订的主要类型

在生产制造型企业中，备货型生产、订单型生产、装配型生产是三种典型的生产形式。由于不同生产方式自身的特点不同，主生产计划制订的过程、方法也存在一定差异。

（1）备货型生产的主生产计划制订。面向库存生产是指在接到客户订单之前就依据需求预测开始组织设计、采购原材料、组织生产、完成生产、存储成品等过程。企业接到客户订单，就可以从库房里直接发货。日常需要的生产、生活用品大多可以采用备货型生产方式，比如铅笔、螺钉、食盐、食醋等商品皆属于这一类。这种生产面对的市场需求较为稳定，一个时间段内的需求量也相对稳定，主生产计划制订也相对较容易。

（2）订单型生产的主生产计划制订。面向订单生产是指企业根据客户订单组织设计、采购原材料、组织生产、完成生产、存储成品、发货等过程。这种情况下的产品生产完成后，就直接按照约定将产品发货给客户，比如飞机、特种机床、大型工程、大型发电机组等都属于面向订单型生产类型。由于订单型生产能够满足客户的个性化需求，其通常具有标准化程度较低、生产效率较低、订货周期较长、库存水平较低等特点。一般来说，这种生产的市场需求具有较大的波动性，主生产计划制订的难度一般也较大。

（3）装配型生产的主生产计划制订。装配型生产是指在生产的最后阶段，用库存的通用零部件装配满足客户订单需求的产品。面向订单装配是近年来在多品种、小批量生产企业中逐渐发展起来的一种生产组织方式，也是今后的一个主要发展方向。这些通用的零部件是在客户订货之前就计划、生产并储存入库的。收到客户订单后就把它们装配成最终产品，比如个人计算机、家用电器、发动机、房屋门窗、汽车等都属于装配型生产类型。这类产品的主生产计划介于备货型和订单型生产之间，制订难度在于产品种类多，需要在产品模块上调整比例。

3. 主生产计划制订的主要策略

主生产计划是综合生产计划的分解和细化，并确定产品的详细生产进度安排。企业在制订主生产计划中需要协调生产能力与市场需求不均衡的问题。为此，主生产计划可以主要采取生产能力导向的生产率、市场需求导向的生产率和准时制导向的生产率三种策略。

（1）生产能力导向的生产率。生产能力导向的生产率是以企业自身生产能力为依据，去被动满足市场需求的一种生产计划策略，即这种策略不管市场如何变化只根据自身的生产能力进行产品的供给。为了能够尽最大可能满足市场的需求，企业需要根据市场预测进行自身的产能规划，通过需求少时增加库存、需求多时减少库存的方式最大限度地满足市场需求。

（2）市场需求导向的生产率。市场需求是在不断波动的，一些企业通过劳动力数量的调整达到产出随之变化的要求。为了实现两者的平衡，企业在进行合理的生产能力规划的情况下，可以根据市场需求对雇佣和解聘劳动力的数量进行一定的调整。市场需求多时就多聘用员工，而市场需求少时就解聘一些员工，或者通过加班等方式对市场需求的变化进行产品产量的调节。

（3）准时制导向的生产率。生产能力导向和市场需求导向策略都是相对被动的生产策略，而准时制（JIT）生产思想为企业生产提供了一种新的策略，即生产系统的生产能力可以根据市场需求变化进行快速调整。在市场需求变化日趋频繁的背景下，准时制导向策略已经成为企业获得竞争优势的必然选择，但是这种策略需要建立在组织柔性、生产柔性、人员柔性的基础之上，对于企业的管理水平具有较高的要求。

10.3.3 主生产计划制订的过程

1. 主生产计划制订的影响因素

生产制造型企业涉及产品众多，很多因素都会对企业制订主生产计划产生明显影响。归纳起来，可以将主生产计划制订的影响因素分为生产类型因素、计划的具体程度、市场需求预测因素和订单特点因素四类。

（1）生产类型因素。尽管生产制造型企业具有很多共性，但是这些企业可以从不同的视角分为不同的生产类型。例如，根据工艺特点，生产制造型企业可以分为连续型生产企业和离散型生产企业；根据生产过程的管理方式，生产制造型企业可以分为备货型生产、订货型生产、装配型生产和订单型生产。

（2）计划的具体程度。主生产计划通常以月、旬、周甚至天为单位进行计划的编制，不同的时间单位对于编制计划的要求是存在明显差异的。一般来说，周期越长计划的编制相对就越粗糙，而周期越短计划的编制相对就越具体。很明显，不同的时间跨度会对主生产计划的内容、形式、数量产生明显影响。

（3）市场需求预测因素。企业的生产最终是服务于市场需求的，而对市场需求的预测状况会直接影响企业的生产计划，是企业主生产计划制订的基本依据和决策信息的重要来源。一般来说，市场需求的具体预测情况将会对企业主生产计划的产品品种、产品数量和产品的具体生产时间等安排产生直接的影响。

（4）订单特点因素。订单是指市场或者客户与企业销售部门等签订的关于产品品种、产品数量和交货时间等的预定。例如，一个典型的销售订单中将包含订单类型、产品指标、产品单价、付款条件、交接客户、交货日期、交货方式、交货地点、承运商、运输方式等。可见，订单详细描述了企业要生产产品的一系列相关重要信息，这必然会对企业的主生产计划产生重要影响。

2. 综合生产计划的分解

综合生产计划是企业宏观的总体计划，要想付诸实践还需要进一步细化。按照企业物料需求计划的要求，在制订主生产计划时需要从时间、空间、结构三个维度对综合生产计划进行分解。

（1）从时间维度分解。综合生产计划通常以年、季度为计划的基本单位，难以对实际的生产活动起到直接的指导作用。为了使计划更加可行，需要将综合生产计划的时间进行细分，分解的时间跨度越小计划的可行性就越高，对实际的生产活动起到的指导作用就越强。以某企业的季度主生产计划为例，将已经确定的年度综合生产计划以周为单位进行分解，可以得到更加具体的主生产计划（某企业的主生产计划简表见表 10-4）。

表 10-4　某企业的主生产计划简表

单位：台

型号	2018 年度生产计划（年）												
	第一季度				第二季度				第三季度				第四季度
A 型	820												
B 型	960												
	2018 年度生产计划（周）												
	1 周	2 周	3 周	4 周	5 周	6 周	7 周	8 周	9 周	10 周	11 周	12 周	
A 型 1	7	7	7	12	12	12	12	11	10	10	10	10	
A 型 2	25			25			25			25			
A 型 3		100		100		100		100		100		100	
B 型 1	15	15	15	9	9	9	9	9	7	7	8	8	
B 型 2		30			30			30			30		
B 型 3	120		120		120		120		120		120		

（2）从空间维度分解。综合生产计划是以企业整体工作为计划对象的，而产品要最终完成需要在最基本的生产单元内执行。为此，需要将综合生产计划逐步分解到各车间、工段，甚至到班组和具体员工。例如，某企业将综合生产计划分解为制造车间级、班组级的具体指令型安排，使得企业中每个产品都有具体的负责部门和人员与之相对应（某企业空间维度分解表格见表 10-5）。

表 10-5　某企业空间维度分解表格

产品级（厂级）生产计划						
品种	产量	出产时间	质量			
零件级（车间级）生产计划						
零件	制造车间	产量	投入时间	出产时间	质量	
工序级（班组级）生产计划						
零件	班组	工序	产量	投入时间	出产时间	质量

（3）从结构维度分解。综合生产计划通常是以最终产品为计划单位的，而几乎所有产品均由一系列零件或者部件组合而成，而这些零部件是需要在具体的部门和工序上进行加工制造的。为此，可以将综合生产计划（整台产品任务）分解为部件、组件、零件、毛坯和工序。例如，某厂将综合生产计划中的产品 A 按照零件在产品结构中的比例分解为零件 1、零件 2、……零件 n 的生产指令计划（某企业结构维度分解表格见表 10-6）。

表 10-6　某企业结构维度分解表格

单位：台

		1月	2月	3月
产品 A		400	500	600
具体产品	零件 1	200	250	300
	零件 2	150	188	225
	…	…	…	…
	零件 n	50	63	75

3. 主生产计划的制订步骤

在本质上，企业制订主生产计划就是对综合生产计划进行分解，即将相对宏观的综合生产计划具体化为特定产品种类、型号等更为详细的计划。总体来说，主生产计划的制订过程分为主生产计划的物料计划、主生产计划的初步计划、编制粗生产计划清单、评估主生产计划的初步计划、批准主生产计划几个主要步骤。

（1）主生产计划的物料计划。根据综合生产计划确定每个最终产品的生产安排，包括产品品种、产品数量、生产时间的进一步细化。在此基础上根据产品订单、配件预测、最终产品的需求数量确定毛需求量，以便根据产品结构树来确定满足需求的物料计划。

（2）主生产计划的初步计划。根据企业的基本信息，综合当前库存、期望的安全库存、已存在的客户订单、其他实际需求、预测其他各项综合需求等，确定某个时段各种产品的毛需求量。此时的毛需求量已不再是预测信息，而是具有指导意义的生产信息。这一阶段的主生产计划的生产量为：

$$P_t = I_t - I_{t-1} + \max(F_t, O_t)$$

式中：P_t 为第 t 期的 MPS 生产量；I_t 为第 t 期的预期库存量；I_{t-1} 为第 t-1 期的预期库存量；F_t 为第 t 期的市场预测量；O_t 为第 t 期要发货的订单量。

（3）编制粗生产计划清单。粗生产计划（RCCP）是对生产中所需的关键资源进行计算和分析，将主生产计划与关键工作中心的能力进行对比，以确定主生产计划是否切实可行。如果主生产计划可行就将计划上报主管部门审批，进而形成最终的主生产计划。为了保证下一步具体计划得以执行，还需要在主生产计划的基础上编制粗生产计划清单。

（4）评估主生产计划的初步计划。根据毛需求量、事先确定好的批量规则、安全库存量和期初预计可用库存量，计算各时段的计划产出量、可供销售部门的销售量、预计可用库存量等，确定相关产品的数量是否符合未来的需求。在此基础上核实企业的生产能力情况，并将生产能力与未来生产的需求情况进行比较，评估计划的可行性。

（5）批准主生产计划。一旦初步的主生产计划确定了生产量，测试了关键工作中心的生产能力，并对主生产计划与能力进行平衡之后，初步的主生产计划就确定了。如果生产需求和生产能力能够达到平衡，则同意主生产计划；如果需求和能力偏差较大，则提出修正方案，力求达到平衡。调整的方法主要分为两种：一种是改变预计负荷。此种情况采取的措施主要有重新安排毛需求量，并通知销售部门推迟订单或者终止订单等。另一种是改变生产能力。此种情况采取的措施主要有申请加班、增加设备投资、外协、外购，或者通过改变生产工艺提高生产率等。当问题得到有效解决后，主生产计划就可以批准执行（主生产计划的制订步骤见图 10-11）。

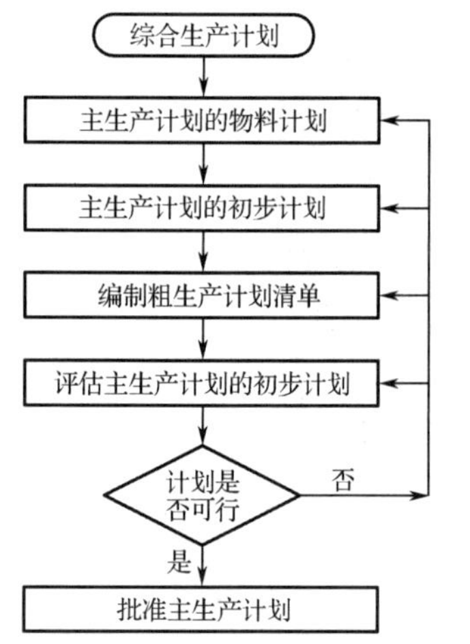

图 10-11　主生产计划的制订步骤

现实中主生产计划会受到很多因素的影响，需要根据粗能力计划、市场需求和订单的变化不断调整，其编制是一个不断循环反复、动态调整的过程。

10.4　企业资源计划

10.4.1　企业资源计划概述

1. 企业资源计划的概念

企业资源计划（Enterprise Resource Planning，ERP）是企业的一个集成的信息管理系统，涵盖研发、生产制造、财务、人力资源、销售、任务分配和供应链等各项管理业务，已经成为大型生产制造企业较为完善的物流、资金流、信息流的综合管理平台。企业资源计划是在企业主生产计划的基础上，将相对宏观的计划转变为具有更强可操作性的关键活动，是未来车间执行具体任务的基本依据，在主生产计划与车间作业计划之间起到关键的桥梁作用。企业资源计划的制订步骤大体分为物料需求计划、生产能力需求计划和批准物料需求计划等，具体流程如图 10-12 所示。

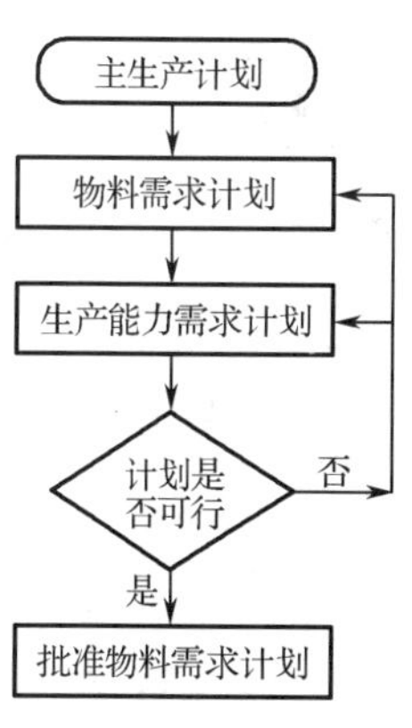

图 10-12　企业资源计划的制订步骤

2. 企业资源计划系统的发展

企业资源计划系统也经历了一个逐渐发展和完善的过程，从最初仅使用简单的计算器制订计划，到今天发展成为具有全球多点实时应用的集成系统。在这个发展过程中，大致经历了订货点法（Order Point Method，OPM）、开环物料需求计划（Open Loop Material Requirements Planning，MRP）、闭环物料需求计划（Closed Loop Material Requirements Planning，MRP）、制造资源计划（Manufacturing Resource Planning，MRPII）和企业资源计划（Enterprise Resource Planning，ERP）几个阶段。

3. 企业资源计划系统典型的演化阶段

企业资源计划的各个阶段之间，既存在明显的区别，也存在内在的联系。事实上，企业资源计划的几个阶段是一个逐渐丰富的过程，是在人类管理思想和计算机技术共同推动下不断完善的过程。从图 10-13 可以看出，企业资源计划系统的演化过程随着系统的不断丰富和完善其所涉及的研究对象和管理范围日趋扩大、涉及的具体管理内容越来越多。

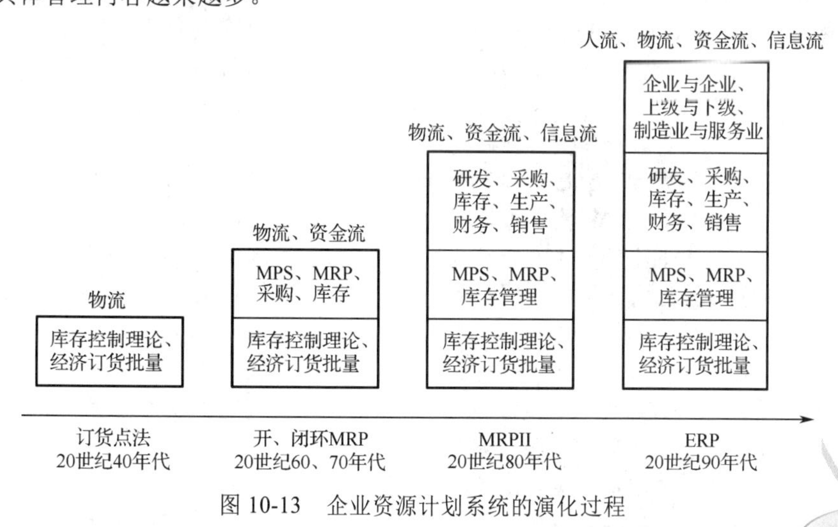

图 10-13　企业资源计划系统的演化过程

10.4.2　订货点法

1. 订货点法概述

订货点法（OPM）又称订购点法，创立于 20 世纪 40 年代，是传统的库存控制方法。该方法是在企业库存物料随时间推移而被使用和消耗的基础上提出的。在此之前，企业通常是采用控制库存物品数量的方法管理物料。为了不出现物料短缺的情况，通常为每种物料设置一个最大库存量、安全库存量和订货点。最大库存量是为库存容量、库存占用资金的限制而设置的。安全库存量也叫最小库存量，即物料的消耗不能小于安全库存量。订货点是指从订单发出到物料到货期间，剩余物料的消耗刚好维持到安全库存的库存量。

订货点法的原理如图 10-14 所示。由于生产或销售的原因，某种物料或产品逐渐减少，当库存量降低到某一预先设定的数量点时，则发出订货单来补充库存，此订货的数值点即称为订货点。库存在提前期内依然在不断消耗，当库存消耗到安全库存时所定的货物正好到达，并将库存一次性补充到最大库存状态。之后又开始下一个订货周期，周而复始。经济订货批量（Economic Order Quantity，EOQ）模型是订货点法的典型应用。

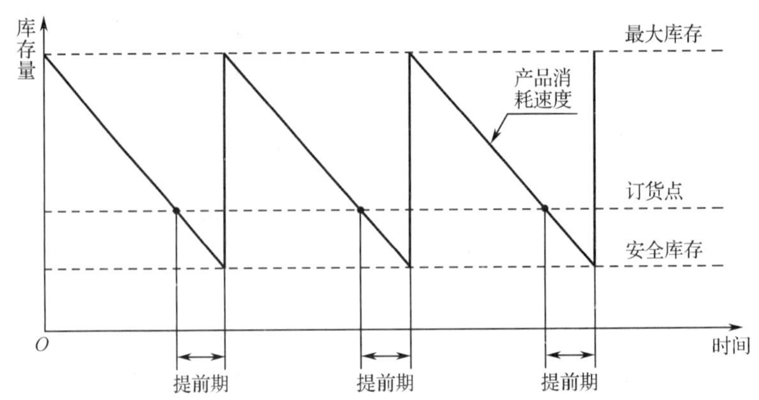

图 10-14　订货点法的原理

在过去很长一段时间，由于企业的生产系统较为简单，订货点法基本能够满足生产物料的管理需要。随着企业生产系统的复杂化、产品的多样化和环境的动态化，订货点法的局限性越来越明显，并最终被一系列新的控制系统所替代。

2. 订货点法的具体做法

根据订货点法的策略，具体的做法也存在一定的差异。订货点法的常见库存管理策略有四种：①连续性检查的固定订货量、固定订货点策略，即（Q，R）策略；②连续性检查的固定订货点、最大库存策略，即（R，S）策略；③周期性检查策略，即（t，S）策略；④综合库存策略，即（t，R，S）策略。

一般来说，采用订货点法管理物料的具体做法是将订货提前标注在物资卡片或者电子终端上，每到订货点时即检查实际库存量。如果库存数量降到了订货点位置则需订货，防止缺货的情况发生。而订货数量按照不同的规则有所不同。在生产物料需求不均衡的情况下，物资消费速度表现为时快时慢，库存量下降到订货点的时间可能存在较大的不确定性。如果按照常规的方法控制库存，可能出现不能及时对库存做到有效补充的情况。此时就应该加大库存的复核频率，及时发现库存的变化，以便在库存下降到订货点时能够及时发出订单，保证企业生产的持续进行。

3. 订货点法的不足

订货点法是建立在一系列理想化假设的基础之上的，然而现实情况往往与假设存在一定差异，这就导致订货点法在特定情况下会出现明显的问题和缺陷。

（1）订货的盲目性较大。由于市场需求是动态甚至是随机的，根据订货点法的特点，企业为了能够满足市场需求往往不得不保持一个较大数量的库存水平，这会造成资金积压和一系列浪费。例如，某零件的需求情况如表 10-7 所示，如果根据经济订货批量（EOQ）公式，计算出的经济订货批量为 50 件，则表 10-7 中的几种生产情况都会造成一定的库存浪费。由于第 1 周需求为 20 件，第 2 周和第 3 周需求均为 0，而如果一次订 50 件产品的话就会导致第 1 周后剩余的 30 件需继续存放 3 周，直到第 4 周才消耗 20 件，此时仍剩余 10 件。这 10 件还需存放 4 周，而且满足不了第 8 周的需要。为此，在第 8 周前又要提出数量为

50 件的订货，而在第 8 周消耗 20 件后剩余的 40 件又成为库存，最终导致一系列的浪费。

表 10-7 某零件的需求情况

单位：件

周次	1	2	3	4	5	6	7	8	9	10
需求	20	0	0	20	0	0	0	20	0	0

（2）低库存与高满意水平难以兼顾。在传统的订货点法下，储存尽可能多的产品库存是提高用户满意水平的一种重要途径，这就使得低库存和用户高满意水平两者之间往往很难做到兼顾。例如，一个产品由 10 个零件组成，如果每个零件的库存保障率达到 95%，但是这 10 个零件都不发生库存不足的概率仅为 $(0.95)^{10} \approx 0.599$。如果一件产品由几十、上百甚至上千个零件组成，只有当所有零件的库存都不出现问题时才能够组装成一个完整的产品。如果想达到用户高满意度水平，就要求每个零件都保持较高的库存，但是这又会造成库存成本的浪费，否则必将会对用户满意度水平产生影响。

（3）"块状"需求加剧库存浪费。在产品生产制造过程中，零件和部件的需求不需要时消耗为零，需要时就是一批一批的消耗，这种消耗呈现为"块状"需求。而订货点法使用的条件是需求均匀，为了使需求和供给达到平衡，会使这种需求的不均匀性进一步加剧。例如，产品、零件和原材料的库存是向市场提供产品过程中的三个阶段，如果这三个阶段都采用订货点法控制库存，将会导致总体库存水平非常高，从而造成极大的浪费。

一般来说，对产品的需求取决于多个用户的需求，而每个用户的需求通常相差不是很大，综合起来的产品需求是比较均匀的，这种情况下的库存水平的变化总轮廓呈锯齿状。产品库存量会不断下降，当产品库存量下降到订货点以下时企业就要组织该产品的生产。为了生产产品就要从零件库中取出各种零件，零件的库存水平陡然下降一块。而在此之前，如果产品库存水平没有下降到订货点，就不必进行零件订货，因而零件的库存水平维持不变。类似地，当零件的库存水平未降到订货点以下时，也不必提出订货。于是，原材料的库存水平维持不变。随着时间的推移，产品的库存逐渐消耗，当库存水平再降到订货点以下时，再次组织产品装配，这时又消耗一部分零件库存。如果这时零件的库存水平降到零件的订货点以下，就要组织零件加工。这样，就要消耗一部分原材料库存。由此可以看出，在产品的需求率为均匀的条件下，由于采用订货点法，零件和原材料的需求率是不均匀的，呈现"块状"。"块状"需求与"锯齿状"需求相比，库存水平几乎要提高一倍，从而导致占用更多的资金（订货点法中的"块状"需求形成过程见图 10-15）。

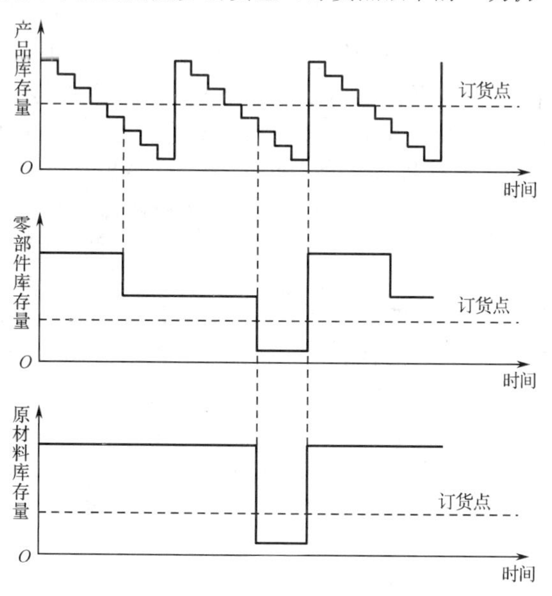

图 10-15 订货点法中的"块状"需求

10.4.3 物料需求计划

1. 物料需求计划概述

（1）物料需求计划（Material Requirements Planning，MRP）的起源。在本质上，订货点法是用于处理独立需求问题的，对于单一品种的大规模生产较为适合。然而，该方法不能满意地解决相关需求问题，也不适用于订单型的生产企业，其局限性十分明显。为此，在 20 世纪 60 年代中期，美国的管理专家约瑟夫 • A.奥里奇（Joseph A. Orlicky）博士提出了“物料独立需求和相关需求”的学说，并组织实施了一种被称为物料需求计划（MRP）的物料管理方法。物料需求计划可以精确地确定对零部件、毛坯和原材料的需求数量与时间，消除了生产盲目性，在很大程度上实现了低库存与高服务水平的兼顾（订货点法与物料需求计划的比较见表 10-8）。

表 10-8 订货点法与物料需求计划的比较

项　　目	订 货 点 法	物料需求计划
需求类型	独立需求	相关需求
需求来源	顾客	上一级需求
物料类型	成品	原材料、在制品
估计需求的方法	预测或订单	计算
计划方法	EOQ	MRP

目前，物料需求计划管理方法主要用于生产制造业。对于生产制造型企业来说，产品的生产过程大致为将原材料制成各种毛坯，再将毛坯加工成各种零件，零件组装成部件，最后将零件和部件组装成产品。如果要求按一定的交货时间提供不同数量的各种产品，就必须提前一定时间加工所需数量的各种零件；要加工各种零件，就必须提前一定时间准备所需数量的各种毛坯，直至提前一定时间准备各种原材料。要使各生产阶段和环节相互衔接，必须准确地确定原材料、毛坯和零件的投入出产时间和数量。现代工业产品日益复杂，一个产品常常包含成千上万个零件，而加工这些零件需要各种不同的原材料。可以想象，要把每种零件和每种原材料的需要量和需要时间计算出来，其工作量多么巨大。例如，第一个手工编制的物料需求计划诞生于通用电气公司（General Electric Company，GE），共耗费了 4 个月的时间。随着计算机的不断发展，MRP 也得到了广泛应用。MRP 的理想境界是企业根据需要使物料达到“不多”“不少”“不早”“不晚”，即准时制（JIT）的目标。

（2）MRP 的发展。MRP 在发展过程中经历了一个不断探索和完善的过程，大致分为开环物料需求计划（Open Loop MRP）和闭环物料需求计划（Closed Loop MRP）两个阶段。

第一阶段：开环物料需求计划。20 世纪 60 年代，该系统由主生产计划（MPS）子系统、物料清单（Bill of Materials，BOM）维护子系统、库存状态记录（Inventory Status Records，ISR）子系统和物料需求计划编制子系统四部分组成。这一时期的 MRP 系统是根据产品的市场需求、产品结构和物料库存数据来计算各种物料的需求，将产品生产计划变成零部件投入生产计划和外购件、原材料的需求计划，从而解决了生产过程中需要什么、何时需要、需要多少的问题。由于初期的 MRP 仅是一种采用计算器进行物料计算的方式，总体上是开环的，没有信息反馈，无法进行有效的反馈控制，难以达成必要的能力平衡，因此称其为开环 MRP 系统（典型的开环 MRP 系统运行结构图见图 10-16）。

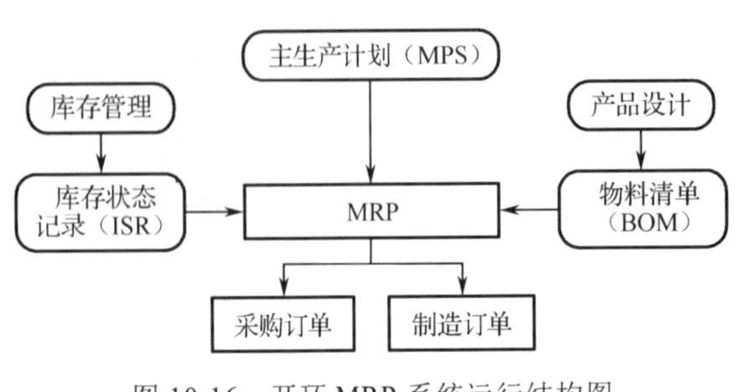

图 10-16 开环 MRP 系统运行结构图

第二阶段：闭环物料需求计划。在开环物料需求计划系统中，计算一经完成，生产计划就确定下来了。然而，随着内外部环境的不断变化，相应的生产计划就需要不断进行调整，在缺乏计算机工具的情况下，

一些非常复杂的产品几乎不可能制订准确计划。20 世纪 70 年代计算机技术得到不断发展，快速对生产计划进行调整的可行性越来越高。当企业从供应商和生产现场取得了生产计划调整信息后，就可以借助计算机很快将最新信息加入新的生产计划中，进而形成了基于信息反馈的闭环 MRP 系统。

闭环 MRP 在开环 MRP 的基础上补充了以下几种功能：①能力需求计划的编制功能。②建立了信息反馈机制，使计划部门能及时从供应商、车间作业现场、库房管理员、计划员那里了解计划的实际执行情况。③计划的快速调整功能。简单地说，闭环 MRP 是在开环 MRP 的基础上增加了能力需求计划，形成了"计划—执行—反馈—计划"的闭环系统，使系统能够对生产计划与生产能力进行有效的平衡。为此，MRP 成为一种保证既不出现短缺又不积压库存的计划方法，解决了制造业所关心的缺件与超储的问题。

（3）MRP 的计划步骤。为了有效实现上述企业物料的管理活动，一些企业在 1960 年前后研制了一些 MRP 软件系统。其中，美国生产与库存控制协会（APICS）的 MRP 软件系统具有一定的代表性。通常来说，MRP 软件系统包含主生产计划（MPS）模块、物料需求计划（MRP）模块、物料清单（BOM）模块、库存控制（Inventory Control）模块、采购订单（Purchasing Order）模块等。

一般来说，物料需求计划的制订是遵照先通过主生产计划导出有关物料的需求量与需求时间，再根据物料的提前期确定投产或订货时间的计算思路。其基本计算步骤如下：①基于主生产计划和粗能力平衡要求计算物料的毛需求量；②基于细能力平衡要求计算净需求量；③计算生产批量；④计算安全库存量、废品率和损耗率等；⑤如果物料需求计划存在问题，进行修改；⑥下达采购订单和制造计划订单。典型的闭环 MRP 流程图如图 10-17 所示。

（4）MRP 的主要特点。MRP 系统打破了原有订货点法以产品品种台套为基本单位的计划模式，而将企业生产过程所涉及的所有原材料、零部件、半成品、产品等都视为物料。同时，把所有物料需求区分为独立需求和相关需求两种类型。另外，MRP 系统是根据产品的需求时间和需求数量进行展开，按时间段确定不同时期各种物料的需求。总体来看，MRP 系统具有如下典型特点：①需求的相关性。根据订单确定了所需产品的数量之后，由新产品结构文件（BOM）即可推算出各种零部件和原材料的数量，这种根据逻辑关系推算出来的物料数量称为相关需求。不但品种数量有相关性，需求时间与生产工艺过程的决定也是相关的。根据物料清单、库存情况和生产计划制订出物资的相关需求时间表，这样就可以大大降低库存。②需求的确定性。MRP 的需求都是根据主生产进度计划、产品结构文件和库存文件精确计算出来的，品种、数量和需求时间都有严格要求，不可改变。③计划的复杂性。MRP 系统管理的产品大多结构复杂，有大量的各种零部件，其计算工作量非常庞大，生产计划具有极大的复杂性。

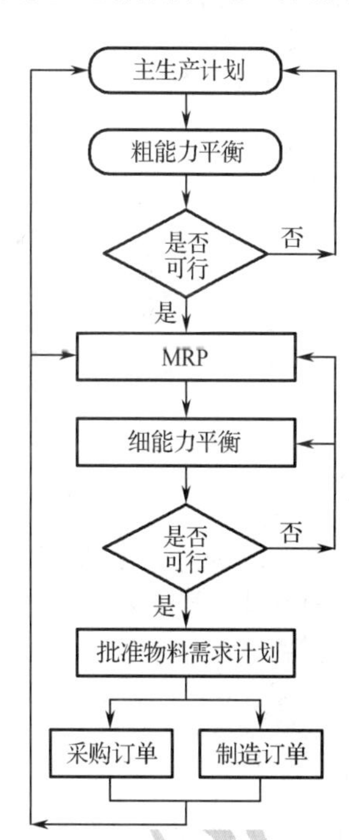

图 10-17　闭环 MRP 流程图

2. MRP 系统

本质上，MRP 系统是一个"投入""产出"系统，类似于 $y=f(x)$的函数，即将一些订单和市场预测资料和信息输入 MRP 系统，经过基于一定的算法编制的软件进行计算，最终生成制造订单和采购订单。总体来看，MRP 的计划过程大致可以分为信息输入、信息处理、信息输出三个步骤（典型的 MRP 系统结构图见图 10-18）。

（1）MRP 的信息输入。一般来说，MRP 的输入信息包括一切计划所需的信息，如销售计划或客户订单、各种产品的组成结构、物料的现有库存、材料消耗定额、自制零部件的生产周期、外购件和原材料的采购周期等。总体来看，MRP 的主要输入包括主生产计划、物料清单、库存状态信息和其他关键信息。

① 主生产计划。主生产计划（MPS）是 MRP 的主要输入，是 MRP 运行的驱动力量。MPS 中所列出的是企业向外界出售的最终产品，既可以是完整的产品，也可以是完整的部件、零件、备品和配件等。另外，MRP 中规定的产出数量一般为净需求量，即需要出货的数量，而由于考虑到样品、备品、库存等实际情况往

往需要多生产一些。典型的主生产计划的周期通常以周为单位，也可以以日、月、季为单位。

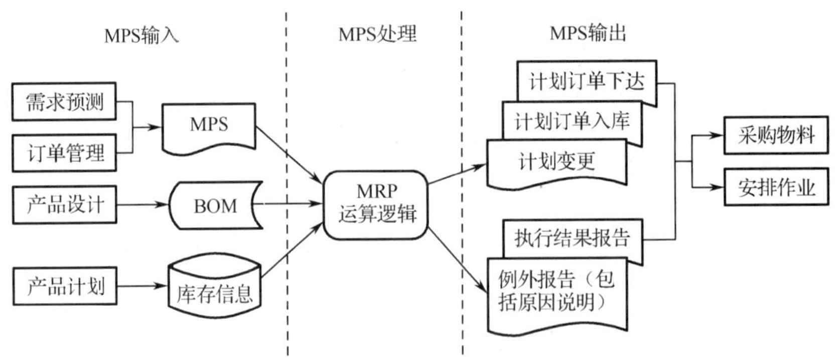

图 10-18　MRP 系统结构图

② 物料清单。物料清单（BOM）明确了产品中各种零部件之间的关系、每种零部件需求的数量，它是物料需求计划系统中最基础的数据。产品结构树是以图形的方式展示产品物料结构的有效方式，其清晰地展示了产品的组成及结构信息，包括所构成的零部件、产品项目的结构层次，在一定程度上为制订最终产品的工艺流程提供信息（典型的产品结构树见图 10-19）。需要特别指出的是，由于产品中的零部件之间可能存在交叉，而零部件的层级命名又要求具有唯一性，这就导致产品结构树中一些零部件会出现在结构树的不同层上。如图 10-19 中 B（1）既出现在第 1 层又出现在第 2 层，这是由产品的一些特殊结构决定的。BOM 可以准确地显示产品中相关需求的信息，这些物料可以分为自制项目和采购项目两类。经过 MRP 系统的运行，自制项目的物料需求计划便形成相应的投入产出计划，采购项目的物料需求计划则形成相应的采购订单。

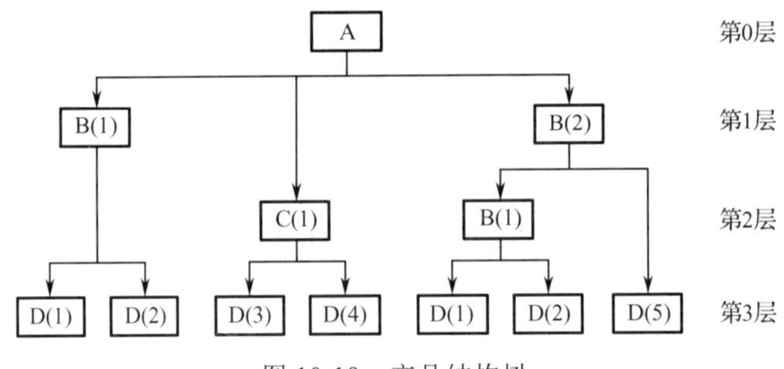

图 10-19　产品结构树

③ 库存状态信息。库存状态记录（ISR）能够把每个物料现有库存量和计划接受量的实际状态反映出来，以便 MRP 系统确定关于订什么、订多少、何时订货等信息。事实上，库存状态会受到总需求量、预计到货量、现有库存、已分配量、净需要量、计划发出订货量等指标的影响，需要进行综合处理。库存状态会由于入库、出库、废品损失、领料出错和订单取消等引起变化，需要及时登记、更新。

④ 其他关键信息。除基本需求信息外，在制订 MRP 具体计划时还需要明确安全库存、提前期、订单批量等信息。安全库存（Safety Stock）是为防止未来物资供应或需求的不确定性因素而准备的缓冲库存，安全库存的大小取决于供应和需求的不确定性、顾客服务水平，以及缺货成本和库存持有成本。提前期（Lead Time）也称“前置期”，是指某产品生产制造所需要的时间周期。MRP 中确定提前期要考虑排队（等待加工）时间、运行（切削、加工、装配等）时间、调整准备时间、等待运输时间、检查时间和运输时间等因素。订单批量（Production Batch）是指企业（或车间）在一定时期，一次出产的在质量、结构和制造方法上完全相同的产品（或零部件）的数量。另外，产品模块化（Modular Product）也是进行信息输入时需要考虑的重要因素。

（2）MRP 的信息处理。将各种信息输入 MRP 系统后，系统会进行数据运算，最终生成输出结果。在

使用库存信息的过程中，MRP 系统结合库存记录文件按照产品结构开始向下逐层分析，依次计算 BOM 中各层零部件或原材料需求，经过多次搜索并确定引起各零部件或原材料需求的上一层物料项。

由于内外部环境都在不断发生变化，MRP 系统需要不断更新。一般来说，MRP 系统有重新生成与净改变两种运行方式。重新生成方式是每隔一定时间，从主生产计划开始重新计算 MRP，这种方式适用于计划比较稳定、需求变化不大的面向库存的生产类型。净改变方式是当需求方式变化时，只对发生变化的数据进行处理，计算那些受影响零件的需求变化部分，净改变方式可以随时处理或者每天结束后进行一次处理。

（3）MRP 的信息输出。MRP 系统可以按照需要提供多种不同内容与形式的输出，其中主要的是各种生产和库存控制用的计划和报告。一般来说，MRP 的输出信息可以分为主报告和辅助报告两类。

① 主报告。主报告是关于生产控制和库存状态的最主要和最常用的报告，主要包括在未来某一时刻要下达的计划订单，如零部件投入产出计划、原材料需求计划等；执行计划订单的计划下达通知；重新生成的计划订单的交货期更改单；根据主生产计划做出的取消或延迟计划订单的取消/延迟通知；库存状态数据报告等。

② 辅助报告。辅助报告是指在 MRP 运行程序中可选的一些附加报告，主要分为三类：计划报告，是用于预测在未来某一时刻的库存和需求的报告；绩效控制报告，是用于那些停怠的物料，以确定这些物料的提前期、使用数量、成本的实际情况和计划情况之间差异的绩效控制报告；例外报告，是用于指出那些严重偏差，包括一些错误、超出能力范围、订单推迟或过期、废品过多、零件供应不足等问题的报告。

总之，MRP 是一个具有强大输出功能的物料管理系统，可以输出零部件投入出产计划、原材料需求计划、互转件计划、库存状态记录、工艺装备机器设备需求计划、计划将要发出的订货、已发出订货的调整、零部件完工情况统计、对生产及库存费用进行预算的报告、交货期模拟报告、优先权计划等信息。

3. MRP 的批量确定

MRP 系统中批量大小的确定是一个困难而复杂的问题，批量大小是在 MRP 计划的计划订单收料与计划订单发出环节要解决的零件数量的问题。常见的 MRP 批量的确定方法有按需定量法、经济批量法、最小总成本法、最小单位成本法等。

以下列问题为例，解释 MRP 系统确定批量的方式。表 10-9 列出了某公司 8 周的计划净需求。

表 10-9　某公司 8 周的计划净需求

周	1	2	3	4	5	6	7	8
净需求	50	60	70	60	95	75	60	55

注：单位成本：10.0 元；订购或调整成本：47 元；库存持有成本：0.5%/周。

（1）按需定量法（Lot-for-Lot，LfL）。按需定量法是最常见的 MRP 批量确定方法，该方法的特点包括以下几点：设置恰好满足净需求的计划订单；正好生产每周需要的产品，没有多余的库存用于将来；最小化持有成本；不考虑调整成本或能力局限。用按需定量法确定 MRP 计划的批量大小如表 10-10 所示。

表 10-10　用按需定量法确定 MRP 计划的批量大小

周	净需求/个	生产数量/个	期末库存/个	持有成本/元	订货成本/元	总成本/元
1	50	50	0	0.00	47.00	47.00
2	60	60	0	0.00	47.00	94.00
3	70	70	0	0.00	47.00	141.00
4	60	60	0	0.00	47.00	188.00
5	95	95	0	0.00	47.00	235.00
6	75	75	0	0.00	47.00	282.00

续表

周	净需求/个	生产数量/个	期末库存/个	持有成本/元	订货成本/元	总成本/元
7	60	60	0	0.00	47.00	329.00
8	55	55	0	0.00	47.00	376.00

由于企业没有任何库存保留到下个星期，所以持有成本为零。然而，按需定量法每周都需要支付订货费用，此方法会导致较高的订货费用。

（2）经济批量法。基于 EOQ 模型确定 MRP 的批量需要平衡订货与保管成本，其假设在周期开始时满足零部件需求。结合前面按需定量法使用的数据，经济订货数量的计划如下：

基于这 8 周的年度总需求量（D）=52×525÷8=3 412.5（单位）

年度保管成本（H）=0.5%×10×52=2.60（元/单位）

订货成本（S）=47（元）

$$\mathrm{EOQ}=\sqrt{\frac{2DS}{H}}=\sqrt{\frac{2\times 3\ 412.5\times 47}{2.6}}\approx 351（单位）$$

表 10-11 列出了一个经济批量为 351 单位的 MRP 计划。第 1 周的经济批量大小足以满足从第 1 周到第 5 周及第 6 周的一部分。接下来，第 6 周的另一个经济批量用来满足第 6 周到第 8 周的需求。需要注意的是，经济批量计划第 8 周周末还剩余一些库存，可用于第 9 周。

表 10-11　用经济批量法确定 MRP 计划的批量大小

周	净需求/个	生产数量/个	期末库存/个	持有成本/元	订货成本/元	总成本/元
1	50	351	301	15.05	47.00	62.05
2	60	0	241	12.05	0.00	74.10
3	70	0	171	8.55	0.00	82.65
4	60	0	111	5.55	0.00	88.20
5	95	0	16	0.80	0.00	89.00
6	75	351	292	14.60	47.00	150.60
7	60	0	232	11.60	0.00	162.20
8	55	0	177	8.85	0.00	171.05

（3）最小总成本法。最小总成本法是一种动态确定批量大小的方法，通过比较不同批量的持有成本与订货成本，然后选择其中两者成本最接近的。表 10-12 的上半部分列出了最小成本的批量。分别计算第 1 周生产满足第 1 周需求、满足第 1 周与第 2 周需求、满足第 1 周、第 2 周和第 3 周需求的成本等，再寻找订购成本与持有成本最接近的情况。在表 10-12 上半部分中，因为持有成本为 38 元比 56.75 元更接近 47 元的订购成本，所以该批量满足第 1 周到第 5 周的需求。

表 10-12　用最小总成本法确定 MRP 计划的批量大小

周	订购数量/个	保管成本/元	订货成本/元	总成本/元	
1	50	0.00	47.00	47.00	
1～2	110	3.00	47.00	50.00	
1～3	180	10.00	47.00	57.00	
1～4	240	19.00	47.00	66.00	
1～5	335	38.00	47.00	85.00	第一个总成本最小订单
1～6	410	56.75	47.00	103.75	

续表

周	订购数量/个	保管成本/元	订货成本/元	总成本/元		
1～7	470	74.75	47.00	121.75		
1～8	525	94.00	47.00	141.00		
6	75	0.00	47.00	47.00		
6～7	135	3.00	47.00	50.00		
6～8	190	8.50	47.00	55.50	第二个总成本最小订单	
周	净需求/个	生产数量/个	期末库存/个	持有成本/元	订货成本/元	总成本/元
1	50	335	285	14.25	47.00	61.25
2	60	0	255	11.25	0	72.50
3	70	0	155	7.75	0	80.25
4	60	0	95	4.75	0	85.00
5	95	0	0	0.00	0	85.00
6	75	190	115	5.75	47.00	137.75
7	60	0	55	2.75	0	140.50
8	55	0	0	0.00	0	140.50

基于第 1 周发出满足 5 个星期需求订单的决定，第 6 周面临的问题是确定从这里开始应该满足多少周的需求。表 10-12 上半部分表明当批量满足从第 6 周到第 8 周的需求时，保管成本与订购成本最接近。值得注意的是，这里的保管成本与订购成本相差很多，这是因为该例子中计划到第 8 周。如果计划期延长，第 6 周的计划批量可能满足第 8 周以后更多周的需求。表 10-12 的下半部分是最终的运行批量与总成本。

（4）最小单位成本法。最小单位成本法是一种动态确定批量的方法，是将每一批的订购与库存持有成本加起来，除以每一批量中的单位数量，选择单位成本最低的批量。表 10-13 的上半部分计算了满足从 1～8 周的订购批量的单位成本。可知，最小单位成本出现在第 1 周，其批量为 410 单位，该数量足以满足从 1～6 周的需求。第 7 周的计划批量满足第 7 周到计划期末的需求。

表 10-13　用最小单位成本法确定 MRP 计划的批量大小

周	订购数量/个	保管成本/元	订货成本/元	总成本/元	单位成本/元	
1	50	0.00	47.00	47.00	0.940 0	
1～2	110	3.00	47.00	50.00	0.454 5	
1～3	180	10.00	47.00	57.00	0.316 7	
1～4	240	19.00	47.00	66.00	0.275 0	
1～5	335	38.00	47.00	85.00	0.253 7	
1～6	410	56.75	47.00	103.75	0.253 0	第一个单位成本最小订单
1～7	470	74.75	47.00	121.75	0.253 0	
1～8	525	94.00	47.00	141.00	0.268 6	
?	60	0.00	47.00	47.00	0.783 3	
7～8	115	2.75	47.00	49.75	0.432 6	第二个单位成本最小订单
周	净需求/个	生产数量/个	期末库存/个	持有成本/元	订货成本/元	总成本/元
1	50	410	360	18.00	47.00	65.00
2	60	0	300	15.00	0.00	80.00

续表

周	净需求/个	生产数量/个	期末库存/个	持有成本/元	订货成本/元	总成本/元
3	70	0	230	11.50	0.00	91.50
4	60	0	170	8.50	0.00	100.00
5	95	0	75	3.75	0.00	103.75
6	75	0	0	0	0.00	103.75
7	60	115	55	2.75	47.00	153.50
8	55	0	0	0	0.00	153.50

通过以上几种方法计算8周的总成本，按需订购法的总成本是376元，经济批量法的总成本是171.05元，最小总成本法的总成本是140.50元，最小单位成本法的总成本是153.50元。可见，其中最小总成本法的总成本是最低的。然而，如果超过8周，其结果不一定如此。

4. MRP的应用

（1）MRP的适用范围。随着MRP系统的不断发展和完善，其适用范围越来越广泛。然而，由于MRP系统需要大量投资，所以更适合那些生产产品品种多、产品结构层次复杂、需求量较大且较为稳定的生产企业，比如大型的汽车、家电、电子产品等装配制造企业。MRP适用的产业类型及其预期效益如表10-14所示。

表10-14　MRP适用的产业类型及其预期效益

产业类型	例　子	预期效益
面向库存装配	由多种零件构成一个最终产品，然后成品存放在仓库中以满足客户的需求，如手表、工具、家电等	高
面向库存加工	物料项目是由机械制成的，而不是零件装配的。这些是标准的库存项目，在接到客户的订单之前已完成加工，如活塞环、电开关等	低
面向订单装配	最终装配是由客户选择的标准部件构成的，如卡车、发电机、发动机等	高
面向订单加工	物料项目是由机器根据客户的订单制造的，这些一般是工业订单，如轴承、齿轮、订书钉等	低
面向订单制造	物料项目装配或加工完全取决于客户的定制，如水轮发电机、重型机器等	高

（2）MRP的意义。大型装配企业更愿意花较大成本采用MRP系统，这是因为MRP系统不仅可以帮助企业确定生产所需的原材料、外购件和组件等的准确数量，还可以提高企业应对外部不断变化的快速反应能力。在使用了MRP系统的企业中，库存投资基本可以降低40%。总体来说，MRP系统可以带给企业的帮助有：①降低生产成本，使产品价格更具竞争力；②降低库存，减少资金的无效占用；③提高企业对市场的反应能力，改进服务水平；④提高对主生产计划修改的反应速度，使生产系统更具柔性；⑤降低设备生产准备和调试的时间，提高设备利用效率；⑥提高对计划变化的反应速度，有效改善订单的完成时效。

由于企业生产的产品种类和规格往往十分庞杂、产品结构层级较多、订单数量多种多样等，所以在企业的管理实践中MRP的计算往往是较为复杂的。

10.4.4　制造资源计划

1. 制造资源计划概述

（1）制造资源计划（Manufacture Resource Planning，MRPⅡ）的提出。闭环MRP在企业内的计划、采购、生产等部门之间形成了“计划—执行—反馈—计划”的闭环系统，使生产计划与生产能力之间能够保持平衡。然而，一个企业的生产活动涉及的部门远不止这些，需要生产部门、财务部门、销售部门、供

应部门、设备部门、技术部门和人事部门等的紧密配合。对此，企业不断地尝试各种管理方法、管理技术和管理手段，制造资源计划（Manufacture Resource Planning，MRPⅡ）就是在物料需求计划（MRP）的基础上发展起来的。MRPⅡ这一概念最早是由美国著名的管理专家奥利弗·W.怀特（Oliver W.Wight）于 20 世纪 80 年代提出的，该系统通过有效地协调企业各个部门之间的关系，能够实现生产计划和企业经济效益的有效集成。

（2）MRPⅡ的意义。随着物料管理系统的不断完善，MRPⅡ成为企业生产运营的核心系统，成为现代制造企业普遍采用的管理准则。由于 MRPⅡ适用于小批量或单件生产结构复杂的企业，适应了现代社会需求的个性化趋势，使产品的开发逐步向个性化、小批量、多品种的模式转变更具可行性。

在一些典型的制造企业中，实施 MRPⅡ带来了明显的效益，比如库存下降了 10%～20%、拖期交货减少了 80%、采购提前期缩短了 50%、停工待料减少了 60%、制造成本降低了 12%、管理人员减少了 10%、生产能力提高了 10%～15%。MRPⅡ系统具有管理的系统性、数据的共享性、各种流的同步性、决策的动态性、结果的预见性等特点，不仅保证了生产的均衡性，还极大地提升了质量的稳定性，使生产管理绩效得到了极大的改善。

2. MRPⅡ的构成模块

（1）MRPⅡ中的各部门活动。由于 MRPⅡ能提供一个完整而详尽的计划，可使企业内各部门的活动协调一致，形成一个整体。同时，MRPⅡ不再是生产部门的 MRP，而是整个企业的 MRP。通过 MRPII 系统，各个部门能够共享彼此之间的数据，消除了重复性工作和信息的不一致，也使得各部门的关系更加密切，提高了整体系统的效率。MRPⅡ中的主要职能部门包括生产部门、技术部门、营销部门、采购部门和财务部门等，能使企业的管理活动贯穿于整个产品流程，实现了部门间的有效协同。典型的 MRPⅡ系统涉及的主要部门如图 10-20 所示。

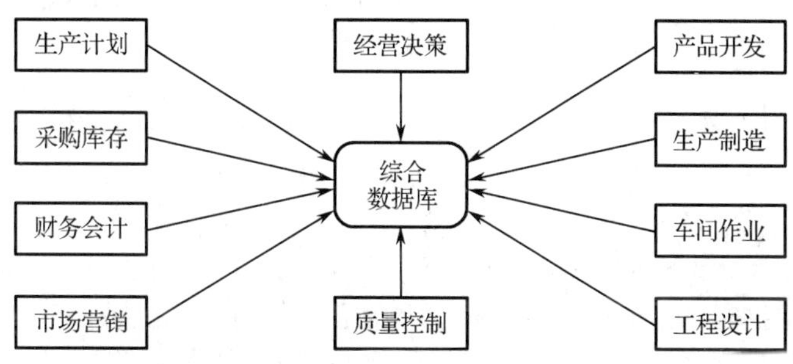

图 10-20 MRPⅡ系统涉及的主要部门

（2）MRPⅡ系统的主要功能模块。为了实现部门之间的及时沟通，技术人员在 MRPⅡ的软件系统中构建了多个模块，以便将采购、库存、生产、销售、财务、工程技术等整合为综合的一体化系统。一般来说，MRPⅡ软件系统包括以下模块：①经营决策模块；②物料需求计划模块；③主生产计划模块；④能力需求模块；⑤产品数据管理模块；⑥采购模块；⑦库存管理模块；⑧车间作业管理模块；⑨质量管理模块；⑩销售管理模块；⑪财务管理模块；⑫工程设计模块。基于中央综合数据库，MRPⅡ的这些模块从整体最优的角度出发，通过运用科学的方法对企业各种制造资源和产、供、销、财务等各个环节进行有效的计划、组织和控制，在企业的高效运营中发挥了重要的协调作用。

3. MRPⅡ的运行逻辑

MRPⅡ系统在描述产品的实际生产过程中，首先以企业的生产计划为基础，再基于产品的结构信息，从最底层采购件的材料开始，逐层向上对每一件物料、人员和设备进行分析，得出每一层零部件直至最终产品的生产流程。MRPⅡ系统的逻辑流程图如图 10-21 所示。

可见，与闭环 MRP 系统相比，MRPⅡ系统将物流、资金流、信息流充分地结合起来，形成了一个完整的生产经营计划管理系统。同时，MRPⅡ系统还融入了计算机模拟软件的功能，使管理者通过对计划、工艺、流程、成本等功能的模拟，可以预见“如果……就”的各种情形，为管理者寻求最佳决策提供了有效的方法。

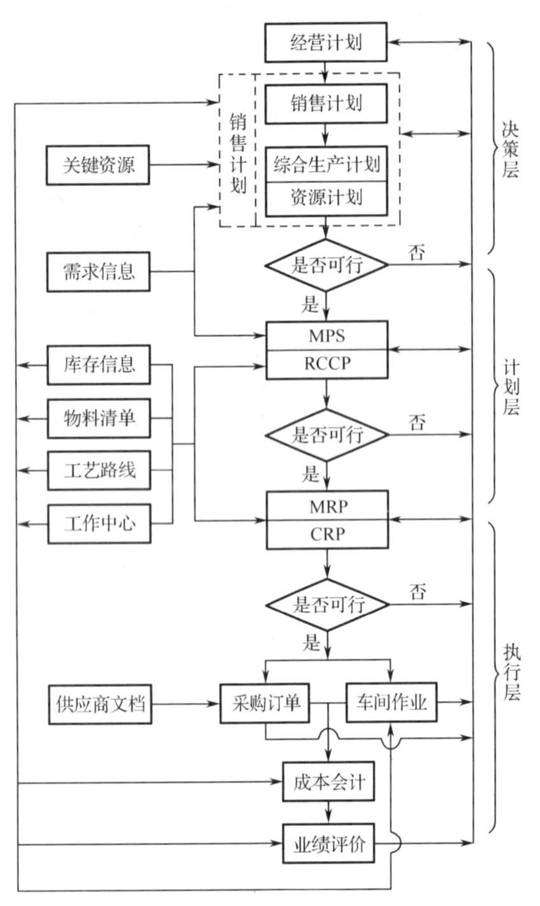

图 10-21 MRPⅡ系统的逻辑流程图

相对于 MRP 系统，MRPⅡ变得更加复杂，成功实施 MRPⅡ系统并不是一件容易的事情。从成功实施 MRPⅡ的企业的经验看，需要在一系列活动上给予重视，比如，领导的大力支持、全局规划、优化企业生产计划管理体制和模式、健全企业管理制度、建立精确的基础数据库、激励全员积极参与等。过去，我国一些企业实施 MRPⅡ系统的效果并不尽如人意，其原因就是这些企业缺乏科学管理的基础，没有长期的数据积累，缺乏准确而充分的数据，导致系统的功能难以充分发挥出来。

10.4.5 企业资源计划系统

1. 企业资源计划概述

（1）企业资源计划（Enterprise Resource Planning，ERP）的概念。尽管 MRPⅡ系统已经相对完善，但是其仅能满足企业内部资源的控制要求。随着全球经济一体化的加速，企业与其外部环境的关系越来越密切。于是，能够适应企业供应链系统管理的 ERP 系统应运而生了。ERP 这一概念最早是由美国加特纳公司（Gartner Group Inc）在 20 世纪 90 年代提出的，是基于 MRPⅡ的新一代制造系统和资源计划软件。ERP 重新构建了企业的业务范围、信息流程及组织结构，使企业的物料管理从企业内部控制拓展到企业之间的协同。

ERP 是一款将物资资源管理（物流）、人力资源管理（人流）、财务资源管理（资金流）和信息资源管理（信息流）集成一体化的企业管理软件。当企业实施了 ERP 系统后，企业的各个部门甚至与之相关的外部企业就都连接起来了：一旦有新订单输入系统，生产部门马上就能知道；销售部门能实时掌握客户的订单完成情况；采购部门能精确地了解生产部门各时刻的需求；只要发生了相关交易，财务系统就能立刻更新。同时，实施 ERP 后省去了不断发布冗长信息的时间和成本，许多繁杂的工作被剔除，工作周期被大大缩短。

（2）ERP 与 MRPⅡ的区别。尽管 ERP 的核心仍然是 MRPⅡ，但在功能和技术上却大大超越了传统的 MRPⅡ。除了 MRPⅡ已有的生产资源计划、制造、财务、销售、采购等功能，ERP 系统还包含质量管理、产品数据管理、人力资源管理、业务流程管理、设备维修管理、仓库管理、分销管理、运输管理、过程控制接口、数据采集接口、电子通信、电子邮件、法规与标准、项目管理、实验室管理、金融投资管理和市场信息管理等。同时，ERP 采用了计算机技术的最新成就，如扩大用户自定义范围、面向对象技术、客户机/服务器体系结构、多种数据库平台、SQL 结构化查询语言、图形用户界面、4GL/CASE、窗口技术、人工智能、仿真技术等。从应用领域来看，ERP 还打破了 MRPⅡ只局限于传统制造业的旧的观念和格局，把触角拓展到金融业、通信业、高科技产业、零售业等领域，大大扩展了应用范围。

2. ERP 的主要模块

ERP 系统是将企业物流、人流、资金流、信息流进行一体化综合管理的信息平台，涵盖了财务管理（会计核算、成本管理）、生产控制（计划、实绩管理）、物流管理（销售、采购、库存管理）等核心运营系统。也就是说，ERP 系统涵盖了与企业生产相关的所有职能部门。SAPR/3 的 ERP 系统大致包含：生产计划（Production Planning，PP）、物料管理（Materials Management，MM）、销售与分销（Sales & Distribution，SD）、财务管理（Financial Accounting，FA）、库存控制（Controlling，CO）、固定资产管理（Fixed Assets Management，AM）、人力资源管理（Human Resources，HR）、工作流（Workflow，WF）、工业解决方案

（Industry Solution，IS）、项目系统（Project System，PS）、工厂维护（Plant Maintenance，PM）、质量管理（Quality Management，QM），以及设备管理（Equipment Management，EM）、办公自动化（Office Automation，OA）、采购管理（Procurement Management，PM）、客户关系管理（Customer Relationship Management，CRM）等模块（SAPR/3 的 ERP 的典型模块结构示意图见图 10-22）。

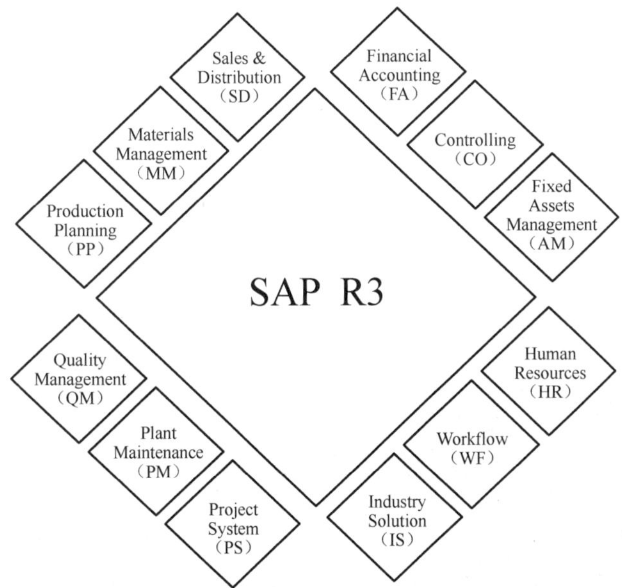

图 10-22　SAPR/3 的 ERP 的典型模块结构示意图

企业的运营活动需要各个职能部门的相互配合，通过顺次完成不同的工作内容，最终服务于企业运营的总体目标。一般来说，ERP 系统中企业各职能部门的运行逻辑如图 10-23 所示。

3. ERP 的实施过程

ERP 是一个极为复杂的系统，实施过程中涉及的活动众多，需要进行科学的设计。一般来说，ERP 的实施过程可以分为以下三个步骤。

（1）前期准备。前期准备工作是 ERP 系统实施的重要环节，关系到系统实施能否成功，应给予高度重视。其前期准备工作的主要内容包括观念转变、原理培训、需求确认、确定目标、进行立项和系统选型等。

（2）实施阶段。一旦前期准备工作完成，就要进入系统的实施工作环节了。一般来说，ERP 实施阶段的主要内容包括项目组织、方案准备、数据准备、系统安装调试、模拟运行及用户化、制定工作准则与规程和用户培训等。

（3）系统运行。当 ERP 系统基本构建起来之后，就进入系统的运行工作环节了，这一阶段的主要内容包括新旧系统并行阶段、验收、新系统独立运行、持续完善和提升等。

4. ERP 的发展趋势

随着电子商务和移动商务的飞速发展，企业悄然迎来了云管理时代的 ERP。云端 ERP 打破了国家与地区之间有形或无形的壁垒，让企业从过去注重内部资源管理利用向兼顾外部资源转变，从企业内的业务流程一体化转向企业间的业务协同，其管理范围也延伸到网上采购、网上销售、在线支付、供应链物流管理等。未来，企业管理模式的网络化、虚拟化趋势越发明显，对于实时支付、智能管理、供应链同步运作、业务动态建模等的需求将越来越大，这将促使 e-ERP、企业协同管理系统、协同商务系统、ERP Ⅱ 等新系统、新理念不断发展和完善。随着云计算和大数据应用的发展，云端 ERP 不仅能够帮助企业处理海量业务协同数据，还能将一体化信息交付速度大幅提升，推动整个企业实现更智能的业务协同创新、更快速的业务协同流程和更便捷的业务协同交换，从而为企业创造全新的业务协同价值。

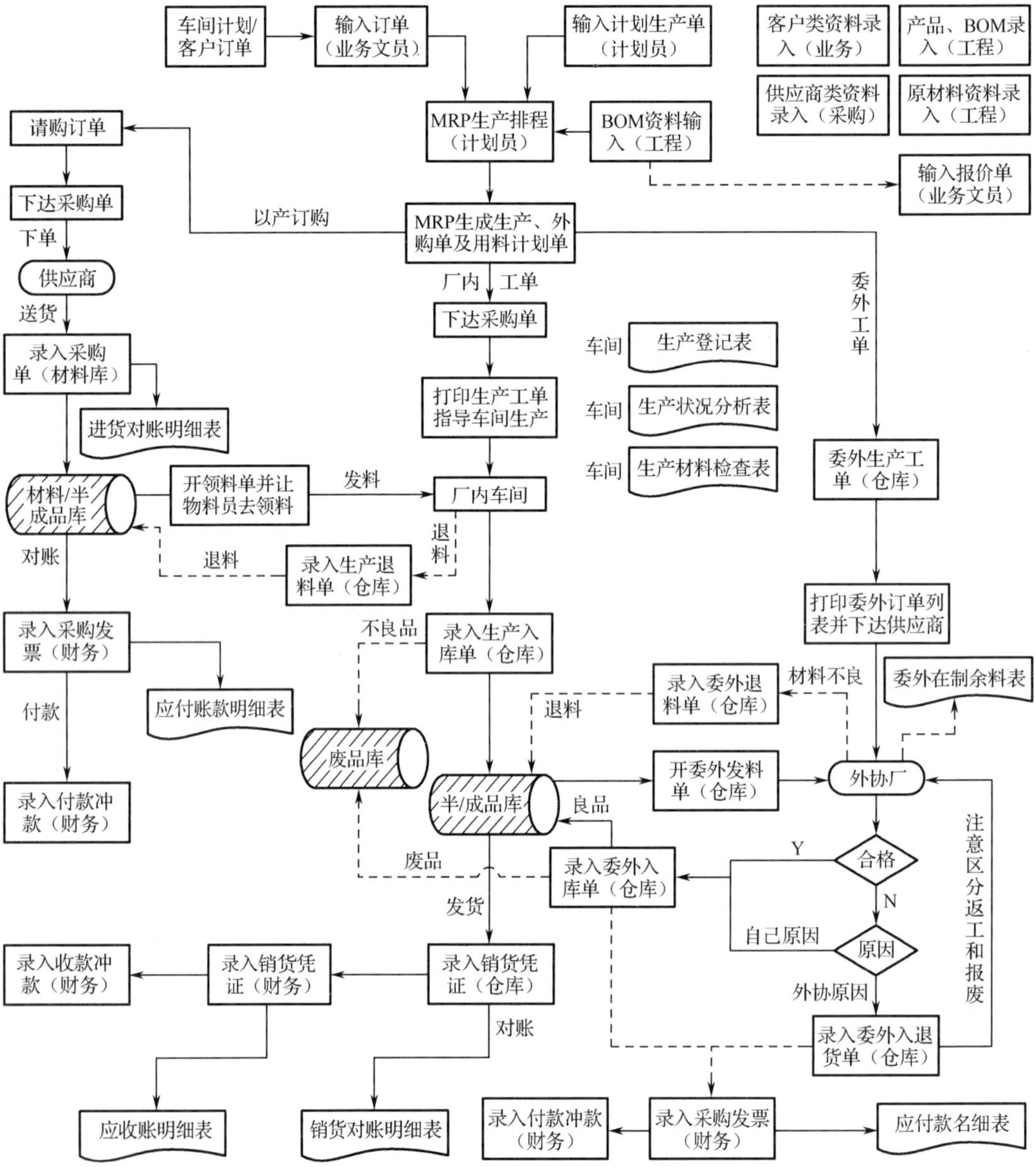

车间计划/客户订单
输入订单（业务文员）
输入计划生产单（计划员）
客户类资料录入（业务）
产品、BOM录入（工程）
供应商类资料录入（采购）
原材料资料录入（工程）
请购订单
MRP生产排程（计划员）
BOM资料输入（工程）
输入报价单（业务文员）
下达采购单
以产订购
MRP生成生产、外购单及用料计划单
下单
供应商
厂内
工单
委外工单
送货
下达采购单
车间
生产登记表
录入采购单（材料库）
打印生产工单指导车间生产
车间
生产状况分析表
进货对账明细表
车间
生产材料检查表
委外生产工单（仓库）
材料/半成品库
开领料单并让物料员去领料
发料
厂内车间
退料
对账
退料
录入生产退料单（仓库）
打印委外订单列表并下达供应商
录入采购发票（财务）
不良品
录入生产入库单（仓库）
录入委外退料单（仓库）
材料不良
委外在制余料表
付款
应付账款明细表
退料
废品库
开委外发料单（仓库）
外协厂
半/成品库
良品
录入付款冲款（财务）
注意区分返工和报废
Y
合格
废品
录入委外入库单（仓库）
发货
N
自己原因
原因
录入收款冲款（财务）
录入销货凭证（财务）
录入销货凭证（仓库）
外协原因
对账
录入委外入退货单（仓库）
应收账明细表
销货对账明细表
录入付款冲款（财务）
录入采购发票（财务）
应付款名细表

图 10-23　ERP 系统中企业各职能部门的运行逻辑

10.5　生产作业计划

10.5.1　生产作业计划概述

1. 生产作业计划概念

生产作业计划（Production Planning and Scheduling，PPS）也称车间生产计划，是根据年度生产计划规定的产品品种、数量及大致的交货期的要求，对每个生产单位在每个具体时期的生产任务做出详细规定，使年度生产计划得到落实。生产作业计划是根据 MRP 中的加工制造订单（自制零部件生产计划），按照约定的交货期和生产优先级原则，以及车间的设备、人员、物料、加工能力等资源情况，将零部件的生产计

划以订单的形式下达给相应的车间。车间工作是将企业年度、季度的生产计划细化为工段、班组和个人的以月、周、班甚至以小时计的计划。

生产作业计划的制订是为了保证生产系统按时交货，尽量缩短提前期、缩短准备时间、减少过程中在制品库存和提高劳动力或机器的利用率等。为此，生产作业计划的主要内容包括收集编制计划所需要的各种资料，对生产订单进行顺序排列；核算和平衡车间的生产能力，对作业活动进行协调；制定具体期量标准，实施车间生产作业控制。

2. 生产作业计划的基本术语

企业的生产制造是一项极为复杂的活动，其涉及因素众多。为了清晰、准确地对生产作业活动进行描述，需要对常用的一些术语给予界定。

（1）作业计划。作业计划（Planning）包括确定工件的加工顺序、确定机器加工每个工件的开始时间和完成时间。

（2）作业排序。作业排序（Sequencing）是确定工件在机器上的加工顺序，如 n 种零件在 m 台设备上的加工顺序。

（3）排序原则。当一系列工作任务被分配到一个工作中心时，生产计划员或车间管理者基于一定的原则安排各项任务的先后作业顺序。

（4）派工。派工（Dispatching）是根据作业计划的要求，将具体生产任务通过工票或施工单的形式下达到具体的机床和工人。

（5）作业控制。作业控制（Controlling）是指在生产计划执行过程中，通过监督、检查、调度、调节、纠偏、补救等办法保证生产作业计划目标得以实现的管理活动。

（6）赶工。赶工（Expediting）活动一般发生在以下两种情况下：一种是实际进度已落后于计划进度；另一种是基于某种原因实际进度需要提前。通常情况下，赶工主要是通过额外投入人工、机器、时间等方式来实现的。

（7）生产调度。生产调度（Scheduling）是以生产进度计划为依据，组织、执行、控制生产进度计划的相关工作。

（8）机器。机器（Machine）不仅包括狭义上的机器设备，还包括广义上的一切可以进行生产活动的“主体”，比如车间里的各种机床、维修工人、运送快递的飞机、高速列车，以及自动分拣快递件的读码器、机器人和传送带等。

（9）工件。工件（Workpiece）不仅包括狭义上的零部件，还包括广义上的一切被加工制造的“客体”，比如一个零件、一批零件和出故障的机床等。

（10）工序。工序（Procedure）是指一个（或一组）工人在一个工作地（如一台机床）对一个（或若干个）劳动对象连续完成的各项生产活动的总和。

（11）加工时间。加工时间（Working Time）是指工件从开始加工到加工完成所经历的所有时间。一般来说，工件的加工时间是指使劳动对象发生物理或化学变化所消耗的时间。

（12）工艺路线。工艺路线（Routing）是描述物料加工、零部件装配的操作顺序的技术文件，是多个工序的序列。在 ERP 系统中，工艺路线文件一般用以下内容进行描述：物品代码、工序号、工序说明、工作中心代码、排队时间、准备时间、加工时间、等待时间、传送时间、最小传送量、外协标识（Y/N）、标准外协费和工序检验标志（Y/N）等。

（13）期量标准。期量标准（Standard Scheduled Time and Quality）也称作业计划标准或日历标准，是对加工对象（产品、零件、部件）在生产期限和生产数量方面所规定的标准数据，是编制生产作业计划的重要依据，也是生产作业计划工作的基本内容。测量流水生产的期量标准有节拍、运送批量和节奏、在制品占用量定额和流水线工作指示图等；成批生产的期量标准有批量、生产间隔期、生产周期、提前期和在制品定额等；单件生产的期量标准有生产周期和提前期等。

3. 生产作业计划的分类及表示方法

由于生产制造型企业形形色色，其主要活动主体、加工对象也存在较大差异。较常用的分类方法可以按照机器、工件和目标等特征进行细分。

（1）按照机器的种类和数量，可以分为单台机器和多台机器的排序问题。多台机器的排序问题，根据工件加工路线的特征又可以分为单件车间作业排序和流水车间作业排序问题。

（2）按照生产产品的品种、数量等，可以将企业的生产活动分为大量生产、成批生产和单件小批生产等类型。大量生产的作业方法基本都采用流水生产方式，成批生产一般是多种产品在各个生产单位内成批轮番生产，单件小批生产一般根据用户的订货特点组织生产。

（3）按照工件到达车间情况，可以分为静态作业排序和动态作业排序。静态作业排序是指在进行排序时所有工件已经到达，可以一次性进行排序；动态作业排序是指工件陆续到达，需要随时对工件的加工顺序进行安排和调整。

（4）按照排序目标原则，可能是使所有工件总加工时间最短，也可能是这些工件以最早可能开工时间为排序原则。而对于稳定的生产系统，可按照使机器和工人能够得到持续工作任务的原则排序。

（5）按照生产参数的特点，可以分为确定型作业排序问题和随机型作业排序问题。确定型作业排序中主要参数是已知或确定的，而随机型作业排序的主要参数是随机的，需要采用随机理论来确定重要参数，以便适应生产的变化和波动。

可见，由于机器、工件和目标原则的不同，所以形成了种类繁多的排序类型。为了便于讨论排序问题，常常借用 Conway 等人 1967 年在 *Theory of scheduling* 中提出的方法来表示。该方法只用 4 个参数就可以表示大多数排序问题，即：

$$n/m/A/B$$

式中：n 表示工件数；m 表示机器数；A 表示车间类型；B 表示目标函数。

车间类型可以分为流水作业排序、流水作业排列排序和一般单件作业排序，分别用 $n/m/F/B$、$n/m/P/B$、$n/m/G/B$ 来表示。例如，$10/5/P/C_{max}$ 表示 10 个工件经过 5 台机器加工的流水作业排列问题，目标是使生产的最长完工时间最短。

10.5.2　生产作业计划编制步骤

对于大型加工装配型企业，生产作业计划一般分为厂级生产作业计划和车间级生产作业计划两种。厂级生产作业计划的对象为原材料、毛坯和零件，车间级生产作业计划的对象为工序。车间管理人员针对每道工序进行计划，明确每位员工的领料、生产和完成情况等工作，同时通过工序上的生产情况的统计数据，为车间管理提供信息反馈。车间作业以“工序计划单”为中心，实现工序的业务操作和管理工作。一般来说，车间作业计划的主要业务流程包括制订工序计划、工序排程、优先级确定、工序派工、工序汇报和工序转移等，具体如图 10-24 所示。

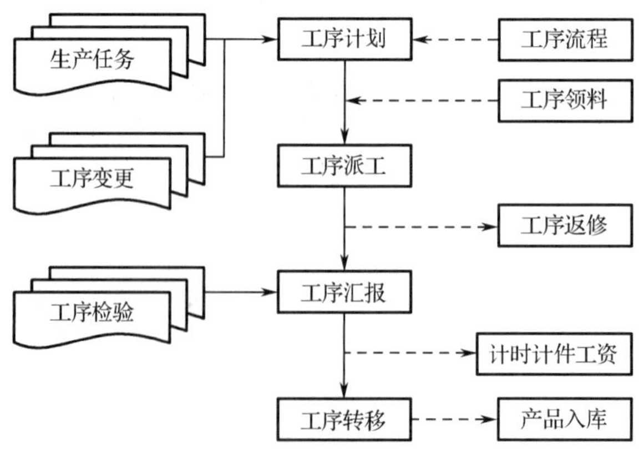

图 10-24　车间作业计划主要业务流程

1. 准备生产数据

车间作业计划是制造订单的具体实施环节，需要切实将生产订单与车间的产能有机地协调起来，而这些都需要建立在充足、准确的生产数据基础之上。需要准备的生产数据主要包括物料清单（BOM）、工程变更单、工艺路线和资源清单等。

2. 制订工序计划

（1）工序计划单。工序计划单是面向物料的加工说明文件，包括物料的加工工序、工作中心、工作进度及使用的工装设备等。工序计划单往往是以报表的形式下达的，该表中一般应包括加工单号、物料名称、物料代码、需求数量、需求日期、工序号、工序名称、工作中心代码（名称）、工时定额和计划进度等。某企业的工序计划单，如表 10-15 所示。

表 10-15 某企业的工序计划单

加工单号：IG01					计划日期：2020/04/10		计划员：CJ	
物料代码：MBHE2					需求数量：1 000		需求日期：2020/10/10	
工序号	工作中心代码	工时定额		本批订单时间	计划进度			
		准备	加工		最早开工时间	最早完工时间	最晚开工时间	最晚完工时间
1	WC01	0.2	0.1	10.2	2020/10/01	2020/10/03	2020/10/02	2020/10/06
2	WC02	0.3	0.2	20.3	2020/10/02	2020/10/06	2020/10/06	2020/10/10

（2）排产方式。排产通常有正排和倒排两种方式。正排是以生产任务的计划开工日期为基准，按工艺路线展开，顺序计算每一道工序的计划开工日期与计划完工日期；倒排是以生产任务的计划完工日期为基准，按工艺路线展开，倒推计算每一道工序的计划完工日期与计划开工日期。

3. 工序排程

计划员根据处于计划状态中的工序计划单上的工艺时间与批量信息进行工序排程，包括对能力负荷、负荷指标、工序结果等进行说明。当一系列工作任务被分配到一个工作中心时，生产计划员或车间管理者需要决定任务的优先顺序。确定作业排序"优先级的"的方法有很多，一些常用的作业排序的优先原则如表 10-16 所示。

表 10-16 常用的作业排序的优先原则

排序原则类型	含 义
先到先服务（First-come，First-served，FCFS）	按照订单到达的顺序依次执行
最少作业时间（Shorted Operating Time，SOT）	先处理所需时间最短的任务，接着处理需要时间第二短的，依此类推。其一般结合迟到原则（lateness rule），防止耗时较长的任务被延迟时间太长
最早交货期（Earliest Due Date First，EDD）	先处理交货期最早的任务
剩余松弛时间（Slack Time Remaining，STR）	先处理离到期日所剩的时间减去剩余加工所需时间后最短的任务
作业剩余松弛时间（Slack Time Remaining per Operation，STR/OP）	先处理平均剩余松弛时间最短的订单
关键比率（Critical Ratio，CR）	等于距离到期日的时间除以剩余的工作日，先处理该值最小的订单
后到先服务（Last-come，First-served，LCFS）	当订单到达后被放置在最前面，再依次顺序执行
随机原则（Random）	由主管或操作员自由决定想要处理订单的顺序

4. 工序派工

工序派工是将工序计划按日期、数量分派到具体的班组、操作工或设备上。派工单往往是以报表的形式下达的，该表中一般应包括车间代码、工作中心代码、物料代码、任务号、工序号、需求数量、开工及完工日期、优先级别等。某企业的派工单，如表 10-17 所示。

表 10-17 某企业的派工单

车间代号：VT002			工作中心代码：WC01			派工日期：2020/10/01		
物料代码	任务号	工序号	需求数量	最早开工时间	最早完工时间	最晚开工时间	最晚完工时间	优先级
MT001	B01	1	0.1	2020/10/01	2020/10/03	2020/10/08	2020/10/10	1
MT002	B02	1	0.2	2020/10/03	2020/10/06	2020/10/07	2020/10/10	2

5. 工序汇报

工序汇报是把产品制造过程中每道工序的记录汇总到一起。企业传统汇总方式是找各道工序负责人了解情况并签字确认。在 ERP 系统管理模式下可随时查看工序汇报明细和工序统计分析等数据，从而摆脱烦琐传统的工作模式，使工作快速高效。工序汇报的具体步骤如下。

（1）添加工序汇报。打开 ERP 系统中工序汇报添加，进入工序汇报添加界面，自动生成工序汇报编码和关联操作员，在添加界面选择派工单和工序，填写相关信息保存后即可在工序汇报列表中查看。

（2）查看工序进度明细。用户可以在一个界面查看工序进度，可以方便地进行统计分析工作和查看工序明细，也可根据条件检索工序明细。

（3）统计工序汇报完工率。在系统中查看工序汇报完工率操作较为简单，打开 ERP 工序汇报看板可查看所有工序，也可直观得知工序汇报完工率。

（4）导出工序汇报。为了方便离线分析，用户可将工序汇报从 ERP 中导出，在列表界面还可进行工序汇报的检索、修改、删除和查看详情等操作。

6. 工序转移

工序转移主要采用工序转移单来实现工序之间的交接。工序转移单记录首道工序接收、工序间在制品移转、末道工序移交等情况，包括数量、时间、移转人、接收人等信息。

10.5.3 生产作业订单排序

生产作业按照工作中心或者工作地（机器）的种类和数量，可以分为单机排序和多机排序问题，据此可以分为几种典型的生产作业排序问题。下面主要分析静态作业排序问题，即作业排序时所有作业都已到达，可以一次对所有作业进行排序。

1. *n* 项作业的单机排序（*n* /1）

n 项作业的单机排序是指有 *n* 项作业在一台机器上进行加工并对几项作业进行顺序排列，这类问题可以归纳为“*n*/1/*A*/*B*”问题。基于不同的优先原则，作业的加工排序是存在一定差异的。

例 10-2 某公司提供复印服务，在月初五个客户提交了订单。公司的作业（订单）排序的具体数据如表 10-18 所示。

表 10-18 作业排序的具体数据

作业（按到达排序）	加工时间（天）	交货日期（距到期日的天数）
A	3	5
B	4	6
C	2	7
D	6	9
E	1	2

这家公司在完成上述订单时需要满足以下要求：所有作业（订单）都要使用彩色复印机；排序目标是使流程的总时间最短；采用 FCFS 排序规则，确定五个订单的加工顺序。

解： 在 FCFS 排序原则下，作业流程的时间计算如表 10-19 所示。

表 10-19　基于 FCFS 原则的作业排序

作　业	加 工 时 间	交 货 日 期	流 程 时 间
A	3	5	0+3=3
B	4	6	3+4=7
C	2	7	7+2=9
D	6	9	9+6=15
E	1	2	15+1=16

注：总流程时间=3+7+9+15+16=50（天）；平均流程时间=50÷5=10（天）。

将每个作业的交货时间和流程时间进行比较发现，只有作业 A 能够及时交货，而 B、C、D、E 分别延迟 1、2、6、14 天。可见，每个作业平均延迟（0+1+2+6+14）÷5=4.6 天。很明显，基于不同的排序原则，作业的排序会存在差别。下面分别采用 SOT、EDD、LCFS、Random、STR 规则计算流程时间。

在 SOT 排序原则下，将最高优先级分配给加工时间最短的订单，则作业流程的时间计算如表 10-20 所示。

表 10-20　基于 SOT 原则的作业排序

作　业	加 工 时 间	交 货 日 期	流 程 时 间
E	1	2	0+1=1
C	2	7	1+2=3
A	3	5	3+3=6
B	4	6	6+4=10
D	6	9	10+6=16

注：总流程时间=1+3+6+10+16=36（天）；平均流程时间=36÷5=7.2（天）。

可见，在 SOT 原则下得出的平均流程时间比 FCFS 要短。此外，作业 E 和 C 在到期日之前可以交货，作业 A 只延迟一天。作业的平均延迟时间为（0+0+1+4+7）÷5=2.4 天。

在 EDD 排序原则下，将最高优先级分配给交货期最早的订单，则作业流程的时间计算如表 10-21 所示。

表 10-21　基于 EDD 原则的作业排序

作　业	加 工 时 间	交 货 日 期	流 程 时 间
E	1	2	0+1=1
A	3	5	1+3=4
B	4	6	4+4=8
C	2	7	8+2=10
D	6	9	10+6=16

注：总流程时间=1+4+8+10+16=39（天）；平均流程时间=39÷5=7.8（天）。

可见，在 EDD 排序原则下，作业 B、C、D 会延迟。作业平均延迟时间为（0+0+2+3+7）÷5=2.4 天。

在 LCFS 排序原则下，将最高优先级分配给最迟到达的订单，则作业流程的时间计算如表 10-22 所示。

表 10-22　基于 LCFS 原则的作业排序

作　业	加 工 时 间	交 货 日 期	流 程 时 间
E	1	2	0+1=1
D	6	9	1+6=7

续表

作　业	加工时间	交货日期	流程时间
C	2	7	7+2=9
B	4	6	9+4=13
A	3	5	13+3=16

注：总流程时间=1+7+9+13+16=46（天）；平均流程时间=46÷5=9.2（天）。

可见，在 LCFS 排序原则下，作业 C、B、A 会延迟。作业平均延迟时间为（0+0+2+7+11）÷5=4 天。

在 Random 排序原则下，最高优先级分配给哪个订单是由管理者临时决定的，则作业流程的时间计算如表 10-23 所示。

表 10-23　作业排序的 SOT 原则

作　业	加工时间	交货日期	流程时间
D	6	9	0+6=6
C	2	7	6+2=8
A	3	5	8+3=11
E	1	2	11+1=12
B	4	6	12+4=16

注：总流程时间=6+8+11+12+16=53（天）；平均流程时间=53÷5=10.6（天）。

可见，在 Random 原则下，作业 C、A、E、B 会延迟。作业平均延迟时间为（0+1+6+10+10）÷5=5.4 天。

在 STR 排序原则下，将最高优先级分配给离到期日所剩的时间减去剩余加工所需时间后最短的订单，则作业流程的时间计算如表 10-24 所示。

表 10-24　基于 STR 原则的作业排序

作　业	加工时间	交货日期	流程时间	松弛时间
E	1	2	0+1=1	2−1=1
A	3	5	1+3=4	5−3=2
B	4	6	4+4=8	6−4=2
D	6	9	8+6=14	9−6=3
C	2	7	14+2=16	7−2=5

注：总流程时间=1+4+8+14+16=43（天）；平均流程时间=43÷5=8.6（天）。

可见，在 STR 原则下，作业 B、D、C 会延迟。作业平均延迟时间为（0+0+2+5+9）÷5=3.2 天。

通过以上分析可知，不同优先级原则下作业排序的结果存在一定差异，具体如表 10-25 所示。

表 10-25　不同优先级原则下作业排序的结果

原　则	总流程时间（天）	平均流程时间（天）	平均延迟时间（天）
FCFS	50	10	4.6
SOT	36	7.2	2.4
EDD	39	7.8	2.4
LCFS	46	9.2	4.0
Random	53	10.6	5.4
STR	43	8.6	3.2

从比较结果来看，按 SOT 原则排序的总流程时间、平均流程时间和平均延迟时间三个指标都是最优的，以至于 SOT 被誉为“排序方面最重要的概念”。然而，SOT 原则也存在明显的不足，即耗时短的任务不断到达致使耗时长的任务一直不能进行。为了避免这种情况发生，通常会采用一种被称为截取 SOT 的原则，即等待时间一旦达到一定值，就会自动移动到等待队列的前面。

2. *n* 项作业的双机排序（*n*/2）

相对于一台机器的系统而言，两台机器的作业排序会更加复杂一些。在这种情况下，两个或两个以上的任务必须依照共同的工序在两台机器上进行加工。经过实践证明，通过一种被称为约翰逊原则（Johnson's Rules）的方法可以获得一个最优的解决方案。这种方法以尽可能缩短从第一项任务开始到最后一项任务结束的流程时间为原则。具体来说，约翰逊原则的基本步骤如下：①列出两台机器上的每项任务的操作时间。②选择最短操作时间。③如果操作时间最短的任务是第一台机器能做出来的，那么就最先完成这项任务；如果操作时间最短的任务是第二台机器做出来的，那么就最后做这项任务；如果两台机器能达到同样的操作时间，那么就在第一台机器上完成这项任务。④重复第 2 步和第 3 步，直到任务完成为止。

例 10-3　企业中有 4 项任务需要分别在两台机器上加工，这些任务在机器上加工的具体时间如表 10-26 所示。在这种情况下，如何安排作业才能使总任务完成的流程时间最短？

表 10-26　4 项任务在两台机器上的加工时间

作　业	在机器 1 上操作时间	在机器 2 上操作时间
A	3	2
B	6	8
C	5	6
D	7	4

解：

步骤 1：列出各任务在两台机器上的加工时间，并进行比较。

步骤 2：通过比较，可以得到哪项作业在两台机器上的操作时间最短。

步骤 3：在最初阶段，比较的结果是作业 A 在机器 2 上操作的时间最短，时间为 2。即对任务 A 首先进行指派，但由于其是在第二台机器上操作，基于约翰逊原则应该最后安排这项任务。

步骤 4：重复步骤 2 和步骤 3。在上述剩余的任务中选择操作时间最短的任务，此时的作业 D 在机器 2 上的操作时间最短，时间为 4（此时作业 A 在机器 1 上的时间为 3，虽然最小，但是因为作业 A 已经排定，就不再考虑了），所以把任务 D 排在倒数第二位进行加工（基于约翰逊原则）；在剩余的作业中，作业 C 在机器 1 上的操作时间最短，因此最先被执行；至此，只剩下作业 B 没有安排了，作业 B 在机器 1 上的操作时间最短，根据步骤 3 的原则，由于只剩下作业 B 了，就将其安排在作业 C 之后操作，也就是安排在第二位加工。

通过以上分析，上述 4 项任务的排序结果为 C—B—D—A，并且最短流程为 25 天。这个方案也将总闲置时间和平均闲置时间缩减至最短。同时，这种排序使两台机器同时操作的时间达到了最大，因而两台机器完成所有作业的总运作时间达到最小。基于约翰逊原则的最优作业排序如图 10-25 所示。

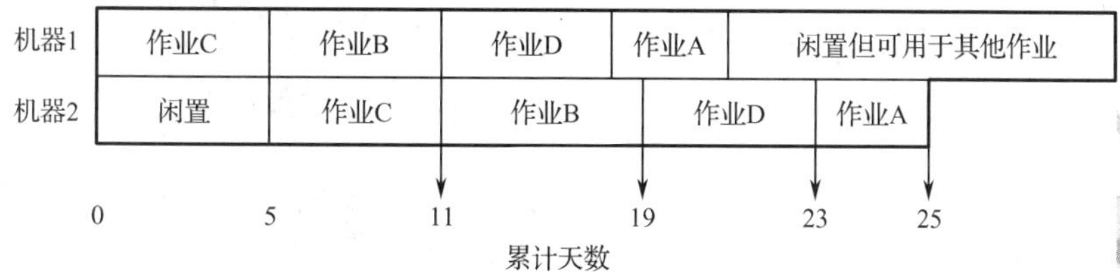

图 10-25　基于约翰逊原则的最优作业排序

约翰逊原则可以运用在 3 台机器上，只是排序的状况会变得更加复杂一些。然而，当流程车间调度问题多于 3 台机器时，就无法用此种方法求解了。其主要原因在于，尽管作业到达一台机器的时候是静态的，但是调度问题却变成动态的了，在后续的机器工序前面开始形成等待队列。这时，问题就转变成多阶段、多队列的问题了，通常只能用仿真技术来解决这类问题。

3. *n* 项作业的 *m* 机排序（*n*/*m*）

多台机器往往需要在一天内对间歇性到达的不同任务进行加工。如果有 n 项作业要在 m 台机器上加工，并且所有的作业要经过所有机器加工，那么这种情况下的可选方案有$(n!)^m$个。也就是说，即使一个小型的车间也会有大量的调度方案。对于这类问题，可以采用线性规划方法进行求解。

例 10-4 某机械加工企业要用 4 台机床加工 3 种产品，各产品的机床加工顺序及产品 i（i=1，2，3）在机床 j（j=1，2，3，4）上的加工工时 a_{ij} 如表 10-27 所示。由于某种原因，产品 2 的加工总时间不得超过 d。现要求确定各件产品在机床上的加工方案，使加工完全部产品的时间最短。

表 10-27 3 种产品在 4 台机床上的加工顺序

	机床 1	机床 2	机床 3	机床 4
产品 1	a_{11}	—	a_{13}	a_{14}
产品 2	a_{21}	a_{22}	—	a_{24}
产品 3	—	a_{32}	a_{33}	—

解：设 x_{ij} 表示产品 i 在机床 j 上开始加工的时间（i=1，2，3；j=1，2，3，4）。根据题意和机床加工产品的性质，需要满足以下条件。

（1）同一件产品在不同机床上的加工顺序约束。对于同一件产品，在下一台机床上加工的开始时间不得早于在上一台机床上加工的结束时间，故应有以下结论。

产品 1：$x_{11}=a_{11}\leqslant x_{13}$　及 $x_{13}+a_{13}\leqslant x_{14}$

产品 2：$x_{21}+a_{21}\leqslant x_{22}$　及 $x_{22}+a_{22}\leqslant x_{24}$

产品 3：$x_{32}+a_{32}\leqslant x_{33}$

（2）每一台机床对不同产品的加工顺序约束。一台机床在工作中，如已开始的加工还没有结束，则不能开始另一件产品的加工。为此，机床 1 加工产品有两种加工顺序，或先加工产品 1 后加工产品 2，或反之。对于其他 3 台机床，情况类似。

为了容纳两种相互排斥的约束条件，对每台机床分别引入 0-1 变量对模型进行表述。那么，每台机床上加工产品的顺序可用下列四组约束来保证：

机床 1：$x_{11}+a_{11}\leqslant x_{21}+My_1$　及 $x_{21}+a_{21}\leqslant x_{11}+M(1-y_1)$

机床 2：$x_{22}+a_{22}\leqslant x_{32}+My_2$　及 $x_{32}+a_{32}\leqslant x_{22}+M(1-y_2)$

机床 3：$x_{13}+a_{13}\leqslant x_{33}+My_3$　及 $x_{33}+a_{33}\leqslant x_{13}+M(1-y_3)$

机床 4：$x_{14}+a_{14}\leqslant x_{24}+My_4$　及 $x_{24}+a_{24}\leqslant x_{14}+M(1-y_4)$

其中，M 是一个足够大的数。y_j 的意义是明显的，即当 y_1=0 时表示机床 1 先加工产品 2 后加工产品 1；y_2、y_3、y_4 的意义类似。

$$y_i=\begin{cases}0 & \text{先加工某产品}\\ 1 & \text{先加工另一件产品}\end{cases}\qquad (j=1,\ 2,\ 3)$$

（3）产品 2 的加工总时间约束。产品 2 的开始加工时间是 x_{21}，结束加工时间是 $x_{24}+a_{24}$，故应有 $x_{24}+a_{24}-x_{21}\leqslant d$。

（4）目标函数的建立。设全部产品加工完毕的结束时间为 W。由于三件产品的加工结束时间分别为 $x_{14}+a_{14}$、$x_{24}+a_{24}$、$x_{33}+a_{33}$，故全部产品的实际加工结束时间为 $W=\max(x_{14}+a_{14},\ x_{24}+a_{24},\ x_{33}+a_{33})$。

综上所述，目标函数 z 的线性规划模型的表达式为：

$$\min z = W$$

$$s.t.\begin{cases} x_{11} + a_{11} \leqslant x_{13} \\ x_{13} + a_{13} \leqslant x_{14} \\ x_{21} + a_{21} \leqslant x_{22} \\ x_{22} + a_{22} \leqslant x_{24} \\ x_{32} + a_{32} \leqslant x_{33} \\ x_{11} + a_{11} \leqslant x_{21} + My_1 \\ x_{21} + a_{21} \leqslant x_{11} + M(1 - y_1) \\ x_{22} + a_{22} \leqslant x_{32} + My_2 \\ x_{32} + a_{32} \leqslant x_{22} + M(1 - y_2) \\ x_{13} + a_{13} \leqslant x_{33} + My_3 \\ x_{33} + a_{33} \leqslant x_{13} + M(1 - y_3) \\ x_{14} + a_{14} \leqslant x_{24} + My_4 \\ x_{24} + a_{24} \leqslant x_{14} + M(1 - y_4) \\ x_{24} + a_{24} - x_{21} \leqslant d \\ W \geqslant x_{14} + a_{14} \\ W \geqslant x_{24} + a_{24} \\ W \geqslant x_{33} + a_{33} \\ x_{11},\ x_{13},\ x_{14},\ x_{21},\ x_{22},\ x_{24},\ x_{32},\ x_{33},\ W \geqslant 0 \\ y_i = 0\text{或}1,\quad (j = 1,2,3,4) \end{cases}$$

通过求解，即可得到关于上述问题的生产作业排序。

从上例中可知，作业排序问题在理论方面的难度是随着工作中心机器设备数量和加工作业数量的增加而加大的。机器设备和作业数量的增加，将会导致建立模型的难度成倍增加。在这种情况下，计算机软件仿真是解决这类问题的实用办法。另外，对于 n/m 型生产作业安排问题，还可以采用 Palmer 方法和关键作业法等启发式算法进行作业排序，尽管得到的解只是满意解。

4. *n* 项作业的 *n* 机排序（*n*/*n*）

一些企业可能拥有很多机器和很多任务，并且拥有足够多的机器可以在同一时间开始所有的作业。在这种情况下要解决的问题不是先做哪项任务，而是特定的机器应该指派给哪项特定的作业，以达到总体调度最优，此类问题被称为指派问题（Assignment Problem）。该类问题的具体建模、求解方法可以参看运筹学的相关理论方法。

10.5.4　生产作业调度

1. 生产作业调度的作用

生产作业调度以生产进度计划为依据，通过生产作业调度来有效地实现生产进度计划。现代企业具有生产环节多、协作关系复杂、生产连续性强、情况变化快等特点。当某一局部发生故障或某一措施没有按期实现时，就会阻碍整个生产系统的运行。因此，加强生产作业调度工作有助于收集生产动态和有关数据，及时了解和掌握生产进度及存在的问题，以便根据不同情况采取相应的对策，使差距缩小或恢复正常，进而保证生产过程的正常运行。

2. 生产作业调度的原则

由于企业的生产作业类型、特征差异巨大，没有绝对正确的调度方法，实施调度管理时需要考虑订单批量、操作性质和作业的复杂程度。一般来说，调度时主要遵循以下准则：①完成时间最短；②设备利用率最高；③在制品库存最少；④客户等待时间最短。

3. 生产作业调度的制度

为了保证生产作业顺利进行，除了不断健全和完善组织机构，还需要建立一套严密的生产控制制度，包括值班制度、报告制度和会议制度。

（1）值班制度。企业建立生产控制值班制度，有助于其全面掌握生产状况，实现全时段指挥不中断。值班调度人员应检查车间、工段和班组生产计划的完成情况，及时发现并处理生产中存在的问题。

（2）报告制度。生产系统中应建立班组、工段、车间、公司的逐层调度组织，一线的调度管理人员应以标准报告的形式将日常调度情况及时逐级上报，总调度也应该根据发展需要不断向下一级调度单位传达计划和指令。报告的内容主要涉及产品生产进度、产品成套情况、主要零部件生产进展、调度指示指令等。

（3）会议制度。调度会议可以起到广泛收集各方面的意见和信息、深入了解生产中存在的问题、检查协调生产进度和发现生产中的薄弱环节等作用。调度人员不仅要重视调度会议工作，还需要深入一线，以便及早发现生产中存在的问题，并准确掌握解决问题的关键环节。

10.5.5 生产作业控制

1. 生产作业控制的内容

生产作业控制（Production Activity Control，PAC）又称生产进度控制，是在生产计划执行过程中对有关产品生产的数量和期限的控制。生产作业控制贯穿整个生产过程，对作业操作过程、检验活动等的执行目标、执行标准、作业理念进行明确的规范和说明，对在作业计划中可能存在的任何增加或删减做出解释，是车间作业计划顺利实施的重要保障。

生产作业控制的基本内容主要包括：①为每个车间的工单指派作业优先级；②维护和报道作业生产的相关信息；③生产作业的投入进度控制；④根据车间工单对机位的要求，为在制品库存管理提供数量信息；⑤测量人员和设备的效率、利用率和产量；⑥生产作业工序的进度控制；⑦生产作业的出产进度控制。典型的生产车间控制活动的主要内容如图 10-26 所示。

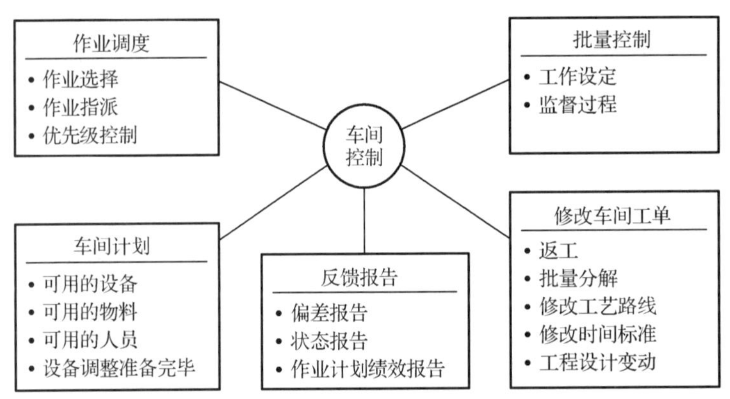

图 10-26 生产车间控制活动的主要内容

2. 生产作业控制的目的

总体来看，生产作业控制的主要目的包括：①满足交货期要求；②在制品库存量最小；③使平均流程时间最短；④提供准确的作业状态信息；⑤提高机器/人工的利用率；⑥减少调整准备时间；⑦使生产和人工成本最低。

3. 生产作业控制的方法

（1）甘特图。对于小型工业专业化车间和大型车间的独立部门，甘特图是一种经典、可视化、有效的控制工具。甘特图可以反映工作中心的负荷分布、哪些作业按时进行、哪些作业提前或落后于进度计划等信息。在作业分配管理中，甘特图可以反映一些部门、机器或设施的负荷和空闲时间，通过清晰呈现系统

中相应的工作量，从而使管理人员快速理解存在问题的原因，以便其科学地采取合理的控制措施。

（2）输入-输出控制。输入-输出控制（Input-output Control，IOC）是制造计划和控制系统的一个主要特征，其主要原则是一个工作中心的工作输入量不能超出工作计划输出量。当输入超出输出时，工作中心就会产生未交订单的积压，从而导致对上游作业提前期的估计增长。此外，当作业在工作中心积压时会出现拥堵的情况，加工过程变得效率低下，流向下游工作中心的工作变得离散。表 10-28 为某工作中心的输入-输出控制报告。

表 10-28　某工作中心的输入-输出控制报告

本周收尾	505	512	519	526
计划输入	210	210	210	210
实际输入	110	150	140	130
累计偏差	-100	-160	-230	-310
计划输出	210	210	210	210
实际输出	140	120	160	120
累计偏差	-70	-160	-210	-300

从上表的输出内容来看，实际输出远远小于计划输出水平，即生产能力严重不足。然而，从计划的输入部分可以看出，问题出在上游工作重心向该工作重心输入作业的时候。为此，控制过程就要承担寻找上游问题并相应调整生产能力和输入的责任。基本的解决方案就是提升瓶颈工作站的工作能力，或者减少对该工作站的输入。

（3）漏斗模型。漏斗模型（Funnel Model）是由德国汉诺威大学的贝特（Bechte）和温那多（Wiendall）等人于 20 世纪 80 年代初针对生产系统中的计划与控制而提出的一种系统模型。漏斗模型的理论出发点是存量控制思想，即通过有目的地安排生产任务，使工作地的在制品量维持在一定的水平上，从而确定和控制工作地平均通过时间及设备利用率，由此对生产过程进行控制。

所谓“漏斗”是对一个机床、一个班组、一个车间乃至一个工厂的形象化描述。在生产作业系统中，“漏斗”的输入可以是上道工序转来的加工任务，也可以是来自用户的订单；而“漏斗”的输出可以是某道工序完成的任务，也可以是企业制成的产品；而“漏斗”中的“液体”则是输入大于输出而形成的库存，“液体”的量表示任务或在制品的数量。典型的生产作业控制的“漏斗模型”如图 10-27 所示。

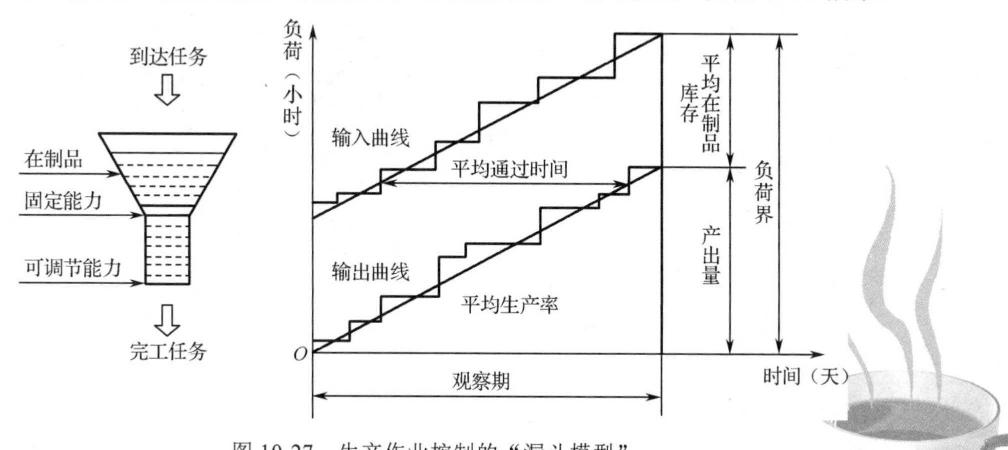

图 10-27　生产作业控制的“漏斗模型”

企业利用“漏斗模型”对一道加工工序、车间等的在制品库存的作业时间和产出数值之间的相互关系进行动态统计分析并得出其数量关系，进而建立以加工系统在制品存量为核心的控制系统，从而实现对生产过程的监测和诊断。由于在制品库存主要取决于加工任务的投料方法，这样企业就可以通过控制“漏斗”的输入来调整在制品存量和平均通过时间，同时控制其输出，最终保证制造系统的平稳和顺畅生产。

本章小结

为了有效运营，企业的生产能力应该与生产计划相匹配。然而，由于需求具有波动性，生产计划需要随之不断变化，而生产能力也应该与之相适应，但这并不是一件容易做到的事情。本章第一节主要介绍了生产计划的概念、主要类型和制订步骤，以及生产能力的类型、表示指标和影响因素，并阐释了生产计划和生产能力的关系；第二节主要介绍了综合生产计划，包括综合生产计划的主要内容、制订原则，综合生产计划的制订策略、制订过程和主要制订方法；第三节主要介绍了主生产计划，包括主生产计划的主要内容、意义和制订原则，主生产计划制订的主要类型、策略和过程；第四节主要介绍了企业资源计划，包括其发展历程和订货点法、物料需求计划、制造资源计划、企业资源计划的特点和应用环境；第五节主要介绍了生产作业计划，包括生产作业计划的编制步骤、生产作业订单排序、生产作业调度和生产作业控制等。

思考题

1．简述生产计划的类型，生产能力与生产计划的关系。
2．综合生产计划的主要内容是什么？
3．主生产计划在生产计划中的位置和作用是什么？
4．企业资源计划的发展历程及未来发展趋势是什么？
5．生产作业计划主要解决的问题、面临的挑战是什么？

案例分析

第11章 服务计划与能力管理

11.1 服务计划与服务能力概述

引导案例

11.1.1 服务计划

1. 服务计划的概念及类型

（1）服务计划的含义。服务计划（Service Schedule）是指关于企业服务运作系统各层次、各方面的计划，主要是企业在计划期内对其提供的服务类型、方式、数量、质量、产值等进行的正式安排。一般来说，服务业类似于生产制造业，也需要制订各种类型的计划，只不过计划的对象由实体产品变成了无形的服务。

（2）服务计划的主要类型。服务业种类繁杂，服务对象追求个性化的程度更高，这些都是造成服务业计划类型多种多样的原因。一般来说，服务计划可以分为服务战略计划、服务综合计划、服务作业计划等。根据服务计划涵盖的范围，可以分为长期计划、中期计划和短期计划。

（3）服务计划的特点。尽管经常说服务是无形的，但是几乎所有的服务都需要通过一系列实体产品进行展示。因此，服务组织在制订服务计划时不仅需要对服务进行计划，还需要对相关的人、财、物进行科学的规划。例如，全年、季度、月份、周、日的服务产品、服务人员需求计划等。

2. 服务计划的特征

服务业也像生产企业一样需要制订综合运营计划，只是相对于制造业，服务业在制订计划时有以下特征。

（1）纯服务不能采用改变库存的策略。由于纯服务无法存储，如果服务能力得不到及时利用就会因无法再次利用而被浪费。为此，对于服务业来说，尤其需要将服务能力与需求相匹配。

（2）服务需求难以预测。由于服务的个性化特征、需求的随机性很大，服务需求的规律预测相对更为困难。例如，医院的急诊、火灾出警、外出就餐等存在极大的偶然性，很难预测具体在什么时候发生、发生的具体数量等。

（3）服务业的服务能力难以评估。在服务人员与顾客交互过程中可能会出现各种各样的情况，尤其是由于顾客的特点、需求的差异都会导致服务的内容、服务时间、服务方式等发生变化，从而使服务能力在满足服务需求方面出现偏差。

（4）服务业的标准化程度较低。由于服务内容具有较高的不确定性，服务工作就需要通过柔性的方式来快速适应不同类型的服务需求，但是这也会增加服务管理活动的难度，使服务计划变得更加难以规范化和标准化，从而使计划缺乏精确性。

3. 服务计划的制订步骤

服务计划是企业开展有序生产的基础，直接影响着后续的一系列具体服务活动。一般来说，服务计划制订的主要步骤为：①确定不同时段服务的需求数量及分布特点；②确定每段时间的服务能力，包括正常的服务时间、超时服务时间和外部协作能力；③确定开展服务的人员、设备、资金的需求及服务资源转化率等方面的有关资料和数据；④确定正常服务、加班服务、服务外包、推迟服务，以及雇用和解雇人员等方面的单位费用；⑤提出备选服务计划方案，并计算每种计划方案的费用；⑥选择最满意的服务计划方案。

4. 服务业中的MRP

如果一种服务或服务项目的需求与其他服务需求相关，或者是由其他服务需求派生出来的，那么这些需求是非独立需求，这样的服务通常可以借助产品结构树、物料清单、用工清单、作业调度等计划工具。

企业借鉴生产制造业中 MRP 的管理模式可以显著提升服务系统的运作绩效，具体的服务系统可以是餐厅、医院、旅馆等。

（1）餐厅。在餐厅中，配菜和配料（面包、蔬菜及调味品）是一顿典型西餐的正餐组成部分。这些组成部分需要根据饭菜的不同需求而进行适当的调整，做好的饭菜是主生产计划的最终产品。图 11-1 是一种热卖的香辣小牛肉的产品结构树，表 11-1 是该菜品的物料清单。

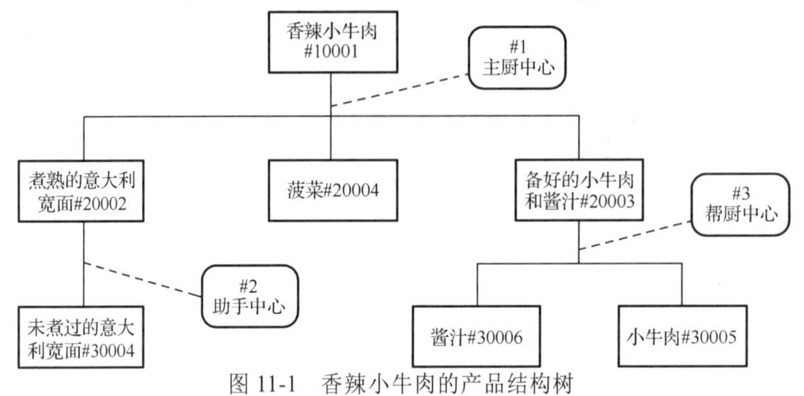

图 11-1　香辣小牛肉的产品结构树

表 11-1　香辣小牛肉的物料清单

编　　号	说　　明	数　　量	单　　位
10001	香辣小牛肉	1	份
20002	煮熟的意大利宽面	1	份
20003	备好的小牛肉和酱汁	1	份
20004	菠菜	0.1	包
30004	未煮熟的意大利宽面	0.5	磅
30005	小牛肉	1	份
30006	酱汁	1	份

需要注意的是，香辣小牛肉（主要成分是小牛肉、意大利宽面、酱汁）的成分是由不同厨房人员准备的（工作中心#1、#2、#3），这些准备也需要不同的时间来完成。表 11-2 是香辣小牛肉的用工清单，列举了需要执行的操作、操作的顺序，以及每项操作的劳动力需求量（劳动力类型与工时）。

表 11-2　香辣小牛肉的用工清单

工作中心	操　　作	劳动力类型	工　　时	
			准备时间	加工时间
1	装盘	厨师	0.006 9	0.004 1
2	煮意大利宽面	助手	0.000 5	0.002 2
3	制作小牛肉和酱汁	帮厨	0.012 5	0.050 0

（2）医院。医院里尤其是外科手术，需要大量的相关设备、材料及医疗用品。例如，大型的三级甲等医院和其供应商大多都采用 MRP 技术来改进手术安排、管理昂贵的医疗器材库存。

（3）旅馆。万豪酒店（Marriott）在翻新客房时设计了物料清单和用工清单，酒店的经理们利用物料清单来计算物料、家具、装饰品的需求量。之后，相关人员借助 MRP 系统计算出净需求量，以及采购商和承包商的使用时间表。

11.1.2　服务能力

1. 服务能力的概念

服务能力是指一个服务系统能够提供服务的最大产出能力（Output Capacity）。尽管服务能力的定义与制造业生产能力的定义基本相同，但对于服务业来说确定服务能力显得更加困难。对于制造业来说，生产能力可以用非常具体的产品数量来进行衡量。例如，每小时生产多少辆汽车，每天生产多少辆汽车，一年能够生产多少辆汽车等。而对于服务业来说，这个看似简单的定义却由于服务内容的无形性、易逝性、不可存储性，以及顾客的个性化、差异化和不确定性等原因难以准确确定。

此外，即使假定服务系统的服务能力一定、顾客要求也相同时，服务能力还可能由于服务的设施、服务流程和服务环境等影响发生变化，甚至变化巨大。总之，影响服务能力的因素极为复杂。

2. 服务能力的影响因素

对于服务业来说，影响服务能力的因素主要可以分为人力资源、设施、设备与工具、时间、顾客的参与和服务规模。其中，前三项因素虽然与制造业类似，但在使用上却有明显的特殊性，尤其是服务的时间和顾客的参与对于服务业的计划和管理提出了更多的要求。

（1）人力资源。不管是高接触服务还是低接触服务，人的劳动都是服务业的一项关键能力要素。这不仅需要一定的人力资源执行服务工作，而且服务的过程高度依赖服务人员的能力和素质，并体现出高度的灵活性，服务人员的态度、敬业程度、服务时的心情等都与服务效果密切相关。同时，服务人员的招聘比购买机器和设备要复杂得多，也具有更大的不确定性。

（2）设施。一般来说，服务设施的作用可以分为三种：一是用于容纳顾客和提供服务的物质设施，如医院的床位、宾馆的房间、饭店的包间、大学的教室等，这些都影响容纳顾客的数量；二是用于储存和处理货物的物质设施，这里的货物可能是属于顾客的资产，也可能是要出售给顾客的商品，这些设施可以存放需要暂存和处理的原材料、顾客预定的产品、服务的辅助用品等；三是基础设施，很多组织依赖一些基础设施为顾客提供有效的服务，如照明、空调、餐桌、Wi-Fi 等。

（3）设备与工具。设备与工具是指服务过程中所需要的用于处理人、物或信息的物质设备，以便为顾客提供更好的服务，比如厨具、点菜终端、咖啡机、荧幕、音响等。有时，一个简单的设备的短缺就可能导致整个系统无法正常运行，也可能用一些很小的设施就可以极大地提高顾客的满意度。例如，海底捞为等待就餐的顾客提供特色零食、美甲服务等。

（4）时间。服务的易逝性主要是由时间的特性决定的，时间是影响服务系统绩效的关键因素。通过时间要素的变化改变服务能力可以从两个方面着手：一方面是通过改变两个时间段的组合，或者把产出从一个时间段变换到另一个时间段，都可以改变服务能力，这种情况尤其适合那些具有需求高峰期的服务业；另一方面是通过延长服务时间的方式为一些服务业提供更好的服务，如 24 小时便利店不仅解决了特殊群体的服务需求，还为自身的经营创造了更多的机会。

（5）顾客的参与。在一些服务业中，服务能力与顾客的参与程度紧密相关。例如，顾客在超市购物，物品的寻找和拿取主要是顾客自己完成的，这就减少了服务人员的数量需求。还有一些服务业是顾客部分参与的，如自助餐厅往往是餐厅准备好相应的食品，并在一些辅助人员的帮助下由顾客自己完成就餐的。

（6）服务规模。大规模生产是制造业成本大幅降低的根本原因，而服务业在规模化方面存在自身的特点。研究表明，一般的旅馆房间数保持在 50 个房间是合适的规模，小于 50 个房间无法通过规模摊薄经营成本，而大于 50 个房间有可能会增加管理系统的复杂性，需要更多的管理人员，使得经营并不一定更合理（典型旅馆房间数的经济规模图形见图 11-2）。

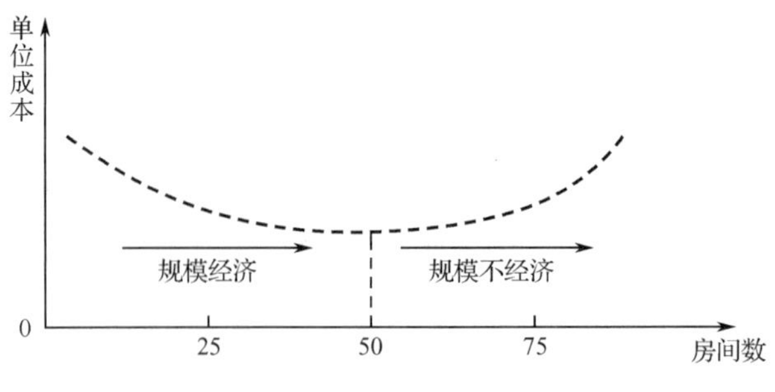

图 11-2　典型旅馆房间数的经济规模图形

11.2　服务系统交付管理与服务效率

 11.2.1　服务系统的交付能力管理

与制造业一样，服务业中也存在服务能力与服务计划之间的平衡问题。总体来看，服务业中服务计划与服务能力相协调的策略，主要关注的是服务系统的服务效率问题，相应的具体策略主要包括改变服务能力、优化服务能力、转移顾客需求三类。

1. 改变服务能力的策略

改变服务能力的策略主要有改变服务人员数量、改变服务时间、服务外包等。

（1）改变服务人员数量。服务人员数量在很大程度上决定着服务的提供能力。由于服务业具有明显需求不均匀的特征，一个时间周期内的服务需求高峰期对服务人员的需求量巨大，而在低谷期几乎没有什么服务需求。在这种情况下，服务企业往往通过增加或减少服务人员数量来对服务供给能力进行调节。对于季节性的服务需求波动可以采用招聘和解聘的方式进行平衡，而需求波动周期很短的服务业往往采用雇佣小时工、分享工作等方式来适应需求的变化波动。

（2）改变服务时间。改变服务时间可以从两个方面入手：一方面是缩短单位服务的提供时间。这种情况的具体实施方式是通过优化流程、采取恰当的方式缩短顾客接受服务的过程时间。另一方面是延长系统提供服务的总时长。在传统的系统中，企业可以通过延长总服务时间的方式达到提升服务能力的目的，比如商场可以采取早开业、晚停业的方式提升系统提供服务的能力。

（3）服务外包。服务外包（Service Outsourcing）能够使企业通过重组价值链、优化资源配置降低成本并增强企业的核心竞争力。企业利用外包单位服务主要是借用它们的设施和设备提供服务，从而达到减少临时性设施和设备投资的目的。

2. 优化服务能力的策略

面对服务需求的随机性和不确定性，企业优化服务能力的一个基本思路就是使企业的服务具有较大的柔性。一般来说，提高企业服务能力柔性的主要途径有以下几个。

（1）优化设施布置。通过恰当方式改变设施的布置方式，可以有效提升系统的服务能力。例如，航空公司通过稍微减小座位之间的间隔达到增加座位数量的目的；麦当劳前台采用提供点餐和递送食品的服务，而后台采用流水线方法来制作食品，通过前后台的分工协作实现了以最短的时间为顾客提供服务的目的。

（2）优化日程安排。企业通过对服务人员、任务安排、服务流程等进行科学优化，可以达到提高系统服务能力的目的。例如，企业通过对每周和每天的负荷进行预测，在不同的班次或时间段安排数量不同的服务人员。这样既保证了服务水平，又减少了服务人员数量。这种方法在医院护士排班、航空公司航线优化、汽车保养流程等服务中得到了广泛应用。

（3）培训多面手员工。由于大多数服务系统的工作类型多种多样，并且需要进行随时的调整。当某些工作环节出现人手短缺的时候，需要从其他岗位抽调人员来承担这些工作，这时就需要这些员工拥有执行不同任务的技能，即多面手的员工，这有助于服务系统快速实现平衡。

（4）增加顾客参与。在大多数服务系统中，忙时需要大量的服务人员，而在闲时人员又会存在大量的闲置。为此，在一些特殊的服务系统中可以采用让顾客尽可能多参与服务过程的方式，达到既能减少服务人员数量又能提升服务能力的目标。例如，一些餐饮企业让那些对食品的制作过程感兴趣的顾客参与制作活动。

3. 转移顾客需求的策略

企业提升服务系统交付能力的另一种方式就是合理转移顾客需求。为了避免高峰期无法满足大量顾客的需求，企业可以通过预约系统、预定系统、限制需求、固定时间表、让顾客选择服务水平等来缓解供需失衡的情况。

（1）预约系统。随机系统不可避免地会产生排队现象，预约系统将随机需求转化为计划需求。通过计划可以将高峰时的需求转移到低谷时段，可以使企业有足够的时间提前进行准备，使顾客能够以更快的速度接受更好的服务，医生、律师、汽车保养是使用预约系统提供服务的典型例子。然而，采用这种方法时应注意设计好预约时间，还要制定好顾客迟到或没有及时赴约的预案。

（2）预定系统。预定系统类似于预约系统，也可以在一定程度上缓解企业服务供需不平衡问题。酒店、飞机等经常使用预定系统。预定系统通常应用于服务能力规模有限，并且顾客需求存在较大的随机性，企业难以进行准确预测的情形。与预约系统不同的是，预定系统一般会要求顾客提前支付费用或者收取一定数额的押金，这样可以降低毁约的概率。

（3）限制需求。当服务能力有限而需求量又很大时，在一定条件下可以采取限制需求总量的方式进行调节。城市拥堵、高峰期电力供应紧张、水资源短缺等是很多城市面临的难题。对于这些问题不同地区往往采取不同的方式对需求进行适当的控制，以便达到用有限供给满足现有服务需求的目的。例如，电力供应部门采用阶梯电价的方式分散用电高峰期的负荷。

（4）固定时间表。企业采用固定时间表来满足顾客的需要，使顾客需求达到一定批次或者一定规模时再提供统一的服务，这样既可以满足大多数顾客的需求，也能够降低企业的服务成本，火车、飞机都是按照固定时间来运行的。

（5）让顾客选择服务水平。面对顾客需求的差异，企业可以设置不同服务水平的服务项目，通过顾客的选择对不同需求的顾客群进行分流。例如，在中国铁路的客运服务中，相对高昂的高速列车票价与一般的普通列车票价形成互补，使日益增长的客运市场需求得到不同形式的满足。

11.2.2　服务系统的交付效率管理

1. 影响服务系统交付效率的因素

由于与顾客接触的紧密性，顾客接触在服务交付中会显著影响服务效果。一般来说，顾客接触程度、服务舒适程度、服务质量水平等都会影响服务系统的交付效率。

（1）顾客接触影响服务运作实现标准化。服务人员需要应对顾客不同的服务要求，这会导致服务人员常常无法按预定程序工作，服务时间也难以精准确定。通常来说，顾客参与程度越深，服务时间越长，对服务系统的交付效率的影响就越显著。

（2）顾客的舒适、方便程度会影响服务交付效率。为了追求顾客满意度，服务业往往会提供舒适、方便的服务，但这往往又会增加服务时间，以致在一个特定的时间内无法为顾客提供更多的有效服务。

（3）对服务质量的评价缺乏客观标准。顾客在接受服务时的感觉往往是主观的，这主要是因为服务是无形的，缺乏客观的评价标准，再加上顾客对服务的感知存在差异，这些都会使服务缺乏一致性的评价标准，进而对服务系统交付效率产生影响。

2. 提升服务系统交付效率的方法

服务业若要不断提升服务质量和绩效，需要对顾客参与的影响进行适当的干预，进而在一定程度上提升服务系统的交付效率。一般来说，提升服务系统交付效率的方法主要有以下几个。

（1）服务标准化。企业可以通过标准化大幅度降低服务的多品种状况，并且能够通过有限的服务来满足顾客的大部分需求。例如，近年来餐馆里的菜单或快餐店的套餐都极大地减少了服务类型，尽管这样会减少顾客的选择范围，但是在一定程度上提升了对顾客需求的响应速度。

（2）服务与顾客适当分离。一般来说，顾客与服务的接触程度越深，对服务的要求就越高。为此，通过恰当的方式将顾客与部分服务进行分离可以降低服务的难度，并能够有效地提升服务效率。例如，后台加工制作与前台服务进行有效分离，可以在前台为顾客提供专业的服务，而后台进行专业的制造和加工。

（3）服务自动化。面对面进行服务不仅会增加人工成本，还会由于服务的差异性导致服务效果存在波动。随着人工智能的不断发展，智能化、自动化的服务终端可以为顾客提供一系列过去只能由服务人员提供的服务，这些都有效地提升了服务系统的效率。

（4）服务库存。服务通常不能采用库存的方式来实现供需平衡，但是由于服务往往需要通过一些有型产品、设备进行展示，而服务的这些部分可以通过尽早准备的方式实现服务流程和周期的压缩，以达到提高服务效率的目的。

数字经济促进服务效率提升

2019 年，我国数字经济（Digital Economy）增加值规模达到 35.8 万亿元，占 GDP 比重达到 36.2%，我国数字经济总规模仅次于美国，位居世界第二。我国数字经济与实体经济已经深度融合，涵盖政治、文化、社会、生态等各领域的信息化建设，包括宽带中国、互联网+、大数据、云计算、人工智能、信息经济等内容。数字经济的发展，在给包括竞争战略、组织结构和文化在内的管理实践带来巨大冲击的同时，也给服务业的发展带来了巨大机遇。企业组织正在努力整合与顾客、供应商和合作伙伴在数据、信息系统、工作流程和工作实务等方面的业务，而他们又有各自的标准、协议、传统、需要、激励和工作流程。数字经济的不断发展，有助于促进服务业的不断发展。

（资料来源：根据公开资料整理。）

 11.2.3 服务系统的交付质量管理

1. 服务系统能力利用率和服务质量

对于服务企业而言，每天的服务数量固然重要，但是服务质量直接关系到顾客的满意度，这将会对企业的长期经营产生重要影响。为此，企业在制订服务能力计划时往往非常关心服务能力利用率、服务质量及两者之间的关系。

一般来说，企业希望顾客源源不断地到来，同时希望能够及时有效地满足顾客的需求，这样才能使企业获得更多的收益。因此，企业需要在顾客到达率和服务率之间寻求必要的平衡。研究显示，最佳的运行点在最大能力的 70%左右。通常来说，70%的服务水平足以使服务人员保持忙碌状态，同时对顾客有足够的服务时间，并保留足够的能力以免出现太多令人头痛的问题。图 11-3 描绘了排队模型下的一种服务情形，表明系统的平均服务率与平均到达率能够对服务质量产生重要影响。在临界区域，系统能服务于顾客，但是服务质量会有所下降。在临界区上面，等待队伍越来越长，而且很有可能有些顾客一直得不到服务。

然而，一个服务系统最佳的利用率到底是多少需要视情况而定。在需求的不确定性很高、服务达成与否变化较大的情况下较适合采用低利用率。例如，医院的急诊室和消防部门应该设置为低利用率，因为它们面对的不确定性大，而且涉及生命或财产安全。相对而言，如不繁忙的市郊往返列车或者信件分拣等服务，可以以将近 100%的利用率运行，因为这些服务可预测性强，或者不需要与顾客直接接触，顾客感知程度不是十分敏感。还有一类服务也需要更高的利用率，如所有的比赛运动组织方都喜欢场馆是满座的，这不仅因为几乎所有的顾客都会带来收入，还因为满场的情况会给顾客带来良好的氛围，使主场队伍表现得更好，并能够刺激未来门票的销售。另外，舞台表演和酒吧也都需要这样的氛围。可见，服务系统的运作情况将直接影响顾客在系统内对服务的感知，其中等待时间长短是影响顾客对服务质量满意程度的重要因素。

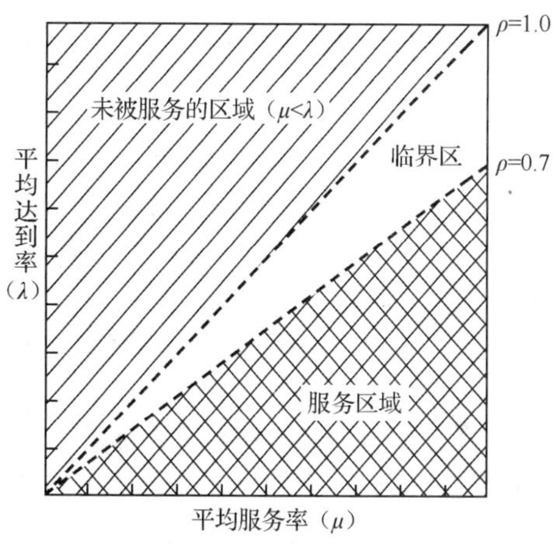

图 11-3　服务利用率与服务质量的关系

2. 影响顾客等待满意度的因素

既然顾客的等待会对服务系统的满意度产生重要影响，那么采取措施进行有效管理就显得十分必要了。大卫·麦斯特（David Maister）对顾客等待满意度提出了一个基本分析框架，认为可以从三个方面提高顾客满意度。

（1）与企业相关的因素。在影响顾客等待满意度的因素中，企业可以控制的因素可以归结为以下四类：一是等待得公平与否；二是等待得舒适与否；三是对于等待的原因是否给予充分的解释；四是等待所处服务过程的阶段。

（2）与顾客相关的因素。有些影响顾客等待满意度的因素是企业不可控的，与顾客相关的因素主要考虑以下四类：一是独自等待还是群体等待；二是等待的是高价值服务还是低价值服务；三是顾客的价值系统状况；四是顾客等待的情绪。

（3）与顾客和企业都相关的因素。有些影响顾客等待满意度的因素可能与企业和顾客都相关，主要有两类：一是在空闲中等待还是在忙碌中等待；二是在焦急地等待还是在耐心地等待。

11.2.4　服务系统的交付技术

传统的“面对面”服务方式，更多的是要求服务人员具有较高的能力和素质，然而随着新技术的不断发展，服务越来越依赖于信息技术、通信技术、网络技术、物流技术等的应用。这些新技术不仅是重要的服务内容，还极大地影响了服务方式和效果，同时对服务企业提出了新的要求。

1. 服务业中的信息技术

早在 20 世纪 90 年代，信息技术（Information Technology，IT）就在服务业中被高度关注，直到今天其发挥的作用越来越大，如提升服务效率、增加服务就业、促进服务业国际化等。我国的服务行业想要获得突破性的发展，必须要有效借助信息通信技术，狭义的信息技术应用主要是指信息的采集、存储、处理、传输、应用等。大数据和数字经济是信息技术研究的两个典型领域，也正在对服务业的运营产生重要影响。

美国联合服务汽车协会

美国联合服务汽车协会（United Services Automobile Association，USAA）是美国一家多元化金融服务集团公司，是财富 500 强企业，其总部位于得克萨斯州，公司提供的服务内容包括投资、保险、家庭服务、美国军事服务等。该公司从仅有 200 万美元的小公司迅速发展为拥有 200 多亿美元资产的大公司，取得这一成功的重要原因之一就是当时及时运用了信息技术，使保单生成实现了自动化，从而极大提升了服务效率。过去，传统的保单业务流程需要经过 55 个步骤、若干名经手人、耗时两个星期、消耗大量的费用。而对于采用了信息技术的 USAA 的顾客来说，买一辆新车想加入保险或增加新硬件或改变通信地址，需要做的仅仅是给 USAA 打一个电话——平均只需 5 分钟，公司的服务代表就可完成所有的事情。大约第二天凌晨4点，单据就会寄出。对于需要处理大量数据、单据等业务的企业来说，信息技术拥有巨大威力。

（资料来源：根据公开资料整理。）

2. 服务业中的通信技术

通信技术（Communications Technology）和通信产业是20世纪80年代以来发展最快的技术和领域之一。随着通信业务从以语音为主向以数据为主转变，交换技术也相应地从传统的电路交换技术逐步转向数据交换技术。通信方式从以语言和文字（书信、口令等）为主向电通信（电话、电报、广播、电视、雷达等）发展，再向现代电子信息通信（微波、卫星通信、光纤通信、移动通信等）演化。可以说，通信技术已经影响到服务业的方方面面，如商业贸易、包裹快递、文件递送、衣服干洗、汽车修理、家电维修，以及金融、咨询、教育、旅游等新型服务业。

高速公路上的不停车收费系统

不停车收费系统（Electronic Toll Collection，ETC）是目前世界上非常先进的路桥收费方式，是一项集信息技术、网络技术、通信技术于一体的服务系统。ETC的基本工作原理：通过安装在车辆挡风玻璃上的车载电子标签与在收费站 ETC 车道上的微波天线之间的微波专用短程通信，利用计算机联网技术与银行后台进行结算处理，从而达到车辆通过路桥收费站不需停车而能快速交纳路桥费的目的。可以说 ETC 是智能交通建设的重要内容，与传统收费方式相比具有明显的竞争优势：一是提高通行能力5倍以上，缓解交通压力；二是降低管理成本，提高车辆运营效益；三是节约能源，ETC车辆综合单车油耗比人工收费车辆节省约50%；四是保护环境，ETC车辆一氧化碳、二氧化碳排放分别减少了71.3%和48.9%。我国自2014年正式启动全国高速公路ETC联网工作以来，已经得到了快速发展。2019年12月底，全国ETC用户数量突破1.8亿人次，过去几年年复合增长率超过40%。

（资料来源：根据公开资料整理。）

3. 服务业中的网络技术

网络技术（Network Technology）是20世纪90年代中期发展起来的新技术，它把互联网上分散的资源融为有机整体，实现资源的全面共享和有机协作，使人们能够透明地使用和获取大量信息资源，这些资源包括存储资源、数据资源、信息资源、知识资源、专家资源、大型数据库等。互联网可以构造地区性网络、企事业内部网络、局域网网络，甚至家庭网络和个人网络。网络的根本特征并不一定是它的规模，而是对于已有资源的共享，以及解决或缓解资源孤岛问题。一般来说，网络技术可以为服务业提供远程登录、信息交流、信息资源共享、新服务和综合信息服务等。总之，计算机网络的应用范围越来越广泛，已经渗透到国民经济、人们日常生活的各个方面。对于服务企业来讲，要对网络技术给予高度重视，并尽最大可能发挥其在组织发展中的推动作用。

华为的“智慧机场”产品

2019年全国有6.6亿人次乘飞机出行，此后还在不断刷新纪录。与此同时，我国的机场也变得愈加拥挤，全世界最忙碌的50座机场里我国就占9个。如何通过新技术提高效率，同时减少旅客因为等待而产生的焦虑，已经成为摆在机场和众多科技公司面前的难题。一般来说，旅客服务的痛点主要集中在值机、安检、海关等多次排队时间较长、航站区无线网络信号不稳定、没有个性化母语服务、缺乏室内导航服务、与空港连接的公共出行信息不全等。对此，华为（HUAWEI）公司推出了一款在机场里使用的手推车 Chigoo cTrolley。这款产品配有一个13.3寸的高清显示屏，能提供多种语言服务，只要扫描登机牌就可以使用，它会帮你找到前往登机口的最短路线，并显示航班的最新动态，以及推送一些机场里商店的最新促销信息，还可以为手机充电。这一产品是华为开发的“智慧机场”系统的一个组成部分。

（资料来源：根据公开资料整理。）

4. 服务业中的物流技术

物流已经成为企业运营甚至人们生活不可缺少的组成部分。物流技术（Logistics Technology）可以分为硬技术和软技术两个方面。物流硬技术是指组织物资实物流动所涉及的各种机械设备、运输工具、站场设施，以及服务于物流的电子计算机、通信网络设备等方面的技术。物流软技术是指为组成高效率的物流

系统而使用的系统工程技术、价值工程技术、配送技术等。随着信息技术、通信技术、网络技术的应用普及，物流技术中融合了条码（Bar Code）技术、电子数据交换（EDI）、射频技术（Radio Frequency，RF）、地理信息系统（GIS）、全球卫星定位系统（美国的 GPS、中国的 BDS 等）等许多现代技术。

联邦快递的 COSMOS 系统

众所周知，现在的快递包裹上都有一个条形码。然而，最早的条形码诞生于20世纪20年代，是约翰•科芒德（John Kermode）在威斯汀豪斯（Westinghouse）的实验室里发明的。基于快递速度不断提升的需要，联邦快递公司建立了自己的 COSMOS（Customer，Operations，Service，Master On-1ine System）系统，这是联邦快递的一个全球信息网络系统。在每个由联邦快递运输的包裹上都有一个条形码，当邮递员接收包裹时，用手提计算机扫描条形码，并将包裹的邮政编码和服务种类输入计算机，这些数据随后被传送到中心数据库。包裹到达中心数据库或一个地区网络中心后，再进行分类，然后装上飞机飞往目的地，并再一次扫描条形码将该包裹的信息输入计算机系统。当另一个目的地的邮递员分发包裹时，最后一次扫描条形码，并输入分发地点和收方信息，这些信息随后被传送到 COSMOS 系统。这个系统使得顾客可以通过互联网及时跟踪包裹的进程。

（资料来源：根据公开资料整理。）

随着中国北斗卫星导航系统（BeiDou Navigation Satellite System，BDS）的建设和服务能力的不断提升，相关技术已广泛应用于交通运输、海洋渔业、水文监测、气象预报、地理测绘、森林防火、通信系统、电力调度、救灾减灾和应急搜救等领域，逐步渗透到社会生产和人们生活的方方面面，为中国乃至全球经济和社会发展提供新的服务。

铁路运输的 BDS 应用

中国铁路总公司拥有全世界第一大的铁路运输系统，总公司下设 18 个铁路局，现管辖铁路营业里程 97840 千米，职工总数 204.56 万人，客车拥有量为 7.10 万台，铁路货车拥有量为 76.40 万辆。在这样一个庞大的系统内，如何实时跟踪各个设备的运转情况十分重要。为此，我国铁路开发了基于北斗卫星导航系统（BDS）的计算机管理信息系统，可以通过 BDS 和计算机网络实时收集全路列车、机车、车辆、集装箱及所运货物的动态信息，可实现列车、货物追踪管理。只要知道货车的车种、车型、车号，就可以立即从近 12.4 万千米的铁路网上流动着的上百万辆货车中找到该货车，还能得知这辆货车在何处运行或停在何处，以及所有的车载货物发货信息。铁路部门运用这项技术可大大提高路网及其运营的透明度，为货主提供更高质量的服务。

（资料来源：根据公开资料整理。）

5. 新技术下现代服务业的发展特点和趋势

在信息技术等新技术革命的推动下，服务业发生了巨大变化。总体来看，现代服务业具有一些非常鲜明的特点和新趋势。

（1）现代服务业的服务重点逐渐由传统的以生活消费为主向以生产服务为主转变。如今，传统的百货、餐饮、旅馆等已不再是服务业的主体，取而代之的是以工业生产服务为主的金融、保险、通信、运输、租赁、技术服务、设备安装维修等。

（2）服务业中知识密集型行业占整个服务业产出的比重越来越大。为生活消费服务，主要体现在为商品交换提供劳务；为生产服务，则主要体现在为物质生产提供投入，这种投入不仅包括具体的物质，还包括比例越来越大的专门知识和技术。这类服务业包括工程设计、项目评估及可行性研究、生产设备保修及租赁、产品广告宣传等。

（3）服务业的技术密集程度正在迅速提升。现代服务业的服务内容和方式的变化使其运营管理面临许多新课题。在新服务技术不断出现的背景下，服务中越来越需要新技术密集程度的服务，包括如何选择合适的运营技术，新技术下的工作方式、组织结构和管理方式如何相应变革，如何在新技术、高智力投入的环境下不断提高生产率等。因此，服务业运营技术的选择和管理是现代运营管理人员所面临的一个新的重要课题。

11.3 服务系统排队管理与顾客满意度

排队是人们经常会遇到的事情，排队系统往往伴随着拥挤、不满意等现象，这无疑会对相应服务系统的运行产生影响。一般来说，排队系统的运行情况将直接影响顾客在接受服务过程中的等待时间，而等待时间又会对顾客的满意度产生重要影响。

11.3.1 排队系统概述

1. 排队系统

排队论（Queueing Theory）就是研究排队系统的数学理论和方法，是运筹学的一个重要分支。排队论具有广泛的应用，可以为人满为患的医院、拥挤的学校食堂、业务繁忙的银行、排队结账的超市、餐位紧张的餐馆等提供科学的管理思路。

在服务业中，当一个顾客到达时却遇到服务台正在服务于其他顾客，他就不得不排队等待。例如，进餐馆就餐、到图书馆借书、在车站等车、去医院看病、去售票处购票、到工具房领工具等，如果前面有接受服务的人员占据了服务台，后面的顾客就面临着排队问题。在这些问题中，餐馆的服务员与顾客、图书馆的工作人员与借阅者、车站工作人员与乘客、医生与病人、售票员与买票人、管理员与工人再加上相应的服务设施就构成一个排队服务系统。

2. 排队系统特征

虽然排队问题的形式多种多样，但是都具有以下共同特征。

（1）排队系统是一个随机服务系统（Random Service System）。随机服务系统是由随机到达的服务对象和为它们提供随机时长服务的设施组成的整体。大多数服务系统之所以具有随机性，主要是因为顾客等待时间、排队长度、服务时间等都是随机的。典型的随机服务系统有公交服务系统、就餐服务系统、电话交换系统、数据通信系统等。

（2）排队系统是一个“聚”“散”服务系统。当一个顾客需要服务时，就到服务机构接受服务，接受完服务后就会离开。可见，排队系统是一个“聚”“散”的过程，“聚”就是顾客的到达，“散”就是顾客的离去（随机排队的“聚”“散”系统见图 11-4）。

聚（输入）→ 服务机构 → 散（输出）

图 11-4　随机排队的“聚”“散”系统

（3）排队系统队列可以是有形的也可以是无形的。传统的排队队列是一个一个等待服务的顾客按一定的顺序进行排列，直接表现为排队的队伍。然而，由于排队系统理论的不断改进，以及排队论研究对象的不断扩展，排队系统的队列含义已经发生了较大的变化。例如，在银行等待服务的客户不用在柜台前排队等待，可以坐下来更加舒适地等待服务，其实是银行有一个隐形的排队系统。

（4）排队系统顾客可以是人也可以是物。人们对排队系统的一般印象是一个个顾客依次排列形成的队列。然而，目前排队论的研究对象已经不仅局限于人了。生产线上等待加工的原材料或半成品，因故障等待修理的机器，码头上等待装货或卸货的船只，机场上等待降落的飞机等，都可以是等待服务的“顾客”。

3. 排队论研究的基本问题

排队论研究的首要问题是排队系统的主要数量指标及规律特征，然后是系统的优化问题。

（1）了解排队系统的基本特征。通过研究排队系统的一些主要数量指标在瞬时或平稳状态下的概率分布及其数字特征，了解排队系统运行的基本特征。

（2）分析排队系统存在的问题。明确排队系统存在的问题可以建立适当的排队模型，通过分析应该能够深入了解排队系统存在的一些典型问题。例如，系统是否能够处于平稳状态、排队系统是否具有收敛性质、解决排队问题的方法和途径是否可行等。

（3）排队系统优化。排队系统优化主要解决最优设计问题和最优运营问题，以便使系统以更加可控和更加高效的方式运营。典型的优化问题有最少费用问题、服务率的控制问题、服务台的开关策略、顾客（或服务）根据优先权的最优排序等问题。

11.3.2　排队系统的描述

若要对排队系统进行研究，首先需要对排队系统进行定量描述，而用于描述排队系统的主要要素包括顾客源、顾客到达分布规律、排队特征、排队服务规则、服务机构的服务规律和顾客离开系统的规律。

1. 顾客源的描述

顾客是要求得到服务的对象统称，顾客源是指具有服务需求的主体群体，而顾客源的数量及到达服务机构的方式都会影响服务系统的运营状况。基于顾客到达特点的排队类型如图 11-5 所示。

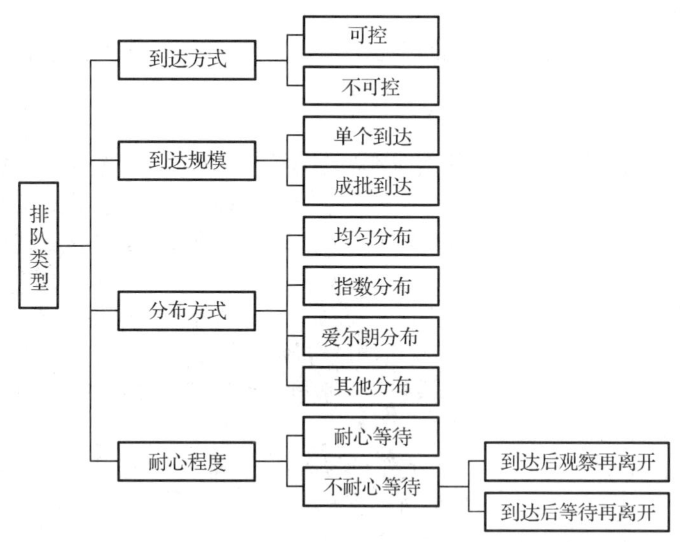

图 11-5　基于顾客到达特点的排队类型

（1）顾客源的总体数量。根据顾客源的总体数量的多少可以分为有限顾客总体和无限顾客总体排队系统。在有限系统中，一个顾客接受完服务就离开了，而系统内剩下等待接受服务的顾客就少了一个；而在无限系统中，等待接受服务的顾客数总是那么多。

（2）顾客源到达机构的可控情况。根据服务组织对顾客源到达的控制情况可以分为可控和不可控排队系统。一般来说，服务机构能够通过一定方式较好地控制到达的顾客源数量。然而，有些服务机构是很难控制顾客源的，比如对于一家医院来说，急救医疗服务需求是不控制的，医院无法有效预测到达医院进行急救的患者数量和时间，也几乎不可能采取商业手段改变这种需求。

（3）顾客到达机构的规模。根据顾客到达系统的规模可以分为单独到达和成批到达两种。单独到达是指每次到达系统的顾客数量为 1 个单位，如一个人单独到食堂吃饭、单独乘坐公共汽车等；成批到达是指顾客是以一定的批次到达系统的，比如等待销售的鸡蛋往往以 12 个（一打）为单位，股票市场交易以 100 股为基本单位，大多数库存也是以一定批量进货或者出货的。

（4）顾客到达机构的决策。根据顾客到达服务机构后的耐心程度可以分为两种情况：一种是排队等待，另一种是选择离开。这种不同的决策可能与顾客接受服务的急切程度、当时其他事务的繁忙程度、耐心程度等有关。当顾客决定排队等待后，依然存在两种不同的决策：一种是继续等待接受服务，另一种是因为等待时间过久放弃等待。这些决策都将会对排队系统的特征产生影响，也会影响排队系统的运行状态。

2. 顾客到达分布规律描述

一般来说，将顾客到达称为系统的"输入过程"，为了刻画"输入过程"的状态，通常采用顾客（单个或成批）相继到达系统的时间间隔分布进行描述。

令 $T_0=0$，T_n 表示第 n 个顾客到达的时刻，则有 $T_0 \leqslant T_1 \leqslant \cdots \leqslant T_n \leqslant \cdots$，记 $X_n=T_n-T_{n-1}$，n=1、2、…，则 X_n 是第 n 个顾客与第 n-1 个顾客到达的时间间隔。一般来说，假定$\{X_n\}$是独立分布的，并记其分布函数为 $A(t)$。关于$\{X_n\}$的分布，排队论中经常用到的有以下几种分布类型。

（1）定长分布。顾客相继到达时间间隔为确定的常数（Deterministic），常用 D 来表示。例如，产品通过传送带从一道工序到达下一道工序一般可看作定长分布。

（2）最简流（或称 Poisson 流、Markov 流）。如果顾客相继到达时间间隔$\{X_n\}$为独立的，同为负指数分布，符合 Poisson 流特征，也具有 Markov 特性，通常用 M 来表示。则其概率密度函数一般表示为：

$$A(t)=\begin{cases}\lambda e^{-\lambda t} & t \geqslant 0 \\ 0 & t<0\end{cases} \tag{11-1}$$

（3）一般相互独立分布。一般相互独立（General Independent）的时间间隔分布是指每位顾客到达的时间是相互独立的，通常用 GI 表示。

（4）一般服务时间分布。一般（General）服务时间分布是指每位顾客到达的时间不做特定的假设，只按照实际的规律进行，通常用 G 表示。

3. 排队特征描述

一般来说，排队分为有限排队和无限排队两类。有限排队是指排队系统中的顾客数是有限的，即系统的空间是有限的，当系统被占满时后面再来的顾客将不能进入系统；无限排队是指系统中顾客数可以是无限的，队列可以排到无限长，顾客到达系统后均可进入系统排队或接受服务，这类系统又称为等待制排队系统。对于有限排队系统而言，其可以分为队长有限、等待时间有限、逗留时间有限三种排队系统类型。

（1）队长有限的排队系统。队长有限的排队系统是指系统的等待空间是有限的，能够容纳的顾客数量有限。最多只能容纳 N 个顾客的系统，当系统中的顾客数（队长）小于 N 时，新顾客到达时则可进入系统排队或等待接受服务，否则就不得不离开系统（一般规定该顾客不再回来）。例如，库容有限的水库、床位有限的宾馆等，都属于队长有限排队系统。

（2）等待时间有限的排队系统。等待时间有限的排队系统是指顾客在系统中的等待时间不超过某一给定的时间长度 T，当等待时间超过 T 时顾客将自动离去并不再回来。例如，库存中具有保质期的食品，当超过一定存储时间后，该食品被自动认为失去销售价值。

（3）逗留时间有限的排队系统。逗留时间（等待时间与服务时间之和）有限的排队系统是指顾客在系统中等待时间和被服务的时间之和不超过某一给定的时间长度 T，当等待时间超过 T 时顾客将自动离去并不再回来。例如，服务机构为企业急需解决的问题提供咨询服务，如果咨询服务所需时间和对策实施所需时间超过了问题的解决时限，该服务就失去了价值。

通过以上分析可知，各种排队系统的具体形式往往存在一定的差别。在将接受服务的主体称为“顾客”、提供服务的服务者称为“服务人员”或“服务机构”的情况下，可以根据队列和服务台数量的特征将服务系统分为单队列单服务台、单队列多服务台、多队列多服务台、多服务台串联等几种典型的排队系统。

（1）单队列单服务台的排队系统。单队列单服务台排队系统是指服务系统只有一个服务台，顾客到达后排成一个队列，并按照一定的顺序依次接受服务的系统（具体见图 11-6）。例如，只有一个理发师的理发店、只有一个收银员的商店等。

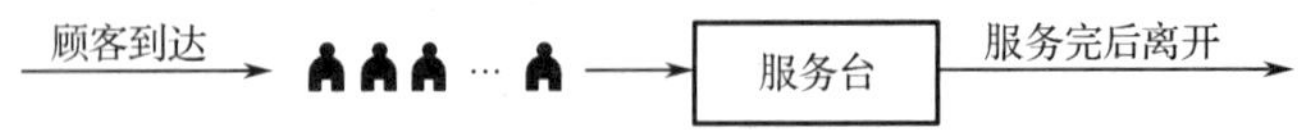

图 11-6 单队列单服务台的排队系统

（2）单队列多服务台的排队系统。单队列多服务台排队系统是指服务系统有多个服务台，顾客到达后按照一定的顺序在多个队列依次接受服务的系统（具体见图 11-7）。一般是指那些采用叫号服务系统的组织，顾客一般在得到序号后坐下来等待叫号，而不用进行实际的排队。例如，有叫号系统的银行提供的柜台服务就是这种排队系统的典型例子。

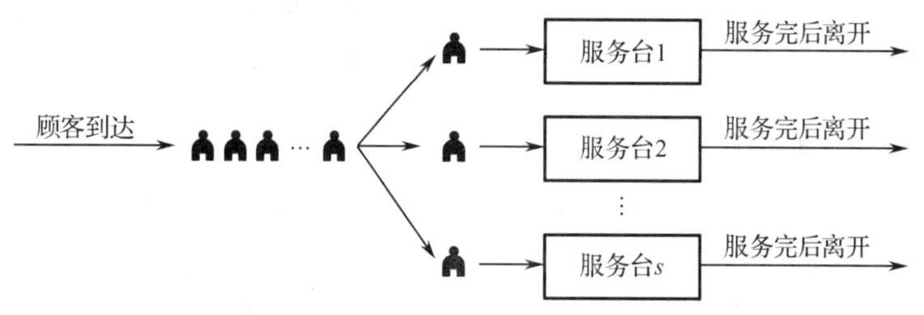

图 11-7　单队列多服务台的排队系统

（3）多队列多服务台的排队系统。多队列多服务台排队系统是指服务系统有多个服务台，顾客到达后直接排成多个队列，每个队列按照一定的顺序依次接受服务的系统（具体见图 11-8）。一般是指那些规模较大、提供服务较为规范的服务类型。例如，机场安检、火车站自助取票等都属于这一类型。

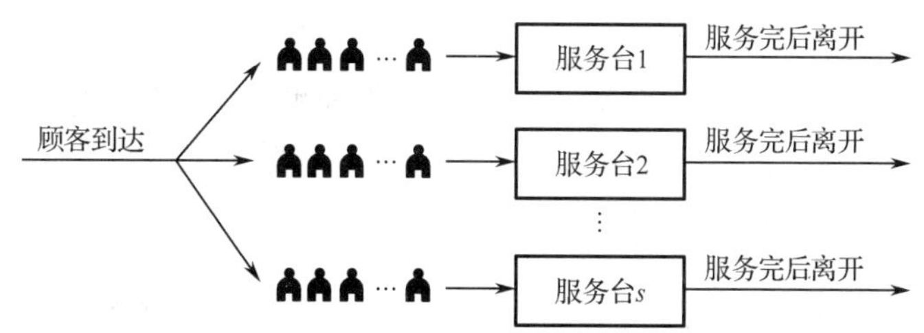

图 11-8　多队列多服务台的排队系统

（4）多服务台串联的排队系统。多服务台串联排队系统是指服务系统有多个服务台，这些服务台提供的服务之间存在一定的逻辑顺序，当顾客到达后排成一个队列，整个队列按照一定的顺序在每个服务台依次接受服务的系统（具体见图 11-9）。这类排队系统服务内容之间一般存在顺承关系，需要依次进行。例如，企业申请营业执照大致需要经过查询企业名称、客户提供基本资料、工商初审、刻章备案、验资、提交工商局审批、打印营业执照、办理企业组织机构代码证、办理税务登记证、领取全部执照和其他相关材料等过程，这些过程需要在不同的部门依次完成，而这些过程可以看作是一个多服务台串联的排队系统。

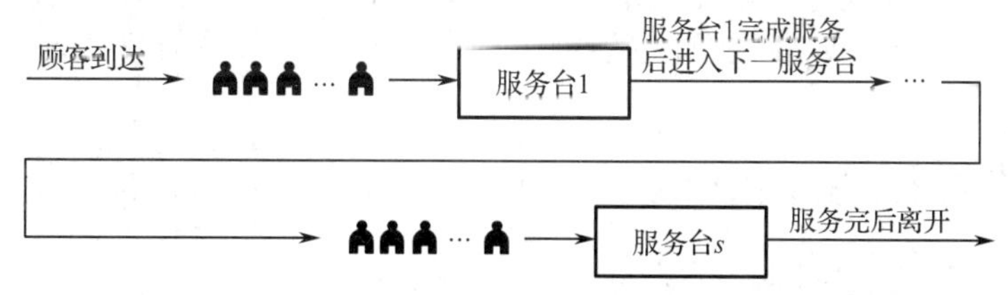

图 11-9　多服务台串联的排队系统

另外，还可分为一些其他形式的排队系统，如串并混联的排队系统、网络排队系统等。

4. 排队服务规则描述

排队服务规则是指顾客到达服务系统时，当所有服务台都被占用且允许排队时，则该顾客将进入队列等待，进而按照一定的规则对等待接收服务的队列进行的安排。常见的服务规则有先来先服务、后来先服务、具有优先权的服务等。

（1）先来先服务（First Come First Served，FCFS）。先来先服务是指按顾客到达的先后顺序对顾客进行服务，这是一种最普遍、最常见的形式。

（2）后来先服务（Last Come First Served，LCFS）。后来先服务是一种与“先来先服务”正好相反的服务方式，是指按照后来顾客先接受服务的顺序进行服务。这种服务规则的典型应用是库存系统。

（3）具有优先权的服务（Priority service，PS）。具有优先权的服务是指服务台根据顾客的优先权进行服务，优先权高的先接受服务。优先权的常见类型有预订优先、紧急优先、需要时间最短优先、VIP优先、最大价值顾客优先、最大订单优先等。例如，病危患者优先治疗、预约服务优先处理、头等舱和商务舱优先等。

5. 服务机构的服务规律描述

排队系统的服务机制主要研究内容包括服务人员的数量、设备的连接形式（串联或并联）、顾客是单个还是成批接受服务、服务时间的分布。在这些因素中，服务时间的分布更为重要。记某服务台的服务时间为 V，其分布函数为 $B(t)$，密度函数为 $b(t)$，则常见的分布如下所述。

（1）定长分布。定长分布是指每位顾客接受服务的时间是一个确定的常数，常用 D 表示。

（2）负指数分布。负指数分布是指每位顾客接受服务的时间相互独立，且均为相同的负指数分布，常用 M 表示，其密度函数为：

$$b(t)=\begin{cases}\mu e^{-\mu t} & t\geqslant 0\\ 0 & t<0\end{cases} \tag{11-2}$$

式中：μ 为一个大于零的常数。

（3）k 阶爱尔朗分布。k 阶爱尔朗（Erlang）分布是指每位顾客接受服务的时间服从 k 阶爱尔朗分布，常用 E_k 表示，其密度函数为：

$$b(t)=\frac{k\mu(k\mu t)^{k-1}}{(k-1)!}e^{-k\mu t} \tag{11-3}$$

爱尔朗分布比负指数分布具有更广泛的适应性。当 k=1 时，爱尔朗分布即为负指数分布；当 k 增加时，爱尔朗分布逐渐变为对称的。事实上，当 $k\geqslant 30$ 以后，爱尔朗分布近似于正态分布。当 $k\to\infty$时，由方差为 $1/k\mu^2$ 可知，即为完全非随机的。所以，k 阶爱尔朗分布可以看成是完全随机（k=1）与完全非随机之间的分布，能更广泛地适应现实世界。

6. 顾客离开系统的规律描述

在顾客接受完服务以后，顾客离开的情况存在两种可能：一种是顾客接受完服务后又重新回到顾客中，成为一名新的等待服务的顾客，即重复性服务需求顾客。例如，机器设备维修后会再次投入使用，也就会存在再次出现故障等待维修的可能性。另一种是顾客离开了服务系统，并且回来重新接受服务的可能性极小，即一次性服务需求顾客。例如，预订宾馆的游客办完退房手续后，几乎不可能再在同一家宾馆为自己办理入住手续。很显然，当顾客源有限时，对于回头客服务的任何变化都会改变顾客的到达率，进而引起排队系统性质的改变。也就是说，上述两种情况对于排队系统的运行来说是截然不同的，系统的设计也就会存在明显的差异。

 11.3.3 排队系统的主要指标及表示符号

一般来说，排队系统的主要指标及表示符号如下所述。

1. 队长和排队长

队长是指系统中的顾客数（排队等待的顾客数与正在接受服务的顾客数之和），排队长是指系统中正在排队等待服务的顾客数，队长和排队长一般都是随机变量。对这两个指标进行研究时，需要确定它们的分布，或至少能确定它们的平均值（平均队长和平均排队长）及有关的矩（如方差等）。队长的分布是顾客和服务人员都关心的，特别是对系统设计人员来说，如果能知道队长的分布就能确定队长超过某个数的概率，从而确定合理的等待空间。一些主要指标的常用参数如下。

$N(t)$：时刻 t 系统中的顾客数，即队长。

$N_q(t)$：时刻 t 系统中排队的顾客数，即排队长。

$P_n(t)$：时刻 t 系统处于状态 n 的概率，即系统的瞬时分布。

N：系统处于平稳状态时的队长，其均值为 L，称为平均队长。

N_q：系统处于平稳状态时的排队长，其均值为 L_q，称为平均排队长。

P_n：系统处于平稳状态时，即当系统达到统计平衡时处于状态 n 的概率。

2. 等待时间和逗留时间

从顾客到达时刻起到其开始接受服务止，这段时间被称为等待时间。从顾客到达时刻起到其接受服务完成止，这段时间称为逗留时间。这两个参数都是随机变量，也都是顾客最关心的指标，因为顾客通常希望等待时间越短越好。对这两个指标的研究需要确定它们的分布，或至少知道平均等待时间和平均逗留时间。一些主要指标的常用参数如下。

$T(t)$：时刻 t 到达系统的顾客在系统中的逗留时间。

$T_q(t)$：时刻 t 到达系统的顾客在系统中的等待时间。

T：系统处于平稳状态时顾客的平均逗留时间，记为 W。

T_q：系统处于平稳状态时顾客的平均等待时间，记为 W_q。

3. 忙期和闲期

忙期是指从顾客到达空闲着的服务机构起到服务机构再次成为空闲止的这段时间，即服务机构连续忙碌的时间，这是个随机变量，是服务人员最为关心的指标，因为它关系到服务人员的服务强度。与忙期相对的是闲期，即服务机构连续保持空闲的时间。一些主要数量指标的常用参数如下。

λ_n：当系统处于状态 n 时，新来顾客的平均到达率（单位时间内来到系统的平均顾客数）。当 λ_n 为常数时，记为 λ。因此，顾客相继到达的平均时间间隔为 $1/\lambda$。

μ_n：当系统处于状态 n 时，整个系统的平均服务率（单位时间内可以服务完的顾客数）。当每个服务台的平均服务率为常数时，记每个服务台的服务率为 μ，则当 $n \geqslant s$ 时，有 $\mu_n=s\mu$。因此，顾客平均服务时间为 $1/\mu$。

ρ：系统的服务强度，$\rho=\lambda/s\mu$。

另外，记忙期为 B，闲期为 I，平均忙期和平均闲期分别记为 $\overline{B}$ 和 $\overline{I}$。

在排队系统中，忙期和闲期总是交替出现的。除了上述几个基本数量指标，在损失制或系统容量有限的情况下由于顾客被拒绝，而使服务系统受到损失的顾客损失率及服务强度等，也都是十分重要的数量指标。

4. 排队系统类型的表示方法

根据输入过程、排队规则和服务机制的变化对排队模型进行描述或分类，可分为多种排队模型。为了方便对众多模型的描述，肯道尔（Kendall）在 1951 年提出了一种目前在排队论中被广泛采用的“Kendall 记号”，经过后人不断完善形成了描述排队论模型的一般形式：$X/Y/Z/A/B/C$。

其中，X 表示顾客相继到达时间间隔的分布，具体问题中的常见符号有 M、D、E_k、GI、G 等；Y 表示服务时间的分布，具体问题中的常见符号有 M、D、E_k、GI、G 等；Z 表示服务台的个数，具体问题中的常见符号为 s；A 表示系统的容量，即可容纳的最多顾客数，具体问题中的常见符号为 N；B 表示顾客源的数目，具体问题中的常见符号为 m；C 表示服务规则，具体问题中的常见符号有 FCFS、LCFS、PS 等。一般来说，排队系统的一些具体符号的含义如下所述。

M——负指数分布（负指数分布具有无记忆性，即 Markov 性，缩写为 M）。

D——确定型（Deterministic）。

E_k——k 阶爱尔朗（Erlang）分布。

GI——一般相互独立（General Independent）的时间间隔分布。

G——一般（General）时间的分布。

$M/M/1/\infty/\infty/FCFS$ 表示顾客的到达时间间隔服从相同的负指数分布、服务时间为负指数分布、单个服务台、系统容量为无限、顾客源无穷、排队规则为先来先服务的一个排队系统。

在排队论中，如果“Kendall 记号”中略去后 3 项时，即指 $X/Y/Z$ 的情形，则表示符合一般规则。例如，$M/M/1/\infty/\infty/FCFS$ 可表示为 $M/M/1$，是指顾客的到达时间间隔服从相同的负指数分布、服务时间为负指数分布、单个服务台、系统容量为无限、顾客源无穷、先来先服务的一个排队模型。又如，$GI/M/1/\infty$ 是指顾客的到达时间间隔为一般独立分布、服务时间为负指数分布、单个服务台、顾客源无穷的等待制排队系统。

 11.3.4 *M/M/s* 等待制排队模型

1. 单服务台等待制排队模型

单服务台等待制排队模型（$M/M/1/\infty$）是一类最简单的排队系统，是指顾客的到达时间间隔服从参数为 λ 的负指数分布，服务台个数为 l，服务时间服从参数为 μ 的负指数分布，系统空间无限，允许无限排队。状态转移图是处理稳态 $M/M/C$ 系统的一种工具，在这个系统处于稳态下具有如图 11-10 所示的状态转移关系。

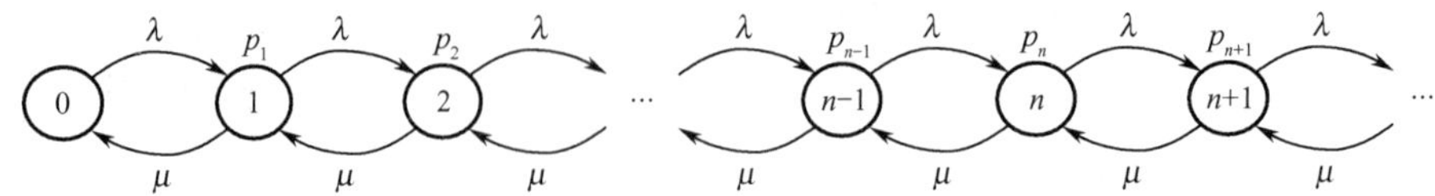

图 11-10　基本模型的状态转移图

（1）队长的几个主要数量指标。

记 $P_n=P\{N=n\}$（n=0，1，2，…）为系统达到平稳状态后队长 N 的概率分布，且 $\lambda_n=\lambda$（n=0，1，2，…）和 $\mu_n=\mu$（n=1，2，…），则：

$$\rho=\frac{\lambda}{\mu}$$

并设 $\rho<1$，则：

$$C_n=\left(\frac{\lambda}{\mu}\right)^n \quad (n=1,\ 2,\ \cdots)$$

故：

$$P_n=\rho^n P_0 \quad (n=1,\ 2,\ \cdots)$$

其中：

$$P_0=\frac{1}{1+\sum_{n=1}^{\infty}\rho^n}=\left(\sum_{n=1}^{\infty}\rho^n\right)^{-1}=\left(\frac{1}{1-\rho}\right)^{-1}=1-\rho \tag{11-4}$$

因此：

$$P_n=(1-\rho)\rho^n \quad (n=1,\ 2,\ \cdots) \tag{11-5}$$

式（11-4）和式（11-5）给出了在平衡条件下系统中顾客数为 n 的概率。由式 11-4 不难看出，ρ 是系统中至少有一名顾客的概率，也就是服务台处于忙状态的概率，因而也称 ρ 为服务强度，它反映了系统的繁忙程度。此外，式（11-4）只有在 $\rho=\lambda/\mu<1$ 的条件下才能得到，即要求顾客的平均到达率小于系统的平均服务率，才能使系统达到统计平衡状态。

（2）队列的几个主要数量指标。

对于单服务台等待制排队系统，由已得到的平稳状态下队长的分布，可以得到平均队长 L 为：

$$\begin{aligned}L&=\sum_{n=0}^{\infty}nP_n=\sum_{n=1}^{\infty}n(1-\rho)\rho^n\\&=(\rho+2\rho^2+3\rho^3+\cdots)-(\rho^2+2\rho^3+3\rho^4+\cdots)\\&=\rho+\rho^2+\rho^3+\cdots\\&=\frac{\rho}{1-\rho}=\frac{\lambda}{\mu-\lambda}\end{aligned} \tag{11-6}$$

平均排队长 L_q 为：

$$L_q=\sum_{n=1}^{\infty}(n-1)P_n=L-(1-P_0)$$
$$=L-\rho=\frac{\rho^2}{1-\rho}=\frac{\lambda^2}{\mu(\mu-\lambda)}=\rho L \tag{11-7}$$

关于顾客在系统的逗留时间 T，服从参数为 $\mu-\lambda$ 的负指数分布，即平均逗留时间 W 为：

$$W=E(t)=\frac{1}{\mu-\lambda} \tag{11-8}$$

因顾客在系统中的逗留时间等于等待时间和接受服务时间之和，即顾客在队列中等待时间的期望等于顾客在系统中逗留时间的期望值减去顾客在系统中接受服务时间的期望值，即：

$$W_q=W-\frac{1}{\mu}=\frac{1}{\mu-\lambda}-\frac{1}{\mu}=\frac{\lambda}{\mu(\mu-\lambda)}=\frac{\rho}{\mu-\lambda}=\rho W \tag{11-9}$$

上述指标公式可总结为：

$$L=\frac{\lambda}{\mu-\lambda} \qquad L_q=\frac{\rho\lambda}{\mu-\lambda} \qquad L-L_q=\rho$$
$$W=\frac{1}{\mu-\lambda} \qquad W_q=\frac{\rho}{\mu-\lambda} \qquad W-W_q=\frac{1}{\mu}$$

这些指标之间存在如下关系：

$$L=\lambda W \qquad L_q=\lambda W_q$$
$$L-L_q=\frac{\lambda}{\mu} \qquad W-W_q=\frac{1}{\mu} \tag{11-10}$$

这一组公式称为里特（Little）公式，这组公式不仅在 $M/M/s$ 排队模型中成立，在 $M/G/1$ 等一般的排队模型中也成立，只是式中的 λ 一般应为平均的顾客实际进入系统率，也称有效到达率，记为 λ_e。里特公式的直观含义是，若系统处于稳定状态，那么系统中的平均人数就等于顾客在系统中的平均逗留时间乘以系统的平均到达率。

2. 多服务台等待制排队模型

多服务台等待制排队模型是指顾客单个到达，相继到达时间间隔服从参数为 λ 的负指数分布，系统中共有 s 个服务台，每个服务台的服务时间相互独立，且服从参数为 μ 的负指数分布。当顾客到达时，若有空闲的服务台则可以马上接受服务，否则便排成一个队列等待，等待空间为无限。下面我们来讨论这个排队系统的平稳分布。记 $P_n=P\{N=n\}$（n=0，1，2，…）为系统达到平稳状态后队长为 N 的概率分布，对个数为 s 的多服务台系统，有：

$$\lambda_n=\lambda \qquad (n=0，1，2,\cdots)$$
$$\mu_n=\begin{cases} n\mu & (n=0，1，2,\cdots s) \\ s\mu & (n=s，s+1,\cdots) \end{cases}$$

根据状态转移公式，可得顾客在系统内需要等待的概率公式为：

$$c(s，\rho)=\sum_{n=s}^{\infty}P_n=\frac{\rho^s}{s!(1-\rho_s)}P_0 \tag{11-11}$$

对于多服务台等待制排队系统，由已得到的平稳分布可得平均排队长 L_q 为：

$$L_q=\sum_{n=s+1}^{\infty}(n-s)P_n=\frac{P_0\rho^s}{s!}\sum_{n=s}^{\infty}\rho_s^{n-s}$$
$$=\frac{P_0\rho^s}{s!}\frac{d}{d\rho^s}\sum_{n=1}^{\infty}\rho_s^n=\frac{P_0\rho^s\rho_s}{s!(1-\rho_s)^2} \tag{11-12}$$

即：

$$L_q = \frac{c(s,\ \rho)\rho_s}{1-\rho_s} \tag{11-13}$$

对于多服务台排队系统，里特公式也是成立的，即：

$$W = \frac{L}{\lambda} \qquad W_q = \frac{L_q}{\lambda} = W - \frac{1}{\mu} \tag{11-14}$$

3. 典型服务系统的能力利用率与顾客等待时间

服务机构的能力利用率和顾客平均等待时间呈正相关关系，也就是说，如果能力利用率提高了，那么顾客等待时间也将增加。为了清楚地表明两者之间的关系，采用 *M/M/1/∞/∞/FCFS* 模型计算系统的能力利用率和顾客平均等待时间，计算结果如表 11-3 所示，其折线图如图 11-11 所示。

表 11-3　*M/M/1/∞/∞/FCFS* 模型计算系统的能力利用率与顾客平均等待时间

顾客到达率/%	系统服务率/%	能力利用率/%	顾客平均等待时间/分钟
10	60	16.67	0.20
20	60	33.33	0.50
30	60	50.00	1.00
40	60	66.67	2.00
45	60	75.00	3.00
50	60	83.33	5.00
55	60	91.67	11.00
56	60	93.33	14.00
57	60	95.00	19.00
58	60	96.67	29.00

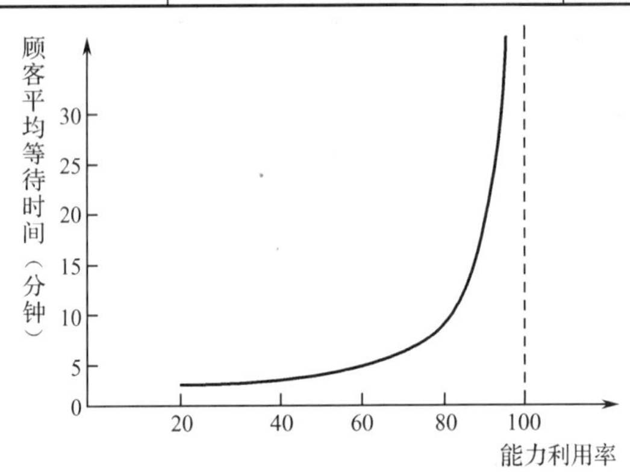

图 11-11　*M/M/1/∞/∞/FCFS* 模型系统的能力利用率与顾客平均等待时间之间的关系

从图中可以看出，在系统服务率一定的情况下，随着顾客到达率的提高，系统利用率和顾客平均等待时间在不断上升，并且上升速度在不断加快。由顾客等待时间曲线可知，当服务机构的能力利用率超过 85%时，系统的等待队列就开始变得无限长了。

通过建立数学模型来分析排队问题固然重要，但是模型需要一定的假设条件。例如，假设顾客的到达过程服从某种理论分布，这种假设与实际情况往往有一定差距。另外，排队现象具有很强的离散性，计算机仿真是处理这种复杂排队系统排队问题的强有力手段。排队过程通过计算机系统仿真模拟，可以得出队列和系统中平均顾客数、顾客平均等待时间、服务台的忙闲程度，从而为设计和改善服务系统提供决策依据。

11.4　服务系统排班管理与员工满意度

从管理者的视角出发，希望在降低服务成本的同时保持服务水平，即安排尽可能少的人员来满足生产和服务的需要。然而，员工则希望休息的需求得到充分满足，比如休息的两天最好是连续的，并且最好是在周末，以便有更多的时间与家人团聚或者一起出游。如果管理者在排班过程中充分考虑到员工的需求，这将在很大程度上提高员工的满意度，进而有助于提升服务系统的绩效。事实上，排班管理几乎是所有服务企业都不得不面对的问题，而这些问题的有效解决往往需要建立在一定的科学理论知识的基础上。

11.4.1　服务系统人员排班概述

1. 排班常用术语

服务系统排班需要兼顾管理者和员工的需求，即通过对人员的工作时间进行科学安排，以便做到在满足服务和员工休息的需求下使员工数量最少，这是系统人员排班工作要解决的核心问题。本质上，排班主要是对员工工作日和休息日顺序进行安排的作业计划。人员排班的常用术语有以下几个。

（1）部门。部门是所有需要对员工班次进行安排的企业、单位。

（2）员工。员工是指企业、单位中所有需要安排工作的对象。

（3）工作日。工作日是指企业、部门需要员工进行工作的时间，通常一周内有 5 天工作日和 2 天休息日。

（4）班次。班次是指企业内员工进行工作的时间排布，每个班次通常为 8 个小时，一天可有一个班次、两个班次或三个班次。根据班次的数量可以分为单班次排班和多班次排班问题。

一般来说，每个员工每天只能分配一个班次，班次可以分为白班、晚班和夜班。员工不安排工作的时间为休息日时间，连续两天休息称为双休日。周末休息是指在两个周末日连续休息，即周六和周日休息。员工在两个休息日之间的工作天数称为连续工作时间，所有连续工作时间中最长者为最大连续工作时间。

2. 服务作业排序与生产作业排序的主要区别

与制造业相比，服务业的作业顺序存在极大的不同。其根本原因在于顾客会参与服务的提供过程、服务不能存储、无法预先做出来，不能采用制造业中库存的方法解决供需不平衡问题。具体而言，这些不同主要体现在以下几个方面。

（1）顾客参与程度。大多数服务的提供过程是有顾客参与的，因此服务作业排序需要考虑顾客的状况。而生产制造企业的顾客几乎不参与生产过程，不需要考虑生产过程中顾客的影响。

（2）内外部因素影响程度。服务业中的作业排序需要定义服务实现过程中的时间、地点、场景等外部约束，因为这些可能会对顾客接受或感知服务产生重要影响。而生产制造企业在生产过程中更多的是关注企业内部的条件限制，而对于顾客的关注是较为有限的。

（3）过程控制要素。在服务业中顾客往往深入参与到实现过程中，企业就需要对影响顾客的操作流程、服务时间、服务地点、服务环境等进行合理设计。而制造业中的顾客几乎只与最终产品的一些因素存在关联。

（4）需求的差异性程度。服务业为顾客提供服务的过程中，服务能力与顾客的需求存在紧密联系，不同的顾客所需要的服务时间也可能存在非常大的区别。而制造业的生产能力几乎只与产品的工艺特点存在明确关联，而顾客的需求几乎不影响生产过程。

在清晰理解服务业与制造业之间差异的同时，还需要理解服务业内部存在的差异。虽然都是服务业，但是服务企业与服务企业之间往往也存在较大差异，不同的服务业作业排序也明显不同。其中，服务个性化与标准化程度是影响服务业作业排序的重要因素。因为服务业往往形态多样，有些完全是针对顾客个性化、差异化的需求。例如，医院患者、商场购物者、餐饮的用餐者等的需求往往具有很强的个性化特征，每个人的需求也存在明显的差异，这就需要服务企业对这些需求做出差异化的响应。交通运输业一般不考虑单独个体顾客的需求，而是根据交通方式、时间安排、交通规则、运输能力等按照已确定的方案进行统一的安排。另外，服务业的规模也是影响服务业作业排序的重要因素。对于小规模的“一对一”的服务系统或者预约服务系统，一般按照先到先服务的规则进行作业安排，相对于大规模的服务业这些作业安排相对较为简单，具有明显的规律性和周期性。而对于大规模的服务系统而言，任务安排不仅面临着众多服务人员与顾客之间的匹配问题，还涉及服务设施与顾客接待之间的协调问题。

3. 排班的常见问题

本质上，服务作业的人员排班是将服务人员安排到顾客需求的不同时段内。例如，邮局营业员、护士、警察的工作日、休息日的安排；一周 7 天都营业，每天营业 14 小时的商店的人员安排；有许多运行路线、日运行 20 小时、一年 365 天都运营的汽车公司的司机安排等。从目前的研究来看，大多数是基于单班次和多班次视角进行班次安排的。

（1）单班次问题。单班次问题是指每天只有一个班次的员工当班，不存在换班的情况。它具有以下几个特点：①它是最简单，也是最基本的班次问题，一般比较容易找到求解方法；②单班次问题的模型可作为某些特殊的多班次问题的合理近似，如有些多班次问题允许员工固定班次种类，则每种班次的员工看成独立一组，按照单班次的方法求解；③虽然不能直接应用求解单班次问题的思想和方法求解一般的人员班次安排问题，但对于求解一般的人员班次问题的方法还是能够提供一些有益的启示。

（2）多班次问题。多班次问题是指每天有多重班次的工人需要换班，比单班次问题多了换班约束。单班次问题中的班次计划为休息日、工作日的顺序，而多班次作息计划还要确定每名工人在工作日的具体班次，因此多班次问题比单班次问题要复杂得多。在研究多班次问题的诸多算法中，有些算法允许工人固定班次。可以将不同班次的工人分成不同的组，若有 J 种班次，则工人分成 J 组，每组工人按单班次问题排班方法处理，得到每名工人的单班次计划。将 i 组的工人在工作日的班次定为第 i 种班次，就可得到每名工人的具体班次计划。用这类算法来求解多班次问题的优点是简单，可充分利用单班次问题的算法。缺点是对于非白班人员需要考虑一系列生理及社会问题。

如果不采取固定班次的方法，则必须满足多班次的一个特殊约束条件：换班必须是休息某段时间后，如至少休息 16 小时后，才能从白班换到晚班。这样安排，其班次计划的算法就比单班问题要复杂得多。多班次问题的具体求解方法可以参考运筹学等相关学科的理论知识，下面只讨论单班次的员工排班问题。

11.4.2 服务系统人员的排班方法

针对组织中服务人员数量的多少，排班可以分为两种情况：当需要排班的服务人员数量较少时，可以使用手工排班法；当需要排班的服务人员数量较多时，可以借助经验排班法、指派排班法和线性规划法来解决。

1. 单班次服务系统人员的手工排班法

对于单班次问题，手工排班方法的具体步骤如下所述。

（1）确定需求。明确一个周期内每天需要的员工人数，这个周期可以是一个周、一个月或者 10 天等。

（2）找数组。在一个周期内，把相邻的两个数看作一个数组，找到这样的数组：其中大的那个数不会超过其他任意一个数组中最大的数。如果有不止一个这样的数组，就选择组中两个数之和最小的那个数组。如果数组中两个数之和也相等，就随机选择一个数组，不妨把选中的数组称为小数组。

（3）确定休班日期。就每一个员工，让其在剩余需求数中的小数组对应的两天休班。

（4）更新需求员工的人数。安排完一名员工休班后，将没安排休班的日期对应的需求量减掉 1，即是新的人员需求量。

以此类推，直到把全部员工的休班时间都确定下来为止。

另外，这一排班方法没有考虑人员连休时间的喜好问题。更多员工希望将连休安排在周末，这种情况需要用另外的方法解决。

2. 单班次服务系统人员的经验排班法

设某单位每周工作 7 天，每天一班，平常需要 N 人，周末需要 n 人。求在下列条件下的班次计划。

（1）保证工人每周有两个休息日。

（2）保证工人每周有两个连续的休息日。

（3）除保证条件（1）外，连续两周内，每名工人有一周在周末休息。

（4）除保证条件（2）外，连续两周内，每名工人有一周在周末休息。

设 W_i 为条件 i 情况下最少工人数；$[x]$为大于、等于 x 的最小整数；X 在作业计划中表示休息日。下面分别针对不同情况介绍具体解法。

情况（1）的解法如下所述。

情况（1）的条件是保证工人每周有两个休息日，该条件下所需劳动力下限为：

$$W_1=\max\{n，N+2n/5\} \tag{11-15}$$

排班步骤如下：①安排$[W_1-n]$名工人在周末休息；②对余下的 n 名工人从 1 到 n 编号，1 号指$\{W_1-N\}$号工人周一休息；③安排紧接着的$[W_1-N]$名工人第二天休息，这里工人 1 紧接着工人 n；④如果 $5W_1>5N+2n$，则有多余的休息日供分配，此时可按需要调整班次计划，只要保证每名工人一周休息两天，平日有 N 人当班即可。

情况（2）的解法如下所述。

情况（2）的条件是保证工人每周有两个连续的休息日，该条件下所需劳动力下限为：

$$W_2=\max\{n，N+2n/5，(2N+2n)/3\} \tag{11-16}$$

排班步骤如下：①利用公计算 W_2，给出 W_2 名工人的编号；②取 $k=\max\{0，2N+n-2W_2\}$；③1～k 号工人周五、周六休息，$(k+1)$～$2k$ 号工人周日、周一休息，接下来的$[W_2-n-k]$名工人周六、周日休息；④对于余下的工人，按周一和周二、周二和周三、周三和周四、周四和周五的顺序安排连休，保证有 N 名工人在工作日当班。

情况（3）的解法如下所述。

情况（3）的条件是在保证工人每周有两个休息日的情况下，每名工人连续两周内有一周在周末连续休息两天，该条件下所需劳动力下限为：

$$W_3=\max\{2n，N+2n/5\} \tag{11-17}$$

排班步骤如下：①利用公式计算 W_3，将$[W_3-2n]$名工人安排在两个周末休息；②将剩余的 $2n$ 名工人分成 A、B 两组，每组 n 名工人，A 组的工人第一周周末休息，B 组的工人第二周周末休息；③按照条件（1）每周休息两天的步骤，给 A 组工人分配第二周休息日，如果 $5W_3>5N+2n$，可以先安排 1～$[W_3-N]$号工人周五休息，按周五、周四……周一的顺序安排休息日；④B 组的 n 名工人第一周的班次计划与 A 组的第二周班次计划相同。

情况（4）的解法如下所述。

情况（4）的条件是在保证工人每周有两个连续的休息日的情况下，每名工人连续两周内有一周在周末休息，该条件下所需劳动力下限为：

$$W_4=\max\{2n，N+2n/5，(4N+4n)/5\} \tag{11-18}$$

排班步骤如下：①将 W_4 名工人分成 A、B 两组，A 组$[W_4/2]$名工人第一周周末休息，B 组$[W_4-W_4/2]$名工人第二周周末休息；②$k=\max\{0，4N+2n-4W_4\}$，A 组中 $k/2$ 名工人在第二周的周五、周六休息，$k/2$ 名工人在第二周的周日和周一休息，B 组中 $k/2$ 名工人在第一周的周五和周六休息，$k/2$ 名工人在第一周的周一和周二休息。

3. 单班次服务系统人员的指派排班法

对于指派问题，匈牙利解法是求解这类问题新颖而又简便的方法，该方法是由美国数学家库恩（Kuhn）于 1955 年提出的。指派问题的最优解有这样一个性质：若从系数矩阵的一行（列）各元素中分别减去该行（列）的最小元素得到新矩阵，那么以新矩阵为系数矩阵求得的最优解和用原矩阵求得的最优解相同。利用这个性质，可使原系数矩阵变换为含有很多 0 元素的新矩阵，而最优解保持不变。

库恩引用了匈牙利数学家康尼格（Konig）的关于矩阵中 0 元素的定理：系数矩阵中独立 0 元素的最多个数等于能覆盖所有 0 元素的最小直线数，这种解法称为匈牙利解法（Hungarian Method）。

匈牙利解法的步骤如下所述。

（1）系数矩阵的每行元素减去该行的最小元素，则每一行至少有一个零。

（2）再从所得系数矩阵的每列元素中减去该列的最小元素，则每一列至少有一个零。

（3）判断覆盖所有零的直线是否恰好有 n 条，如果恰好有 n 条，那么就找到了最优的解决方案，并将所有任务-机器组合安排在表格中零的位置上。如果直线少于 n 条，则转到下一步。

（4）画尽量少的直线使它们穿过所有的零，在还没有覆盖的数字中选出最小的数，所有没被直线覆盖的数都减去这个数，而直线的交汇点加上这个数。重复步骤（3），直至获得最优解决方案。

匈牙利解法的具体应用实例可以参阅运筹学相关章节的内容。

4. 单班次服务系统人员的线性规划法

线性规划（Linear programming，LP）是运筹学中研究较早、发展较快、应用广泛、方法较成熟的一个重要分支，线性规划法是辅助人们进行科学管理的一种数学方法。该方法为人们合理地利用有限资源做出最优决策提供科学的依据。整数线性规划是线性规划的一种特殊类型，在人员管理方面具有重要应用价值。

例 11-1 某商场需要安排 10 天的值班计划，每天需要的员工数量如表 11-4 所示。求在保证每位员工都能连续休息两天的情况下，满足值班要求的最少员工数量。

表 11-4 某商场 10 天的值班需求计划

天	1	2	3	4	5	6	7	8	9	10
人数	8	8	9	10	13	15	9	7	7	8

解：设 x_i 为安排第 i 天和第 i+1 天休班的员工数量，即 x_1 表示安排在第 1 天和第 2 天休息的员工数量，以此类推。由此建立该问题的线性规划模型。

利用整数线性规划算法，可以很容易得到符合条件的最少员工数量（具体解法可以参阅运筹学相关章节的内容）。

$$\min Z = x_1+x_2+x_3+x_4+x_5+x_6+x_7+x_8+x_9+x_{10}$$

$$s.t.\begin{cases} x_2+x_3+x_4+x_5+x_6+x_7+x_8+x_9 \geqslant 8 \\ x_3+x_4+x_5+x_6+x_7+x_8+x_9+x_{10} \geqslant 8 \\ x_1+x_4+x_5+x_6+x_7+x_8+x_9+x_{10} \geqslant 9 \\ x_1+x_2+x_5+x_6+x_7+x_8+x_9+x_{10} \geqslant 10 \\ x_1+x_2+x_3+x_6+x_7+x_8+x_9+x_{10} \geqslant 13 \\ x_1+x_2+x_3+x_4+x_7+x_8+x_9+x_{10} \geqslant 15 \\ x_1+x_2+x_3+x_4+x_5+x_8+x_9+x_{10} \geqslant 9 \\ x_1+x_2+x_3+x_4+x_5+x_6+x_9+x_{10} \geqslant 7 \\ x_1+x_2+x_3+x_4+x_5+x_6+x_7+x_{10} \geqslant 7 \\ x_1+x_2+x_3+x_4+x_5+x_6+x_7+x_8 \geqslant 8 \\ x_1,x_2,x_3,x_4,x_5,x_6,x_7,x_8,x_9,x_{10} \geqslant 0\text{，且为整数} \end{cases}$$

11.4.3 典型服务系统的人员调度

1. 银行的日常工作调度

对于银行的日常工作而言，管理人员希望得到满足以下要求的人员调度计划：①完成每日工作负荷需要的员工数最少；②实际输出和计划输出的差异最小。将输入（支票、结账单、投资文件）定义为产品（Products），这些产品经过不同的流程或者功能（接受、分类、编码等）进行处理。为了解决这些问题，银行要求对每个产品的每项功能做日常需求量的预测。这可以转化为对每项功能需要员工工时数的预测，

也就是说可以转化为对每项功能所需员工数的预测。这些数字被列表、汇总，根据缺勤、休假情况调整后得出调度计划工时。最后，将它们除以每个工作日的工作小时数得到所需工人数。这样就得到了每日员工工作调度（日工作时间调度中所需要的日人工工时见表 11-5），这就是部门人员调度的基础。

表 11-5　日工作时间调度中所需要的日人工工时

产　品	日批量	职　能								
		接　受		预 处 理		微 缩 拍 摄		核　实		总　计
		P/H	H_{std}	P/H	H_{std}	P/H	H_{std}	P/H	H_{std}	H_{std}
支票	2 000	10 00	2.0	600	3.3	240	8.3	640	3.1	16.7
结算单	1 000	—	—	600	1.7	250	4.0	150	6.7	12.4
备忘录	200	30	6.7	15	13.3		—			20.0
投资	400	100	4.0	50	8.0	200	2.0	150	2.7	16.7
收费单	500	300	1.7			300	1.7	60	8.4	11.8
所需时间			14.4		26.3		16.0		20.9	77.6

注：**P/H** 表示处理速度，即每小时的生产率；H_{std} 表示所需时间。

部门人员调度列出了需要的人员数量、可用人员、差异和针对差异采取的管理措施（银行的人员调度决策见表 11-6）。

表 11-6　银行的人员调度决策

职　能	所 需 员 工	可 用 员 工	差　别	管 理 对 策
接受	2.3	2.0	−0.3	采用加班
预处理	4.1	4.0	−0.1	采用加班
微缩拍摄	2.5	3.0	+0.5	用多余人力核实
核实				从微缩拍摄处得到 0.3

2. 餐馆的小时工工作调度

由于人们用餐时间的特点，餐馆每小时需要的人员数量都不同——在高峰时期需要更多员工，在其他时间需要的人工较少。管理工作要随时根据需求变化进行调整，这种人员调度可以运用一种简单的原则——“第一小时”原则进行处理。

假设每名员工连续工作 8 小时轮班工作。“第一小时”原则是指，对于第一小时指派到该小时工作的员工人数与该时段需要的人数相等。对于接下来的时段，补充指派人员，使人员数能恰好满足需求。在一个时段，如果有一名或多名员工正好结束班次，那么根据该时段的需求补充更多员工。表 11-7 展示了一家 24 小时全天营业的餐馆 12 小时的人员需求。

表 11-7　餐馆 12 小时的人员需求

时段	10	11	12	13	14	15	16	17	18	19	20	21
需求	4	6	8	8	6	4	4	6	8	10	10	6

调度中 4 名员工被指派在上午 10 点工作，到上午 11 点增加 2 名员工，到中午 12 点又增加 2 名员工来满足要求。从中午到下午 5 点有 8 名员工当班。注意下午 2～6 点之间有富余的人员。上午 10 点开始工作的 4 名员工在 18 点结束工作，这时加入 4 名员工开始新的班次。2 名员工上午 11 点开始工作，晚上 7 点结束工作，这时当班员工人数又下降到 6 名，因而下午 7 点又有 4 名员工开始新的班次，到晚上 9 点有 10 名员工当班，这时有富余人员，不需要增加员工。当新需求出现时再增加员工。餐馆的人员调度如表 11-8 所示。

表 11-8 餐馆的人员调度

时段	10	11	12	13	14	15	16	17	18	19	20	21
需求	4	6	8	8	6	4	4	6	8	10	10	6
分配	4	2	2	0	0	0	0	0	4	4	2	2
当班	4	6	8	8	8	8	8	8	8	10	10	10

另一种选择就是分割轮班。例如，一名员工工作 4 小时，接着休息 2 小时后再回来工作。这种方案从本质来看调度的方法是类似的，只是生产时间划分发生了变化而已。当员工开始工作时他们必须签到、换制服，或许还要从前一班次那里交接一些必要的信息。在生产中，这些准备工作被称为“准备成本”。分割轮班就好比选择较小的生产批次，但需要做更多准备工作。

3. 医院的能力计划与人员调度

医院资源需求的决定要素主要有现有病人的数量和逗留时间。逗留时间可以通过相关技术和流程管理来压缩，与此同时还可以提高病人通过率。在医疗行业，能力的测量要素有资源（包括病床、科室、治疗室）、可用的医生、护士及其他人员、医疗技术及设备（如 X 光机）、空间场所（如过道、电梯），以及咖啡厅、停车场等支持性服务设施。

能力计划的第一步是确定某个时期内某项资源的有效能力（Effective Capacity），它等于设计能力（Design Capacity，假设资源不间断工作时的能力）乘以平均利用率（Average Utilization Rate），公式如下：

$$有效能力=设计能力\times利用率$$

例如，一台能每周 7 天、每天 24 小时工作的 X 光机的平均利用率是 70%，那么它的有效能力就是 16.8 小时/天（X 光机的有效能力=24×0.7）。后续的步骤则包括：

（1）预测病人每小时对场地、医生的需求。

（2）转换这种需求，将其由生产率估计值调整为能力需求。

（3）通过医务人员数量、设备的小时数来确定当前能力水平。

（4）计算出每小时内需求与能力之间的不匹配的差额。

（5）找出消除上述不匹配现象的方法。常见的几种消除不匹配现象的方法包括部门之间进行能力转换、通过加班来提高能力、外包到其他医院及减少瓶颈。

医院人员调度是解决能力与需求不匹配问题的一种重要方法。护士在医院的人员中比例最大。护士轮班可以采用固定式（循环）和灵活式（自由的）两种。在固定式安排中，工作一般 4～6 周安排一次，在这个周期内，各人员每周的工作时间是确定的（例如，习惯上是一周 5 天，每天 8 小时）。灵活式的安排则有几种类型可用，用的最多的类型是每周都可调，每天工作 8 小时，平均每周 40 小时。比如，这一周工作 4 天，每天 8 小时；下周工作 6 天，每天 8 小时。

11.5 服务系统收益管理与效益最大化

11.5.1 收益管理概述

1. 收益管理的定义

收益管理（Revenue Management，RM）也称收入管理（Yield Management）、价格弹性管理、效益管理、实时定价管理，是在实时的预测模型对市场细分需求进行分类的基础上，采用价格弹性向有不同需求特征的顾客提供产品或服务，以达到收入或收益最大化的综合计划策略。在本质上，收益管理就是将合适的产品以合适的价格通过合适的渠道在合适的时间销售给合适的客人，以实现收益最大化的过程。

收益管理的历史可以追溯到 1978 年，当时美国政府开始放宽对航空公司的管制，允许航空公司开辟新的航线、采取浮动票价。对此，1985 年美国航空公司开发了一套售票系统（SABRE)，公司可以根据市场的订票量和需求量对机票价格进行调整，以便航空公司能够最大限度地获取利润。事实上，自收益管理方法产生以来就得到了广泛重视，如今已经在很多行业得到了普遍应用。例如，入住酒店、买机票、听演唱会，大多数消费者已经习惯了价格的瞬息万变：入住酒店时，发现不同时间段不同季节，价格可能会相差很大；乘飞机时，相邻的两个座位价格却不一样；演唱会现场，看台和内场的价格迥然不同。甚至像中国铁路客运这样的公司也开始尝试进行收益管理了。可以说，这些应用场景已经渗透到人们生活的方方面面，而这些现象都是收益管理理念的一个缩影。

铁路客运将逐步实行“一日一价”

铁路部门发布公告从 2018 年 4 月 28 日起到年底，将下调 28 条城际铁路部分动车组列车票价，部分线路的折扣将达到 20%。铁路部门同时还表示，未来将按照市场供需状况执行票价灵活浮动，逐步实行“一日一价”。专家认为在票价打折的情况下一些旅客会增加出行，也有一些旅客错开高峰车次去乘坐相对而言不那么紧俏的车次，可腾出一部分运力给那些刚需的旅客。在这样的情况下，铁路的总体收益会上涨。专家表示铁路部门做了大量的调查，对旅客的支付意愿、旅客对票价折扣的敏感程度都做了研究。浮动票价的执行方式在 2015 年开始试点，浮动票价的定价是基于对铁路大数据的分析。专家同时表示，目前京沪线实行的浮动票价，周一至周四及周六为平峰价，周五、周日为周末价，未来将逐步实行“一日一价”。

（资料来源：央广网. 铁路将逐步实行“一日一价”　以后坐火车出行也要挑日子啦！2018-04-20. ）

2. 收益管理的意义

对于大多数服务企业来说，实施收益管理可以为企业带来多方面的好处，甚至有些学者将收益管理视为企业获得收益的第四利润源（企业经营的四种利润源具体见图 11-12）。具体而言，收益管理可以为企业带来以下几个方面的优势：①提升企业的收益；②提高企业的工作效率；③实时了解竞争者动态；④实现全面信息化的重要模块；⑤实现管理科学性与艺术性的结合。

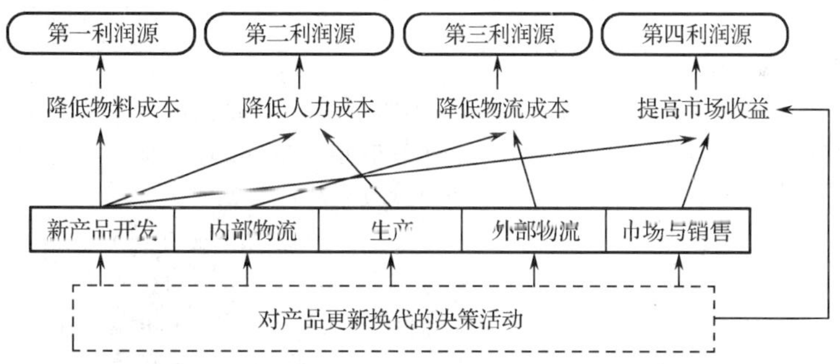

图 11-12　企业经营的四种利润源

（资料来源：周晶，杨慧. 收益管理方法与应用[M]. 北京：科学出版社，2009. ）

3. 收益管理适用行业的特征

一般来说，服务需求具有较强的波动性，而服务能力的确定性就决定了对服务需求进行干预的必要性。事实上，大多数服务需求都存在波动性。在服务能力固定的情况下，企业可以基于顾客对价格的敏感性来实施收益管理策略，进而提升企业的收益水平。通常，实行收益管理的公司需要具有下列特点：①服务能力相对固定；②产品不可存储；③服务可以细分；④服务可以预售；⑤变动成本低，而固定成本高。

11.5.2　收益管理的实施特点和内容

1. 收益管理的实施特点

从表面来看，收益管理与传统的价格及营销管理具有很多相似之处，但是也存在着明显的区别。一般来说，收益管理属于企业服务计划的一部分。收益管理的核心工作就是浮动定价，这需要深入理解产品对于每一类细分市场客户的价值，并进行差异化管理和优化组合。具体来说，收益管理的实施具有以下典型特点。

（1）收益管理需要建立在数据分析的基础上，而不是单纯的凭感觉和经验去猜想。

（2）细分市场是实施收益管理的重点，必须采用有效的方法对不同的客户类型进行分类，并进行差异化营销。

（3）收益管理是一个动态的优化过程，并非一成不变，而是需要不断地调整。

（4）传统的企业定价方法主要是基于利润、成本和竞争，但大多忽视了市场的供求关系因素。而收益管理是以市场为核心的动态定价方法。

（5）收益管理的关键在于需求预测，以便为服务细分和市场供给提供决策基础。

2. 收益管理的实施内容

从表面来看，收益管理原理较为简单，但是收益管理却是一项非常复杂的系统性管理活动。具体而言，实施收益管理的基本步骤如下：①获得正确的数据；②检查预测结果是否符合实际；③分析不同细分市场客户的不同需求；④科学分析折扣对客户产生的影响；⑤选择正确的业务；⑥明确竞争对手；⑦明确策略对利润率的影响；⑧衡量工作绩效；⑨修改完善收益管理系统。

3. 收益管理中的伦理问题

超额预定是一些服务企业经常用来避免顾客“不出现”而造成损失的方法。然而，超额预定在能够提高企业收益的同时，也可能会因为没有“不出现”的顾客致使一些顾客无法享受预订的服务，这就需要企业给予恰当的处置。

另外，动态价格也可能会引起顾客对企业是否存在价格歧视产生疑问。随着企业应用大数据技术越来越普遍，“大数据杀熟”问题必须引起企业在收益管理过程中的高度重视。尽管相关公司不断出面澄清，但是很难消除顾客对企业操纵价格行为的担忧。对此，决策者在采取动态价格策略时一定要注意价格的公平问题。

11.5.3 收益管理的主要方法

1. 收益管理的动态定价策略

动态定价是指企业根据市场需求和自身供应能力，将不同或者相同的产品以不同的价格适时地销售给顾客或不同细分市场，以实现收益最大化。本质上，这种动态性主要体现在产品或服务的价格会随着时间的不断推移而变化，从而与那种单一、固定的静态定价策略相区别。

与传统定价理论和方法相比，动态定价具有两个特征：一是动态定价是一种面向市场的定价方法，而不是面向成本的定价方法。传统的“成本”加“利润”的定价模式不能有效应对迅速变化的市场，并且只有产品价格低于顾客支付意愿时，顾客才愿意购买产品，产品价值才能够得以实现。事实上，不同的顾客对同一产品的支付意愿是存在差异的，动态的多级价格有利于在满足特定顾客需求的同时满足更多人的需求，企业也能获得更多的收益。二是动态定价面向的是细分的微观市场，需要有效地对日益多元化的顾客需求特征做出合理反应。服务企业在采用动态价格过程中不仅要注重动态价格的制订，还要注意不同价格下产品服务满足细分市场的情况，并力求做到不让不同细分市场的顾客感到价格歧视或者不公平。为了避免上述问题给企业带来负面影响，服务企业在实施动态定价的过程中要进行科学的市场细分，并能够利用各种限制条件进行有效的市场分割，以及制定合理的市场细分价格。下面将一家酒店客房的单一价格与两种价格的盈利水平进行对比。

例 11-2 某酒店拥有 100 间客房，该酒店以前对每间客房单一定价，每晚 150 元。每间客房的变动费用需要 15 元，包括打扫清洁、使用空调、肥皂、洗发水、沐浴露等的消耗费用。一般情况下，每晚客房平均定出 50 间，即大概为 50%，采用单一价格的净销售收入为：（单价-成本）×销售房间数=（150- 15）× 50=6 750 元/晚。

事实上，由于多种原因，不同的顾客对于同一间房可能愿意付出的代价是不同的，正是由于酒店提供了多种选择，才会有更多不同需求和支付能力的顾客预订房间。为此，酒店决定采用两种价格水平，分

别为每晚 100 元和 200 元。根据收益管理软件计算，每晚 100 元的房间可以定出 30 间，每晚 200 元的房间可以定出 30 间，这种情况下的总利润为 8 100 元。两种价格水平下的收益比单一价格水平下的收益高出 1 350 元。

可见，除了进行市场细分，制定恰当的市场细分价格是实施动态定价的关键。一般来说，动态定价的方式有很多，确定定价的模型也较为复杂。常见的定价模型是根据价格的取值范围进行划分的，可以将动态定价问题分为连续价格集和离散价格集两大类。这些模型已经有很多学者进行了深入研究，但是相关研究成果与企业的实际运作之间依然存在一定的差距。目前，关于动态定价的研究较为关注多产品的动态定价、考虑决策者风险态度的动态定价、竞争环境下的动态定价、需求更新下的动态定价等。竞争环境下的动态定价问题强调竞争的普遍性，因为竞争不仅存在于企业与企业之间，企业与顾客之间也存在竞争和博弈关系。一些“明智的”顾客可能会预测企业的价格确定路径，并据此做出与企业决策目标相悖的购买决策，进而使企业的动态定价策略在一定程度上失效。因此，开展广泛而深入的动态定价策略研究，对于企业提高收益具有显著的现实意义。

2. 收益管理的超额预定策略

超额预定（Overbooking）是指企业在一定时期内，有意识地接受超过其服务能力的预定数量的一种预定策略。对超额预定进行管理是因为提前预订或预约系统可能存在这样一种管理困难——当顾客登记了一项服务预定，但是按约定时间“没有出现”、没有履约或者取消了预约，这就会给企业造成失效的产能。超额预定管理就是针对这种情况，使企业的服务能力得到充分利用，并使收益达到最大化的一种管理行为。

很明显，对于决策者而言，实施超额预定对最大化收益是十分重要的。然而，不是所有行业都适合采用超额预定策略（超额预定策略在不同行业中的应用见表 11-9）。一般来说，适合使用超额预定策略的行业应该具有以下特征：①能够提供的服务数量相对有限；②服务产品不能够储存，具有易逝性；③服务产品可以接受预定，并且允许取消；④出现超售情况时没有不可挽回的损失，可以采用经济补偿或罚款等方式解决。

表 11-9　超额预定策略在不同行业中的应用

行　　业	重 要 程 度	出现超额预定时给予的赔偿
民航	非常高	免费住宿就餐，等待下一航班
宾馆	高	去其他附近的同档次或更高档次的宾馆住宿
汽车租赁	高	等待或临时使用其他汽车租赁公司的汽车
航空运输	高	用下一航班运送货物，对货物到达延迟进行赔偿
订货型生产企业	中等	赔付违约金，延期交货
旅游公司	低	一般不使用超额预定策略
景区宾馆	低	一般不使用超额预定策略
演唱会	低	只对一些不重要的演唱会使用极少的超额预定策略
体育赛事门票	低	只对一些不重要的赛事使用极少的超额预定策略

（资料来源：周晶，杨慧. 收益管理方法与应用[M]. 北京：科学出版社，2009. ）

旅游公司和景区宾馆一般不采用超额预定策略，因为在这些行业中拒绝服务的成本可能非常高。例如，一家人带着行李来到游轮码头，打算开始为期两周的环球旅行，当发现由于超额预定而无法登上游轮时，他们是很难进行安抚的。为了避免退订和“不出现”的损失，游轮公司一般不采用超额预定策略，而是采用不可退订或者提高价格组合的方式应对。

很明显，对于决策者而言，确定合适的超额预定数量是十分重要的。然而，在超额预定的实践中却很难做到计划与实际完全相吻合，往往存在两种偏差情况：一种是没有足够的超额预定，这种情况会导致服务能力空闲和收益损失；另外一种情况是超额预定太多，当顾客到达后没有足够服务能力满足实际需求。

尽管第一种情况不是企业管理者希望看到的，但是相对于第二种情况处理起来还是相对较为容易的。对于第二种情况，处理的关键是确定一个适宜的超额预定的“度”，以免出现因过度超额而不能使有真正需求的顾客得到服务的情况。经验表明，服务企业接受超额预定的比例应该控制在10%～20%。

3. 收益管理的价格折扣策略

数量折扣是企业销售通常的做法，即对于订购不同数量的客户企业会给予不同的价格折扣。通常来说，顾客采购的数量越大所获得的折扣就越大，也就能够使产品的单位成本越低。同时，采取折扣策略对于企业来说也省去了很多相关成本，有助于实现收益最大化。事实上，在航班、旅店、餐饮等服务行业中也广泛存在商品价格提供折扣的大量实例。例如，一些快递公司长期包机用来运送快递包裹，旅行社或商务会议组织在一个时段内包住一定数量的酒店房间，网店商户与某家快递公司签订长期快递业务等。这在某种程度上可以使生产（服务）企业和采购企业实现双赢。为了能够科学制定价格折扣策略，企业需要对一些核心问题和主要影响因素有清晰的认识。

（1）价格折扣制定的关键问题。

一般来说，企业制定价格折扣时需要考虑以下三个关键问题：①折扣区间数量。折扣区间数量是指在可接受的产品价格范围内设置折扣的数量。总体来说，供应商通常设置两个折扣区间，即一次订货在某一数量以内没有打折，超过一定数量后给予一定的价格优惠。为了实施精准化销售，商家通常也可以设置多个折扣区间，以便适应不同的细分市场，比如设置 3 个、4 个甚至更多个折扣数量。但不是折扣区间数量越多越好，这需要根据市场及企业产品销售具体情况确定。②折扣区间的跨度。折扣区间的跨度是指每一个折扣之间的产品数量差距。如果设置的折扣区间不止一个，就会涉及折扣区间的跨度问题。折扣区间的跨度一般需要根据产品具体的销售数量特点确定。例如，可能每隔 100 确定一个折扣，也可能每隔 1 000 确定一个折扣等。③折扣幅度。折扣幅度是衡量折扣程度大小的指标。对于每一个折扣区间是象征性地给一个折扣幅度还是进行大幅度的打折，需要供应商给出具体的方案。例如，一个企业产品的折扣规定为：少于 100 件不打折，101～200 件折扣为 0.98，201～300 件折扣为 0.95，则折扣幅度分别为 0.02 和 0.05。

（2）价格折扣的主要影响因素。

一般来说，在制定价格折扣时，应考虑以下五个方面的影响因素：①产品的需求价格弹性。需求价格弹性是指产品的价格对需求数量的影响。不同产品的需求价格弹性系数不同；同一产品对不同顾客需求价格弹性系数不同；同一产品对同一顾客在不同环境其需求价格弹性系数不同。因此，应针对不同的采购商，制定不同的折扣策略。如果产品本身的需求价格弹性小，采购商对价格又不敏感，折扣区间的数量要少，折扣区间的跨度要大，折扣幅度要小。②成本。产品销售的根本目的是获取收益，然而收益等于售价与成本之差。在售价一定的情况下，成本越低所能获得的收益就越高。作为产品成本的重要组成部分，库存成本需要重点关注。对某类物资来说，库存成本越高，就越需要尽可能地早销售出去，给予较大的折扣幅度能够缩短库存周期，降低相应成本。例如，月饼价格应该采取越接近节日期限折扣越大的策略，甚至最后可以以成本价出售。③历史数据。对于有一定经营历史的产品来说，其确定折扣决策时应该建立在对未来进行预测的基础上，多参考过去的历史数据，分析不同数量折扣策略下的收益情况，以便科学地制定折扣和及时调整。④竞争对手的价格策略。产品销售情况在很大程度上取决于与竞争对手的比较优势，因此在制定价格折扣时应该多关注竞争对手的价格变化。在充分掌握竞争对手的价格折扣策略的基础上，制定合理的折扣是争取更多市场份额和获得更大收益的重要保障。⑤心理因素。对高端客户过度打折绝不是一个聪明的选择，因为这个群体对于价格不敏感；而对于价格敏感的人群来说，采用合理的折扣数量、折扣等级是极为有效的。

本章小结

生产需求与生产能力相对应，服务企业的服务能力应该与服务需求相匹配。然而，由于服务需求具有更强的波动性、不确定性，服务计划需要有效适应外部需求的不断变化，而这对于管理者而言是一项严峻

的挑战。本章第一节主要介绍了服务计划与服务能力的概念、特征、服务计划的制订步骤和服务能力的影响因素；第二节主要介绍了服务系统交付管理和服务效率，包括服务交付能力的改变策略、服务系统的交付效率影响因素与改进办法、交付质量管理与交付技术的介绍；第三节主要介绍了排队管理与顾客满意度问题，包括排队系统的特征、基本问题、主要指标、主要排队模型与顾客满意度的联系；第四节主要介绍了排班管理与员工满意度问题，包括服务系统人员排班的特点、常见问题，服务系统人员排班的几种典型方法，典型服务系统的人员调度实例；第五节主要介绍了收益管理与效益最大化问题，包括收益管理的发展、意义和特征，收益管理的实施特点和内容，实施收益管理的主要方法和实施价格折扣策略的注意事项。

思考题

1．简述服务计划的主要内容，服务需求与服务能力之间的关系。
2．服务系统交付管理的主要内容和目标是什么？
3．简述服务系统排队的主要类型，服务系统在提升顾客满意度方面的作用。
4．简述服务系统人员排班的常见问题，服务系统在提升员工满意度方面的作用。
5．收益管理的基本思想是什么？该方法的使用条件是什么？

案例分析

第四篇　运营系统控制与优化

第12章
库存管理与控制

12.1　库　　存

引导案例

12.1.1　库存的概念

1. 库存的含义

库存（Inventory）也称存货、盘存、存品，是指那些为了满足未来需要而暂时闲置的资源，或者没有处于加工状态的资源。可见，库存具有两个基本特性：一是闲置的，或者处于没有加工状态，这与处于加工状态的那些资源是相对应的；二是库存属于资源，而不是废物，是具有价值增值属性的物品。

对于企业而言，资源可以分为多种类型，人、财、物、信息等都可以称为资源，并且都存在库存问题。通过以上分析可知，库存不仅可以是有形的还可以是无形的。

2. 库存的作用

一般来说，库存发挥着“蓄水池”的作用，可以防止生产意外中断、节省订货费用、改善服务质量和防止货物短缺等。总之，库存是企业进行管理的重要内容之一，对企业有效运行具有重要意义。

（1）保障销售供应稳定。不管是基于库存的生产方式（MTS），还是基于订单的生产方式（MTO），企业往往都需要保有一定的库存，以便在销售过程中能够应对市场需求的波动、生产系统的意外故障，以及外部环境不确定性的影响，基于库存的生产方式尤为如此。

（2）维持生产流程连续开展。合格的产品推向市场需要一定的时间，也需要原材料、零部件、半成品等有效供给，以及一系列生产加工工艺过程。如果由于某些原因上述因素出现异常，就会导致生产出现中断。通常，库存是企业降低这种风险的有效手段之一。

（3）保持物流平稳运营。企业在运营过程中涉及大量的物流活动，如原材料、生产工具、在制品及产成品等，而这资源都处于一定的循环之中，库存在系统保持恰当的平衡中起着重要的作用。

（4）优化资金利用效率。库存由多种成本构成，而保持各种成本的恰当比例可以提高资金的利用效率。加大订货批量会降低企业的订货费用（Order Cost），保持一定的在制品库存会节省生产调整准备费用（Setup Cost），通过在两者之间寻找最佳平衡点，可以有效地提高企业运营绩效。

3. 库存的弊端

尽管库存对于企业经营十分必要，但是任何企业都在想方设法降低库存（无论是原材料、半成品还是成品），因为库存本身对于企业来说具有诸多弊端。

（1）占用大量资金。库存实际上是各种资源的“静态”存放，而这往往体现为相应的资金未能形成价值增值。由于资金具有时间成本，这些因库存而占用的资金会增加企业的经营负担。

（2）增加经营成本。库存作为实物不仅需要占用大量的企业资金，而且在存放的过程中还会形成固定成本和可变成本。这些费用的增加未来必然将通过产品价格来体现，进而影响企业产品的市场竞争力。

（3）掩盖管理缺陷。尽管库存在维持系统供需平衡过程中发挥了重要作用，但是其又在这个过程中掩

盖了管理中存在的大量问题。如果企业存在库存，当管理系统出现计划不周、生产不均衡、产品质量不稳定及生产供给不足等问题时就可以通过库存来解决，进而导致运营系统中出现的问题不能尽早地暴露出来。

12.1.2　库存的类型

不同的原因导致企业往往存在各种各样的库存，典型的库存类型有以下几种。

1. 生产库存与流通库存

（1）生产库存。生产库存（Production Stock）是指处在生产过程中为生产的各个环节顺利进行提供物资准备的库存，包括原材料库存（Raw Material Inventory）、在制品库存（Working In Progress Inventory，WIP）、零部件库存（Component Parts Inventory）和产成品库存（Finished-Goods Inventory）四种。产成品库存还可以分为仓库库存和在途库存两类。例如，某汽车生产企业的汽车产品要销售到另外一个地区，这就需要将这些产品通过一定的方式运输到销售地，而这些产品在运输过程中就属于在途库存（Goods-In-Transit to Warehouses or Customers）。因为这些产品在运输过程中具有“闲置”和“资源”的双重属性。

（2）流通库存。流通库存（Circulation Inventory）是指处于流通状态下的库存。流通库存可以分为两类：一类是从生产单位向销售单位转移的过程中形成的；另一类是从生产的一个部门向另一个部门转移的过程中形成的。产品在生产过程中往往需要从一道工序转移到另一道工序。

2. 周转库存与安全库存

（1）周转库存。周转库存（Cycle Inventory）是指企业为了完成商品流转计划，以及保证市场正常供应等目的，根据商品销售任务、商品流通环节和速度应保持一定数量的用于周转需要的商品库存。周转库存是企业组织商品流通中必不可少的物质基础，但其库存量的大小又关系到流动资金占用额的多少。因此，企业需要尽量减少中间环节、简化业务手续、健全经济责任制、加速商品流转，以便把周转库存量压缩到最低限度，从而有效地使用流动资金。

（2）安全库存。安全库存（Safety Inventory）也称缓冲库存，是指为了防止未来物资供应或需求的不确定性因素（如大量突发性订货、供应商交货意外中断或突然延期等）而准备的缓冲库存。安全库存的大小取决于库存服务水平（或者说库存安全系数）、供应和需求的不确定性、订货满足率、缺货成本和库存持有成本等。从经济性的角度看，安全库存应确定在一个合适的水平上。一般来说，安全库存量的大小，主要由顾客服务水平（或订货满足）来决定。所谓顾客服务水平就是指对顾客需求情况的满足程度，其计算公式如下：

$$顾客服务水平=1-年缺货次数\div年订货次数$$

在顾客服务水平确定的情况下，安全库存的计算公式如下：

$$安全库存=日平均消耗量\times一定服务水平下的前置期标准差$$

3. 确定型库存与随机型库存

（1）确定型库存。确定型库存（Deterministic Inventory）是指物品的需求量是已知和确定的，补充供应链的前置时间是固定的，并与订货量无关。确定型库存模型又可分为周期性检查模型（Periodic Review Model）和连续性检查模型（Continuous Review Model）。周期性检查模型又分为不允许缺货、允许缺货、实时补货三种情况，这三种情况又可以分为瞬时到货、延时到货两种情形。连续性检查模型的类型与周期性检查模型类似，最经典的模型就是不允许缺货、瞬时到货的经济订货批量模型（EOQ）。

（2）随机型库存。随机型库存（Random Inventory）是指物品的需求量和补充供应链的前置时间至少有一个是随机变量。随机型库存模型要解决的问题是确定经济订货批量或经济订货期、确定安全库存量、确定订货点和订货后最大库存量。随机型库存模型也分为连续性检查和周期性检查两种情形。当需求量、提前期同时为随机变量时，库存模型会变得更为复杂。

4. 独立需求库存与相关需求库存

（1）独立需求库存。独立需求库存（Independent Demand Inventory）是指客户对某种库存物品的需求与其他种类的库存无关，对这种库存的需求是独立的。独立需求库存与企业对其他库存产品所做的生产决策没有关系，通常是指企业自身难以控制由市场所决定的需求，比如笔记本电脑、U盘等最终产成品及一些维修备件等。由于独立需求库存无论在数量上还是时间上都有很大的不确定性，所以库存中必须备有额外的产品做缓冲。

（2）相关需求库存。相关需求库存（Dependent Demand Inventory）是指某一项物品的需求与另一项物品的需求存在直接数量联系，比如某型号笔记本电脑的CPU、硬盘、显示屏等。由于相关需求的需求数量、需求时间和其他一些变量（独立需求）存在一定的比例关系，其库存需求在企业内部通常是完全可以控制的，并通过一定的结构关系精确地预测。

5. 单周期库存与多周期库存

（1）单周期库存。单周期库存（Single Cycle Inventory）是指那些在一定期限内针对偶尔发生的、发生在比较短的一段时间内的需求，比如报纸通常是以天为周期的，中秋月饼只会在一年中的八月十五之前销售，这些产品具有时间约束，一般不会重复订货。由于单周期库存只发出一次订货和产生一次订购费用，库存管理的关键在于确定订货批量。一般来说，确定单周期库存的最佳订货量主要采用期望损失最小法、期望利润最大法或边际分析法。

（2）多周期库存。多周期库存（Multi-cycle Inventory）是指那些在足够长的时间内对某种物品有重复的、连续的需求，需要不断地进行补充的库存。多周期库存需要多次存储，即前一批货物用完之前，下一批货物就需要入库，在一定时期周而复始地存储同样的物品，比如钢铁企业所用的铁矿石、居民家庭所用的食品，消费完就需要重复采购。为了保证生产或销售系统持续运行，当库存低于某个预定数量时就会安排生产或者订购，以便使库存得到不断补充。事实上，大多数库存都属于多周期库存。

12.1.3 库存相关内容

1. 库存的实物种类

库存的类型多种多样，从库存实物的角度看大致可以分为原材料、零部件、在制品和产成品四类。上述四种库存实物在企业生产运营管理中的相互关系如图12-1所示。

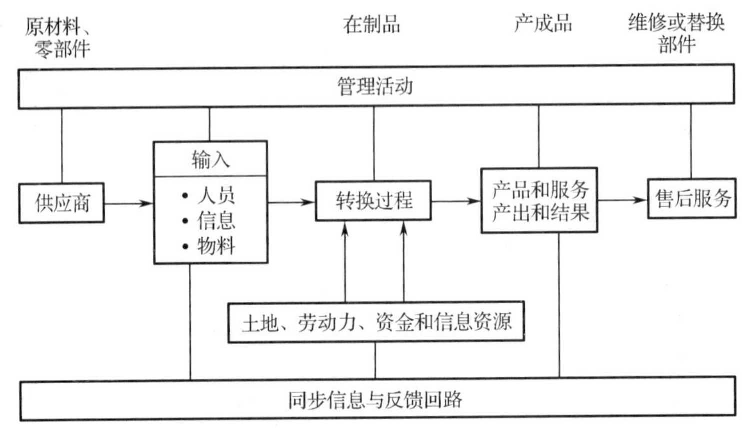

图12-1 四种库存实物在企业生产运营管理中的相互关系

（1）原材料。原材料是指企业在最终产品生产过程中需要的各种主要原材料、辅助材料、燃料、修理备用件、包装材料、外购半成品等。原材料是企业库存的重要组成部分，由于其品种和规格较多，科学分类、核算对企业运营影响重大。

（2）零部件。零部件可以分为零件（Machine Part）和部件（Assembly Unit），是最终产品的重要组成部分，也是保持企业生产正常运营的基本资源。零件是机器的基本组成要素，也是制造过程中的基本单元。部件是通过零件装配而得到的一个独立的功能主体。轴承对于一个机器而言是部件，而其又是由内圈、外圈、钢球、保持架等基本零件装配而成的。

（3）在制品。在制品是指从原材料、外购件等投入生产起，到经检验合格入库之前，存在于生产过程中各个环节的零部件和产品。通常根据所处的工艺阶段不同，可把在制品分为毛坯、半成品、入库前成品和车间在制品。

（4）产成品。产成品是指企业已经完成全部生产过程，合乎标准规格和技术条件，并已验收入库，可以作为商品对外销售或送交订货单位的产品。

2. 库存的成本类型

库存成本的类型多种多样，而从库存成本的基本构成来看，可以分为库存持有成本、库存订货成本、库存购买成本和库存缺货成本四类。

（1）库存持有成本。库存持有成本（Inventory Holding Costs 或者 Inventory Carrying Costs）是指企业为保有和管理库存而需承担的相关费用，记为 C_H。库存持有成本包含运行成本、机会成本和风险成本三个方面。运行成本主要包括仓储成本，如仓库建造投资的摊销费用、仓库的租金、仓库设备投资成本、日常的水、电、人工等费用。机会成本主要是指库存占用企业的流动资金，而不能用来经营其他投资所损失的平均收益。风险成本包括保险费用、不合理存放而造成的损耗或报废等成本。

（2）库存订货成本。库存订货成本（Inventory Ordering Costs）是指企业为了得到库存而需承担的费用，记为 C_R。库存订货成本因库存来源不同其成本也会存在差异，可以分为订货成本（Ordering Costs）和生产准备成本（Setup Costs）。如果库存是企业通过市场购买而获得的，则获得成本体现为订货成本，包括对供应商的考察费用、通信费用、质量控制费用、货物的运输费用等，订购或运输次数越多，订货成本就越高；如果库存是自己企业生产的则获得成本体现为生产准备成本，即企业为生产不同批次货物而进行的生产线调整的费用，主要包括准备工作命令单、安排作业、生产前准备和质量验收等费用。生产准备成本与订货批量无关，只与订购次数有关。

（3）库存购买成本。库存购买成本（Purchasing Costs）是指购买库存产品而付出的资金代价，记为 C_P。一般来说，库存购买成本与购买产品的单价、购买数量存在关联。也就是说，购买产品的单价越高、购买的产品数量越多，需要付出的购买成本就越多。

（4）库存缺货成本。库存缺货成本（Shortage Costs 或者 Stockout Costs）是指由于库存供应中断而造成的相关损失，记为 C_S。库存缺货成本主要包括原材料供应中断造成的停工损失、产成品库存缺货造成的延迟发货损失和丧失销售机会带来的损失、企业采用紧急采购来解决库存的中断而承担的紧急额外采购成本等。

总体来看，库存的总成本由上述四种成本构成，记库存总成本为 C_T，则 $C_T=C_H+C_R+C_P+C_S$。需要特别指出的，各种库存成本都将会造成经营上的资金消耗，但是每种成本对于运营系统的影响程度是不同的。

根据成本与产品数量之间的关系，又可以将库存成本分为可变库存成本和固定库存成本两类。

（1）可变库存成本。可变成本（Variable Costs）又称变动成本，是指在总成本中随产量的增加而增加的成本项目，主要是原材料、燃料、动力等生产要素的费用。当一定期间的产量增大时，原材料、燃料、动力的消耗会按比例相应增多，所产生的成本也会按比例增大，故称为可变成本。相关费用主要包括资金成本、仓储空间费用、物品变质和陈旧费用、税收和保险等。

（2）固定库存成本。固定成本（Fixed Cost）也称固定费用，是指成本总额在一定时期和一定业务量范围内，不受业务量增减变动影响而保持不变的成本，主要是为维持企业提供产品和服务的经营能力而必须开支的成本，如厂房和机器设备的折旧、财产税、房屋租金、管理人员的工资等。相关费用主要包括订货费、调整准备费、购买费、加工费、生产管理费和缺货损失费等。

3. 库存的数量指标

（1）库存量。库存量（Inventory Quantity）是指在某一时间节点上存在于企业产成品仓库中暂未售出的产品实物数量。一般来说，产品库存量包括以下几个部分：①企业自身生产的经检验合格入库的产品；②库存中尚未发货的有销售对象的产品；③其他企业和其他企业来料加工尚未发出的产品；④盘点中的账外产品；⑤产品入库后发现有质量问题，但未办理退库手续的产品。库存量的多少不仅关系到库存的成本，还与下一次发出的订单时间和订单数量直接相关。

（2）订货量。订货量（Order Quantity）是指企业的某种产品已签订合同，但尚未转让或交接的合同标的的数量。订货量是企业进行库存管理的重要指标，对于不同的库存控制系统，具体的订货量往往存在明显的差异。常见的每次最佳需要订货数量为经济订货批量（EOQ）。经济订货批量通过平衡采购进货成本和保管仓储成本，以实现总库存成本最低的最佳订货量。每一次订货量的多少将对库存数量产生影响，也会影响订单的频次。

（3）缺货量。缺货量（Shortage Quality 或者 Stockout Quality）是指产品库存与订单或者需求相差的数量。库存的缺货量不仅会影响市场的供给情况，还会影响未来生产或者订购计划。

（4）安全库存量。安全库存量（Safety Stock Quantity）是为防止未来物资供应或需求的不确定性因素而准备的缓冲库存量。安全库存量的大小不仅影响着顾客服务水平，还会对库存成本产生重要影响。

4. 库存的时间指标

（1）提前期。提前期（Lead Time，LT）也称“前置期”，基于自己生产和外购的不同，提前期可以分为两类：一类是自己生产的提前期，是指某一工作的工作时间周期，即从工作开始到工作结束的时间，主要由准备时间、加工时间、等待时间和传送时间构成；另一类是外购的提前期，是指从采购订单下达到物料入库的全部时间，主要由发出订单时间、外单位生产时间、运输时间、检验时间、入库时间、出库时间等构成。

（2）订单处理时间。订单处理时间（Order to Delivery Time，ODT）由订单准备、等待、确认、审核、录入、传输、接收时间构成。在现代信息技术支持下，尽管订单处理已经十分快捷，但是依然需要很多时间。一般来说，订单被快速处理对于日趋激烈的竞争显得十分重要，企业需要通过合理的程序和高效系统的运作建立快速反应的机制，尽力缩短订单处理时间。其中，订单审核相对要花费更多时间，在这个过程中需要对客户要求的质量、交货期、数量、价格、币种、金额、付款方式、包装方式、运输方式、目的地、联系人、联系方式等进行确认。

（3）配送时间。配送时间（Delivery Time）是指从供应商收到订单开始，直至把货物交付给客户的时间长度。通常来说，客户从下订单到收到订购的产品需要经过以下步骤：发出订单—订单传送给配送中心—配送中心收到订单—列入配送计划（订单处理）—安排配送活动—进行配送操作（拣货、组货、包装、出库）—货物运输到客户处—客户接收货物，最终使货物处于可使用状态。在现代物流业迅速发展的今天，缩短配送时间几乎已经成为所有快递企业提高服务质量的核心指标。

（4）盘点周期。盘点周期（Inventory Counting Cycle）是指对库存中的部分物料项目进行盘点的时间间隔。库存盘点是保持库存记录准确性的有效途径，及时发现那些存在问题的存货，如存在数量、质量、规格、日期等方面的问题，进而究其原因并进行改进，以便保证生产与计划的顺利进行。一年中对某项物料进行盘点的次数称为该项物料的盘点频率。库存盘点可以按照固定时间定期盘点，也可以按照库存数量定量盘点，比如某种物料的库存达到订货点时或新物料到库时都可以进行盘点。也可以对价值高并且流动快的物料多盘点，对价值低或流动慢的物料少盘点。

12.2 库存管理

12.2.1 库存管理的概念及意义

1. 库存管理的概念

库存管理（Inventory Management）又称库存控制（Inventory Control），是指对制造业或服务业生产、经营全过程的各种物品、产成品及其他资源进行管理和控制，使其储备保持在经济合理的水平。在经济全球化的背景下，几乎所有企业都是供应链的组成部分，如何设置和维持合理的库存水平，以解决由存货不足导致市场供给短缺与由库存过多导致仓储成本增加之间的矛盾，成为企业必须高度重视的问题。

2. 库存管理的意义

企业中库存的形态主要有原材料、零部件、在制品、产成品等，它们是企业运营中必不可少的。然而，库存也在多个方面影响着企业的运营成本。本质上，库存管理需要在满足企业正常生产、经营需求的前提下，使库存量保持在合理的水平。这就需要企业及时掌握库存的动态变化情况，以便适时、适量提出订货，进而避免超储或缺货。只有使库存保持恰当的量，才能减少库存空间占用、降低库存总费用、减少库存资金的占用。同时，恰当的库存量还能降低运营的故障率、停产时间、资源损耗、资金成本等。

一般来说，库存管理可以体现为多个层面：在保证企业正常运营的前提下，使库存量保持在合理的水平；准确掌握库存变化动态，以便适时、适量地提出订货需求，避免超储或缺货、减少库存空间占用；有效控制库存资金占用，加速资金的周转速度，降低库存的总费用等。本质上，库存管理要服务于企业的最终经营目标，而其直接表现就是控制成本。

库存成本与库存管理

研究显示，产品库存的平均成本占产品价值本身的30%～35%。也就是说，如果一家公司持有1 000万元的库存，其每年的仓储成本将超过300万元。这些成本主要包括过期作废、保险、固定成本和机会成本等。如果能将库存降低500万元，企业就可以节省150万元，这些将直接进入企业的最终财务项目。也就是说，节省下来的费用将直接成为企业的利润。

（资料来源：根据公开资料整理。）

3. 库存管理的发展

库存管理自古就有，只不过在不同的阶段库存的意义存在一定的差异而已。根据库存的意义、管理方法的不同，可以将库存管理大致分为传统库存管理、科学库存管理、现代库存管理三个阶段。

（1）传统库存管理阶段。在现代库存管理理论建立之前，库存管理主要体现为对生产结余的管理。然而，由于之前的库存数量极为有限，库存管理的意义与今天是完全不同的。在工业社会之前或者初期，社会生产能力还普遍小于社会需求，大多数企业将库存视为财富，认为库存越多越好。随着工业革命的发展，生产力的飞速发展导致社会生产过剩，企业商品找不到销路，库存大量积压，严重影响了企业的资金周转。此时，企业才开始意识到库存商品过多是经营不善的表现，库存应该服务于生产。这就导致了企业对库存控制的需求，但此时的库存管理仍然缺乏科学理论和方法的指导。

（2）科学库存管理阶段。在库存管理的过程中，人们对库存成本的认识逐渐加深，并发现库存存在一个使库存成本达到最小的最佳数量。对此，哈里斯（Harris）在1915年提出了一个基于库存固定费用和可变费用的库存控制模型——经济批量模型（EOQ），开创了科学库存管理理论的研究先河。自此，库存管理开始进入科学管理阶段。在第二次世界大战中，大量战争物资的管理需求进一步推动了库存管理理论的发展。第二次世界大战期间，美国等国成立了运筹学小组，运用微分学、概率论等理论对军用物资的最佳补给数量进行研究。第二次世界大战结束后，相应的库存管理方法在社会生产领域广泛应用，使库存管理的科学管理理论不断丰富。

（3）现代库存管理阶段。尽管科学库存管理理论不断发展，但是这些库存控制方法与管理实践往往存在很多脱节之处，不能完全适应外部环境的快速变化。在这一背景下，计算机技术、通信技术、信息技术、网络技术的发展，以及库存管理模型算法的不断创新，为库存管理做到实时、高效提供了更多可能。例如，基于ERP的库存、零库存、联合库存、ABC分类法、1.5倍库存、以销定产等方法，使库存管理工作更加精确、迅速、准时，极大降低了库存成本，使企业获得了更大的经济效益。

12.2.2　库存管理的内容及绩效指标

1. 库存管理的内容

一般来说，库存管理的内容包含仓库管理（Warehouse Management）和库存控制（Inventory Control）两部分。仓库管理的具体内容包括订货、交货、进货、交货时的检验、仓库内的保管、装卸作业、场所管理、备货作业等，其目的是通过对库存物料的科学保管，减少损耗、方便存取。库存控制主要是控制合理的库存水平，即用最少的投资和最少的库存管理费用维持合理的库存，以满足使用部门的需求和减少缺货损失。库存控制的具体内容包括商品订货量的确定、盘点（循环盘点、总盘点）、商品转库、调拨、脱销和断档商品分析，以及超过最大和小于最小库存预警、商品保质期预警等。

事实上，库存管理的内容十分广泛，其中一项重要的工作就是降低各类库存，进而使企业库存成本得到有效控制。一般来说，企业进行库存控制的主要做法是降低库存，包括周转库存、安全库存、调节库存和在途库存的降低。针对不同的库存类型，降低库存的方法也存在一定差异。

（1）周转库存的降低方法。由于平均周转库存等于最大库存量的一半，所以降低周转库存的基本策略就是减少库存批量。例如，以“零库存”著称的丰田公司可以做到几小时的库存，而一些企业的平均库存可能是以天、周甚至月和年为单位的。精益生产方式中有很多的库存管理思想和方法，可以有效地降低周转库存数量。

（2）安全库存的降低方法。降低安全库存的思路是使订货时间接近需求时间、订货量接近需求量。具体而言，需要加强以下几方面的工作：提高需求预测的准确性、缩短订货提前期和生产提前期、提高供应的稳定性、保证生产系统的可靠性、增强生产系统的柔性等。

（3）调节库存的降低方法。在企业经营过程中，由于生产系统或者市场需求存在不确定性，可能会出现生产供给与市场需求不一致的情形。为此，调节库存在这个过程中起着“蓄水池”的作用，即生产供给大于市场需求时将产品暂时储存起来，而当市场需求大于生产供给时就将之前的库存拿出来进行市场补给。调节库存与安全库存存在一定的相似性，但是两者之间也存在明显的区别。一般来说，降低调节库存的主要方法是准确预测需求和有效管理生产系统。

（4）在途库存的降低方法。影响在途库存的主要因素是需求分布和配送周期。对于需求而言，主要的管理方法是加强预测，以便使生产系统能够做好预先准备。另外就是控制配送周期，这与供应商的选择直接相关，选择良好的供应商和物流服务是配送周期最小化的基本保障。

2. 库存管理的理念

尽管库存管理理论日趋成熟，但是由于不同企业的运营特点，对于库存管理目标的侧重点存在差异，所以形成了不同类型的管理理念。库存管理的理念主要可以从持有库存、恰当库存、零库存三个方面进行阐释。

（1）持有库存理念。对于大多数企业而言，生产的稳定性与市场需求的波动性之间存在明显的矛盾，为了尽可能提升顾客满意度，企业往往需要通过库存的方式来协调企业生产能力与市场需求两者之间不同步的问题。为此，一些企业就需要持有一定数量的库存，尤其是那些存在明显季节特征的产品，或者是那些从长期趋势看价格不断上涨的产品。对于这些企业来说，在库存上有更大的投入可以带来更高水平的客户服务、更高的收益。在这种情况下，持有一定规模的库存便成了企业进行库存管理的重要活动。

（2）恰当库存理念。尽管企业拥有一定数量的库存对于企业运营具有十分重要的意义，但是库存的存在也意味着相应资金的投入和占用。如果库存数量较大，可能会对企业的资金造成巨大影响。为此，一些企业十分关注将库存数量保持在一个恰当的范围，这样既能够保障市场的有效供应，又不会因过多的库存造成资金的浪费。在这种情况下，企业需要花费很大精力来确定一个科学的库存数量，进而在顾客满意度与库存成本之间寻求平衡。

（3）零库存理念。在过去很长时间里，人们认为顾客满意度与库存的多少存在关系。事实上，这种管理理念是建立在生产系统为刚性的假设基础上的。随着供应链理论、自动化技术、柔性技术、互换性技术等的不断发展，人们发现生产系统变得越来越具有柔性，在非常少的库存条件下依然能够很好地应对市场需求的波动性。这种思想以日本丰田的“零库存”理念最具代表性。零库存理念认为，库存即是浪费。零库存理念强调采用各种手段对库存进行综合管理，不断降低库存，最理想的库存状态就是将库存降到零。目前，零库存管理理念已经成为大量企业在追求高水平绩效过程中的重要信条。

3. 库存管理的绩效指标

（1）库存财务状况指标。库存财务状况指标主要是指库存管理中涉及的各种成本，包括库存持有成本、库存获得成本、库存缺货成本等。降低库存成本的主要方法有仓库空间的综合利用、仓库科学布局、增加

必要的设备设施、减少不必要的库存、选择好的供应商、采用合适的库存订货方式、正确的库存补货方式等。平均库存值是衡量库存管理水平的重要经济性指标，是指一定时期内全部库存物品的价值之和。一般来说，制造企业的平均库存值大约是 25%，而零售、批发业则会占到 75%。

（2）顾客服务水平指标。本质上，库存是致力于服务客户的，而库存的很多因素会对顾客的满意度产生影响，并且影响的程度和方式也存在差异。一般来说，衡量顾客服务水平的库存相关因素包括缺货率、准时交货率、库存响应程度等。

（3）仓库运营指标。仓库运营担负着多种物资的收发、储存、保管、保养、控制、监督等职责，对企业正常生产运行起着重要的作用。仓库运营的指标主要有物资收发正确率、仓库利用率、仓库物资损坏率、分拣准确率、订单处理时间、盘点的准确性、配送准确率等。

（4）商品存储效率指标。商品储存效率指标主要包括商品存储效率和库存周转次数，是衡量和评价企业购入存货、投入生产、销售回收等各环节管理状况的综合性指标。商品存储效率主要通过库存周转率（Inventory Turnover）表示，在相同资金数量下，库存周转率越高，存货占用水平越低，流动性就越强。库存周转次数是用来反映一个时间段内（通常为一年）库存流动速度的指标，是衡量企业获利能力的主要指标。

12.2.3　库存管理系统类型与存在问题

1. 库存管理系统的主要类型

对于库存管理系统而言，订货的时间点、订货周期和订货数量是库存管理的核心问题。根据订货数量和订货周期的不同，可以将库存管理系统分为以下几种主要类型。

（1）定量库存管理系统。定量库存管理系统是订货量为固定量的系统，即当库存系统中的库存量降到订货点（Reorder of Point，ROP）及以下时，就向供应厂家发出订货，每次订货量均为一个固定的量 Q，所发出的订货到达则库存量增加 Q（定量库存管理系统的控制过程见图 12-2）。一般来说，每次订货都需要考虑提前期（Lead Time，LT）问题。订货提前期是从发出订货至到货的时间间隔，即订货准备、发出订单、供方接受订货、供方生产、产品发运、提货、验收和入库等过程需要的总时间。显然，合理确定提前期是库存管理的重要问题。一般来说，提前期是一个随机变量，大多数可以通过统计数据计算得到。

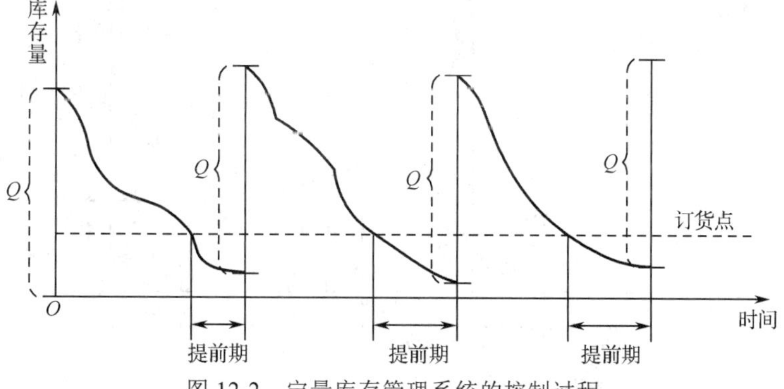

图 12-2　定量库存管理系统的控制过程

企业要了解现有库存量是否到达订货点必须随时检查，以便及时发出订货。因此，定量库存管理系统大大增加了管理的工作量，但它能够使库存量得到较为有效的控制。一般来说，定量库存管理系统适用于重要物资的库存控制。

（2）定期库存管理系统。定量库存管理系统需要随时监视库存的变化，对于那些物资种类很多且订货费用较高的情况是不经济的。固定间隔期的库存系统在一定程度上可以弥补定量库存管理系统的不足。定期库存管理系统就是每经过一个相同的时间间隔发出一次订货，订货量为最高库存水平 S 与现有库存量之差。也就是说，每经过一个固定间隔时间 T 就发出订货，如果这时库存量降到 L_1，则订货量为 $S-L_1$，经过一段时间（提前期）订购的货物送达，此时库存量增加 $S-L_1$；再经过固定间隔期 T 之后，如果这时库存量降到 L_2，发出订货，订货量为$S-L_2$，经过一段时间（提前期）到货，库存量增加$S-L_2$。依此类推（定期库存管理系统的控制过程见图 12-3）。

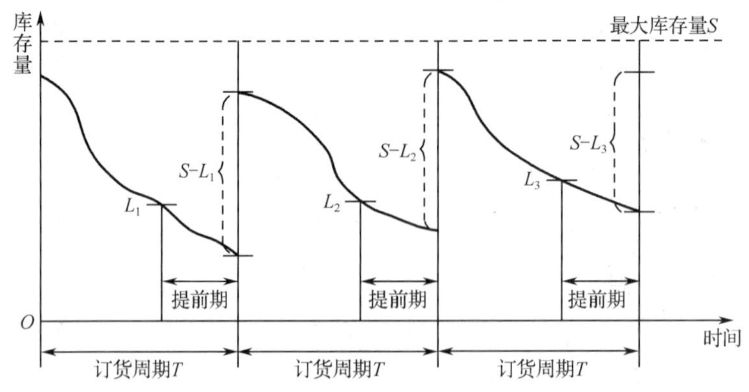

图 12-3　定期库存管理系统的控制过程

定期库存管理系统不需要随时检查库存量，到了固定的间隔期各种不同的物资可以同时订货，也可以分开订货。这样既简化了库存的管理活动，也节省了一定的订货费用。定期库存管理系统也存在一定缺陷，不论库存水平 L 降得多还是少都要按期发出订货，当 L 很高时订货量是很少的。而如果库存水平下降得过快，并且未能及时核对库存就可能出现断货的情况。为了克服这个缺陷，就出现了最大最小库存管理系统。

（3）最大最小库存管理系统。最大最小库存（$S-s$）管理系统仍然是一种固定间隔期系统，只不过它需要确定一个订货点 s。经过时间间隔 T 后，如果库存量降到 s 及以下，则发出订货；否则，再经过时间 T 后再考虑是否发出订货。也就是说，在最大最小库存管理系统中，经过时间 T 之后库存量降到 L_1，如果 L_1 小于 s 则发出订货，订货量为 $S-L_1$，经过一段时间到货，库存量增加 $S-L_1$。如果经过时间 T 之后库存量依然大于 s，则不发出订货请求。再经过时间 T 之后库存量降到 s 以下 L_2，则发出订货，订货量为 $S-L_2$，经过一段时间到货，订货到达并补充库存（最大最小库存管理系统的控制过程见图 12-4）。

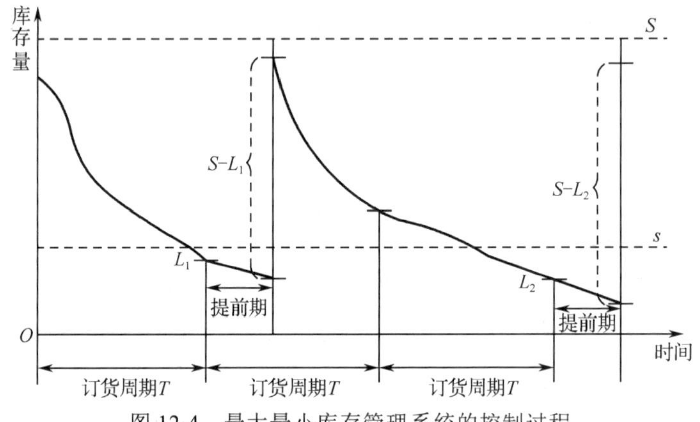

图 12-4　最大最小库存管理系统的控制过程

事实上，库存系统的控制模型有很多类型，都既存在一些优点，也存在一些不足。为此，在选择具体的库存控制系统类型时，企业需要综合考虑多种因素的影响，并在这些因素之间寻求一个适当的平衡，以便取得较好的控制效果。

2. 库存管理中存在的问题

传统的库存管理存在很多局限性：从库存管理理念来看，传统库存没有供应链的整体观念，管理理念落后；从库存的服务对象来看，传统库存管理对用户服务的理解与定义不完善，未能将供与需视为合作关系，而是视为简单的单向服务关系，缺乏深入的合作与协调；从库存管理包含的信息来看，传统库存管理中不仅信息不完善，而且信息的收集、整理、传输都存在明显滞后于需求的状况，“信息孤岛”现象明显。

具体而言，传统的库存管理存在如下几个问题。

（1）库存失衡。传统的库存管理中普遍存在库存量过高的问题，造成大量的浪费。这主要是因为传统的销售系统是逐级传递和管理的。

（2）管理技术落后。一般来说，企业在库存管理硬技术方面的提升相对容易，然而许多企业在库存管理软技术方面却明显滞后，从而导致订货数量、订货周期不合理，库存管理效果不理想。

（3）企业之间库存信息不对称。由于企业之间缺少有效的信息交流和共享平台，供方与需方都无法充分掌握彼此的数据信息，从而导致库存数量的大幅增加，降低了库存系统的运行效率。

12.3　库存管理模型

一般来说，库存控制的目的是在保障服务水平最高的同时使库存费用最低，库存管理模型可以为实现库存控制目的提供理论依据和方法保障。库存管理模型主要解决的问题为确定订货间隔期、订货点、订货批量等。经过不断演变和发展，库存管理方法已经由过去的主要凭借积累的管理经验控制演变为综合使用多种数学理论的模型控制。一般来说，较为经典的库存管理模型有订货点模型、经济订货批量模型、经济生产批量模型、批量折扣模型、随机库存模型和单周期库存模型等。

12.3.1　订货点模型

1. 订货点模型的基本思想

订货点模型是以订货点法为基础的，订货点法又称订购点法，创立于 20 世纪 40 年代。订货点模型的基本思想是由于生产或销售的原因，企业的某种物料或产品会逐渐减少，当库存量降低到某一预先设定的点（数量）时，即发出订货单（采购单或加工单）来补充库存。并且发出的订货单所定购的物料（产品）需要在库存量降低到安全库存时刚好到达，以便补充前期的消耗，保证生产和销售的可持续性。一般将这一订货数值的点称为订货点。

订货点模型的特点：假定订货提前期 T 是确定的，每次订货的批量是相等的，订货时间会随物资库存量降到订货点的时间不同而变化。因此，在物资的消耗速度不均衡的情况下，可以利用订货点模型订货来适应物资消费速度的变化，保持物资储备的合理性。可见，按照物资实际库存量下降到订货点的时间订购物资，可以防止在等批量订购条件下由于消费速度变化所造成的物资缺货和超储问题。

2. 订货点模型的库存管理策略

订货点模型库存管理的策略有很多，基于订货间隔期、订货点、订货批量的差异可以分为四种最基本的策略。在下面几种库存管理策略中，Q 表示每次的订货量、R 表示固定订货点水平、S 表示最大库存量、I 表示发出订单时的库存量、t 表示固定的检查周期。

（1）（Q，R）策略。（Q，R）策略是一种连续性检查固定订货量、固定订货点的库存决策方法。该策略的基本决策过程为：对库存状况进行连续性检查，当库存降低到订货点水平 R 时发出订货，每次的订货量为固定值 Q。一般来说，该策略适用于那些需求量大、缺货费用较高、需求波动性很大的库存情形。

（2）（R，S）策略。（R，S）策略是一种连续性检查固定订货点、最大库存的决策方法。该策略和（Q，R）策略都是连续性检查类型的策略，两者之间具有较大的相似性。该策略的基本决策过程为：对库存状态随时进行检查，当发现库存降低到订货点水平 R 时发出订货，每次的订货量为使库存达到最大数量 S。即，当发出订单时库存量为 I，则其订货量为（$S-I$）。该策略和（Q，R）策略的不同之处在于其订货量是按实际库存确定，因而订货量是可变的。

（3）（t，S）策略。（t，S）策略是一种周期性的库存检查和控制方法。该策略是每隔一个固定时期检查一次库存，并发出一次订货，把现有库存补充到最大库存水平 S。如果检查时库存量为 I，则订货量为 $S-I$。具体而言，经过固定的检查周期 t，库存量为 I_1，发出订货，订货量为（$S-I_1$）。经过一定的时间后，订购货物（$S-I_1$）到达，库存补充（$S-I_1$）；再经过一个固定的检查时期 t，库存量为 I_2，又发出一次订货，订货量为（$S-I_2$），经过一定的时间，库存增加（$S-I_2$）。按照上述方式，依次进行周期性库存检查，不断补给库存，以便维持系统的正常运营。该策略不设订货点，只设固定检查周期和最大库存量。即，每隔一段时间检查一次库存，并发出一次订货，把现有库存补充到最大库存水平 S。该策略适用于一些不是很重要的或使用量不大的物资。

（4）（t，R，S）策略。（t，R，S）策略是一种考虑多种因素的综合库存策略。可以说，该策略是策略（t，S）和策略（R，S）的综合。该策略有固定的检查周期 t、最大库存量 S、固定订货点水平 R。当经过一个检查周期 t 后，库存低于订货点则发出订货，否则不订货。订货量的大小等于最大库存量 S 减去检查时的库存量。如经过一个检查周期 t 后，库存已降低到订货点水平线 R 之下，应发出一次订货，订货量等于最大库存量 S 与当时的库存量 I_1 的差，即（$S-I_1$）。经过一定的订货提前期后订货到达，库存得到补充；在下一个检查周期到来时，如果此时库存高于订货点水平，则无须订货；第三个检查周期到来时，如果库存量为 I_2，低于订货点就需要发出一次订货，订货量为（$S-I_2$）。按照上述方式，依次按周期进行下去，实现周期性库存补给。

3. 订货点模型的局限性

总体来看，订货点模型原理明确、操作也相对简单，是一种控制库存的有效方法。然而，订货点模型也具有其局限性，主要表现为始终具有一定的库存积压。同时，订货点模型也要求库存问题满足一系列严格的条件，比如要求各种物料的需求是相对独立的、物料需求是连续发生的、订货提前期是已知的和固定的、库存消耗之后应立即补充等。因此，订货点模型无法很好地解决何时订货才能使库存数量保持最小规模的问题，难以达到尽可能降低库存成本的目的。随着物料需求计划（MRP）系统的逐渐完善，订货点模型存在的问题得到了较好的解决。

12.3.2 经济订货批量模型

1. 经济订货批量模型的基本原理

经济订货批量（Economic Order Quantity，EOQ）模型是固定订货批量模型的一种，主要用来确定在库存总成本最小化的目标下企业一次订货（外购或自制）的最佳数量。该模型最早是由 F.W.哈里斯（F.W. Harris）于 1915 年提出的，但是由于当时生产力水平低下，这一模型只是零星地应用于解决个别问题，没有形成系统的科学方法。1934 年，R.H.威尔逊（R.H.Wilson）进一步完善了这一模型，之后才引起了人们的注意，并作为一种确定最佳订货数量的方法得以广泛应用。这一模型的建立是由于库存费用主要由两种不同类型的费用构成：一种随着订货量的增加而增加，另一种随着订货量的增加而减少。

（1）随订货量增加而增加的库存费用。在库存费用中，有一些费用会随着订货量的增加而增加，如购买货物的资金费用、仓储空间的建设费用、库存物品变质和过期的损耗、税收费用、库存财产保险费用等，这类费用可以归为可变成本。

（2）随订货量增加而减少的库存费用。在库存费用中，有一些费用会随着订货量的增加而减少，如库房管理的人工成本、订货费用、采购费用、缺货损失费用等，这类费用可以归为固定成本。尽管这类费用随着订货量发生变化，但是从一个经营周期的角度看，这些成本是近似固定的。也就是说，当订货批量比较大时，这些费用平摊到单件产品上的成本就会不断降低。

可见，上述两类费用一个与订货批量呈正相关关系，另一个呈负相关关系。然而，库存的总成本是由这两类费用之和构成的，两者叠加的费用曲线呈现为倒抛物线的形状。在这种情况下，必然存在一个总库存成本的最低点。这个点对应的横坐标的值就是使库存费用达到最少的批量，即经济订货批量（经济订货批量模型的库存费用曲线见图 12-5）。

2. 经济订货批量模型的构建

根据需要，对经济订货批量模型做如下基本假设：①库存的总需求已知，并且需求率（单位时间库存消耗，年需求率用 D 表示，单位时间需求率用 d 表示）已知，且为常数；②订货提前期（LT）已知，且为常数；③一次订货量无最大最小限制，且订货费用、运输费用均无价格折扣；④持有库存费用是库存量的线

性函数；⑤订货费与订货批量无关；⑥不允许缺货；⑦采用固定量系统；⑧货物补充率无限大，全部订货一次性交付。

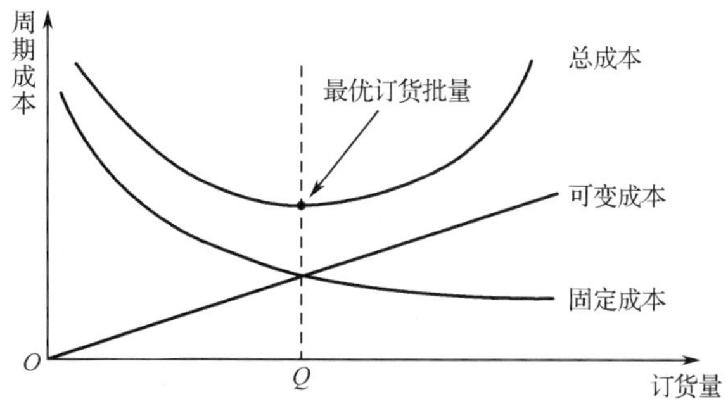

图 12-5　经济订货批量模型的库存费用曲线

在以上假设条件下，经济订货批量模型的库存量变化如图 12-6 所示。系统的最大库存量为 Q、最小库存量为 0，不存在缺货现象。库存以需求率为 D 的速度不断减少，当库存量降低到订货点 R_P（$R_P=d\cdot LT$）时，按固定订货量 Q 发出订货。经过固定的一个提前期 LT，订货 Q 到达（此时库存刚好消耗完毕），库存量立即恢复到 Q。显然，平均库存为 $Q/2$。

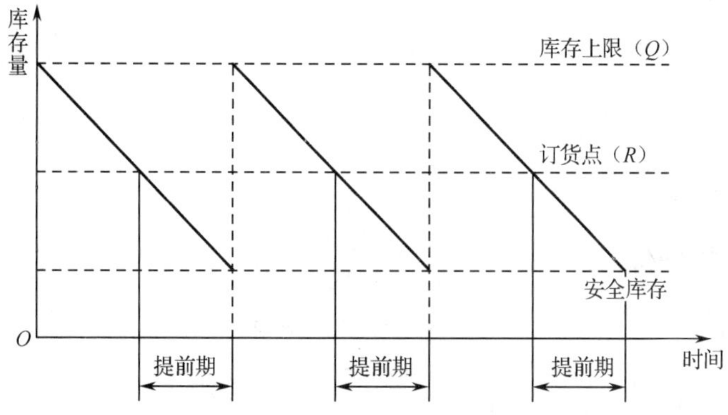

图 12-6　经济订货批量模型的库存量变化

一般来说，库存的总费用主要包括库存持有成本（C_H）、库存订货成本（C_R）、库存购买成本（C_P）、库存缺货成本（C_S）四项，库存总成本 $C_T=C_H+C_R+C_P+C_S$。由于经济订货批量模型假设不允许缺货，因此 C_S 为零。所以，经济订货批量模型库存总成本为：

$$C_T = C_H + C_R + C_P = H\cdot\left(\frac{Q}{2}\right) + S\cdot\left(\frac{D}{Q}\right) + p\cdot D \tag{12-1}$$

式中：S 为一次订货费；H 为单位维持库存费；p 为物资单价，$p=H/h$，h 为资金效果系数；D 为年需求量。

显然，年库存持有成本（C_H）随订货批量 Q 的增加而增多，是 Q 的线性函数；而年库存订货成本（C_R）随订货批量 Q 的增加而降低。同时，在物资单价固定、需求一定的情况下，年库存购买成本（C_P）为一个常数。也就是说，总费用曲线形状只与 C_H 和 C_R 曲线叠加相关。为了求解经济订货批量，将式 12-1 对 Q 求一阶导数，并令一阶导数为零，可得经济订货批量公式，即获得库存费用最低的订货批量 Q^*：

$$Q^* = \text{EOQ} = \sqrt{\frac{2DS}{H}} \tag{12-2}$$

因为在一个库存周期内，库存成本随着时间的变化而变化，则订货的最佳时间 t^* 也可以确定：

$$t^* = Q^*/D = \sqrt{\frac{2DS}{H}}/D = \sqrt{\frac{2S}{HD}} \tag{12-3}$$

在经济订货批量下，库存中的年库存持有成本和年库存订货成本之和可以表示为：

$$\begin{aligned}C_H + C_R &= H\left(\frac{Q^*}{2}\right) + S\left(\frac{D}{Q^*}\right)\\&= \frac{DS}{\sqrt{\frac{2DS}{H}}} + \frac{H}{2}\sqrt{\frac{2DS}{H}}\\&= \sqrt{2DSH}\end{aligned} \tag{12-4}$$

同时，订货次数可以表示为：

$$n = \frac{D}{Q^*} = \sqrt{\frac{DH}{2S}} \tag{12-5}$$

3. 经济订货批量模型实例

例 12-1 某公司每年需要购入某种产品 10 000 件，产品单价为 20 元，每次订货费用为 50 元，资金年利息率为 10%，单位维持库存费用按库存货物价值的 20%计算。如果每次订货的提前期为 1 周，试求该问题的经济订货批量、最低年总成本、年订购次数和订货点。

解：这是一个符合经济订货批量模型的典型问题，可以直接使用 EOQ 的相关公式进行计算。其中，p=20 元/件，D=10 000 件/年，S=50 元，LT=1 周。H 由资金利息和仓储费用两个部分组成，即 H=20×10%+20×20%=5 元（件・年）。

（1）经济订货批量为：

$$Q^* = \sqrt{\frac{2DS}{H}} = \sqrt{\frac{2\times 10\,000\times 50}{5}} \approx 447(\text{件})$$

（2）年最低库存费用为：

$$\begin{aligned}C_T &= C_H + C_R + C_S = H\cdot\left(\frac{Q}{2}\right) + S\cdot\left(\frac{D}{Q}\right) + p\cdot D\\&=5\times(447\div 2)+50\times(10\,000\div 447)+20\times 10\,000\\&=1\,117.5+1\,118.6+200\,000\\&=202\,236.1(\text{元})\end{aligned}$$

（3）年订货次数为：

$$n = \frac{D}{Q^*} = \frac{10\,000}{447} \approx 22(\text{次})$$

（4）订货点为：

$$RP=d\cdot LT=(10\,000\div 52)\times 1\approx 192(\text{件})$$

经济订货批量模型简单明了，适用于整批间隔进货、不允许缺货的库存问题，即某种物资单位时间的需求量为常数，存储量以单位时间消耗数量的速度逐渐下降。库存系统经过一段时间后存储量下降到零，此时之前的订货恰好到货，库存量由零上升为最高库存量。然后开始下一个存储周期，形成多周期存储模型。该模型是目前大多数企业经常采用的货物定购方式。然而，由于该模型假设过于理想，在实际应用时还必须考虑一些现实因素。

12.3.3 经济生产批量模型

1. 经济生产批量模型的基本原理

经济生产批量（Economic Production Quantity，EPQ）模型又称经济生产量或经济制造量模型。一般来说，实际的生产系统很难满足经济订货批量（EOQ）模型中关于“货物补充率无限大，全部订货一次性交付”的订货要求。这主要是因为生产系统转换生产产品或者从停工状态再次进入生产状态都需要调整和准备时间。同时，生产系统在生产产品时，通常是成批逐渐生产出来的，库存的增加量与生产率及消耗率

之差成线性关系，即库存随着生产的持续会逐渐增加，最大库存量不是瞬间实现的。

另外，因为生产率通常要大于消耗率，为了保证库存的最大量限制需要生产系统生产一段时间就停止生产。为此，在补充成品库存的生产中就需要对一次生产多少产品最经济的问题进行决策，这就是经济生产批量（EPQ）。可见，经济生产批量模型与经济订货批量模型的差异主要在于货物补充率上，经济生产批量模型的货物补充率是有限的，所订货物是逐渐到达的。经济生产批量模型是实际生产中大量使用的模型。

2. 经济生产批量模型的构建

根据需要，对经济生产批量模型做如下基本假设（与 EOQ 模型相比，主要是第五个假设和第八个假设存在差异）：①库存的总需求已知，并且需求率（单位时间库存消耗，年需求率用 D 表示，单位时间需求率用 d 表示）已知，且为常数；②订货提前期已知，且为常数；③一次订货量无最大最小限制，且订货费用、运输费用均无价格折扣；④持有库存费用是库存量的线性函数；⑤生产准备费用与订货批量无关；⑥不允许缺货；⑦采用固定量系统；⑧产品按生产率逐渐生产出来，进行连续补货，货物补充需要一定时间。一旦需要产品，生产系统可立即生产，但生产需要一定周期。设生产是连续均匀的，生产速度 P 为常数，且 $P>D$。

经济生产批量系统的运行过程如图 12-7 所示。从图中可知，生产系统在时间 0 时点开始生产，同时订货部门消耗产品，即生产部门生产出来产品，消耗部门也开始消耗产品。但是由于生产率 P 大于消耗率 D，即库存将以（$P-D$）的速率不断增加。经过一个生产周期 T_P 后库存达到一定限度时生产停止，但此时库存一直在持续消耗。当库存减少到订货点 R_P 时，生产系统再次生产，则系统重新开始新一轮的生产。从图 12-7 中可以看到，如果系统只生产不消耗，库存将以 P 的速率不断增加，在 T_P 时间内可以达到库存的上限 I_{max}=Q。

图 12-7 中：P 为生产率；D 为消耗率（$D<P$）；T 为一个完整的库存补充与消耗周期，即为一个生产周期；T_P 为一个生产周期；I_{max} 为最大库存量，为 T_p（$P-D$）；Q 为一个完整补充与消耗周期内的生产量；R_P 为订货点；LT 为生产提前期。对于经济生产批量模型而言，订货点 R_P 的含义为当库存量降低到这一点时就需要通知生产部门准备生产，相当于 EOQ 模型中的订货点。而 LT 的含义为生产系统要生产某种产品需要的准备时间，即生产提前期，与 EOQ 模型的生产提前期类似。

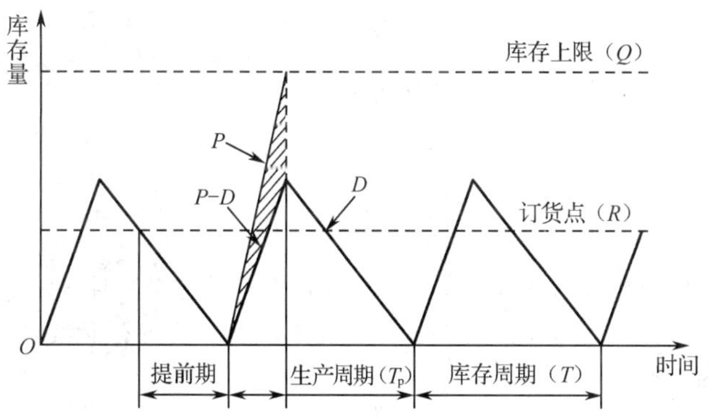

图 12-7　经济生产批量系统的运行过程

在上述基本假设及基本运行原理下，EPQ 模型中的库存缺货成本（C_S）为 0，库存购买成本（C_P）与批量大小无关，为一常数，这些与 EOQ 模型相同。不同的是由于 EOQ 模型的补充率不是无限大，这里的平均库存不再是（$Q/2$），而是（$I_{max}/2$），于是 EPQ 模型的库存总成本为：

$$C_T = C_H + C_R + C_P = H \cdot \left(\frac{I_{max}}{2}\right) + S \cdot \left(\frac{D}{Q}\right) + p \cdot D \tag{12-6}$$

可见，该问题主要是确定 I_{max}。由图 12-7 可知 $I_{max}=T_p$（$P-D$）。

由 $Q=P\,T_p$，可以得到 $T_p=Q/P$，所以经济生产批量模型成本：

$$C_T = C_H + C_R + C_P = H \cdot \left(\frac{1-D}{P}\right)\frac{Q}{2} + S \cdot \left(\frac{D}{Q}\right) + p \cdot D_T \tag{12-7}$$

式中：S 为生产调整费；H 为单位维持库存费；p 为物品生产单位成本，$p=H/h$，h 为资金效果系数；D_T 为物品的年消耗量；其他符号的含义同经济订货批量模型。

对式（12-7）求一阶导数，可得：

$$Q^* = EPQ = \sqrt{\frac{2DS}{H\left(1-\frac{D}{P}\right)}} = \sqrt{\frac{2DSP}{H(P-D)}} \tag{12-8}$$

同时，在一个库存周期内，库存成本随着时间变化而变化，则订货的最佳时间 t^*也可以确定：

$$t^* = Q^*/D = \sqrt{\frac{2DSP}{H(P-D)}}/D = \sqrt{\frac{2SP}{HD(P-D)}} \tag{12-9}$$

最大储存量为：

$$Q_{\max} = D(t^* - t_P) = \frac{D(P-D)}{P}t^* \tag{12-10}$$

一个库存周期的平均费用为：

$$C_T^* = \frac{2S}{t^*} \tag{12-11}$$

3. 经济生产批量模型的实例

例 12-2　A 企业生产中需要 B 企业的某种零件，月（按 30 天计算）需求量为 30 件，需求速度为常数。该零件进价为 300 元/件，月存储费用为进价的 2%。向 B 企业订购该商品时的订购费用为每次 20 元，订购 5 天后才开始到货，到货速度为常数，即 2 件/天。求最优存储策略。

解：由题意可知，订购时间应在存储降为零之前的 5 天，且有 P=2 件/天，D=1 件/天，单位存储费用为 H=300×2%×(1÷30) =0.2 元/天・件，S=20 元/次，LT=5 天。根据 EPQ 模型的计算公式可以计算出：

$$t^* = Q^*/D = \sqrt{\frac{2SP}{HD(P-D)}} = 20\text{（天）}$$

$$Q^* = \sqrt{\frac{2DSP}{H(P-D)}} = 20\text{（件）}$$

$$Q_{\max} = \frac{D(P-D)}{P}t^* = 10\text{（件）}$$

$$C_T^* = \frac{2S}{t^*} = 2\text{（元）}$$

在本例中，订货点的作用是每当发现存储量降到订货点时或者更低时就发出订货。在存储管理中，这样的存储策略称为“定点订货”。类似地，每隔一个固定时间就订货的存储策略称为“定时订货”，每次订货量不变的存储策略称为“定量订货”。

12.3.4　批量折扣模型

1. 批量折扣模型的基本原理

为了刺激需求、扩大销售规模，供应商往往在顾客的批量采购大于某一值时提供一定的价格优惠。事实上，这种现象非常普遍，因为销售批量大的货物不需要拆箱，或者只是简单地希望扩大销售数量，从而产生规模经济。我们称具有这一特征的库存模型为批量折扣模型，也称数量折扣模型、价格折扣模型。

在 EOQ 模型的费用分析中，一般不需要考虑库存购买成本，因为这个成本是一个常量，与订货批量不存在明显的影响关系。而在批量折扣模型中，由于产品的单价与批量的大小存在直接的联系，这时就需要将库存的购买成本考虑进来。另外，在批量折扣模型中，产品的折扣价格也不是固定的，而是随

着批量的大小不断进行调整，如某公司对产品按照批量的大小执行折扣价格，具体如表 12-1 所示。

表 12-1　某公司产品批量折扣

折 扣 编 号	折扣批量/件	折扣/%	折扣价格/元
1	1～100	没有折扣	100
2	101～200	2	98
3	201～300	5	95
4	301～400	10	90
5	401 及以上	15	85

可见该公司执行的折扣为：订购 100 件及以下为基础价格不享受折扣；如果订购 101～200 件可以享受 2%的折扣；如果订购 201～300 件可以享受 5%的折扣；如果订购 301～400 件可以享受 10%的折扣；而订购 401 件及以上可以享受 15%的折扣。在这种情况下，顾客就需要考虑何时订货及每次订多少货的问题。

2. 批量折扣模型分析及求解步骤

根据需要，对批量折扣模型做如下基本假设（与 EOQ 模型相比，主要是第三个假设存在差异）：①库存的总需求已知，并且需求率（单位时间库存消耗，年需求率用 D 表示，单位时间需求率用 d 表示）已知，且为常数；②订货提前期已知，且为常数；③一次订货量无最大最小限制，订货费用、运输费用均有价格折扣；④持有库存费用是库存量的线性函数；⑤订货费与订货批量无关；⑥不允许缺货；⑦采用固定量系统；⑧货物补充率无限大，全部订货一次性交付。

与 EOQ 模型相比，在批量折扣模型中，订货价格折扣会随着订货批量的增加而增大，即订货批量越大产品价格折扣就越大。因此，在批量折扣模型中，顾客面临的是购买批量的决策问题。因为当顾客购买量小于折扣批量数值时，顾客要么承受较高的产品价格，要么提高购买批量以获得一个较高的价格折扣。提高订货批量的好处是单位产品成本降低、订货费用减少、运输费用降低、缺货损失费用减少、抵御涨价风险能力增强，但其不足是增加了库存管理成本、流动资金成本、库存陈旧和变质损失等。

从批量折扣模型解决的具体问题来看，由于与 EOQ 模型在价格折扣方面存在差异，从 EOQ 模型中得到的一些结论在这里不能直接应用。然而，由于批量折扣模型通常是分段实施折扣的，因此在某一个固定的折扣区间内价格折扣模型与 EOQ 模型的计算方法是一样的，这就决定了价格折扣模型的总费用曲线是一条不连续的曲线。尽管如此，对于每一段总费用曲线而言都会有一个最低点，这个最低点就是每段价格折扣的库存成本最低点，即最优订货批量。批量折扣模型的库存成本变化曲线如图 12-8 所示。

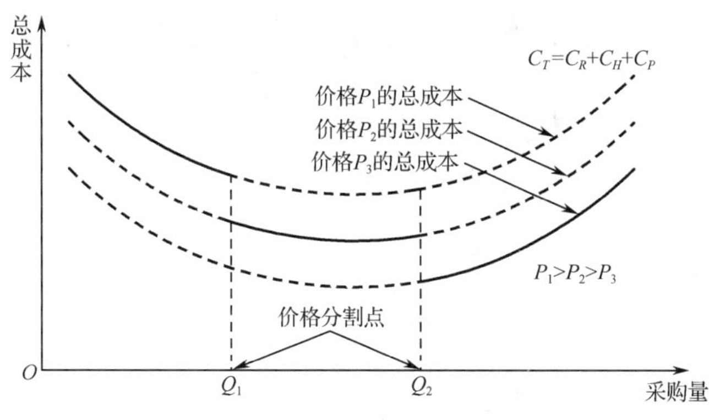

图 12-8　批量折扣模型的库存成本变化曲线

一般来说，若想找到最优订货批量需要经过以下三个步骤。

步骤一：从最低的单位价格开始计算经济订货批量 EOQ，如果计算出来的 EOQ 在所给出的价格范围内，则为最佳经济订货批量，否则需要进行第二步计算。

步骤二：计算次低单位价格的 EOQ，如果计算出来的 EOQ 在所给出的优惠价格范围内，则需要比较可行 EOQ 下总成本与最低价格下最小订货数量的总成本，其中最低成本的订货量为最佳订货批量。如果计算出来的 EOQ 不在所给出的优惠价格范围内，则需要按步骤三继续计算。

步骤三：计算第三个优惠范围的单位价格的 EOQ，如果计算出来的 EOQ 在所给出的优惠价格范围内，则需要比较可行 EOQ 下总成本与各较低价格范围的最小订货数量的总成本，其中最低成本的订货量为最佳订货批量。如果计算出来的 EOQ 不在所给出的优惠价格范围内，则需要再重复步骤三。

为了使库存成本最小化，需要明确批量折扣模型中的成本构成。具体而言，批量折扣模型的总库存成本为：

$$\begin{aligned} C_T = C_H + C_R + C_P &= H_j \cdot \left(\frac{Q}{2}\right) + S \cdot \left(\frac{D}{Q}\right) + p_j \cdot D \\ &= Ip_j \cdot \left(\frac{Q}{2}\right) + S \cdot \left(\frac{D}{Q}\right) + p_j \cdot D \end{aligned} \tag{12-12}$$

同 EOQ 模型一样，可获得最优经济批量：

$$Q^* = EOQ = \sqrt{\frac{2DS}{H_j}} = \sqrt{\frac{2DS}{IP_j}} \tag{12-13}$$

式中：S 为一次订货费；H_j 为某一批量折扣下单位维持库存费；p_j 为某一批量折扣下物资单价，$p_j=H/h$，h 为资金效果系数；D 为年需求量；I 为库存持有成本与产品单价的百分比。

3. 批量折扣模型的实例

例 12-3 某商店专门销售玩具车，最近商店得知这些玩具车的生产商制订了一个数量折扣计划，该商店购买产品的批量折扣如表 12-2 所示。已知每辆玩具车的正常成本为 5 美元。对于 1～999 辆的订单不提供折扣；对于 1 000～1 999 辆的订单，单位成本降至 4.8 美元；对于 2 000 辆及以上的订单，单位成本为 4.75 美元。如果，该商店订货成本为每份订单 49 美元，年需求量为 5 000 辆，库存持有成本 I 为产品单价的 20%。在这种情况下，确定使该商店总成本最小的订货批量。

表 12-2 某商店购买产品的批量折扣

折 扣 编 号	折扣批量/辆	折扣/%	折扣价格/美元
1	1～999	没有折扣	5.00
2	1 000～1 999	4	4.80
3	2 000 及以上	5	4.75

解：由题意可知，D=5 000 辆，S=49 美元，I=0.2，P_1=5 美元，P_2=4.8 美元，P_3=4.75 美元。

第一步：计算表 12-2 中的每一种折扣对应的 Q^*，计算结果如下：

$$Q_1^* = \sqrt{\frac{2DS}{IP_j}} = \sqrt{\frac{2\times 5\,000\times 49}{0.2\times 5}} = 700（辆）$$

$$Q_2^* = \sqrt{\frac{2DS}{IP_j}} = \sqrt{\frac{2\times 5\,000\times 49}{0.2\times 4.8}} = 714（辆）$$

$$Q_3^* = \sqrt{\frac{2DS}{IP_j}} = \sqrt{\frac{2\times 5\,000\times 49}{0.2\times 4.75}} = 718（辆）$$

第二步：上调那些低于折扣区域的 Q^*值。由于 Q_1^* 已经处于 0～999 辆，所以不需要调整。Q_2^* 低于 1 000～1 999 辆的折扣区域，所以必须调整到 1 000 辆。同样，Q_3^* 必须调整到 2 000 辆。结果如下：

$$Q_1^* = 700（辆）$$

$$Q_2^* = 1\,000（辆）——调整后$$

$$Q_3^* = 2\,000（辆）——调整后$$

第三步： 利用总成本公式计算每个订货批量的总成本（这一步需要在表 12-2 的辅助下完成），某商店库存策略的总成本计算结果如表 12-3 所示。

表 12-3　某商店库存策略的总成本计算结果

折扣编号	单位价格/美元	订货批量/辆	年产品成本/美元	年订货成本/美元	年持有成本/美元	总成本/美元
1	5.00	700	25 000	350	350	25 700.0
2	4.80	1 000	24 000	245	480	24 725.0
3	4.75	2 000	23 750	122.5	950	24 822.5

第四步： 选择总成本最小的订货批量。由表 12-3 可知，订货批量为 1 000 辆时总成本最小。不过，需要注意的是，订货批量 2 000 辆的总成本只是略高于 1 000 辆的总成本。这意味着如果第三种折扣有所降低，如降到 4.65 美元，那么 2 000 辆很可能是总成本最低的订货批量。

 12.3.5　随机库存模型

1. 随机库存模型的基本原理

无论在 EOQ、EPQ 模型中还是在批量折扣模型中，需求率和订货提前期都视为确定的，然而这些都只是一种理想情况。事实上，在现实库存系统中，需求率和订货提前期往往都是随机变量，这就对上述库存管理模型的实施提出了挑战。一般来说，在需求率和订货提前期中，只要有一个是随机变量的库存控制问题就称为随机型库存问题。尽管随机库存模型中一些参数特征发生了变化，但是随机库存管理要解决的问题依然是确定订货批量和订货点。然而，由于需求或提前期变化的不确定性，预测活动总会导致库存与需求不一致的情况，这就不可避免地会出现缺货或者库存过量问题。因此，随机库存要解决的问题是：在给定的缺货水平下，订货批量多大、订货点多少才能使包括缺货费用在内的总成本最小。

2. 随机库存模型的构建

根据需要，对随机库存模型做如下基本假设（与 EOQ 模型相比，主要是第二个和第六个假设存在差异）：①库存的总需求已知（年需求率用 D 表示），且为常数；②库存的需求率（单位时间库存消耗，单位时间需求率用 d 表示）和订货提前期 LT 已知，且为随机变量；③一次订货量无最大最小限制，订货费用、运输费用均无价格折扣；④持有库存费用是库存量的线性函数；⑤订货费与订货批量无关；⑥供应过程中允许缺货，但一旦到货所欠物品必须补上；⑦货物补充率无限大，全部订货一次性交付。

按照以上假设，随机库存量的变化如图 12-9 所示。从图中可以看出，库存的需求率和提前期都是随机变量，在前两个提前期内没有发生缺货，但在后面的提前期内有可能发生缺货。

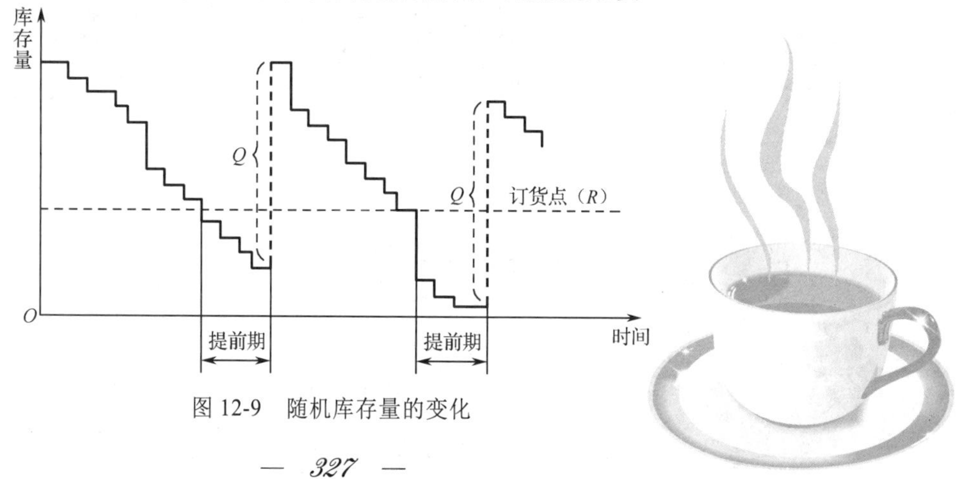

图 12-9　随机库存量的变化

由于该随机库存模型允许缺货，则总库存成本需要考虑库存的缺货费用。缺货费用主要包括由于需求大于持有的库存而导致的失去销售机会的损失、信誉降低的损失、生产过程中断而造成的损失等。随机库存的总成本可以表示为：

$$C_T=C_H+C_R+C_P+C_S \tag{12-14}$$

其中，库存的总费用主要包括库存持有成本（C_H）、库存订货成本（C_R）、库存购买成本（C_P）、库存缺货成本（C_S）4 项。持有费用为单位持有费用与周期内库存量期望值之积，缺货费用为单位缺货费用与提前期内缺货期望值之积。可见，随机库存模型的缺货费用是一个随机变量。根据公式 12-14 求经济订货批量十分复杂，该方法难以在实际中应用。而且实际数据并不一定准确，用精确的方法处理不精确的数据，必然得不出准确的结果。实践中，常直接用 EOQ 公式计算经济订货批量。通常来说，主要根据服务水平和安全库存来确定最优订货点。

3. 随机库存模型订货点的确定

虽然最优订货点可以基于历史经验确定，但是方法不是很严谨，而通过服务水平和安全库存进行计算具有较强的实用性。

（1）服务水平。在服务系统中，服务水平是衡量系统有效性的重要指标之一，其在很大程度上影响着顾客满意度、系统盈利水平和竞争能力。随机库存系统的服务水平，通常用提前期内的库存需求不超过库存供给的可能性来表示。例如，95%的服务水平表示提前期内库存需求不超过库存供给的可能性为95%，也就是存在 5%的缺货风险。然而，基于竞争和经营策略的差异，不同系统的服务水平需求往往也存在一定差异。例如，新鲜面包的服务水平低于 90%也是可以接受的，但是医院急诊病床的服务水平就要非常高才行。

事实上，服务水平的表示方法有很多。例如，整个周期内供货数量占需求量的百分比、提前期内供货量占需要量的百分比、顾客订货得到满足的次数占整个订货次数的百分比、现有库存可供应的时间占总服务时间的百分比等，这些在一定程度上都可以作为衡量库存服务水平的指标。

（2）安全库存。安全库存是指超出需求之外的附加库存，即为应对需求或提前期的意外变化而额外持有的库存。需要注意的是，即使设置了安全库存也可能出现缺货的现象，因为对于随机库存问题而言很多因素会导致需求的不确定性，从而导致库存无法与需求完全同步。因为企业总是希望安全库存尽可能少、相关成本最低，但是这样在更大的不确定性出现时就会造成更大的损失，进而会影响系统的服务水平。也就是说，安全库存与服务水平之间存在正相关，即安全库存越大缺货率就越低、服务水平就越高，但是系统又不得不为之承担较大的库存成本。同时，当服务水平已经较高时，通过增加库存的方式提升服务水平，其效果就会变得越来越不明显，绩效的提高程度也将逐渐降低。在典型系统中，订货点和服务水平的关系如图 12-10 所示。

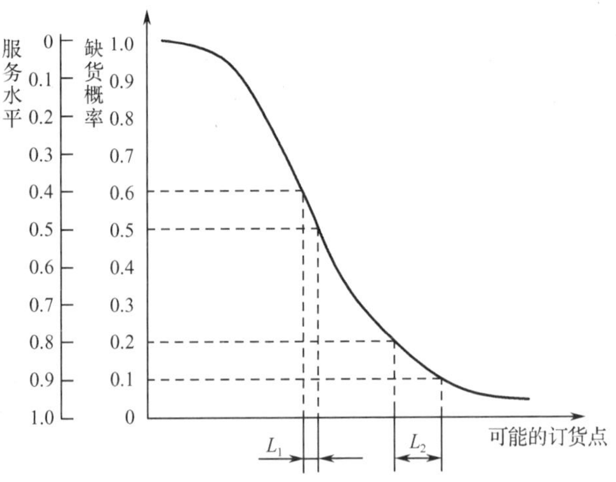

图 12-10　订货点和服务水平的关系

（3）订货点的确定。订货点的确定主要是考虑在一定服务水平和安全库存下，如何以最小化的订购数量来维持系统的运行。其中，一个重要指标就是在提前期内应该保有多少库存。一般来说，提前期内预期的需求为平均需求（d）与提前期（LT）的乘积。需求在多数情况下服从正态分布，确定安全库存的前提是需求变化的标准差已知，设为 σ_d。为了使订货点满足安全库存的需求，需要先设定一个服务水平，然后根据服务水平查《标准正态分布函数表》从 $-\infty$ 到 z 的累计率，确定标准差对应的分数位 z。

标准差对应的分数位与标准差的乘积，即为安全库存（Safety Stock，SS）：

$$SS=z\times\sigma_d \tag{12-15}$$

加上提前期内的需求，即得订货点：

$$R_p=\bar{d}\times LT+z\times\sigma_d \tag{12-16}$$

如果提前期内的需求数据不完备，式 12-15 就不再适用，需要从每天的需求数据中进行统计推断，则安全库存为：

$$SS=z\sqrt{LT}\sigma_d \tag{12-17}$$

订货点为：

$$R_p=\bar{d}\times LT+z\sqrt{LT}\sigma_d \tag{12-18}$$

如果取提前期内需求 DL 不超过订货点 RL 的概率为服务水平（Service Level，SL），则：

$$SL=p(DL\leqslant RL)=1-p(DL) \tag{12-19}$$

4．随机库存模型的实例

例 12-4　一家超市对某家用电器的需求进行了分析，统计结果表明：提前期内对该种家电的需求服从日平均值为 20 台、标准差为 5 台的正态分布，订货周期为 9 天。如果该超市愿意承担的缺货风险不超过 3%，试计算这家超市对这种家电应设置的安全库存和订货点。

解：缺货风险不超过 3%意味着服务水平为 97%，查《标准正态分布函数表》可得 z=1.88，根据式（12-17）可知，安全库存为：

$$SS=z\sqrt{LT}\sigma_d=1.88\times\sqrt{9}\times5\approx28\text{（台）}$$

根据式（12-18）可知，订货点为：

$$R_p=\bar{d}\times LT+z\sqrt{LT}\sigma_d=20\times9+28=208\text{（台）}$$

这是没有考虑缺货成本下的安全库存和订货点的计算方法，当考虑缺货成本时可以采用如下计算方法获得决策数据。

例 12-5　根据历史数据可知，某批发公司提前期内需求呈正态分布，提前期内 A 产品的平均销售数量为 320 台，其标准差为 40 台。订货提前期为 1 周，单位订货费用是 14 元，单位维持库存费用是每台每年 1.68 元，缺货成本是每台 2 元。试确定该公司的库存策略。

解：根据题意可知，单位库存持有成本 H 为 1.68 元，年需求量 D 为 320×52。利用有关公式可求公司订货批量为 527 台。

$$Q^*=\text{EOQ}=\sqrt{\frac{2DS}{H}}=\sqrt{\frac{2\times320\times52\times14}{1.68}}\approx527\text{（台）}$$

最优服务水平下的缺货概率为：

$$P(DL)^*=HQ/C_sD=(1.68\times527)\div(2\times320\times52)\approx0.026\,6$$

查《标准正态分布函数表》可得 z=1.93。

由于公司的需求符合正态分布，则订货点 RL=320+1.93×40≈397（台）。

可得，安全库存 $SS=RL-DE$=397−320=77（台）。

因此，服务水平 SL=1−0.026 6=0.973 4=97.34%。

12.3.6 单周期库存模型

1. 单周期库存模型的基本原理

EOQ、EPQ、批量折扣模型和随机库存模型，基本都具有这样的特征：需求周而复始地发生，即库存是通过多次补充来满足需求的。这种系统可以称为“多周期库存系统”。与之相对应，另一类库存具有这样的特征：对库存产品的需求集中于一个很短的时段内，只能在需求到来之前通过一次性订购来满足需求，否则就失去了市场机会。具有这一特征的库存问题称为单周期库存问题。通常来说，单周期库存问题中的产品通常具有两个典型特征。

（1）产品需求的不确定性较大。单周期库存的产品需求通常集中在一段较短的时间内，生产商或销售商必须在需求到来之前决定生产或订购多少库存，因为需求发生后已经来不及再次生产或订购产品。“报童问题”（Newsboy Problem）是单周期库存的一个典型例子。报童问题是指，一位卖报人每天上午去报站批发当天的晚报，批发价格为 0.4 元，每天傍晚以每份 1 元的价格出售。但是，人们对晚报的需求只发生在当天傍晚，如果他所批发的报纸数量过多，在当晚没有全部销售出去（第二天就会一文不值或以废品处理），则损失 0.4 元。反过来，如果批发的报纸数量过少，满足不了当晚的需求，就会少收入 0.6 元。对此，卖报人需要对批发多少份报纸才能获得最大收益的问题做出决策。

（2）需求期内边际利润较高。由于单周期库存问题的产品具有很强的时效性，其需求期内边际利润一般都比较高，但是过了销售有效期就会迅速贬值，远远低于当初的订购或生产成本。一般来说，单周期库存产品通常具有季节性、时尚性、保质期短等特征，如海鲜、鲜花、圣诞树、月饼、情人节的巧克力、时装、杂志，以及一些生命周期较短的高科技电子产品。因此，这种库存的决策要权衡销售期内库存不足带来的高额收益损失，以及产品过期后库存剩余带来的贬值损失。

2. 单周期库存模型的构建

由于单周期库存问题的需求具有很大的不确定性，订货决策无论是批量大还是批量小都有可能面临损失。如果订货量过多可能会导致超储（Overstocking），从而产生“库存过量损失”；如果订货量过少可能会导致欠储（Understocking），从而产生“库存缺货损失”。前者的损失主要来源于销售期过后低价处理或报废剩余库存带来的贬值损失，后者的损失主要来源于销售期内高额边际利润的机会损失。本质上，单周期库存问题就是要权衡过量损失和缺货损失，以便确定最优订货量。也就是说，单周期库存决策的核心问题是在两种情况中寻找平衡点，以便使期望利润最大。

假设库存量大于需求时带来的单位过量损失为 v，库存量小于需求时带来的单位缺货损失为 s，其意味着售出单位产品所带来的边际利润。另外，设某产品的需求 D 为随机变量，分布函数为 $F(\cdot)$，则订购第 Q 个产品的期望过量损失=单位过量损失×第 Q 个需求得不到满足的概率，为 $vF(Q)$。当 $Q=1$ 时，期望过量损失几乎为零，期望边际利润很高。随着订货数量的增加，卖不出去的概率逐渐增大，期望过量损失开始变大，而期望边际利润开始变小。但是，只要期望边际利润大于期望过量损失就有利可图，应该继续订购，直至订购到一个使两者达到平衡状态的量为止。也就是说，最优订货量 Q^*应满足：

$$vF(Q^*)=s[1-F(Q^*)]$$

通过移项整理，得到：

$$F(Q^*)=s/(v+s) \tag{12-20}$$

从式（12-20）可以看出，最优订货量与需求分布有关。因此，对问题进行分析时还需要预先知道具体的需求分布。从需求的分布特点来看，单周期库存问题可以分为正态分布和均匀分布两种主要类型。

3. 单周期库存模型的实例

（1）随机型分布需求的单周期库存实例。

例 12-6 某体育用品店要预定一批赛事 T 恤衫，进货成本为 120 元/件，在销售旺季可按每件 260 元售出，但过季后每件只能按 80 元处理。预测需求服从均值为 800、标准差为 260 的正态分布，则该店的最优订货批量是多少？

解：根据题意可知，需求旺季时如库存不足带来的单位缺货损失，即边际利润损失 $s=260-120=140$（元）；

而过季后如果存在库存剩余，减价处理带来的单位过量损失 v=120−80=40（元）。所以：

$$F(Q^*)=s/(v+s)=140\div(40+140)\approx0.78$$

上式意味着当订货量以 78%满足需求时利润最大。在正态分布下：

$$Q^*=\mu+z\sigma$$

其中，μ 和 σ 分别表示上述正态分布的均值和标准差。z 的取值应该使标准正态分布下$-\infty$到 z 的面积等于 0.78。查《标准正态分布函数表》可得 z=0.77，所以最优批量：

$$Q^*=800+0.77\times260\approx1\,000\text{（件）}$$

（2）确定型分布需求的单周期库存实例。

单周期库存模型不仅可以解决需求符合正态分布的问题，还可以解决一些具有均匀分布特征的问题。因此，一些具有均匀分布特征的服务运营活动问题，也可以采用单周期库存模型进行分析。例如，度假酒店的需求往往存在明显的时间分布，周末基本满员或者供不应求，而工作日大多会出现部分房间空闲的情况。为此，酒店通常采用折扣的方式来吸引更多顾客在工作日消费。然而，基于收益最大化的考虑，又要兼顾周末的高价值顾客带来的收益。在这种情况下，管理者需要权衡到底预留多少打折预定的房间。因为如果预留量过多，会失去一部分全价预定而带来的高额收益；而如果预留量过少，则有可能面临房间空闲的损失。事实上，很多服务企业都存在类似的情况。例如，机票、汽车租赁等的决策问题与单周期库存问题类似。因此，也就可以采用单周期库存模型来进行分析。

例 12-7　一个位于城郊风景区的度假村有 85 套标准客房，标准房价为 380 元/日。在整个夏季，客房通常在周末客满，甚至有一部分需求无法得到满足，但是在非周末（周一至周四）往往有部分空闲。表 12-4 列出了非周末客房占用情况的历史数据。

表 12-4　度假村非周末客房占用情况

时　间	客房占用数量/套	占 用 概 率
周一	45	0.53
周二	55	0.64
周三	65	0.76
周四	75	0.88

某面向老年人的俱乐部来洽谈订房事宜，称如果房价降到 180 元/日，他们可以在整个夏季的非周末预订全部房间。假设顾客需求服从均匀分布，高价房的波动范围在 35～75 套，目标期望需求为 48 套。请问度假村是否应该把房间全部预订给该俱乐部？如果只答应预订部分房间给该俱乐部，应该给多少套房间？

度假村如果不考虑该俱乐部的要求，把全部房间都作为高价房保留，所面临的风险是有部分房间预订不出去，这些房间当日的收入为零，则损失了可能的每套 180 元的收入；但反过来，如果将房间用折扣的价格预订出去有可能失去临时到达的顾客，这样本来有可能得到 380 元的收入，结果却只得到了 180 元，这部分房间的当日收入损失=每套 380−180=200（元）。

从以上分析可以看出，度假村的问题实际上与单周期库存问题类似，同样要权衡两种损失：一种是高价房保留“不足”带来的收入损失；另一种是高价房保留“过量”导致的收入损失。可见，合理的策略是只保留一定数量的高价房。利用单周期库存模型可以找到使收入最大化的合理保留数量。

设高价房需求小于 Q 的概率为 $P(Q)$，根据以上分析可运用单周期库存模型的公式直接得出：

$$F(Q^*)=s/(v+s)=200\div(180+200)\approx0.53$$

假设高价房的数量需求服从均匀分布，高价房保留数量能以 53%的概率满足需求时，期望收入最大。即 Q^*的值位于 35～75 的 0.53 处，即 Q^*=61 套。也就是说保留 61 套高价房，其余的以折扣价预订给该俱乐部可以获得最大收入。

12.4 库存控制方法

库存管理是对制造业或服务业的生产、经营全过程的各种物品、生产成品及其他资源进行管理和控制，使其储备保持在经济合理的水平上。经过不断发展，已经形成了多种较为有效的库存控制方法。典型的库存控制方法包括准时制库存管理方法、ABC 库存分类法、CVA 库存分类法、库存盘点实践法等。

12.4.1 准时制库存管理方法

1. 准时制库存管理方法的原理

准时制库存管理指的是基于准时制（JIT）生产方式的库存管理方法。对于准时生产方式来说，其基本的思想是库存就是浪费，因为库存要占用资金、空间和时间，理想的库存策略是准时供货，即生产服务过程中需要的原材料不要提前购买并存储在仓库中，而是在需要的时候直接送到工作现场。看板管理是准时制生产方式中最独特的部分，该方法按照准时化生产的概念把后道工序看成用户，只有当后道工序提出需求时，前道工序才允许生产，看板管理充当了传递指令的角色。看板管理等工具的应用，保证了生产的同步化和均衡化，实现了"适时""适量""适物"的生产。

2. 准时制库存管理方法的特点

从准时制库存管理方法的基本思想来看，其具有诸多优点，可以加速库存周转、减少仓储空间、降低库存成本。然而要想实现准时制库存并不是一件容易的事，需要与库存相关的整个系统做到精确的协同。另外，准时制库存主要体现在最终的生产组织中，这就会使与之相合作的供应商面临巨大的压力。企业实现准时制库存大多是基于与供应商或客户的可靠协作。其中，寄售（Consignment）是企业实现"零库存资金占用"的一种有效的方式，即供应商将产品直接存放在用户的仓库中并拥有库存商品的所有权，用户只在领用这些产品后才与供应商进行货款的结算。

企业实施准时制库存管理模式，对相关的整个生产系统都提出了极高的要求，需要相关企业具有几乎完美的管理系统。然而，大多数企业都存在一系列管理问题，这就容易导致脱销风险增大、运输成本增加、购买成本提高、弱势供应商受损、环境问题加剧等问题。

12.4.2 ABC 库存分类法

1. ABC 库存分类法的原理

ABC 库存分类法（Activity Based Classification）又称帕累托（Pareto）分析法、主次因分析法、分类管理法、物资重点管理法，该方法主要是基于"80/20"规则提出的。1879 年，帕累托在研究个人收入的分布状态时发现，少数人的收入占全部人收入的大部分，而多数人的收入却只占一小部分，他将这一关系用图表示出来，这就是著名的帕累托图。之后，帕累托的这种分析问题的方法被不断应用于管理的各个方面。1951 年管理学家戴克（Dickie）将其应用于库存管理，并首次提出 ABC 法。后来，质量管理专家约瑟夫·朱兰将 ABC 法引入质量管理领域用于质量问题的分析，被称为排列图。1963 年彼得·德鲁克（P.F.Drucker）将这一方法进行推广，使 ABC 法成为企业提高效益的普遍应用的管理方法。

由于库存涉及大量的物资管理问题，ABC 分类法也同样适用，在此称为 ABC 库存分类法。ABC 库存分类法的基本原理是将企业的全部存货按品种和占用资金的多少分为 A、B、C 三类：A 类库存是指库存物品中种类少但特别重要的库存（这类存货占全部存货总品种数的 5%～15%，其金额占到全部存货总金额的 60%～80%）；B 类是指一般重要的库存（这类存货占全部存货总品种数的 15%～25%，其金额占到全部存货总金额的 15%～25%）；C 类是指不重要的库存（这类存货占全部存货总品种数的 60%～80%，其金额占到全部存货总金额的 5%～15%）。针对不同等级分别进行不同程度的管理和控制（ABC 三类物资的特点及管理重点见表 12-5）。

表 12-5　ABC 三类物资的特点及管理重点

类　　别	占总种类的百分比（%）	占总金额的百分比（%）	安全库存水平	订 货 策 略	管 理 要 求
A	5～15	60～80	高	高频次检查	及时准确
B	15～25	15～25	中	正常订货	一般
C	60～80	5～15	低	周期订货	程序化模式

本质上，ABC 分类法是根据事物在技术、经济方面的主要特征进行分类排列，从而实现区别对待和区别管理的一种方法。ABC 法是帕累托 80/20 规则衍生出来的，所不同的是 80/20 规则强调的是抓住关键，ABC 法则将管理对象划分为 A、B、C 三类，强调的是分清主次并进行分类管理。

2. ABC 库存分类法的实施步骤

ABC 库存分类法分析过程较为清晰，主要过程可以分为以下几个步骤。

（1）收集数据及计算。按研究对象和分析内容，收集有关库存数据。大多数企业内都存在数量众多的物品，基于企业对库存管理的目的，应尽可能全面收集库存物资的各种信息和数据，包括物资类型、物资价值、物资数量等，并对收集的数据资料进行整理，按要求计算并汇总。

（2）绘制 ABC 分析表格。ABC 分析表格一般由物品序号、物品名称、物品料号、物品数量、占总数量比率、数量累计比率、物品单价、物品金额、占总金额比率、金额累计比率、分类等栏目构成。

（3）计算累计比率。对第一步得到的数据进行计算，并对每种物资占总物资的百分比进行计算，再按照每种物资百分比由大到小进行排序，并按照顺序填写进第二步绘制的表格中。需要注意的是，基于不同的物资、管理目标，分类时采用的指标是不一样的。例如，库存管理中可以按照存货的价值指标统计，也可以按照数量指标统计，还可将两者结合起来。

（4）确定分类。根据物资价值或者数量累计百分数，将累计物资品种百分数为 5%～15%，而资金占用额累计百分数为 60%～80%的前几个物品确定为 A 类；将累计物资品种百分数为 15%～25%，而资金占用额累计百分数为 15%～25%的物品确定为 B 类；将累计物资品种百分数为 60%～80%，而资金占用额累计百分数为 5%～15%的物品确定为 C 类。

（5）分类管理。对于不同类型的物品实施不同程度的管理。

3. ABC 库存分类法的控制方法

对各类物资进行分类之后的关键问题是如何进行库存管理。ABC 库存分类法是通过放松对低价值物料的控制管理而节省精力，从而可以把更多的精力投入到高价值物料的库存管理中，以便使库存管理更加高效。这种控制方法具有压缩总库存量、解放被占压的资金、使库存结构合理化、节约管理投入等作用。一般来说，ABC 库存分类法的具体控制方法如下所述。

（1）由于 A 类物资是占用资金金额最高的，应作为重点加强管理与控制。具体而言，就是要准确计算每个项目的经济订货量和订货点，尽可能增加订购次数，以减少存货积压、减少昂贵的存储费用和大量的资金占用。同时，由于 A 类物资具有极为重要的作用，需要加强日常控制以避免存货过多或存货不足。

（2）对于占用资金金额较高的 B 类物资，可按照常规的方法进行管理。对 B 类存货的控制也需要为每种物资确定合理的经济订货量和订货点，但控制要求不必像 A 类那样严格，大多采用定期检查方式以便节省存储和管理成本。

（3）由于 C 类物资品种数量繁多但价值又不是很大，通常采用最简便的方法加以管理和控制。一般对这类物资采用一些较为简化的日常控制方法，基本控制原则是适当增加每次订货数量、减少全年的订货次数。“双箱法”是对这类库存进行管理的常用方法。所谓“双箱法”也称“双仓法”，即给每种物资都准备两个仓位或箱子，轮换进行存取，当其中一个箱子中的物资消耗完毕后就进行订货补充，以便在下一箱物资用完之前所订货物能够到货。

12.4.3 CVA库存分类法

1. CVA库存分类法的原理

在一些企业的库存管理中，ABC库存分类法并不总是令人满意的，这主要是因为C类物资往往得不到应有的重视。在很多时候，C类物资对于维持生产系统的正常运行必不可少，但是由于对C类物资给予的关注不足往往会因此而影响生产系统的正常运行。例如，制鞋企业常常会将鞋带之类的小零件列入C类物资中，但是如果鞋带短缺也无法生产出合格的鞋子，并会严重影响到鞋子的市场销售；汽车制造企业常常会将螺丝钉视为C类物资，但是缺少任何一个螺丝也无法组装成一辆合格的汽车，甚至会导致整个生产流水线的停工。在这一背景下，一种区别于ABC库存分类法的CVA库存分类（Critical Value Analysis）方法应运而生。

CVA库存分类法是指在存货管理中把存货按照关键程度进行分类，并开展分别管理的方法。这一方法主要是依据各类物资的关键程度进行分类，而不是物资种类和物资占用金额，这也是该方法与ABC库存分类法的主要区别所在。

2. CVA库存分类法的特点

相对于ABC库存分类法，CVA库存分类法具有更强的目的性。在通常的物资使用中，管理者为了显示某种物资的重要性，往往倾向于把该种物资赋予一个较高的优先级，这将导致高优先级的库存品太多，最终哪种物资都没有得到应有的重视，甚至使库存管理缺乏主次。事实上，对于正常运行的生产系统而言，每一种物资都必不可少。CVA库存分类法建立在企业对客户进行详细分类管理的基础上，以便企业能够更加准确地知道哪些物资对于库存是更为敏感的，更容易出现物资过量或者不足的情况。在实际应用中，企业将CVA库存分类法与ABC库存分类法结合使用，可以达到不仅能分清主次还能抓住关键环节的目的。

3. CVA库存分类法的控制方法

一般来说，CVA库存分类法将库存物资按照重要程度分成不同的优先级，具体可以分为最高优先级、较高优先级、中等优先级、较低优先级等。在此基础上，对不同优先级的库存物资采取不同的控制方式。

（1）最高优先级。最高优先级一般赋予企业经营活动中的关键性物品，或者是那些重点客户需要的物品。这类物资在库存管理中将设置为不允许缺货情形，通常会给予更多的管理关注或者准备更多的库存。

（2）较高优先级。较高优先级一般赋予企业经营活动中的那些基础性物资，或者较为重要的客户需要的物品。这类物品也会给予较高的关注，但是在一定情况下库存管理允许偶尔缺货。

（3）中等优先级。中等优先级一般赋予企业经营活动中比较重要的物品，或者是一些不是非常重要的客户需要的物品。这类物品在库存管理中允许在一定服务水平范围之外缺货，库存管理也相对宽松。

（4）较低优先级。较低优先级一般赋予企业经营活动中需要但是可替代性高的物资。这些物资库存管理中允许缺货，管理投入也相对有限。

12.4.4 库存盘点实践法

1. 库存盘点实践法的原理

库存盘点（Inventory Count）又称盘库，即用清点、过秤和对账等方法检查仓库实际存货的数量和质量。尽管随着信息技术的广泛应用，库存的准确性、实时性在不断提高，但是总会由于种种实际操作导致实际库存与数据库系统的数量不一致，这可能导致库存管理无法实现有效控制，进而出现超储或欠储的问题。也就是说，库存盘点是为了精确地掌握企业在一定时期内的营运状况，以便对仓储货品的收发与结存等活动进行有效控制，保证仓储货品完好无损、账物相符，确保生产正常进行。

2. 库存盘点实践法的主要方法

在采用库存管理软件之前，企业进行库存盘点都是通过人工查看、计数、统计等方法确认库存状况的。而随着库存管理软件的广泛应用，一些企业已经可以做到对库存进行实时盘点，这有助于提高企业的生产

效率。然而，由于一些原因一些企业还无法做到实时盘点，或者还需要在特定的时间段内进行人工盘点。一般来说，仓库的盘点可以每一周盘一次，也可以每个月盘一次，还可以每个季度或年末盘点一次，这主要取决于库存物资的类型、企业的生产状况。事实上，企业盘点的方法有很多，大致可以分为永续盘点法、循环盘点法、重点盘点法、定期盘点法四类主要盘点方法，这四类方法的比较如表 12-6 所示。

表 12-6　库存盘点方法比较

方法名称	操作规程	优　点
永续盘点法	入库时随之盘点，及时对保管卡记录核对	可随时知道准确库存量，盘点工作量小
循环盘点法	按入库先后，每天盘点一定数量的存货	节省人力
重点盘点法	对进出频率高、易损耗、价值高的存货重点盘库	可控制重点存货动态，有效防止发生差错
定期盘点法	定期（周/月/季/年）全面清点所有存货	便于及时处理超储、呆滞存货

（1）永续盘点法。永续盘点法也称动态盘点法、随机盘点法，是指物资入库的时候就盘点，将物资数量、质量进行核实和确认，之后就放在一个位置进行储存，以便减少下次盘点的工作量。永续盘点法能够随时知道准确的库存量，能够及时准确掌握库存状态。

（2）循环盘点法。循环盘点法是指每天盘点一定数目的库存，并且按照入库的先后顺序来进行，先进来的东西先盘，后进来的东西后盘。如果某一天进货量很大，一天不能完成盘点，则在第二天先把前一天未盘点完的部分盘完，再盘点新进来的货物。这样，每天的盘点都是很有节奏地进行，使盘点工作能够节省人力，并且按部就班。

（3）重点盘点法。重点盘点法是对那些重点物资进行更高频次、更高标准的盘点方式。通常来说，那些进出频率很高、易损易耗、价值高的存货可以作为重点物资，以便防止出现偏差，进而影响正常的生产活动。

（4）定期盘点法。定期盘点法是大多数库存管理中最常规的控制方法。盘点的周期可以以周为单位，也可以以月或者季度为单位，通常企业库存每一年至少要盘点一次。盘点周期是由企业生产的经营活动特点决定的，需要在库存数据准确和盘点成本之间进行恰当的权衡。盘点周期太短需要付出较大的盘点成本，而盘点周期太长则会给生产系统带来不确定性。

3. 库存盘点实践法的实施

库存信息是保证生产系统正常运营的基础数据，必须保证其准确性。库存盘点的主要任务包括查清实际库存量与账卡是否相符、查明存货发生盈亏的真正原因、查明库存货物的质量情况、查明有无超过储存期限的存货等，进而确保账、卡、物相符。为了保证库存信息的准确性，通常需要进行如下工作。

（1）对相关库存管理人员进行专业培训和教育，使其明白库存记录准确的必要性，了解保证库存数据准确性的方法。

（2）制定规范的库存管理工作准则与工作规程，明确各项库存活动的具体操作要求，保管好与库存相关的历史资料。

（3）加大投资现代化库存管理设备，如条形码和自动识别设施，使库存记录的出入库信息实现数字化、自动化。

（4）科学规划库区布置，规范物资进出规定和程序，以便使库存物资便于存储、清点，易于管理。

（5）对库存管理活动进行科学评价，对相关部门和人员进行公平公正的奖励和惩罚，不断促进库存管理活动的改进和完善。

本章小结

库存管理是企业运营管理的重要活动之一，不仅影响企业的正常运行，还会对企业的运营成本产生重要影响。本章第一节主要介绍了库存的含义、意义和弊端，以及库存的主要类型、与之相关的主要概念；

第二节主要介绍了库存管理，包括库存管理的概念、意义和发展历程，以及库存管理的内容和绩效指标、库存管理系统的主要类型和需要注意的一些事项；第三节主要介绍了几种典型的库存模型，包括订货点模型、经济订货批量模型、经济生产批量模型、批量折扣模型、随机库存模型和单周期库存模型；第四节主要介绍了库存控制的典型方法，包括准时制库存管理方法、ABC库存分类法、CVA库存分类法和库存盘点实践法。

思考题

1. 简述库存的含义及库存的主要类型。
2. 简述库存管理的意义和主要内容。
3. 经典的库存管理模式有哪些？
4. EOQ模型与EPQ模型的区别是什么？
5. 库存控制的主要方法有哪些？
6. 准时制库存管理方法与ABC库存分类法的原理是什么？

案例分析

第 13 章
供应链与物流管理

13.1 物流与供应链概述

引导案例

13.1.1 物流概述

1. 物流的概念

“物流”即“物的流动”，其英文为“Physical Distribution”。1935 年，美国销售协会对物流的定义是：包含于销售之中的物质资料和服务，从生产地点到消费地点流动过程中伴随的种种经济活动。第二次世界大战后，“Physical Distribution”一词逐渐被“Logistics”所取代。

物流（Logistics）是物品从供应地向接收地的实体流动过程中，将运输、储存、装卸、搬运、包装、流通加工、配送、信息处理等功能有机结合起来，以实现用户要求的过程。具体而言，物流活动的具体内容包括用户服务、需求监控、订单处理、配送、存货控制、运输、仓库管理、工厂和仓库的布局与选址、搬运装卸、采购、包装、情报信息等。

2. 物流的种类

一般来说，物流分为以下几种主要类型。

（1）宏观物流与微观物流。宏观物流是指社会再生产总体的物流活动，是从社会再生产总体的角度来认识和研究物流活动的。微观物流是指消费者、生产者所从事的实际的、具体的物流活动。宏观物流由微观物流组成，而微观物流决定着宏观物流的最终效果。

（2）社会物流和企业物流。社会物流是指超越一家一户具有宏观性和广泛性的特征，也称为大物流或宏观物流。企业物流是企业角度上具体的、微观的物流活动，如企业生产物流、企业供应物流、企业销售物流、企业回收物流、企业废弃物物流等。

（3）国际物流和区域物流。国际物流是一种新的物流形态，是不同国家之间的物流，是国际间贸易的一个必然组成部分，是现代物流系统中重要的物流领域。区域物流是指一个国家范围之内的物流，如城市物流、乡村物流等。

（4）一般物流和特殊物流。一般物流是基于多种物流总结的具有普遍适用性的物流标准化系统，包括物流的共同功能要素，物流与其他系统的结合、衔接，物流信息系统及管理体制等。特殊物流是指在遵循一般物流规律的基础上，具有制约因素的特殊应用领域、特殊管理方式、特殊劳动对象、特殊机械装备特点的物流。

中国的物流发展

随着经济的不断增长，中国的物流量呈现出爆炸式增长的态势。仅快递包裹数量，2020 年中国就达到了 830 亿件，平均每天就有将近 2.3 亿件包裹。近年来，中国快递公司如雨后春笋般不断成立，人们熟知的快递公司有圆通、申通、中通、韵达、顺丰、EMS 等。另外，还有一些从事大型或国际货物运输的公司，如中铁快运股份有限公司、中邮物流有限责任公司、中远国际货运有限公司、中铁集装箱运输有限责任公司、招商局物流集团有限公司、中国物资储运总公司、中铁现代物流科技股份有限公司等。

（资料来源：根据公开资料整理。）

3. 物流管理的概念

物流管理（Logistics Management）是管理科学的新的重要分支。1976 年，美国物流管理协会将物流管理定义为：物流活动包括用户服务、需求预测、销售情报、库存控制、物料搬运、订货销售、零配件的供应、工厂及仓库的选址、物资采购、包装、废物的处理、运输、仓储等。1999 年，美国物流管理协会对物流定义进行了修改：物流是供应链的一个组成部分，是为了满足顾客需求对货物、服务、信息从起始地到消费地的流动过程进行管理，以及为有效、低成本而从事的计划、实施和控制行为。

一般来说，物流管理主要包括三个方面的内容：对物流系统各种活动的管理，包括运输、储存等环节的管理；对物流系统各种要素的管理，即对其中人、财、物、设备、方法和信息六大要素的管理；对物流系统各种职能的管理，主要包括物流计划、调配、质量、技术、经济等职能的管理。具体而言，物流管理活动包含以下几个方面的主要内容：运输（Transportation）、存储（Warehousing and Storage）、包装（Packaging）、物料搬运（Material Handling）、订单处理（Order Processing）、预测（Forecasting）、生产计划（Production Planning）、采购（Purchasing or Procurement）、客户服务（Customer Service）、选址（Location）等。

4. 物流管理的发展

物流管理是从配送与后勤管理中发展而来的，而后勤管理起源于战时军事物资的供应管理。第二次世界大战期间，美国根据军火供应的特点采用了后勤（Logistics）一词。在这个阶段，物流管理的相关储运模式和技术得到了发展。

从 20 世纪 70 年代后期起，由于物流管理的重要意义，一些企业把物流活动视为其战略的组成部分。在这个初级阶段，物流管理只是在既定数量的成品生产出来后，被动地去迎合客户需求，将产品运到客户指定的地点，并在运输的领域内实现资源的最优化使用，合理设置各配送中心的库存量。

到了 20 世纪 90 年代，企业开始考虑企业之间的物流集成，其成为实现供应链管理的一个重要组成部分。人们发现利用跨职能的流程管理的方式去观察、分析和解决企业经营中的问题非常有效，而传统的垂直职能管理已不适应现代大规模工业化生产。在这个阶段，物流管理的范围扩展到除运输外的需求预测、采购、生产计划、存货管理、配送与客户服务等，并倡议对企业的运营进行系统化管理以达到整体效益的最大化。

总之，现代物流不仅考虑从生产者到消费者的货物配送问题，还考虑从供应商到生产者对原材料的采购，以及生产者本身在产品制造过程中的运输、保管和信息等，以便全面地、综合地提高经济效益和效率。这与传统物流被看作“后勤保障系统”和“销售活动中起桥梁作用”的概念相比，在深度和广度上都有了进一步拓展。

13.1.2 供应链概述

1. 供应链的概念

对大多数企业来说，采购成本占产品总成本的 70%以上，合理地选择供应商将降低企业成本、增加企业柔性、提高企业的竞争力。随着经济的全球化和市场竞争的不断加剧，产品的生命周期越来越短，使竞争开始向质量、交货可靠性、价格、多样化等综合性指标演变。在这一背景下，竞争已经由过去的企业与企业之间的竞争转向供应链与供应链之间的竞争。

供应链管理（Supply Chain Management）是指通过计划（Plan）、获得（Obtain）、存储（Store）、分销（Distribute）、服务（Serve）等活动，整合并优化供应商、制造商、零售商的业务，使商品以正确的数量、正确的品质，在正确的地点、正确的时间，以较低的成本进行生产和销售，从而使企业能满足内外部顾客的需求。

有效的供应链管理有助于缩短企业现金周转时间、降低企业面临的风险、增加企业利润、提高企业运营平稳性、提升顾客满意度、降低企业运营成本、优化企业整体“流程品质”等。

2. 供应链管理要解决的问题

随着社会的不断发展，企业往往面临着供应链的成本高、库存水平高、部门之间的冲突、目标冲突、产品寿命周期变短、外部竞争加剧、经济发展的不确定性增加、价格和汇率的影响、用户多样化需求等一

系列挑战，处于传统管理状态下的企业生产系统已经无法适应。

为了适应新的挑战、提升企业在市场竞争中的能力，供应链管理成为一种必然的选择。一般来说，供应链管理的主要内容包括：①供应链设计与构造；②供应链集成和战略伙伴的选择；③供应链的库存与物流控制；④供应链配送管理；⑤供应链信息控制与支撑；⑥供应链生产计划与控制；⑦供应链采购与配送管理；⑧供应链组织结构与业务流程重构；⑨供应链绩效评价与激励机制。

3. 供应链管理的基本思想

在过去很长的时间里，企业出于能够有效管理和控制的目的，对与产品制造有关的活动和资源一直是采取自行投资或兼并的“纵向一体化”（Vertical Integration）战略。纵向一体化战略在相对稳定的市场环境中是有效的，但在竞争日益激烈、顾客需求不断变化的局势下不仅无法实现其目的，还加重了企业的负担，增大了企业面临的风险。

与“纵向一体化”战略相对应的战略被称为“横向一体化”（Horizontal Integration）战略，供应链管理就是基于这一基本思想发展而来的，即把原来由企业自己生产的零部件外包出去充分利用外部资源，于是就与这些企业形成了一种水平合作的关系。供应链管理的实施，有助于企业达到集中精力不断提升竞争力的目标。

13.1.3　供应链与物流的关系

1. 供应链管理和物流管理的联系

供应链最早来源于彼得·德鲁克提出的“经济链”，后经迈克尔·波特发展成为“价值链”，最终演变为“供应链”。从供应链的定义可知，物流管理贯穿于整个供应链并连接着供应链的各个企业，是企业间相互合作的纽带。而供应链的管理范围更为广泛，涵盖了物流、资金流、信息流、业务流等，而且它的目标是将多个具有供需关系的企业通过一定的合作机制协调起来，成为一个共同服务于市场的有机整体。同时，物流促进了供应链的形成，供应链的发展壮大反过来也扩大了物流规模。正是因为供应链管理和物流管理的相辅相成，才使得流通过程具有了更大的价值和更强的竞争力。

2. 供应链管理和物流管理的区别

尽管供应链管理与物流管理之间存在着紧密的联系，但是两者之间也存在着明显的区别，主要表现为：①物流涉及的原材料、零部件在企业之间流动，不涉及生产制造过程的活动，而供应链管理则包括物流活动和制造活动；②物流管理涉及从原材料到产品交付给最终用户的整个物流增值过程，而供应链管理只涉及企业之间的价值流过程，是企业之间的衔接管理活动；③物流管理注重结果，供应链管理注重过程；④物流管理对物流的各个环节都要实时跟踪、监控，而供应链管理更注重各节点企业之间的运作，而对各节点企业如何运作并不太关心。

13.2　供应链系统设计及供应商管理

13.2.1　供应链系统设计

1. 供应链的典型结构

由于企业所处竞争环境的不断变化，企业的战略发展方向也需要及时调整，这决定了供应链系统的设计必须视企业的具体情况来量身定做。然而，供应链系统设计的总的原则是不变的，即实现顾客高满意度和企业成本最小化等目标。

为了有效实现供应链的基本功能，供应链系统也需要由一些主要管理模块构成，主要包括需求计划、预测、订单、商业战略计划、供应商管理、库存管理、客户关系管理、分销计划、生产排程、运输计划、运输执行等。一般来说，供应链系统至少应该包括生产计划、仓储管理、运输配送、信息处理、支付系统这五大供应链模块。典型的供应链结构示意图，如图 13-1 所示。

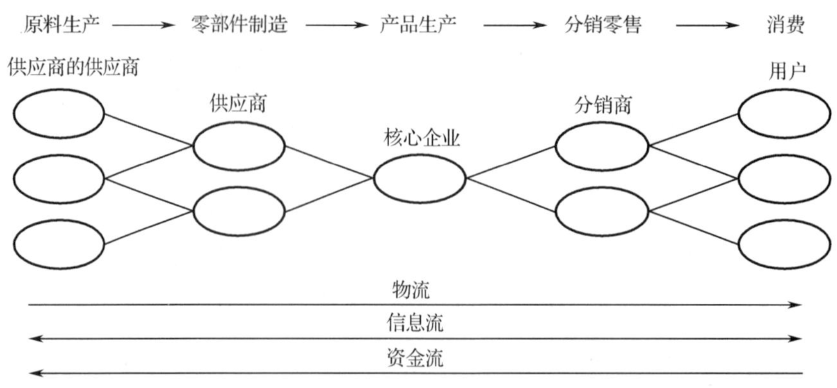

图 13-1　供应链结构示意图

可见，供应链系统通常是相对于某一个核心企业而言的。供应链通常呈现为一个网状的“链”，网链上有一个核心企业，连接着若干个由上下游节点企业构成的系统。

精益供应链

精益供应链（Lean Supply Chains）来源于精益管理，是将从产品设计到客户获得产品的整个过程所必需的步骤和合作伙伴整合起来，以便快速响应客户多变的需求。精益供应链的核心是减少、消除企业中的浪费，用尽可能少的资源最大限度地满足客户需求。精益供应链成为减少浪费、降低成本、缩短操作周期、提高客户价值，从而增强企业的竞争优势的一种有效的方法。供应链的“精益”需要建立在供应链系统中一系列活动实现“精益”的基础上，包括精益供应商、精益采购、精益生产、精益仓储、精益物流、精益客户等。

（资料来源：根据公开资料整理。）

2. 供应链系统设计策略

供应链系统是一个以重要的企业为核心，联合上下游企业进行深入协同的系统。企业在进行供应链系统设计时，需要遵循以下主要设计策略。

（1）根据不同群体的需求划分客户，以便使供应链系统能够适应市场的需求。

（2）按市场需求进行物流网络的改造，以便在满足不同客户群需求的情况下确保供应链企业能够获得最大收益。

（3）根据市场动态特征整合供应链系统，以保证相关资源的最优配置。

（4）根据市场竞争状况采取低成本或者差异化等战略，以实现供应链的快速响应。

（5）对供应链相关资源实施战略管理，清晰掌握供应链的产品流、服务流、信息流，降低物流和服务成本。

（6）采取有效的供应链绩效评价方法，以便最大化满足客户的需求。

 13.2.2　供应链中的供应商管理

一般来说，供应链是核心企业与一些供应商基于特定的关系构建起来的一个相互关联的系统。核心企业能否对供应链中的供应商进行科学的管理，将会对核心企业的运营状况产生重要影响。总体来看，核心企业对供应链中的供应商进行管理时需要关注以下几方面的内容。

1. 供应链与供应商的关系类型

供应商管理是供应链管理中的一个重要问题，对于实现高效的供应链绩效具有重要作用。一般来说，供应链中核心企业与供应商之间的关系主要可以分为竞争性关系、合作性关系、战略性合作伙伴关系三种。

（1）竞争性关系。竞争性关系是价格和利益驱动的，这种关系的采购策略表现为：核心企业同时从若干个供应商处购货，并通过在供应商之间分配采购数量对这些供应商进行有效控制和制衡，进而在供应商之间的竞争中获得有利的价格，同时保证供应的连续性。同时，供应商也会不断寻求扩大供应对象的机会，

从而避免由于过度依赖单一核心企业存在的风险。在这种情况下，核心企业与供应商之间保持的是一种基于合同的短期利益的非合作竞争模式，是一种类似于“零和博弈”的关系。

（2）合作性关系。合作关系是由互利共赢目标驱动的，这种关系主要表现为：核心企业通常会对供应商给予协助，帮助供应商降低成本、改进质量、加快产品开发进度等。核心企业与供应商之间通过建立相互信任的合作关系，可以使双方达到提高企业运营效率、降低交易和管理成本等目的。在这种情况下，核心企业与供应商之间保持的是一种基于合作和协商的“双赢”合作模式，是一种类似于共同“做大蛋糕”的“非零和博弈”关系。

（3）战略性合作伙伴关系。面对内外部环境的快速变化，基于彼此的利益需求，越来越多的企业开始寻求与供应商之间建立一种战略性合作伙伴关系。一般来说，战略性合作伙伴关系建立在相互信任、长期合作、互利互惠的基础上，强调合作的长期性、全局性、整体性，不将一时一事的收益多少作为合作的决策依据，而是为了实现共同发展而建立起来的一种特殊的合作伙伴关系。从核心企业的角度来看，通过和供应商建立战略性合作伙伴关系，可以实施准时采购、降低成本、敏捷制造和柔性生产，最终提高管理绩效水平。从供应商的角度来看，战略性合作伙伴关系有助于企业在面对市场需求变化的情况下能够快速做出响应，提高了供应商的应变能力。在某些情况下，战略性合作伙伴关系类似于一种战略联盟关系，在市场竞争中可能会对传统的竞争性关系、合作性关系形成挑战。

2. 供应链中的供应商选址的影响

供应链中往往涉及大量的相关企业，这些企业大多需要进行一定数量的实体货物的运输。在货物运输过程中会发生运输费用、时间消耗，以及由于一些时空距离产生的不确定性，进而影响企业的正常运营。一般来说，企业越大选址问题就越复杂，因为企业不得不考虑相关工厂、分销中心、合作伙伴的位置。合理的选址不仅可以带来成本和服务的效率，还可以在企业和当地社区之间建立起文化纽带，以便吸收一些新业务，提高企业的市场地位和品牌形象。为了能够更好地服务于核心生产企业，供应商往往会选择在生产企业附近建厂，这就会涉及供应商的选址问题。一般来说，供应商科学地选址可以为核心企业带来的好处如下所述。

（1）供应商科学地选址有助于降低核心企业的生产成本，增强整个供应链的牢固性和稳定性。在大多数企业中，原材料产品和服务在总成本中的比例很大，供应商选择合适的厂址，可以为企业带来很大的利润，使企业处于有利的竞争地位。

（2）供应商科学地选址有助于提高产品供应的稳定性，增强整个供应链的竞争能力。供应商与核心企业的恰当距离不仅能够直接影响产品获得的及时性，还能够在产品质量出现问题时进行有效沟通，进而降低核心企业的各种运营成本。

（3）供应商科学地选址有助于增进与核心企业之间的交流，增强整个供应链的创新能力。面对市场环境的快速变化，供应链系统需要通过创新不断提高适应市场需求变化的能力。彼此相邻或者空间距离较近都可以为核心企业与供应商之间的交流提供便利，有助于双方不断提升创新能力，进而使供应链系统能够获得更大的竞争优势。

丰田和福特汽车的供应商

丰田全球最大的零部件中心位于北肯塔基州，大约有 78 300 平方米，是其全球化战略的一部分。仓库从超过 375 家北美供应商及其装配车间接收并存放 42 000 件维修和服务零件，并将零件送到北美、欧洲、日本的丰田经销商的分销中心。丰田已经在世界上每一个销售汽车和卡车的地方设置了生产经营场所，还在加利福尼亚拥有分销中心，可以处理从日本到北美经销商的零部件。这种手段让丰田可以将一些流动迅速的部件的库存时间从一般的 30～60 天减少到 8 天，减少了仓库空间和库存需求。

同样，福特汽车公司也建立了一个大约 627 000 平方米的生产园区，紧靠其芝加哥装配厂。这个生产园区由 6 栋建筑组成，包含 9 家给装配厂供应零件的公司。所有供应商都在装配厂半英里以内，这为企业快速响应顾客需求提供了便利，因为该装配园区不再需要跋涉 500、600 甚至 700 英里（1 英里约为 1.609 千米）与供应商交涉了。通过靠近装配厂，供应商可以将成本至少减少 20%，从而使其价值链的效率得到显著提升。

（资料来源：根据公开资料整理。）

3. 供应链中供应商的选择方法

选择供应商是供应链管理的重要内容之一。供应商的选择方法大致可以分为三种类型：定性方法、定量方法、定性与定量相结合的方法。

（1）定性方法。早期的供应商选择大多采用定性方法，它主要是根据以往的经验和与供应商的关系进行主观判断，相关的方法有直观判断法、招标法、协商选择法、德尔菲法、标杆法等。

（2）定量方法。随着竞争的不断加剧，传统的定性方法已经不能满足供应商选择的需求，进而发展出多种定量方法，相关的方法主要有成本法、数据包络分析方法、数学规划方法（线性规划、非线性规划、目标规划等）、逼近理想解法、主成分分析法、粗糙集理论方法等。

（3）定性与定量相结合的方法。尽管定量方法有很多优点，但是鉴于实践数据和有限理性的局限，定量方法不能够解决所有问题，进而发展出一些定性与定量相结合的方法，相关的方法主要有线性加权法、人工神经网络方法、模糊评价法、灰色系统理论方法等。

4. 供应链中供应商选择的影响因素

只有在极少的情况下会出现某供应商明显优于其他供应商，否则就需要企业在大量的备选供应商中进行权衡。一般来说，这种权衡主要是核心企业根据各种指标对供应商进行评价，主要可以从供应商短期能力和长期能力两方面去考察（供应商选择的影响因素见表 13-1）。

表 13-1 供应商选择的影响因素

供应的短期能力	供应的长期能力
提供的产品/服务的范围	潜在的革新能力
产品/服务的质量	相互贸易的方便程度
响应速度	分担风险的意愿
供应的可靠性	供应的长期责任感
交货方式和数量的灵活性	迁移知识、产品和服务的能力
供应成本	技术和财务能力
对需求的数量的供应能力	管理能力

在进一步明确影响供应商选择关键因素的基础上，选择具体的评价方法就变得非常重要了。为了使供应商的选择变得更加科学、客观，越来越多的企业开始寻求定量方法的支持。尽管选择供应商的定量方法有很多，但是最常用的是加权评分法。该方法操作简单，基本能够满足企业在大多数情况下的需求。

 13.2.3 供应链中供应商的绩效评价

1. 供应链中供应商绩效评价的视角

供应商绩效评价是供应链管理的重要内容，对于衡量供应链目标的实现程度及为企业提供经营决策支持都具有十分重要的意义。基于不同的目标，供应商绩效评价的视角可能存在较大的差异。一般来说，供应商绩效评价指标应该能够恰当地反映供应链整体运营状况，以及上下游节点企业之间的运营关系。选择评价供应商绩效的指标时，要综合考虑节点企业的运营绩效，及其对上层节点企业和整个供应链的影响。

事实上，用于描述供应链绩效的主要考核指标非常多，可以从供应、过程管理、交货运送和需求管理四个方面进行分类，还可以进一步将这些指标细化为供应的可靠性、提前期、过程的可靠性、所需时间、计划完成、完好订单完成率、补给提前期、运输天数、总库存成本、总周转时间等。

另外，可以从定性和定量两个方面分析供应链绩效评价指标。定性绩效评价指标包括顾客满意度、供应柔性、信息流与物流整合度、有效风险管理和供应商绩效。定量绩效评价指标又分为两类：一类是基于成本的指标，另一类是基于顾客响应的指标。还有一些研究提供了供应链绩效的战略、战术和运作层次的评价框架，给出了关键绩效指标的一览表，强调供应链绩效指标要涉及供应商、递送绩效、顾客服务、库

存与物流成本等。

2. 供应链中供应商绩效评价的具体指标

尽管供应链绩效指标十分广泛，但是供应链管理的绩效却是企业实施供应链管理的最终评价标准。在供应链管理实践中存在许多用来评价供应链中供应商绩效的常用指标，如交货可靠性、响应度、客户相关、供应链效率、财务等。

（1）交货可靠性指标。交货可靠性（Delivery Reliability）往往通过订单完全执行情况来衡量。完全执行的订单（Perfect Order）指的是交货符合所有的客户需求，包括交货日期、产品情况、物品精确性、发票正确性等。

（2）响应度指标。响应度（Responsiveness）通常通过订单执行提前期或准时交货来衡量。

（3）客户相关指标。客户相关（Customer-related）指标关注供应链满足客户需求的能力，也称顾客满意度。顾客满意度通常通过知觉量表的各种属性指标进行衡量，从极度不满意到极度满意。

（4）供应链效率指标。供应链效率（Supply Chain Efficiency）指标包括平均库存价值和库存周转。平均库存价值告知管理者有多少公司的资产被束缚在库存里，库存周转（Inventory Turnover）是很多公司库存的重要管理目标，平均库存值越小，库存周转次数就会越多。

（5）财务指标。财务（Financial）指标表明供应链绩效是如何影响盈亏平衡线（Bottom Line）的。具体指标包括总供应链成本、处理回收和保修品的成本、现金周转周期等。

通过跟踪这些指标并利用这些结果来更好地控制并提高供应链性能，可以影响企业的一些关键财务指标，如资产收益率、销售成本、收入及现金流、平均库存值、资产回报率。

13.3　供应链管理中的物流管理

供应链系统是物流、信息流、资金流、工作流的集成，尤其是物流对供应链管理的影响最为广泛。物流需要在地理上进行转移，一旦发生地理空间的转移就需要消耗能量、时间和费用。对于企业来说，有效的物流管理是实现效益最大化的内在需求。

13.3.1　供应链中物流的运输方式

物流运输的方式多种多样，常见的物流运输方式有公路运输、铁路运输、水路运输、航空运输、管道运输等。对于企业而言，针对不同的货物及运输特点，需要对物流进行适当的选择。

1. 公路运输

公路运输（Highway Transportation）是使用汽车等交通工具在公路上运送旅客和货物的运输方式。由于公路运输网一般比铁路网、水路网的密度要大十几倍，分布面也广，因此公路运输车辆可以“无处不到、无时不有”。公路运输在时间方面的机动性也比较大，车辆可随时调度、装运，各环节之间的衔接时间较短。尤其是公路运输对客、货运量的多少具有很强的适应性，既可以单独车辆运输也可以由若干车辆组成车队同时运输。

2. 铁路运输

铁路运输（Railway Transportation）是通过两条平行的铁轨引导火车运送旅客和货物的运输方式。相对于公路运输，铁路运输是一种更为有效的陆上运输方式，不仅相对舒适，还能够节省五至七成的能量消耗。另外，铁路具有速度快、运输受自然条件限制少、运载运量大、运输成本低等优点。铁路运输在国民经济的发展中处于相当重要的地位，也是能源、矿物等重要物资的主要运输方式。目前，我国的铁路承担了 85%的木材、85%的原油、60%的煤炭、80%的钢铁及冶炼物资的运输任务。

3. 水路运输

水路运输（Waterway Transportation）是以船舶为主要运输工具，以港口或港站为运输基地，以海洋、河流和湖泊等水域为运输活动范围的一种运送旅客和货物的运输方式。水路运输主要可以分为沿海运输、近海运输、远洋运输、内河运输等几种形式。由于水路运输运载能力大、成本低、能耗少、投资小，是一些国家国内和国际运输的重要方式之一。然而，水路运输又存在运输速度慢，受港口、水位、季节、气候影响较大等缺点。

4. 航空运输

航空输运（Air Transportation）是使用飞机及其他航空器运送旅客、货物的一种运输方式。航空运输具有快速、机动、不受地形限制等特点，是现代旅客运输尤其远程旅客运输的重要方式，其可以为国际贸易中的贵重物品、鲜活货物和精密仪器提供运输方案。然而，航空运输也存在成本高、不适宜普通货物运输等问题。

5. 管道运输

管道运输（Pipeline Transportation）是将管道作为运输工具的一种长距离输送液体或气体物资的运输方式，是一种专门由生产地向市场输送石油、煤气和化学产品的运输方式。在五大运输方式中，管道运输有着独特的优势。在建设上，与公路、铁路、航空相比管道投资要少得多。石油的管道运输与铁路运输相比，具有运输量大、连续、迅速、经济、安全、可靠、平稳，以及投资少、占地少、费用低并可实现自动控制等优点。其缺点是灵活性差，运输货物较为单一。

13.3.2 供应链中物流的运输成本管理

1. 物流运输的成本问题

物流体现为物质在空间位置上的变化，而这种变化往往需要通过一定的工具以公路、铁路、水路、航空、管道等方式来完成运输。随着经济全球化的发展，分工协作已经扩展到国与国之间，这导致物流已经不再局限于一个地区甚至一个国家，往往在更大的空间范围进行转移。而这种转移需要消耗巨大的运输成本，企业为了获得竞争优势，基于运输成本的物流运输问题得到企业的普遍重视。

2. 物流运输问题的基本模型

运输问题可以描述为以下情形：设一个企业有 m 个产地 A_1，A_2，…，A_m 生产某种相同的产品，各产地的产量分别为 a_1，a_2，…，a_m；同时，该企业有 n 个分销点 B_1，B_2，…，B_n，各分销点的销量分别为 b_1，b_2，…，b_n。如果从产地 A_i（i=1, 2, …, m）向销售点产地 B_j（j=1, 2, …, n）的运输单价分别为 c_{ij}（运输单价数据表见表 13-2），如何调运这些产品才能使总的运输成本最少？

表 13-2　运输单价数据表

		销地				供给量
		B_1	B_2	…	B_n	
产地	A_1	C_{11}	C_{12}	…	C_{1n}	a_1
	A_2	C_{21}	C_{22}	…	C_{2n}	a_2
	⋮	⋮	⋮	⋮	⋮	⋮
	A_m	C_{m1}	C_{m2}	…	C_{mn}	a_m
需求量		b_1	b_2	…	b_n	

上述问题是运输问题的典型情形，基于产地产量之和与销地销量之和是否相等，又可以分为运输平衡问题和运输不平衡问题。下面将简单介绍运输平衡问题的解法，而运输不平衡问题可以通过虚构一个产地或者一个销地来实现供应与需求的平衡，进而再用运输平衡方法进行求解。关于运输平衡问题的基本解法如下。

设 x_{ij} 表示从产地 A_i（i=1，2，…m）到销地 B_j（j=1，2，…n）的运输量，要获得最小运输费用方案，可以建立以下数学模型：

$$\min z=\sum_{i=1}^{m}\sum_{j=1}^{n}c_{ij}x_{ij} \tag{13-1}$$

$$s.t.\begin{cases}\sum_{i=1}^{m}x_{ij}=b_j & (j=1,\ 2,\cdots n)\\ \sum_{j=1}^{n}x_{ij}=a_i & (i=1,\ 2,\cdots m)\\ x_{ij}\geqslant 0 & (i=1,\ 2,\cdots m;\ j=1,\ 2,\cdots n)\end{cases} \tag{13-2}$$

由于属于运输平衡问题，还有：

$$\sum_{i=1}^{m}a_i=\sum_{j=1}^{n}b_j \tag{13-3}$$

求解上述数学模型，即可得到运输问题的最小费用运输方案。

3. 物流运输问题的基本解法

对于运输问题的解法，主要分为三个阶段：第一个阶段是获得运输问题的基本可行解。该阶段的解法主要包括最小元素法、西北角法和沃格尔（Vogel）法。第二个阶段是对获得可行解的最优性进行检验。如果第一个阶段获得的基本可行解是最优解，就得到了最终求解方案。如果基本可行解不是最优解，则需要转到第三个阶段。第二个阶段的主要求解方法有闭回路法（Cycle Method）和对偶变量法（Dual Variable Method）。第三个阶段是对基本可行解进行改进。如果最优性检验证实得到的可行解不是最优解，则需要对该解进行优化，以寻求最优解。该阶段进行可行解改进的主要方法是闭回路法。上述各种方法的具体应用可以参阅运筹学相关章节的内容。

13.3.3　供应链中物流的运输路径管理

1. 物流的运输路径问题

物流的运输需要经过空间的变换，即将货物从一个地点转移到另外一个地点。在物流运输管理过程中，运输成本是运输管理的核心问题之一，然而物流运输成本与运输路线的长度一般存在正相关关系。因此，运输管理的另外一个问题就是最短路问题（Short-path Problem）。常见的最短路问题有管路铺设、线路布局、路线规划等，运筹学中的卖货郎问题、中国邮路问题等都可以归结为最短路问题。典型的最短路问题如图 13-2 所示（希望获得从 A 点到 F 点的最短路径）。

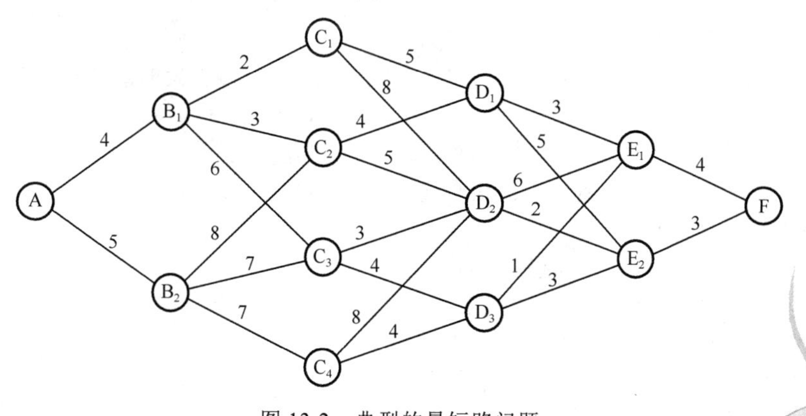

图 13-2　典型的最短路问题

2. 物流运输最短路的基本模型

最短路问题可以表述为一个网络有一个始点和一个终点，中间存在若干个节点，每个节点之间可以相互连通，若网络中的每条边都有一个数值（表示长度、成本、时间等），则始点和终点之间总权和最小的路径就是最短路。最短路是指空间意义上的距离最短，但是也可以将该理论延伸到对时间、费用、线路、容量等其他领域的度量。

基于最短路问题的描述，此类问题采用图论理论描述的一般说法如下：设 $G=(V, E)$ 为连通图，图中各边 (v_i, v_j) 有权 l_{ij}（$l_{ij}=\infty$ 表示 v_i、v_j 间无边），v_s、v_t 为图中任意两点，求一条道路 μ，使它是从 v_s 到 v_t 的所有路中总权和最小的路。即：

$$L(\mu)=\min(\sum_{(v_i,v_j)\in\mu} l_{ij}) \tag{13-4}$$

3. 物流运输路径的基本解法

最短路问题具有明显的离散性，通常采用图论的相关理论进行求解更为有效（动态规划方法也可以用来求解最短路问题）。尽管图论具有较长的研究历史，但是计算机技术的快速发展才为图论的广泛应用提供了可能。最短路问题是物流运输中的重要问题之一，目前主要解法有迪科斯彻算法、贝尔曼-福特算法、弗洛伊德算法三种。

（1）迪科斯彻算法。1959 年，荷兰著名计算机专家迪科斯彻（Dijkstra）提出了一种对赋权图的有效算法，该算法被称为迪科斯彻（Dijkstra）法。该方法能够解决网络图中从始点到终点间的最短路问题，也可以解决从始点到网络中任意一点的最短路问题。目前，该方法被认为是求无负权网络最短路问题的最好方法。

（2）贝尔曼-福特算法。迪科斯彻法尽管可以求解网络图中始点到其他各点的最短路问题，但该算法不能解决含有负权的最短路问题。贝尔曼-福特（Bellman-Ford）算法的提出则有效地解决了含有负权的最短路问题。贝尔曼-福特算法也称逐次逼近法，该方法可以用来求某指定点到网络中任意点的最短路问题。

（3）弗洛伊德算法。弗洛伊德（Floyd）算法是罗伯特·弗洛伊德（Robert Floyd）在 1962 年提出的。该算法又称为插点法，是一种基于动态规划的思想寻找给定的加权图中多点之间最短路径的算法，该方法既适用于有向图也适用于无向图，还可以解决有负权边的网络问题。在现实的一些问题中，有时需要求网络上任意两点间的最短路，弗洛伊德算法是可以提供完美答案的，而迪科斯彻算法和贝尔曼-福特算法则很难求解。

上述三种方法是对物流运输路径最小化求解的常规方法。除此之外，具有代表性的问题可以采用图论的其他方法进行求解，如卖货郎问题、中国邮路问题、环球旅行问题、一笔画问题等，这些问题的具体算法可参考运筹学的相关资料。

13.3.4 供应链中物流的运输量管理

1. 物流运输的运输量问题

在交通日益拥堵的背景下，交通资源如何最大化发挥效用是运输管理的重要研究内容。其中，最大流问题是这一类应用极为广泛的问题。交通运输网络中有人流、车流、货物流，供水网络中有水流，金融系统中有现金流，通信系统中有信息流等。20 世纪 50 年代，福特（Ford）、富克逊（Fulkerson）建立的“网络流理论”为科学管理这些“流”提供了重要的支撑。

将图 13-3 看作输油管道网，v_s 为起点，v_t 为终点，v_1、v_2、v_3、v_4 为中转站，边上的数表示该管道的最大输油能力。很明显，石油从 v_s 流入到从 v_t 流出，管道管理者希望这一系统输送的石油量能够达到最大。如何安排各管道输油量才能使从 v_s 到 v_t 的总输油量最大，如果希望最大化提升管道的输油能力应该如何改进，这些都是管理者希望解决的问题。

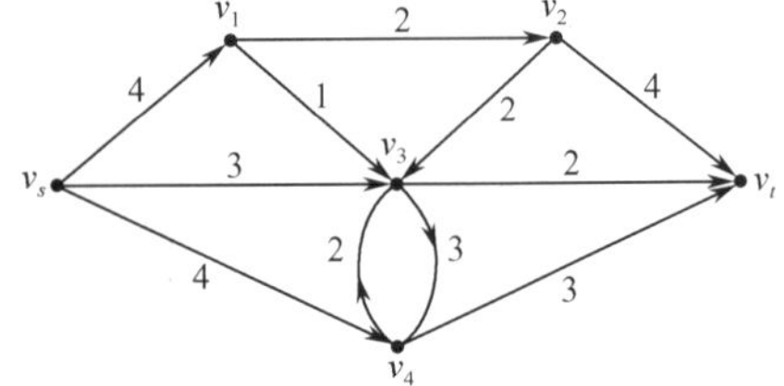

图 13-3　最大流网络图

2. 物流运输的最大流问题基本模型

通过图 13-3 可知，管道网络中每边的最大通过能力（容量）通常是有限的。同时，由于种种原因也可能出现每边实际流量不等于容量的情形。在这种情况下，就要讨论如何充分利用装置的能力，以达到流

量最大的目的，这类问题通常被称为最大流问题。

最大流问题可以表述为：设有向连通图 $G=(V, E, C)$，有一个始点 v_s 和一个终点 v_t，其中，V 表示网络图的节点集合，E 为相邻两点之间的边集集合，G 的每条边 (v_i, v_j) 上的非负数 c_{ij} 称为该边的容量，C 为从始点 v_s 流入且从终点 v_t 流出的流量。对于这样的网络，使流量达到最大的配置方案就是该网络的最大流。

3. 物流运输最大流量的基本解法

最大流-最小割定理是解决物流运输中运输量最大值的基本依据。割集是最大流-最小割定理的关键概念，也是寻求流量网络最大流的关键环节。割集的定义如下：容量网络 $G=(V, E, C)$，v_s 和 v_t 分别为始点和终点，若有边集 E' 为 E 的子集，将 G 分为两个子图 G_1、G_2，其顶点集合分别记为 S 和 S'，$S\cup S'=V$，$S\cap S'=\phi$，并且 v_s 和 v_t 分属 S 和 S'，满足：①$G(V, E-E')$ 不连通；② E'' 为 E' 的真子集，而 $G(V, E-E'')$ 仍连通，则称 E' 为 G 的割集，记 $E'=(S, S')$。

由割集的定义不难看出，在容量网络中割集是从 v_s 到 v_t 的必经之路，无论拿掉哪个割集，v_s 到 v_t 便不再相通。由割集定义可知，容量网络 G 的割集有多个，任何一个可行流的流量不会超过任一割集的容量，其中割集容量最小者称为网络 G 的最小割集容量，简称最小割，即网络的最大流是由最小割的容量决定的。最大流问题的具体算法可参考运筹学的相关资料。

13.4　供应链管理中的库存控制

传统供应链下的物流管理面临着诸多问题，其中库存体现得最为明显。缺乏供应链的整体库存观念、库存管理的思想落后，对客户服务的理解与定义不恰当，不准确的交货状态数据，低效率的信息传递系统，库存控制策略简单化，缺乏合作与协调性等，这些都极大地制约了供应链应有功能的发挥。为了充分发挥供应链管理的优势，学术界提出了很多基于不同视角的库存管理方法。

13.4.1　供应链中的牛鞭效应管理

1. 牛鞭效应的概念

牛鞭效应（Bullwhip Effect）也称长鞭效应，是指供应链上的信息流从最终客户向原始供应商端传递时，由于无法有效地实现信息的共享使得信息扭曲并逐渐放大，导致需求信息出现越来越大的波动。牛鞭效应现象最早是由美国麻省理工学院斯隆商学院教授 J.福瑞斯特（J. Forrester）在 1961 年根据系统动力学理论提出的。他通过对一个三阶段四节点的供应链系统进行分析发现，对于季节性商品制造商觉察到的需求变化远远超过客户的需求变化，供应链内部的结构、策略和相互作用是导致需求变动放大的原因。“啤酒游戏”表明，决策者对反馈信息的误解是造成这种现象的主要原因。牛鞭效应会对供应链产生严重的影响，当市场需求增加的时候，整个供应链的生产能力过度膨胀；而当市场需求放缓时，供应商则往往继续过量生产，造成库存大量积压。

2. 牛鞭效应产生的原因

由于牛鞭效应会对正常的运营活动产生重大影响，多年来学术界和工业界都在积极研究。斯坦福大学李效良教授及其同事的研究认为，导致牛鞭效应的原因主要有四种：①多重需求预测；②批量生产/定购；③价格浮动和促销；④非理性预期。

3. 牛鞭效应的解决方法

牛鞭效应是供应链上的各层级销售商（总经销商、批发商、零售商）转嫁风险和进行投机的结果，它会导致生产无序、库存增加、成本加重、市场混乱、风险增大。为了能够规避风险，企业通常可以从以下六个方面进行综合治理：①订货分级管理；②信息一体化；③稳定价格；④协调企业利益目标；⑤改善操作作业；⑥建立战略合作伙伴关系。

 13.4.2 供应链中的供应商管理库存

1. 供应商管理库存的概念

供应商管理库存（Vendor Managed Inventory，VMI）是一种在供应链环境下的库存运作模式，是供应商等上游企业基于其下游客户的生产销售与库存信息，对下游客户库存进行管理与控制的模式。供应商管理库存的基本思想是一种建立在用户和供应商之间的合作性策略，对双方来说都是以最低的成本优化产品可获得性。在一个相互统一的目标框架下，由供应商来管理库存对于牛鞭效应具有较好的预防效果。也就是说，供应商管理库存是将实际或预测的消费需求和库存量作为市场需求预测和库存补货的解决方法，即由销售资料得到消费需求信息，供货商可以更有效地计划、更快速地对市场变化和消费需求做出反应。

2. 供应商管理库存的意义

与传统库存管理模式相比，供应商管理库存模式具有明显的优势，主要体现为通过现代通信技术降低了供应链相关数据的差错率，提高了系统的整体效率，在一定范围内能够实现共赢。

（1）能够有效避免需求过度放大的现象。在供应商管理库存模式下，供应商与零售商通过现代信息技术实现信息共享，能够及时了解客户的实际需求，而不再是根据零售商的订单来预测客户需求。因而，这种库存管理模式能够有效地避免长鞭效应带来的负面影响。

（2）能够降低供应链的整体成本。供应商管理库存能够打破传统库存条块分割的管理模式，用系统、集成管理思想来进行库存管理，使供应链库存活动能够同步进行。供应商管理库存可以有效降低供应链整体的成本，进而有效降低相关的参与者成本。

3. 供应商管理库存的实施步骤

传统供应链的弊端在于供应链的每一个成员都是自己管理库存，都有自己的库存控制目标和相应的策略，而且相互之间缺乏信息沟通，彼此独占库存信息。因此，这就不可避免地产生了需求信息的扭曲和时滞，使供应商无法快速准确地掌握客户的需求信息。供应商管理库存通过有效的信息沟通、工作流程的优化、组织结构的调整，可以有效改善传统供应链存在的不足。具体的实施步骤如下：①建立客户情报信息系统；②建立销售网络管理系统；③建立战略合作框架协议；④组织机构的变革。

杰西潘尼的正装衬衫供应链

作为曾经的全球500强企业，杰西潘尼是美国最大的连锁百货商店、目录邮购和电子商务零售商之一，主要销售服装、鞋类、珠宝、饰品和家居用品等。杰西潘尼采用的供应商管理库存策略为企业发展提供了强大的支持。假如你在星期二去杰西潘尼位于亚特兰大的北湖大卖场购买了一件正装衬衫，整个供应链都将对此做出响应。一天之内，中国香港的联业制衣有限公司会下载这一销售记录，经过预测模型的运算将会做出未来生产多少件衬衫，以及款式、颜色和尺寸的决策。星期三下午，衬衫经过包装直接运送到杰西潘尼的北湖大卖场。这一系统不需要杰西潘尼仓库的决策。在供应链全球化之前，杰西潘尼在世界各地的仓库有数以千计的库存。现在像众多零售商一样，杰西潘尼的店铺只有少量的库存。

事实上，零售商不仅关注大规模客户定制、时尚和换季甩卖，同时致力于降低成本，这对响应型供应链是至关重要的。作为杰西潘尼的供应商，联业制衣有限公司不仅提供销售预测还提供库存管理。更令人不可思议的是，联业制衣有限公司可以主动下单，这在一般的供应链中是不可想象的。这在杰西潘尼的供应链中之所以可行，主要是因为供应商与销售商之间建立了较为可靠的互信关系。当杰西潘尼出现缺货时，联业制衣有限公司会下载这一数据，经过预测模型的运算得出决策。假如杰西潘尼需要因脱销的某型号的两件衬衣入库，联业制衣有限公司无须咨询杰西潘尼就可以将生产的两件衬衣中的一件选择空运来应对脱销，而另一件则选择船运以控制运输成本。

（资料来源：奈杰尔·斯莱克，斯图尔特·钱伯斯，罗伯特·约翰斯顿. 运营管理：第5版[M]. 熊晓霞，等，译. 北京：中国市场出版社，2009. 有改编。）

13.4.3　供应链中的联合库存管理

1. 联合库存管理的概念

联合库存管理（Jointly Managed Inventory，JMI）是一种供应商与企业同时参与、共同制订库存计划，实现利益共享与风险共担的供应链库存管理策略。联合库存管理模式是在 VMI 的基础上发展起来的，使上游企业和下游企业实现权利与责任平衡和风险共担，其目的是通过解决供应链系统中由于各企业相互独立运作库存模式所导致的需求放大现象，提高供应链的效率。

通用汽车的联合库存

近年来，在供应链企业之间的合作关系中更加强调双方的互利合作关系，联合库存管理就体现了战略供应商联盟的新型企业合作关系。据估计美国通用汽车公司销售汽车的平均价格是 18 500 美元，分销商通常要维持 60 天的库存，库存费用是汽车价值的 22%，一年总的库存费用达到了 3.4 亿美元。通用汽车公司采用了联合库存管理的重要形式——地区分销中心形式，大大减少了各个经销商库存浪费的问题。

（资料来源：根据公开资料整理。）

2. 联合库存管理的特征

与供应商管理库存相比，联合库存管理强调供应链各个节点企业同时参与，共同制订库存计划，使供应链过程中的每个库存管理者（供应商、制造商、分销商）都从相互之间的协调性考虑，保证供应链相邻的两个节点之间的库存管理者对需求的预期保持一致，从而消除需求变异放大的问题。可见，联合库存管理是一种风险共担的库存管理模式。在联合库存管理模式下，任何相邻节点需求的确定都是供需双方协调的结果，库存管理不再是各自为政的独立运作，而是供需的纽带和协调中心。

3. 联合库存管理的实施条件

联合库存管理需要更多的协调活动，实施条件也有其特定的要求。

（1）信息共享是联合库存管理实施的基础条件。企业实施联合库存管理需要充分掌握供应链中各节点的信息，通过信息共享，以及同供应商、客户共同决策，可以有效降低库存、提高供应链系统的运行效率。

（2）规范的合作机制是联合库存管理实施的保障。企业实施联合库存管理涉及多个成员之间的利益，需要一个规范的机制来进行协调和约束。相应规范的制度有利于增加各合作方的责任感和信任感，当遇到争议时可以根据规范公正地解决冲突。

（3）设置专门管理团队。由于联合库存管理需要大量的协调工作，由供需多方建立一个专门的团队负责采购计划和库存的管理，是实现供应链高效运行的重要保障。

13.4.4　供应链中的第三方库存管理

1. 第三方库存管理的概念

第三方库存（Third-Party Inventory）管理是指企业将仓储等物流活动转包给外部公司，由外部公司提供综合物流服务的仓储方式。第三方库存管理不同于一般的租赁仓库仓储，是将企业库存直接交给专业的物流企业进行管理。

一般来说，第三方库存企业能为生产企业提供存储、装卸、拼箱、订货分类、现货库存、在途混合、存货控制、运输安排、信息和货主要求的一整套物流服务，进而使企业获得更加专业、高效、经济和准确的库存管理效果。随着电子商务的快速发展，专业的第三方库存企业也正在如火如荼地发展。特步、鸿星尔克都采用第三方库存管理模式，它们的库存管理效率得到了明显提升。当然，第三方库存管理也存在生产企业对物流活动失去直接控制等风险。

2. 第三方库存管理的优点

相对于传统库存管理来说，第三方库存管理具有以下明显的优势。

（1）资源的高效利用。与自建仓储相比，第三方库存企业能有效处理季节性生产普遍存在的产品淡、旺季存储的问题，能有效地提高设备与空间的利用率，具有更高的物流系统效率。

（2）业务聚焦。企业将物流业务外包给第三方物流企业，可以使企业实现资源的优化配置，减少用于物流业务方面的投入，将有限的资源集中于核心业务。

（3）降低库存成本。第三方库存企业利用规模经营的成本优势和专业优势，通过提高各环节资源的利用率，进而使生产企业降低相关费用。

（4）降低企业经营风险。第三方库存企业通过精心策划的物流计划，有助于加速商品周转，降低企业由于不及时、商品过期等造成的经营风险。

（5）提升企业形象。第三方库存企业利用完备的设施和训练有素的员工，对整个供应链进行有效的控制，能够帮助企业改进服务、提高顾客满意度，有助于树立企业的品牌形象。

13.4.5 供应链中的多级库存管理

1. 多级库存管理的概念

目前，大多数企业的库存管理模式都是从单一企业内部的角度去考虑库存问题，因而并不能使供应链整体达到最优。多级库存管理是一种对供应链资源全局进行优化和控制的库存管理模式，一般至少包括供应、生产、分销三个层次。多级库存优化是通过明确控制目标，在存储成本、订货成本、缺货成本、丢单损失成本、运输成本之和最小的基础上，协调供应链上各结点的库存，使供应链库存成本最小。

随着市场竞争环境的日趋激烈，供应链库存管理越来越强调敏捷制造和基于时间的竞争。多级库存管理模式不仅检查本库存结点的库存数据，还检查下游需求方的库存数据，因此可以避免信息扭曲现象。

2. 多级库存管理的控制策略

多级库存管理的优化与控制策略主要分为分布式策略和集中式策略两种。

（1）分布式策略。分布式策略也称非中心化策略，是指各个库存点独立采取各自的库存策略。一般来说，分布式策略是将供应链库存控制分为制造商成本中心、分销商成本中心和零售商成本中心三个成本中心，各自根据其库存成本制定优化控制的策略。该策略在管理上相对比较简单，但是不能保证整体供应链的优化，这主要是因为信息共享度低，多数情况下只能得到次优的结果。

（2）集中式策略。集中式策略也称中心化策略，是由核心企业协调上游企业和下游企业的库存活动，进而对供应链系统的库存进行综合控制。一般来说，大规模生产制造型企业建立的库存系统，大多采用的是集中式策略。该策略将核心企业作为供应链上库存管理的数据中心，担负数据集成和协调功能，并基于所有的库存点的参数进行决策。由于集中式策略考虑了各个库存点的相互关系，获得的库存策略往往是更优的。需要注意的是，多级库存控制涉及多个企业，在利益及权益的协调上存在着更难解决的问题。另外，多级库存的供应链的层次比较多，供应链的长度增加时加大了系统协调控制的难度，技术上也存在着一定的难度。

13.5 供应链管理中的采购管理

13.5.1 供应链管理中的采购模式

1. 采购管理概述

采购管理（Purchasing Management）是指对采购业务过程进行组织、实施与控制的管理过程，是物流管理的重点内容之一，在供应链企业之间的原材料和半成品生产合作交流方面架起一座桥梁。采购管理需要与库存管理、应付管理、总账管理、现金管理进行有效结合，为企业全面的库存管理提供信息支持。

采购业务主要包括采购申请、采购订货、进货检验、收货入库、采购退货、购货发票处理、供应商管理，以及对采购物流和资金流全过程进行有效的控制和跟踪等。为使供应链系统能够实现无缝连接，并提高供应链企业的同步化运作效率，必须对采购加强管理。

2. 供应链管理环境下采购模式的特点

传统的采购模式主要面临着采购信息不对称、采购控制滞后、供需之间合作不足、响应需求速度不及

时等问题。在供应链管理的环境下，企业采购模式的特点主要体现为以下几点。

（1）从为库存采购向为订单采购转变。在传统的采购模式中，采购的目的就是补充库存。采购部门并不关心企业的生产过程，不了解生产的进度和产品需求的变化，因此采购过程缺乏主动性，很难适应制造需求的变化。在供应链管理模式下，采购活动是以订单驱动方式进行的，目的是准时响应客户的需求。这样，不仅降低了库存成本，还提高了物流的速度和库存周转率。

（2）从物资采购向外部资源管理转变。在传统的采购模式中，供应商与采购部门之间缺乏有效的信息沟通，大多只属于物资的采购与供应行为。随着信息技术的广泛使用，采购方对供应商的资源，或者供应商对采购方的需求都能够做到及时、快速处理，实现供应链的系统性、协调性、集成性、同步性，进而可以满足供应商的精细化生产、采购方的零库存生产要求。

（3）从一般买卖关系向战略合作伙伴关系转变。在传统的采购模式中，供应商与需求企业之间是一种简单的买卖关系，无法解决一些涉及全局性、战略性的供应链问题。在供应链管理模式下，供需双方通过建立战略合作伙伴关系，使采购活动变得更加高效、快捷。

13.5.2 当代采购模式

1. 战略采购

战略采购（Strategy Sourcing）是由著名咨询专家科尔尼（Kearney）于 20 世纪 80 年代首次提出的，其目的是使指导采购部门的所有活动都围绕提高企业能力展开，实现以企业远景计划为目标的采购决策活动。与常规采购不同的是，战略采购注重的是“最低总成本”，而不是“单一最低采购价格”。通常，战略采购用于系统地评估一个企业的购买需求及确认内部和外部机会，实施从需求描述直至付款的全程管理，从而减少采购的总成本。

为了实现战略采购的基本目标，企业在实施过程中需要遵循总购置成本最低、建立双赢关系、提升采购能力、制衡是双方合作的基础等基本原则。显然，企业在战略采购中建立高度的互信关系十分重要，但是彼此之间的合作是建立在相互制衡的基础之上的。

2. 采购外包

外包（Outsourcing）一词最早是由 C.K.普拉哈拉德（C. K. Prahalad）和加里·哈默尔（Gary Hamel）于 1990 年在《哈佛商业评论》发表的《企业的核心竞争力》（*The Core Competence of the Corporation*）一文中提出的。该词的直译是“寻求外部资源”，也常译为外源化、资源外包、资源外取等，是指在企业内部资源有限的情况下，企业为取得更大的竞争优势，仅保留其最具竞争优势的核心资源，而把其他资源借助外部最优秀的专业化资源予以整合，以降低成本、提高绩效、提升企业核心竞争力和增强企业对环境应变能力的一种管理模式。

采购外包就是企业在聚焦自身核心竞争力的同时，将全部或部分的采购业务活动外包给专业采购供应商，专业采购供应商可以通过自身更加专业的分析和市场信息捕捉能力，来辅助企业管理人员进行总体成本控制，降低采购环节在企业运作中的成本支出。企业实施采购外包可以获得以下优势：加速采购业务重构、利用企业的外部资源、分担采购风险、降低成本、优化企业资本结构等。

3. 绿色采购

绿色采购（Green Procurement）是指在物品采购过程中，包括物品供应商的运营、内部物流、包装、回收、二次利用、资源的减量使用、产品的处理、供应商的选择评价等，致力于使物品获得的整个流程对环境的影响最小化。绿色采购行为可以在原材料供应者、零部件供应者、产品生产商及最终用户之间构建一个完整的绿色供应链，是构建环保、可持续发展社会的一个重要途径。同时，绿色采购也能给企业带来实惠。例如，一栋大型办公楼内部的照明如果考虑节能技术，能使每单位面积的能耗下降 10%～12%，一年就可以节省上千万元的电费。

企业在实施绿色采购中，需要遵循以下基本原则：①削减对环境和人类健康有影响的物质的使用和排出；②减少对资源和能源的消耗；③可再生天然资源的可持续利用；④物品的长期使用性；⑤物品的重复使用性；⑥废弃物的再利用性；⑦再生材料和二次使用零部件的使用；⑧废弃时容易做适当的处理。

菜鸟网络的绿色包装

菜鸟网络遵循减量化、再利用、再循环、可降解等标准来推进绿色包装，致力于实现从阿里巴巴电商平台发出的所有包裹都是绿色的。在开展绿色工作时，菜鸟网络更侧重考虑行业相关方的整个普及性、接受度。菜鸟网络在绿色包装及绿色物流方面的主要举措有：①联合 30 多家物流合作伙伴成立菜鸟绿色联盟，发起菜鸟绿色行动计划，成立菜鸟绿色联盟公益基金，推进绿色物流相关的工作。②在减量化方面，主要在考虑提升物流运作效率的前提下，通过智能打包算法（目前该算法平均可以减少 5%的包装），根据消费者订单包含的产品推荐包装解决方案，进而实现减量包装，提升整个纸箱空间的利用率，减少塑料填充物的使用。2017 年电商平台“双十一”发货量超过 10 亿件，可节省 4 500 多万个箱子。推行菜鸟电子面单替代传统三联面单，阿里巴巴电商平台每一年节约纸张费用达 12 亿元。③联合天猫企业购共同开设绿色包裹的采购专区，推出全生物降解袋、无胶带纸箱。另外，菜鸟网络与蚂蚁森林开展深度的合作，消费者收到绿色包裹快递之后在蚂蚁森林上会自动获得绿色的能量，达到一定条件后，公益组织会在敦煌种下面向绿色包裹的森林。同时，菜鸟网络还设计了标准化绿色回收专区，在十多座城市开启纸箱回收，并努力将厦门打造成第一个绿色物流城市。

（资料来源：根据公开资料整理。）

4. 互联网采购

互联网采购（Internet Purchasing）是以计算机和网络技术为载体，通过网络工具寻找产品及供应商资源，进行产品的性能价格对比，并将网上信息处理和网下实际采购操作过程相结合的一种新型采购模式。这种采购模式是网络时代增强企业竞争力的基本模式，也是企业 ERP 的重要组成部分，该模式不仅降低了采购成本，还可以便捷地比较货物、快速订货、降低交易成本和减少库存等。随着信息科技的迅速发展，越来越多的企业不断加大对互联网采购的投资，以期在网络时代的竞争中获得优势。

互联网采购的基本流程：第一步，采购方准备电子版的正式申请，详细说明物品类型、数量和需要日期，从而开始电子采购过程；第二步，申请书被提交给采购部门的采购员，采购员审查申请后把数据传送到互联网系统；第三步，采购员在采购部门管理的优先供应商列表中选择，并向合格的供应商发出招标邀请，邀请书详细说明产品类别、截止日期和招标条件；第四步，所有与电子采购系统相连的供应商在收到招标邀请后，制定招标书参加招标；第五步，招标结束后，操作员评审所有标书，并按照质量、成本和供货绩效选出一个供应商；第六步，采购订单以电子方式提交给被选中的供应商。典型的互联网采购的基本流程如图 13-4 所示。

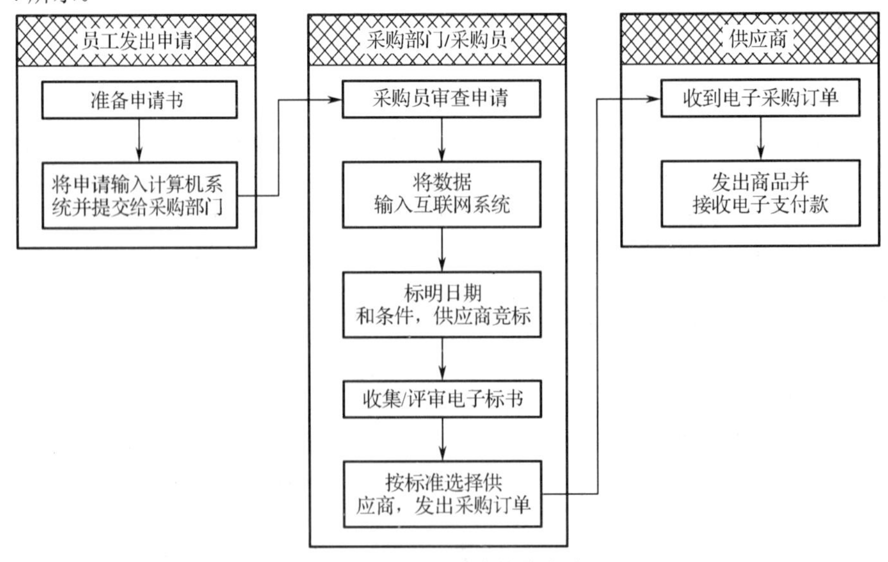

图 13-4　互联网采购的基本流程

13.5.3　采购价格谈判

不管供应链采用何种策略，价格谈判环节都必不可少。价格谈判通常聚焦于质量、交货及时性、支付方式和具体价格等。一般来说，采购价格谈判主要通过以下三种典型的定价策略（Negotiation Strategy）。

1．基于成本的定价策略

在基于成本的定价模型中，要求供应商对采购商公开其产品相关的账目信息。合同价额是根据时间和物料来制定的，或者基于固定成本辅之调节条款，以便得到合理的价格。

2．基于市场的定价策略

在基于市场的定价模型中，价格是基于公开价格、拍卖价格或市场指数确定的。农产品、纸张、肉类等很多商品都是采用这种策略定价的。

3．基于招标的定价策略

招标定价是一种完全竞争的市场化行为，招标采购主要通过邮件、传真或互联网拍卖等方式进行。招标采购方式对确定初始成本很有效，但是会影响购买商和供应商之间建立长期的合作关系。同时，招标采购价格也常常会因工程变更、质量变化和交货及时性等的沟通和执行环节存在一定程度的不确定性。

13.5.4　准时采购策略

1．准时采购的基本思想

准时采购是由准时化（Just In Time）生产管理思想演变而来的先进的采购管理模式，是准时制管理思想在采购中的应用和反映。准时采购的基本思想是把合适数量、合适质量的物品，在合适的时间和合适的地点，最好地满足用户需要。和准时化生产一样，准时采购不但能够最好地满足用户需要，而且可以极大地消除库存、最大限度地消除浪费，从而极大地降低企业的采购成本和经营成本，进而提高企业的竞争力。准时采购与传统采购的区别如表 13-3 所示。

表 13-3　准时采购与传统采购的区别

项　目	准时采购	传统采购
采购批量	批量小，配送频率高	批量大，配送频率低
供应商选择	较少供应商，合作稳定	较多供应商，短期合作
供应商评价	研发、生产、质量、成本、交货期	成本、质量、交货期
交货方式	供应商确定	采购商确定
质量检查	质量体系控制，很少检查	每次进货检查验收
信息交流	信息共享，信息实时、准确互通	信息不对称，容易暗箱操作
产品改进	供应商主动革新，共同创新	买方关心设计，供应商不主动创新
运输包装	较小的标准化容器和包装	普通包装，随时变化

2．准时采购的优点

准时采购是只在需要的时候，按企业所需要的数量、质量把物品采购回来，既不提前也不延迟。准时采购通常需要企业与供应商建立起长期合作关系，只需要选择较少的供应商。同时，企业与供应商建立起良好的合作关系有助于实现准时交货，供需双方之间往往能够共享供需信息，以保证信息的准确性和实时性。一般来说，准时采购具有减少库存、加快库存周转、缩短提前期、提高产品质量、获得满意交货、降低采购价格等优点。

研究显示，一些实施准时采购策略的企业可以使原材料和外购件库存降低 40%～85%，可以使购买的物品质量提高 2～3 倍，并可以减少 26%～30%的质量成本。例如，沃尔玛通过全球采购系统，可以减少单品的采购数量，以高效的物流系统快速更新其库存，也使“永远不要买得太多”的策略得到有力的保证，这可以使沃尔玛在全球整条供应链上节省 5%～15%的成本。

然而，由于准时采购具有采用较少的供应商、采取小批量采购的策略、严格的供应商选择标准、对交货的准时性严格要求等特点，这些也对供应链系统本身提出了巨大挑战。因为这不仅需要采购商和供应商企业具有较高的管理水平，还需要采购商和供应商之间开展卓有成效的合作。

3. 准时采购的基本步骤

准时采购要顺利进行，大致需要经过以下几个步骤：①创建准时采购团队，以便以专业化方式寻找货源、商定价格、发展与供应商的协作关系；②制定采购策略，具体实施改进当前采购方式的措施、减少供应商的数量、供应商的评价、向供应商发放签证等，确保准时采购策略有计划、有步骤地实施；③基于一些关键指标，精选少数供应商建立伙伴关系；④进行零部件或原材料的准时化供应试点，积累和总结经验；⑤做好供应商的培训，确定共同目标，获得供应商的有效支持和配合；⑥向达到产品免检要求的供应商颁发免检证书；⑦完善准时采购流程，实现从预测的交货方式向准时化交货方式的转变；⑧积累经验和教训，不断对准时采购系统改进和完善。

13.6 供应链管理中的配送管理

13.6.1 物流配送管理

1. 配送和配送管理

配送一词源于物流学中的英文“Distribution”，原意为分发、分送、运销、经销、分销等。《中华人民共和国国家标准物流术语》将配送定义为在经济合理区域范围内，根据用户要求对物品进行拣选、加工、包装、分割、组配等作业，并按时送达指定地点的物流活动。可见，配送是按用户订单的要求，在配送中心或其他物流节点进行货物配备，以合理的方式送交用户，从而实现物品最终配置的经济活动。

配送与物流既存在直接的内在联系，也存在明显的区别。物流是指物品从供应地向接收地实体流动的过程，包括运输、储存、装卸、包装、流通加工、配送、信息处理等基本功能活动。而配送更加强调对物品进行拣选、分割、包装、组配等，并按时送达指定地点的物流活动。然而，由于物流与配送在具体活动中往往交结在一起，为此人们常常将物流配送连在一起使用。物流与配送的比较如表 13-4 所示。

表 13-4 物流与配送的比较

项 目	物 流	配 送
辐射范围	较大	较小
供应链位置	供应链上游，靠近制造商	供应链下游，靠近消费者
具体作业	运输、储存、装卸、包装、流通加工、配送、信息处理	拣选、分割、包装、组配
批量批次	少品种、大批量、少批次	多品种、少批量、多批次
物品保管时间	较长	较短
运输距离	较远	较近

配送管理（Distribution Management）是根据物料实体流动的规律和用户的要求，应用管理的基本原理和科学方法，对配送活动进行计划、组织、指挥、协调和控制，使配送活动实现最佳的协调与配合，以达到降低成本、提高配置效率和经济效益的目的。可见，配送管理不是简单地将“配”和“送”结合起来，而是要以最合理的方式满足用户的要求，并达成预期的经济目标。

2. 物流配送的基本模式

基于企业自身的运营特点，物流配送模式主要有自营配送、第三方配送和共同配送三种类型。

（1）自营配送。自营配送是指企业物流配送的各个环节由自身组织并实施管理。这种模式有利于企业供应、生产和销售的一体化作业，系统化程度相对较高，既可满足企业内部原材料、半成品及成品的配送需要，又可满足企业对外进行市场拓展的需求。但是其不足之处在于，企业需要较大的投资来建立配送体系，当企业配送规模较小或者不稳定时，配送的成本和费用会相对较高。

（2）第三方配送。第三方配送也称第三方物流配送模式，是指由物流的供方、需方之外的第三方提供部分或全部物流配送的专业化形式。目前，电商自建物流社会化及向第三方物流转型成为一种趋势，例如，京东就向第三方开放了自建物流系统，凡客诚品公司自建的如风达配送公司也开始转向成为独立的第三方开放物流。

（3）共同配送。共同配送也称共享第三方物流服务，是指多个企业联合起来共同由一个第三方物流服务公司来提供配送服务。由于共同配送是在配送中心的统一计划、统一调度下展开的，是由多个企业联合组织实施的配送活动，所以共同配送可以通过作业活动的规模化进行横向联合、集约协调、求同存异、效益共享，继而降低作业成本、提高物流资源的利用效率。一些日本企业在发展物流中心和物流园区的同时，也在积极推行“共同配送”模式。

3. 配送管理的基本趋势

从目前物流配送产业的发展来看，企业应该重视以下配送管理发展趋势。

（1）信息化。随着信息技术的不断发展，供应商、批发商和零售商可以通过条码技术、数据库技术、电子订货系统和电子数据交换技术等实现信息共享，促进信息流和物流的集成化，从而降低成本、提高效益。

（2）规模化。物流配送规模化是指物流配送企业基于业务规模化实现高效的运营方式。规模化经营有助于物流配送企业提高经营效率、降低经营成本、实现经营集约化和产生规模效益，是物流配送企业现代化的必由之路。

（3）标准化。现代物流配送需要在大量企业之间展开相互合作，标准化有助于相关企业在编码、通信程序、数据交换格式和包装等方面实行有效协作，消除不同企业之间的信息沟通障碍，为企业间的物流信息系统的建设创造良好的环境，进而在企业之间建立起高效的配送网络体系。

（4）服务化。实物的实体交付固然重要，但是物流配送过程中的服务水平日益成为影响配送绩效的重要指标。

（5）综合化。随着人们消费水平的不断提高，越来越多的人们对服务内容提出了新的要求，这些都迫使企业不得不考虑服务的综合化趋势。

13.6.2　配送需求计划

1. 配送需求计划的原理

配送需求计划（Distribution Requirement Planning，DRP）是一种既能保证配送物资有效地满足市场需要，又能使物流资源配置成本最少的计划方法，是 MRP 原理与方法在物品配送中的运用，主要解决配送物资的供应计划和调度问题。DRP 的配送网络系统主要包括产品制造商（OEM）、仓库、外部供应商、运输公司、配送中心、零售商。在这一网络中，上级网络向下一级网店供货，最底层的零售商直接将产品提供给用户。DRP 的配送网络系统有市场需求、库存、供应商资源三个输入文件和送货、订货进货两个输出计划，物流配送中的配送需求计划原理如图 13-5 所示。

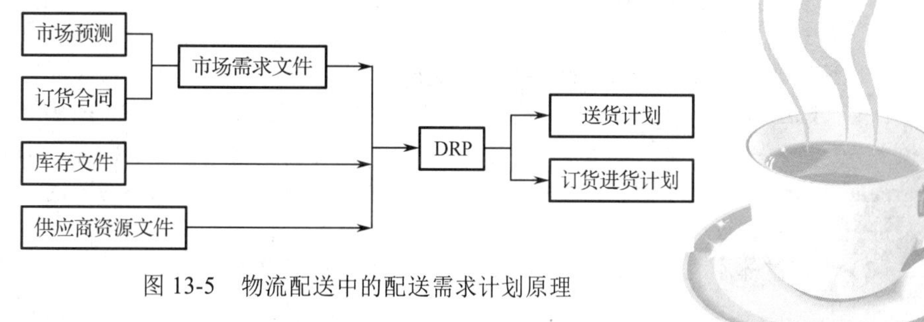

图 13-5　物流配送中的配送需求计划原理

（1）配送需求计划输入文件。配送需求计划的三个输入文件分别为：①市场需求文件。该文件包括所有的用户订货单、提货单或供货合同，也包括下属各子公司、下属各地区物流中心的订货单。②库存文件。该文件是物流中心仓库里所有库存物品量的列表，明确什么物品可以从仓库里提货送货、送多少，什么物品需要订货进货。③供应商资源文件。该文件是物资供应商可提供的资源文件，包括可供物品品种和供应商的地理位置等情况。

（2）配送需求计划输出计划。配送需求计划的输出计划分别为：①送货计划。该计划对于用户需求物品的品类、数量、时间、配送方式等进行说明。②订货进货计划。该计划主要对用户需求的有无、多少进行反馈，以便进行及时的订货进货，以满足用户的需求。

2. 配送需求计划的特点

配送需求计划（DRP）是建立在 MRP 系统基础之上的，两者之间既存在紧密的联系，也有明显的区别。在物流网络中，MRP 主要根据 BOM 来确定各种相关需求的期（时间）量（数量）标准，解决了企业产、供、销部门的物料信息的集成管理问题。而 DRP 是根据配送清单（Bill of Distribution，BOD），通过应用 MRP 的运行逻辑制订配送需求计划，确定供应与配送网络中各级网点的需求并及时发出订单，既能够避免短缺，又能够避免产生过量的存货，还能够避免由此可能产生的牛鞭效应。可见，DRP 与 MRP 之间存在着紧密的联系，甚至可以说 DRP 是建立在 MRP 基础之上的。基于 DRP/MRP 集成的物流网络如图 13-6 所示。同时，DRP 和 MRP 在企业的具体业务中也存在明显的区别，主要体现为以下三点。

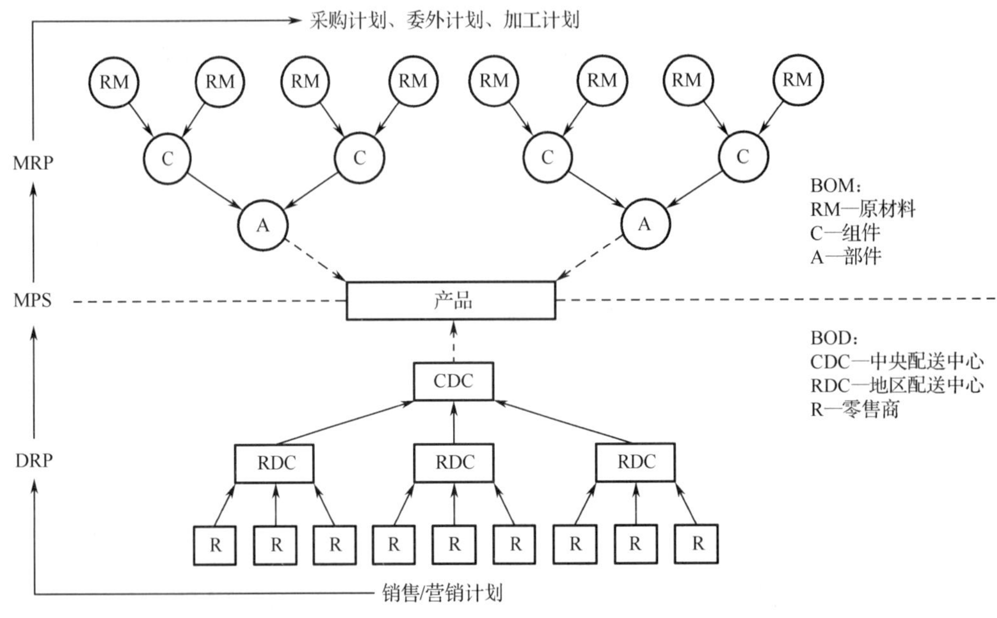

图 13-6　基于 DRP/MRP 集成的物流网络

（1）结构主体不同。DRP 采用配送网络结构文件，即配送清单（BOD）代替 MRP 中的产品结构文件（BOM），来确定产品供应与配送网络中各级网点之间的需求关系与期量标准。

（2）处理顺序不同。MRP 流程是从 MRP 最终项目需求（一般为产成品）出发的，根据 BOM 表自上而下地逐级展开（Top-down Level-by-level Explosion），制订 BOM 中各级零部件或原材料项目的需求履行计划（Fulfillment Planning），包括采购计划或生产/加工计划。而 DRP 是从供应和配送网络的最底层的网点（一般为零售商）的需求出发的，根据 BOD 自下而上逐级汇集（Down-top Level-by-level Aggregation），制订各级网点从地区配送中心、中央配送中心直至产品制造商的总需求履行计划，包括订货、进货计划或送货计划。

（3）库存主体不同。MRP 的库存记录文件描述了每一项物料的库存状态，包含原材料、零部件、产

成品的现有库存量和已订货量，物料出入库及报废、报失等。DRP 的库存记录文件描述的是同一产品在其物流网络的各级网点的库存状态。

同时，DRP 与 MRP 有着相同的假设“提前期预订”。因此，DRP 的最大不足是其前提是基于对最底层网点需求的良好预测。如果对最底层网点的需求预测不准的话，不准的需求信息将在沿着物流网络向上传递的过程中逐级放大，造成 DRP 被严重歪曲，从而可能导致重大损失。

3. 配送需求计划的实施

物流中心要决定某种商品的需求量，首先需要查询该商品的预测需求量，然后检查该商品的库存量，并计算库存能够维持多长时间。如果需要维持一个安全库存，就必须将它从计算维持时间的库存中扣除。物流配送中心的 DRP 运行流程如图 13-7 所示。

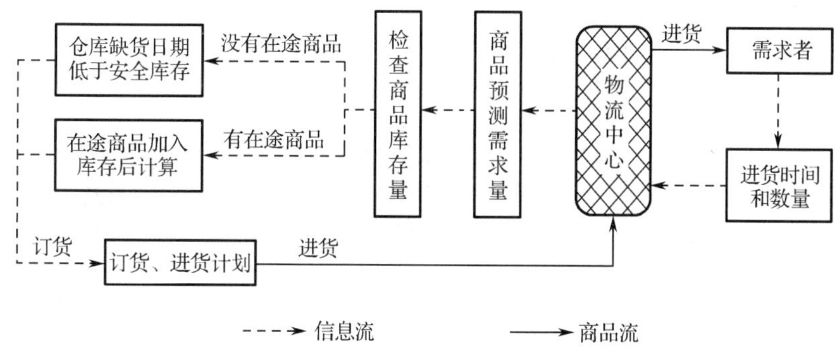

图 13-7　物流配送中心的 DRP 运行流程

在具体的实施过程中，假如没有在途商品，上述计算的日期就是仓库缺货的日期（如果考虑安全库存则是低于安全库存的日期）。如果考虑在途商品，必须将在途商品加入库存以确定库存能够维持的时间，然后根据库存商品与购进在途商品数量之和所能维持的时间确定订货进货到达的最佳日期。商品到达物流中心的日期与中央供应点的装运配送日期可能不一致，这就需要计算供应点的订货进货提前期，主要包括本物流中心将订货信息传输到中央供应点的时间，由中央供应点到本物流中心的装运、运输时间及本物流中心的验货收货时间等。

对物流中心送货的处理也应该参考送货提前期来确定送货日期，即由用户的需求日期倒推送货提前期，以确定本物流中心向用户的送货日期。这样既确定了本物流中心向供货方订货进货的日期和数量，又确定了本物流中心向需求方送货的日期和数量，物流中心的工作计划也就可以确定了。

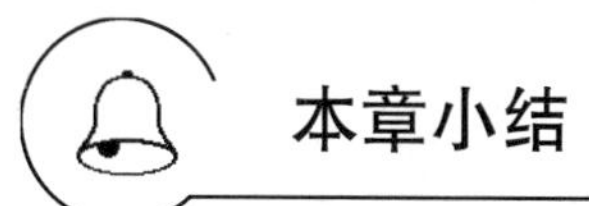

本章小结

随着分工日益细化，企业的竞争已经从企业与企业之间的竞争转变为供应链与供应链之间的竞争。也就是说，供应链对企业的竞争能力会产生至关重要的影响。本章第一节主要对供应链和物流进行介绍，包括物流的概念、种类和发展历程，以及供应链的概念、解决的主要问题和基本思想等；第二节主要介绍了供应链系统设计和供应商管理问题，包括供应链的典型结构、设计策略，供应链中的供应商管理和供应商的绩效评价；第三节主要介绍了供应链管理中的物流管理，包括供应链中物流的主要运输方式、运输成本管理、运输路径管理、运输量管理；第四节主要介绍了供应链管理中的库存控制，包括供应链管理中的牛鞭现象、供应商管理库存、联合库存管理、第三方库存管理和多级库存管理等；第五节主要介绍了供应管理中的采购管理，包括采购模式、采购价格谈判、准时采购策略等；第六节主要介绍了供应链管理中的配送管理，包括配送管理的概念、基本趋势和配送需求计划等。

思考题

1. 简述供应链与物流之间的关联。
2. 简述供应链设计的主要流程及供应商选择的主要指标。
3. 简述物流管理的主要内容。
4. 供应链管理中的库存管理类型有哪些?
5. 供应商管理中的采购管理面临的主要挑战是什么?
6. 供应商管理中配送管理的发展特点和趋势是什么?

案例分析

第 14 章 项目管理

14.1 项目管理概述

引导案例

14.1.1 项目

1. 项目的概念

项目（Project）被广泛应用于社会经济的各个领域，但对于项目概念的界定至今还存在一定的差异。国际标准化组织（International Organization for Standardization，ISO）的 ISO 10006 规定，项目具有独特的过程，有开始和结束日期，由一系列相互协调和受控制的活动组成。过程的实施是为了达到规定的目标，包括满足时间、费用和资源等约束条件。欧洲的国际项目管理协会（International Project Management Association，IPMA）认为，项目是受时间和成本约束的、用以实现一系列既定的可交付物（达到项目目标的范围）、同时满足质量标准和需求的一次性活动。美国项目管理协会（Project Management Institute，PMI）认为，项目是一种被实施的、意在创造某种独特产品或服务的、临时性的努力。德国标准化学会（Deutsches Institut für Normung，DIN）制定的国家标准《项目控制、项目管理、概念》中的 DIN 69901 规定，项目是指在总体上符合以下条件的唯一任务：具有明确的目标，具有时间、财务、人力和其他限制条件，具有专门的组织。

可见，项目是在限定的资源及限定的时间内，通过创造独特的产品、服务或成果来实现一个明确目标而进行的临时性工作。事实上，项目在现代的生产、生活中非常普遍。例如，开发一项新产品、计划一个大型国际会议、策划一次自驾游、ERP 的咨询等都属于项目。另外，项目可以分为大型项目、中型项目和小型项目。同时，一个大型项目可以由若干个子项目构成，子项目是项目的最小实施部分。

2. 项目的一般特征

般来说，项目具有以下典型特征。

（1）目标性。每个项目都有一个基于顾客需求的明确目标，或者是经济效益，或者是社会效益。项目的目标一般都需要在一定约束条件下达成。为此，项目经理就必须在项目实施以前进行周密的计划和控制。

（2）时效性。项目大多具有一次性的特点，这是因为每个项目都有明确的开始时间和结束时间，到达结束时间时项目一般就结束了，而日常运营的管理活动大多具有重复性。

（3）独特性。尽管有些项目很相似，但是每个项目都有自己的特点，几乎没有一个项目与另外一个项目完全相同。项目一般是在此之前从来没有发生过的，而且将来也不会以同样的条件再次发生。

（4）约束性。项目活动都会受到一系列因素的制约和限制，项目自身往往有时间、成本、资源、性能、质量等方面的具体要求。项目的执行需要在一系列因素的约束条件下实施和完成。

（5）开放性。由于具有时效性，项目开始之前需要组建由专业人员构成的项目团队，而项目结束时项目团队就会被解散。为此，项目组织中的成员、职能在项目的不同阶段将不断地变化，项目组织与外界也不断地进行互动。

14.1.2 项目管理

1. 项目管理的概念

项目管理（Project Management）是指在有限的资源约束下，项目的管理者运用系统的观点、方法和理论，对项目涉及的全部工作进行有效的管理，以便有效率和有效果地满足顾客的需求。具体而言，项目管理的基本特性体现为以下几点。

（1）战略性。尽管项目具有一次性特性，但是对于一个项目管理组织来说，其要注重项目管理的战略性。这些项目应该与组织总体的发展战略紧密相连并保持一致，在保证项目成功实施的同时保证组织整体战略目标的实现。

（2）系统性。项目管理组织应尽可能把一个单独的项目与组织内的其他项目看成一个系统，并采用综合的方法应对项目管理的复杂性，以便保证各项目之间的有机联系，并使特定项目与组织的整体战略目标保持一致。

（3）动态性。项目的内外部环境是复杂多变的，项目管理组织需要根据组织内外部环境的变化，对战略目标、需求和项目特征变化及时进行调整，以便使项目之间的资源利用率、效益等最大化。

（4）协调性。一个项目往往由很多的子项目构成，这些子项目之间可能存在根本性的冲突，为了充分发挥各种资源的效用，应该及时协调各项目的进度计划和可用资源，最终实现整个组织的效益最大化。

（5）集成性。项目管理不仅集成了战略管理、项目管理、资源管理及其他部门管理的内容，还需要对组织内多个项目进行统一的协调管理。为了提高项目管理的组织技术、知识、信息的共享程度，需要通过资源整合解决资源利用效率低下等问题，进而提高整体效益。

2. 项目管理的主要内容

美国项目管理协会标准委员会在 1981 年成立了一个系统地整理有关项目管理职业的程序和概念的小组，并在 1987 年明确了“项目管理知识体系”，1991 年根据美国项目管理协会会员提出的意见再次修改，1994 年美国项目管理协会标准委员会发布了《项目管理知识体系指南（Project Management Body Of Knowledge，PMBOK）》的草稿，并于 1996 年正式颁布。目前的版本是 2018 年出版的第六版，项目管理的具体内容包括以下 9 个方面：①项目整合管理；②项目范围管理；③项目时间管理；④项目成本管理；⑤项目质量管理；⑥项目资源管理；⑦项目沟通管理；⑧项目风险管理；⑨项目采购管理。

14.1.3 项目管理发展

1. 项目管理的探索

项目管理从人类社会开始就已经出现了，只是到了现代才发展成为一门独立的专业或学科。古代项目管理的典型代表当属那些世界级工程，如中国的万里长城和大运河、埃及的金字塔、巴比伦的空中花园等。随着人类进入工业社会，人们对项目管理在经济效益方面发挥的作用给予了越来越多的关注，而古代的人们对那些项目更多是关注进度（时间）和质量，这就导致了项目管理不能仅停留在直觉和经验的基础上，还需要用一系列更为先进、规范、量化的理论和方法进行科学的支撑。

在第一次世界大战期间，亨利·L.甘特（Henrry L. Ganntt）提出并使用了甘特图工具。但是，甘特图不能满足大型项目工程的需求，难以展示大量工作环节之间的逻辑关系。因此，卡洛尔·阿丹密基于 1931 年研制出协调图。尽管该方法弥补了甘特图的不足，但是由于自身的局限性没有得到足够的重视和应用。

2. 项目管理方法的发展

20 世纪 50 年代，美国军界和各大企业的管理人员纷纷为更加有效地管理各类项目寻求相关方法。1956 年关键路径法（Critical Path Method，CPM）被应用于杜邦公司（DuPont）一个投资千万美元的化工项目，结果在建设周期大大缩短的同时节约了 10%的投资。而在 1958 年又出现了一种被称为计划评审技术（Program/Project Evaluation and Review Technique，PERT）的方法，该方法是美国海军在研究开发北极星号潜艇上远程导弹的项目中使用的。PERT 方法的应用使美国海军顺利地解决了组织、协调参加这项涉及美国 48 个州的 200 多个主承包商的 11 000 多个企业的复杂管理问题，不仅节约了投资，还使工期缩短了将近 25%。后来，美国国防部规定企业参与相关项目招标必须提交一份详尽的 PERT 网络计划书。

尽管项目管理的一些方法得到了不断的发展，但是使人们对项目管理产生深刻印象的是该理论在美国阿波罗登月计划中的成功运用。20 世纪 60 年代，PERT 方法在阿波罗登月计划中得到应用。阿波

罗登月计划的项目有 2 万家企业参加，近 40 万人参与，使用了 700 多万个零部件，总耗资超过 300 亿美元，可见这是一项极为庞大和复杂的工程。也许正是因为 PERT 方法的使用，阿波罗登月计划的各项工作才得以有条不紊地开展，进而获得巨大成功，这也使得 PERT 方法风靡全球。进入 20 世纪 70 年代，项目活动变得更加庞大而复杂，项目环境也变幻莫测，以往需要“临场发挥”的管理方式已经无法适应。

3. 项目管理理论体系的完善

由于全球性竞争的不断加剧，项目规模和复杂程度不断提升，基于时间、成本、质量等综合绩效的需求日益迫切，更加系统、规范的管理方法和理论体系开始逐渐成形。随着项目管理的不断发展，逐渐形成了两大项目管理的研究体系：一个是 1965 年以欧洲为首成立的国际项目管理协会（International Project Management Association，IPMA）；另外一个是 1969 年以美国为首成立的美国项目管理协会（Project Management Institute，PMI）。之后，项目管理组织逐渐尝试将项目管理的做法汇集成一个标准，并形成了“项目管理知识体系”，总结了项目实践中成熟的理论、方法、工具和技术，并为项目管理成为一个单独的职业奠定了理论基础。

进入 20 世纪 90 年代，信息系统工程、网络工程、软件工程、大型建设工程及高科技项目研究与开发等新项目管理领域不断出现，对项目管理的理论和方法提出了进一步要求。经过不断的探索和发展，1996 年美国项目管理协会标准委员会发布了《项目管理知识体系指南》，被公认为全球项目管理的标准，是价值非常大和用途非常广的项目管理资料之一。目前，项目管理理论已经广泛应用于科学研究、科技创新、大型工程、房地产开发、软件系统集成等各个领域。

14.1.4　项目管理的流程及注意事项

1. 项目管理的流程

项目管理是一项系统工程，涉及大量的人、财、物，以及一系列具体的工作内容。一般来说，项目管理的流程包括了解项目环境、项目界定、项目计划、项目实施、项目控制、项目维护等。以项目界定为例，在开始复杂项目计划与实施工作之前，对项目进行明确界定是极为重要的。对项目进行界定看起来十分简单，但是实际操作起来却相当困难，特别是当项目有多个利益相关者时更是如此。为了能够使项目各相关方对项目有一个清晰的理解，主要可以从项目目标、项目范围、项目策略三个方面进行界定。项目目标指明了项目实施的总体方向，项目范围能够明确项目的工作内容、主要产品或者服务、输出过程等，而项目策略则进一步明确了项目实现目标的主要途径。

2. 项目管理的影响因素

一般来说，项目管理的影响因素有很多，包括项目目标的明确程度、项目经理的能力、项目团队的构成、高层管理者的支持程度、项目执行中的沟通与协调程度、计划制订的详细程度等。以项目团队的构成为例，项目团队一般以项目经理为核心，由一群人为实现共同目标组建而成。一个良好的项目团队一般具有明确的共同目标、合理的分工协作、高度的凝聚力、成员间的互助互信等特征。项目成员具有良好的结构体现为团队成员具有完成项目所需的全部必要技能，并且具有相对稳定的结构。为此，项目成员需要通过严格的审查、选择、培训，并且尽可能使关键的项目管理人员从始至终参与整个项目，人员的频繁变动将使团队学习到的知识和经验流失殆尽。

3. 项目管理流程中的注意事项

（1）项目的利益相关者问题。项目的利益相关者是指那些与项目过程或者项目结果存在利益关系的人或者组织。由于项目利益的相关者对于项目可能有不同甚至完全对立的想法，所以在项目初期让尽可能多的相关人员参与进来，有助于避免在项目后期出现问题和矛盾。更重要的是，项目利益相关者的意见可能给项目带来巨大的利益。项目经理可以根据重要的利益相关者的意见确定项目的发展方向，从而获得更多的支持，甚至利益相关者的支持还可能带来更多的项目资源。

（2）项目目标的确定问题。一般来说，项目的实施可以凝练成时间、成本和质量三个核心目标。“项目目标三角形”形象地显示了不同项目目标的差异（示意图见图 14-1）。例如，飞机是用来运载乘客的，对于项目来说，质量必须放在第一位；音乐会或者体育赛事都是在特定时间举办的，对于项目来说，时间节点最为重要；而产品研究大多数是有成本总额限制的，对于项目来说，成本控制是极为重要的，必须使有限的投入能够实现最大化的产出。同时，一个好的项目目标应该是简明清晰的，并且是可以测量的，最好采用客观的定量的标准进行说明。例如，项目完成时间为 2020 年 12 月 31 日，项目建成的生产能力为 100 万吨/年，项目的总成本控制在 1000 万元以内等。

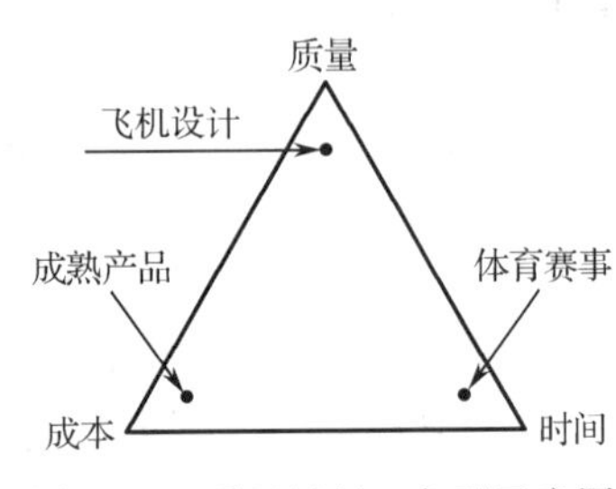

图 14-1　项目目标三角形示意图

（3）项目计划的修改问题。由于项目具有一次性的特点，在实施过程中往往会存在大量的不确定性，这将导致项目计划可能需要根据内外部环境的变化不断进行调整或修改。不能将计划的修改看作是项目失败或者管理不当的标志，事实上项目计划的改变正意味着项目的不确定性在不断减少。如果项目经理掌握了关于项目的更多信息，项目获得更好结果的可能性就会不断增加。

（4）项目管理中的道德问题。项目实施中往往会涉及权力分配、操纵投标、承包商虚报低价、虚报开支、使用不合格材料、降低质量标准、项目效果争议、环境保护等问题。这些问题都会影响项目的实施效果，甚至会给企业或社会造成不可挽回的损失。对此，项目管理者应对项目进行规范设计，尽量明确项目的实施标准，避免因道德问题造成项目利益相关者的损失。

14.2　项目的组织管理

14.2.1　有效的项目团队

1. 项目组织面临的挑战

相关研究显示，在项目失败的原因中，由于组织不当而造成的失败占 33%。可见，有效的组织对于项目的运营是至关重要的，而这又主要取决于项目的组织结构状况。项目组织结构面临着以下两个挑战。

（1）项目管理模式与传统组织架构不协调。项目管理与传统组织的基本设计原理存在冲突，这主要因为项目是独特的、一次性的，有明确的起点和终点。而大多数组织的设计是为了有效地管理企业运营活动，其效率的获得主要是通过将复杂的任务分解成简单的、重复性的活动。而项目管理需要经常面对不可预测的情形或异常状况，这对管理者提出了更高的要求。

（2）项目管理范式与传统组织机制不相容。大多数项目是跨学科的，需要各行各业专家的共同努力才能完成。在大多数组织中，根据职能专长将人员分配到各个不同部门，这种归类会使人形成不同的习惯、规范、价值观和工作方式，这对不同职能领域的整合提出了挑战。同时，项目组的负责人如何产生也是一个难题。在大多数组织中，各部门的负责人是自然而然形成的，但是对于由不同部门的人员临时组成的团队来说就存在管理权威是否被认可的问题。

2. 项目组织中项目经理的管理技能

项目经理应该具备较为全面的能力和素质，还应该具备以下经验和技巧。

（1）差异化管理。项目经理需要了解项目团队的每一位成员，清楚每个人的优缺点，并根据项目本身的需要进行相关的人事安排和差异化管理。

（2）增强项目小组的承诺和兴奋度。项目经理获得成员支持的基础是通过兑现承诺来激励成员自愿加入和积极地投入，最好能够通过一定的激励机制使成员形成主人翁意识。项目经理可以采用授权的方式使成员主动、积极地去确立目标。另外，成功案例的有效展示有助于增加成员的努力程度。

（3）及时的信息沟通。良好的沟通对于项目的成功来说至关重要，因为项目的利益相关者都对信息存

在好奇感，透明的信息有助于项目经理获得更多的支持。定期的反馈可以保证利益相关者及时了解事实，项目经理也需要是个好的倾听者。

（4）在团队之间达成协议和共识。研究表明，项目经理需要耗费一半时间来管理差异，因为项目小组通常都不会在一起工作，会不可避免地产生争议。因此，项目经理必须有建设性地管理差异，并使它们有发挥创造性的机会。

（5）授权项目小组。有效的授权是充分发挥项目成员能力的重要方法。研究显示，在高性能团队中，项目经理通常都会分权，让所有小组成员感到他们对项目成功都有贡献，并愿意分享他们的想法。

（6）鼓励冒险精神和创造力。项目具有一次性和创新性，也就不可避免地会在实施过程中遇到各种挑战。高效的项目经理会最大化利用所有成员的聪明才智，通过创造性想法的提出和试验寻找克服困难的途径。

14.2.2 项目组织的结构形式

项目管理组织不受已存在职能组织架构的束缚，但也不能完全替代各部门的职能活动。尽管都称为项目组织，但是项目组织结构往往存在较大差异。一般来说，项目组织结构形式主要可以分为职能型、项目型和矩阵型三类。

1. 职能型项目组织结构

职能型项目组织结构是按职能把组织部门进行分类，即从企业高层到基层，把承担相同职能的管理业务及其人员组合在一起，设置相应的管理部门和管理职务。职能型组织结构是目前最普遍的项目组织形式，是一个标准的金字塔型组织形式（典型的职能型项目组织结构见图 14-2）。在职能型项目组织结构中，各职能部门派人参加项目，参加者向本部门领导报告，跨部门的协调由各部门领导负责，没有专职的项目经理。

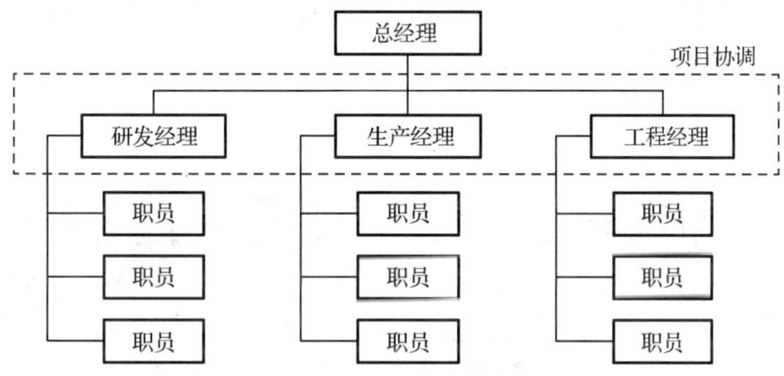

图 14-2 职能型项目组织结构

企业采用职能型组织结构时，项目是以部门为主体来承担的，一个项目由一个或者多个部门承担，一个部门也可能承担多个项目，有部门经理也有项目经理，所以每个项目成员至少有两个负责人。这种组织结构适用于主要由一个部门负责完成的项目或技术比较成熟的项目。

职能型组织结构可以充分发挥职能部门的资源集中优势，有利于保障项目需要资源的供给和项目可交付成果的质量，在人员的使用上具有较大的灵活性。但当项目需要多个职能部门共同完成，或者一个职能部门内部有多个项目需要完成时，资源的分配与平衡就会出现问题。当项目需要由多个部门共同完成时，权力分割不利于各职能部门之间的沟通交流、团结协作。

2. 项目型项目组织结构

项目型组织是指那些一切工作都围绕项目进行，通过项目创造价值并达成自身战略目标的组织。这种项目型组织不同于日常所说的项目部，它是一种专门的组织结构。项目型项目组织结构中的部门完全是按照项目设置的，是一种单目标的垂直组织方式（典型的项目型项目组织结构见图 14-3）。

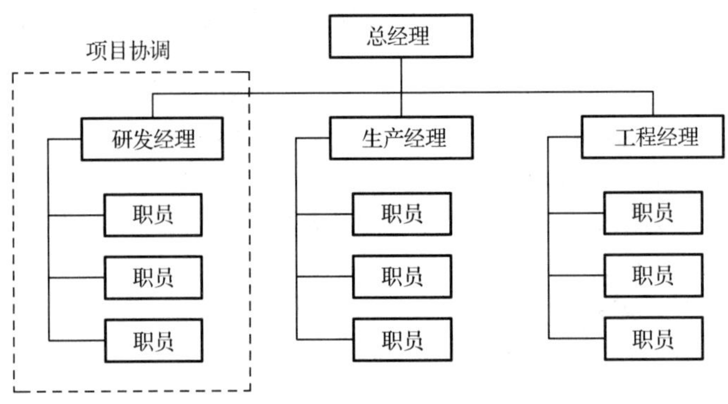

图 14-3　项目型项目组织结构

在项目型组织结构中，项目经理有足够的权力控制项目的资源，项目成员向唯一的领导汇报。这种组织结构适用于开拓性等风险比较大的项目或进度、成本、质量等指标有严格要求的项目，不适合人才匮乏或规模小的企业。

项目型项目组织结构中的项目经理对项目全权负责，可以根据项目需要高效调动项目的内部资源或者外部资源，能够对客户的要求做出及时响应，提高沟通和决策效率。项目型组织结构存在资源不能共享的问题，人员、设施、设备重复配置会造成一定程度的资源浪费。

3. 矩阵型项目组织结构

矩阵型项目组织结构是根据项目的需要，从不同的部门中选择合适的人员组成一个临时项目组，项目结束之后，这个项目组也随之解散，各个成员回到各自原来的部门，团队的成员需要向不同的经理汇报工作。矩阵型组织形式是现代大型项目管理中应用最广泛的新型组织形式，它把职能原则和对象原则结合起来，使之兼具职能型项目组织结构和项目型项目组织结构的优点，既能发挥职能部门的纵向优势，又能发挥项目组织的横向优势（典型的矩阵型项目组织结构见图 14-4）。

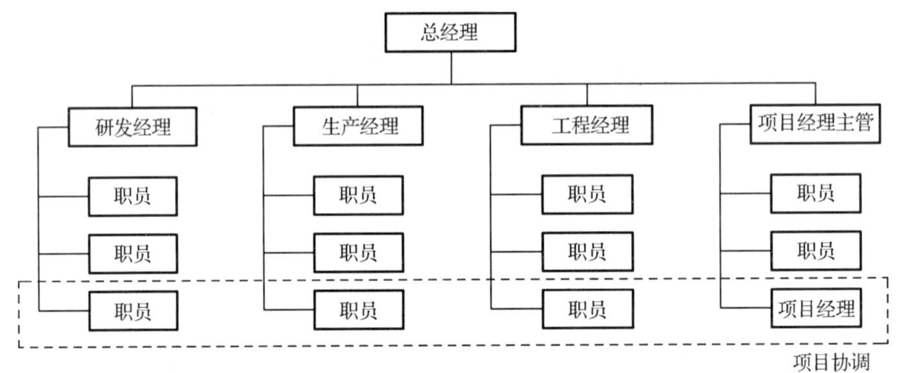

图 14-4　矩阵型项目组织结构

在这种组织结构中，项目经理需要具备良好的谈判和沟通技能，能够与职能经理建立良好的工作关系。项目成员需要适应两个甚至两个以上上司的领导。这种组织结构适用于管理规范、分工明确的公司或者跨职能部门的项目。

在矩阵型项目组织结构中，人力资源得到了更有效的利用。同时项目成员的顾虑有所减少，因为项目结束后他们仍然可以回到原来的职能部门，不用担心被解散，而且他们能有更多机会接触自己企业的不同部门。矩阵型组织结构需要花费较多的时间制定政策和方法，以尽可能避免因为资源共享而导致项目之间的冲突。项目成员有多位领导，员工必须要接受多重领导，因此他们经常产生焦虑与压力。

14.3　项目的工期管理

14.3.1　项目工期管理概述

1. 项目工期管理的概念

项目工期管理（Project Duration Management）也称项目进度管理（Project Schedule Management）或项目时间管理(Project Time Management)，是指为确保项目准时完工所需要开展的一系列管理过程和活动。工期限制是项目管理中的重要约束之一，如果项目不能在规定的时间内完成一般会引起客户的不满，企业要支付违约金，从而致使项目成本增加、利润减少等。而在特殊情况下，如大型的体育赛事工程，可能会导致不可挽回的损失。为此，在所有的项目管理中，项目工期都是重要内容。项目工期管理的主要活动包括综合运用多种方法制订目标工期的计划、实施过程中检查实际的执行情况、分析进度偏差原因并进行相应调整和改进、在兼顾成本、质量的同时将项目工期控制在事先确定的完工期限内。

2. 项目工期管理的主要方法

（1）甘特图。甘特图（Gantt Chart）又称为横道图或者条状图（Bar Chart），采用条状图来显示项目进度和其他与时间相关的活动，以及这些活动随着时间进展的情况。甘特图以横道图方式表示项目活动和时间的顺序及持续时间。通常横轴表示时间，纵轴表示项目内容，线条表示期间计划和实际完成情况（某项任务的甘特图见图 14-5）。甘特图能够直观表明计划何时进行，以及进展情况与时间要求的对比情况，便于管理者弄清项目的剩余活动状况，以便对项目进度进行评估。

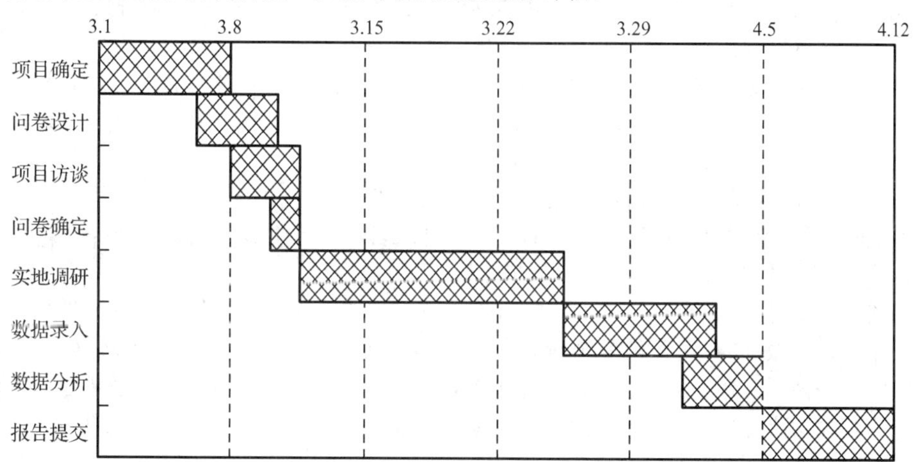

图 14-5　某项任务的甘特图

甘特图是最早尝试通过作业排序形式将活动与时间联系起来的工具之一，帮助企业描述各项工作的运行状态，掌握工作重心、超时工作等的具体情况。甘特图的优点在于图形化的界面清晰直观，易于理解，对不超过 30 项活动的中小型项目尤为有效。然而，甘特图的局限性也非常明显。该方法主要关注项目的时间，而对成本、质量等缺乏有效的表示手段。另外，如果项目任务数量过多，甘特图的使用难度会急剧增加。因此，甘特图在如今项目管理中的应用受到了一定限制。

（2）关键路线法。关键路线法（CPM）是杜邦（DuPont）公司在与兰德（Rand）公司合作时提出的，并首次应用于一个化学工厂的设备维修的计划中。关键路线法是一种网络图计划方法，是通过分析项目过程中哪个路线上工作的总时差最少来预测项目工期，并根据需要采取措施对工期进行优化。关键路线法使用网络图表示各项工作之间的相互关系，找出控制工期的关键路线，以便在一定工期、成本、资源限制条件下获得最佳的计划安排，以达到缩短工期、提高工效、降低成本的目的。CPM 中工序时间是确定的，较适用于那些有很多作业经验数据而且必须按时完成的项目，如建筑施工和大修工程的计划安排等。

（3）计划评审技术。计划评审技术（PERT）最早是由美国海军在计划和控制北极星导弹的研制时提出的，由于 PERT 技术的应用使研制北极星潜艇的实际时间比估计时间缩短了两年。本质上，PERT 也是一种网络图技术，是利用网络分析制订计划及对计划进行评价的技术。计划评审技术能协调整个计划的各道工序，合理安排人力、物力、时间、资金，能够加速计划的完成。计划评审技术可以描绘出项目包含的各种活动的先后次序，标明每项活动的时间或相关的成本，该方法在现代计划的编制和分析中被广泛地使用，是现代项目管理的重要手段和方法。

综上所述，CPM 和 PERT 是当今项目管理中普遍采用的方法。CPM 与 PERT 在网路图的画法上基本相同，主要区别在时间的估算与分析上。在 PERT 网络计划中，某些活动或全部工序的持续时间不能准确确定，PERT 适用于不可预知因素较多的、过去未曾做过的新项目或复杂项目。而 CPM 则主要用于以往在类似工程中已取得一定经验的承包工程。另外，PERT 主要注重工程计划中的时间问题，而 CPM 在应用中可以将时间与费用、资源与时间等进行权衡。此外，类似于 CPM 和 PERT 的网络计划技术还有决策关键路径法（DCPM）、优先进度图示法（PPM）、搭接网络（PM）、图形评审技术（GERT）、风险评审技术（VERT）等。

需要特别指出的是，甘特图由于存在分析复杂项目困难、难以清晰表述复杂任务关系、无法兼顾除时间以外的关键指标等不足，在现代项目管理中的应用具有极大的局限性。尽管如此，甘特图还是能够为一些小型项目的管理提供一种极为有效的方法支持。甘特图是以 CPM 和 PERT 等为代表的现代项目管理技术的基础，为直观理解项目管理新技术提供了保障。

3. 网络计划方法的要素与参数

网络计划方法的核心载体是网络图，该方法主要利用网络图表示任务的进度安排和各项活动之间的关系。在此基础上，通过网络分析计算网络图中各活动的开始时间、结束时间和耗费时长，并确定关键路线、利用时差性质不断改进网络系统，使工期、成本和资源达到最优化。

（1）网络图的构成要素。网络图一般由工作、事件和箭线三个基本要素构成。工作是指构成项目的作业内容，这些工作通常需要消耗一定的人力、物力、财力和时间，通常用带箭头的线段来表示；事件是指一项工作的开始或结束时间，是时间节点，其不占用时间也不消耗资源，通常用带圆圈的数字来表示；箭线是从工作始点指向工作的终点（网络图中的工作、事件和箭线见图 14-6）。工作时间表示活动从开始到结束的最短时间，通常放置在箭线的上方。

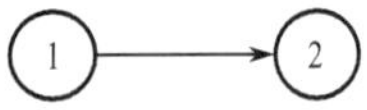

图 14-6　网络图中的工作、事件和箭线

（2）网络图中工作时间的确定。工作时间就是各项工作从开始到结束所需要花费的时间。项目中的各项具体工作可能是之前做过的，也可能是全新的。对于之前做过的工作可以将原有的数据直接拿过来使用，必要的话可以做一些修正。对于那些全新的工作来说，这些工作所花费的时间往往需要通过特定的方式获得，一般的方法有经验类比估计法、历史数据参考法、三点估计法、专家判断法、德尔菲法、模拟法等。其中，最常见的方法就是三点估计法。

三点估计法是综合运用三种特定情况下的工时，包括最乐观时间（用 a 表示）、最可能时间（用 m 表示）和最悲观时间（用 b 表示），利用式（14-1）和式（14-2）的经验公式可以分别获得工作的估计时间和方差。但需要注意的是，采用三点估计法得到的工作时间是估计值，由此得到的项目总工期也是一个估计值，我们称这样的网络规划方法为概率型（非确定型）网络图。

$$t(i,j)=\frac{a+4m+b}{6} \tag{14-1}$$

$$\sigma^2=\left(\frac{b-a}{6}\right)^2 \tag{14-2}$$

式（14-1）中：i 和 j 分别表示某项工作的前后节点事项。

（3）网络图中的事件时间参数。网络图中的事件时间参数主要有两个：一个参数是事件的最早开始时间（Earlist Event Time，TE），是指以它为始点的各项工作最早可能开始的时间，也表示以它为终点的全

部工作最早可能完成的时间，它等于从始点事项到该事项的最长路线上所有工作的工时之和；另一个参数是事件的最迟结束时间（Latest Event Time，TL），是指在不影响任务总工期的条件下，以它为始点的工作的最迟开始时间，或以它为终点的工作的最迟完成时间。

（4）网络图中的工作时间参数。网络图中的工作时间参数主要有以下四个：第一个参数是工作的最早开工时间（Earlist Start Time，ES），一项工作最早可能的开始时间是由其开始的事件节点状态决定的，即在该工作之前的所有紧前工作必须全部完成后才能开始；第二个参数是工作的最早完工时间（Earlist Finish Time，EF），是指该工作最早可能完成的时间，该时间是由该工作最早可能开始的时间加上自身所消耗的时间决定的；第三个参数是工作的最迟开工时间（Latest Start Time，LS），是指工作在不影响整个任务按时完成的前提下，最迟必须开始工作的时间；第四个参数是工作的最迟完工时间（Latest Finish Time，LF），是指工作在不影响整个任务按时完成的前提下，最迟必须完工的时间，如果该工作在这一时间不完成，则会直接导致后续工作无法在规定的时间内完工，进而影响整个项目的完成时间节点。

（5）时差参数。企业采用网络计划方法对项目时间进行规划的关键是寻找关键路线，而判断关键路线的基本方法就是计算时差。网络计划方法中的时差参数有两个：第一个参数是单时差（Free Float），是指在不影响紧后工作的最早开工时间条件下，该工作可以延迟其开工时间的最大幅度；第二个参数是总时差（Total Float），是指在不影响任务总工期的条件下，该工作可以延迟其开工时间的最大幅度。

（6）关键路线。网络图中总时差为零的活动被称为关键工作，顺序将关键工作连接起来，得到的从起始点到完工终点的路线就是关键路线。关键路线上所有工作的时间之和即为该项目需要的最长时间。可见，控制关键路线是网络计划技术的研究重点，因为关键路线缩短 1 天，项目工期就可以缩短 1 天；而关键路线延长 1 天，项目总工期就会拖后 1 天。为此，如果想要缩短项目的工期，应该从关键路线着手。需要注意的是，网络图中的关键路线不是一成不变的，会随着优化不断发生变化。关键路线为项目进度管理指明了重点，可以结合成本、资源、质量等进行综合优化。

4. 网络计划方法的应用步骤

网络计划方法是利用网络图表示计划任务的进度安排，以及各项工作之间的关系。在此基础上通过网络图分析计算网络中各路线所消耗的时间，最终确定关键路线。然后利用时差参数的性质，不断改进和优化网络工作活动，以便获得一个兼顾时间、成本、资源的最优计划。一般来说，网络计划方法的主要步骤如下所述。

（1）分析工作内容。根据项目中各项工作的工作说明（Statement of Work，SOW），确定各项工作之间的逻辑关系，尤其是明确那些存在直接前后紧密关联的工作关系，绘制基于“紧前”和“紧后”的工作关系表，并确定各项工作所需要的时间和资源。

（2）绘制网络图。根据项目中各项工作之间的“紧前”和“紧后”关系表，绘制网络图，以图形的方式展示项目中各项工作之间的逻辑关系。图形画法需要符合网络图绘制的基本规则，在特殊情况下可能还需要引入一些“虚工序”，以明确工作之间的时间顺承关系。

（3）计算网络时间。基于标号法计算从项目开始到项目结束的各条路线的时间消耗，并从中寻找一条满足由若干总时差为零的工作顺次连接的工作路线，即关键路线。关键路线所需要的时间，就是项目所需的最短时间。

（4）网络优化。在时间约束的情况下，根据各项工作时间变化对影响成本、资源的要素进行决策，以便在考虑多种约束限制的情况下改进工作路线，进而在使时间优化的同时，也能够兼顾其他关键的项目指标。

（5）项目控制。在计划执行的过程中，不断收集、积累、传递和分析相关运行信息，根据项目进展情况对项目中的一些工作进行调整，不断改进和完善项目运行状态。

14.3.2　项目工期管理的关键路线法

关键路线法是分析项目进度问题的基本方法之一，该方法具有简单、直观、明了的优点，该方法得到了广泛的应用。关键路线法的具体应用过程大致可以分为项目工作逻辑关系确定、项目时间参数确定、项目关键路线确定、项目关键路线优化等步骤。下面采用关键路线法，对某新产品投产前全部准备工作的进度进行分析。

例 14-1 某公司的一个新产品投产前需要做一系列准备工作，主要包括市场调查、资金筹备、需求分析、产品设计、产品研制、制订成本计划、制订生产计划、筹备设备、筹备原材料、安装设备、调集人员和准备开工投产等工作。各项工作的工作代号、工作内容和需要工时分别如表 14-1 的第 1、2、4 列所示。请使用关键路线法求解该项目的工期进度。

表 14-1 某公司新产品投产前的准备工作

工作代号	工作内容	紧前工作	工时（周）
A	市场调查	/	4
B	资金筹备	/	10
C	需求分析	A	3
D	产品设计	A	6
E	产品研制	D	8
F	制订成本计划	C，E	2
G	制订生产计划	F	3
H	筹备设备	B，G	2
I	筹备原材料	B，G	8
J	安装设备	H	5
K	调集人员	G	2
L	准备开工投产	I，J，K	1

解：具体求解过程主要分为以下三步。

1. 项目工作逻辑关系确定

（1）任务的分解。为了有效建立项目活动的网络图，首先需要将项目的整个任务分解成若干项相对独立的工作，并分析清楚这些工作在工艺上和组织上的联系及制约关系，进而确定各项工作的先后顺序，并列出工作项目明细表。对于上述问题，经过分析可以得到各项工作内容的“紧前”和“紧后”工作，表 14-1 的第 3 列显示了该项目各项工作之间的逻辑关系。

（2）绘制网络图。根据网络图的绘制规范及项目中各项工作之间的先后顺序，按照工作之间的“紧前”和“紧后”关系绘制出网络图，并在箭线上标出相应工作所需要耗费的工时，具体如图 14-7 所示。

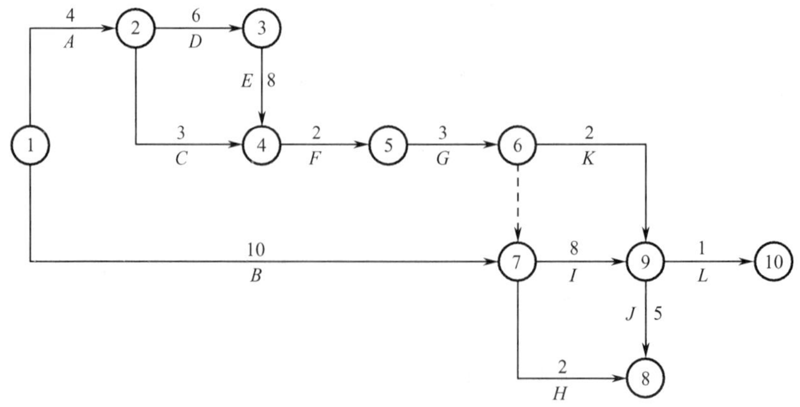

图 14-7 某公司新产品投产前准备工作的网络图

2. 项目时间参数确定

在使用关键路线法进行计算的过程中，项目中需要确定的主要参数包括工作工时、事项时间和工作时间。

（1）工作工时参数确定。项目是由一系列具体、相对独立的工作构成的，每项工作的完成一般都需要消耗一定的时间。工作工时是指一项工作从开始到完成所需要的时间。由于项目的一次性特点，其中的工作所需要的工时可能是相对确定的，也可能是不明确的。对于那些曾经做过的、重复性的工作可以借鉴之前经过验证确定的工时，而对于那些全新的工作没有经验数据可供借鉴的就需要通过一定的方法进行估计（如三点估计法）。

（2）事项时间参数确定。事项时间参数是确定项目诸多节点的时间状态，这些节点的时间将会直接影响到与之相连的各项工作的开始时间或结束时间，会对项目的进度产生直接影响。事项时间参数的计算方法主要有图上计算法、表上计算法、矩阵法及计算机计算等。对上述问题中各事项的最早时间和最迟时间分别进行计算，事项最早时间是从总开工事项①开始的，利用关键路线法的计算规则和公式，在图上按编号由小到大的顺序逐个计算，计算结果如下。

$$t_E（1）=0$$
$$t_E（2）=0+4=4$$
$$t_E（3）=4+6=10$$
$$t_E（4）=\max\{4+3，10+8\}=18$$
$$\cdots$$
$$t_E（10）=32$$

将上述计算结果标注在事项相应的方框的上部，如图 14-8 所示。

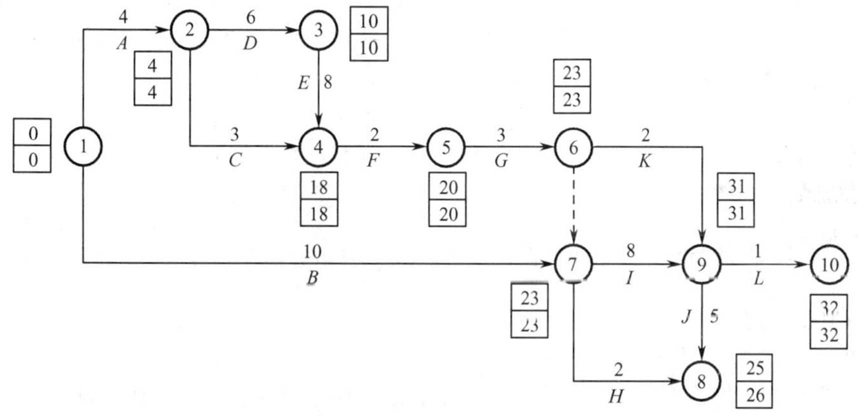

图 14-8　某公司新产品投产前准备工作的事项时间参数

事项最迟时间的确定是从总完工事项⑩开始，由后向前利用关键路线法的计算规则和公式确定的。当任务给定完工期限时，事项⑩的最迟时间就等于规定期限，否则就等于刚计算出的事项⑩的最早时间 32，计算结果如下。

$$t_L（10）=32$$
$$t_L（9）=32-1=31$$
$$t_L（8）=31-5=26$$
$$t_L（7）=\min\{31-8，26-2\}=23$$
$$\cdots$$
$$t_L（1）=4-4=0$$

将上述计算结果标注在事项相应的方框的下部，如图 14-8 所示。

（3）工作时间参数确定。在图上计算工作的时间参数时，利用关键路线法的计算规则和公式计算出工作的最早开工时间和最迟开工时间，并填入图中。

与计算事项的时间参数类似，先利用关键路线法的计算规则和公式，从始点开始逐个计算工作的最早开工时间，填入箭杆上方的菱形方框的上半部。然后，利用关键路线法的计算规则和公式从终点由后向前逐个计算工作最迟开工时间，填入菱形方框的下半部。具体计算结果如图 14-9 所示。

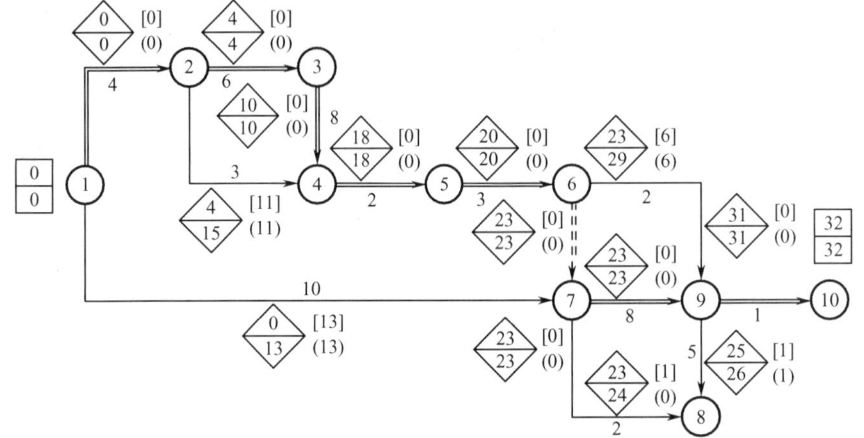

图 14-9　某公司新产品投产前准备活动的工作时间参数

3. 项目的关键路线确定

利用关键路线法的计算规则和公式，计算项目各项工作的单时差和总时差，将总时差填入图中[ ]内、单时差填入图中（）内，如图 14-9 所示。由关键路线的意义可知，总时差为零的工作路线就是该项目此时的关键路线。从图中可知，此时项目的关键路线为：①→②→③→④→⑤→⑥→⑦→⑨→⑩，关键工作包括市场调查、产品设计、产品研制、制订成本计划等活动。

通过计算可知，关键路线需要的总时长为 32 周。在项目实际执行过程中，如果由于工期时间的限制需要进一步缩短工期，这时就需要对现有项目的工期进行调整，而调整的对象就是关键路线。具体调整和优化的方法可参见后面的进度优化内容。

 14.3.3　项目进度管理的计划评审技术

1. 计划评审技术的应用过程

与 CPM 相似，计划评审技术的具体应用过程如下所述。

（1）绘制网络图。在网络图中，用箭头表示施工先后顺序；箭杆表示一项独立的工作；箭杆上面的数字表示相应工序需要的时间；圆圈称为节点，表示一个事项，是一道或数道工序的开始或结束，是相邻工序在时间上的分界点。

（2）确定工作的工时参数。对于有经验数据可参考的工作可以借鉴之前的确定工时，对于那些没有经验数据可供参考的全新工作，可以采用三点估计法等方法确定工作工时。

（3）计算事项的时间参数。各事项的最早开始时间为前道工序完成时间中最迟的天数，表示从始点事项起到本事项最长路线的时间长度，其计算过程一般从始点事项开始，自左向右逐个事项向前推导。各事项的最迟开始时间是指箭尾事项各道工序的最迟开始时间。最迟开始时间要从整个网络的完工事项开始，由右向左反方向进行计算。

（4）计算工作的时间参数。工作的时间参数主要有工作的最早开工时间、工作的最早完工时间、工作的最迟开工时间、工作的最迟完工时间四个。这四个参数主要用于各工作的时差计算，进而获得关键路线。

（5）确定关键路线。工作的时差是指在不影响工程最早结束时间的前提下，工序最早开始时间可以推迟的时间，它是每道工序的机动时间。一般时差越大，该道工序人力、物力可以调整的潜力也就越大。而时差为零的工序叫关键工序，将时差为零的工序连接起来的线就叫关键路线。

（6）进度调整。根据关键路线的性质可知，关键路线上各项工作所需要的时间决定了项目的总工期。如果需要缩短工期，就需要对关键路线上的某些工作的工时进行压缩，而调整非关键路线上的工作时间一般是不起作用的。

2. 计划评审技术的特点

计划评审技术以综合、系统的方法为项目管理者提供了一种计算项目工期的科学管理方法，尤其是在研究、确定一些复杂大型项目的工期中效果尤为显著。PERT 是利用网络分析技术协调整个项目的各道工序，加速计划的完成。因此，PERT 在现代项目的计划编制和分析中被广泛使用，是现代项目管理的重要手段和方法。项目管理者利用 PERT 网络可以明确要做哪些工作、工作之间的逻辑关系，分析出存在问题的环节，还可以方便地比较不同行动方案在进度和成本方面的效果。

计划评审技术中的工作时间一般是一个估计时间，因为人们在工程实践中对事物的认识受到客观条件的制约，网络计划的各项工作可能受多种可变因素的影响，工作具体需要的时间很难给出一个确定性的数值。因此，在计划评审技术中各项工作的时间通常采用三点估计法估算获得，在编制网络计划时存在一些不确定性的时间。因此，通过计划评审技术得到的项目工期通常用项目在计划期内完成的概率来表示。也就是说，项目管理者必须对工程计划周期进行风险评估。

3. 计划评审技术的应用实例

例 14-2 某工程项目的网络图，如图 14-10 所示。其中各项工作的最乐观时间（用 a 表示）、最可能时间（用 m 表示）和最悲观时间（用 b 表示）（单位为月），如表 14-2 中的第 2、3、4 列所示。求：（1）每项工作的平均工时 t 及均方差 σ；（2）画出网络图，确定关键路线；（3）该工程在 25 个月前完工的概率。

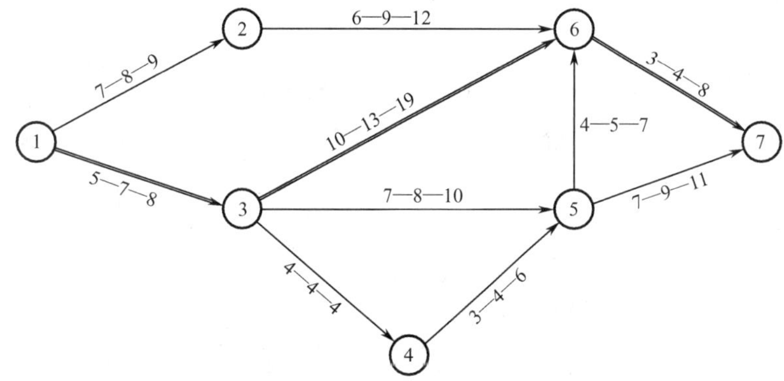

图 14-10 某工程项目的网络图

解：（1）利用式 14-1 和式 14-2 分别计算出各项工作的平均工时 t 和 σ，填入表 14-2 中的第 5、6 列。

表 14-2 某工程项目各项工作的估计时间

工　作	a	m	b	t	σ
①→②	7	8	9	8	0.333
①→③	5	7	8	6.833	0.5
②→⑥	6	9	12	9	1
③→④	4	4	4	4	0
③→⑤	7	8	10	8.167	0.5
③→⑥	10	13	19	13.5	1.5
④→⑤	3	4	6	4.167	0.5
⑤→⑥	4	5	7	5.167	0.5
⑤→⑦	7	9	11	9	0.667
⑥→⑦	3	4	8	4.5	0.833

（2）按 t 值计算出各项工作的最早开工时间 t_{ES} 和最迟开工时间 t_{LS}，并计算总时差 R，如表 14-3 所示。

表 14-3　某工程项目各事项参数的时间

工　作	t_{ES}	T_{LS}	R
①→②	0	3.333	3.333
①→③	0	0	0
②→⑥	8	11.333	3.333
③→④	6.833	6.999	0.166
③→⑤	6.833	6.999	0.166
③→⑥	6.833	6.8333	0
④→⑤	10.833	10.999	0.166
⑤→⑥	15	15.166	0.166
⑤→⑦	15	15.833	0.833
⑥→⑦	20.333	20.333	0

从表中可知，时差为零的工作为（1，3）、（3，6）、（6，7），所以关键路线为①→③→⑥→⑦，总完工期为 24.833（月）。

（3）由于关键工作为（1，3）、（3，6）、（6，7），所以：

$$\sqrt{\sum\sigma^2}=\sqrt{\sigma_{1,3}^2+\sigma_{3,6}^2+\sigma_{6,7}^2}=\sqrt{0.5^2+1.5^2+0.833^2}\approx 1.787$$

根据下式，计算该工程项目在 25 个月内完工的概率，并查正态分布表得到：

$$P(T\leqslant T_s)=\int_{-\infty}^{T_s}N(T_z,\sqrt{\sum\sigma^2})\ dt$$

$$=\int_{-\infty}^{\frac{T_s-T_z}{\sqrt{\sum\sigma^2}}}N(0,1)\ dt=\Phi\left(\frac{T_s-T_z}{\sqrt{\sum\sigma^2}}\right)$$

$$=\Phi(0.099)=53.98\%$$

也就是说，该工程项目在 25 个月内完工的概率为 53.98%。

根据上述公式，可以得到该工程项目中一些具体事项在某个时间点完工的概率。但需要注意的是，如果计算得到的某个事项概率数值比较小，就应该对那些与该事项相连的工作给予更多的关注，并尽可能多地检查和控制，因为这些工作存在较大不能按时完工的可能性，最终会影响项目的总工期。

14.4　项目的成本管理

14.4.1　项目成本管理概述

1. 项目成本的概念及构成

（1）项目成本的概念。总体来看，项目成本可以分为狭义成本和广义成本。狭义的项目成本是指为了实现项目目标，开展的各种项目活动中因消耗的资源而产生的各种费用。而广义的项目成本除狭义项目成本的内容外，还包括项目中所涉及的税金及承包商的利润等。为此，项目成本在一些情况下也被称为项目

造价或者项目费用。项目成本（Project Cost）管理就是在整个项目的实施过程中，为确保项目在已批准的成本预算内尽可能好地完成，对所需要的各个过程进行的管理。

（2）项目成本的构成。按照成本的来源，项目成本可以划分为多种类型。根据项目费用发生的阶段和用途可以分为项目定义与决策成本、项目设计与计划成本、项目实施成本、项目终结成本；按照项目成本的性质可以分为直接成本和间接成本；按照项目成本的要素构成可以分为人工费、材料费、设备费、分包费和其他费用等。某建筑安装工程的费用如表 14-4 所示。

表 14-4　某建筑安装工程的费用

一 级 项 目	二 级 项 目	三 级 项 目
直接费用	直接工程费	人工费、材料费、施工机械使用费
	措施费	环境保护、文明施工、安全施工、临时设施、夜间施工、二次搬运、大型机械设备进出场及安拆、混凝土、钢筋混凝土模板和支架、脚手架、已完工程机器设备保护、施工排水
间接费用	规费	工程排污费、工程定额测定费、社会保障费（养老保险费、失业保险费、医疗保险费、住房公积金、危险作业意外伤害保险）
	企业管理费	管理人员工资、办公费、差旅交通费、固定资产使用费、工具用具使用费、劳动保险费、工会经费、职工教育经费、财产保险费、财务费、税金等

尽管一般项目成本有明确的构成，但是这些具体的成本数额才是影响项目最终成本的关键。一般来说，影响项目成本的因素包括项目范围、项目工期、项目质量、项目耗用资源的数量与单价等。

2. 项目成本管理的主要内容

具体而言，项目成本管理的主要内容可以分为项目成本估算、项目成本预算和项目成本控制（见图 14-11）。

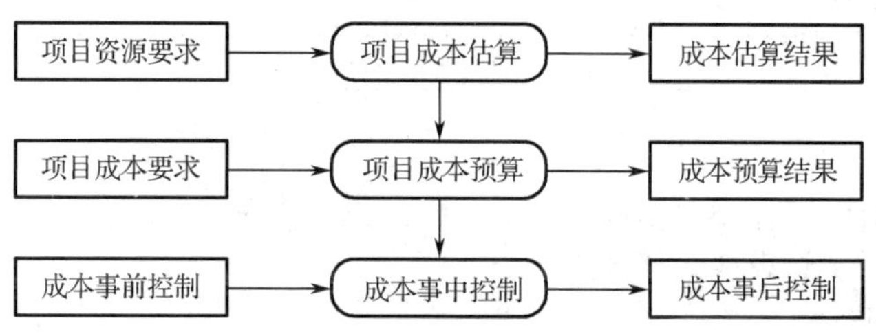

图 14-11　项目成本管理的主要内容

（1）项目成本估算。项目成本估算（Project Cost Estimating）是指为实现项目的目标，根据项目资源计划和市场上各资源的价格信息，对项目所需的成本进行的估算。项目成本估算的主要任务是确定整个项目中所需的人、机、料、费等成本要素及其费用，估算方法主要有类比估算法、参数估计法、标准定额法、工料清单法和专家评估法等。

（2）项目成本预算。项目成本预算（Project Cost Budgeting）是指将项目成本估算的结果在各具体的活动上进行分配的过程。其目的是确定项目各活动的成本定额、项目意外开支准备金的标准和使用规则，为测量项目实际绩效提供标准和依据。项目估算的常用方法有工料清单法、财务预算法、甘特图法和风险分析法等。

（3）项目成本控制。项目成本控制（Project Cost Controlling）是指在项目实施过程中，尽量使项目实际发生的成本控制在项目预算范围之内的一项管理工作。项目成本控制涉及对各种能够引起项目成本变化因素的控制（事前控制）、项目实施过程的成本控制（事中控制）和项目实际成本变动的控制（事后控制）三个方面。项目成本控制的具体措施包括项目成本变更控制体系、项目成本绩效度量方法、项目的净值管理方法、项目成本的附加计划法、项目成本控制的软件工具法等。

14.4.2 项目成本的估算

1. 项目成本估算的主要内容

项目成本估算既包括识别各种项目成本的构成科目，也包括估计和确定各种项目成本科目的数额。例如，在大多数项目中，人工费、设备费、管理费、咨询费、物料费、开办费等都属于项目成本的构成科目，甚至在这些科目下还可以进一步划分出二级科目和三级科目。同时，项目成本估算还包括分析和考虑各种不同项目实施方案，并估计和确定各项目方案的成本。许多项目会有多种不同的项目设计方案，或者项目实施方案，而相应的项目成本也会有所不同。在项目成本估算中，人们必须努力给出不同项目设计与实施方案的成本估算，并据此选择最优的项目设计和实施方案。实际上，现行的项目招标过程中人们主要解决的便是项目成本估算问题。项目成本估算的主要流程如图 14-12 所示。

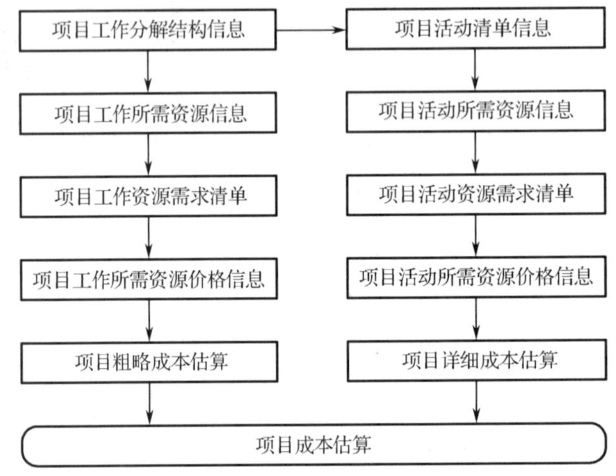

图 14-12 项目成本估算的主要流程

一般来说，项目成本估算主要包括以下内容：①工作分解结构；②资源需求计划；③资源价格；④项目延续时间；⑤历史信息；⑥会计表格；⑦风险程度。

2. 项目成本估算的结果

项目成本估算的结果主要包括：项目成本估算文件、相关支持细节文件、项目成本管理计划、项目成本变更请求等。

（1）项目成本估算文件。项目成本估算文件是对完成项目所需费用的估计和计划安排，是项目管理文件中的一个重要组成部分。项目成本估算要对完成项目活动所需的资源、资源成本和数量进行必要的说明，包括对项目所需人工、物料、设备和其他科目成本估算进行全面的描述和说明。另外，这一文件还要全面说明和描述项目的不可预见费用方面的内容。

（2）相关支持细节文件。相关支持细节文件是指对项目成本估算文件的依据及其所涉及细节问题进行说明的文件，一般作为项目成本估算文件的附件。相关支持细节文件的主要内容包括项目范围描述、项目成本估算的基础和依据文件、项目成本估算的各种假定条件说明、项目成本估算可能变化范围的说明等。

（3）项目成本管理计划。项目成本管理计划是关于如何管理和控制项目成本，以及项目成本变更的说明文件，是项目成本管理文件的一个重要组成部分。项目开始实施后，可能会发生各种无法预见的情况，从而阻碍项目成本目标的实现。为了防止和克服各种意外情况，人们就需要计划安排好各种可能需要的应对措施，从而控制和减缓项目实施过程中由于出现变化而造成的成本波动。

（4）项目成本变更请求。项目成本变更请求主要是因为项目成本估算的过程是一个不断细化的过程，在这个过程中可能会出现一些影响成本管理计划、项目活动资源要求和项目既定计划的情况，这时就会出

现项目成本的变更请求。项目成本的变更请求必须通过一定的程序进行审批，再对项目成本估算进行相应的调整和更新。

14.4.3　项目成本的预算

1. 项目成本预算的内容和主要依据

一般来说，项目成本与项目执行时间的长度存在一定的关系，大多数项目成本预算的编制结果往往呈现为一种 S 型曲线（典型的项目成本预算的 S 型曲线见图 14-13）。大量的实践表明，项目成本预算并不是越低越好，因为这样会导致相关人员偷工减料，进而影响项目的质量。总体来看，项目成本预算的主要内容包括确定项目预算的风险储备、确定项目总预算、确定项目工作包的预算、确定项目各活动的预算、确定各活动预算投入时间、确定项目预算的 S 型曲线。

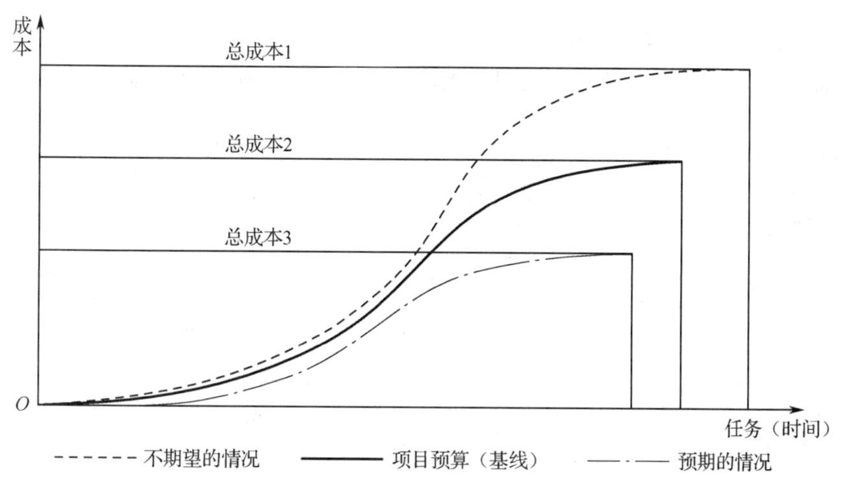

图 14-13　项目成本预算的 S 型曲线

为了使项目成本预算更加科学合理，其需要建立在充分的预算依据基础上。从项目管理的实践来看，主要依据包括：①项目合同造价；②项目活动清单；③项目进度计划；④资源日历；⑤其他方面的信息。除上面已列出的依据外，还有一些信息也会对项目成本预算产生重要影响。

2. 项目成本预算的主要方法

由于影响项目成本预算的因素有很多，所以项目成本预算的方法也有很多种。

（1）常规的项目成本预算方法。该方法是财务成本预算法，主要是将企业财务预算的科目作为项目预算的科目，将项目成本估算的信息作为基本信息，按照项目预算成本科目汇总项目估算信息和项目不可预见费（Contingency Cost，也称预备费），编制出项目成本预算书。

（2）专门的项目成本预算方法。除财务成本预算法外，还可以使用甘特图进行项目预算计划的编制。甘特图原本是一种项目进度计划的规划方法，但是该方法也可以用来进行项目成本预算编制。

（3）其他方法。除上述两种方法外，还有一些方法可以作为项目成本预算的方法，主要有项目管理储备的计算方法、项目成本聚合法、项目费用平衡法等。

3. 项目成本预算的结果

一般来说，项目成本预算工作的主要结果包含如下几个方面。

（1）项目预算文件。项目预算文件是项目成本预算工作的主要结果之一，该文件的内容包括有关项目总预算规模的规定、各工作包的预算计划安排、各项具体活动的预算计划安排、不可预见费的计划安排、成本预算控制 S 曲线等。

（2）相关的支持细节。项目成本预算需要很多支持性的细节文件，主要包括各种预算编制过程中使用的项目集成计划、范围计划、工期计划与项目资源计划、项目预算标准与定额、项目预算分配的原则等细节支持文件。

（3）项目筹资计划与安排。项目筹资计划与安排主要包括项目总的筹资计划和各个时段的筹资计划及安排。项目筹资工作一般都是间断性和不断增加的，一定比例的项目管理储备可以通过逐步增加的方式体现在具体的筹资活动中。

（4）项目预算管理计划。该文件是项目成本预算工作的另一个主要结果，应该明确有关项目预算管理的各项规定和要求，主要包括有关预算中的管理、储备的管理和使用规定。

（5）项目估算等文件的更新。相关人员在项目成本预算过程中会发现，以前的项目成本估算和项目进度、范围、集成计划等都存在一些需要更新的问题，这样就会产生更新后的项目成本估算书、项目成本管理计划及其他更新文件。

14.4.4 项目成本的控制

1. 项目成本控制的内容和主要依据

项目成本控制是在项目实施过程中，通过开展项目成本管理将项目的实际成本控制在项目预算范围内的一种管理工作。因为随着项目的实施，实际发生的成本会不断发生变化，管理者需要不断控制和调整项目的实际花费，同时需要对项目最终完工时的成本进行预测。项目成本控制的具体内容包括：监视项目的成本变动，发现项目成本的实际偏差，采取各种纠偏措施以防止项目成本超过项目预算，确保实际发生的项目成本的各项目变更都能够有据可查，防止不正当或未经授权的项目变更所发生的费用被列入项目成本预算，以及有关项目不可预见费的使用管理等。为了使项目成本控制科学合理，其需要基于一系列现实、可靠的依据，主要包括：①项目成本实际情况报告；②项目各种变更请求；③项目成本管理计划。

2. 项目成本控制的主要方法

项目成本控制的主要方法包括项目成本分析、预测、控制。具体而言，项目成本控制的主要方法有：①项目变更控制体系的方法；②项目成本实际情况度量的方法；③预测和附加计划法；④计算机软件工具法。

3. 项目成本控制的结果

企业开展项目成本控制是为了节约项目成本和提高项目经济效益，而其间接结果是生成了一系列项目成本控制文件。这些文件主要包括：①项目成本估算文件的更新；②项目成本预算文件的更新；③项目活动方法改进文件；④项目成本的预测文件；⑤经验与教训总结文件。

14.5 项目的质量管理

14.5.1 项目质量管理概述

1. 项目质量管理的概念

项目质量是指项目固有的特性满足项目相关方面要求的程度。项目质量既具有产品质量的特征，也具有服务质量的特征。与一般实体产品不同，项目质量很难在一开始就较为明确地确定下来，而是在项目进行过程中经过不断修订和变更最终形成的。项目质量管理是为了保障项目产出能够满足项目业主、项目利益相关者的需要，针对项目产出质量和项目工作质量所进行的全面管理工作。

2. 项目质量管理的基本内容

项目质量管理的基本内容包括：项目质量方针的确定、项目质量目标与质量责任的制定、项目质量体系的建设，以及为实现项目质量目标所进行的项目质量计划、项目质量保障和项目质量控制等一系列质量管理工作（项目质量管理的基本内容见图 14-14）。

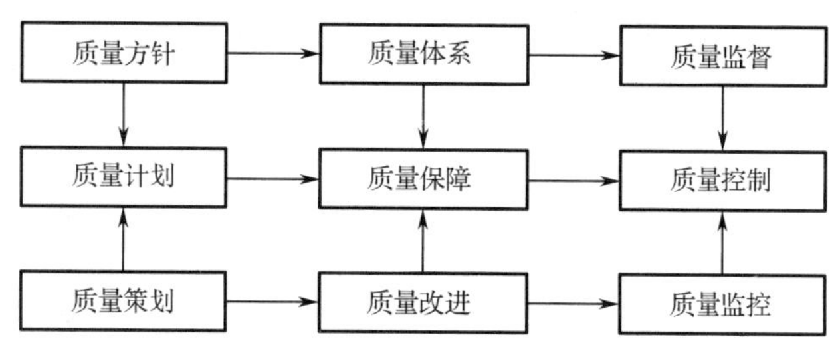

图 14-14　项目质量管理的基本内容

3. 项目质量管理的国际标准

国际标准ISO 10006是由ISO/TC176/SC2国际标准化组织质量管理和质量保证技术委员会质量分技术委员会，针对项目的质量管理制定的。项目管理质量表现在项目过程质量和项目产品质量两个方面。质量标准强调质量的实现是管理者的职责，要求参与项目组织的各级人员都对质量做出承诺，并对各自相应的过程和产品负责。另外，建立和保持项目的过程质量和产品质量需要一套系统的方法。这套方法应确保顾客明确和隐含的需求得到理解和满足，其他受益者的需求得到评定，同时在项目管理的实施中应贯彻组织的质量方针。

14.5.2　项目质量的计划

1. 项目质量计划的概念

项目质量计划是指为确定项目应该达到的质量标准和如何达到这些质量标准而做的计划与安排。项目质量计划不仅对项目的一系列质量标准做出规定，还明确如何满足这些质量标准，以及由谁、何时、使用哪些程序和相关资源完成等。项目质量计划属于质量体系的一部分，其与决定质量工作的策略、目标和责任的全部管理功能有关的各种活动一起致力于项目质量目标的实现。

2. 项目质量计划的编制方法

（1）成本/收益分析法。成本/收益分析法也叫经济质量法，这种方法要求相关人员在制订项目质量计划时，必须考虑项目质量的成本与收益问题。其中，项目质量成本是指开展质量管理活动所需的支出，而项目质量收益是指开展质量活动所带来的收益。

（2）质量标杆法。质量标杆法是指将其他项目实际或计划的项目质量管理结果作为新项目的质量参照体系，通过对照比较制订出新项目质量计划的方法。一般来说，质量标杆法的主要做法是以标杆项目的质量方针、质量标准与规范、质量工作说明文件、质量改进记录和原始质量凭证等文件为蓝本，结合新项目的特点制订出新项目的质量计划文件。

（3）流程图法。流程图法是使用描述项目工作流程和项目工作的相互关系图来表达一个项目的工作过程和项目不同部分之间的联系，并用该图分析和确定项目实施过程和项目质量形成的过程，然后编制出项目的质量计划。一般来说，流程图法的类型有项目系统流程图、项目实施过程流程图、项目作业过程流程图等。

（4）实验设计法。实验设计法是制订项目质量计划的一种常用方法，较适用于那些独特性很强的原创性研究项目的质量计划编制工作。通过实验获得的信息是质量计划安排的前提，该方法可以帮助相关人员识别在多种变量中何种变量对项目成果的影响最大，从而找出项目质量的关键因素，以指导项目质量计划的编制。

3. 项目质量计划的编制结果

（1）项目质量管理体系。项目质量管理体系是实施项目质量管理所需的组织结构、工作程序、质量管理过程和质量管理资源构成的一个整体。健全的质量体系是企业开展项目质量管理活动的保障。

（2）项目质量管理计划。项目质量管理计划主要说明项目管理组织为实施其制定的质量方针和质量目标，而进行的职责和权限分配、质量检验、报告、审核、编辑质量管理文件的管理行动，为项目总体计划提供输入，为项目质量管理的实施提供指导。

（3）项目质量衡量标准。项目质量衡量标准是根据以前的经验和各个国家、地区、行业的质量标准设计出的适合于具体项目的质量规范。合理的质量标准是项目实施过程中质量的设计、执行、评价的尺度。

（4）项目质量工作说明。项目质量工作说明是对项目质量管理具体工作的描述，以及对项目质量保证与控制方法的说明。简单、清晰、易懂、合理的项目质量工作说明是实施项目质量管理的基本依据。

14.5.3 项目质量的保障

1. 项目质量保障的概念

项目质量保障是指通过项目质量计划，规定在项目实施过程中执行公司质量体系，针对项目特点和用户特殊要求采取相应的措施，使用户确信项目实施能够符合项目的质量要求。项目质量保障可分为内部质量保障和外部质量保障。内部质量保障包括对质量体系的评价与审核，以及对质量成绩的评定。外部质量保障是为使需方确信供方的项目质量能够满足规定要求所进行的活动。在外部质量保障活动中，首先应把需方对供方质量体系的要求写在合同中，然后对供方的质量体系进行验证、审核和评价。

2. 项目质量保障的依据

项目质量保障工作的依据包括项目质量管理计划、质量测量指标、过程改进计划、工作绩效信息、批准的变更要求、质量控制度量的结果、实施的变更请求、实施的纠正措施、操作说明等。其中，主要依据与项目质量计划的编制结果资料相对应，包括以下内容。

（1）项目质量管理体系。为了使项目质量得到有效的保障，项目执行方应该拥有完善的项目质量管理体系，具有质量保证手册、质量计划、质量记录、各种工作程序、质量管理的有效流程。

（2）项目质量管理计划。科学的管理计划可以为项目质量实施提供大量的指导性安排，有助于项目质量的控制、保证和提高，是项目质量保障工作实施的基本依据。

（3）项目质量衡量标准。项目质量衡量标准是项目施工方、验收方、客户等对项目最终成果进行评价的依据，是保障项目质量的重要基础。

（4）项目质量工作说明。有效的项目质量工作说明能够为负责项目质量的工作人员提供可靠、高效的支持。

3. 项目质量保障的方法

（1）质量计划技术。预测项目质量管理方面的问题，并制订出相应的措施和计划是避免和减少项目质量问题的重要手段。为了使项目在实施过程中的质量得到有效保障，相关人员利用质量计划工具和技术开展事前的项目质量计划是极为有效的。

（2）质量审核。质量审核是确定质量活动及其有关结果是否符合计划安排，以及这些安排是否有效贯彻并能够对目标进行系统的、独立的审查。通过质量体系、过程、内部、外部等的审核，评价审核对象的现状与规定要求是否相符，并确定是否需要采取改进纠正措施，从而保证设计、实施与组织过程符合规定要求，保证质量体系有效运行并不断完善、提高质量管理水平。

（3）过程分析。过程分析是指按照过程改进计划中列出的步骤，识别项目、项目阶段、项目过程中组织、管理和技术等需要改进的地方，然后通过改进来保障项目的质量。同时，过程分析还包括对遇到的问题、约束条件和无价值活动进行分析和检查，从而提出改进和提高项目质量的方法，最终达到削减项目中各种不必要的过程和解决存在的问题的目的。

14.5.4 项目质量的控制

1. 项目质量控制的概念

项目质量控制（Project Quality Control）是指对项目质量实施情况的监督和管理，主要内容包括项目质量实际情况的度量、项目质量实际与项目质量标准的比较、项目质量误差与问题的确认、项目质量问题

的原因分析和采取纠偏措施以消除项目质量差距与问题等。

2. 项目质量控制的结果和方法

项目质量控制的结果是项目质量控制和质量保障工作所形成的综合结果，主要包括项目质量控制的度量结果、需方对恢复结果的认可、调整或降低项目质量要求、针对质量问题采取的预防、纠正和补救措施、更新后的项目信息、需方认可的项目交付成果等内容。常用的项目质量控制方法：①核检清单法；②质量检验法；③控制图法；④帕累托图法；⑤抽样统计法；⑥流程图分析法；⑦趋势分析法。

14.6　项目的风险管理

14.6.1　项目风险管理概述

1. 项目风险的概念及类型

项目风险是指由于项目所处环境和条件的不确定性，或者顾客/业主、项目实施组织、其他利益相关者不能准确预见，或者不能控制一些影响因素，而使项目的实施结果与项目利益相关者的预期产生背离，从而给项目利益相关者带来损失或不利影响的可能性。

项目风险的类型多种多样，基于风险后果可以分为纯粹风险和投机风险；按风险来源可以分为自然风险和人为风险；按风险的形态可以分为静态风险和动态风险；按风险可否管理可以分为可管理风险和不可管理风险；按风险的影响范围可以分为局部风险和总体风险；按风险后果的承担者可以分为政府风险、投资方风险、业主风险、承包商风险、供应商风险、担保方风险等；按风险对目标要素的影响可以分为工期风险、费用风险、质量风险、市场风险、信誉风险、人身伤亡、安全、健康、工程或设备的损坏、法律责任风险等。由于项目本身具有一次性、独特性和创新性等特性，所以项目的风险具有客观性、不确定性、可变性、相对性、阶段性等典型特点。

2. 项目风险管理的概念及主要内容

项目风险管理是一种综合性的项目管理活动，是指以项目经理和项目顾客/业主为代表的全体项目利益相关主体，通过采取有效措施以确保项目风险处于可控状态，从而保证项目目标能够实现。

项目风险管理理论认为，只要方法正确，人们就可以在项目进程中识别、度量和应对项目风险，从而在项目风险形成的过程中尽早地实施有效的管理和控制。一般来说，项目风险管理方法可以根据风险产生的阶段分为项目风险潜在阶段的管理方法（预防风险的方法）、项目风险发生阶段的管理方法（转化与化解的方法）、项目风险后果阶段的管理方法（减少或消除项目影响程度的方法）。

项目风险管理涉及的工作繁杂，涉及多个部门、多项要素、多个时段。为了切实做好项目风险管理工作，相关人员需要认真设计项目风险管理的工作内容。一般来说，项目风险管理的主要内容包括项目风险管理计划、风险识别、风险度量、风险监控等。

14.6.2　项目风险管理计划

1. 项目风险管理计划的概念及主要内容

项目风险管理计划是确定项目风险管理相关的活动计划安排的工作，是规划和设计如何进行项目风险管理活动的工作，也是项目风险管理的首要工作。项目风险管理计划的结果是给出一份项目风险管理计划书，对项目风险管理中的风险识别、分析与度量、应对措施的制定及监控等各项工作给出系统全面、有机协调的管理策略和方法，以确保项目风险管理有效进行。

项目风险管理计划的主要内容包括项目风险管理的方法、项目风险管理的角色和责任、项目风险管理的时间安排、项目风险的度量和应对方法、项目风险阈值、项目风险报告的格式和内容、项目风险跟踪评估等。

2. 项目风险管理计划的依据和方法

企业管理者要想制订一份清晰且项目有关方都能够接受且能取得预期效果的项目风险管理计划，必须首先理解项目风险管理计划编制的基本过程、基本方法和主要依据，以便在制订项目风险管理计划时能够有的放矢。具体而言，项目风险管理计划制订的依据主要包括项目管理章程、项目风险管理政策、项目成员的角色和任务、项目利益相关者的风险承受程度、项目风险管理计划的模板、项目风险管理的约束条件等。

项目风险管理计划的方法主要是计划会议方法，项目利益相关者可以通过会议座谈、协商的方式分析和确定项目风险管理的最终计划。一般来说，项目风险管理计划会议的主要参与人员有项目经理、项目团队成员、项目利益相关者、项目风险计划的负责人等。会议的主要内容包括项目风险管理的基本过程、项目风险管理的基本原则、项目风险管理的决策过程、项目风险管理汇报关系、项目风险管理过程中冲突的解决方法等。会议的主要结果最终以项目风险计划书的形式呈现，主要包括项目风险管理方法论、角色与职责、管理预算、管理频度、风险类别界定等。

3. 项目风险管理计划的使用原则和修订

在项目风险管理的过程中，项目风险管理计划一般应该遵循宏观指导性原则、灵活性原则、学习性原则等，并且尽可能选择适当的风险管理工具，构建良好的项目风险管理环境，充分发挥项目管理者的主观能动性，以便尽可能控制项目风险。

项目风险管理计划不是一成不变的，它会随着项目的进展和项目利益相关者的关系、自身管理状况和需求的不断变化而进行相应的修订。一般来说，项目风险管理计划的修订程序包括提出修订请求、修订请求的评估、征求意见与实施修订、修订后的计划执行与监督等。

 14.6.3 项目风险识别

1. 项目风险识别的概念及主要内容

项目风险识别是指根据项目风险计划、项目集成计划及其他专项计划，识别项目全过程所有风险的管理工作。项目风险识别是一项贯穿项目全过程的管理活动，其目标是识别和确定项目究竟存在哪些风险，这些风险有哪些基本特性，这些风险可能影响项目的哪些方面，如对项目范围、工期、成本、质量等的影响。

项目风险识别是项目风险管理的首要工作，其主要内容包括识别并确定项目有哪些潜在风险、是否为项目风险的主要因素、项目风险可能带来的后果等，以便根据可能存在的风险类型、影响因素之间的关系、可能带来后果的状况制定相应的对策，从而使项目风险降到最低限度。

2. 项目风险识别的依据和方法

项目风险识别的关键是找到足够的项目信息和依据，进而为分析项目风险、制定对策提供支持。一般来说，项目风险识别的依据主要有项目产出物的描述文件、项目的计划文件与信息、历史项目的资料与信息等。为了使项目风险识别得到切实执行，需要全面收集项目的各种历史信息和数据，特别是历史项目的经验和教训。例如，历史项目的各种原始记录、商业性的历史项目数据库、历史项目团队成员的经验和教训等。

由于多种原因风险的范围、种类和严重程度经常容易被主观夸大或缩小，使项目的风险评估分析和处置发生差错，造成不必要的损失。因此，选择恰当的项目风险识别方法至关重要。项目风险识别的方法有很多，根据判断信息的来源可以分为主观信息源出发的方法和客观信息源出发的方法。从主观信息源出发的方法包括头脑风暴法（Brainstorming）、德尔菲法（Delphi Method）、情景分析法（Scenarios Analysis）、层次分析法（AHP）等；从客观信息源出发的方法有核对表法、流程图法、财务报表法、故障树分析法等。

3. 项目风险识别的结果

一般来说，项目风险识别工作的结果主要包括各种项目风险、潜在的项目风险、各种项目风险的征兆等。

（1）各种项目风险。项目风险识别工作的重要成果就是识别出各种项目风险，并列出明确的项目风险

清单。一般来说，项目风险清单的具体信息包括项目风险的性质和内容、项目风险可能造成的损失、项目风险发生的概率、项目风险可能影响的范围、项目风险可能发生的时间、项目风险可能带来的关联风险等。

（2）潜在的项目风险。潜在的项目风险是指一些相对独立且无法明确识别的项目风险，如不可预见的自然灾害等。尽管潜在的项目风险发生的概率很小，但是潜在的项目风险依然有可能成为真正的项目风险。因此，对可能性较高或者一旦发生则损失相对较大的潜在项目风险应该严格跟踪和及时评估。

（3）各种项目风险的征兆。项目风险的征兆也称阈值，是指那些指示项目风险发生的现象或标志。例如，国家或地区如果发生通货膨胀就会使项目所需资源的价格上升，从而使项目的实际成本不断上升。如果通货膨胀率大于 8%时，项目实际成本就可能突破项目预算，那么对于整个项目而言，通货膨胀率 8%就是项目预算风险的征兆或阈值。为此，企业应该养成随时收集项目相关信息的习惯，通过更多数据的积累以便能够获得尽可能多的项目风险征兆资料。

14.6.4 项目风险度量

1. 项目风险度量的概念及主要内容

项目风险度量是项目风险管理的重要工作之一，是指对项目风险的大小、项目风险的影响程度和后果的评价和估量。项目风险度量的作用是根据这种度量制定项目风险的应对措施，以及开展项目风险的控制工作。

项目风险度量的内容十分复杂，主要内容有项目风险可能性的度量、项目风险后果的度量、项目风险影响范围的度量、项目风险发生时间的度量等。项目风险可能性的度量是分析和估计项目风险发生的概率，这是项目风险度量中最为重要的一项工作；项目风险后果的度量是分析和估计项目风险后果，即项目风险可能带来损失的大小；项目风险影响范围的度量是分析和估计项目风险影响的范围，即项目风险可能影响到项目的哪些方面和哪些工作；项目风险发生时间的度量是分析和估计项目风险发生的时间，即项目风险可能发生在项目的哪个阶段和什么时间。

2. 项目风险度量的影响因素及主要方法

一般来说，项目风险度量的影响因素主要包括项目状态和所处阶段、项目风险类型、项目风险相关数据的精确性、项目风险管理计划的科学性、项目风险度量者的素质和能力等。另外，项目风险识别过程中所生成的项目风险清单、项目风险事件之间的关联程度等，也是影响项目风险度量效果的重要因素。一般来说，项目风险度量的主要方法如下：①损失期望值法；②模拟仿真法；③专家决策法；④敏感性分析法；⑤风险矩阵分析法。

3. 项目风险识别和度量的主要流程

项目风险识别和度量是一项极为复杂的工作，涉及项目的方方面面，需要采取科学的态度和方法严谨地实施。一般来说，项目风险识别和度量的主要流程包括项目风险管理信息系统的建立、项目风险的识别与判断、项目风险的分类、项目风险概率的分析、项目风险原因的分析、项目风险后果的分析与确定、项目风险时间进程的分析与确定、项目风险度量与控制优先序列的确定、给出项目风险识别及度量报告等（主要流程见图 14-15）。一个项目的风险识别和度量不是一蹴而就的，往往需要反复进行多次以便不断改进和完善，并且每一次都应该给出一份项目风险识别和度量报告。

14.6.5 项目风险监控

1. 项目风险监控的概念及主要内容

项目风险监控是指在整个项目过程中根据项目风险管理计划和项目实际发生的风险与项目发展变化，所开展的各种监督和控制活动。本质上，项目风险的监控过程就是一个不断认识项目风险和不断修订项目风险监控决策与行为的过程。如果企业认识了项目风险发展的进程、可能性、风险的原因及其后果等主要内容，将有助于对项目风险进行有效管理。如果企业对项目风险一无所知，那就很难对其进行控制。

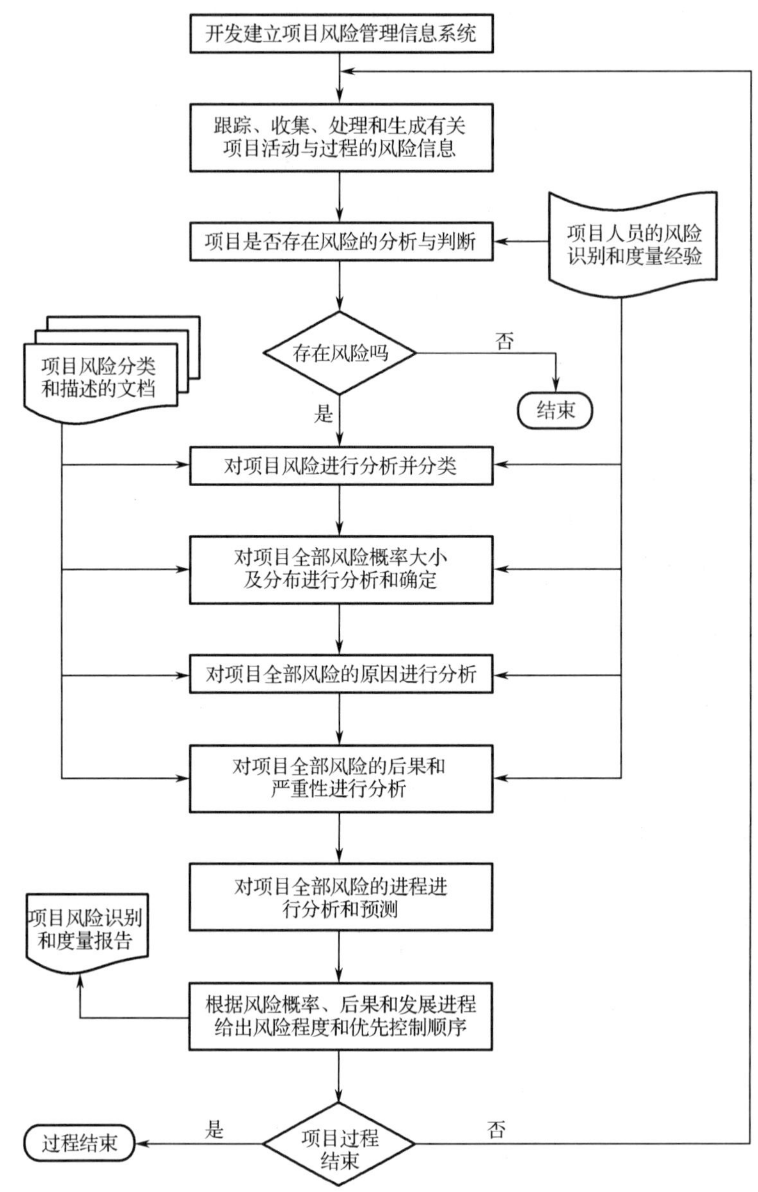

图 14-15　项目风险识别和度量的主要流程

一般来说，项目风险监控的主要目标包括：努力尽早识别与度量项目的风险，努力避免项目风险事件的发生，积极消除项目风险事件的消极后果，获取项目风险管理的经验与教训。项目风险监控的主要内容包括：监控项目风险的发展，辨识项目风险发生的征兆，采取各种风险防范措施，应对及处理已发生的风险事件，缩小或消除项目风险事件的后果，管理和使用项目不可预见费，实施项目风险管理计划，进一步开展项目风险的识别与度量等。

2. 项目风险监控的步骤

良好的项目风险监控需要建立在科学、合理的工作活动基础之上，为了有效地实施项目风险监控，通常采取以下步骤：建立项目风险事件控制体系，确定要控制的具体项目风险，确定项目风险的控制责任，确定项目风险监控的行动时间，制订各个具体项目风险的监控方案，实施各个具体项目风险的监控方案，跟踪各个具体项目风险的控制结果，判断项目风险是否已经消除等。判断项目风险是否已经消除是进行下一个决策的前提。如果认定某项目风险已经消除，则该项目风险监控作业完成；若判定某项目风险仍

未消除，就需要重新识别和度量项目风险，并重复开展上述项目风险监控作业直至达到预期效果。

3. 项目风险监控的方法

由于项目风险具有复杂性、变动性、突发性、超前性等特点，目前还没有公认的、单独的风险监控技术体系。在管理实践中，常用的项目风险监控方法有以下几种。

（1）风险预警系统。风险预警系统是指对项目管理过程中有可能出现的风险，采取超前或预先防范的管理方式，一旦在监控过程中发现有发生风险的征兆，就要及时采取校正行动并发出预警信号，以最大限度地控制不利后果的发生。因此，项目风险管理的良好开端是建立一个有效的监控或预警系统，及时察觉计划的偏离，以便高效地实施项目风险管理过程。

（2）风险审计。风险审计是指项目内外部审计机构采用一种系统化、规范化的方法，以项目风险管理信息系统测试、各业务循环，以及相关部门的风险识别、分析、评价、管理和处理等为基础进行的一系列审核活动。项目风险审计是由专人检查风险监控机制是否运行，并定期进行风险审核，在重大阶段的节点重新识别风险并进行分析，对没有预计到的风险制订新的应对计划。

（3）技术指标分析。技术指标分析是一种相对较为客观、系统的项目风险监控方法。该方法要求在风险监控之前就对要控制的风险有清晰的认识，采用较为准确的指标进行限定，然后比较原定技术指标与实际技术指标之间的差异，进而采取相应的控制措施。

14.7　网络计划优化

项目的网络计划优化目标一般包括工期、费用、资源三个核心要素，即涉及工期优化、费用优化、资源优化等问题。一般来说，衡量一个项目计划方案的优劣，不是局限于某一个方面，而是应该从工期、成本、资源消耗等方面综合评价。然而，目前还没有一个能全面反映这些指标的综合数学模型。从已有的项目网络计划的优化活动来看，一般只是通过某一个或两个指标来衡量计划的优劣。例如，以工期最短为指标的时间优化问题，以资源使用均匀化为指标的时间优化问题，在资源有限的条件下争取工期最短的优化问题，兼顾成本与工期的最低成本日程和最低成本赶工等优化问题。

14.7.1　项目工期优化

1. 项目工期优化概述

在项目工期控制一节中，介绍了采用网络规划技术求解项目的关键路线，关键路线所需要的时间即为项目的最长工期。由关键路线的特点可知，项目的这条关键路线在时间上没有回旋余地，即每项关键工作应满足“最早开工时间等于最迟必须开工时间”的条件。也就是说，如果项目对工期有严格限制，则需要使关键路线上的各项工作都按预定工时进行，否则就会拖长整个任务的工期。如果项目需要缩短工期的话，可行的方式是压缩关键路线上一些工作的工时消耗，而压缩非关键路线上的工作工时是不起作用的。为此，项目管理人员确定及掌握任务的关键路线，在实施项目工期优化时就能做到心中有数。

项目工期优化是指当网络计划的原有工期不能满足实际工期要求时，通过压缩关键工作的持续时间以满足要求工期目标，或在一定约束条件下使工期缩短的过程。由于网络计划的工期由关键工作的持续时间决定，项目管理人员在进行工期优化时应注意以下问题。

（1）工期优化一般通过压缩关键路线的持续时间来达到优化目标。

（2）在优化过程中，应注意不能将关键路线压缩成非关键路线。

（3）在优化过程中，当出现多条关键路线时，必须将各条关键路线的持续时间都压缩到同一时间，否则就不能有效缩短工期。

2. 项目工期优化的主要方法

（1）串联工作变为并联工作。为了缩短整个任务的完工期，达到缩短时间的目标，可以研究关键路线上串联的每项工作有无可能改为平行工作或交叉进行的工作，以缩短工期。如图 14-16（a）中的市场调研（②→③）需 15 天的时间，而如果通过增加人力将市场调研工作由一组变为三组同时进行，如图 14-16（b）所示，则市场调研（②→③）只需 5 天即可完成。

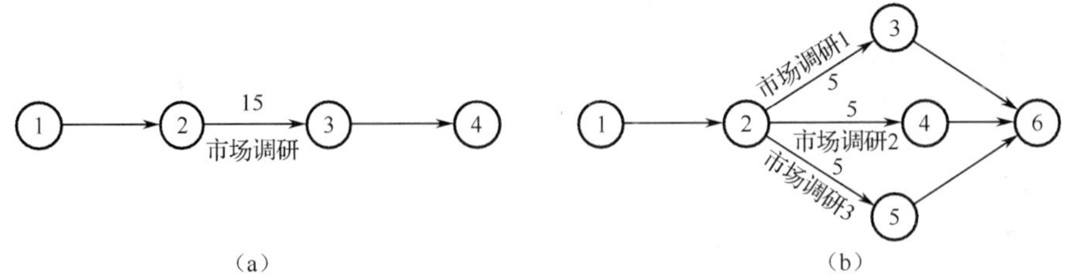

图 14-16　某市场调研工作的串、并联方式的时间消耗

又如图 14-17 所示，某挖沟工作 a_1、a_2、a_3 需要用 9 天时间，埋管工作 b_1、b_2、b_3 需 6 天时间，如果采用串联工作方式需 15 天时间，而通过增加人力将上述工作变为三段交叉进行的工作则只需 11 天时间。

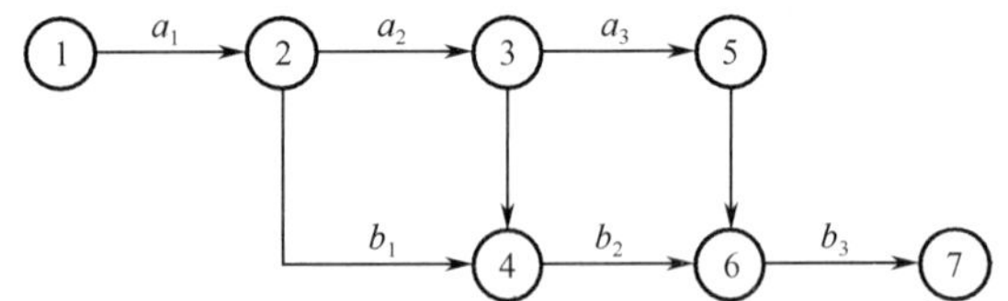

图 14-17　某工程的挖沟与埋管工作的串、并联方式的时间消耗

如果将串联工作方式转变为并联工作方式行之有效，能够有效缩短项目中一些活动的工期。

（2）改进工艺。项目中各项工作所需要的时间与工作采用的技术、工艺等直接相关，人类各种技术的不断创新主要基于工作效率的提高。为此，通过技术革新、引进先进工艺、增加更加高效的设备等措施，可以缩短某项或者某些工作的时间，进而有效缩短关键路线及项目总工期的时间。

（3）利用时差。由于网络图中的非关键路线上的工作都有时差，所以这些工作在开工时间、具体工时上都具有一定的弹性。为了缩短任务的总工期可以考虑放慢非关键工作的进度，减少这些工作的人力、资源，转去支援关键工作，以便使关键工作的时间缩短，进而达到使项目总工期缩短的目的。

3. 项目工期优化的步骤

企业采用管理关键路线的方式缩短工期是常规方法，具体步骤如下所述。

（1）找出网络计划中的关键路线，并求出计划工期。一般可用标号法确定关键路线及计划工期（*Tc*）。

（2）根据要求工期（*Tr*）计算应缩短的时间（ΔT），应缩短的时间等于计划工期与要求工期之差，即：

$$\Delta T=Tc-Tr$$

（3）选择应优先缩短持续时间的关键工作（或一组关键工作）。选择时应考虑下列因素：①缩短持续时间对质量和安全影响不大的工作；②有足够备用资源的工作；③缩短持续时间所需增加的费用最少的工作。

（4）将优先缩短的关键工作压缩至最短持续时间，并找出关键路线。若被压缩的关键工作变成了非关键工作，则应将其持续时间再适当延长，使之仍为关键工作。

（5）若计划工期仍超过要求工期，则重复以上步骤，直到满足工期要求或工期已不能再缩短为止。

（6）当所有关键工作或部分关键工作已达到最短时间，而且寻求不到继续压缩工期的方案，但是计划工期仍然不能满足要求工期时，应对计划的原技术、组织方案进行调整或重新审定要求工期。

14.7.2　项目资源优化

1. 项目资源优化概述

项目资源优化是采用科学的方法和手段对工程项目施工过程中所消耗的各种要素进行有效的组织、协

调、监督和控制，以保证项目的目标能够实现。这些资源的消耗会对项目的成本、工期、质量等产生影响，采用科学的方法优化这些资源，有助于适时、适量、比例适当、位置适宜地配备或投入各要素，以实现工程项目施工的最终目标。

2. 项目资源优化的主要要素

一般来说，项目中资源优化涉及的内容主要包括劳动力、材料、机械设备、技术和资金等要素。

（1）劳动力。劳动力作为项目资源的重要要素，关键是利用行为科学、激励理论和方法，调动职工的积极性、创造性，以提高劳动生产率。

（2）材料。按材料在生产中的作用将项目材料分为主要材料、辅助材料和其他材料。主要材料指在施工中构成工程实体的各种材料，如钢材、木材、水泥、砖、砂、石料等；辅助材料指在施工中不构成工程实体的材料，但又是施工中必需的材料，如脚手架材料、模板材料等周转性材料、工具、预制构配件等；其他材料是指施工中可能用到的各种材料，如燃料、油料、砂纸、棉纱等。

（3）机械设备。机械设备是施工项目中必不可少的大型工具。机械设备的优化管理主要包括选择、使用、保养、维修、改造、更新等。其中关键的是科学地使用，以提高机械的效率、利用率和完好率。

（4）技术。技术是指操作技能、劳动手段、劳动者素质、生产工艺、试验检验、管理程序和管理方法等。技术在项目中发挥作用除了依靠技术本身的水平，在很大程度上还依赖技术管理水平。

（5）资金。资金是项目运行的基础，而科学的资金管理是项目高效运行的保障。资金管理也称财务管理，包括编制资金使用计划、筹集资金、投入资金、使用资金、核算与分析资金等。

14.7.3　项目的综合优化

1. 项目综合优化的主要类型

大多数项目工程存在工作分布不均衡、人员需求不稳定等问题，常常导致有的时期资源数量（如人工）不足，而有的时期员工却无事可做，进而导致资源的浪费。事实上，在项目实施的过程中，有大量的因素会对项目的最终效果产生影响，只有对这些相关因素进行综合优化，才能取得预期甚至超过预期的效果。项目综合优化就是为了实现项目效果最大化而在相互制约的多种因素之间进行平衡化处理的一种技术。一般来说，项目资源综合优化主要分为以下两种类型。

（1）项目工期-费用问题。项目工期-费用问题是求解最低项目总费用下的最佳工期问题。对于这一种情况，常见的应对策略是利用关键路线的特性，通过资源的增加缩短关键工作时间。这种情况将在后面关于项目的工期-费用问题优化中详细论述。

（2）项目工期-资源问题。项目工期-资源问题是项目工期固定下的资源均衡利用问题。对于这一种情况，常见的应对策略是利用各项工作时间的先后不同及忙闲不均匀的特点，尽可能均匀地分配资源。这种情况将在后面关于项目的工期-资源问题优化中详细论述。

2. 项目的工期-费用问题优化

项目或任务的成本一般包括直接费用和间接费用两部分。直接费用是完成各项工作直接所需的人力、资源、设备等费用。为缩短工作的作业时间，往往需要采用一些技术或措施，这将会相应地增加一些费用。在一定范围内工作的作业时间越短，直接费用将会越高。间接费用则包括管理费、办公费等，常按任务期长短分摊。在一定条件下工期越长，间接费用越高。项目成本与工期之间的关系如图 14-18 所示。工期缩短时直接费用增加而间接费用减少，总成本是由直接费用与间接费用相加而得的。不同完工期下的总费用曲线呈现为倒抛物线形状，则曲线最低点就是“最低成本日程”。

工作的直接费用与工作所需工时之间常假定为直线关系，如图 14-19 所示。工作（i，j）的正常工时为 D_{ij}，所需费用为 M_{ij}；加急工时为 d_{ij}，所需费用为 m_{ij}，工作（i，j）从正常工时每缩短一个单位时间所需增加的费用称为成本斜率，用 c_{ij} 表示。

$$c_{ij} = \frac{m_{ij} - M_{ij}}{D_{ij} - d_{ij}}$$

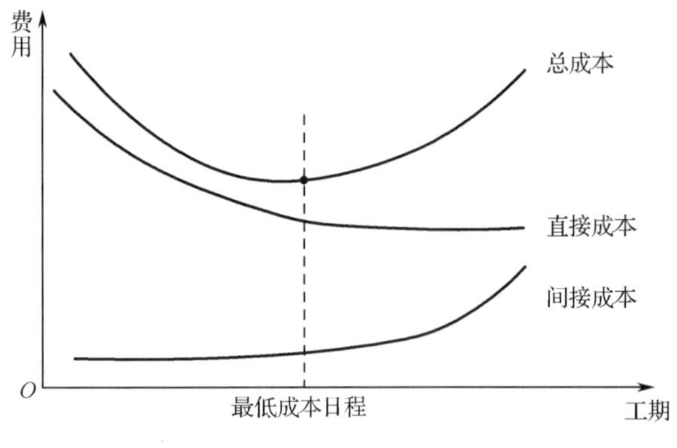

图 14-18　项目成本与工期之间的关系

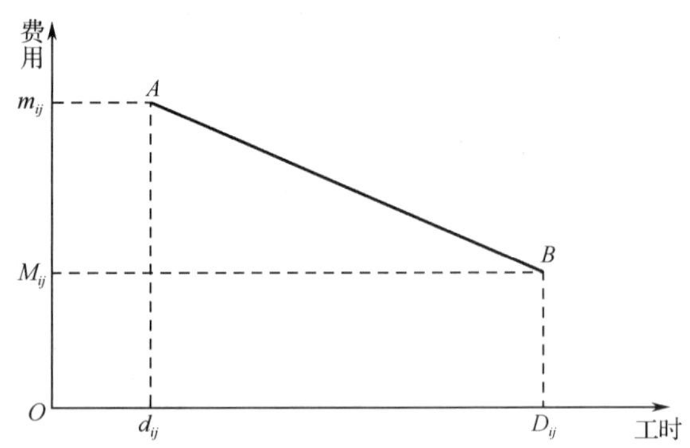

图 14-19　工作的直接费用与工作所需工时的关系

3. 项目的工期-资源问题优化

由于各种原因，一个项目可用的资源总是有限的，因此如何均衡利用各种资源是项目稳定运行的基础。某网络图的主要工作内容及关键路线如图 14-20 所示。箭杆上□中标注的数字为工作每天所需人力数量(假设所有工作都需要同一种专业工人)，箭杆下的数字为需要的工时数。经过分析得出，此项目的网络图的关键路线为①→②→③→⑤→⑥，总工期为 11（2+2+3+4）天。

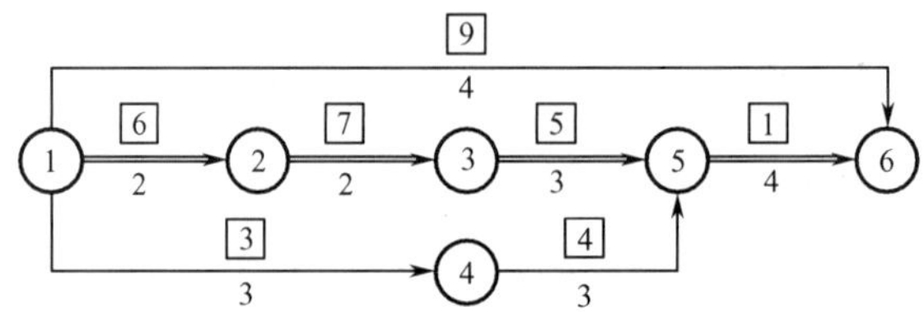
图 14-20　某网络图的主要工作内容及关键路线

根据上图，可以画出该网络图中各条工作路线上消耗的人员数量，以及不同时点的人员需求数量，某网络图的主要工作工时及各时点人员的需求数量如图 14-21 所示。图中的虚线为非关键工作的总时差，即这些工作开始或结束的时间可以进行一定的调整。

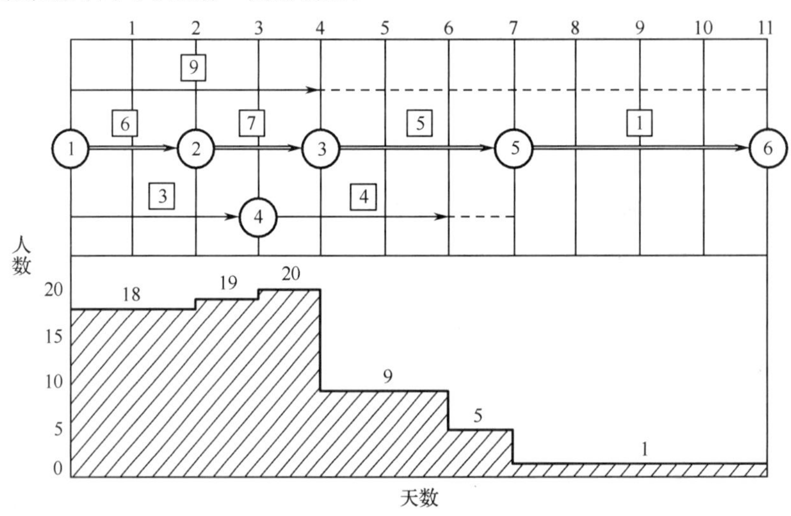

图 14-21　某网络图的主要工作工时及各时点人员的需求数量

通过上图可以明显地发现，若按每项工作最早开工时间安排人力需求很不均匀，需求人员最多的工作（②→③中的后半段）为 20 人/日，最少的工作（⑤→⑥）仅为 1 人/日。很明显，这种安排对于人力资源

的需求存在非常大的波动，这极大地影响了人力资源的高效利用。

面对这一情况，基本的解决方案就是使项目整个工期内人力资源的需求尽可能均衡，即在项目工期固定的情况下使项目需求的人力资源数量最小化。这样可以使项目中人力资源做到最大化的稳定，而不是人员需求高峰期招聘人员、人员需求低谷期辞退人员。为了达到以上目的，在项目不延迟总工期或尽量少延迟的情况下，根据项目要求需要的人员数量不要超过 10 人。

为了达到以上目标，基本的解决思路就是使人力资源在项目各个时期内人员的需求尽可能均衡。为此，网络图的调整应该遵循以下基本原则。

（1）尽量保证关键工作的日资源需求量。

（2）利用非关键工作的时差，错开各项工作的使用资源时间。

（3）在技术、章程允许的条件下，可适当延长时差大的工作的工时，或切断某些非关键工作，以减少日总需求量。

人力资源优化的具体方法是：按资源的日需求量所划分的时间段，逐步从始点向终点进行调整，直到项目各时段的人力资源数量均不超过 10 人。从图中人力资源的分布来看，[0，2]时间段的需求量为 18 人/日，在调整时要对本时间段内各项工作按总时差由小到大的顺序分别编号排序，具体为 1#、2#、3#……。例如，工作（1，2），总时差 0，编为 1#；工作（1，4），总时差 1，编为 2#；工作（1，6），总时差 7，编为 3#。编号小的优先满足资源需求量，当累计和超过 10 人时，未得到人力安排的工作应移到下一时间段。由图可知，工作（1，2）与（1，4）需要 9 人/日，而工作（1，6）需要 9 人/日，所以应把（1，6）移出[0，2]时间段后开工，具体如图 14-22 所示。

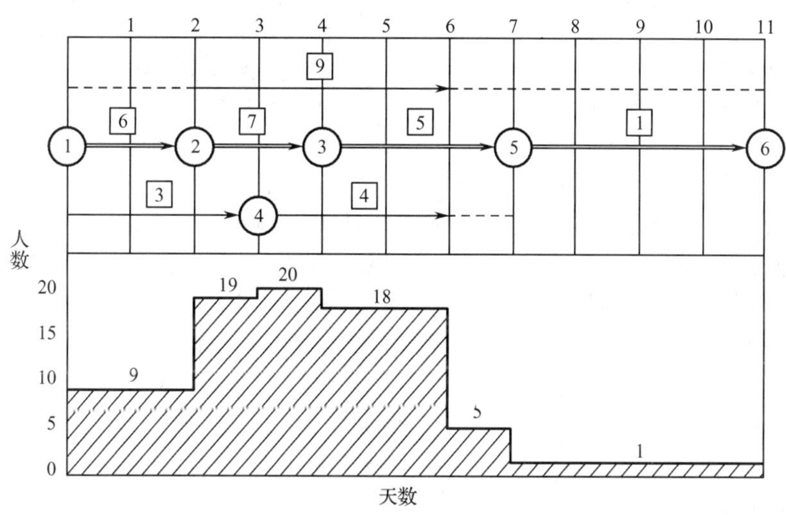

图 14-22 某网络图[0，2]时间段人员需求数量调整后图示

接下来，继续调整[2，3]时间段的人力资源安排。在编号时要注意如果已进行的非关键工作不允许中断，则编号要优先考虑，把它们按照新的总时差与最早开始时间之和的递增顺序排列，否则与第一段的编号规则相同。后续各时段人力资源经过不断调整，可得出图 14-23。由图可知，此时人员日需求量已满足不超过 10 人的限制，并且总工期也未受到影响。这种方法也可用于多种资源的分配问题，必要时项目总工期可进行适当的延迟或缩短。

需要说明的是，由于编号及调整规则只是一种原则，所以调整结果常常是较好方案，不一定是工期最短方案。由于求精确解有时很复杂，所以网络优化中多采用近似算法。

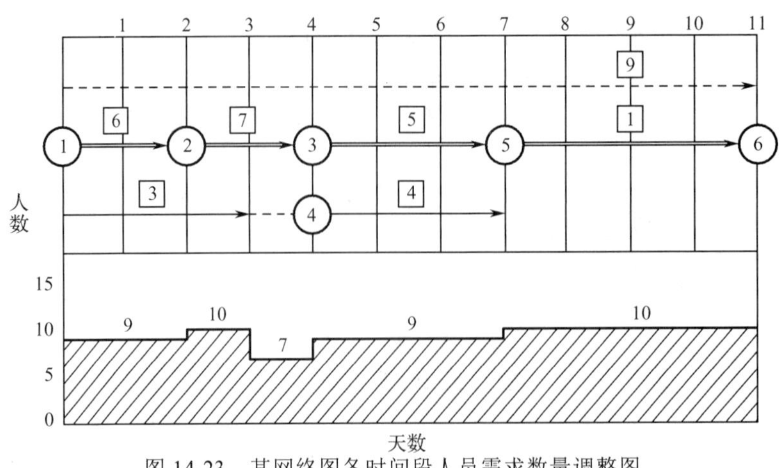

图 14-23　某网络图各时间段人员需求数量调整图

本章小结

项目制已经成为企业运营过程中的基本管理形式之一，管理人员掌握必要的项目管理知识有助于其恰当把握项目运营的关键环节。本章第一节简要介绍了项目管理，包括项目和项目管理概念的界定、项目管理的主要内容、项目管理的发展历程，以及项目管理的基本流程和注意事项；第二节主要介绍了项目的组织管理，包括项目组织面临的挑战、对项目管理者的要求及项目组织的几种典型结构形式；第三节主要介绍了项目的工期管理，包括项目工期管理的概念、主要方法，以及 CPM 和 PERT 的使用方法；第四节主要介绍了项目的成本管理，包括项目成本的概念和构成，项目成本的估算、预算和成本控制；第五节主要介绍了项目的质量管理，包括项目质量管理的概念、基本内容，以及项目质量的计划、保障和控制等；第六节主要介绍了项目的风险管理，包括项目风险管理的概念、主要内容，以及项目风险管理计划、风险识别、风险度量和风险监控等；第七节主要介绍了网络计划优化，包括项目工期优化、项目资源优化和项目综合优化的主要方法和过程。

思考题

1．简述项目管理的意义。
2．项目的主要组织结构类型有哪些？
3．项目工期管理的主要方法及特点是什么？
4．简述项目成本管理与工期管理之间的关系。
5．项目的质量管理的控制方法有哪些？
6．项目风险的主要类型有哪些？
7．项目管理中网络计划优化的对象是什么？

案例分析

第15章 质量管理

15.1 质量与质量管理

15.1.1 质量的内涵与评价指标

1. 质量的内涵

美国著名的质量管理专家约瑟夫·M.朱兰（Joseph M. Juran）从用户的角度出发，提出了产品质量就是产品的适用性的观点。他认为，用户对产品的基本要求就是适用，产品质量就是在使用时能成功地满足用户需要的程度。美国质量管理专家菲利浦·克劳士比（Philip Crosby）从生产者的角度出发，把质量定义为产品符合规定要求的程度。美国的著名管理大师彼得·德鲁克（Peter Drucker）认为，质量就是满足需要。全面质量控制理论的创始人阿曼德·费根堡姆（Armand Feigenbaum）认为，产品或服务质量是营销、设计、制造、维修中各种特性的综合体。

2. 质量的评价指标

由于质量的内涵十分宽泛，对其进行严格界定也相对较为困难，只有确定了质量主体之后才能进行相对有效的质量评价。在日常生活中，人们常使用差、好或优秀、劣质等形容词来修饰质量。然而，为了更加科学规范，学术界常常将产品质量指标分为两类：一类是反映产品内在质量的指标，主要是产品平均技术性能，如耐热性、耐碱性、兼容性等；另一类是反映产品生产过程中工作质量的指标，如质量损失率、废品率、成品返修率等。

具体而言，人们可以通过产品性能、使用寿命、可靠性、安全性和经济性五个方面的指标对产品质量进行界定。随着服务的不断发展，服务产品质量的评价指标又增加了实物载体、响应度、一致性、舒适度等。

15.1.2 质量管理概述

1. 质量管理的定义

朱兰认为，质量管理就是产品或服务的适用性的管理、市场化的管理。而费根堡姆认为，质量管理是为了能够在最经济的水平上并充分满足用户要求的条件下，进行市场研究、设计、制造和售后服务，将企业内各部门的研制质量、维持质量和提高质量的活动构成一体的一种有效的体系。国际标准化组织对质量管理的定义是，在质量方面指挥和控制组织的协调活动。

质量管理如今已经成为保障几乎所有组织正常运行的基本管理活动之一，其影响和作用是任何活动都无法取代的。质量管理也经历了一个不断发展演化的过程，大致经历了操作者质量控制阶段、工段长质量控制阶段、检验质量控制阶段、统计质量控制阶段和全面质量管理阶段。这个发展过程不仅体现出质量管理活动的执行越来越科学化，还体现出其地位和作用越来越重要。

2. 质量管理的意义

产品之所以给用户留下深刻印象，在很大程度上是因为产品或服务的质量，要么是品质优良，要么是糟糕至极。朱兰曾说：“21世纪是质量的世纪，质量将决定竞争力的高低，成为和平占领市场的最有力武器。”美国质量管理专家哈林顿认为，“第三次世界大战”是一场不用枪炮、不流血的商业战，其主要武器就是产品质量。每一位用户都希望得到高质量的产品或者服务，所以质量是评价产品或者服务满足用户需求程度的重要因素。然而，随着社会经济和科学技术的发展，质量的内涵也在不断充实、完善和深化。

需要指出的是，通常提到的质量往往是产品质量“过程”的最终结果，而产品的最终质量是由一系列复杂的过程逐步形成的。也就是说，只有对这些过程进行有效的管理，才能获得最终满意的结果，质量管理职能也正是因此而产生的。一般来说，质量状态直接影响着最终用户的态度，也直接决定着企业产品未来的销售状况，甚至决定着企业发展战略的实现程度。

质量管理的价值

20 世纪 50 年代，小汽车的质保期仅为 90 天或 4 000 英里（6 400 多千米），而到了 20 世纪 70 年代，质保期提高到了 5 年或 5 万英里（80 000 多千米）。这种进步在很大程度上应该归功于质量管理活动。在第二次世界大战期间，美国空军因为飞机故障而损失的飞机高达 21 000 架，比被击落的飞机多 1.5 倍，而运到远东的航空设备及电子配件有 60%不能使用，其余在运到前线岛屿和舰船上时，又有 50%不能工作。第二次世界大战期间，德国研制了第一批 V-10 导弹，但在用这种导弹攻击英国军队时，不是掉进英吉利海峡就是在发射架上爆炸。这种未经使用就遭到重大损失甚至危及生命安全的严酷事实告诉人们，产品可靠性差会给军事和政治带来严重的恶果，也将造成经济和人类生命的重大损失。尔后，美国国防部发现不可靠的产品的维护修理费用是惊人的。据其统计，价值 100 万美元的电子设备，在工作寿命十年期内需要 2 000 万美元的维修费。为此，1952 年 8 月美国国防部成立了电子设备可靠性咨询委员会（ACREE），以军用电子设备为研究对象进行了可靠性专题研究，取得了巨大的成功。

（资料来源：根据公开资料整理。）

需要特别指出的是，质量管理水平的提高与组织高层的支持紧密相连。美国质量控制学会顾问爱德华·施劳克认为，日本从生产低劣产品改变成为致力于打造优质产品，其主要原因是最高管理机构的领导者抱定决心要学会质量控制到底是什么，还要学会那些被一般人认为是复杂而深奥的技术。

3. 质量管理理论的代表人物

现代质量管理理论和方法的不断完善，为当今社会经济的发展奠定了坚实的基础。然而，这些理论的发展离不开大量质量管理者的不懈努力和探索。可以说，当今质量管理理论主要是建立在一些具有代表性的质量大师的主要思想和理念之上的，其中的典型代表人物有休哈特、戴明、朱兰、石川馨、费根鲍姆、田口玄一、克劳士比等，这些质量管理大师对质量管理实践做出了杰出贡献。

15.1.3 质量管理的发展

美国是质量管理的发源地，无论是统计质量管理还是全面质量管理都源于美国。经过上百年的发展，美国已经拥有了独具特色的质量管理思想、质量管理组织制度和质量管理方法。尽管美国建立了较为完善的质量管理体系，但是由于一系列原因，质量管理在很长时间内并未在美国引起足够的重视。直到第二次世界大战结束后，爱德华兹·戴明（Edwards Deming）和约瑟夫·M.朱兰将质量管理理论成功地付诸日本的实践，并在日本经济取得了巨大的成就后，人们才开始意识到质量管理的巨大价值。一般来说，质量管理的发展大致经历了以下三个主要阶段。

1. 产品质量的检验阶段（20 世纪二三十年代）

20 世纪初，弗雷德里克·温斯洛·泰勒首次将质量检验作为一种管理职能从生产过程中分离出来。流水作业等先进生产方式对质量检验又提出了新的要求。到了 20 世纪 40 年代，美国的工业企业普遍设置了专职质量检验部门。从质量管理的角度来看，这种质量管理方法的核心任务只是“把关”，即严禁不合格品出厂或流入下一道工序，但是这种方式并不能从根本上解决废品产生问题。1924 年，美国贝尔电话研究所的统计学家沃特·阿曼德·休哈特（Walter A. Shewhart）提出了“预防缺陷”的概念。他强调质量管理除了检验，还应做到预防，办法就是采用他所提出的统计质量控制方法。与此同时，同属贝尔电话研究所的道奇和罗米格又提出了在破坏性检验的场合采用“抽样检验表”，并设计出第一个抽样检验方案。尽管如此，大多数企业在 20 世纪 40 年代前的质量管理仍然主要是事后检验，休哈特提出的“预防缺陷”

的质量管理模式依然没有受到重视。该阶段质量管理的不足主要体现为事后检验、全数检验、质检部门独立负责。

2. 统计质量管理阶段（20 世纪四五十年代）

在第二次世界大战过程中，交战双方都需要消耗大量的军需物资。然而，由于事先无法控制质量，加之检验工作量大，军火生产常常延误交货期，产品质量成为前线军需供应最薄弱的环节之一。这时，休哈特防患于未然的控制产品质量的方法及道奇、罗米格的抽样检查方法被重视起来。美国政府和国防部组织数理统计学家去解决实际问题，制定战时国防标准——《质量控制指南》《数据分析用的控制图法》《生产中质量管理用的控制图》，这三个标准是质量管理中最早的标准。在美国战时的质量管理方法的研究中，哥伦比亚大学的“统计研究组”做出了较大的贡献。在其研究成果中，具有特殊意义的是瓦尔德提出的逐次抽检（序贯抽检）法。该阶段质量管理的不足主要体现为统计技术难度高、忽视其他部门的作用、缺乏过程控制、忽视用户需求等。

3. 全面质量管理阶段（20 世纪 60 年代至今）

20 世纪 60 年代之后，进入了全面质量管理（Total Quality Management，TQM）阶段。美国通用电气公司的费根堡姆（Feigenbaum）在 1961 年出版了《全面质量管理》一书，首次提出了全面质量管理的思想。他强调要真正做好质量管理，除了利用统计方法控制制造过程，还需要组织管理工作，使全体人员都具有质量意识和承担质量的责任，对生产全过程进行质量管理。全面质量管理产生的背景是：①工业系统和产品日趋复杂。自 20 世纪 50 年代以来，由于生产技术、设备、手段日趋复杂，工业产品的所有环节单纯靠统计质量控制，已无法满足要求。②劳动者行为对质量管理的影响越来越大。在质量管理实践中，出现了“依靠工人”“自我控制”“无缺陷运动”和“QC 小组活动”等多主体的参与形式，有力地提升了质量管理水平。③消费者的地位受到重视。“保护消费者利益”运动，要求企业对提供产品的质量承担经济责任和法律责任。产品不仅要求性能符合质量标准规定，还要求产品在使用过程中安全、经济、可靠，这使得消费者的参与也对质量管理产生了重要影响。至此，面向全员、全系统、全流程甚至全社会的质量管理理念越来越被人们重视。

15.1.4 质量管理的著名质量奖项

从国家层面设立质量奖项，表明了一个国家对质量管理给予了高度重视。目前，已有 80 多个国家制定了质量奖励制度。为了有效激励和引导中国企业追求卓越的质量，2001 年中国质量协会设立了“全国质量管理奖”，2006 年更名为“全国质量奖”，自 2012 年起“全国质量奖”中增置“卓越项目奖”。“全国质量奖”在提升和促进中国企业的质量管理水平上起到了巨大的作用。如今，“全国质量奖”已经成为与日本“戴明奖”（Edward Deming prize）、美国“波多里奇质量奖”（Malcolm Baldrige award）、欧洲“EFQM 卓越奖”（European Quality Award）齐名的国家级、全国性质量奖励。实践证明，设立“国家质量奖”，不仅能极大地增强企业的质量责任感和勇于竞争的信心，还能起到巨大的带动和示范作用，激励更多的企业在质量上追求卓越，有利于国家质量水平的整体提高。

15.2 质量设计

15.2.1 质量设计概述

1. 质量设计的概念

质量设计（Quality Design）是指对处于设计、制造、销售、应用等过程中的产品在满足顾客要求方面的一系列指标的设计。例如，产品的质量水平（或质量等级）、主要的性能参数、性价比、公差尺寸和其他技术要求等。事实上，质量设计不仅存在于新产品的研制过程中，在产品的使用、回收等过程中也均有所涉及，甚至老产品的改进也需要经过质量设计这个过程。

一个产品或者服务的质量与多方面的因素有关，但是设计是影响质量的关键环节，甚至可以说“质量源于设计”。“质量源于设计”这一观点最早出现在医药产业中，现在几乎已成为企业的共识，即产品的质量，既不是检验出来的也不是生产出来的，而是设计出来的。

2. 质量设计的意义

作为质量管理的一部分，质量设计致力于制定质量目标，并规定必要的运行过程和相关资源，以实现质量目标。可以说，质量设计是质量管理诸多活动中不可或缺的核心环节，是质量管理工作得以顺利有序开展的纽带和桥梁。

研究表明，产品成本的70%～90%是由设计决定的，而设计工作费用通常只占产品成本的20%。如果能够基于质量的视角对产品进行科学的设计，可使产品成本降低25%～40%。因此，为了使产品具有较高的技术水平、良好的工艺性能、低廉的制造成本，需要加强产品设计过程的质量管理，不断开发、完善全过程的质量保证体系。

 15.2.2 质量设计的依据和内容

1. 质量设计的依据

为了制订一个操作性强的质量计划，在其制订之初就应该明确质量设计的主要依据。一般来说，质量设计的依据主要包括以下几个方面。

（1）顾客和相关各方的需要和期望。质量设计及质量管理的最终目标就是提高顾客和相关各方的满意度，因此顾客和相关各方的满意度是质量设计的核心依据。为此，相关人员在进行质量设计时需要对顾客和相关各方的满意度的相关指标进行全面、深入的分析。

（2）组织内外部环境。质量设计会受到内外部环境因素的影响，比如员工素质、资源数量、业务范围、经济社会发展程度、顾客消费水平等。为此，相关人员在进行质量设计时，需要充分考虑内外部环境的类型、影响机制、作用周期等，以便能够以最小的成本最大化地满足需求。

（3）质量方针。对企业来说，质量方针是企业质量行为的指导准则，反映着企业的质量意识，也反映着企业的质量经营目的和质量文化。相关人员在进行质量设计时，需要充分理解质量方针，并切实地贯彻和执行。

（4）质量标准和规范。随着专业化程度的不断深入，不同的行业、领域，甚至不同的产品和服务都有相应的质量标准和规范。相关人员在进行质量设计时，首先应该明确相关国家、行业、地方标准、法律法规等对所处行业的要求，以便最终产品和服务不会受到外部因素的影响。

2. 质量设计的内容

质量设计过程是产品和服务质量形成的关键过程，通过过程化的控制方法对质量状态进行控制，有助于设计的产品和服务达到适用、可靠和经济等方面的要求。质量设计的主要内容包括：①质量目标设定；②质量目标实现途径的设计；③人员质量职责的设计；④所需保障资源的设计；⑤质量目标实现方法的确定；⑥质量目标考核形式和时间节点的确定；⑦质量设计方案的评审；⑧质量设计方案的验证和确认。

 15.2.3 质量设计的方法与工具

1. 质量标杆法

质量标杆法是标杆管理法的应用拓展，是指企业在质量管理过程中借鉴其他组织的先进质量管理方法开展质量管理活动，以达到提高产品实物质量、改善质量保障能力、提升经营绩效等目标的方法。质量标杆法的目的是发挥优秀企业的榜样带头作用，在本企业营造“树标杆、学标杆、超标杆”的质量改进氛围，持续提高本企业的质量管理能力，提升产品和服务质量水平，加快企业转型升级。一般来说，企业实施质量标杆法大致包括如下五个步骤：①选择标杆；②内部数据收集与分析；③外部数据收集与分析；④质量标杆的实施与调整；⑤持续改进。

2. 先期产品质量策划法

先期产品质量策划法（Advanced Product Quality Planning，APQP）也称产品质量先期策划和控制计划，是 QS9000/TS16949 质量管理体系的一部分。最早出现于 20 世纪 80 年代后期，这个研发流程是由福特、通用和克莱斯勒三个汽车巨头花费了 5 年时间，分析了全球各地汽车组织研发和生产情况编制完成的。目前，APQP 方法已经被应用于各个领域，是用来确定和制定以确保某产品能够使顾客满意的一种结构化、系统化的方法。也就是说，企业通过 APQP 方法管理以确保其所设定的步骤按时完成，并制订产品质量计划来开发满足顾客要求的产品，以便达到提高顾客满意度的目的。一般来说，先期产品质量策划法大致包含以下五个过程：①产品质量计划和定义；②产品质量的设计与开发；③过程质量设计和开发；④产品质量和过程的确认；⑤反馈、评定和纠正措施。

3. 质量功能展开法

质量功能展开法（Quality Function Deployment，QFD）是由日本质量专家赤尾洋二于 20 世纪 60 年代提出的一种以顾客为导向的管理理论，1972 年日本三菱重工有限公司首次用来分析如何把用户、消费者的需求变换成工程措施和具体的设计要求。20 世纪 80 年代，该方法传到美国后被应用于飞机、通信系统等大型复杂系统中，并获得了极大成功。1988 年美国国防部颁发的国防部指令中明确规定，质量功能展开法为承制美军产品的厂商必须采用的技术。

质量功能展开法是指企业从质量保证的角度出发，通过一定的市场调查方法获取顾客需求，并采用矩阵图解法将顾客需求分解到产品开发的各个阶段和各职能部门，通过协调各部门的工作以保证最终产品质量，使得设计和制造的产品能真正地满足顾客的需求。质量功能展开法的基本原理就是用“质量屋”(Quality House，QH）的形式，量化分析顾客需求与工程措施间的关系度，经数据分析处理后找出对满足顾客需求贡献最大的工程措施（关键措施），从而指导设计人员抓住主要矛盾开展稳定性优化设计，开发出满足顾客需求的产品。质量屋也称质量表（Quality Chart 或 Quality Table)，是一种形象直观的二元矩阵展开图表。

质量屋的基本结构要素：①左墙——顾客需求及其重要程度；②天花板——工程措施（设计要求或质量特性)；③房间——关系矩阵；④地板——工程措施的指标及其重要程度；⑤屋顶——相关矩阵；⑥右墙——市场竞争力评估矩阵；⑦地下室——技术竞争能力评估矩阵。典型质量屋的基本结构如图 15-1 所示。

从技术角度来看，企业为满足上述顾客需求对产品提出了设计要求（工程措施），明确产品应具备的质量特性，整理后填入质量屋的天花板；屋顶用于评估各项工程措施间的相关程度，主要是因为各项工程措施可能存在交互作用（包括叠加强化和抵触消减）；对产品的市场竞争能力和技术竞争能力评估打分，填入质量屋右墙和地下室的相应部分。

由于产品开发一般要经过产品规划、零部件展开、工艺计划、生产计划四个阶段。因此，有必要将四个阶段质量功能展开。根据下一道工序就是上一道工序的顾客的原理，各个开发阶段均可建立质量屋，且各阶段的质量屋内容有内在的联系，上一阶段天花板的项目将转化为下一阶段质量屋的左墙。

4. 田口方法

田口方法是由日本质量管理专家田口玄一在 20 世纪 50 年代提出的。该方法是一种低成本、高效益的质量工程方法，其强调产品质量的提高不是通过检验，而是通过设计。在众多的产品开发方法中，田口方法是一种能够有效提高产品质量、促进技术创新、增强企业竞争力的理想方法。田口方法的基本思想是把产品的稳健性设计到产品的研发和制造过程中，通过控制源头质量来抵御或消除大量的下游生产或顾客使用中不可控因素的干扰，这些因素包括环境湿度、材料老化、制造误差、零件间的波动等。

田口方法认为，产品开发的效益可以用企业内部效益和社会损失来衡量，企业内部效益体现为功能相同条件下的低成本，社会效益则将产品进入消费领域后给人们带来的影响作为衡量指标。为此，田口方法不仅提倡充分利用廉价的元件来设计和制造高品质的产品，还强调使用先进的试验技术来降低设计试验费用，为企业增加效益指出了一个新的方向。定量描述产品质量损失是田口方法的一个重要特点，为此该方法提出了“质量损失函数”这一概念，并以信噪比来衡量设计参数的稳健程度。也就是说，田口方法是一种聚焦于最小化过程变异或使产品、过程对环境变异最不敏感的实验设计方法，是一种在环境多变条件下能够稳健和优化操作的高效方法。

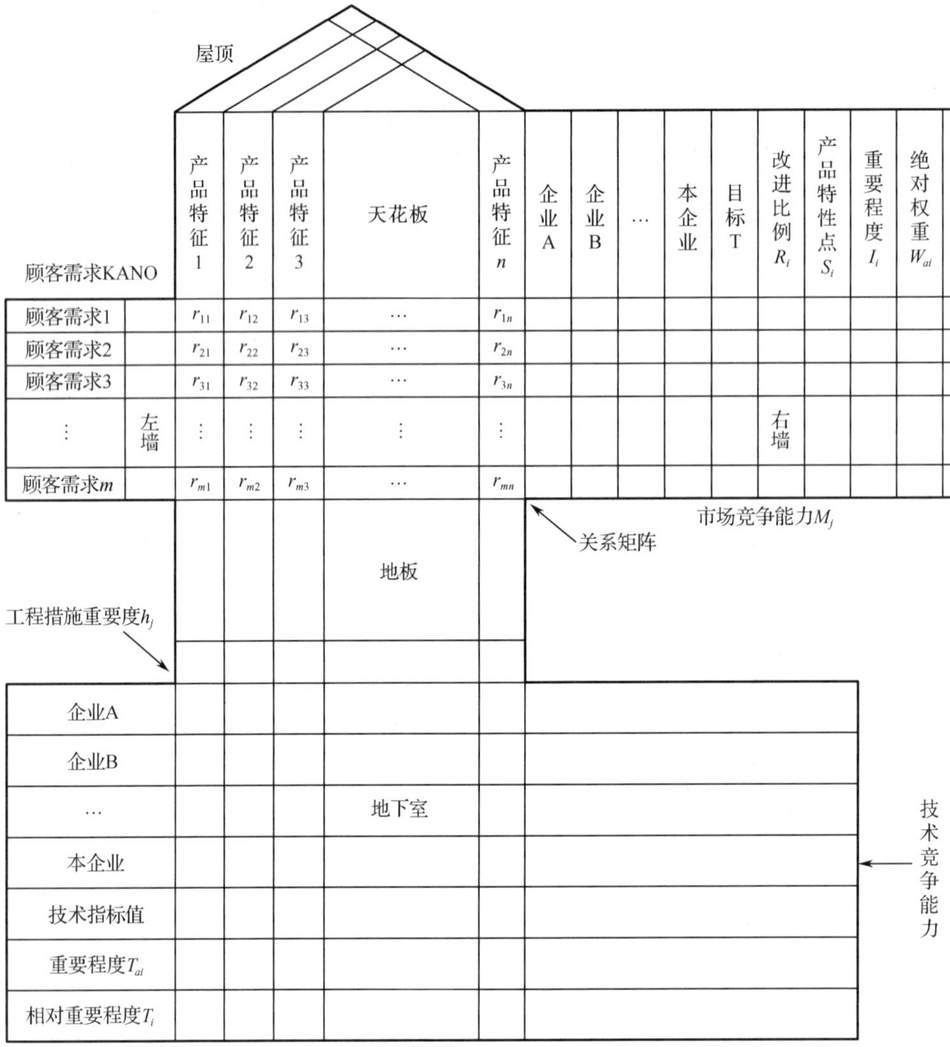

屋顶

顾客需求KANO		产品特征1	产品特征2	产品特征3	天花板	产品特征n	企业A	企业B	…	本企业	目标T	改进比例R_i	产品特性点S_i	重要程度I_i	绝对权重W_{ai}	相对权重W_i
顾客需求1		r_{11}	r_{12}	r_{13}	…	r_{1n}										
顾客需求2		r_{21}	r_{22}	r_{23}	…	r_{2n}										
顾客需求3		r_{31}	r_{32}	r_{33}	…	r_{3n}										
⋮	左墙	⋮	⋮	⋮	⋮	⋮						右墙				
顾客需求m		r_{m1}	r_{m2}	r_{m3}	…	r_{mn}										

市场竞争能力M_j

关系矩阵

地板

工程措施重要度h_j

企业A					
企业B					
…			地下室		
本企业					
技术指标值					
重要程度T_{ai}					
相对重要程度T_i					

技术竞争能力

图 15-1　质量屋的基本结构

一般来说，田口方法的实施过程大致可分为以下十个步骤：①选定品质特性；②判定品质特性的理想机能；③列出所有影响此品质特性的因素；④确定测定因素的标准；⑤确定控制因素的标准；⑥确定干扰因素的标准；⑦确定适当的直交表，并安排完整的实验计划；⑧执行实验，记录实验数据；⑨资料分析；⑩确认实验，实施改进。

15.3 质量成本

15.3.1 质量成本概述

1. 质量成本的定义

质量成本（Costs of Quality）这一概念最早是由美国质量专家菲根堡姆在 20 世纪 50 年代提出来的，是指企业为了保证和提高产品或服务质量而支出的一切费用，以及因未达到产品质量标准不能满足顾客需

求而产生的一切损失，是企业生产总成本的一个组成部分。质量成本理论将质量预防和鉴定成本与产品质量不符合企业自身和顾客要求所造成的损失一并考虑，有助于企业了解质量问题对企业经济效益的影响，为质量管理提供了科学的依据。由于人们逐渐认识到降低质量成本对提高企业经济效益的巨大作用，从而进一步提高了质量成本管理在企业经营战略中的重要性。

2. 质量成本的构成

质量成本一般由两部分组成：一部分是为确保质量与要求一致而做的所有工作产生的成本，称为运行质量成本或者一致成本。运行质量成本又可以分为预防成本、鉴定成本、内部损失成本和外部损失成本。另外一部分是由于不符合质量要求而引起的相关工作成本，称为外部质量保障成本或不一致成本（质量成本的构成见图 15-2）。

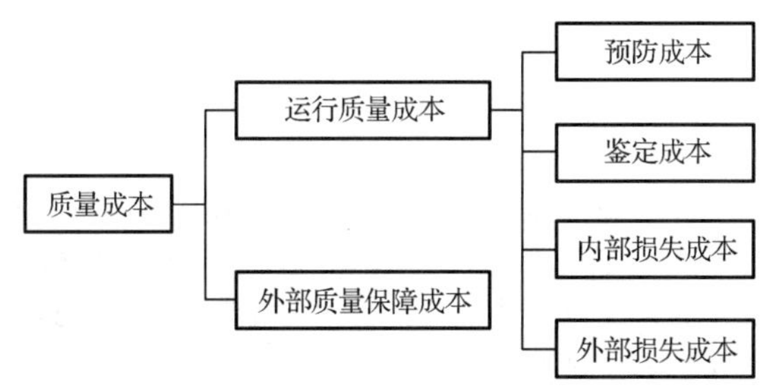

图 15-2　质量成本的构成

高田公司申请破产

2017 年 6 月 25 日受累于安全气囊门的日本零部件供应商高田公司，正式在日本、美国申请破产保护。高田公司是一家有着 84 年历史的汽车零部件企业，是全球最大的汽车安全气囊（Air-bag，或 Supplementary Restraint System）制造商之一，是汽车驾驶安全带、汽车儿童座椅、汽车安全气囊行业的领导者与创新者。与高田公司合作的有宝马、克莱斯勒、福特、通用、本田、马自达、三菱、日产、斯巴鲁等知名车企，其在全世界 28 个国家拥有 58 座工厂。

安全气囊在车辆发生撞击事故时瞬间弹出，借缓冲保护驾驶员和乘客的安全。然而，这个提供安全的设施却由于质量问题成了“死亡气囊”。据报道，高田公司的“死亡气囊”已经在 10 年的时间内造成了 100 多人的死伤。高田安全气囊缺陷事件持续发酵，预估全球因高田安全气囊问题需要召回的车辆超过 1.2 亿辆。由于召回成本远远高于气囊产品本身的总价值，以及随之而来的是潜在罚款、巨额诉讼成本和支付给受害者的赔偿款，其总金额可能超过 110 亿美元，对于高田公司来说除了“卖身”已别无他法。

（资料来源：根据公开资料整理。）

15.3.2　质量成本管理

1. 质量成本管理的内容

实际上，质量过高或过低都会造成浪费，都会影响企业的经济效益。因此，企业往往致力于寻找最佳质量水平和最佳成本水平之间的平衡。由于最佳质量水平是要实现必要功能与成本耗费的最佳结合，所以企业进行质量成本管理对于提升企业效益极为重要。

质量成本管理是对产品从市场调研、产品设计、试制、生产制造到售后服务的整个过程进行的质量成本管理，是全员参加的对生产全过程的全面质量成本管理。具体来说，质量成本管理一般包括以下几个方面：①产品开发系统的质量成本管理；②生产过程的质量成本管理；③销售过程的质量成本管理；④质量成本的日常控制等。

2. 质量成本管理的原则

（1）全员参与质量成本管理。根据全面质量管理全员参与的要求及大质量的管理理念，越来越多的企业在进行质量管理时强调，全员参与质量成本管理、全力进行质量成本优化、全过程落实质量成本控制、全方位实现质量成本效益。

（2）成本适宜的质量成本管理。企业的质量成本应与其产品结构、生产能力、设备条件及人员素质等相适应。也就是说，企业应该寻求适宜本企业特点的质量成本管理体系。

（3）数据可靠的质量成本管理。企业实施质量成本管理过程中所使用的各种记录、数据务必真实、可靠，以便做到核算准确、考核真实、控制有效。

（4）职责清晰的质量成本管理。质量成本管理涉及财务、检验、生产、售后服务、库存等各相关职能部门，企业需要把质量成本的统计及分析纳入这些部门的质量职能中去，而不能仅靠质量部门。

（5）体系完善的质量成本管理。企业要对成本进行控制就要对人工工时、成品加工成本、损失成本、生产定额等的核算有统一的口径，这样对于质量成本的计算才能快速、及时、准确，并且可以减少相关职能部门统计数据的主观性。

 15.3.3　质量成本分析方法

质量成本分析是指相关人员通过对质量成本各个构成项目核算数据的分析，找出质量方面存在的问题和管理上的薄弱环节，提出实施改进的措施，并向各级领导提供资料信息和建议，以便他们对质量中的问题做出正确的处理决策。质量成本分析的主要定量方法有质量成本趋势分析法、质量成本指标分析法、质量成本基数比较分析法、质量成本最佳经验法等。

1. 质量成本趋势分析法

质量成本趋势分析法是指企业在较长的一段时间，对质量成本、质量成本各个项目、质量成本各种指标或质量缺陷数量的实际数据变动情况进行系统分析、比较，以便从总体上直观地了解质量成本管理效果的判断方法。质量成本趋势分析需要企业在积累一定质量成本数据的基础上，通过绘制趋势图发现较长一段时间质量的薄弱环节及改进的有效措施，从而对未来质量发展前景进行决策。

在质量成本趋势图中，主要绘制出各项质量成本的趋势曲线，以便对各种质量成本指标的变化趋势一目了然。一般来说，质量成本主要包括内部损失成本、外部损失成本、鉴定成本和预防成本，这四类成本占总质量成本的比例大致为25%～40%、20%～40%、10%～50%、0.5%～10%。通常当质量成本各部分之间的比例发生较大变化时，必须采取相应的措施使质量成本各部分之间的比例恢复到正常状态。

经验表明，当外部损失成本的比例超过60%、预防成本远远小于10%时，质量工作的重点应该放在加强质量预防控制和提高质量措施的研究上；当内外部损失成本大约为50%、预防成本大约为10%时，质量工作的重点应该放在维持现有质量的水平上；当内外部损失成本的比例小于40%、鉴定成本大于50%时，质量工作的重点应该放在降低鉴定成本上。

2. 质量成本指标分析法

质量成本指标分析法是指企业通过对与质量成本有关的主要指标进行分析和评价，寻求有针对性的质量改进措施的方法。一般来说，与质量成本相关的指标主要包括质量成本构成指标、质量成本效益指标、质量成本变动指标等。

（1）质量成本构成指标分析。质量成本构成指标分析是指企业通过对质量成本主要构成指标的水平状况进行分析，可以深入了解质量成本的变化状况，也可以通过质量成本总额中各因素所占比重来分析质量成本构成及其变化。质量成本构成指标主要包括预防成本、鉴定成本、内部损失成本、外部损失成本和外部质量保障成本。一般来说，当产品质量没有要求时，其预防费用为零。而随着质量要求的提升，预防和鉴定费用逐渐增加，当质量要求为100%合格时，预防成本非常高。同时，当产品质量较低时，事故损失就会加大，内部损失成本也将不断上升。也就是说，当质量水平较低或较高时，总成本都比较高，在两者之间存在一个使总成本达到最低的点，那就是最佳质量成本水平。

（2）质量成本效益指标分析。质量成本效益指标分析是指通过分析质量成本与有关指标的关系，以便从一个侧面大体反映质量经营的状况及其对质量经济效益的影响，借以说明企业进行质量成本核算和管理、开发质量成本的重要性。质量成本效益指标主要是指质量成本与销售收入、生产成本、利润等相关基数的比值。在使用质量成本指标分析法分析质量成本时，应该明确各个指标的含义，并注意指标数据应来

源于相同的核算对象和核算期，以保证指标的科学性和实用性。常用的与质量相关的指标包括产值质量成本率、销售收入质量成本率、销售利润质量成本率、产品成本质量成本率、质量成本利润率、推行质量成本后故障成本降低率、推行质量成本后废品损失降低率等。

（3）质量成本变动指标分析。质量成本变动指标分析是指通过对组织的质量总成本、预防成本、检验成本、内部损失成本、外部损失成本的增减值或增减率进行分析，找出导致指标变化的主要原因，以便及时采取相应的措施。常用的质量成本变动指标包括总质量成本减少值、预防质量成本减少值、检验质量成本减少值、内部损失质量成本减少值、外部损失质量成本减少值等。

3. 质量成本基数比较分析法

经过大量的质量成本管理实践，企业对一些质量成本指标逐渐积累了一些经验数据，能够知道在大致什么范围内质量成本才是有效的，以及在什么趋势下质量成本管理是正确的，等等。企业在经验数据的基础上，将质量成本与既定的基数进行比较，可以了解质量成本的经济特性，以便其做出决策并进行相应的调整。目前，主要的质量成本基数指标有单位销售额故障损失率、单位销售额外部损失率、单位销售额质量成本、单位产值故障损失率、单位产值内部损失率、单位产值质量成本率、单位利润质量成本率、单位利润故障成本率等。

4. 质量成本最佳经验法

由于质量成本的各组成部分之间具有相关性，当一些费用增加时可能会导致其他费用的减少。例如，当预防成本和鉴定成本增加时，内外部损失成本就会减少。总体来看，质量成本曲线呈 U 形，如图 15-3 所示。

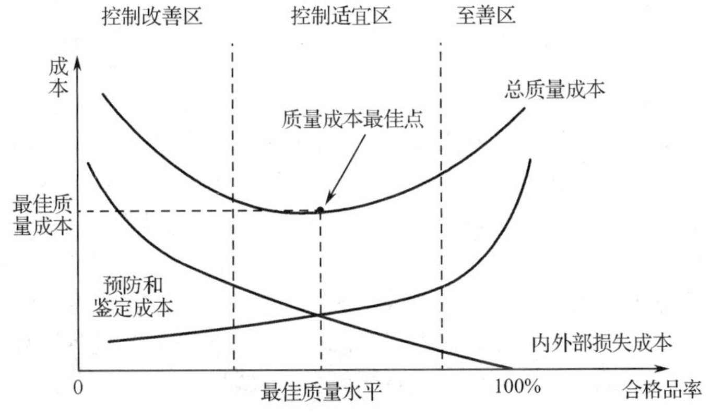

图 15-3　质量成本曲线

由图 15-3 可知，内外部损失成本随质量的提高以较快的速度下降。当预防和鉴定成本从质量较低水平提高到与内外部损失成本相当时，而预防和鉴定成本的提高幅度并不是很大，但是当质量水平进一步提高时，预防和鉴定成本的增加速度很快。这时要提高质量水平，必须增加预防和鉴定成本，特别是增加预防成本。从质量的成本曲线来看，曲线的最低点就是质量管理和控制的最佳点，也是最佳质量成本。

产品为 100%不合格品和 100%合格品，企业都将付出巨大“代价”。一般情况下，企业往往追求质量成本和质量效益之间的平衡。为此，一些学者对质量成本的最佳区域进行了相应的研究，并明确了相应位置上各种成本的大致比例情况，具体如图 15-4 所示。

从图 15-4 可知，总质量成本特性曲线可以分为质量改进区域、适宜控制区域和至善论区域。质量改进区域是损失成本最大的区域，因此质量管理工作的重点在于，通过强化预防措施减少损失成本；适宜控制区域是在一定组织技术条件下，总质量成本处于最理想的区间，质量管理工作的重点是维持和稳定现有的质量水平；至善论区域是由于预防成本过高而使总质量成本过高区间，质量管理工作的重点是适当放宽质量标准和检验标准、简化检验程序、减少检验工作量、提高检验效率。需要特别指出的是，上述三个区域并不是一成不变的，各质量成本的数值只是在特定情况下的参考数值，需要企业根据自身的具体情况，通过不断的数据积累、分析和总结得到有效数据。

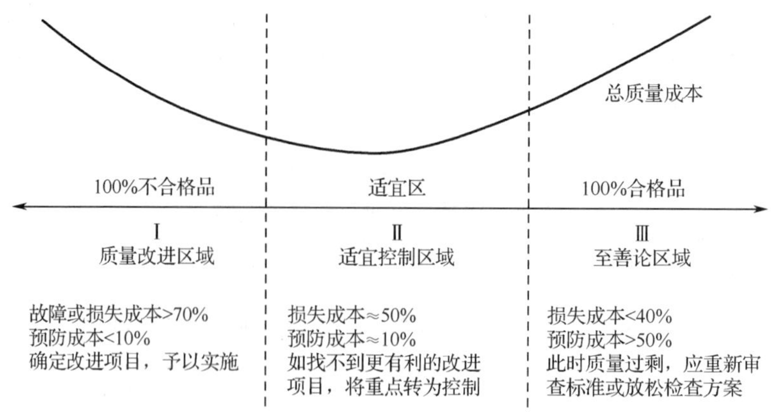

图 15-4　质量成本最佳区域图

15.4 质量检验

15.4.1 质量检验概述

1. 质量检验的含义

质量检验也称技术检验，是指利用一些检验测试手段和检查方法测定产品的质量特性，并把测定结果同规定的质量标准进行比较，从而对一个产品或一批产品做出合格或不合格判断的质量管理方法。质量检验的目的在于保证不合格的原材料不投产，不合格的零件不转入下一道工序，不合格的产品不出厂，同时收集和积累反映质量状况的数据资料，为测定和分析工序、监督工艺过程、改进质量提供信息。

2. 质量检验的职能

在产品质量形成的过程中，质量检验起着非常重要的作用。质量检验的职能是在正确鉴别的基础上，通过合格性判定把住质量关，通过质量信息报告和反馈防止质量问题再次发生。具体而言，质量检验具有五种职能：鉴别职能、把关职能、预防职能、报告职能和监督职能。

15.4.2 质量检验的内容与类型

1. 质量检验的内容

从质量检验的定义来看，质量检验的内容主要包括以下几个方面。

（1）明确质量标准。质量标准是指对产品质量目标的表述，或将需要转化为一组针对实体特性的定量或定性的规定要求。质量标准是质量检验的根本依据，使质量检验更具实际操作性和客观性。

（2）测量质量特性。测量质量特性是指企业在进行质量检验时，需要采用各种计量器具、检验设备和理化分析仪器等，对产品的一个或多个质量特性进行观察、测量、试验，以便获得产品质量管理的一些重要信息。

（3）对比测定结果。对比测定结果是指将实际测定结果与质量标准做对比，观察质量特性值是否符合规定的要求，进而为后续工作提供信息支持。

（4）判定质量状况。判定质量状况是指根据质量特性值的对比结果，判定被检验对象是否合格，以及是否采取改善产品质量的行为。

（5）处理检验对象。处理检验对象是指根据质量判定情况，对产品对象进行相应的处理。例如，对合格品放行，对不合格品进行返修、降级使用或报废处理，对出现质量问题的工序进行调整、维修、停产等。

（6）记录检验信息。记录检验信息是指对质量检验的数据进行记录，给出具有评价和改进的建议信息，

并向上级或有关部门汇报和反馈信息。

2. 质量检验的类型

基于不同的目标，质量检验可以划分为多种不同的类型。例如，按生产阶段分类可将质量检验分为进货检验、过程（工序）检验和完工检验；按检验地点分类可将质量检验分为集中检验、现场检验和流动检验。质量检验的主要类型如表 15-1 所示。

表 15-1　质量检验的主要类型

分类依据	检验类型	检验特点
按生产阶段分类	进货检验	对来自外部的原材料、零部件等进行入库前的检验
	过程（工序）检验	对内部各道工序的产品进行检验，确保不合格品不流入下一道工序，以保持正常的生产秩序
	完工检验	对成品进行检验，保证不合格产品不流向市场
按检验地点分类	集中检验	把被检验的产品集中在一个固定的场所进行检验
	现场检验	在生产现场或产品存放地进行检验
	流动检验	在生产现场对制造工序进行巡回检验
按检验工具分类	理化检验	利用量检具、仪器、仪表或一些化学方法对产品进行检验
	微生物检验	利用显微镜、染色技术、培养基制备技术、接种、分离纯化和培养技术等来判断产品的新鲜及受污染程度的一种手段
	感官检验	依靠人的感觉器官对产品形状、颜色、气味、伤痕、老化程度等进行检验
	试验性使用鉴别	通过对产品的实际使用或试用，观察产品使用特性的适用性情况来检验
按被检验产品的数量分类	全数检验	对所提交检验的全部产品逐件按规定的标准全数检验
按被检验产品的数量分类	抽样检验	按预先确定的抽样方案，从交验批中抽取规定数量的样品构成一个样本，通过对样本的检验推断批合格或批不合格
	免检	对经国家权威部门产品质量认证合格的产品或信得过产品在买入时执行的无试验检验
按质量特性的数据性质分类	计量值检验	通过测量和记录质量特性的具体数值，取得计量值数据，并根据数据值与标准对比判断产品是否合格
	计数值检验	利用产品的合格品数、不合格品数等计数值数据来判断批次产品质量特性的检验
按检验后样品的状况分类	破坏性检验	只有将被检验的样品破坏以后才能取得检验结果的情形
	非破坏性检验	检验过程中产品不受到破坏，产品质量不发生实质性变化的检验
按检验目的分类	生产检验	为保证生产企业所生产产品的质量，而在产品形成的整个生产过程中的各个阶段所进行的检验
	验收检验	客户为了保证产品的质量而在验收生产企业提供的产品时所进行的检验
按检验主体分类	监督检验	为保证消费者权益独立检验机构通过抽检的方式对市场上产品的质量进行的检验
	验证检验	由政府授权的独立检验机构从企业生产的产品中抽取样品进行检验，以验证产品是否符合所执行的质量标准要求
	仲裁检验	政府授权的独立检验机构对供需双方因产品质量发生争议的产品进行的检验
按供需关系分类	第一方检验	生产企业自己对自己所生产的产品进行的检验
	第二方检验	需方对采购的产品或原材料、外购件、外协件及配套产品等所进行的检验
	第三方检验	由各级政府主管部门所授权的独立检验机构进行的检验
按检验人员分类	自检	由生产者自己对自己所加工的产品或零部件所进行的检验
	互检	由同工种或上下道工序的操作者相互检验所加工的产品
	专检	由企业质量检验机构直接领导，专职从事质量检验的人员所进行的检验

续表

分类依据	检验方式	检验特点
按检验频次分类	逐批检验	对生产过程所生产的每一批产品，逐批进行的检验
	周期检验	按确定的时间间隔对产品进行的检验
按检验的效果分类	判定性检验	依据产品的质量标准判断产品合格与否的检验
	信息性检验	为了获得产品质量信息而进行的检验
	寻因性检验	为了寻找产生不合格的原因而进行的有针对性的检验

15.4.3 质量的抽样检验

1. 质量抽样检验的定义

质量抽样检验又称质量抽样检查，是从一批产品中随机抽取少量产品（样本）进行检验，以此判断该批产品是否合格的统计方法和理论。如果结果认为该批产品符合预先规定的合格标准，就予以接收，否则就拒收。所以，经过质量抽样检验认为合格的一批产品中，还可能含有一些不合格品。

可见，质量抽样检验方案是一套规则，是依据它去决定如何抽样，并根据抽出产品检验的结果决定接收或拒收该批产品。质量抽样检验主要适用于大批量和希望节省检验费用的情形、产品的可靠性和寿命检验会产生破坏性的情形，以及被检验项目数量过多和周期长难以进行全数检验的情形。抽样检验的优点是能够比全数检验更有效地促进企业改进质量。

2. 质量抽样检验的术语

（1）单位产品。单位产品是指为实施质量抽样检验而划分的基本单位。例如，一台电视机、一个马达、一块 PCB 组件、一个螺丝钉、一米钢板、一升水等。

（2）批和批量。批是指为实施抽样检验汇集起来的单位产品，称为批（Lot）或检验批，根据批的检验状态又有“待检批”“合格批”“不合格批”等习惯叫法。而每批中包含的单位产品数量称为批量。另外，为了更好地记录每批的信息，每个检验都有一个特定的号码，称为批号（Lot No）。

（3）抽样和随机抽样。抽样是从欲研究的全部样品中抽取一部分样品，抽样的基本要求是保证所抽取的样品对全部样品具有代表性。抽样多采用随机抽样的方式，具体的形式有简单随机抽样、系统抽样、分层抽样、整群抽样、多段抽样、偶遇抽样、定额抽样、图像抽样等。

（4）样本和抽样方案。样本是指从检验批中抽出的供检验用的产品，样本中所包含的样本单位数称为样本大小。抽样方案是指在抽样检验中规定样本量和有关接受准则的一个具体方案。不合格判定数即在抽样方案中预先规定的判断批产品合格的那个样本中最大允许的不合格数。

（5）不合格。不合格是指单位产品的质量特性不符合规定。根据产品特性的重要性和未满足的程度，不合格可以分为 A 类不合格、B 类不合格及 C 类不合格：单位产品的极重要的质量特性不符合规定，或者单位产品的质量特性极严重不符合规定，称为 A 类不合格；单位产品的重要质量特性不符合规定，或者单位产品的质量特性严重不符合规定，称为 B 类不合格；单位产品一般质量特性不符合规定，或者单位产品的质量特性轻微不符合规定，称为 C 类不合格。

（6）合格质量水平。合格质量水平是指在抽样检查中，认为可以接受的连续提交检查批的过程平均上限值。通常，接收质量限（Acceptable Quality Limit，AQL）是在一个连续系列批被提交验收时，可允许的最差过程平均质量水平，常用每百单位产品不合格品数表示。

（7）接收概率。接收概率是指某批产品的合格概率，又称批合格概率，是指根据规定抽样方案将一定质量水平的交验批判断为合格而接受的概率。当抽样方案不变时，不同质量水平的批接收的概率也存在差异。

15.5 质量控制

15.5.1 质量控制概述

1. 质量控制的概念

质量控制（Quality Control）是指企业为达到质量要求所采取的作业技术和活动。也就是说，质量控制是企业通过监视质量形成过程，消除质量环上所有引起不合格或不满意效果的因素，以达到质量要求和获取经济效益而采用的各种质量作业技术和活动。

企业要在激烈的市场竞争中生存和发展，仅靠战略性选择是不够的，还离不开过硬的产品质量。然而，产品质量是最难控制和最容易发生问题的环节，如果产品出现质量问题企业小则退货赔钱、大则客户流失，甚至破产倒闭。因此，企业采用科学的工具进行质量控制是确保产品质量、促使企业不断发展的有效方法。

2. 质量控制的内容

质量的形成是作业实施过程中的一系列因素综合影响的结果，因此凡是影响质量的环节都应该成为质量控制的内容。一般来说，人、机、料、法、环是影响工作质量的五大因素，因此这些因素应该作为质量的关键控制点。

（1）人的行为。企业应该围绕着“人”的因素设计出有针对性的质量控制方法，避免因人的失误造成质量问题。

（2）机的状态。在生产过程中，设备的良好状态不仅能够提高生产效率，还可以提升产品质量。否则，就可能增加质量控制难度。

（3）料的质量。大多数产品都由几种甚至几十种配件或部件构成，材料的质量、材料的供给都会对产品质量产生重要影响。

（4）法的规范。法是指生产过程中存在的工艺指导书、标准工序指引、生产图纸、生产计划表、产品作业标准、检验标准和各种操作规程等，严格按照规程作业是确保产品质量的前提。

（5）环的情境。环是指生产活动的环境，企业科学地管理生产的内外部环境，往往是进行质量控制的关键。

15.5.2 质量控制的“老七种”工具

日本在美国的质量管理方法的基础上，提出了全员质量管理（Company Wide Quality Control，CWQC）理论，首创 QC 团队质量改进方法、田口质量工程学、5S 现场管理、TPM 全面生产维护、QFD 质量功能展开和 JIT 丰田生产方式等，并归纳了“老七种”和“新七种”工具，这些已经普遍用于世界各国质量改进和质量控制活动。其中，质量控制的“老七种”工具主要包括调查表法、直方图法、散布图法、排列图法、因果分析图法、分层法和控制图法。

1. 调查表法

调查表又称统计分析表或检查表，是 QC 七大工具中最简单也是使用得最多的方法。调查表是为了调查客观事物、产品及工作质量，或为了分层收集数据而设计的表格，即把产品可能出现的情况及其分类预先列成分析表，相关人员在检查产品时只需要在相应的分类中进行统计，并在调查表中进行粗略的整理和简单的原因分析，为下一步的统计分析与判断质量状况创造良好条件。调查表在设计时应注意要便于人工记录、便于操作，把文字部分尽可能列入调查表中，只需要简单地描点和打勾即可。调查表简单直观，可以系统地收集资料、积累信息、确认事实，并可对数据进行粗略的整理和分析，也就是确认有与没有或者该做的是否完成。根据使用的目的，常用的调查表有不良项目统计分析表、缺陷位置统计分析表和频数统计分析表三种。

（1）不良项目统计分析表。不良项目是指一个零件或产品不符合规格、公差、寿命等标准的质量项目，也称不合格项目。为了发现并及时进行管理和控制，企业需要了解生产中出现的各种不良和缺陷，通过不良品项目检查表（见表 15-2）可以明确掌握发生了哪些“不良”，以及各种“不良”的比例，以便进一步采取相应措施。

表 15-2 不良品项目检查表

日期	项目								
	交验数	合格数	不良品			不良品类型			不良品率/%
			废品数	次品数	返修品数	废品类型	次品类型	返修品类型	

（2）缺陷位置统计分析表。企业掌握缺陷发生位置规律，可以进一步分析为什么缺陷会集中在某一区域，寻找原因并采取对策，从而更好地解决出现的质量问题。对外观缺陷进行统计调查的方法大多是制作产品外形图、展开图，然后在图上对缺陷位置的分布进行分析。缺陷位置统计分析表可以增加改进措施一栏或者产品外形图，以便充分反映缺陷发生的位置，有助于相关人员研究缺陷集中在那里的原因，使其进一步观察、探讨缺陷发生的原因。

（3）频数统计分析表。频数统计分析表可以为明确缺陷发生原因提供大量有用的数据，经过收集数据、分组、统计频数、计算、绘图等步骤，可以得到制作直方图的数据资料。目前，频数统计分析表的形式多种多样，广泛应用于各行各业。

2. 直方图法

直方图（Histogram）也称频数分布图，是用来对大量计量数据进行整理加工并找出统计规律，以便对其总体的分布特征进行推断、对工序或批量产品的质量水平及其均匀程度进行分析的方法。直方图是用一系列宽度相等、高度不等的长方形表示数据的图，长方形的宽度表示数据范围的间隔，长方形的高度表示在给定间隔内的频数。

（1）直方图法的作用。在质量控制中，直方图法是经常使用的简便且能发挥很大作用的统计方法，其作用是显示各种数值出现的相对频率、解释数据中心和分布形状、阐明数据潜在分布信息、为预测提供相应信息、判断工序是否稳定等。

（2）直方图的绘制步骤。第一步，收集计量值数据；第二步，找出数据中最大值（记为 L）和最小值（记为 S），计算两者的差值（$L-S$）；第三步，根据数据个数 n，确定数据分组数 K（K 约等于对 n 开根号），并计算组距 h；第四步，计算分组的组界；第五步，将数据按大小归入各组，计算各组的频数，做出分布表；第六步，画直方图。

（3）直方图的分析与形状。对直方图的分析主要包括两个方面的工作：一是分析直方图的全图形状，能够发现生产过程中的一些质量问题；二是将直方图与质量指标相比较，观察质量是否满足要求。直方图形状的类型主要分为标准型、锯齿型、绝壁型、双峰型、孤岛型、平顶型和偏峰型七种（见图 15-5）。

可见，直方图的形状各异，但是每种直方图形状的形成都有其内在的深层原因。为此，企业在进行质量分析时，可以通过观察直方图的形状特征来对产品质量出现的原因进行相应的分析，进而为确定质量管理措施提供支持。

3. 散布图法

散布图也称散点图或相关图，是指通过分析研究两种因素之间的关系，来了解影响产品质量的相关因素的一种有效方法。在实际生产中，一些变量共处于一个统一体中，它们相互联系、相互制约，在一定条件下又相互转化。有些变量之间存在着确定性的关系，它们之间的关系可以用函数关系来表达。还有些变量之间存在着相关关系，即这些变量之间既有关系但又不能由一个变量的数值精确地求出另一个变量的数

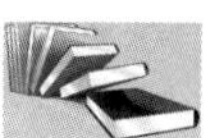

值。将与两种因素有关的数据列出，以坐标点的形式标示在坐标图上，然后观察这两种因素之间的关系，这种图就称为散布图或相关图。

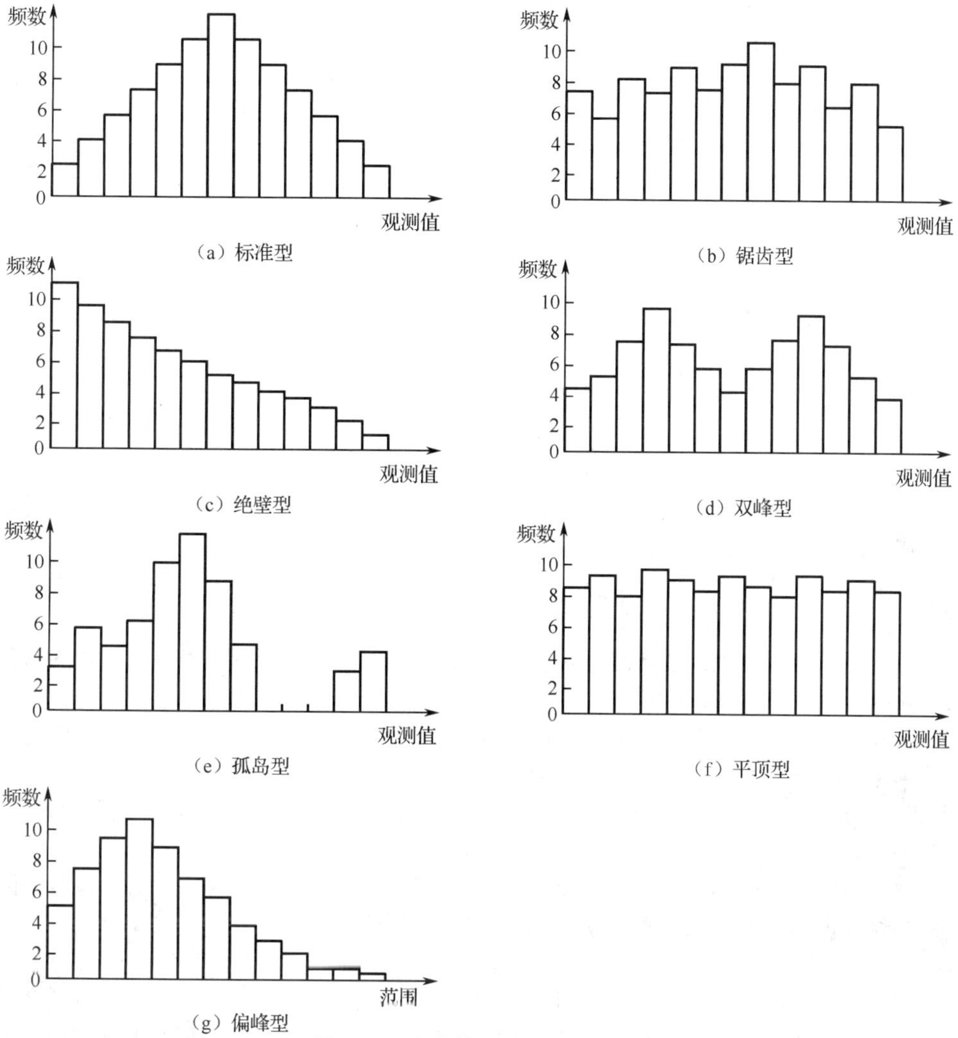
频数
0
2
4
6
8
10
观测值
（a）标准型
（b）锯齿型
（c）绝壁型
（d）双峰型
（e）孤岛型
（f）平顶型
范围
（g）偏峰型

图 15-5　直方图形状的主要类型

两个变量之间相关关系的密切程度，通常用相关系数（记为 r）来表示，其计算公式为：

$$r=\frac{\sum(x-\bar{x})(y-\bar{y})}{\sqrt{\sum(x-\bar{x})^2(y-\bar{y})^2}}=\frac{L_{xy}}{\sqrt{L_{xx}L_{yy}}}$$

不同的散布图有不同的相关系数，且 $-1 \leqslant r \leqslant 1$，相关系数 r 的取值含义如表 15-3 所示。

表 15-3　相关系数 r 的取值含义

r 值	两个变量之间的关系判断
$r=1$	完全正相关
$0<r<1$	正相关（越接近 1，正相关性越强；越接近 0，正相关性越弱）
$r=0$	不相关
$-1<r<0$	负相关（越接近-1，负相关性越强；越接近 0，负相关性越弱）
$r=-1$	完全负相关

一般来说，散布图的分布主要有以下六种形式（见图 15-6）。

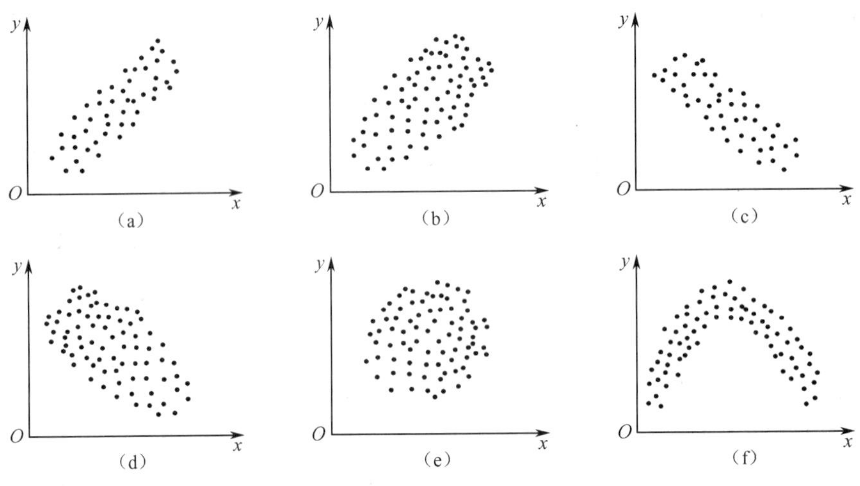

图 15-6　散布图的六种典型形式

（1）强正相关。y 随着 x 的增加而增加，且点的分散程度小，表示原因与结果有相对的强正相关，如图 15-6（a）所示。

（2）弱正相关。y 随着 x 的增加而增加，且点的分散程度大，表示原因与结果有相对的弱正相关，如图 15-6（b）所示。

（3）强负相关。y 随着 x 的增加而减小，且点的分散程度小，表示原因与结果有相对的强负相关，如图 15-6（c）所示。

（4）弱负相关。y 随着 x 的增加而减小，且点的分散程度大，表示原因与结果有相对的弱负相关，如图 15-6（d）所示。

（5）不相关。如果散布点的分布杂乱、没有任何倾向时，称为不相关，即 x 与 y 之间没有任何的关系，如图 15-6（e）所示。这时应将数据分层后再分析，看是否确实不存在相关性。

（6）非线性相关。假设 x 增大 y 也随之增大，但是 x 增大到某一值之后 y 反而开始减少，因此产生散布图点的分布有曲线倾向，称为非线性相关，如图 15-6（f）所示。

4. 排列图法

排列图也称帕累托图（帕累托图最早是由意大利经济学家帕累托（Pareto）用来分析社会财富分布状况的 80/20 现象而得名的），是找出产品质量主要问题的一种有效方法。排列图法就是根据“关键的少数和次要的多数”的原理，寻求质量的关键性问题。

排列图由两个纵坐标、一个横坐标、若干个直方图形和一条曲线组成。其中，左边的纵坐标表示发生的频数（件数、金额、时间等），右边的纵坐标表示频率（用百分比表示）；横坐标表示影响质量的各种因素，按影响因素的大小程度由左向右排列；各个直方图形的高度表示各因素影响程度的大小；对各直方图的百分比的百分数进行累计，形成一条影响程度累计曲线，称为帕累托曲线。排列图的制作过程主要分为以下几个步骤：①确定分析对象；②收集数据；③整理数据；④画排列图中的直方图；⑤画排列图中的曲线；⑥确定主要因素。

根据排列图确定影响质量的主要因素、一般因素和次要因素。一般来说，主要因素是指累计影响占到 0～80%的若干因素，它们是影响产品质量的关键因素，称 A 类因素，其个数一般为 1～2 个，最多 3 个；一般因素是指累计影响在 80%～95%的若干因素，它们影响产品质量的程度一般，称 B 类因素；次要因素是指累计影响在 95%～100%的若干因素，它们是影响产品质量的轻微因素，称 C 类因素。

5. 因果分析图法

因果分析图由于看上去有些像鱼骨，也称鱼骨图（Fishbone Diagram），该图由日本管理大师石川馨发明，故又称石川图。因果分析图法的特点是简洁实用、深入直观，基于研究目标可以分为问题型、原因型

及对策型等几类。

在生产过程中，产品质量的波动与人员、材料、机器、工艺、环境等多种因素有关，而这些因素又往往是交织在一起的，很难从直观上确定导致质量问题的主要因素。因果分析图法就是这样一种发现问题“根本原因”的分析方法。企业通过因果分析图法进行层层深入的分析研究，从原本交错混杂的大量影响因素中理出各因素之间的关系，逐步找出影响质量的主要原因、一般原因和次要原因，从而制定有针对性的措施。图 15-7 是某旅行社提供的影响旅游服务中顾客满意度的因果分析。

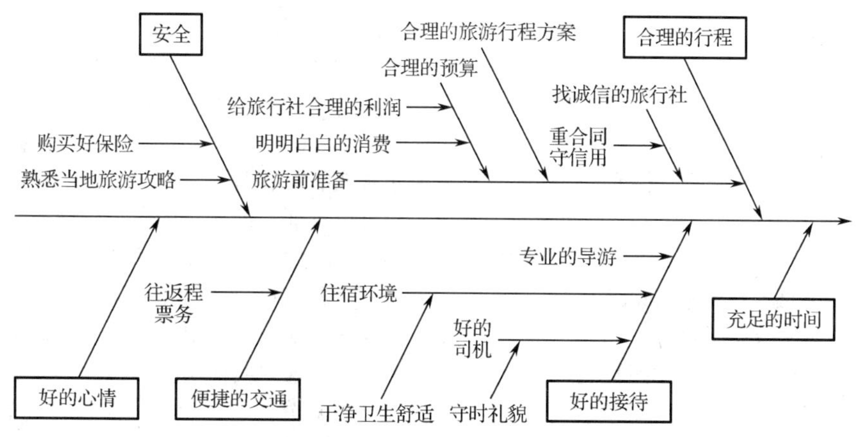

图 15-7　影响旅游服务中顾客满意度的因果分析

由于因果分析图法的分析过程主要是将影响质量的各种因素画在一个类似于“鱼骨”的图上，因此因果分析图法的主要工作就是绘制“鱼骨图”。一般来说，因果分析图法的基本绘制过程分为如下几个步骤：①确定质量问题及研究对象；②确定影响质量特性的可能因素；③绘制因果分析图；④确认主要原因；⑤记录必要事项信息。

6. 分层法

在实际工作中，人们能够收集到许多反映质量特性的数据，如果只是简单地把这些数据放在一起，来自多方面影响质量的因素交错在一起会使得数据杂乱无章，导致人们无法直接得出分析结果。分层法是一种把错综复杂的多种因素分开的统计工具。分层法又称分类法、分组法、层别法，是通过将人们收集的数据按来源、性质等加以分类，将在相同条件下性质相同的数据归为一组（层），从而将总体分为若干层次，分别加以研究。这样可使数据反映的事实更明显、更突出，便于人们找出问题，进而有针对性地寻求解决方案。

通过分层把收集来的数据按照不同的目标和要求加以分类，把性质相同、在统一生产条件下收集的数据归在一起，就可以使杂乱无章的数据和错综复杂的因素系统化、条理化，使数据所反映的问题明显、突出，便于管理者抓住主要问题，并给出相应有效的对策。

人们在对企业运营质量数据进行分层时有很多不同的方式和原则，主要的分类原则有以下几种：基于时间维度可以按不同班次、不同日期等进行分类；基于操作人员维度可以按新老员工、男女员工、不同工龄等进行分类；基于使用设备维度可以按机床型号、工夹具等进行分类；基于操作方法维度可以按不同的切削用量、温度、压力等工作条件进行分类；基于原材料维度可以按不同的供料单位、不同的进料时间、不同的材料成分等进行分类。

总之数据的分类方法多种多样，没有硬性规定，符合基本逻辑就可以。一般来说，分层需要充分结合生产的实际情况，在使用时经常与质量管理的其他方法结合起来。例如，将数据分层之后进一步整理成分层排列图、分层直方图、分层控制图、分层散布图等，再进行分析。

7. 控制图法

控制图（Control Chart）也称质量管理图、质量评估图、管制图，是根据数理统计原理分析和判断工序是否处于稳定状态的一种质量管理图表。世界上第一张控制图是由美国贝尔电话实验室（Bell

Telephone Laboratory）的休哈特博士于 1925 年提出的。目前，控制图已经广泛应用于各行各业的质量控制活动中。

一般来说，产品的质量特征是服从确定概率分布的随机变量，它们的分布可依据对较长时期内取得的观测数据用统计方法进行估计。当分布特征确定以后，质量特征的数学模型随之确定。因此，每隔一定时间在生产线上抽取一个大小固定的样本，计算其质量特征，若其数值符合这种数学模型就认为生产过程正常，否则就认为生产中出现某种系统性变化或者说过程失去控制。对于失去控制的情况就需要考虑采取包括停产检查在内的各种措施，以期查明原因并将其排除，进而恢复正常生产，不使失控状态持续发展下去。通常，控制图分为计量值控制图（包括单值控制图、平均数和极差控制图、中位数和极差控制图）和计数值控制图（包括不合格品数控制图、不合格品率控制图、缺陷数控制图、单位缺陷数控制图等）两类。

控制图主要由坐标轴、三条平行于横轴的直线和表示控制目标坐标的点构成。横轴表示按一定时间间隔抽取样本的次序，纵轴表示根据样本计算的、表达某种质量特征的统计量的数值，由相继取得的样本算出的结果在图上显示为一连串的点，它们可以用线段连接起来。三条平行于横轴的线分别为中心线（Central Line，CL）、上控制线（Upper Control Line，UCL）和下控制线（Lower Control Line，LCL），统称为控制线（Control Line）。中心线是所控制的统计量的平均值，上下控制界限与中心线相距数倍标准差，通常控制界限设定在±3 标准差。若控制图中的描点落在 UCL 与 LCL 之外或描点在 UCL 和 LCL 之间的排列不随机，则表明过程异常。人们运用控制图的主要目的是，通过观察控制图上产品质量特性值的分布状况，分析和判断生产过程是否发生了异常，一旦发现异常就要及时采取必要的措施加以消除，使生产过程恢复到稳定状态。典型的控制图的基本形式如图 15-8 所示。

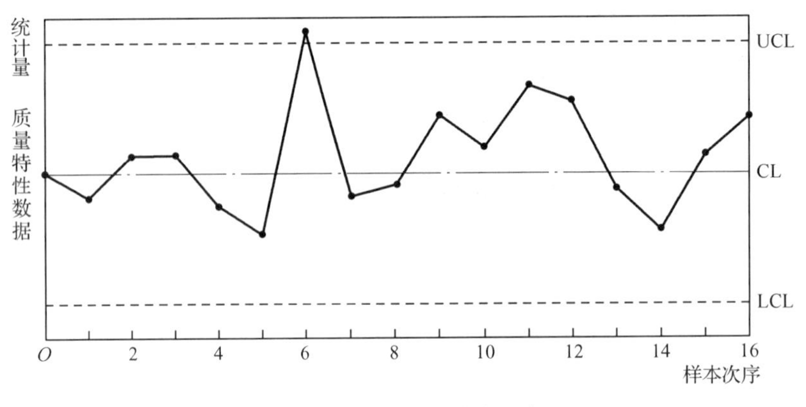

图 15-8　控制图的基本形式

需要指出的是，当被研究的过程是受控、稳定的，过程能力足够才能采用控制图进行分析。一般来说，如果控制点落到控制界限之外，应判定过程发生了异常变化。图 15-8 中第 7 个点超出了上控制线，则被认为是异常情况，需要对此进行分析，以便找出失控的原因。另外，如果控制点虽未跳出控制界限但其排列有下列情况，也判定过程有异常变化：点在中心线的一侧连续出现 8 次以上（控制图的八点链异常情况见图 15-9）；连续 7 个以上的点上升或下降；点在中心线一侧多次出现，如连续 11 个点中至少有 10 个点（可以不连续）在中心线的同一侧；连续 3 个点中，至少有 2 点（可以不连续）在上方或下方横线以外（很接近控制界限）；点呈现周期性的变动。

随着质量管理实践的发展，QC“老七种”工具已经无法完全满足各种新工作场景的应用要求，进而 QC“新七种”工具被提了出来。一般来说，QC“新七种”工具主要是指关联图法、系统图法、KJ 法、矩阵图法、过程决策程序图法、矩阵数据分析法、网络图法。QC“新七种”工具的具体介绍可参考相关书籍。

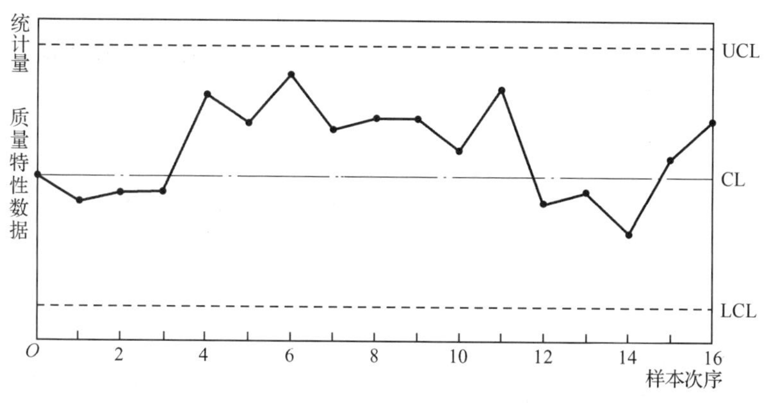

图 15-9　控制图的八点链异常情况

15.6　质量管理方法

无论什么样的企业，都不会忽视质量管理问题。为了满足企业质量管理实践的需要，一系列新理论和新方法不断涌现，对组织质量水平的不断提升有着巨大的促进作用。然而，有一些方法由于其独到的管理理念和思路得到了更为广泛的传播，为大量企业的质量管理实践提供了强有力的方法论支撑。其中，全面质量管理方法、戴明环质量管理方法、六西格玛质量管理方法最具代表性。

15.6.1　全面质量管理方法

1. 全面质量管理的概念

全面质量管理（Total Quality Management，TQM）这一概念最早是由美国通用电气公司的菲根堡姆博士于 1961 年在其著作中提出的。该书强调执行质量管理是公司全体人员的责任，应该使全体人员都懂得质量的概念和承担质量的责任。

自从全面质量管理概念被提出后，世界各国对其进行了全面深入的研究，尤其是日本在全面质量管理实践中取得的卓越成就，促使全面质量管理的思想、方法、理论在实践中得到了广泛的应用和发展。日本丰田公司是成功实施全面质量管理的典范，丰田公司在实施全面质量管理实践中尤其重视发挥人的作用。

2. 全面质量管理的发展阶段

在工业革命及科学管理阶段劳动专业化分工日趋细化，质量管理职能也逐渐被独立出来。此后，专业化的质量管理对于当时产品质量的改善起到了巨大的推动作用。然而，由于质量由专业人员来保证，普通工人无须承担质量责任，最终导致工人甚至他们的管理者对质量漠不关心。全面质量管理理论的提出为企业当时面临的困境提供了极为有效的破解方法。全面质量管理的发展大致经历了以下四个阶段：第一阶段是全面质量管理理论的提出。20 世纪 60 年代，全面质量管理理论开始在美国等一些国家和地区得到实践和探索，全面质量管理被认为是在充分满足客户要求的条件下以最经济的水平进行生产和提供服务，并把企业各部门在研制质量、维持质量和提高质量的活动中构成一体的一种有效体系。尽管全面质量管理理论具有先进的质量管理理念，但是在当时的美国并没有得到广泛重视。第二阶段是全面质量管理理论的推广。20 世纪 70 年代，全面质量管理进一步强调在企业的质量管理中开展依靠职工“自我控制”的“无缺陷（Zero Defects）”运动。这一时期该理论被引进日本企业界，日本企业通过开展质量管理小组（Quality Control Circle）活动使全面质量管理活动迅速发展起来。同时，统计技术和计算机技术的发展进一步推动了全面质量管理理论优势的发挥，尤其是日本在全面质量管理实践中获得了巨大收益，使越来越多的企业认识到这一理论的重大价值。第三阶段是全面质量管理理论的标准化。20 世纪 80 年代，国际标准化组织对全面质量管理的内容和要求进行了标准化改进，并于 1987 年 3 月正式颁布了 ISO 9000 系列标准。第四阶段是全面质量管理理论的拓展。20 世纪 90 年代，随着全面质量管理思想和方法的成熟，该理论不再局限于质量管理活动中，逐渐上升到企业总体的经营管理层面。朱兰、石川馨、久米均等知名学者极大丰富了全面质量管理理论思想。

3. 全面质量管理的特点

全面质量管理的特点主要体现在“全面”上，是指“全员”“全过程”“全企业”“全社会”参与的质量管理活动。

（1）全员参与的质量管理。全面质量管理要求把质量控制工作落实到每一名员工，让每一名员工都关心产品质量，包括高层管理人员、工程技术人员、一般管理人员和普通工作人员等在内的企业全体员工都参加质量管理，并对产品质量各负其责。

（2）全过程控制的质量管理。全面质量管理要求对产品生产的所有过程进行质量控制，包括市场调查、研究开发、采购、生产准备、生产制造、包装、检验、贮存、运输、销售、售后服务等全过程。

（3）全企业涵盖的质量管理。全面质量管理强调质量管理工作不局限于质量管理部门，要求企业所属各单位、各管理阶层、各职能部门都要参与质量管理工作，共同对产品质量负责。

（4）全社会推动的质量管理。全面质量管理强调要使全面质量管理深入持久地开展下去，需要全社会的重视，需要质量立法、认证、监督等工作，需要宏观上的控制引导，全社会的推动能够为企业进行质量管理提供环境上的支持。

4. 全面质量管理的主要工具

全面质量管理过程的全面性，决定了全面质量管理的内容应当包括企业运营的多方面内容，包括质量的设计过程内容、制造过程内容、辅助过程内容、使用过程内容等。企业为了有效实施全面质量管理，需要使用一系列具体的质量管理工具，以便在开展全面质量管理活动中有效收集和分析质量数据、研究和确定质量问题、控制和改进质量水平。在全面质量管理实践中，企业使用的主要工具包括调查表法、直方图法、散布图法、排列图法、因果分析图法、分层法、控制图法。这些方法是以数理统计为理论基础的，不仅科学可靠，而且比较直观。另外，全面质量管理的基本工作方法和管理思想还与戴明环质量管理方法、六西格玛质量管理方法存在紧密联系。

15.6.2 戴明环质量管理方法

1. 戴明环的发展

戴明环也称 PDCA 循环（PDCA Circle）、PDSA 循环，该理论最早可追溯到 20 世纪 20 年代，有“统计质量控制之父”之称的著名的统计学家沃特·A.休哈特（Walter A. Shewhart）设计了“计划—执行—检查（Plan-Do-See）”的雏形，后来由戴明将休哈特的 PDS 循环进一步完善，并发展成为“计划—执行—检查—处理（Plan-Do-Check/Study-Act）”质量持续改进模型。

PDCA 循环要求把各项工作按照计划（Plan）、执行（Do）、检查（Check）、处理（Act）开展活动，然后将成功的部分纳入标准，不成功的留到下一循环去解决。随着实践的探索，PDCA 循环的含义又有了一些扩展，计划职能（P）扩展为目标（Goal）、实施计划（Plan）、收支预算（Budget）三小部分；设计方案（D）和布局保持不变；检查职能（C）扩展为检查（Check）、沟通（Communicate）、清理（Clean）、控制（Control）；执行职能（A）扩展为执行（Act，对总结检查的结果进行处理）、按照目标要求行事（Aim，如改善、提高）等。

2. 戴明环的实施步骤

戴明环的实施紧紧围绕 PDCA 的四个环节进行，大体可以分为以下八个步骤：①分析现状，找出题目；②分析产生问题的原因；③主要原因确认；④制订实施计划；⑤执行计划；⑥评估效果；⑦标准化；⑧处理遗留问题。一般来说，大多数问题不可能在一个 PDCA 循环中全部解决，遗留问题需要自动转到下一个 PDCA 循环。如此周而复始，螺旋上升，逐渐完善。

3. 戴明环的主要特点

戴明环以其简单、清晰、明了的形式展示出质量管理的基本逻辑和过程，其思想理念和工作步骤也更条理化、系统化、图像化和科学化，从而使该方法应用更为广泛。总体而言，戴明环具有如下特点。

（1）PDCA 依次循环。戴明环的 P、D、C、A 四个阶段按照顺序依次推进并形成一个大圈，完成一个周期后改进工作活动，具体如图 15-10 所示。接下来，上述四个阶段不停地运转，不断对系统的不足环节进行改善。

（2）大环套小环，互相促进。企业的运营活动都是由一系列职能部门具体执行的，这些部门往往从属于更高级的部门，同时可能管辖着若干个下属部门，每一层部门工作的完成都需要建立在下一层部门任务有效完成的基础上。戴明环的大环就是指某部门的上一级归属部门，而小环就是指本部门。任何一级部门都采用 P、D、C、A 四个阶段的方式不断进行改善，只不过下一级部门的小环改善最终是服务于上一级大环目标的。这样，就像一个行星轮系一样，大环指导和推动着小环滚动，小环又促进着大环滚动，从而构成一个不断运转的演化体系，如图 15-11 所示。

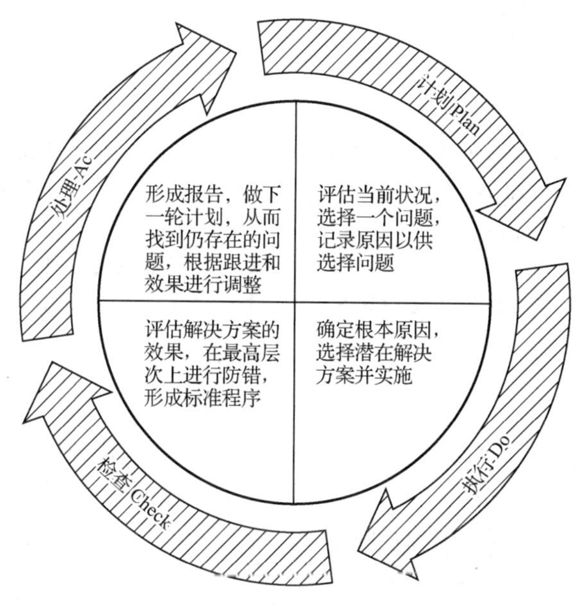

图 15-10　PDCA 循环的基本形式

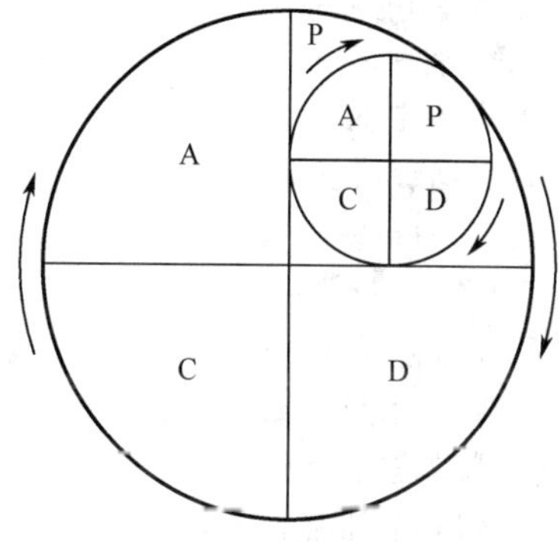

图 15-11　PDCA 循环中的大环套小环模式

（3）循环上升。戴明环不是到 A 阶段结束就算完结，而是又要回到 P 阶段开始新的循环，这样不断旋转。然而，PDCA 循环的转动不是在同一水平上，而是每经过一次 PDCA 循环都要进行总结并提出新目标，再开始新的 PDCA 循环。因此，PDCA 循环就如爬楼梯一样逐步上升，使质量水平不断提升到新高度，具体如图 15-12 所示。

15.6.3　六西格玛质量管理方法

1. 六西格玛质量管理的发展

六西格玛（Six Sigma，6σ）作为质量管理概念，最早是由摩托罗拉公司的比尔•史密斯于 1986 年提出的，其目的是在生产过程中降低产品及流程的缺陷次数、防止产品变异和提升产品品质。“σ”在统计学上用来表示标准偏差值，表示诸如单位缺陷、百万缺陷或错误的概率，σ 值的倍数越大，缺陷或错误就越少。质量水平意义上的 6σ 是指，所有的过程和结果中 99.999 66%是无缺陷的。也就是说，做 100 万件产品，其中只有 3.4 件是有缺陷的。

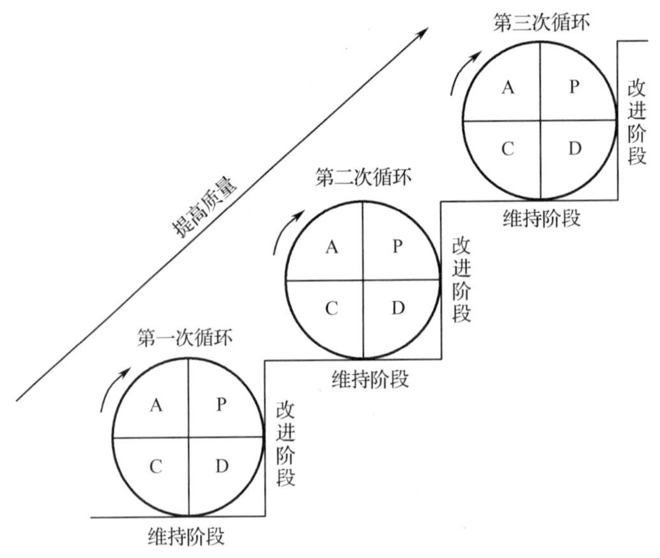

图 15-12　PDCA 循环的上升模式

摩托罗拉公司六西格玛质量管理从 1986 年开始实施到 1999 年全面应用到公司的各个方面，平均每年生产率提高了 12.3%，不良率只有以前的 5%。除了摩托罗拉公司在 6σ 质量管理理论发展中的作用，美国通用电气公司也功不可没。摩托罗拉、通用电气、戴尔、惠普、西门子、索尼、东芝、华硕等众多跨国企业的实践证明，6σ 质量管理理论是卓有成效的。为此，世界范围内大批企业开始学习并引进 6σ 质量管理体系。6σ 质量管理逐步发展成为以顾客为主体来确定企业战略目标和产品开发设计的标尺，以及企业追求持续进步的一种管理哲学。

2. 六西格玛质量管理的特点

六西格玛质量管理具有以下特点。

（1）对顾客需求的高度关注。6σ 质量管理把顾客的期望作为目标，以更高的标准来关注影响顾客期望的所有因素并且不断超越这种期望，以便从 3σ 到 4σ 再到 5σ，最终达到 6σ。

（2）高度依赖统计数据。管理者可以通过各种统计数据深入理解产品不合格和顾客不满意的情况等。改善后的效果、进展，如成本节约、利润增速等，也可以基于统计数据与财务数据进行评估。

（3）重视改善业务流程。6σ 质量管理将重点放在产生缺陷的根本原因上，通过一整套严谨的工具和方法来帮助企业推广实施流程优化工作，识别并消除那些不能给顾客带来价值的成本浪费，缩短生产、经营周期。

（4）积极开展主动改进型管理。即使是所谓优秀的企业也会存在大量的缺陷，并存在于企业的各个角落。要想变被动为主动，这就需要管理者和员工养成不断主动改进的习惯。这样，企业就会始终处于一种不断改进的过程中。

（5）倡导学习与合作。企业开展 6σ 质量管理的过程，本身就是一个不断培训和学习的过程，通过组建推行 6σ 管理的骨干队伍，对全员进行分层次的培训使大家都了解和掌握 6σ 管理的要点，充分发挥员工的积极性和创造性，才能促进企业发展。

3. 六西格玛质量管理的组织结构

6σ 质量管理需要一套合理、高效的人员组织结构来保证改进活动的顺利实施。在过去，之所以有 80% 的全面质量管理（TQM）实施者失败，最大原因就是缺少科学的人员组织结构。一般来说，6σ 质量管理的组织结构可以分为领导层、指导层、操作层，而具体的角色包括 6σ 质量管理委员会（组织执行领导和倡导者）、执行负责人、黑带大师、黑带、绿带等。典型的 6σ 质量管理体系的基本组织结构，如图 15-13 所示。

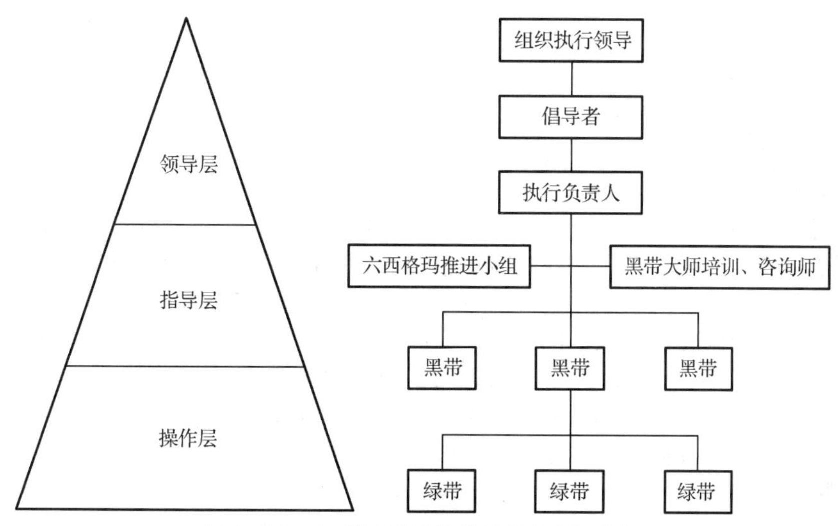

图 15-13　6σ 质量管理体系的基本组织结构

（1）6σ 质量管理委员会。6σ 质量管理委员会（Management Committee）是企业实施 6σ 质量管理的最高领导机构，主要成员是公司领导层成员，其主要职责是设立 6σ 质量管理初始阶段的各种职位；确定具体的改进项目及改进次序，分配资源；定期评估各项目的进展情况，并对其进行指导；当各项目小组遇到困难或障碍时，帮助他们排忧解难等。

（2）执行负责人。执行负责人（Executives）是一个至关重要的角色，只有具有较强的综合协调能力的人才能胜任，一般由一位副总裁以上的高层领导担任。其具体职责是为项目设定愿景、目标、方向和范围；协调项目所需资源及组织中的工作部署；确定组织的战略目标和组织业绩的度量系统；处理各项目小组之间的重叠和纠纷，加强项目小组之间的沟通；创造应用六西格玛管理方法的环境等。

（3）黑带大师。黑带大师（Master Black Belt，MBB）又称为大黑带或黑带主管，是 6σ 质量管理最高级别的管理专家，负责在 6σ 质量管理中提供技术指导。他们必须熟悉所有黑带应掌握的知识，深刻理解那些以统计学方法为基础的管理理论和数学计算方法。黑带大师还负责培训黑带和为绿带提供项目指导，确保他们能够正确地掌握和使用相关的工具和方法。除此之外，黑带大师还负责协助倡导者和管理层开展项目的协调和指导工作。一般来说，黑带大师的人数很少，只有黑带的 10%。

（4）黑带。黑带（Black Belt，BB）是六西格玛质量管理中的关键角色，是指那些具有精湛技艺和本领的人。黑带需要具有较为丰富的工作经验，能够熟练地操作计算机，至少掌握一个先进的统计学软件。黑带的主要职责：领导六西格玛项目团队，实施并完成六西格玛项目；向团队成员提供适用的工具与方法的培训；识别过程改进机会并选择最有效的工具和技术实现改进；向团队传达六西格玛管理理念，帮助他们建立对六西格玛管理的共识；向倡导者和管理层报告六西格玛项目的进展；将通过项目实施获得的知识传递给组织和其他黑带；为绿带提供项目指导。

（5）绿带。绿带（Green Belt，GB）是组织中经过六西格玛质量管理方法与工具培训的、结合自己的本职工作完成六西格玛项目的人员。一般绿带是黑带领导的项目团队的成员，或结合自己的工作开展涉及范围较小的六西格玛项目。绿带培训一般要结合 6σ 质量管理具体项目进行 5 天左右的课堂专业学习，包括项目管理、质量管理工具、质量控制工具、解决问题的方法和信息数据分析等。

15.7　质量管理体系

质量管理体系（Quality Management System，QMS）是组织内部建立的、为实现质量目标所必需的、系统的质量指挥和控制的管理体系。最早的质量保证标准来源于美国军品使用的军用品标准。当今的质量管理已经不能仅仅依靠某种单一的工具，而是需要通过一个规范的流程来提供系统的制度保障。为此，各种组织制定了一系列用于质量管理和控制的标准，并不断完善。

 15.7.1 ISO 9000 质量体系概述

1. ISO 9000 的发展

为了满足国际贸易往来中商品质量保证的需要，国际标准化组织（International Organization for Standardization，ISO）成立了 ISO/TC176 技术委员会（国际标准化组织质量管理和质量保证技术委员会）。该技术委员会在总结和参照世界有关国家标准和实践经验的基础上，于 1987 年发布了世界上第一个质量管理和质量保证系列国际标准——ISO 9000 系列标准。至今 ISO 已经发布了 17 000 多个国际标准。例如，ISO 公制螺纹、ISO 的 A4 纸张尺寸、ISO 的集装箱系列、ISO 的胶片速度代码、ISO 的开放系统互联（OS2）系列和 ISO 9000 质量管理系列标准等。其中，ISO 9000 系列标准应用最为广泛，也最具代表性。

基于世界各国对质量管理体系的巨大需求，2008 年国际标准化组织又成立了 ISO/TC176/SC2 技术委员会（SC2 为国际标准化组织质量管理和质量保证技术委员会下属的质量体系分技术委员会），专门负责质量体系工作。我国于 1988 年采用了 ISO 9000 标准。ISO 9000 标准对推动世界各国工业企业的质量管理和供需双方的质量保证、促进国际贸易交往起到了很好的作用。到目前为止，ISO 9000 标准也经历了一个不断发展、修改和完善的过程。

ISO 9000：1987 标准分为 ISO 9001、ISO 9002、ISO 9003 三种质量保证模式，包括 6 项标准，主要定位于大型制造业的质量保证。

ISO 9000：1994 标准分为 ISO 9001、ISO 9002、ISO 9003 三种质量保证模式，包括 24 项标准，在 1987 标准的基础上考虑了小型企业、服务业的质量保证。

ISO 9000：2000 标准取消了 ISO 9002、ISO 9003 质量保证模式，只保留了 ISO 9001 质量保证模式，将 ISO 9000 标准分为 A、B、C 三类标准，核心标准为 ISO 9000、ISO 9001、ISO 9004、ISO 19011，引入了过程方法，确定了 8 项管理原则，标准已经适合于所有类型的组织。

ISO 9000：2008 标准只做了有限修订（当前标准令人相当满意），标准已经适合所有类型的组织。

ISO 9000：2015 标准增加了七项质量管理原则、面向高层次的标准结构、基于风险的思维，并进一步增强了与 ISO 14000 等其他质量体系的兼容。

可以说，ISO 9000：2015 标准是过去进行的四次技术修订中影响最大的一次。首先，新标准为质量管理体系标准的未来 25 年发展规划了蓝图；其次，新标准取消了质量手册、文件化程序等大量强制性文件的要求，合并文件和记录统一称为文件化信息，适用的组织类型更加广泛，有助于企业建立整合的管理体系；最后，新标准还增加了反映当今质量管理在实践和技术方面的一些先进理念和好的方法，将采购和外包的控制合并为“产品和服务的外部提供控制”，更加重视相关方的要求，兼顾了质量管理体系的有效性和效率。

2. ISO 9000：2015 标准的构成

ISO 9000：2015 标准基本延续了 ISO 9000：2000 标准的基本体系结构和主要特点。总体来看，新标准是由一系列关于质量管理的核心标准、支持性标准和文件、指南、技术规范、技术报告、小册子和网络文件等组成的。其中，ISO 9000：2005、ISO 9001：2015、ISO 9004：2009、ISO 19011：2002 质量管理体系构成了 ISO 9000:2015 标准的核心标准，如表 15-4 所示。

表 15-4 ISO 9000：2015 标准的核心标准

编　号	名　称
ISO 9000：2005	质量管理体系——基础和术语
ISO 9001：2015	质量管理体系——要求
ISO 9004：2009	质量管理体系——组织持续成功管理：一种质量管理方法
ISO 19011：2002	质量管理体系——质量和（或）环境管理体系审核指南

从具体用途来看，ISO 9000：2015 标准又分为 A、B、C 三类标准：A 类标准为管理体系要求标准，是向市场提供有关组织的管理体系的相关规范，以证明组织的管理体系是否符合内部和外部要求（如通过内部审核和外部审核予以评定）的标准，如管理体系要求标准、专业管理体系要求标准；B 类标准为管理体系指导标准，是通过对管理体系要求标准各要素提供附加指导，或提供不同于管理体系要求标准的独立指导，以帮助组织实施或完善管理体系的标准，如使用标准的指导，建立、改进和完善管理体系的专业指导标准；C 类标准为管理体系相关标准，是就管理体系的特定部分提供详细信息，或就管理体系的相关支持技术提供的标准。目前，ISO 9000：2015 标准已经较为完善，A、B、C 三类标准的主要标准如表 15-5 所示。

表 15-5　ISO 9000：2015 标准的 A、B、C 三类标准

编　　号	名　　称	类　　型
ISO 9000：2005	质量管理体系——基础和术语	C
ISO 9001：2015	质量管理体系——要求	A
ISO 9004：2009	质量管理体系——组织持续成功管理：一种质量管理方法	B
ISO 10001：2007	质量管理顾客满意：组织行为规范指南	C
ISO 10002：2004	质量管理顾客满意：组织处理投诉指南	C
ISO 10003：2007	质量管理顾客满意：组织外部争议解决指南	C
ISO/TS 10004：2010	质量管理顾客满意：监视和测量指南	C
ISO 10005：2005	质量管理质量计划指南	C
ISO 10006：2003	质量管理项目质量管理指南	B
ISO 10007：2003	质量管理技术状态管理指南	C
ISO 10012：2003	质量管理体系测量过程和测量设备的要求	B
ISO/TR 10013：2003	质量管理体系文件指南	C
ISO 10014：2006	质量管理实现财务和经济效益指南	B
ISO 10015：1999	质量管理培训指南	C
ISO/TR 10017：2003	质量管理 ISO 9001：2000 统计技术指南	C
ISO 10019：2005	质量管理体系——咨询师的选择及其服务使用指南	C
ISO/TS 16949：2009	质量管理体系——汽车生产部件及相关维修部件组织应用 ISO 9001：2015 的特殊要求	A
ISO 19011：2002	质量管理体系——质量和（或）环境管理体系审核指南	C
ISO 手册：2015	ISO 9000 标准的选择和使用	C
ISO 手册：2000	质量管理原则及其应用指南	C
ISO 手册：2002	小型组织实施 ISO 9001：2000 指南	C

3. ISO 9000：2015 核心标准的主要内容

（1）ISO 9000：2005《质量管理体系——基础和术语》。该标准主要由引言、范围、质量管理体系基础、术语与定义四个部分组成。引言部分主要确认了质量管理的八项原则；范围确认了该标准体系的适用组织类型；质量管理体系基础提供了建立和实施质量管理体系应遵循的 12 个方面的质量管理体系基础，并建立了以过程为基础的质量管理体系模式；术语与定义部分规定了 85 个词条，为全世界具有不同文化背景、使用不同语言的所有使用 ISO 9000 标准的组织和人员提供了对质量管理的基本原理和基本概念的共同理解，能够方便和帮助使用者正确理解术语和定义之间的相互关系。

（2）ISO 9001：2015《质量管理体系——要求》。该标准提供了质量管理体系的要求，用于证实组织具有提供满足顾客要求和使用法规要求产品的能力，最终目的是提高顾客的满意度。此标准取代了

ISO 9000：1994 标准中的 ISO 9001、ISO 9002、ISO 9003 三个质量保证模式标准，增加了与 ISO 14001：2004 标准的相容性。该标准对各种类型、不同规模和提供不同产品的组织规定了质量管理体系的通用要求，以证实其具有稳定地提供满足顾客要求和使用法律法规要求产品的能力，是用于质量管理体系第三方认证的依据和标准。

（3）ISO 9004：2009《质量管理体系——组织持续成功管理：一种质量管理方法》。该标准与 ISO 9001：2008 有着相同的理论基础，采用相同的以过程为基础的模式结构，是一些相关协调的标准。但该标准提供了超出 ISO 9001：2008 要求的指南和建议，给出了“自我评定指南”和“持续改进的过程”两个附录，将顾客满意和产品质量的目标扩展为包括相关方满意和组织的业绩。同时该标准强调持续改进，并通过顾客和相关方的满意程度来测量。以过程持续改进为基础的质量管理体系模型如图 15-14 所示。

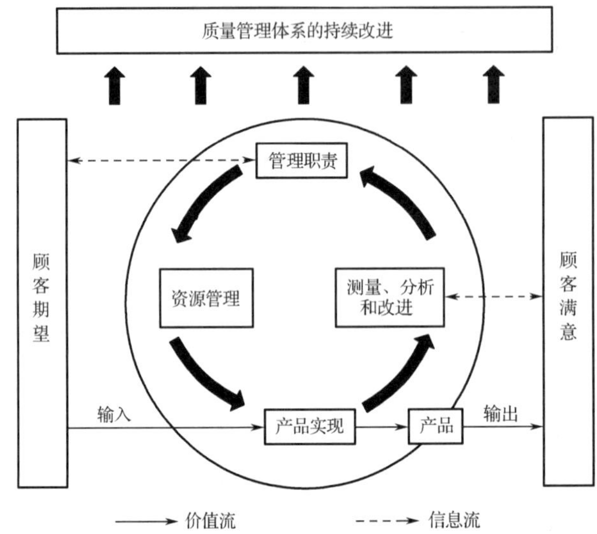

图 15-14　以过程持续改进为基础的质量管理体系模型

（4）ISO 19011：2002《质量管理体系——质量和（或）环境管理体系审核指南》。该标准兼容了质量管理体系审核和环境管理体系审核的特点，提供了质量管理体系和环境管理体系审核的基本原则、审核方案的管理、审核的实施及审核员资格要求等的指南。同时该标准增加了了解法律、法规的要求，为提高质量和环境管理体系审核员的能力提供了指南。

4. ISO 9000：2015 标准的特点和基本原则

通过不断的修改和完善，ISO 9000：2015 标准已经日趋成熟，具有以下典型特点：①广泛性；②过程性；③原则性；④灵活性；⑤领导性；⑥持续性；⑦有效性；⑧创新性；⑨市场性；⑩逻辑性；⑪一致性；⑫兼容性；⑬自愿性。

总体来看，ISO 9000：2015 标准在实施过程中要注重八项基本原则：以顾客为关注焦点、领导作用、全员参与、过程方法、管理的系统方法、持续改进、基于事实的决策方法和互利的供需关系。

15.7.2　质量管理体系的建立与实施

质量管理体系的建立和实施大致可以分为体系准备、体系策划、体系建立和体系试运行四个阶段。

1. 质量管理体系准备阶段的工作内容

（1）思想准备。质量管理体系实施是一项复杂任务，组织的各级领导需要在质量管理体系的实施上统一思想认识，不断完善管理结构、实行科学管理、提高管理能力，才能保证组织活动或过程科学、规范地运作，从而提高产品（或服务）的质量，更好地满足顾客需求。

（2）组织培训。对于不熟悉质量管理体系的人员而言，对其进行专业培训是使其掌握质量管理体系的

主要途径。一般来说，培训内容包括 ISO 9000 标准的基础知识，建立质量管理体系的方法和步骤等。

（3）建立标准贯彻运行机构。质量管理体系的实施工作机构一般由最高管理者担任标准贯彻工作机构负责人，管理者代表担任副职，工作涉及的职能部门负责人担任机构成员。组织机构的主要工作包括制定质量方针及质量目标、分配质量职责、审核体系文件、协调处理体系运行中的问题等。

（4）分析评价现有质量管理体系。该阶段的目的是通过分析、学习和专家指导等方式改造、整合、完善现有的体系，使之更加规范和符合质量管理体系实施的要求。

2. 质量管理体系策划阶段的工作内容

（1）确定质量方针。质量方针是组织的质量宗旨和方向，是质量管理体系的纲领，主要表达组织的目标及顾客的期望。组织在制定质量方针时，要与本组织的质量水平、管理能力、服务和管理水平相适应。

（2）制定质量目标。质量目标是质量方针的具体化，是组织在质量方面所追求的具体目的。一般来说，质量目标应该做到：量化可行、先进合理、动态可调、明确具体。

（3）设计组织机构。一般来说，组织设计组织机构要考虑组织的质量管理层次、职责及相互关系，合理分配质量管理体系的各要素，规定管理人员、执行人员、验证人员的质量职责及权限。

3. 质量管理体系建立阶段的工作内容

（1）编制体系文件。质量管理体系文件是质量管理体系实施和运行的基本依据，是贯彻质量方针的根本保障。一般来说，质量管理体系文件由质量手册、程序文件、作业指导书、质量记录表格四个部分组成。

（2）批准体系文件。质量管理体系文件能否被合法执行取决于文件是否得到批准。一般来说，质量手册应由最高管理者审批，程序文件应由管理者代表批准，作业指导书一般由该文件业务主管部门负责人审批，跨部门的文件由管理者代表审批。

4. 质量管理体系试运行阶段的工作内容

（1）质量管理体系试运行。质量管理体系文件完成后，需要经过试运行阶段，以便检验这些质量管理体系文件的适用性和有效性。在这个过程中，组织通过不断协调、质量监控、信息管理、质量管理体系审核和管理评审，实现质量管理体系的有效运行。

（2）内部质量审核和管理评审。内部质量审核是针对质量管理体系的活动和有关结果是否符合有关标准文件和质量管理体系文件的各项规定、是否得到了有效贯彻等进行的。管理评审是最高管理者适时地评价组织质量管理体系的持续性、有效性、适宜性和充分性。当存在问题时，就需要对质量管理体系进行适当的调整和完善。

（3）资格认证的准备工作。组织在进行正式的质量体系资格审核和认证前，还要进行必要而充分的准备，以便在正式评审中不出现过多问题，或者避免出现致命性问题。该阶段的主要工作包括模拟审核、针对不合格项制定纠正措施、咨询专家指导资格认证前的各项准备工作、准备资格认证申请资料等。

15.7.3　质量管理体系的审核与认证

1. 质量体系的审核概述

（1）质量审核。质量审核（Quality Audit）是指为满足审核证据并对其进行客观的评价，以确定满足审核准则的程度所进行的系统的、独立的并形成文件的过程。一般来说，审核对象包括质量体系审核、过程质量审核和产品质量审核。

（2）质量体系审核的内容。质量体系审核的重点主要是验证和确认体系文件的适用性和有效性。具体而言，质量体系审核的内容包括规定的质量方针和质量目标是否可行；体系文件是否覆盖了所有主要质量活动，各文件之间的接口是否清楚；组织结构能否满足质量体系运行的需要，各部门、各岗位的质量职责是否明确；质量体系要素的选择是否合理；规定的质量记录是否能起到见证作用；所有职工是否养成了按体系文件操作或工作的习惯，执行情况如何等。

2. 质量管理体系的审核类型

质量管理体系的审核类型有很多，按照审核方的不同可以分为第一方审核、第二方审核和第三方审核。

（1）第一方审核。第一方审核也称为内部审核，是由组织自己或以组织的名义进行的，审核的对象是组织自己的管理体系，验证组织的管理体系是否持续满足规定的要求并且正在运行，其目的是证实组织的管理体系运行是否有效，可作为组织自我合格声明的基础。

（2）第二方审核。第二方审核也称为顾客审核，是由顾客对供方进行的审核，审核结果通常作为顾客购买的决策依据。第二方审核的范围、方式由审核方决定，应先考虑采购产品对最终产品质量或使用的影响程度，还应考虑技术与生产能力、价格、交货及时性、服务等因素。

（3）第三方审核。第三方审核也称为外部审核，是由具有第三方认证资格的独立机构派出审核人员对组织的质量管理体系进行审核。第三方审核主要分为两个阶段：第一个阶段是质量管理体系文件审查；第二个阶段是实际运作与特定要求（法律法规、手册、质量管理体系标准）相符程度的审查。如果第三方审核的结果认为符合标准的要求，受审核方可获得认证，登记注册并颁发证书。

3. 质量管理体系的认证概述

质量管理体系认证（Quality Management System Certification）是指由取得质量管理体系认证资格的第三方认证机构，依据正式发布的质量管理体系标准，对企业的质量管理体系实施评定，评定合格后由第三方机构颁发质量管理体系认证证书，并给予注册公布，以证明企业质量管理和质量保证能力符合相应标准或有能力按规定的质量要求提供产品。

企业等组织实施质量管理体系认证的意义十分明显，具体体现为：①强化品质管理，提高企业效益，增强客户信心，扩大市场份额；②获得国际贸易绿卡——“通行证”，消除国际贸易壁垒；③节省了第二方审核的精力和费用；④在产品品质竞争中永远立于不败之地；⑤有利于国际间的经济合作和技术交流；⑥强化企业内部管理，稳定经营运作，减少因员工辞职造成的技术或质量波动；⑦提高企业形象。

4. 质量管理体系的认证流程

一般来说，质量管理体系认证包括以下几个主要阶段。

（1）认证申请。在确认符合质量管理体系认证条件要求的情况下，申请质量管理体系认证方确定一家合适的质量体系认证公司，并向其提交一份由公司授权代表签署的正式申请书。质量体系认证机构收到申请后，通过多种途径对申请方的相关资料进行审议，如果决定受理，与申请方签订《认证审核合同》。

（2）审核准备。在质量体系认证机构正式进行审核前，申请方需要做一系列准备工作，主要包括成立专门的审核领导小组和准备质量审核的相关文件。审核领导小组一般由组织的高层管理者直接负责，主要成员是组织各个部门的负责人。为了使准备工作做得更加专业，可以聘请一些熟悉质量管理体系认证的专家作为审核临时小组的成员，以便使审核工作能够更加科学、有序、高效地进行。

（3）审核实施。审核实施的主要内容分为首次会议、现场审核、召开会议和编写审核报告等。首次会议是审核组全体成员与受审核方的联席会议，主要商定双方需要配合的相关事宜，包括重申审核的目的、范围、程序、方法、联系人、所需资源、时间等事项。现场审核的目的是验证受审核方质量体系的有效性，在这个过程中，审核人员应按照检查清单调查事实、获取证据，对不符合要求的情况应向受审核方确认，并填写《不符合通知单》。召开会议是向受审核方进行不合格项通报，并进行相关信息的沟通、交流和确认，明确最终的审核结论。

（4）注册认证。审核的具体结论可以分为三种情况：第一种情况是未发现不合格项，审核通过；第二种情况是审核中发现有1～2项严重不合格，或者若干项一般不合格，根据情况确定整改时间，延期通过；第三种情况是发现三项以上严重不合格项，则不予通过。如果审核合格，审核方应在离开被审核方一周内向质量体系认证主管部门提交审核报告，经审批后的审核报告书正本送交受审核方，副本及相关资料送交体系认证机构办公室存档备案。

（5）颁证公布。对批准通过认证的受审核方，认证机构应颁发国家质量体系认证主管部门统一颁布的，印有体系认证机构认证标志的质量体系认证证书，并予以注册。同时，认证机构应以公报形式予以公布，并上报备案。

（6）认证后的持续改进。一旦组织获得认证并拿到质量体系认证证书，就可以对外宣传已成功获得认证。认证有效期一般为3年，3年后需要再次复评，复评合格后更换认证证书。为保证认证资格的持续有效性，受审核方需要继续严格实施所有质量体系。另外，认证机构会定期对标准执行情况进行检查、监督。

15.7.4　其他主要的质量体系标准

1. ISO 14000

ISO 14000 环境管理系列标准是由 ISO/TC 207 的环境管理技术委员会制定的，从 14001 到 14100 共 100 个号，统称为 ISO 14000 系列标准。该标准是国际标准化组织继 ISO 9000 标准之后推出的又一个重要的管理标准。ISO 14000 环境管理系列标准的制定背景是 1972 年联合国在瑞典斯德戈尔摩召开了人类环境大会，环境问题受到了全世界范围内各类组织的高度重视。为此，国际标准化组织在 1993 年成立了 ISO/TC 3207 环境管理技术委员会，正式开展环境管理系列标准的制定工作，以规范企业和社会团体等所有组织的活动、产品和服务的环境行为，支持全球的环境保护工作。

ISO 9000 质量体系认证标准与 ISO 14000 环境管理体系标准对组织（公司、企业）的许多要求是通用的，两套标准可以结合在一起使用。ISO 14000 系列标准的用户是全球商业、工业、政府、非营利性组织和其他用户，该标准实施的意义在于树立企业形象，使企业能够获得开展国际贸易的“绿色通行证”，促使企业在其生产、经营活动中考虑其对环境的影响，减少环境负荷；促使企业节约能源，利用可再生废弃物，降低经营成本；促使企业加强环境管理，增强企业员工的环境保护意识，使企业自觉遵守关于环境保护的法律法规。

2. ISO 13485

ISO 13485 的全称为医疗器械质量管理体系（Medical Devices Quality Management Systems Requirements for Regulatory Purposes），该标准自 1996 年由 ISO 组织发布以来，在全世界得到了广泛的实施和应用，截至 2017 年 11 月最新的执行版本是 ISO 13485：2016。ISO 13485 的发布主要是由于医疗器械是救死扶伤、防病治病的特殊产品，仅按 ISO 9000 标准的通用要求来规范是远远不够的。为此，ISO 13485 标准特别强调的是满足法律法规的要求，对医疗器械生产企业的质量管理体系提出了专用要求，为医疗器械的质量达到安全有效的目的起到促进作用。一般来说，ISO 13485 适用对象为开发、制造和销售医疗设备的企业，想要在国际、欧洲和本国市场上展示其竞争和绩效能力的企业。

作为上市商品，医疗器械不仅要遵守在商业环境中运行的一般要求，还要受到国家和地区法律、法规的监督管理。例如，美国的 FDA、欧盟的 MDD（欧盟医疗器械指令）、中国的《医疗器械监督管理条例》等。因此，该标准必须受法律约束，在法规环境下运行。同时，该标准必须充分考虑医疗器械产品的风险，要求医疗器械产品在全过程中都要进行风险管理。所以除了专用要求，可以说 ISO 13485 实际上是医疗器械在法规环境下的 ISO 9001。本质上，ISO 13485：2016 与 ISO 9001：2015 标准不同，其不是 ISO 9001 标准在医疗器械行业中的实施指南，而是一份适用于法规环境下的独立的管理标准。也就是说，医疗器械要进入北美、欧洲或亚洲不同国家的市场，都应遵守相应地区法律法规的要求。目前，美国、加拿大及欧洲某些国家普遍将 ISO 9001、EN 46001 或 ISO 13485 作为医疗器械企业质量保证体系的要求。

3. ISO/TS 16949

ISO/TS 16949 汽车行业质量管理体系是国际汽车行业的技术规范，是基于 ISO 9001 基础加进了汽车行业的技术规范。此规范完全和 ISO 9001 保持一致，但更重视缺陷防范、减少在汽车零部件供应链中容易产生的质量波动和浪费。ISO/TS 16949 标准的针对性和适用性非常明确，只适用于汽车整车厂及其直接的零备件制造商。也就是说，这些厂家必须是直接与生产汽车有关的，能开展加工制造活动，并通过这种活动使产品增值。

ISO/TS 16949 质量管理体系的产生背景是，因美国或欧洲的汽车零部件供应商同时向各大整车厂提供产品，这就要求其必须既要满足 QS 9001 又要满足 VDA6.1，造成各供应商针对不同标准的重复认证。因此，ISO/TS 16949：2009 出台了一套国际通用的汽车行业质量体系标准，以同时满足各大整车厂的要求。企业执行 ISO/TS 16949 标准的意义：有助于企业获得顾客的信任，以获得更为广阔的市场空间；有助于企业进一步关注并满足顾客要求，以提高顾客满意度；有助于企业改进过程绩效指标，以降本增效；有助于企业提高产品和交付质量。

ISO/TS 16949 的认证管理是由国际汽车工作组（International Automotive Task Force，IATF）来完成的，它们采用相同的程序方法来监督 ISO/TS 16949 规范的操作和实施，已在全世界形成一个标准和操作完全统一的系统。目前，国内外各大整车厂均已要求其供应商进行 ISO/TS 16949：2009 认证，确保各供应商具有高质量的运行业绩，并提供持续稳定的长期合作以实现互惠互利。然而，那些只具备支持功能的单位，如设计中心、公司总部和配送中心等，或者那些为整车厂家或汽车零备件厂家制造设备和工具的厂家，都不能获得认证。

4. ISO 22000

ISO 22000 是食品安全管理体系，既是描述食品安全管理体系要求的使用指导标准，又是可供食品生产、操作和供应的组织进行认证和注册的依据。ISO 22000 标准适用于在食品链中所有希望建立食品安全体系的组织，无论其规模、类型和其所提供的产品是什么。例如，农产品生产厂商、动物饲料生产厂商、食品生产厂商、批发商、零售商，以及与食品有关的设备供应厂商、物流供应商、包装材料供应厂商、农业化学品和食品添加剂供应厂商、食品的服务供应商和餐厅等。ISO 22000 质量管理体系的产生背景是，随着经济全球化的发展和社会文明程度的提高，人们越来越关注食品的安全问题。顾客的期望和企业的社会责任使食品生产、操作和供应的组织逐渐认识到，应当有标准来指导操作、保障、评价食品的安全。

与 ISO 22000 标准相似的标准还有 ISO 9001 和 HACCP（Hazard Analysis and Critical Control Point，危害分析的临界控制点）认证。ISO 9001 质量管理体系覆盖所有类型组织的全部质量管理问题。HACCP 是控制危害的预防性体系，是用于保护食品，防止生物、化学、物理危害的一种管理工具。HACCP 虽然不是一个零风险体系，但由于其是目前食品安全控制的最有效的体系，已被多个国家的政府、标准化组织或行业集团采用，或者在相关法规中作为强制性要求。然而，在生产管理实践中，HACCP 体系也暴露出一些不足和缺陷，其忽视了质量保证体系需要在一个完善、系统和严密的管理体系中实施，只有这样才能更好地发挥作用。ISO 22000 标准适用于食品链中所有的食品生产经营组织的管理活动，是 HACCP 原理的进一步丰富和完善，其强调对“从农田到餐桌”整个食品链中影响食品安全的危害进行过程化、系统化和可追溯性控制。简言之，ISO 9000 适用于各行各业，HACCP 只适用于食品的生产环节，而 ISO 22000 适用于食品行业的整个体系。在食品安全日益受到重视的背景下，ISO 22000 标准对于食品企业的有效运营来说是至关重要的。

5. OHSAS 18001

OHSAS 18000 是职业健康安全管理体系（Occupational Health and Safety Assessment Series）的一系列文件的组合，和我国的 GB/T 2800 相对应。OHSAS 18000 的主要文件包括 OHSAS 18001《职业健康及安全管理体系》和 OHSAS 18002《职业健康安全管理体系的操作指南》、OHSAS 18003《职业安全卫生管理体系——审核》等配套文件。该体系是 20 世纪 80 年代后期在国际上兴起的现代安全生产管理模式，它与 ISO 9001 和 ISO 14001 等一起被称为后工业化时代的管理方法。OHSAS 18000 体系实施的益处主要体现为：提升企业形象、增强企业凝聚力、减少企业经营的职业安全卫生风险、强化内部管理改善、避免职业安全卫生问题所造成的直接/间接损失和树立企业承担社会责任的形象。

企业在大力加强质量管理工作的同时，越来越强调建立更为完善的职业健康安全管理体系。英国在 1996 年颁布了 BS 8800《职业安全卫生管理体系指南》。此后，美国、澳大利亚、日本、挪威的一些组织也制定了相关的指导性文件。1999 年英国标准协会、挪威船级社等 13 个组织提出了职业健康安全评价系列（OHSAS）标准，即 OHSAS 18001《职业健康安全管理体系——规范》、OHSAS 18002《职业健康安全管理体系——OHSAS 18001 实施指南》，使之成为继 ISO 9000、ISO 14000 之后又一个受国际关注的标准。目前我国的职业健康安全问题受到了越来越多的关注，企业在 OHSAS 18000 体系上存在巨大需求。

6. RoHS 标准

RoHS 标准（Restriction of Hazardous Substances）是由欧盟通过立法制定的一项强制性标准，其全称是《关于限制在电子电器设备中使用某些有害成分的指令》。该标准于 2006 年 7 月 1 日开始正式实施，主要用于规范电气电子产品的材料及工艺标准，使之更加有利于人体健康及环境保护。该标准的目的在于消除电气电子产品中的铅、汞、镉、六价铬、多溴联苯和多溴二苯醚 6 项物质，并重点规定了铅的含量不能超过 0.1%。

RoHS 标准产生的一个主要原因是，随着电气电子等设备的广泛应用，人们在享受便利的同时也注意到了这些设备对人类健康有着潜在的巨大危害。2000 年人们在荷兰市场上销售的一批游戏机的电缆中发现了对人体健康有害的重金属镉，这开始引起了大家对家用产品中重金属的注意。事实上，电气电子产品在生产中大量使用的焊锡、包装箱印刷的油墨等都含有铅等有害重金属。

《RoHS 指令》和《WEEE 指令》（Waste Electrical and Electronic Equipment (WEEE) Directive，报废的

电子电气设备指令）规定将 11 大类 102 种产品纳入有害物质限制管理和报废回收管理的范围，包括大型家用电器、小型家用电器、信息和通信设备、消费类产品、照明设备、电器电子工具、玩具、休闲和运动设备、医用设备（被植入或被感染的产品除外）、监测和控制仪器、自动售卖机。由于 RoHS 标准是一项欧盟的强制性标准，这就要求希望产品进入欧洲市场的企业认真承担相应的责任、履行相应的义务，以免触犯法律。企业通过 RoHS 标准认证不仅有助于企业产品顺利进入欧盟市场，还有助于提高企业的信誉和产品质量水平，进而扩大市场份额。

7. 其他

事实上，世界上各种标准和认证的类型非常多，除上述经常被提及的标准外，还有 ISO 27000 信息安全认证、ISO 17025 认证实验室认可、ISO 50000 认证能源管理、FSC 森林认证、中国 CCC（3C）认证、美国的 UL 认证，以及欧盟的 Key-mark 认证、EMC 电磁兼容认证、CEV 认证、GMP 认证、LVD 低电压电气设备认证、CE 欧盟安全认证、EEC 认证、PPE 认证、EN 46000 管理体系认证、VDA 6.1 汽车行业标准认证、EMI 电磁传导干扰认证、HAR 认证等。企业要想进入不同地区的市场，就需要了解相应地区的标准，并通过相应的认证或达到相应产品或服务质量的要求。

本章小结

朱兰说，21 世纪是质量的世纪。的确，随着人们生活水平的提高，他们对产品质量越来越重视。本章第一节主要介绍了质量和质量管理的内涵、质量的评价指标，以及质量管理的意义和质量管理理论的代表人物，还总结了质量管理的主要发展阶段和世界著名的质量管理奖项；第二节主要介绍了质量设计问题，包括质量设计的概念、意义、依据、主要内容和典型的质量设计方法；第三节主要介绍了质量的成本问题，包括质量成本的概念、构成，质量成本管理的主要内容、管理原则，以及质量成本分析的主要方法；第四节主要介绍了质量检验问题，包括质量检验的含义、职能、内容和类型，以及质量抽样检验；第五节主要介绍了质量控制问题，包括质量控制的概念、内容，以及质量控制的“老七种”工具；第六节主要介绍了质量管理的一些典型方法，包括全面质量管理方法、戴明环质量管理方法和六西格玛质量管理方法的特点和应用；第七节主要介绍了 ISO 9000 质量管理体系，包括该质量管理体系的发展、主要内容、体系的建立与实施，以及审核与认证等，还介绍了其他一些典型行业与质量相关的标准体系。

思考题

1．简述质量的内涵，质量管理的意义。
2．质量设计的主要内容是什么？其在质量管理中的地位如何？
3．什么是质量检验？质量检验中需要注意的事项是什么？
4．质量控制的主要方法有哪些？
5．全面质量管理、戴明环质量管理、六西格玛质量管理之间的区别与联系是什么？
6．主要的质量管理体系有哪些？ISO 9000 质量管理体系的地位如何？

案例分析

第 16 章 设备维修管理

16.1 设备维修管理概论

16.1.1 设备管理概论

1. 设备管理的定义

设备管理（Equipment Management）是以设备为研究对象，以追求设备综合效率为目标，基于一系列理论、方法运用相关技术、经济、组织措施，对设备的物质运动和价值运动等进行全过程（从规划、设计、选型、购置、安装、验收、使用、保养、维修、改造、更新到报废）的科学管理。设备管理活动是贯穿于从设备的规划工作起直至报废的整个过程的管理。

2. 设备管理的意义

随着生产机械化、自动化、智能化的发展，生产系统中设备所占比重越来越高，设备管理的好坏对企业的竞争力有重要的影响。例如，在实施“零库存”管理的系统中，“一个流”决定了生产系统必须具备持续供应合格产品的能力，而设备的稳定性、可靠性无疑是决定这一生产方式是否能够实施的关键因素。研究表明，工业企业中的设备及其备品备件所占用的资金往往能占到企业全部资金的50%～60%，而设备管理水平的高低会对企业生产资金的使用效率产生重要的影响。可见，做好设备管理工作对提升企业的竞争力有重要意义。

3. 设备管理的主要内容

由于设备管理对企业的运营会产生重大影响，因此需要高度重视。设备管理的主要内容：①设备的选择评价；②设备的日常管理；③设备的维护；④设备的改造与更新。

总之，企业在对设备进行管理时，要坚持设计、制造与使用相结合，维护与计划检修相结合，修理、改造与更新相结合，专业管理与群众管理相结合，技术管理与经济管理相结合的原则，努力做到综合规划、合理选购、及时安装、正确使用、精心维护、科学检修、安全生产、适时改造和更新，不断改善和提高企业技术装备，提高企业经济效益。

16.1.2 设备维修概论

1. 设备维修的意义

设备维修（Equipment Maintenance）工作的任务是根据设备的运行规律，通过对设备进行必要的检查，及时掌握设备情况，经常做好设备维护保养，以便在设备出现问题时采取适当的方式进行修理，进而达到延长设备的使用时间的目的。设备在使用过程中不可避免地会出现一些问题，包括磨损、腐蚀、渗漏、冲击、冲刷、结垢、变形等，这就需要企业对设备出现的情况采取应对措施。

具体而言，设备维修主要是为防止设备劣化和维持设备性能而进行的清扫、检查、润滑、紧固、调整等日常维护保养工作；为测定设备劣化程度或性能降低程度而进行的必要检查；为修复劣化和恢复设备性能而进行的修理活动等。

2. 设备维修的相关术语

企业为了有效实施设备维修管理，需要理解几个与维修相关的常用术语。

（1）维修周期。维修周期（Maintenance Cycle）是指企业在预防维修中，对系统中每一台设备进行规定的定期点检、定期更换零件、定期检查、定期修理的时间间隔。

（2）维修时间。维修时间（Maintenance Time）是指设备从停止运行开始到再次正式投入正常运行为

止所需要的时间。与维修时间相对应的是正常运转时间。

（3）维修费用。维修费用（Maintenance Cost）是指企业为保持固定资产的正常工作效能而开支的日常修理和维护费用。

（4）维修工时定额。维修工时定额（Repair Manhour Quota）是指企业对设备每一个修理复杂系数的修理工作规定的工时标准。不同的设备类型、修理类别有不同的工时定额。

（5）平均故障期。平均故障期（Mean Time Between Failure）是指设备两次故障之间的期望时间。

（6）平均维修时间。平均维修时间（Mean Time To Repair）是指在规定的时期，同一设备历次自停机交付修理起，到修理完成后安装、试车、验收为止所占用时间的平均值。它是衡量设备维修性的指标。

（7）失效率。失效率（ Failure Rate）也称故障率，是指工作到某一时刻尚未失效的设备，在该时刻之后单位时间内发生失效的概率。

（8）可靠性。可靠性（Reliability）是指设备在规定的条件下、在规定的时间内完成规定功能的能力。可靠性一般通过可靠度、失效率、平均无故障间隔等来评价。

（9）可用性。可用性（Availability）是指机器运行时间的平均值。

本质上，企业采取各种设备维修管理措施就是要缩短设备的平均维修时间、减少故障率、提高设备的可用性，充分理解相关术语有助于提高维修人员的业务水平，有助于提升设备维修效果。

16.2　设备故障及维修

16.2.1　设备磨损

1. 设备磨损及其主要形式

设备磨损（Equipment Wear）是指设备或零部件在使用和闲置过程中，由于有形和无形的摩擦或损耗而导致的状况。一般来说，设备磨损可以分为有形磨损、无形磨损和综合磨损三种情形。

（1）有形磨损。有形磨损又称物质磨损，可以分为两种情形：一种是指设备在使用过程中，在外力的作用下产生的磨损、变形和损坏，这种磨损的程度与设备的使用强度和使用时间长度有关；另一种是指设备在闲置过程中受自然力的作用而产生的实体磨损，如金属件生锈、腐蚀、橡胶件老化等，这种磨损与设备闲置的时间长度和所处环境有关。

（2）无形磨损。无形磨损又称经济磨损、精神磨损，是由于社会经济环境变化造成的设备价值贬值，而不是设备在生产过程中使用或自然力的作用造成的。无形磨损主要是由于科学技术的进步，不断创新出现结构更先进、性能更完善、效率更高、耗费原材料及能源更少的新型设备，使原有设备相对陈旧落后，其经济效益相对降低而发生贬值。

（3）综合磨损。综合磨损是指同时存在有形磨损和无形磨损的损坏及贬值的综合情况。对任何特定的设备来说，这两种磨损一般都是同时发生和互相影响的。某些方面的技术要求加快设备有形磨损的速度，例如高强度、高速度、大负荷技术的发展要求，必然使设备的物质磨损加剧。同时，技术进步对设备磨损的影响往往是双重的：一方面，由于某些方面的技术进步，可提供耐热、耐磨、耐腐蚀、耐振动、耐冲击的新材料，使设备的有形磨损减缓；另一方面，由于技术进步出现一些新的替代设备，从而使原有设备的生命周期不断缩短，使其无形磨损加快。

2. 设备磨损机理

设备的无形磨损主要是技术进步造成的，而有形磨损往往是一种实实在在可以明确感知的磨损。有形磨损是工作表面的物质由于表面相对运动而不断损失的现象，是固体与其他物体或介质发生机械作用时其表层产生的磨损。具体而言，有形磨损有以下两种形成机理。

（1）物理摩擦机理。这是一种建立在摩擦学基础之上的，主要是由于物理摩擦而导致的磨损。磨损时间的延续和磨损量的增加，将会引起机器零件表层的破坏和几何形状及尺寸的改变，甚至会造成机构动作的失调与工作精度的下降。

（2）工作条件变化机理。这主要是外界工作温度、压力、振动等，以及内部工作条件，如内应力、变形、疲劳及老化等多种原因导致的设备磨损。对于这种磨损主要是通过对设备的异常现象的数据检测、对故障频率及其分布的分析、设备可靠性的原因分析，并运用数理统计方法分析它的规律性，进而得到设备劣化与维修必要性的信息。

3. 设备磨损规律

企业了解和掌握设备的磨损规律，有助于其预先做好修复或更换工作，以防患于未然，保证设备的正常运转。一般来说，机器或者零部件的磨损都具有一定的规律性，大多符合图 16-1 所示的产品磨损规律。由图中的磨损曲线可知，设备的磨损过程大致可分为三个阶段。

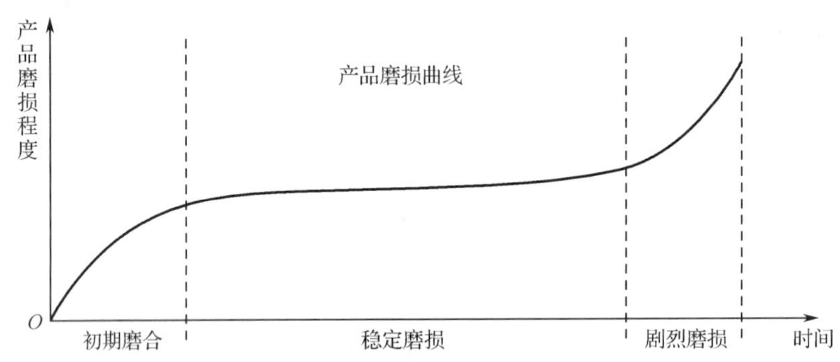

图 16-1　产品磨损规律示意图

（1）初期磨合阶段。初期磨合阶段是指新的零件在运转初期的磨损，这一阶段的磨损率通常较高。这主要是因为设备各零件初期表面比较粗糙，真实接触面积比较小、压强大，因此运转初期的磨损比较快。

（2）稳定磨损阶段。稳定磨损阶段属于零件的正常工作阶段，这一阶段的磨损率一般较低，并且是影响机器寿命的关键阶段。这主要是因为经过初期磨损之后，设备或零件表面的微观凸峰降低，接触面积增大、压强减小，磨损的速度逐渐减慢，设备的各个零件进入了正常工作状态。这一时期通过加强设备日常保养可以有效延长设备的使用寿命。

（3）剧烈磨损阶段。剧烈磨损阶段属于设备或零件的生命周期的尾部阶段，这一阶段的磨损率非常高。这主要是经过长时间工作磨损以后，由于疲劳、腐蚀、氧化等原因零件表面精度下降，表面形状和尺寸一般会有较大的改变，冲击振动会不断加大，零件之间摩擦产生很高的温度，导致设备磨损加剧。

16.2.2　设备故障

1. 设备故障的类型

设备故障（Equipment Failure）是指设备失去或降低其规定功能的事件或现象，表现为设备的某些零件失去原有的精度或性能，使设备不能正常运行、技术性能降低，致使设备中断生产或效率降低而影响生产的情况。企业在生产一个产品或提供一种服务的过程中，设备出现故障在所难免。一般来说，按照设备的生产及应用过程，可以将设备故障分为设计性故障、制造性故障、装配性故障、质量管理性故障、使用性故障和维修性故障等。只有对这些故障类型做到心中有数，并进行相应的措施准备，才能最大化降低设备的故障发生概率。

2. 设备故障的规律

设备故障规律是指设备从投入使用直到报废为止，设备寿命周期内故障的发生、发展变化的规律。根据设备出现故障的基本规律，人们归纳出设备故障曲线，因其形状像浴盆，所以又称“浴盆曲线”，如图 16-2 所示。从图中可以看出设备故障大致可以分为初始磨合期、有效寿命期、损耗加剧期三个时期，这三个时期与设备磨损的三个阶段（初期磨合阶段、稳定磨损阶段、剧烈磨损阶段）处于对应关系。上述三个时期的具体特点如下所述。

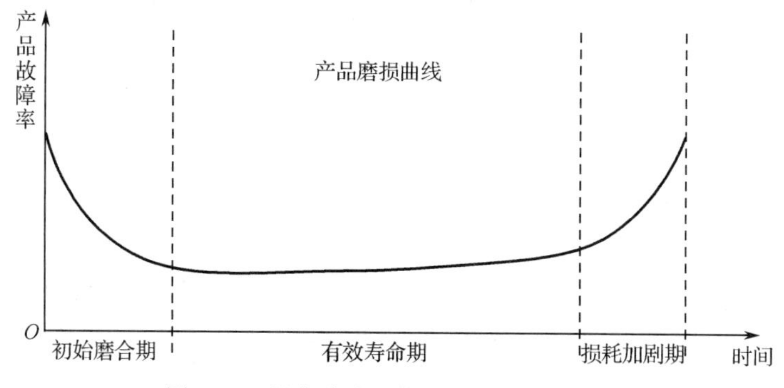

图 16-2　设备故障规律的“浴盆曲线”图

（1）初始磨合期。初始磨合期的故障主要是新装配的零件缺乏充分磨合、操作上的不适应、质量控制不严、制造质量欠佳、搬运和安装的大意等原因引起的。该时期能够减少故障的措施包括谨慎地搬运及安装设备、严格进行试运转并及时消除缺陷、细致研究操作方法、加强与设备制造单位的沟通等。同时，这一时期企业还需要抓好岗位培训，让操作者掌握操作技能，提高操作的熟练程度等。

（2）有效寿命期。有效寿命期内设备各零部件之间逐渐进入最佳的磨合期，因设备自身导致的故障率相对较低。这一时期发生故障的原因大多是维护不好和操作失误而引起的偶发故障。该时期故障率的高低主要取决于，企业是否使用可靠性高的设备，以及是否做好日常维护保养和小修工作等。由于设备有效寿命期持续的时间较长，企业管理工作的重点应该放在掌握机器性能、抓好日常维护和保养工作及进行定期维修上。

（3）损耗加剧期。处于损耗加剧期的设备经过了很长时间的使用，某些零件开始老化，相关零部件的损耗情况加剧，故障率也随之快速上升。也就是说，这一时期的设备已处于不正常状态，企业要对设备运行情况进行严密监控，必要时则应该停机检修，甚至通过更换已损坏的零件来提高或恢复设备的原有性能。这一时期企业的工作重点是做好设备的预防性修理并进行改革性维修，以便降低设备的磨损速度和故障率，进而使设备的有效寿命得以延长。

3. 设备故障的分析方法

在生产实践过程中，人们对各种类型的设备故障不断探索和研究，形成了一系列非常有效的方法。常见的设备故障分析方法有事故调查法、产品责任法、投诉分析法、关键事件分析法、故障模式与影响分析（Failure Mode and Effects Analysis，FMEA）法和故障树分析（Fault Tree Analysis，FTA）法。其中，应用最为广泛的是故障树分析法。

故障树分析法又称事故树分析法，是安全系统工程中最重要的分析方法之一。事故树分析法是从一个可能的事故开始，自上而下逐层寻找顶端事件的直接原因和间接原因事件，直到基本原因事件，并用逻辑图把这些事件之间的逻辑关系表达出来。20 世纪 60 年代初，载人航天、洲际导弹、原子能、核电站等尖端科学技术的发展，都需要一种对一些极为复杂的系统进行可靠性与安全性评价的方法，故障树分析法就是在这种情况下产生的。故障树分析法是 1961 年由美国贝尔电话研究室首先提出的。总的来说，故障树分析法直观、明了、思路清晰、逻辑性强，体现了研究方法的系统性、准确性和预测性等特点。

故障树是一种特殊的倒立树状逻辑因果关系图，它用事件符号、逻辑门符号和转移符号描述系统中各种事件之间的因果关系。逻辑门的输入事件是输出事件的“因”，输出事件是输入事件的“果”。故障树图通过图形化“模型”路径的方法，用标准的逻辑符号（“与”“或”等）表示一个系统能导致一个可预知的或不可预知的故障事件（失效），以及路径的交叉处的事件和状态。具体而言，故障树分析法是一种从系统到部件再到零件，按“下降形”分析的方法。它从系统开始，通过由逻辑符号绘制出的一个逐渐展开成树状的分枝图来分析故障事件（顶端事件）发生的概率。由于故障树是由逻辑门所构成的逻辑图，因此适合于用电子计算机来计算，这使得那些复杂系统的故障树分析变得更加可行。图 16-3 以发动机不能发动的故障为例，展示了故障树分析法的分析过程。

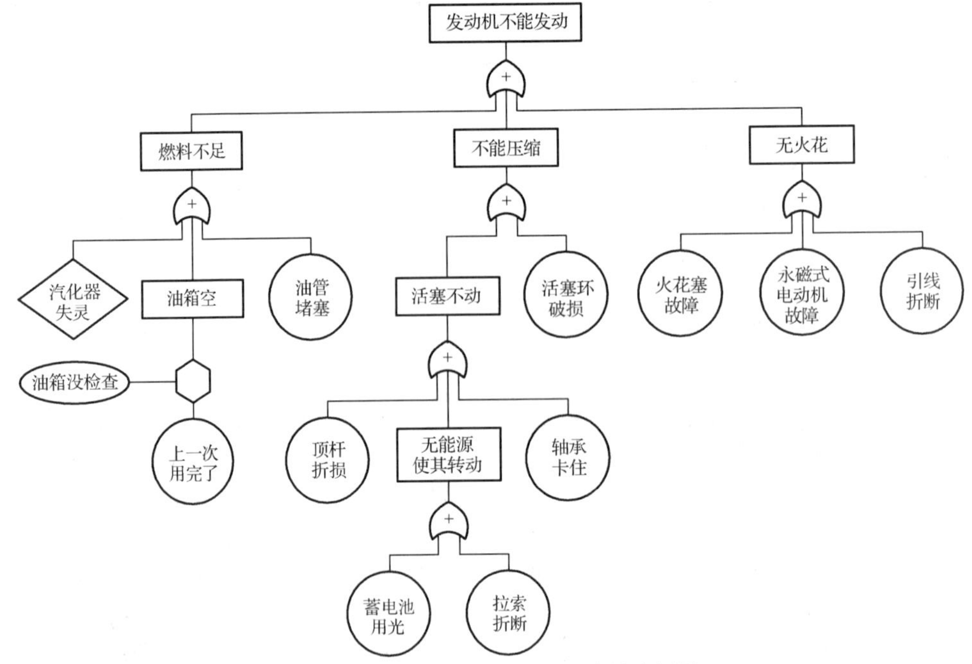

图 16-3　发动机不能发动的故障树分析图

16.2.3　设备维修的主要内容

设备维修是企业为防止设备性能劣化或降低设备失效的概率，按事先规定的计划或相应技术条件的规定实施的技术管理措施。设备维修通常包括设备保养、设备检查和设备修理三项主要内容。

1. 设备保养

设备保养是减小设备磨损的主要方法，是设备在使用的过程中使其运动符合客观要求的活动。企业做好设备的维护保养工作，及时地检查及处理设备运行中存在的各种问题，持续改善设备的运转状况，就能防患于未然，消除不应有的摩擦和损坏。依据工作量的大小和难易程度，设备维护保养工作可以分为日常保养、一级保养、二级保养和三级保养，其维护保养制度被称为“四级保养制”，为设备经常保持最佳技术状态提供了根本保证。

（1）日常保养。日常保养又称例行保养，是各类维护保养中最基础的保养方式，其主要内容是清洁、润滑、紧固易松动的零件，检查零件、部件的完整等。

（2）一级保养。一级保养的主要内容是普遍地进行拧紧、清洁、润滑、紧固，必要时还要对设备进行部分调整等。

（3）二级保养。二级保养的主要内容包括内部清洁、润滑、局部解体检查和调整等。

（4）三级保养。三级保养主要是对设备主体部分进行解体检查和调整工作，必要时对达到规定磨损限度的零件加以更换等。

2. 设备检查

设备检查是指对设备的运行情况、工作精度、磨损或腐蚀程度进行测量和校验。设备检查是设备维修工作中的一个重要的内容，检查的内容包括了解设备技术状况的变化和磨损情况。检查按时间间隔可分为日常检查和定期检查。

（1）日常检查。日常检查一般与日常保养相结合，由设备操作人员主要负责，采取一系列措施发现设备不正常的状况。

（2）定期检查。定期检查是按照检查的计划日程安排，在操作人员的参与下，由检修人员执行的检查工作。

检查按技术功能可分为机能检查和精度检查。

（1）机能检查。机能检查是对设备的各项机能的检查和测定。

（2）精度检查。精度检查是对设备的加工精度进行检查和测定，确定设备精度的劣化程度并判断是否需要调整、修理和更新，以保证加工产品的质量。

3. 设备修理

设备修理是指通过修理、更换磨损、老化、腐蚀的零部件，修复由于日常的或不正常的原因而造成的设备损坏和精度劣化，可以使设备性能恢复到规定要求的活动。传统设备修理方式主要有润滑、补焊、机加工、报废更新、误差调正、垢质清洗等。随着新材料、新工艺的出现，设备的修理方法也在不断发展。例如，高分子复合材料技术、纳米材料技术、陶瓷材料技术、稀有金属材料技术等。一般来说，设备修理的常用方法包括标准修理法、定期修理法和检查后修理法。

（1）标准修理法。标准修理法又称强制修理法，是指根据设备零件的使用寿命预先编制具体的修理计划，明确规定设备的修理日期、类别和内容等。

（2）定期修理法。定期修理法是指根据零件的使用寿命、生产类型、工件条件和有关定额资料，事先规定各类计划修理的固定顺序、计划修理间隔期及其修理工作量等。

（3）检查后修理法。检查后修理法是指根据设备零部件的磨损资料，事先只规定检查次数和时间，而每次修理的具体期限、类别和内容等均由检查后的结果来决定。

16.2.4　设备维修的主要模式

设备维修的模式有很多，基于维修管理的理念可以分为事后维修、预防维护、生产维修、维修预防、综合维修和智能维修六个基本模式。

（1）事后维修。事后维修（Breakdown Maintenance）是指设备发生故障后再进行修理。事后维修是比较原始的一种设备维修模式。

（2）预防维护。预防维护（Prevention Maintenance）是以预防为主，在设备使用过程中做好维护保养工作，加强日常检查和定期检查，根据零件磨损规律和检查结果有计划地进行修理，进而缩短设备维修时间。设备预防维护模式具有明确的计划性，企业在修理前就做了大量准备工作，使设备修理停歇时间大大缩短，提高了设备利用率。

奥兰多公用事业委员会的预防维护

据美国佛罗里达公共服务委员会（Florida Public Service Commission）的数据，奥兰多公用事业委员会（Orlando Utilities Commissions，OUC）已经连续 19 年在佛罗里达州的配电可靠性（Electric Distribution Reliability）中排名第一。对于该委员会负责的电厂而言，保持设备稳定运行是极为重要的，对设备进行科学的维护成了一项必不可少的工作内容。对于一座电厂来说，如果停产维修一天，将由于不得不购买其他电厂的电力而产生约 11 万美元的额外费用。而如果出现意外事故的话，一次将给公司带来 35～60 万美元的额外支出。为此，该委员会每年都要将其中的一家电厂关闭 1～3 周，以便进行设备维护工作。另外，每家电厂每隔 3 年也会停产一次，对发电机进行一次为期 6～8 周的全面检查和维护。设备检查一般安排在春季或秋季，因为那时天气暖和，对电力的需求比较低。然而，安排设备检查并非易事，每次检查包含 1 800 项不同的任务，并需要 72 000 个工时。预防维护在保证设备正常运行的过程中发挥着不可替代的作用。如果预防维护不当，如发电机叶片开裂而未能及时发现，将导致价值 2 700 万美元的设备产生故障。事实上，为了发现这些肉眼无法看到的裂痕，维护人员需要依据科学的流程采用染色测试、X 射线、超声波等手段对金属进行检测。为了应对类似事件的发生，该委员会下属的斯塔顿能源中心（Station Energy Center）的电厂要求维护人员每年完成 12 000 次修理和预防维护任务。为了高效地完成这些任务，维护人员每天都要通过计算机维护管理程序对相关工作进行计划和安排，并生成预防维护工作指令和列出所需的物料清单。可以说，预防维护对奥兰多公用事业委员会来说其价值堪比黄金。

（资料来源：F. 罗伯特・雅各布斯，理查德・B. 蔡斯. 运营管理：第 13 版[M]. 任建标，译. 北京：机械工业出版社，2011. 有改编。）

（3）生产维修。生产维修（Productive Maintenance）是以从整体上提高企业生产经济效果为目的的维修模式。生产维修模式的特点是根据设备重要性采取不同的维修保养方法。例如，重点设备采用预防维护模式，而对生产影响不大的一般设备采用事后维修模式。

（4）维修预防。维修预防（Maintenance Prevention）是指在设备的设计、制造阶段就考虑维修问题，提高设备的可靠性和易修性，以便在以后的使用中最大可能地减少或避免设备故障。维修预防是设备维修体制方面的一项重大突破。

（5）综合维修。综合维修（Integrated Maintenance）是在设备维修预防的基础上，从行为科学、系统理论的观点出发，将设备维修整合为一个有机的系统，进而对设备实行全面管理的一种重要模式。综合维修是1970年基于英国首创的设备综合工程学（也称设备综合管理学，Terotechnology）形成的，日本在引进、学习的过程中，结合生产维修的实践经验创造出全面生产维修（Total Productive Maintenance，TPM）制度。

（6）智能维修。智能维修（Intelligent Maintenance）是基于计算机技术、网络技术、信息技术，能够智能化地对设备维修提供系统、综合支持的维修模式。美国联邦航空管理局（FAA）开发的远距离维护监控系统（Remote Maintenance Monitoring System ，RMMS）是对飞机等设备在特殊情形下进行自动化维护的重要支持系统。

16.2.5 设备的全面生产维修

1. 全面生产维修的概念

全面生产维修（TPM）被普遍认为起源于阿曼德·费根堡姆（Armand Feigenbaum）提出的“全面质量管理（TQM）”理论。然而，日本企业在这方面取得的进展更令人瞩目。20世纪60年代后期，日本的汽车电子元件制造商株式会社（Nippondenso）基于设备综合工程学原理提出了以动员全企业人员参加为目标的生产维修模式。之后，该模式在日本企业中得到了广泛推行和实践，并获得了良好的经济效果。

传统的设备维修是当设备出现故障后进行的一种补救活动，是一项不会产生任何效益的被动型的作业。这种设备维修方式往往会走向两个极端：一个是由于监督和管理不善使发生故障的设备得不到及时的维修，从而导致生产等待的浪费；另一个是由于对设备可靠性给予了高度重视，为了保证设备正常运行投入了过多的资源，从而导致了维护“过度”的浪费。全面生产维修模式的提出是现代设备管理渐趋成熟的一个标志。这一新模式就是通过全员参与，以团队工作的方式创建并维持优良的设备管理系统，提高设备的开机率（利用率），增进安全性及提高质量，从而全面提高生产系统的运行效率。

2. 全面生产维修的目标

全面生产维修与传统的设备维修相比，主要突出一个“全”字，“全”有三个含义，即全效率、全系统和全员参与。全效率是指设备寿命周期费用评价和设备综合效率；全系统是指生产维修的各个层面均包括在内，如预防维护、维修预防、事后维修等；全员参与是指这一维修体制的群众性特征，从公司经理到相关科室，再到全体操作工人都要参加。

全面生产维修的主要目标最终要落在“全效率”上，“全效率”主要是通过限制和降低企业运营过程中的六大损失来实现的，具体损失有：①设备停机时间损失；②设置与调整停机损失；③闲置、空转与短暂停机损失；④设备速度降低损失；⑤设备缺陷导致的残品、次品及废品损失；⑥设备由安装到稳定生产之间的时间间隔造成的产量损失。

3. 全面生产维修的特征

全面生产维修活动是以提高设备综合效率为目标，以全系统的预防维修为过程，以全体人员参与为基础的设备保养和维修管理体系。全面生产维修的基本特征体现为以下四个方面。

（1）全面生产维修活动由“设备保全”“质量保全”“个别改进”“事务改进”“环境保全”“人才培养”六个方面组成，对企业进行全方位的改进，以追求生产系统综合效率最优为目标。

（2）全面生产维修活动强调加强设备维修保养思想教育，从意识改变到使用各种有效的手段，构筑能防止所有灾害、不良、浪费的体系，最终构成一个以设备整个生命周期为对象的“零”灾害、“零”不良、“零”浪费的生产维修体系。

（3）全面生产维修活动从生产部门开始实施，逐渐发展到开发、管理等涉及设备的计划、使用、保养等的所有部门。

（4）全面生产维修活动从最高领导到第一线作业者全体成员参与，共同推进设备维修工作。

日本企业的全面生产维修实践表明，再先进的方法也要靠人去落实、去执行，特别是第一线的操作工人，因此，企业需要特别重视对员工的教育。全面生产维修活动不单从技能上，更重要的是要从职业道德和敬业精神上开展教育活动，使员工能够自觉地执行各项规章制度。

4. 全面生产维修的主要活动

对于全面生产维护管理来说，执行是其中的关键环节。一般来说，全面生产维修在实施过程中主要包括八项主要活动，这八项主要活动也被称为实施全面生产维修活动的八大支柱。

（1）个别改善。个别改善是指企业为消除引起设备的综合效率下降的七大损耗（故障损耗、准备及调整损耗、刀具调换损耗、加速损耗、检查停机损耗、速度损耗和废品修正损耗）而进行的具体活动。

（2）自主维护。自主维护就是“自己的设备自己保养”。如果设备使用部门承担了“防止劣化的活动”，保养部门才能发挥出其专职保养的优势，进而使设备得到更为有效的保养。

（3）计划维护。计划维护是指设备的保养部门在设备使用部门自主保养的基础上，还需要对设备的劣化进行复原、为设备的改善保养制订详细的计划。

（4）教育训练。教育训练是指企业对设备使用部门和保养部门加强技能培训。培训不仅是培训部门的事，也是每个部门的职责，还应该成为每位员工的自觉行动。

（5）设备初期管理。设备初期管理是指在新设备投入使用前，企业对设备进行最优化规划、布置，形成一种能减少维修或免维修的机制，并使设备的操作和维修人员具有与新设备相适应的能力。

（6）品质保全。品质保全是指为了使产品的所有品质特性处于最佳状态，企业需要对与生产有关的人员、设备、材料、方法、信息等进行科学管理，实现从结果管理到要因管理的转变，以便预防废品、次品和质量缺陷的发生。

（7）事务改善。事务改善是指本部门对间接部门相关事务进行管理，其不仅有助于生产等部门高效地开展全面生产维修活动，还有助于不断提高本部门的工作效率和工作成果。

（8）环境安全。环境安全是指生产运行过程中影响生产品质的一系列内外部因素，这需要企业在不断提高意识的同时建立一套有效的管理保障体制。

全面生产维修八大支柱的基础是 5S（整理、整顿、清扫、清洁、素养）与工厂目视化管理。企业推进全面生产维修往往也是从设备的初级清扫开始的，5S 活动的目的是发现问题并解决问题，有利于形成良好的工作作风。而目视化的管理方法又能协助现场人员更快地发现异常，并定位问题点。

16.3　设备故障的基本维修类型

16.3.1　小修、中修与大修

根据设备修理范围的大小、修理间隔期的长短、修理费用的多少，可以将设备维修分为小修、中修和大修三类。

1. 小修

小修通常只需修复、更换部分磨损较快和使用期限等于或小于修理间隔期的零件，通过调整设备的局部结构来保证设备能正常运转到计划修理时间。小修的特点是：修理次数多、工作量小、每次修理时间短，修理费用计入生产费用。小修一般在生产现场由车间专职维修工人执行。

2. 中修

中修是对设备进行部分解体、修理或更换部分主要零件与基准件，或修理使用期限等于或小于修理间隔期的零件。同时，中修通常要检查整个机械系统，紧固所有零件，消除扩大的间隙，校正设备的基准，以保证机器设备能恢复和达到应有的标准和技术要求。中修的特点是：修理次数较多、工作量不大、每次修理时间较短，修理费用计入生产费用。中修的大部分项目由车间的专职维修工人在生产车间现场进行，个别要求高的项目可由机修部门承担，修理后要组织检查验收，送修单位和承修单位办理交接手续。

3. 大修

大修是指通过更换、恢复设备的主要零部件，为恢复设备原有精度、性能和生产效率而进行的全面修理。大修的特点是：修理次数少、工作量大、每次修理时间较长，修理费用由大修基金支付。设备大修后，质量管理部门和设备管理部门应组织使用和承修单位有关人员共同检查验收，合格后送修单位与承修单位办理交接手续。

16.3.2 集中维修与分散维修

1. 集中维修

集中维修（Centralized Maintenance）是指把所有维修力量集中起来组成专门的设备维修部门，负责整个企业的设备维修工作。该维修模式主要适用于单件小批量生产的小型企业及企业中的精密、大型、专用设备的维修。集中维修模式的优点：有利于提高维修人员的维修技术水平，有利于集中力量完成复杂和技术难度大的维修任务。其缺点：容易出现生产与维修的脱节，不能及时处理出现故障的机器等。

2. 分散维修

分散维修（Decentralized Maintenance）是由企业的各个下层部门分别设立维修小组，每一个小组负责本部门的设备维修工作。该维修模式主要适用于企业规模大、车间（或分厂）区域分散、设备数量多的大中型企业。分散维修模式的优点：有利于充分发挥生产车间对设备管理和维修的积极性、主动性，加大了维修保证生产的力度，有利于设备使用和维修的结合。其缺点：分散了维修力量，难以处理技术难度大的维修任务，还容易造成维修人员冗余。

16.3.3 自行维修与委托维修

根据设备维修的执行主体，可以分为自行维修和委托维修两种。这两种维修模式的选择主要需要考虑企业的维修能力、维修经济性等因素。

1. 自行维修

自行维修就是企业的设备维修工作由企业自身组建的维修部门负责的维修方式。企业选择自身维修首先需要考虑设备维修的难度与自身维修能力是否匹配。另外就是组建维修部门需要花费的成本是否低于委托其他单位进行维修的成本，以及设备出现故障时由于维修可能存在的风险程度等。自行维修一般适合那些拥有设备数量较多、规模较大的企业，这样的企业才有必要建立自己的维修部门。

2. 委托维修

委托维修是企业在某一产品销售地区不设立自己的维修部门，而是委托该地区同类企业的维修部门或专业修理部门代为修理本企业设备的维修方式。这种维修方式主要适用于那些维修力量薄弱、产品销售市场比较分散的企业，委托维修往往可以节省设备维修的开支。其不足之处在于，委托维修部门提供的服务难以做到及时，可能会对企业生产的持续运行形成阻碍。

从大多数企业设备维修的状况来看，维修的操作者主要包括操作员、维修部门、制造商的现场服务、维修站服务等几种类型。让操作员对设备进行维修是极具优势的，尽管他们只是做些“清洁、检查及观察”等活动，但是如果每名操作员都尽职尽责，就可以使设备维修向前迈出一大步。然而，操作员的技能水平是这一维修方式的瓶颈。在大多数企业中，采用专业的维修团队进行设备维修是最普遍的形式，但是这种模式也存在维修不及时、事后维修等不足。实践表明，良好维修能力并不意味着设备维修工作完全由企业自己来做，或者完全将维修工作外包出去。每一家企业都需要根据自身设备维修的特点选择恰当的维修模式。设备维修模式的选择如图 16-4 所示。

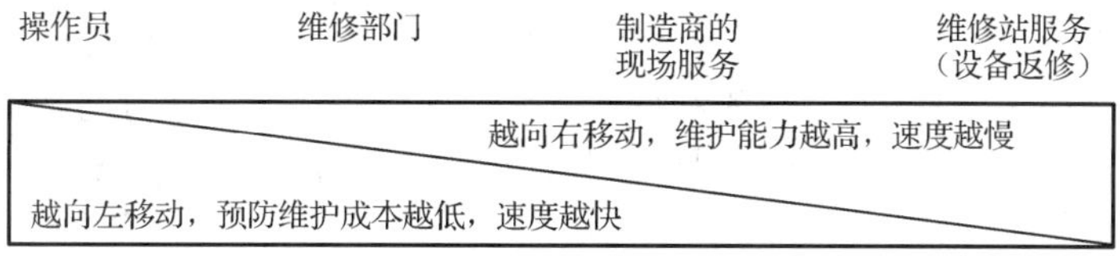

操作员　　维修部门　　制造商的现场服务　　维修站服务（设备返修）

越向右移动，维护能力越高，速度越慢

越向左移动，预防维护成本越低，速度越快

图 16-4　设备维修模式的选择

16.4　设备维修的主要策略

16.4.1　设备维修的外包策略

1. 设备维修业务外包的必要性

随着技术的不断进步，设备常常需要不断更新换代，其技术含量越来越高，企业需要为此配备的检测设备和仪器也会越来越多，对维修工作需要的专业技术人才的要求也越来越高。然而，设备出现故障大多具有随机性，当设备完好率较高时，维修人员可能无事可干，所配备的专用工具、仪器等的利用率也较低，将造成人力、物力的浪费。而配备过少又不能满足出现故障时的需求，进而严重影响企业的正常生产。企业解决这个问题的最好方式就是企业只保留必要的设备维护人员，由设备供应商承担设备维修的关键工作，这就是设备维修业务外包（Outsourcing），这种模式是企业解决上述矛盾的必然选择。

2. 设备维修业务外包策略的内容

（1）设备维修业务外包的战略研究。企业需要将设备维修业务外包放在经营战略的高度，以便使企业未来的发展目标能够与产业趋势和内外部环境相适应，进而为企业的可持续发展提供强有力的支撑。

（2）设备维修业务外包的决策分析。企业需要对设备维修业务的一系列活动选择正确的外包决策，如明确设备维护业务的外包范围、时间、形式、费用、风险等核心问题，以便使外包的活动更加有助于企业自身的外包战略定位。

（3）设备维修业务外包承包商的选择。企业在选择设备维修业务外包承包商时，主要考虑承包商的市场信誉、技术能力、维护质量、管理能力、服务水平和维修价格等指标。

（4）设备维修业务外包服务执行的过程管理。尽管企业将设备维修外包出去，但是在承包商进行设备维修时，依然需要企业进行适当的协助、监督和控制，以便使维修人员很快了解设备发生故障的原因、时间等，减少维修人员诊断的时间。同时，企业还需要对维修人员的行为、操作方式及维修进度等进行有效的监督和控制。

（5）设备维修业务外包的绩效评价。对外包服务绩效进行科学评价，能够为企业未来的外包服务决策提供有力的信息支持。常规的评价方式主要是依据企业在选择承包商时使用的一系列指标，通过专家打分再采取加权平均法等得到外包服务的绩效分数，进而最终确定维修业务承包商。

16.4.2　设备维修的备用设备策略

1. 备用设备的作用

在很多情况下，一旦设备出现故障，就有可能造成很大的损失。为应对这一情况，企业预先准备备用设备是最常见的应对方法。一旦生产设备出现故障马上用备用设备顶替，然后修理出现故障的设备，以便确保生产活动持续正常运行。例如，民航飞机大多有 2～4 台发动机，事实上即使只有一台发动机能够正常工作，驾驶员通过正确的操作仍可保证飞机的飞行安全，备用发动机的作用是为飞机和乘客提供更高的安全系数。

2. 备用设备数量的确定方法

备用设备固然能够提高生产系统的有效运行时间，但是备用设备是需要花费一定成本的。也就是说，企业在设备维修中选择备用设备策略时，需要在备用设备经济性与生产系统运行可靠性之间进行权衡。目前，确定备用设备数量的常用方法有基于标准差的方法、基于可靠性的方法、基于成本-效益的方法、基于风险价值的方法、基于场景的方法、随机模拟法等。其中，成本-效益的方法是确定备用设备数量的最常见的方法之一。以上述飞机发动机的台数为例，发动机数量的增加自然会导致相应成本的上升，但是在相对成本来说安全更重要的情况下，就有必要通过增加发动机数量的方式将安全系数提高到更高等级。尽管如此，由于重量、成本等原因，飞机发动机的台数依然受到限制。

经济性与可靠性是系统运行的两个基本要求，单纯侧重任何一方都显得决策有失偏颇。因此，系统的安全可靠性应该建立在对系统安全运行与失效的成本-效益分析的基础上。基于成本-效益的方法的目标函数通常为总成本最小化或安全系数最大化，通过对经济性和可靠性的分析，寻找目标函数最优解，同时是备用设备数量的最优解。一般来说，备用设备会占用大量的资金，随着备用设备数量的增加成本不断上升，而随着备用设备数量的增加系统由于失效导致的风险成本会不断降低。因此，设备管理的任务之一就是找到一个平衡点（总成本曲线的最低点），备用设备数量与成本的关系曲线如图 16-5 所示。

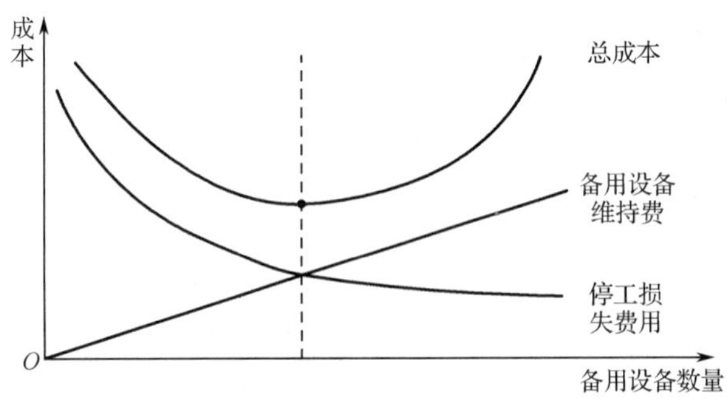

图 16-5 备用设备数量与成本的关系曲线

16.4.3 设备维修的维修人员安排策略

一般来说，企业都需要一定数量的维修人员，而维修人员的数量会对企业的运营成本产生一定的影响，所以维修人员的数量是维修决策的重要内容之一。维修人员的数量与待维护设备的数量和种类有关，也与设备维修频率及生产停顿影响程度有关，还与设备维修的管理模式有关，而这些问题都可以通过排队论理论解决。

1. 设备维修模式选择

对于大多数企业来说，维修人员和维修设备数量较多，安排人员维修出现故障设备的方法有很多，然而不同方法的效率往往存在一定差异。为此，管理者需要在分配任务时选择有助于设备保持正常运行的维修方法，即尽可能保持设备因故障停机时间最小化、设备正常运行时间最大化。这就需要对维修人员的具体安排进行科学决策，排队论可以为这类问题提供有效的方法论支持。

例 16-1 一个企业有三名维修人员，他们负责维护企业所有的设备，设备出现故障的时间间隔符合 Poisson 流特征，设备的平均故障率 λ=0.9 台/天；维修设备的时间服从负指数分布，平均维修率 μ=0.4 台/天。现在有两种维修方案：第一种方案是三名维修人员共同对出现故障的设备进行合作维修，第二种方案是三名维修人员分别负责特定区域的故障设备的维修。请问为了使设备运行最大化，管理者应该选择哪一种维修方案？

解：第一种方案是三名维修人员共同对出现故障的设备进行合作维修，这一排队系统可以看成是一个 $M/M/s/\infty$ 系统，即当设备出现故障后就排成一个虚拟队列，依次接受三名维修人员的修理（用 s 表示服务台的数量，此处 s=3），其中：

$$s=3 \qquad \rho=\lambda/\mu=2.25 \qquad \rho_s=\lambda/s\mu=2.25/3<1$$

由排队论的有关公式，可以得到：

（1）三名维修人员空闲的概率：P_0=0.074 8。

（2）故障设备的平均排队长：L_q=1.70（台）。

（3）故障设备的平均等待时间：W_q=1.89（天）。

（4）故障设备的平均逗留时间：W=4.39（天）。

（5）故障设备必须等待的概率：c（3，2.25）=0.57。

第二种方案是企业所有设备分为三个相等的区域，三名维修人员分别负责一个特定的区域，这一排队系统可以看成是三个 $M/M/1/\infty$ 子系统组成的排队系统，即设备出现故障后排成三个虚拟队列（进入队列后就不能再换队列），依次接受每一名对应维修人员的修理。这时，每个系统的平均到达率 $\lambda_1=\lambda_2=\lambda_3=0.3$ 人/分。在此情况下，分别计算出三个 $M/M/1/\infty$ 子系统的各个参数。

表 16-1 是一个 $M/M/3/\infty$ 系统和三个 $M/M/1/\infty$ 子系统组成的排队系统的效果比较。不难看出，一个 $M/M/s/\infty$ 系统比由三个 $M/M/1/\infty$ 子系统组成的排队系统具有显著的优越性。在服务人员个数和服务率不变的条件下，单队排队方式比多队排队方式要优越，在某些指标上的优越性高很多。这为管理者在对设备维修系统进行设计和管理时提供了科学依据。

表 16-1　一个 $M/M/3/\infty$ 系统与三个 $M/M/1/\infty$ 子系统组成的排队系统的效果比较

项　　目	一个 $M/M/3/\infty$	三个 $M/M/1/\infty$
空闲的概率 P_0	0.074 8	0.25（每个子系统）
故障设备必须等待的概率 c	0.57	0.75
平均队长 L	3.95	9（整个系统）
平均排队长 L_q	1.70	2.25（每个子系统）
平均逗留时间 W	4.39 天	10 天
平均等待时间 W_q	1.89 天	7.5 天

2. 设备维修人数确定

在企业设备数量固定的情况下，维修人员数量会影响系统的稳定运行水平。如果人员过多会产生较多的人员成本，而人员过少又会因为故障设备得不到及时修理导致设备停歇损失。为此，对于一个维修任务需求确定的系统来说，确定维修人员数量也是需要管理者进行决策的问题。

例 16-2　某企业有大量设备，设备出现故障的间隔时间符合 Poisson 流特征，设机器平均故障率为 0.8 台/周。设备需要维修的时间服从负指数分布（到达率服从泊松分布），设备维修率为 1 台/周。如果增加工人（最多增加至 4 人），则维修时间呈比例下降；超过 4 名维修工人时，需要另外增加一个排队维修场地。若维修工人每周工资为 250 元/人，一台机器停歇一周的费用是 750 元，在这种情况下企业应该招聘多少名维修工人？

解： 将所有的设备看作维修部门服务的对象，然后把停歇时间和维修造成的成本与维持维修人员的支出相比较，寻求等待成本和维修人员成本的平衡。可知，该系统是一个不超过 4 人的维修系统，此时 λ=0.8 台/周，μ=1 台/周。首先计算该维修系统的平均故障设备数量（或者正在维修和等待维修的队列长度），其计算公式为：

$$L=\frac{\lambda}{\mu-\lambda}=\frac{0.8}{1-0.8}=4$$

其次，分别计算使用不同数量维修工人的总成本，然后进行比较。

当使用一名维修工人时，每周可以修好一台设备，总成本为：1×250+4×750=3 250（元）。

当使用两名维修工人时，由于提高了服务率，每周可以修好两台设备，所以：

$$L=\frac{\lambda}{\mu-\lambda}=\frac{0.8}{2-0.8}\approx 0.666\,7$$

总成本为：2×250+0.666 7×750≈1 000（元）。

当维修工人为 3 人时，维修能力为每周修好 3 台设备，此时：

$$L=\frac{\lambda}{\mu-\lambda}=\frac{0.8}{3-0.8}\approx 0.363\,6$$

总成本为：3×250+0.363 6×750≈1 023（元）。

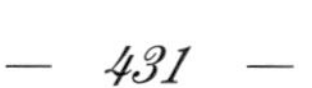

同样可以计算出 4 名维修工人时的情况。通过比较发现，对于这一设备维修系统来说，最佳的维修工人数为 2 人。

16.4.4 设备维修的设备更新策略

1. 设备更新策略的本质

一般来说，一个设备随着使用时间的增加，故障发生的概率会变大，维修费用也会不断增加，收入就会不断减少。如果直接更换新设备就需要一次性支付一大笔资金，但是避免了大量维修费用的支出。实际上，这类问题存在一个最佳的更新周期。设备更新问题（Equipment Replacement Problem）是指一个设备（如汽车、机床、飞机等）在使用过程中总会变旧，以至损坏，面对不断老化的设备要么持续维修，要么卖掉旧设备再买新的设备（更新）。也就是说，设备更新策略的本质是在设备维修费用和设备更新费用之间寻求一个平衡点，以便使生产系统运营收益最大化。

2. 设备更新问题的解法

设备更新问题的分析视角有很多，包括经济、技术、环保等影响因素。一般来说，企业在进行设备更新决策时，应该从技术和经济两个方面进行综合分析。在技术方面，设备更新时主要考虑三点：更新后设备的基本规格和主要参数能否满足生产发展的要求，新设备在技术性能上比原有设备有多大的改进和提高，新设备比原有设备在劳动条件和环境保护方面是否有所改善。而经济性评价包括计算设备的投资回收期和设备的投资收益率等，有关算法在技术经济学中有所介绍。

设备更新时间点的确定是设备更新问题的核心决策之一。一般来说，设备更新问题在计划期内每年都需要做出决策，以决定是否更新设备。从需要确定具体的更新时间点来看，设备更新问题是一个多阶段决策问题，可以用动态规划方法求解。同时，这类问题还可以使用图论中求解最短路的方法进行分析。

例 16-3 某工厂有一台设备，每年年初工厂都要做出是否更新的决定，如果继续使用旧设备，要付维修费；若购买新设备，要付购买费。已知设备在各年的购买费及不同机器役龄时的效益、更新费与维修费，如表 16-2 所示。试制订一个 5 年的更新计划，使总收益最大化。

表 16-2 某台设备的年效益、年均维修费、更新净费用

项　目	役　龄					
	0	1	2	3	4	5
年效益 $r_k(t)$	5	4.5	4	3.75	3	2.5
年维修费 $u_k(t)$	0.5	1	1.5	2	2.5	3
年更新费 $c_k(t)$	—	1.5	2.2	2.5	3	3.5

解：将这个问题转化为最短路问题。用点 V_i 表示第 i 年年初购进一台新设备，虚设一个点 V_6，表示第五年年底。边（V_i，V_j）表示第 i 年年初购进的设备一直使用到第 j 年年初（第 j−1 年年底）。边（V_i，V_j）上的数字表示第 i 年年初购进设备，一直使用到第 j 年年初所需支付的购买、维修的全部费用(可由表 16-2 计算得到)。

如，（V_1，V_4）边上的 8.0 为役龄分别为 0、1、2 时三年的效益（5+4.5+4=13.5）减去这三年相应的维修费（0.5+1+1.5=3），再减去役龄为 3 时的更新费用 2.5 得到的（设备的更新策略见图 16-6）。

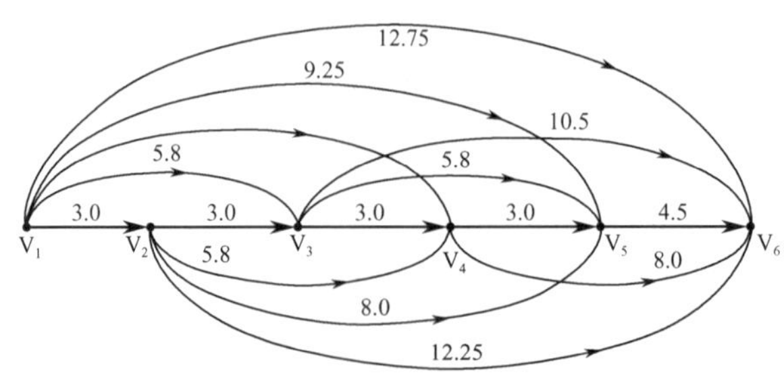

图 16-6 设备的更新策略

这样，设备更新问题就变成了求从点 V_1 到 V_6 的最长路问题，计算结果表明：$V_1 \to V_2 \to V_3 \to V_4 \to V_6$ 为最长路，路长为 17。该问题的决策为第一年、第二年、第三年年底各更新一次，再用到第五年年底，这一策略即为使总收益达到最大的最优决策。在这一决策下，该设备的最大收益为 17 万元。

16.4.5　设备维修的设备可靠性策略

1. 可靠性工程的发展

第二次世界大战期间，德国在研制 V1 火箭时提出了系统可靠性的基本理论。20 世纪 50 年代朝鲜战争时期，美国 60%的机载电子设备运到远东后不能使用，50%的电子设备在储存期间就失效。美国海军有近 20 万台电子设备，每年需更换 100 万个电子元件，其中电子管的更换率比其他元件高 5 倍。不可靠的电子设备不仅影响战争的有效进行，还产生大量的维修费用，每年的维修费甚至是设备采购费用的 2 倍。1950 年 12 月美国成立了“电子设备可靠性专门委员会”。20 世纪 60 年代，随着航空航天工业的迅速发展，可靠性设计和试验方法被广泛接受，可靠性工程得到了应用。1965 年美国颁发了《系统与设备的可靠性大纲要求》，电子与机电、机械件及电子系统的可靠性预计、可靠性分配、可靠性试验、可靠性物理、可靠性数据采集、分析等得到了快速发展。20 世纪 60 年代初，苏联从技术上、组织上采取措施促进了可靠性工程的发展，1962 年出版了较完善的教科书《可靠性及质量控制的统计方法》。尽管如此，在 20 世纪 70 年代中期，美国国防武器系统的寿命周期费用问题依然十分突出，这使更多组织进一步深刻地认识到可靠性工程是提高设备使用寿命和降低寿命周期费用的重要工具。

2. 设备可靠性理论的商业应用

可靠性是指设备机能在时间上的稳定性程度，或者说设备在一定时间内不发生问题的概率。为保证设备长时间无故障运行而进行的分析处理过程，就是设备的可靠性分析。一个机械系统、一台设备，不管其原理如何先进、功能如何全面、精度如何高级，若故障频繁、可靠程度很低，不能在规定时间内可靠地工作，那么它的使用价值就低、经济效果就差。设备的可靠性差会导致设备发生故障的概率很高，进而严重影响企业的正常运营。

随着科学技术的发展，企业设备的可靠性越来越成为提高经济效益的关键因素。这主要是因为现代设备逐渐由单一的功能转向多能，结构日趋复杂；采用新材料、新工艺、新技术后使不可靠的因素增多，可靠性水平降低；新设备要考虑更恶劣的使用条件，增加了保证其使用可靠性的难度；一旦发生故障带来的危害往往很严重，维修费用很高。基于以上原因，企业管理者必须对设备可靠性给予高度重视。从设备的设计规划、制造安装、使用维护到修理报废，可靠性始终是系统和设备管理的重点。

3. 设备可靠性的类型

可靠性是评价系统和设备好坏的主要指标之一。一般来说，设备的可靠性由内在（固有）可靠性和使用可靠性构成。内在可靠性是由设备生产过程中的一系列因素决定的，是先天性的可靠性。设备的内在可靠性又可以分为由设计和制造决定的可靠性。而使用可靠性是由设备使用过程中的一系列因素决定的，是后天性的可靠性。设备的使用可靠性又可以分为由使用、保养和环境因素决定的可靠性。企业在对设备可靠性进行评价时主要关注设备的安全性、耐用性、操作性、通用性、扩展性、重复性、互换性和存储性等指标。设备可靠性分类及关键指标如图 16-7 所示。

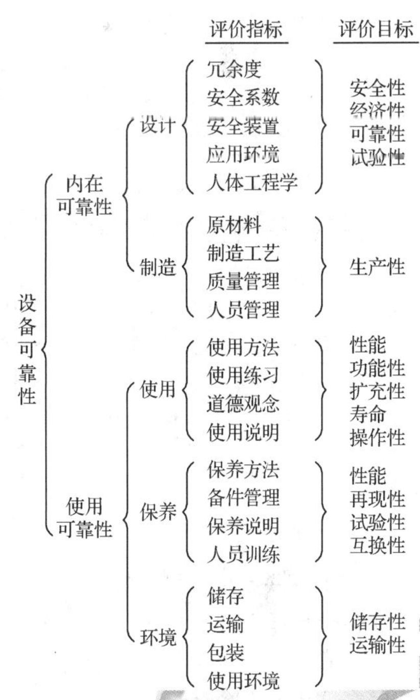

图 16-7　设备可靠性分类及关键指标

当内在可靠性低或使用可靠性低，或者这两种可靠性都低时，设备就有可能发生故障。对故障采取对策，重要的是在内在可靠性和使用可靠性上对故障原因进行识别。当内在可靠性较高时，提高使用可靠性就比较容易；而当内在可靠性较低时，要提高使用可靠性就十分困难。因此要防止故障的发生，最有效的对策就是提高设备的内在可靠性，即重视设备的设计、制造等过程。

4. 设备可靠性的基本系统类型

设备是一个能够完成规定功能的综合系统，这样的系统大多由众多相对独立的元件组成，每个独立的元件不仅要实现各自的规定功能，还要在系统中与其他单元发生联系。在一定程度上，企业的设备系统也是由一系列零部件相互关联构成的系统。根据零部件在设备系统中的连接方式，设备系统可以分为串联系统、并联系统、混联系统和复杂系统。由于不同的连接方式，设备系统的可靠性也存在明显的差异。

（1）串联系统的可靠性。在组成系统的零部件中，如果有一个零部件发生故障，系统就不能完成规定的功能，这种系统称为串联系统。当串联系统由 n 个零部件组成，可靠度分别为 R_1、R_2、$\cdots R_n$ 时，根据概率乘法定理，系统整体的可靠度为：

$$R=\prod_{i=1}^{n}R_i$$

由于 $R_i \leqslant 1$，单元数目越多系统的可靠度 R 就越低。也就是说，在满足规定功能的前提下，系统越简单，可靠性越高。很明显，串联系统的可靠度低于任何一个零部件的可靠度。若要通过提高一个零部件的可靠度去改善串联系统的可靠度，最有效的办法就是提高系统中可靠度最低的那个零部件。一般来说，通过并联另外一个相同的零部件是提高系统可靠性的一种常规的有效途径。

（2）并联系统的可靠性。在组成系统的零部件中，只有当所有零部件都失效时才失效的系统称为并联系统。在并联系统中，因为几个零部件同时投入运行，如果有一个出现了故障其他零部件还能维持系统的正常工作。例如，多台发动机的飞机或轮船，以及常见的一用一备关键设备等。并联系统的单元数目愈多，系统的可靠度愈高。然而，并联系统由于结构复杂、成本昂贵、体积较大、重量较高等原因在实际中应用较少，只有在对设备可靠性要求非常高且结构上允许时才使用。在一般的并联系统中，并联 2～3 个备用零部件是较为合理的。例如，重型载货汽车用双列后轮或备用轮；液压系统中滑阀操纵装置采用双重滑阀；供电线路采用备用系统等。当并联系统由 n 个零部件组成，可靠度分别为 R_1、R_2、$\cdots R_n$ 时，系统处于故障状态的概率为：

$$\prod_{i=1}^{n}(1-R_i)$$

又因为系统的可靠度与不可靠度之和为 1，则并联系统的可靠度为：

$$R=1-\prod_{i=1}^{n}(1-R_i)$$

可见，并联系统的可靠度大于每个零部件的可靠度，这是在设备方案规划技术设计和布局安装过程中采用冗余技术的依据。例如，某地铁的运行控制系统电源采用了两个电源并联和两个 UPS 并联的方式为系统的安全运行提供保障，具体如图 16-8 所示。

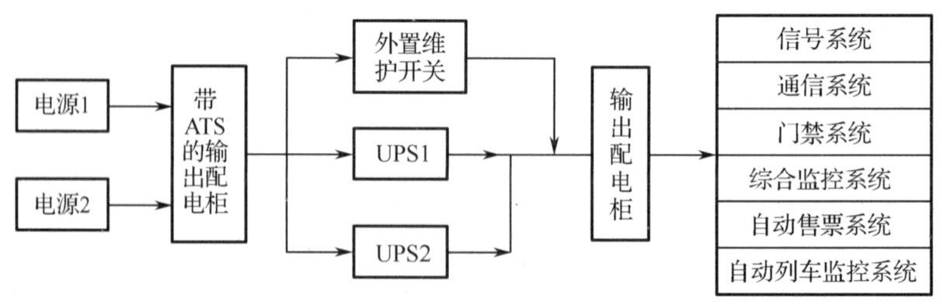

图 16-8　某地铁的运行控制系统电源

（3）混联系统的可靠性。由串联及并联系统组合而成的系统称为混联系统。混联系统的优点是可以单独使某个设备工作或不工作，其缺点是如果干路上有一个零部件损坏或断路就会导致整个电路无效。混联系统可靠度的计算没有一个确定的公式，需要根据系统串、并联的具体方式进行分析，并应用串联和并联的可靠度公式综合计算。

（4）复杂系统的可靠性。现代人类社会已经离不开大量互联互通的复杂系统，而这些复杂系统在运行

中的可靠性和可用性问题，直接关系到人们的日常生活、经济活动、人身安全甚至社会稳定。复杂系统可靠性和可用性的分析与研究已经成为各个行业领域专家们关注的热点。复杂系统的复杂性一方面体现为系统的结构复杂，导致相关影响因素的复杂性和信息的庞杂性；另一方面体现为设备故障发生规律的随机型、离散型，难以进行准确的预测。传统的解析计算模型和方法越来越难以满足人们对复杂系统研究的需求。在这种情况下，仿真技术在复杂系统的分析方面体现出越来越大的优势。

5. 设备可靠性的提高方法

设备有大有小，小的可能由元器件本身自成体系，而大的则是由很多零件组成的部件、整机，进而形成一个更大的系统。不论是什么样的系统，都存在提高可靠性的需求。一般来说，提高系统可靠性的方法主要有两种：一种是故障预防，即改善单个零部件或抑制故障产生的方法；另一种是故障容错，即利用冗余的零部件去屏蔽已发生的故障对整个设备的影响。具体而言，提高系统和零部件可靠性的主要措施有以下几种。

（1）在系统设计上，力求结构简单、层次清晰、零部件少、控制简便、连接可靠、维修便捷。

（2）尽量选用可靠度高的标准件，设法提高系统中最低可靠度零件的可靠度。

（3）制定科学的维修制度，合理规定维修周期，设计规范的控制流程。

（4）增加过载保护装置和自动停机装置。

（5）设置自动监测系统，及时对故障进行报警。

（6）增加必要的备用系统，设置快速的转换机制。

本章小结

设备和设施是企业用来生产产品和提供服务的物质基础，设备管理的好坏直接影响着企业在市场上的竞争能力和经济效益。本章第一节主要介绍了设备管理的含义、意义、主要内容，以及设备维修的意义和相关术语；第二节主要介绍了设备故障及维修，包括设备磨损的主要形式、磨损机理和规律，以及设备故障的类型和规律，还总结了设备维修的主要内容和设备的全面生产维修；第三节主要介绍了设备故障的基本维修类型，包括小修、中修、大修、集中修理、分散修理、自行修理、委托修理；第四节主要介绍了设备维修的主要策略，包括设备维修的外包策略、备用设备策略、维修人员安排策略、设备更新策略、设备可靠性策略等。

思考题

1．设备综合管理有哪些主要特征？

2．设备的综合管理的目标是什么？

3．新机器出现故障的主要原因是什么？

4．简述设备的磨损规律及故障规律。

5．全面设备维修有哪些主要特征？它对提高企业竞争力有什么作用？

案例分析

参 考 文 献

[1] F. 罗伯特 • 雅各布斯，理查德 • B. 蔡斯. 运营管理：第 13 版[M]. 任建标，译. 北京：机械工业出版社，2011.

[2] 戴维 • A. 科利尔，詹姆斯 • R. 埃文斯. 运营管理：产品、服务和价值链：第 2 版[M]. 马风才，马俊，译. 北京：北京大学出版社，2009.

[3] 奈杰尔 • 斯莱克，斯图尔特 • 钱伯斯，罗伯特 • 约翰斯顿. 运营管理：第 5 版[M]. 熊晓霞，等译. 北京：中国市场出版社，2009.

[4] 杰伊 • 海泽，巴里 • 伦德尔. 运作管理原理：第 6 版[M]. 寿涌毅，译. 北京：北京大学出版社，2010.

[5] 马克 • M. 戴维斯，贾内尔 • 海内克. 运营管理基础[M]. 汪蓉，译. 北京：机械工业出版社，2014.

[6] 马克 • 戴维斯，贾内尔 • 海内克. 服务管理——利用技术创造价值[M]. 王成慧，郑红，译. 北京：人民邮电出版社，2006.

[7] 罗纳德 • W. 希尔顿，迈克尔 • W. 马厄，弗兰克 • H. 塞尔托. 成本管理[M]. 罗飞，温倩，等译. 北京：机械工业出版社，2010.

[8] 詹姆斯 • 钱匹. 企业 X 再造[M]. 闫正茂，译. 北京：中信出版社，2002.

[9] 陈荣秋，马士华. 生产运作管理：第 5 版[M]. 北京：机械工业出版社，2017.

[10] 马风才. 运营管理：第 4 版[M]. 北京：机械工业出版社，2017.

[11] 刘丽文. 生产与运作管理：第 5 版[M]. 北京：清华大学出版社，2016.

[12] 孙明波，高举红. 运营管理[M]. 北京：机械工业出版社，2015.

[13] 张建林. 现代生产运作管理：理念、理论与模型[M]. 北京：机械工业出版社，2010.

[14] 高光锐，任俊义. 生产与运作管理：第 2 版[M]. 北京：电子工业出版社，2014.

[15] 张群. 生产与运作管理：第 2 版[M]. 北京：机械工业出版社，2008.

[16] 易树平，郭伏. 基础工业工程：第 2 版[M]. 北京：机械工业出版社，2013.

[17] 薛伟，蒋祖华. 工业工程概论：第 2 版[M]. 北京：机械工业出版社，2015.

[18] 王文信. 高效的生产绩效管理[M]. 厦门：厦门大学出版社，2010.

[19] 罗帆，卢少华. 绩效管理[M]. 北京：科学出版社，2016.

[20] 胡运权. 运筹学教程：第 4 版[M]. 北京：清华大学出版社，2012.

[21] 安贺新. 服务营销管理[M]. 北京：化学工业出版社，2011.

[22] 戚安邦，等. 项目管理学[M]. 北京：科学出版社，2007.

[23] 尤建新，周文泳，武小军，等. 质量管理学：第 3 版[M]. 北京：科学出版社，2017.

[24] 方志耕. 质量管理：第 3 版[M]. 北京：科学出版社，2017.

[25] 梁工谦. 质量管理学[M]. 北京：中国人民大学出版社，2010.

反侵权盗版声明